国家出版基金项目
NATIONAL PUBLICATION FOUNDATION

中華博物通考

總主編 張述錚

冠服卷

本卷主編
耿天勤

上海交通大学出版社

圖書在版編目（CIP）數據

中華博物通考. 冠服卷 / 張述錚總主編；耿天勤本
卷主編.—上海：上海交通大學出版社, 2024.1
ISBN 978-7-313-24691-2

Ⅰ.①中… Ⅱ.①張… ②耿… Ⅲ.①百科全書—中
國—現代②服飾文化—中國—古代 Ⅳ.①Z227
②TS941.742.2

中國國家版本館CIP數據核字(2023)第238212號

特約編審：占旭東
責任編輯：朱　菁
裝幀設計：姜　明

中華博物通考·冠服卷

總　主　編：張述錚
本卷主編：耿天勤
出版發行：上海交通大學出版社　　　　　地　　址：上海市番禺路951號
郵政編碼：200030　　　　　　　　　　電　　話：021-64071208
印　　製：蘇州市越洋印刷有限公司　　　經　　銷：全國新華書店
開　　本：890mm×1240mm　1 / 16　　印　　張：35.25
字　　數：731千字
版　　次：2024年1月第1版　　　　　　印　　次：2024年1月第1次印刷
書　　號：ISBN 978-7-313-24691-2
定　　價：426.00元

《中華博物通考》學術顧問

《中華博物通考》編輯出版委員會

《中華博物通考·冠服卷》編纂委員會

主　　編：耿天勤

撰　稿　人：耿天勤　　趙樹根　　宋　枚　　金寶琇　　張維青

導　論

——縱論中華博物學的沉淪與重建

引　言

　　在中國當代，西方博物學影響至巨，自鴉片戰争以來，屈指已歷百載。何謂"西方博物學"？"西方博物學"是以研究動植物、礦物等自然物爲主體的學科，但不包含社會領域的社會生活，至 19 世紀後期已完成學術使命，成爲一種保護大自然的公益活動，但國人却一直承襲至今。中華久有自家的博物學，已久被忘却，無人問津，這一狀況實是令人不安。前日偶見《故宫裏的博物學》問世，精裝三册，喜出望外，以爲我中華博物學終得重生，展卷之後始知，該書是依據清乾隆時期皇室的藏書《清宫獸譜》《清宫鳥譜》《清宫海錯圖》（"海錯"多指海中錯雜的魚鱉蝦蟹之類）繪製而成，其中一些并非實有，乃是神話傳説之物。其内容提要稱"是專爲孩子打造的中華文化通識讀本"，而對博物院内琳琅滿目的海量藏品則隻字未提。這就是説，博物院雖有海量藏品，却與故宫裏的博物學毫不相干，或曰并不屬於博物學的研究範圍。此書的編纂者是我國的著名專家，未料我國這些著名專家所認定的博物學仍是西方的博物學。此書得以《故宫裏的博物學》的名義出版，又證我國的出版界對於此一命題的認同，竟然不知我中華久有自家的博物學。此書如若改稱《故宫裏的皇室動物圖譜》，則名正言順，十分精彩，不失爲一部别具情趣的兒童讀物，但原書名却無意間形成一種誤導，孩子們可能會據此認定：唯有鳥獸蟲魚之類才是中華文化中的大學問，故而稱之爲"博物學"，最終會在其幼小心靈裏留下西方博物學的深深印記。

何以出現這般狀况？因爲許多國人對於傳統的中華博物及中華博物學，實在是太過陌生！那麼，何謂"博物"？本文指稱的"博物"，是指隸屬或關涉我中華文化的一切可見或可感知之物體物品。何謂"中華博物學"？"中華博物學"的研究主體是除却自然界諸物之外，更關涉了中國社會的各個方面各個領域，進而關涉了我中華民族的生息繁衍，關涉了作爲文明古國的盛衰起落，足可爲當代或後世提供必要的藉鑒，是我國獨有、無可替代的學術體系。故而重建中華博物學，具有歷史的、現實的多方面實用價值。我中華博物學起源久遠，至遲已有兩千年歷史，衹是初始没有"博物學"之名而已。時至明代，始見"博物之學"一詞。如明楊士奇《東里續集》卷一八評述宋陸佃《埤雅》曰："此書於博物之學蓋有助焉。"此一"博物之學"，可視爲"中華博物學"的最早稱謂。又，《四庫全書總目提要》卷一三六評清陳元龍《格致鏡原》曰："〔此書〕分三十類：曰乾象，曰坤輿，曰身體，曰冠服，曰宫室，曰飲食，曰布帛，曰舟車，曰朝制，曰珍寶，曰文具，曰武備，曰禮器，曰樂器，曰耕織器物，曰日用器物，曰居處器物，曰香奩器物，曰燕賞器物，曰玩戲器物，曰穀，曰蔬，曰木，曰草，曰花，曰果，曰鳥，曰獸，曰水族，曰昆蟲，皆博物之學。"此即古籍述及的"中華博物學"最爲明確、最爲全面的定義。重建的博物學於"身體"之外，另增《函籍》《珍奇》《科技》等，可以更全面地融匯古今。在擴展了傳統博物學天地之外，又致力於探索浩浩博物的淵源、流變，以及同物異名與同名异物的研究，致力於物、名之間的生衍關係的考辨。"博物學"本無須冠以"中華"或"中國"字樣，在當代爲區别於西方的"博物學"，遂定名爲"中華博物學"，或曰"中華古典博物學"。"中華博物學"，國人本當最爲熟悉，事實却是大出所料，近世此學已成了過眼雲烟，少有問津者，西方博物學反而風靡於中國。何以形成如此狀况？何以如此本末倒置？這就不能不從噩夢般的中國近代史談起。

一、喪權辱國尋自保，走投無路求西化

清王朝自鴉片戰争喪權辱國之後，面對列强的進逼，毫無氣節，連連退讓，其後又遭甲午戰爭之慘敗，走投無路，於是由所謂"師夷之長技"，轉而向日本求取西化的捷徑，以便苟延殘喘。日本自19世紀始，城鄉不斷發生市民、農民暴動，國内一片混亂。1854年3月，又在美國鐵艦火炮脅迫之下，簽訂《神奈川條約》。四年後再度被迫與美國簽訂通商條約。繼此以往，荷、俄、英、法，相繼入侵，條約不斷，同百年前的中國一樣，徹底淪爲半封建半殖民地社會，當權的幕府聲威喪盡。1868年1月，天皇睦仁（即明治天皇）下達《王政復古大號令》，廢除幕府制度，但值得注意的是仍然堅守"大和精神"，并未全部廢除自家原有傳統。同年10月，改元明治，此後的一系列變革措施，即稱之爲"明治維新"。維新之後，否定了"近習華夏"，衝決了"東亞文化圈"，上自天皇，下至黎民，勠力同心，在"富國强兵、置産興業"的前提之下，遠法泰西，大力引入嶄新的科學技術，從而迅速崛起，廢除了與列强的一切不平等條約，成爲令人矚目的世界强國之一。可見"明治維新"之前，日本内憂外患的遭遇，與當時的中國非常相似。在此民族存亡的關鍵時刻，中國維新派代表人物不失時機，遠渡東洋，以日本爲鏡鑒，在引進其先進科技的同時，也引進了日本人按照英文natural history的語意翻譯成的漢語"博物學"，雖并不準確，但因出於頂禮膜拜，已無暇顧及。況且，自甲午戰爭至民國前期，日源語詞已成爲漢語外來語詞庫中的魁首，遠超英法俄諸語，且無任何外來語痕迹，最難識別。如"民主""科學""法律""政府""美感""浪漫""藝術界""思想界""無神論""現代化"等，不勝枚舉。國人曾試圖自創新詞，但敗多勝少，袛能望洋興嘆。究其原因，并非民智的高下，也并非語種的優劣，實則是國力强弱的較量，國强則國威，國威則必擁有强勢文化，而强勢文化勢必涌入弱國，面對强勢文化，弱國豈有話語權？西方的"博物學"進入中國，遒勁而又自然。

那麼，西方博物學源於何時何地？又經歷了怎樣的發展變化？答曰：西方博物學發端於古希臘亞里士多德（公元前384—前322）《動物志》之類著述，又經古羅馬老普林尼（公元23—79）的《自然史》，輾轉傳至歐洲各國。其所謂博物除却動植物外，更有天文、地理、人體諸類。這是西方的文化背景與知識譜系，西人習以爲常，喜聞樂見。在歐洲文藝復興和美洲地理大發現之後，見到别樣的動物、植物以及礦物，博物學得到長足發展。至19世紀前半期，博物學形成了動物學、植物學和礦物學三大體系，達於鼎盛。至19世紀後期，動物學、植物學獨立出來，成爲生物學，礦物學則擴展爲地質學，博物學已被架空。至20世紀，博物學已不再屬於什麼科學研究，而完全變成一種生態與環境探索，以供民衆休閑安居的社會活動。其時，除却發端於亞里士多德的 "博物學" 之外，也有後起的 "文化博物學"（Cultural Museology），這是一門非主流的綜合性學科，旨在研究人類一切文化遺產，試圖展示并解釋歷史的傳承與發展，但在題材視野、表達主旨等方面與中華傳統博物學仍甚有差异。面對此類非主流論説，當年的譯者或視而不見，或有意摒弃，其志在振興我中華。

在尋求救國的路途中，仁人志士們目睹了西方先進文化，身感心受，嚮往久之。"試航東西洋一游，見彼之物質文明，莊嚴燦爛，而回首宗邦，黯然無色，已足明興衰存亡之由，長此以往，何堪設想？"（吳冰心《博物學雜誌》發刊詞，1914 年 1 月，第 1 ~ 4 頁），此時仁人志士們滿腔熱血，一心救國。但如何救國，却茫茫然，如墮五里霧中。這一救國之路從表象上觀察似乎一切皆以日本爲鏡鑒，實則迥别於 "明治維新" 之路，未能把握 "富國强兵、置産興業" 之首要方嚮，而當年的執政者却祇顧個人權勢的得失，亦無此遠大志嚮。仁人志士們雖振臂疾呼，含泪吶喊，祇飄摇於上層精英之間，因一度失去民族自信、文化自信，而不知所措，矛頭直指孔子及千載儒學，進而直指傳統文化。五四運動前夜，北京大學著名教授錢玄同即正告國人 "欲驅除一般人之幼稚的野蠻的頑固的思想"，就必須要 "廢孔學"，必須要 "廢漢文"（錢玄同《中國今後的文字問題》，載 1918 年 4 月 15 日《新青年》第 4 卷第 4 號）。翌年，五四運動爆發，仁人志士們高舉 "德謨克拉西"（民主）、"賽因斯"（科學）兩面大旗，掀起反帝反封建的狂濤巨瀾，成爲中國近現代史上的偉大里程碑，中國人民自此視野大開。這兩面大旗指明了國家强弱成敗的方嚮。但與此同時，仁人志士們又毫不猶豫，全力以赴，要堅决 "打倒孔家店"。於是，孔子及其儒家學説成了國弱民窮的替罪羊！接踵而至的就是對於漢字及其代表的漢文化的徹底否定。偉大革命思想家魯迅也一直抨擊傳統觀念、傳統體制，1936 年 10 月，在他逝世前夕《病中答救亡情報訪員》一文中，竟然斷言："漢字不滅，中國必亡！" 而新文化運動的主要人物之一胡適更是語出驚人："我們必須承認我們自己百事不如人，不但物質機械上不如人，不但政治制度不如人，并且道德不如人，知識不如人，文學不如人，音樂不如人，藝術不如人，身體不如人。" 中華民族是 "又愚又懶的民族"，是 "一分像人，九分像鬼的不長進民族"（胡適《介紹我自己的思想》，1930 年 12 月亞東圖書館初版《胡適文選》自序）。這是五四運動前後一代精英們的實見實感，本意在於革故鼎新，但這些通盤否定傳統文化的主張，不啻是在緊要歷史關頭的一次群情失控，是中國文化史中的一次失智！在這樣的歷史背景、這樣的歷史氣勢之下，接受西方"博物學"就成了必然，有誰會顧及古老的傳統博物學？

在引進西方博物學之後，國人紛予效法，試圖建立所謂中華自家的博物學，於是圍繞植物學、動物學兩大方面遍搜古今，窮盡群書，着眼於有關動植物之類典籍的縱橫搜求，但這并非我中華的博物全貌，也并非我中華博物學，況且在中華古典博物學中，也罕見西方礦物學之類著作，可見，試圖以西方的博物學體系，另建中華古典博物學，實在是削足適履、邯鄲學步。自 1902 年始，晚清推行學制改革，先後頒布了"壬寅學制""癸卯學制"。1905 年，根據《奏定學堂章程》，已將西方博物學納入中學的課程設置。其課程分爲植物、動物、礦物、人體生理學四種，分四年講授。1912 年中華民國成立後，江浙等地出現過博物學會和期刊，稍後武昌高等師範學校設立了博物學系，出版過《博物學雜誌》，主要研究動物學、植物學及人體生理學，隨後又將博物學系改稱生物學系，《博物學雜誌》也相應改稱《生物學雜誌》，重走了西方的老路。北京高等師範學校也有類似經歷，甚爲盲目而混亂。至 30 年代，發現西方博物學自 20 世紀始，已轉型爲生態與環境探索，國人因再無興趣，對西方博物學的大規模推廣、學習在中國遂告停止，但因影响至深，其餘風猶存。

二、中華典籍浩如海，博物古學何處覓？

應當指出，中國古代典籍所載之草木、鳥獸、蟲魚之類，亦有別於西方，除却其自身屬性特徵外，又常常被人格化，或表親近，或加贊賞，體現了另一種精神情愫。如動物龜、鶴，寓意長壽（其後，龜又派生了貶義）；豺、狼、烏鴉、猫頭鷹，或表殘忍，或表不祥；其他如十二生肖，亦各有象徵，各有寓意。而那些無血肉、無情感的植物，同樣也被賦予人文色彩。如漢班固《白虎通·崩薨》載："《春秋含文嘉》曰：天子墳高三仞，樹以松；諸侯半之，樹以柏；大夫八尺，樹以欒；士四尺，樹以槐；庶人無墳，樹以楊、柳。"足見在我國古老的典制禮俗中，松、柏、欒、槐、楊、柳，已被賦予了不同的屬性，被分爲五等，楊、柳最爲低賤；就連如何埋葬也分爲五等，嚴於區別，從墳高三仞到無墳，成爲天子到庶人的埋葬標志。實則墳墓分爲等級，早在公元前 3300 年至公元前 2300 年的良渚古城遺址已經發現。這些浩浩博物，廣泛涉及了古老民族和古老國度的典制與禮俗，我國學人也難盡知，西方的博物學又當如何表述？

可見西方博物學絕難取代中華古典博物學，中華古典博物學的研究範圍，遠超西方博物學，或可說中華古典博物學大可包容西方博物學。如今，這一命題漸引起國内一些有識之士、專家學者的關注。那麼，中華古典博物學究竟發端於何時何地？有無相對成型的體系？如何重建？答曰：若就人類辨物創器而言，上古即已有之，環宇盡同。若僅就我中華文獻記載而言，有的學者認爲當發端於《周易》，因爲"易道廣大，無所不包"（《四庫全書總目提要》卷九），或認爲發端於《書·禹貢》，因爲此書廣載九州山河、人民與物産。《周易》《禹貢》當然可以視爲中華博物學的源頭。而作爲中華博物學體系的領銜專著，則普遍認爲始於晋代張華《博物志》。而論者則認爲，中華博物學成爲一門相對獨立的學科體系，當始於秦漢間唐蒙的《博物記》，此書南北朝以來屢見引用，張華《博物志》不過是續作而已。對此，前人久有論述。如《四庫全書總目提要》卷一四二曰："劉昭《續漢志》注《律曆志》引《博物記》一條，《輿服志》引《博物記》一条，《五行志》引《博物記》二條，《郡國志》引《博物記》二十九條……今觀裴松之《三國志》注（《魏志·太祖紀》《文帝紀》《吳志·孫賁傳》等）引《博物志》四條，又於《魏志·涼茂傳》中引《博物記》一條，灼然二書，更無疑義。"再如宋周密《齊東野語·野婆》曰："《後漢·郡國志》引《博物記》曰：'日南出野女，群行不見夫，其狀晶且白，裸袒無衣襦。'得非此乎？《博物記》當是秦漢間古書，張茂先（張華，字茂先）蓋取其名而爲《志》也。"再如明楊慎《丹鉛總録》卷一一："漢有《博物記》，非張華《博物志》也，周公謹云不知誰著。考《後漢書》注，始知《博物記》爲唐蒙作。"如前所述，此書南北朝典籍中多有引用，如僅在南朝梁劉昭《續漢志》注中，《博物記》之名即先後出現了三十三次之多。據有關古籍記載，其内包括了律曆、五行、郡國、山川、人物、輿服、禮俗等，盡皆實有所指，無一虛幻。故在明代有關前代典籍分類中，已將唐蒙《博物記》與三國魏張揖《古今字詁》、晋吕静《韻集》、南朝梁阮孝緒《古今文詁》、唐顏元孫《干禄字書》、宋洪适《隸釋》等字書、韵書并列（見明顧起元《説略》卷一五），足見其學術地位之高，而張華《博物志》則未被録入。

至西晋已還，佛道二教廣泛流傳，神仙方士之説大興，於是張華又衍《博物記》爲《博物志》，其書内容劇增，自卷一至卷六，記載山川地理、歷史人物、草木蟲魚，這些當是紀要考訂之屬，合乎本文指稱的名副其實的博物學系統。此外，又力仿《山海經》的體例，旨在記載异物、妙境、奇人、靈怪，以及殊俗、瑣聞等，諸多素材語式，亦幾與《山海經》盡同，若"羽民國，民有翼，飛不遠……去九嶷四萬三千里"云云，并非"浩博實物"，已近於"志怪"小説。張華自序稱其書旨在"博物之士覽而鑒焉"，張序指稱的"博物之士"，義同前引《左傳》之"博物君子"，其"博物"是指"博通諸種事物"，虚虚實實，紛紛紜紜，無所不包。此類記述，正合世風，因而《博物志》大行其道，《博物記》則漸被冷落，南北朝之後已失傳，其殘章斷簡偶見於他書，可輯佚者甚微。後世輾轉相引，又常與《博物志》混同。《博物志》至宋代亦失傳，今本十卷爲采摭佚文、剽掇他書而成，真僞雜糅，亦非原作。其後又有唐人林登《續博物志》十卷，緊接《博物志》之後，更拓其虚幻内容，以記神异故事爲主，多是叙述性文字，其條目篇幅較長，宋代之後也已亡佚。再後宋人李石又有同名《續博物志》十卷，其自序稱："次第仿華書，一事續一事。"實則并不盡然，華書首設"地理"，李書改增爲"天象"，其他内容，間有與華書重複者，所續多是後世雜籍，宋世逸聞。此書雖有舛亂附會之弊，仍不失爲一部難得的繼補之作。李書之後，又有明人游潛《博物志補》三卷，仍係補張華之《志》，旨趣體例略如李石之《續志》，但頗散漫，時補時闕，猥雜冗濫。李、游一續一補，盡皆因仍張《志》，繼其子遺。以上諸書之所謂"博物"，一脉相承，注重珍稀之物而外，多以臚列奇事异聞爲主旨，同"浩博實物"的考釋頗有差异。游潛稍後，明董斯張之《廣博物志》五十卷問世，始一改舊例，設有二十二類，下列子目一百六十七種，所載博物始於上古，達於隋末，不再因仍張《志》而爲之續補，已是擴而廣之，另闢山林，重在追溯事物起源，其中包括職官、人倫、高逸、方技、典制，等等。其後，清人陳逢衡著有《續博物志疏證》十卷、《續博物志補遺》一卷，對李石《續志》逐條研究探索，并又加入新增條目，成爲最系統、最深入的《續》説。其後，徐壽基又著有《續廣博物志》十六卷，繼董《志》餘緒，於隋代之後，逐一相繼，直至明清，頗似李石之續張華。但《廣志》《續廣志》之類，仍非以專考釋"浩博實物"爲主旨。我國第一部以"博物"命名而研究實物的專著，當爲明末谷應泰之《博物要覽》。該書十六卷，惜所涉亦不過碑版、書畫、銅器、窑器、瑪瑙、珊瑚、珠玉、奇石等玩賞之器物，皆係作者隨所見聞，摭録成帙；所列未廣，其中碑版書畫，尤爲簡陋，難稱浩博，其影響遠不及前述諸《志》，但所創之寫實體例，則非同尋常。而最具權威者，當是明末黄道周所著《博物典彙》，該書共二十卷，所涉博物，始自遠古，達於當朝，上自天文地理，下至草木蟲魚，盡予囊括，并以其所在時代最新的觀點、視野，對歷代博物著述進行了彙總研究。如卷一關於"天文"之考釋，下設"渾天""七曜"，"七曜"下又設"日""月""五星"，再後又有"經星圖""緯星圖""二十八宿"。又如卷七關於"后妃"，下設"宮闈内外之分""宮闈預政之誡"，緊隨其後的即教育"儲貳"之法，等等，甚爲周嚴。

以上諸書就是以"博物"命名的博物學專著。在晚清之前，代代相繼，發展有序，并時有新的建樹。

與這些博物學專著相并行，相匹配，另有以"事"或"事物"命名，旨在探索事物起源的博物學專著。初始之作爲北魏劉懋《物祖》十五卷，稍後有隋謝昊《物始》十卷，是對《物祖》的一次重大補正。《物始》之後，有唐劉孝孫等《事始》三卷，又有五代馮鑑《續事始》十卷，是對《事始》的全面擴展與開拓。《續事始》之後，另有宋高承《事物紀原》十卷，此書分五十五個類目，上自"天地生植"，中經"樂舞聲歌""輿駕羽衛""冠冕首飾""酒醴飲食"，直至"草木花果""蟲魚禽獸"，較《物祖》《物始》尤爲完備，遂成博物學的百代經典。接踵而來者有明王三聘《古今事物考》八卷，效法《紀原》之體，自古至今，上至天文地理，下至昆蟲草木，中有朝制禮儀、民生器用、宮室舟車，力求完備，較之他書尤得要領，類居目列，條理分明，重在古今考釋，一事一物，莫不求源溯始，考核精審。此書載録服飾資料尤爲豐富，如卷一有上古禮制之種種服式，非常全面，卷六所載後世之巾冠、衣、佩、帶、襪、履舄、僧衣、頭飾、妝飾、軍服等百餘種，考證多引原書原文，確然有據，甚爲難得。就全書而言，略顯單薄。明徐炬又有《古今事物原始》三十卷，此書仿高承《紀原》之體，又參《事物考》之章法，以考釋制度器物爲主，古今上下，盡考其淵源，更有所得，凡日月星辰、山川草木，亦必確究其淵源流變，但此與天地共生之浩浩博物，四百餘年前的一介書生，豈可臆測而妄斷？爲此而輾轉援引，頗顯紛亂。且鳥獸花草之起首，或加偶語一聯，或加律詩二句，而後逐一闡釋，實乃蛇足。其書雖有此瑕疵，却不掩大成。與王、徐同代的還有羅頎《物原》二卷（《四庫》本作一卷），羅氏以《紀原》不能黜妄崇真，故更訂爲十八門，列二百九十三條，條條錘實。如，刻漏、雨傘、錮子（用於連合破裂器物的兩脚釘）、酒、豆腐之類的由來，多有創見。惜違《紀原》明記出典之體，又背《事物考》之道，凡有考釋，則溷集衆説爲一。如，烏孫公主作琵琶，張華作苔紙，皆茫然不知所本。不過章法雖有差失，未臻完美，但其功業甚巨，《物原》成爲一部研究記述我國先民發明創造的專著。時至清代，陳元龍又撰

《格致鏡原》一百卷。何謂"格致鏡原"？意即格物致知，以求其本原。此書的子目多達一千七百餘種，明代以前天地間萬事萬物盡予羅致，一事一物，必究其原委，詳其名號，廣博而精審，終成中華古典博物學的巔峰之作。

以上兩大系列專著，自秦漢以來，連續兩千載，一脉相承，這并非十三經、二十六史之類的敕編敕修，無人號令，無人支持，完全出自一種無形的力量，出自文化大國、中華文脉自惜自愛的傳承精神，從而構成浩大的博物學體系。在我國學術研究史中，在我國圖書編纂史中，乃至於世界文化史中，當屬大纛獨立，舉世無雙！本當如江河之奔，生生不息，終因清廷喪權辱國、全盤西化而戛然中斷。

三、博物古學歷磨難，科技起落何可悲！

回顧我國漫長的文化史可知，中華博物學是在傳統的"重道輕器"等陳腐觀念桎梏下，以強大的民族自覺精神、民族意志爲推動力，砥礪前行，千載相繼，方成獨立體系，因而愈加難得，愈加可貴。

"重道輕器"觀念是如何出現的？何謂"道器"？兩者究竟是何關係？《周易·繫辭上》曰："形而上者謂之道，形而下者謂之器。"何謂"道"？所謂道乃"先天地生"，無形無象、無聲無色、無始無終、無可名狀，爲"萬物之所然也，萬理之所稽也"（見《韓非子·解老》），是指形成宇宙萬物之本原，是形成一切事理的依據與根由。何謂"器"？器即宇宙間實有的萬物，包括一切科技發明，至巨至大，至細至微，充斥天地間，而盡皆不虛，或有實物可見，或有形體可指。器即博物，博物即器。"道器關係"本是一種有形無形、可見與不可見的生衍關係，并無高下之分，但在傳統文化中却另有解釋。如《周禮·考工記序》曰："坐而論道，謂之王公；作而行之，謂之士大夫；審曲面埶，以飭五材，以辨民器，謂之百工。"又曰："智者創物，巧者述之，守之世，謂之百工。百工之事，皆聖人之作也。"此文突顯了"道"對於"器"的指導與規範地位。"坐而論道"，可以無所不論，民生、朝政、國運、天下事，當然亦在所論之中。"道"實則是指整體人世間的一種法則、一種定律，或説是我古老的中華民族所創造的另一種學説。所謂"論道者"，古代通常理解爲"王公"或"聖人"，實則是代指一代哲人。《考工記序》却將論道與製器兩者截然分開，明確地予以區別，貶低萬衆的創造力，旨在維護專制統治，從而確定人們的身份地位。坐而論道者貴爲王公，親身製器者屬末流之百工（"審曲面埶，以飭五材、以辨民器"，謂觀察金、木、皮、玉、土之曲直、性狀，據以製造民人所需之器物）。《考工記序》所記雖名爲"考工"，實則是周代禮制、官制之反映，對芸芸衆生而言，這種等級關係之誘惑力超乎尋常，絕難抵禦，先民樂於遵從，樂於接受，故而崇敬王公，崇敬聖人，百代不休。因而在中國古代，科學技術大受其創。

"重道輕器"的陳腐觀念，在中國古代影響廣遠，"器"必須在"道"的限定之下進行，不得隨意製作，不得超常發揮，"道"漸演化爲統治者實施專政的得力手段。"坐而論道"，似乎奧妙無盡。魏晉時期，藉儒入道，張揚"玄之又玄"，乃至於魏晉人不解魏晉文章，本朝人爲本朝人作注，史稱"玄學"。兩宋由論道轉而談理，一代理學宗師應運而生，闡理思辨，超乎想象，就連虛幻縹緲的天宮，亦可談得妙理聯翩，後世道家竟繪出著名的《天宮圖》來。事越千載，五四運動時期，那些新文化運動主將們聯手痛搗"孔家店"，却不攻玄理，"論道""崇道""樂道""惜道"，滾滾而來，遂成千古"道"統，已經背離《易》《老》的本義。出於這樣的觀念，如何會看重"形而下"的博物與博物學？

那麽，古代先民又是如何看待與博物學密切相關的科學技術？《書・泰誓下》載，殷紂王曾作"奇技淫巧，以悅婦人"，爲百代不齒，萬世唾罵。何謂"奇技淫巧"？唐人孔穎達釋之曰："奇技謂奇異技能，淫巧謂過度工巧……技據人身，巧指器物。"所謂"奇技淫巧"，今大底可釋爲超常的創造發明，或可直釋爲科學技術。論者認爲，"百代不齒，萬世唾罵"者并不在於"奇技淫巧"這一超常的創造發明，而在於紂王奢靡無度，用以取悅婦人的種種罪孽。至於紂王是否奢靡無度，"以悅婦人"，今學界另有考證。紂王當時之所以能稱雄天下，正是由於其科技的先進，軍事的強大，其失敗在於大拓疆土，窮兵黷武，導致內外哀怨，決戰之際又遭際叛亂。所謂"以悅婦人"之妲己，祇是戰敗國的一種"貢品"而已，對於年過半百的老人并無多大"媚力"。關於殷商及妲己的史料，最早見於戰國時期成書的《國語・晉語一》，前後僅有二十七字，并無"酒池肉林""炮烙之刑"之類記載，後世史書所謂紂王對妲己的種種寵愛，實是一種演繹，意在宣揚"紅顔禍水"之説（此説最早亦源於前書。"紅顔禍水"，實當稱之爲"紅顔薄命"）。在中國古代推崇"紅顔禍水"論，進而排斥"奇技淫巧"，從而否定了科技的力量，否定了科技強弱與國家強弱的關係。時至周代，對於這種"奇技淫巧"，已有明確的法律限定："作淫聲、異服、奇技、奇器以疑衆，殺！"（見《禮記・王制》）這也就是說，要杜絕一切新奇的創造發明，連同歌聲、服飾也不得超乎常規，否則即犯殺罪！此文自漢代始，多有注疏，今擇其一二，以見其要。"淫聲"者，如春秋戰國時鄭、衛常有男女私會，謳歌相引，被斥爲淫靡之聲；"奇技"者，如年輕的公輸班曾"請以機窆"，即以起重機落葬棺木，因違反當時人力牽挽的埋葬禮節，被視爲不恭。一言以蔽之，凡有違禮制的新奇科技、新奇藝術，皆被視爲疑惑民衆，必判以重罪。這就是所謂"維護禮制"，其要害就是維護統治者的統治地位，故而衣食住行所需器物的質材及數量，無不在尊卑貴賤的等級制約之中。如規定平民不得衣錦綉，不得鼎食，商人、藝人不得乘車馬，就連權貴們娛樂時選定舞蹈的行列亦不可違制，違制即意味着不軌，意味着僭越。杜絕"奇技淫巧"，始自商周，直至明清而未衰。我國著名的四大發明，千載流傳，未料却如同國寶大熊猫一樣，竟由後世西方科學家代爲發現，實在可悲！四大發明、大熊猫之類，或因史籍隱冷，疏於查閱，或因地處山野，難以發現，姑可不論，但其他很多非常具體的發明創造，雖有群書連續記載，也常被無視，或竟予扼殺。如漢代即有超常的"女布"，因出自未嫁少女之手而得名（見《後漢書·王符傳》），南北朝時已久負盛名，稱"女子布"（見南朝宋盛弘之《荆州記》）。宋代又稱"女兒布"，被贊爲"布帛之品……其尤細者也"（見宋羅濬《寶慶四明志·郡志四》）。其後歷代製作，不斷創新，及至明清終於出現空前的妙品"女兒葛"。"女兒葛"爲細葛布的一種，其物纖細如蟬翼紗，又如傳說中的"蛟女絹"，僅重三四兩，捲其一端，整匹女兒葛便可出入筆管之中，精美絕倫，明代弘治之後曾發現於四川鄰水縣，但却被斷然禁止。明皇甫録《下陴記談》卷上："女兒葛，出鄰水縣，極纖細，必五越月而後成，不減所謂蟬紗、魚子纈之類，蓋十練之力也。予以爲淫巧，下令禁止，無敢作者。"對此美妙的"女兒葛"，時任順慶府知府的皇甫録，并没給予必要的支持、鼓勵，反而謹遵古訓，以杜絕"奇技淫巧"爲己任，堅決下達禁令，并引以爲榮。皇甫録乃弘治九年（1496）進士，爲官清正，面對"奇技淫巧"也如此"果斷"！此後清代康熙年間，"女兒葛"再現於廣東增城縣一帶，其具體情狀，清屈大均《廣東新語·貨語·葛布》中有翔實描述，但其遭遇同樣可悲，今"女兒葛"終於銷聲匿迹。在中國古代，類似的遭遇，又何止"女兒葛"？杜絕"奇技淫巧"之風，一脉相承，何可悲也。

　　但縱觀我華夏全部歷史可知，一些所謂的"奇技淫巧"之類，雖屢遭統治者的禁弃，實則是禁而難止，況統治者自身對禁令也時或難以遵從，歷代帝王皇室之衣食住行，幾乎無一不恣意追求舒適美好，爲了貪圖享樂，就不得不重視科技，就不得不啓用科技。如

"被中香爐"（爐内置有炭火、香料，可隨意旋轉以取暖，香氣縷縷不絶。發明於漢代）、"長信宮燈"（燈内裝有虹管，可防空氣污染。亦發明於漢代）的誕生，即明證。歷代王朝所禁絶的多是認定可能危及社稷之類的"奇技淫巧"，并未禁止那些有利於民生的重大發明，也没有壓抑摧殘黎民百姓的靈智（歷史中偶有以愚民爲國策者，祇是偶或所見的特例而已）。帝王們爲維護其統治地位，以求長治久安，在"重道輕器"的同時，也極重天文、曆算、農桑、醫藥等領域的研究，凡善於治國的當權者，爲謀求其國勢得以强盛，則必定大力倡導科技，《後漢書·和熹鄧皇后紀》所載即爲顯例。和熹皇后鄧綏（公元 81—121），深諳治國之道，兼通天文、算數。永元十四年（102），漢和帝死後，東漢面臨種種滅頂之災，鄧綏先後擁立漢殤帝和漢安帝，以"女君"之名親政長達十六年，克服了有史以來最嚴重的十年天災，剿滅海盗，平定西羌，收服嶺南三十六個民族，將九真郡外的蠻夷夜郎等納入版圖，恢復東漢對西域的羈縻，征服南匈奴、鮮卑、烏桓等，平息了内憂外患，使危機四伏的東漢王朝轉危爲安。正是在這期間，鄧綏大力發展科技，勉勵蔡倫改進造紙術，任用張衡研製渾天儀、地動儀等儀器，并製造了中尚方弩機，這一可以連續發射的弩機，其射程與命中率令時人驚嘆，成爲當時世界上最具殺傷力的先進武器（此外，鄧綏又破除男女授受不親的陳腐觀念，創辦了史上最早的男女同校學堂，并通過支持文字校正與字詞研究，推動了世界第一部字典《説文解字》問世）。這就爲傳統的博物研究提供了巨大的空間，因而先後出現了今人所謂的"四大發明"之類。實際上何止是"四大發明"？天文、曆算等領域的發明創造，可略而不論。鄧綏之前，魯班曾"請以機窆"的起重機，出現於春秋時期，早於西方七百餘年。徐州東洞山西漢墓出土的青銅透光鏡，歐洲和日本人稱其爲"魔鏡"，當一束光綫照射鏡面而投影在墙壁上時，墙上的光亮圈内就出現了銅鏡背面的美麗圖案和吉祥銘文。這一"透光鏡"比日本"魔鏡"早出現一千六百餘年，而歐洲的學者直到 19 世紀纔開始發現，大爲驚奇，經全力研究，得出自由曲面光學效應理論，將其廣泛運用於宇宙探索中。今日，國人已能够恢復這一失傳兩千餘載的原始工藝，千古瑰寶終得重放异彩！鄧綏之後，又創造了"噴水魚洗"，亦甚奇妙，令人大開眼界。東漢已有"雙魚洗"之名（見明梅鼎祚《東漢文紀》卷三二引《雙魚洗銘》），未知當時是否可以噴水。"噴水魚洗"形似現今的臉盆。盆内多刻雙魚或四魚，盆的上沿兩側有一對提耳，提耳的設置，不祇是爲了便於提動，同時又具有另外一個功用，即當手掌撫摩時，盆内還能噴射出兩尺高的水柱，水面形成一片浪花，同時會發出樂曲般的聲響，十分神奇。今可確知，"噴水魚洗"興起於唐宋之間（見宋王明清《揮塵前録》卷三、宋何薳《春渚紀聞》卷九），當是皇家或貴族所用盥洗用具。魚洗能够噴水，其道理何在？美國、日本的物理學家曾用各種現代科學儀器反復檢測查看，試圖找出其導熱、傳感及噴射發音的構造原理，雖經全力研究，但仍難得以完整的解釋，也難以再現其效果。面對中國古代科技創造的這一奇迹，現代科學遭遇了空前挑戰，祇能"望盆興嘆"。

中華民族，中華博物學，就是在這樣複雜多變的背景之下跌宕起伏，生存發展，在晚清之前，兩千餘年來，從未停止前進的步伐，這又成爲中華民族的民族性與中華博物學的一大特點。

四、西化流弊何時休，誰解古老博物學？

自晚清以還，中華博物學沉淪百年之久，本當早已復蘇，時至今日，幸逢盛世，正益修典，又何以總是步履維艱？豈料經由西學東漸之後，在我國國內一些學人認定科學決定一切，無與倫比，日積月纍，漸漸形成了一種偏激觀念——"唯科學主義"，即以所謂是否合於科學，來判定萬事萬物的是非曲直，科學擁有了絕對的話語權。"唯科學主義"通常表現爲三種態度：一、否認物質之外的非物質。凡難以認知的物質，則稱之爲"暗物質"。這一"暗"字用得非常巧妙，"暗"，難見也！於是"暗物質"取代了"非物質"；二、否認科學之外的其他發現。凡是遇到無從解釋的難題，面對別家探索的結論，一律斥爲"僞科學"。三、否認科學範圍以外的其他一切生産力，唯有科學可以帶動社會發展，萬事萬物必須以科學爲推手。

何謂"科學"？中國古代本有一種認識論的命題，稱之爲"格致"，意謂"格物致知"，指深究事物原理以求得知識，從而認識各種客觀現象，掌握其變化規律。這種哲學我國先秦諸子久已有之，雖已歷千載百代，但却未得應有的重視，終被西方科學所取代。自16世紀始，歐洲由於文藝復興，挣脱了天主教會的長期禁錮，轉向於對大自然的實用性的探索，其代表作即哥白尼的"日心説"與伽利略天文望遠鏡的發明，同時出現牛頓的力學，這是西方的第一次科技革命。這一時期已有"科學"其實，尚無後世"科學"之名，起始定名爲英語science一詞，源於拉丁文，本意謂人世間的各種學問，隸屬於古希臘的哲學思想，是一種對於宇宙間萬事萬物的生衍關係的一種想象、一種臆解，原本無甚稀奇，此時已反響於歐洲，得以廣泛流傳。至18世紀，新興的資產階級取得政權，爲推行資本主義，又大力發展科學，西方科學已處於世界領先地位。時至19世紀60年代後期及20世紀初，歐洲發生了以電力、化學及鋼鐵爲新興産業的第二次科技革命，英語science一詞迅速擴展於北美和亞洲。日本明治維新時期，赴歐留學的日本學者將science譯成"科學"，學界認爲是藉用了中國科舉制度中"分科之學"的"科學"一詞，如同將英文natural history的語意翻譯成漢語"博物學"一樣，也并不準確，中國的變法派訪日時，對之頂禮膜拜，欣然接受，自家固有的"格致"一詞，如同國學中的其他語詞一樣被弃而不用，"科學"一詞因得以廣泛流傳。"科學"當如何定義？今日之"科學"包括了自然科學、社會科學、思維科學以及交叉科學。除却嚴謹的形式邏輯系統之外，本是一種具體的以實踐爲手段的實證之學。實踐與實證的結果，日積月纍，就形成了人類關於自然、社會和思維的認知體系，成爲人類評斷事物是非真僞的依據。但科學不可能將浩渺無盡的宇宙及宇宙間的萬事萬物盡皆予以實踐、實證，能够實踐、實證者甚微，因而科學總是在不斷地探索，不斷地補正，不斷地自我完善之中，其所能研究的領域與功能實在有限。當代科學可以在指甲似的晶片上，一次性地裝載五百億電晶體，可以將重達六噸以上的太空船射向太空，并按照既定指令進行各種探索，但却不能造出一粒原始的細胞來，因爲這原始細胞結構的複雜神秘，所蘊含的奇妙智慧，人類雖竭盡全力，却至今無法破解。細胞來自何處？是如何形成的？科學完全失去了話語權！造不出一粒原始的細胞，造一片樹葉尤無可能，造一棵大樹更是幻想，遑論萬千物種，足證"科學"并非萬能的唯一學問。況且，"暗物質"之外，至少在中國哲學體系中尚有"非物質"。何謂"非物質"？"非物質"是與"物質"相對而言，區別於"暗物質"的另一種存在，正如前文所述，它"無形無象、無聲無色、無始無終、無可名狀"，在中國古代稱之爲"道"。"道"可以不遵循因果關係，可以無中生有，爲"萬物之所然也，萬理之所稽也"，可以解釋萬物的由來，可以解釋宇宙的形成。今以天體學的的視野略加分析，亦可見"唯科學主義"的是非。人類賴以生存的地球，其直徑約爲12742公里，是太陽系中的第三顆小行星。太陽系的直徑約爲2光年，太陽是銀河系中數千億恒星之一，銀河系的直徑約爲10萬光年，包括1千億至4千億顆恒星，而宇宙中有一千至兩千億銀河系，宇宙有930億光年。一光年約等於9.46萬億公里。地球在宇宙中衹是一粒微塵，如此渺小的地球人能創造出破解一切的偉大科學，那是癡人説夢！中華先賢面對諸多奧妙，面對諸多不可思議的現象，提出這一"無可名狀"之"道"，當然并非憑空想象，自有其觀測與推理的依據，這顯然不同於源自西方的科學，或曰是西方科學所包容不了的。先賢提出的"無可名狀"的"道"，已超越物質的範圍，或曰"道"絕非"暗物質"所能替代的。這一"無可名狀"的"道"，在當今的別樣的時空維度中已得到初步驗證（在這非物質的維度中滿富玄機）。論者提出這一古老學説，旨在證明"唯科學主義"排斥其他一切學説，過分張揚，不足稱道，絕無否定或輕忽科學之意。百年前西學東漸，尤其是西方科學的傳入，乃是我中華民族思維與實踐領域的空前創獲，是實踐與思維領域的一座嶄新的燈塔，如今已是家喻户曉，人人稱贊，任誰也不會否認科學的偉大，但却不能與偏激的"唯科學主義"混同。後世"科學"一詞，又常常與"技術"連稱爲"科學技術"，簡稱"科技"。何謂"技術"？"技術"一詞來源於希臘文"techs"，通常指個人的技能或技藝，是人類利用現有實物形成新事物，或改變原有事物屬性、功能的方法，或可簡言之曰發明創造。科學技術不同於科學，也不同於技術，也不是科學與技術的簡單相加。科學技術是科學與技術的有機結合體系，既是人類認識世界和改造世界的成果或產物，又是人類認識世界和改造世界最有力的工具或手段，兩者實難分割。某些技術本身可能祇是一種技法，而高深技術的背後則必定是科學。

出於上述"唯科學主義"偏激觀念，重建中華博物學就遭致了質疑或否定，如有學者認爲，中國古代祇有技術而没有科學，哪有什麼中華博物學？中華博物學被看作"前科學時代的粗糙的知識和技能的雜燴"，是一種"非科學性思考"，没有什麼科學價值，當然也就没有重建的必要，因爲西方博物學久已存在，無可替代。中國古代當真"祇有技術而没有科學"麼？前文已論及"科學"與"技術"很難分割，在中國古代不祇有"技術"，同樣也有"科學"。回眸世界之歷史長河，僅就中西方的興替發展脉絡略作比較，就可以看到以下史實：當我中華處於夏禹已劃定九州、建有天下之際，西方社會多處於尚未開化的蠻荒歲月；當我中華已處於春秋戰國鋼鐵文化興起之際，整個西方尚處於引進古羅馬文明的青銅器時代；當我宋代以百萬册的印數印刷書籍之際，中世紀的西方仍然憑藉修士們成年纍月在羊皮卷上抄寫複製；著名的火藥、指南針等其他重大發明姑且不論，單就中國歷朝歷代任何一件發明創造而言，之於西方社會也毫不遜色，直至清代中葉，中國的科技一直處於世界領先地位。英國科學家李約瑟主編的七卷巨著《中國科學技術史》，即認爲西方古代科學技術85%以上皆源於中國。這是西方人自發的没有任何背景、没有任何色彩的論斷，甚爲客觀，迄今未見异議。此外又有學者指出，中華傳統博物學不祇擁有科技，又超越了科技的範疇，它是"關於物象（外部事物）以及人與物的關係的整體認知、研究範式與心智體驗的集合"，"這種傳統根本無法用科學去理解和統攝"，中華古典博物學"給我們提供的'非科學性思考'，恰恰是它的價值所在"（余欣《中國博物學傳統的重建》，載《中國圖書評論》，2013 年第 10 期，第 45 ～ 53 頁）。這無疑是對"唯科學主義"最有力的批駁！是的，本書極重"科技"研究，又不拘泥於"科技"，同樣重視"非科學性思考"。

中華古典博物學的研究主體是"博物"，是"博物史"，通過對"博物""博物史"的探索，而展現的是人，是人的生存、生活的具體狀況，是人的直觀發展史。中華傳統博物學構成了物我同類、天人合一的博大的獨立知識體系，是理解和詮釋世界的另一視野，這種視野中的諸多"非科學性思考"的博物，科學無法全面解讀，但却是真真切切的客觀存在。所謂傳統博物學是"前科學時代的粗糙的知識和技能的雜燴"，是"非科學性思考"的評價，甚是武斷，祇不過是一種不自覺的"唯科學主義"觀念而已。另將"科學"與"技術"分割開來，強調什麼"科學"與否，這一提法本身就不太"科學"。對此，本書前文已論及，無須複述。我國作爲一個古老國度，在其漫長的生衍過程中，理所當然地包容了"粗糙的知識和技能"。這一狀況世界所有古國盡有經歷，并非中國獨有。"粗糙的知識"的表述似乎也并不恰當，"知識"可有高下深淺之分，未聞有粗糙細緻之別。這所謂"粗糙"，大約是指"成熟"與否，實際上中華傳統博物學所涉之"知識和技能"，并非那麼"粗糙"，常常是合於"科學"的，有些則是非常的"科學"。英國科學家李約瑟等認定古代中國涌現了諸多"黑科技"。何謂"黑科技"？這是當前國際間盛行的術語，即意想不到的超越科技之科技，可見學界也是將"科學"與"技術"連體而稱，而并非稱"黑科學"。認定中國古代"祇有技術而沒有科學"，傳統博物學是"前科學時代的粗糙的知識和技能的雜燴"之説，頗有些"粗糙"，準確地説頗有些膚淺！這位學者將傳統博物學統稱爲"前科學時代"的產物，亦是一種妄斷，也頗有些隨心所欲！何謂"前科學時代"？"前科學時代"是指形成科學之前人們僅憑五官而形成的一種感知，這種感知在原始社會時有所見，但也并非全部如此，如鑽木取火、天氣預測、曆法的訂立、灸砭的運用等，皆超越了一般的感知，已經形成了各自相對獨立的科學。看來這位學者并不怎麼瞭解中國古代科技史，并不太瞭解自家的傳統文化，實屬自誤而誤人。

中華博物學的形成及發展歷程，與西方顯然不同。西方博物學萌生於上古哲人的學説，其後則以自然科學爲研究主體，遍及整個歐洲，全面進入國民的生活領域。在這樣的文化背景之下，西方日益强大，直接影響和推動了社會的發展，因而步入世界前列。我中華悠悠數千載，所涉博物，形形色色，浩浩蕩蕩，逐漸形成了中華獨有的博物學體系，但面臨的背景却非常複雜，與西方比較是另一番天地，那就是貫穿數千載的"重道輕器"觀念與排斥"奇技淫巧"之國風，這一觀念、這一國風，其表現形式就是重文輕理，且愈演愈烈。如中國久遠的科舉制度，應試士子們本可"上談禮樂祖姬孔，下議制度輕儵玄"（見明高啓《送貢士會試京師》詩），縱論古今國事，是非得失，而朝廷則可藉此擇取英才，因而國家得以强盛。時至明代後期，舉國推行的科舉制度竟然定型爲千篇一律的八股文，泯滅了朝廷取才之道，一代宗師顧炎武稱八股之禍勝似"焚書坑儒"（見《日知録·擬題》）。清代後期爲維護其獨裁統治，手段尤爲專橫强硬，又向以"天朝"自居，哪裏會重視什麼西方的"科學技術"？"科學技術"的落伍最終導致文明古國一敗塗地，這也就是"李約瑟難題"的答案！"科學"之所以成爲"科學"，是因爲其出自實踐、實證，實踐、實證是科學的生命。實踐、實證又必須以物質爲基礎，這正與我中華博物學以浩浩博物爲研究主體相合！但中華博物學，或曰博物研究，始終被置於正統的國學之外，這一觀念與國風，極大地制約了中華博物學的發展。制約的結果如何？可以毫不誇張地説，直接阻礙了中國古代社會的歷史進程。

五、中華博物知多少，皓首難解千古謎

中華博物如繁星麗天，難以勝計，其中有諸多別樣博物，可稱之爲"黑科技"者，令人百思不得其解。如八十餘年前四川廣漢西北發現的三星堆古蜀文化遺址，距今約四千八百年至三千年左右，所在範圍非常遼闊，遠超典籍記載的成都平原一帶，此後不斷探索，不斷有新的發現，成爲 20 世紀人類最偉大的考古發現之一。該遺址内三種不同面貌而又連續發展的三期考古學文化，以規模壯闊的商代古城和高度發達的青銅文明爲代表的二期文化最具特點。二期文化中青銅器具占據主導地位，極爲神奇。衆多的青銅人頭象、青銅面具，千姿百態。還有舉世罕見的青銅神樹，該樹有八棵，最高者近 4 米，共分三層，樹枝上栖息有九隻神鳥，應是我國古籍所載"九日居下枝"的體現；斷裂的頂部，當有"一日居上枝"的另一神鳥，寓意九隻之外，另一隻正在高空當班。青銅樹三層

九鳥，與《山海經·海外東經》中所載"扶桑""若木""九日居下枝，一日居上枝"正同。上古時代，先民認爲天上的太陽是由飛鳥所背負，可知九隻神鳥即代表了九個太陽。其《南經》又曰："有木，其狀如牛，引之有皮，若纓、黄蛇。其葉如羅，其實如欒，其木若蓲，其名曰建木。"何謂"建木"？先民認爲"建木"具有通天本能，傳說中伏羲、黄帝等盡皆憑藉"建木"來往神界與人間。由《山海經》的記載可知，這神奇物又來源於傳統文化，大量青銅文化明顯地受到夏商文明、長江中游文明及陝南文明的影響。那些金器、玉器等禮器更鮮明地展現出華夏中土固有的民族色彩。如此浩大盛壯，如此神奇，這一古蜀國究竟是怎樣形成的？又是怎樣突然消失的？詩人李白在《蜀道難》中曾有絶代一問："蠶叢及魚鳧，開國何茫然？"意謂蠶叢與魚鳧兩位先帝，是在什麼時代開創了古蜀國？何以如此茫茫然令人難解？今論者續其問曰："開國何茫然，失國又何年？開失兩難知，千古一謎團。"三星堆的發掘并非全貌，僅占遺址總面積的千分之一左右，只是古蜀文化的小小一角而已，更有浩瀚的未知數，國人面臨的將是另一個陌生的驚人世界。中華民族襟懷如海，廣納百川，中外文化相容并包，故而博大精深。這些百思不得其解的神奇之物，向無答案，確屬於所謂"非科學性思考"，當代專家學者亦爲之拍案。"唯科學主義"面臨這些"黑科技"的挑戰，當然也絶難詮釋。以下再就已見出土，或久已傳世之實物爲例。上世紀80年代，臨潼始皇陵西側出土了兩乘銅車馬，其物距今已有兩千二百餘年，造型之豪華精美，被譽爲世界"青銅之冠"，姑且不論。兩輛車的車傘，厚度僅0.1～0.4厘米，一號車古稱"立車"或"戎車"，傘面爲1.12平方米，二號車傘面爲2.23平方米，而且皆用渾鑄法一次性鑄出，整體呈穹隆形，均勻而輕薄，這一鑄法迄今亦是絶技，無法超越。而更絶的是一號立車的大傘，看似遮風擋雨所用，實則充滿玄機，此傘的傘座和手柄皆爲自鎖式封閉結構，既可以鎖死，又可以打開，同時可以靈活旋轉180度，隨太陽的方位變化而變化，亦可取下插入野外，遮烈日，擋風雨，賞心隨意。令人尤爲稱奇的是，打開傘柄處的雙環插銷，傘柄與傘蓋可各獨立，傘柄就成了一把尖鋭的矛，傘蓋就成了盾，可攻可守。這一0.1～0.4厘米厚的盾，其抗擊力又遠勝今人的製造技術，令今人望塵莫及，故國際友人贊之爲罕見的"黑科技"。此外分存於西安與鎮江東西兩方的北宋石刻《禹迹圖》，尤爲奇異。此圖參閱了唐賈耽《海内華夷圖》，并非單純地反映宋代行政區劃及華夷之間的關係，而是上溯至《禹貢》中的山川、河流、州郡分布，下至北宋當世，已將經典與現實融爲一體。此圖長方約1平方米，宋朝行政區劃即達三百八十個之多，五個大湖，七十座山峰，更有蜿蜒數千里的長江、黃河等江川八十餘條；不衹是中原的地域，尚有與之接壤的大理、吐蕃、西夏、遼等區域，這些區域的山野江河亦有精準的繪製。作爲北宋時代的製圖人，即使能够遍踏域内、域外，也絕難僅憑一己的目力俯瞰全景。此圖由五千一百一十個小方格組成，每一小方格皆爲一百平方公里，所有城市、山野江河的大小距離，盡包容在這些格子裏，全部可以明確無誤地測算出來，其比例尺與今世幾無差異。如此細密精準，必須具有衛星定位之類的高科技纔能繪製出來，九百年前的宋人是憑藉什麼儀器完成的？此一《禹迹圖》較之秦陵銅車馬，更超乎想象，詭异神奇，故而英國學者李約瑟評之爲"世界上最神秘、最杰出的地圖"，美國國家圖書館將一幅19世紀據西安圖打製的拓本作爲館藏珍品。中國古代"黑科技"，又何止臨潼銅車馬與《禹迹圖》？

除却上述文獻記載與出土及傳世之物外，另一些則是實見於中華大地的奇特自然景觀，這些百思不得其解的神奇之物，散處天南海北，自古迄今，向無答案，亦屬於所謂"非科學性思考"，當代專家學者亦爲之拍案。"唯科學主義"面臨這些"黑科技"的挑戰，當然也絕難詮釋。我中華大地這些神奇之物，在當世尤應引起重視，國人必須迎接"超科技時代"的到來。如"應潮井"，地處南京市東紫金山南麓定林寺前。此井雖遠在深山之間，却與五公里外的長江江潮相應，江水漲則井水升，江水退則井水降，同處其他諸井皆無此現象。唐宋以來，已有典籍記載，如《江南通志·輿地志·江寧府》引唐段成式《酉陽雜俎》："蔣山有應潮井，在半山之間，俗傳云與江潮相應，嘗有破船朽板自井中出。"《景定建康志·山川志三·井泉》："應潮井在蔣山頭阤寺山頂第一峰佛殿後。《蔣山塔記》云：'梁大同元年，後閣舍人石興造山峰佛殿，殿後有一井，其泉與江潮盈縮增減相應。'"何以如此，自發現以來，已歷千載，迄今無解。以上的奇特之物，多有記載，名揚天下，而另一些奇物，却久遭冷落，默默無聞。如"靈通石"，亦稱"神石""報警石"，俗稱"猪叫石"。該石位於太行大峽谷林縣境内高家臺輝伏巖村。石體方正，紫紅色，裸露於地面約4立方米，高寬各3米，厚2米，象是一頭體積龐大的臥猪，且能發聲如猪叫。傳聞每逢大事（包括自然灾害、重大變革等）來臨之前，常常"鳴叫"不止，大事大叫數十天，小事則小叫數日，聲音忽高忽低，一次可叫百餘聲，百米之内清晰可聞。但其叫聲衹能現場聆聽，不可錄音。何以如此怪异？同樣不得而知！中華博物浩浩洋洋，漫漫無涯，可謂無奇不有，作爲博物之學，亦必全力探究，這也正是中華博物學承担的使命。

六、中華博物學的研究範圍與狀況，新建學科的指嚮與體式如何？

中國當代尚未建立博物學會，也没有相應的報刊，人們熟知的則是博物院館，而博物院館的職責在於收藏、研究并展出傳世的博物，面對日月星辰、萬物繁衍以及先民生息起居等數千年的古籍記載（包括失傳之物），豈能勝任？中華博物全方位研究的歷史使命衹能由新興的博物學承擔。古老中華，悠悠五千載，博物浩茫，疑難連篇，實難解讀，而新興的博物學却不容迴避，必須做出回答。

本書指稱的博物，包括那些自然物，但并不限於對其形體、屬性的研究，體現了博物古學固有的格致觀念，且常常懷有濃厚的人文情結，可謂奥妙無窮，這又迥别於西方博物學。

如“天宇”，當做何解釋？在中國傳統文化中是與“宇宙”并存的稱謂，重在强調可見的天體和所有星際空間。前已述及，天體直徑可達930億光年以上，實際上可能遠超想象。這就出現了絶世難題：究竟何謂天體？天體何來？戰國詩人屈原在其《天問》篇中，曾連連問天：“上下未形，何由考之？”“馮翼惟象，何以識之？”“明明闇闇，惟時何爲？”千古之問，何人何時可以作答？天宇研究在古代即甚冷僻，被稱爲“絶學”。中國是天宇觀測探索最爲細密的文明古國之一，天象觀測歷史也最爲悠遠，殷墟甲骨、《書》《易》諸經，盡有記載，而歷代正史又設有天文、曆律之類專志，皇家設有司天監之類專職機構，憑此“觀天象、測天意”，以決國策。於是，天文之學遂成諸學之首。天宇研究的主體是天空中的各種現象，這些現象又以各種星體的位置、明暗、形狀等的變化爲主，稱之爲星象。星象極其繁複，難以辨識。於是，在天空位置相對穩定的恒星就成爲必要的定位標志。在人們目力所及的範圍内，恒星數以千計，簡單命名仍不便查找和定位，我華夏先民又將天空劃分爲若干層級的區域，將漫天看似雜亂無章的恒星位置相近者予以組合并命名，這些組合的星群稱之爲星宿。古人視天上諸星如人間職官，有大小、尊卑之分，故又稱星官，因而就有了三垣二十八宿，成爲古天宇學最重要理論依據，這一理論西方天文學絶難取代。

再如古代類書中指稱的“蟲豸”，當代辭書亦少有確解。何謂“蟲豸”？舉凡當今動物學中的昆蟲綱、蛛形綱、多足綱，以及爬行動物中的綫形動物、扁形動物、環節動物、軟體動物中形體微小者，皆爲蟲豸之屬。蟲豸形雖微小，然其生存之久、種類之繁、分布之廣、形態之多、數量之巨，從生物、生態、應用、文化等角度，其意義和價值都大异於其他各類動物，或説是其他各類動物所不能比擬的。蟲豸之屬，既能飛於空，亦能游於水，既能潜於土，亦能藏於山，形態萬千，且各具靈性，情趣互异，故古代典籍遍見記叙，不僅常載於詩文，且多見筆記、小説中。先民又常憑藉其築穴或搬遷之類活動，以預測氣象變化或靈异别端，同樣展現了一幅具體生動的蟲文化畫卷，既有學術價值，又充滿趣味性。自《詩》始，就出現了咏蟲詩，其後歷代從蝶舞蟬鳴、蟻行蛇爬中得到靈感者代不乏人，或以蟲言志，或以蟲抒懷，或以蟲爲比，或以蟲爲興，甚至直以蟲名入於詞牌、曲牌，如僅蝴蝶就有“蝴蝶兒”“玉蝴蝶”“粉蝶兒”“蝶戀花”“撲蝴蝶”“撲粉蝶”等名類。唐歐陽詢《藝文類聚》收集有關蟬、蠅、蚊、蝶、螢、叩頭蟲、蛾、蜂、蟋蟀、尺蠖、螳、蝗等蟲類的詩、賦、贊等數量浩繁，後世仿其體例者甚多，如《事物紀原》《五雜俎》《淵鑑類函》《古今圖書集成·禽蟲典》等，洋洋大觀。不僅詩詞歌賦，在成語、俗語中，言及蟲豸者，亦不可勝數，如莊周夢蝶、蟓首蛾眉、金蟬脱殼、螳螂捕蟬、螳臂當車、蚍蜉撼樹、作繭自縛、飛蛾撲火（詞牌名爲“撲燈蛾”）等；不僅見諸歷代詩文，今世辭章以蟲爲喻者，仍沿襲不衰，如以蝸喻居、以蝶喻舞、以蟬翼喻輕薄、以蛇蠍喻狠毒等，比比皆是，不勝枚舉。

本博物學所指稱博物又包括了人類社會生活的各方面、領域，自史前達於清末民初，有的則可直達近現代，至巨至微，錯綜複雜。而對於某一具體實物，必須從其初始形態、初始用途的探討入手，而後追逐其發展演變過程，這樣纔能有縱横全面的認定，從而作出相應的結論，這正是新興博物學的使命之一。今僅就我中華民族時有關涉者予以考釋。今日，國人對於古代社會生活實在太過陌生，現當代權威工具書所收録的諸多重要的常見詞目，常常不知其由來，遭致誤導。如“祭壇”一詞，《漢語大詞典·示部》釋文曰：

祭壇：供祭禮或宗教祈禱用的臺。劉大傑《中國文學發展史》第一章三：“無論藝術哲學都得屈服於宗教意識之下，在祭壇下面得着其發展生命了。”艾青《吹號者》詩：“今日的原野呵，已用展向無限去的暗緑的苗草，給我們布置成莊嚴的祭壇了。”亦指上壇祭祀。侯寶林《改行》：“趕上皇上齋戒忌辰，或是皇上出來祭壇，你都得歇工（下略）。”

以上引用的三個書證全部是現代漢語，檢索此條的讀者可能會認定“祭壇”乃無淵源的新興詞，與古漢語無關。豈不知《晋書·禮志下》《舊唐書·禮儀志三》《明史·崔亮傳》

諸書皆有"祭壇"一詞，又皆爲正史，并不冷僻。《漢語大詞典》爲證實"祭壇"一詞的存在，廣予網羅，頗費思索，連同侯寶林的相聲也用作重要書證。侯氏雖被贊爲現代語言大師，但此處的"祭壇"，并非"供祭禮或宗教祈禱用的臺"，"祭"與"壇"爲動賓語結構，并非名詞，不足爲據。還應指出，"祭壇"作爲人們祭祀或祈禱所用實體的臺，早在史前即已出現，初始之時不過是壘土爲臺罷了。

此外，直接關涉華夏文化傳播形式的諸多博物更是大异於西方。如"文具"初稱"書具"，其稱漢代大儒鄭玄在《禮記・曲禮上》注中已見行用。千載之後，宋人陶穀《清異錄・文用》中始用"文具"一詞。文具泛指用於書寫繪畫的案頭用具及與之相應的輔助用具。國人憑藉這些文具，創造了最具特色的筆墨文化、筆墨藝術，憑藉這些文具得以描述華夏五千載的燦爛歷史。中華傳統文具究有多少？國人最爲熟悉的莫過於"文房四寶"，實際又何止"文房四寶"？另有十八種文房用具，定名爲"十八學士"，宋代林洪曾仿唐韓愈《毛穎傳》作《文房職方圖贊》（簡稱《文房圖贊》，即逐一作圖爲之贊）。實際上遠超十八種，如筆筒、筆插、筆捵、筆洗、墨水匣、墨床、水注、水承、水牌、硯滴、硯屏、印盒、帖架、鎮紙、裁刀、鉛槧、算袋、照袋、書床、筆擱、高閣，等等，已達三十種之多。

"文房四寶""十八學士"之類中華獨具的傳統文化，今國人熟知者已不甚多，西方博物又何從涉及？何可包容？

七、新興博物學的表述特點，其古今考辨的啓迪價值

當代新興博物學所展現的是中華博物本身的生衍變化以及其同物异名、同名异物等，其主旨之一在於探尋我古老的中華民族的真實歷史面貌，温故知新，從而更加熱爱我们偉大的中華文明。

偉大的中華民族，在歷史上產生过許多杰出的思想觀念，比如，我中華民族風行百代的正統觀念是"君爲輕，民爲本，社稷次之"（見《孟子・盡心下》），這就是強調人民高於君王，高於社稷（猶"國家"），人民高於一切！古老的中華正統對人民如此愛護，如此尊崇，在當今世界也堪稱難得。縱觀朝代更迭的全部歷史可知，每朝每代總有其興起及消亡的過程，有盛必有衰。在這部《通考》中，常有實例可證，如有關商代都城"商邑"的

記載，就頗具代表性。試看，《詩·商頌·殷武》："商邑翼翼，四方之極。"鄭玄箋："極，中也。商邑之禮俗翼翼然……乃四方之中正也。"孔穎達疏："言商王之都邑翼翼然，皆能禮讓恭敬，誠可法則，乃爲四方之中正也。"《詩》文謂商都富饒繁華，禮俗興盛，足可爲全國各地的學習楷模。"禮俗"在上古的地位如何？《周禮·天官·大宰》曰："以八則治都鄙：一曰祭祀，以馭其神……六曰禮俗，以馭其民。"這是説周代統治者以禮俗馭其民，如同以祭祀馭鬼神一樣，未敢輕忽怠慢，禮俗之地位絶不可等閑視之。古訓曰："倉廩實而知禮節，衣食足而知榮辱。"（見《史記·管晏列傳》）此處的"禮節"是禮俗的核心內容，可見禮俗源於"倉廩實"。"倉廩實"展現的是國富民强，而國富民强，必重禮俗，禮俗展現了國家的面貌。早在三千年前的商代，已如此重視禮俗。"商邑翼翼"所反映的是上古時期商都全盛時期的繁華昌明，其後歷代亦多有可以稱道的興盛時期，如"漢武盛世""文景盛世"、唐"貞觀盛世""開元盛世"、宋"嘉祐盛世"、明"永宣盛世"、清"康乾盛世"等，其中更有"夜不閉户，路不拾遺"的佳話。盛世總是多於亂世，或曰温飽時代總是多於飢寒歲月。唐代興盛時期，君臣上下已萌生了甚爲隨和的禮儀狀態，不喜三拜九叩之制，宋元還出現了"衣食父母"之類敬詞（見宋祝穆《古今事物類聚別集》卷二〇、元關漢卿《竇娥冤》第二折），這正體現了"王者以民爲天，民以食爲天"（見《漢書·酈食其傳》）的傳統觀念。中國歷史上的黎民百姓并非一直生活在水深火熱之中，在漫長的歲月中也常有温飽寧静的生活，因而涌現了諸多忠心報國的詩詞。如"但使龍城飛將在，不教胡馬度陰山"（唐王昌齡《出塞二首》之一）；"忘身辭鳳闕，報國取龍庭"（王維《送趙都督赴代州得青字》）；"僵卧孤村不自哀，尚思爲國戍輪臺"（宋陸游《十一月四日風雨大作》）；"奇謀報國，可憐無用，塵昏白羽"（宋朱敦儒《水龍吟·放船千里凌波去》）。

久已沉淪的傳統博物學今得重建，可藉以知曉我中華兒女擁有的是何樣偉大而可愛的祖國！偉大而可愛的祖國，江山壯麗，蘭心大智，光前裕後，莘莘學子尤當珍惜，尤當自豪！回眸古典博物學的沉淪又可確知，鴉片戰爭給中華民族帶來的是空前的傷害，不衹是漢唐氣度蕩然無存，國勢極度衰微，最爲可怕的是傷害了民族自信，爲害甚烈。傷害了民族自信，則必會輕視或否定傳統文化，百代信守的忠義觀念、仁義之道，必消失殆盡，代之而來的則是少廉寡恥，爾虞我詐，以崇洋媚外爲榮，這一狀況久有持續，對青少年的影響尤甚，怎不令人痛心！時至當代，正全力弘揚中華優秀傳統文化，全力推行科技創新，踔厲奮發，重振國風，這又怎不令人慶幸！

　　新興博物學在展現中華博物本身的生衍變化進而展現古代真切的社會生活之外，又展現了一種獨具中華風采的文化體系。如常見語詞"揚州瘦馬"，其來歷如何？祇因元馬致遠《天净沙・秋思》中有"西風古道瘦馬"之句。自2008年山西吕梁市興縣康寧鎮紅峪村發現元代壁畫墓以來，其中的一首《西江月》小令："瘦藤高樹昏鴉，小橋流水人家，古道西風瘦馬，夕陽西下，已獨不在天涯。"在學界引發了關於《天净沙・秋思》的爭論熱議。由《西江月》小令聯想元代的另一版本："瘦藤老樹昏鴉，遠山流水人家，古道西風瘦馬，夕陽西下，斷腸人去天涯。"於是有學人又認爲此一"瘦馬"當指"揚州藝妓"，意謂形單影隻的青樓女子思念遠赴天涯的情郎——"斷腸人"，但這小令中的"瘦馬"之前，何以要冠以"古道西風"四字？則不得而知。通行本狀寫天涯游子的冷落凄凉情景，堪稱千古絕唱，無可置疑。那麼何以稱藝妓爲"瘦馬"？"瘦馬"一詞，初見於唐白居易《有感》詩三首之二："莫養瘦馬駒，莫教小妓女。後事在目前，不信君看取。馬肥快行走，妓長能歌舞。三年五年間，已聞換一主。"金董解元《西廂記諸宮調》中的《仙吕・賞花時》又載："落日平林噪晚鴉，風袖翩翩吹瘦馬。"此處的"瘦馬"無疑確指藝妓。稱妓女爲人人可騎的馬，後世又稱之爲"馬子"，是一種侮辱性的比擬。何以稱"瘦"？在中國古代常以"瘦"爲美，"瘦"本指腰肢纖細，故漢民歌曰："楚王好細腰，宮中多餓死。""細腰"強調的是苗條美麗。"好細腰"之舉，在南方尤甚，揚州的西湖所以稱之爲"瘦西湖"，不祇是因其狹長緊連京杭大運河，實則是因湖邊楊柳依依，芳草萋萋，又有荷花池、釣魚臺、五亭、二十四橋，美不勝收，較之杭州西湖有一種別樣的美麗。國人何以推崇揚州？《禹貢》劃定九州之中就有揚州，今之揚州已有兩千五百餘年的歷史。其主城區位於長江下游北岸，可追溯至公元前486年。春秋時期，吳王夫差在此開鑿了世界最早的運河——邗溝，建立邗城，孕育了唯一與邗溝同齡的運河城；因水網密布，氣候温潤，公元前319年，楚懷王熊槐在此建立廣陵城（今揚州仍沿稱"廣陵"），遂成爲中華歷史名城之一。此後歷經魏晋等朝代多次重修，至隋文帝開皇九年（589），廣陵改稱揚州。揚州除却政治地位顯赫之外，又是美女輩出之地，歷史上曾有漢趙飛燕、唐上官婉兒及南唐風流帝王李煜先後兩任皇后周薔、周薇，號稱"四大美女"。隋煬帝楊廣又在此開鑿大運河，貫通至京都洛陽旁連涿郡，藉此運河三下揚州，尋歡作樂。時至唐代，揚州更是江河交匯，四海通達，成爲全國性的交通要衝，故有"故人西辭黄鶴樓，煙花三月下揚州。孤帆遠影碧空盡，唯見長江天際流"的著名詩篇（唐李白《黃鶴樓送孟浩然之廣陵》，今之揚州已遠離長江）。揚州在唐代是除却長安之外的最爲繁華的大都會，商旅雲聚，青樓大興，成爲文壇才士、豪門公子醉生夢死之地。唐王建《夜看揚州市》詩贊曰："夜市千燈照碧雲，高樓紅袖客紛紛。"詩人杜牧《遣懷》更有名作："落魄江湖載酒行，楚腰纖細掌中輕。十年一覺揚州夢，贏得青樓薄幸名。"此"楚腰纖細掌中輕"之用典，即直涉楚靈王好細腰與趙飛燕的所謂"掌中舞"兩事。杜牧憑藉豪放而婉約的詩作，贏得百世贊頌，此詩實是一種自嘲、以書懷才不遇之作，却曾遭致史家"放浪薄情"的詬病。大唐之揚州，確是令人嚮往，令人心醉，故而詩人張祜有"人生只合揚州死"（見其所作《縱游淮南》）之感嘆。元代再度大修的京杭大運河弃洛陽直達北京，揚州之地位愈加顯赫。總之，世界這一最古最長的大運河歷代修建，始終離不開揚州。時至明清，揚州經濟依然十分繁盛，仍是達官貴人喜於擇居之地，兩淮鹽商亦集聚於此，富甲一方，由此振興了園林業、餐飲業，娛樂中的色情業也應運而生，養"瘦馬"就是其中的一種，一些投機者低價買進窮苦人家的美麗苗條幼女，令其學習言行禮儀、歌舞繪畫及其他媚人技能技巧，而後以高價賣至青樓或權貴豪門，大發其財。除却"揚州瘦馬"之外，又催生了著名的"揚州八怪"，文化藝術色彩愈加分明。

　　"揚州瘦馬"本是一種當被摒弃的陋習，不足爲訓，但這一陋習所反映出的却是關聯揚州的一種別樣的文化，反映了揚州古今社會的經濟發展與變化，這當然也是西方博物學替代不了的。

結　語

　　綜上所述可知，中華博物學是學術研究中的另一方天地，無可替代，必須重建，且勢在必行。如何重建？如何展現我中華博物獨有的神貌？答曰：中華博物絕非僅指博物館的收藏物，必須是全方位的，無論是宮廷裏，無論是山野間，無論是人工物，無論是天然品，無論是社會中，無論是自然界裏，皆應廣予收錄考釋。考釋的主旨，乃探索我中華浩浩博物的淵源、流變。此一博物學甚重"物"的形體、屬性及其淵源流變，同時又關注其得名由來，重視兩者間的生衍關係。通常而言（非通常情況當作別論），在人類社會中有其物必當有其名，有其名亦必有其物。此外，更有同物異名，或同名異物之別。探究“物”本體的淵源流變并釐清名物關係，這就是中國古典博物學的使命，這也正是最爲嚴密的格物致知，也正是最爲嚴肅的科學體系。但中國古典博物學，又必須體現《博物記》以還的國學傳統，必須體現博大的天人視野及民胞物與情懷，有助於我中華的再度振起，乃至於世界的安寧和諧。而那些神怪虛無之物，則不得納入新的博物學中，祇能作爲附録以備考。如何具體裁定，如何通盤布局，并非易事，遠超想象。因我中華民族是喜愛并嚮往神話的古老民族，又常常憑藉豐富的想象對某種博物作出判斷與解讀，判斷與解讀的結果，除却導致無稽的荒誕之外，又時或引發別樣的思考，常出乎人們的所料，具有別樣的價值。如水族中的“比目魚”，亦稱“王餘魚”“兩鰅”“拖沙魚”“鞋底魚”“板魚”“箬葉”，俗稱“偏口魚”，爲鰈形目魚類之古稱。成魚身體扁平而闊，兩眼移於頭的另一端，習慣於側卧，朝上的一面有顔色鮮明的眼睛，朝下一面似無眼睛，先民誤以爲祇有一眼，必須相互比并而行。此一判斷與解讀，始自漢代《爾雅·釋地》：“東方有比目魚焉，不比不行。”郭璞注：“狀似牛脾……一眼，兩片相合乃得行。今水中所在有之，江東又稱爲王餘魚。”事過千載，直至明代李時珍《本草綱目》問世，盡皆認定比目魚僅有一隻眼，出行必須各藉他魚另一眼（見《本草綱目·鱗四·比目魚》）。傳統詩文中用比目魚以比喻形影不離的情侶或好友，先民爭相傳頌，百代不休，直至1917年徐珂的《清稗類鈔》問世，始知比目魚兩眼皆可用，不必兩兩并游（《清稗類鈔·動物篇》）。古人憑藉想象，又認爲尚有與比目魚相對應的“比翼鳥”，見於《爾雅·釋地》：“南方有比翼鳥焉，不比不飛。”這一“比翼鳥”，僅一目一翼，須雌雄并翼飛行，如同比目魚一樣，亦用以比喻形影不離的情侶或好友。“比目魚”“比翼鳥”之類虛幻者外，後世又派生了所謂“連理枝”，著名詩作有唐白居易《長恨歌》曰：“在天願爲比翼鳥，在地願爲連理枝。”何謂“連理枝”？“連理枝”是指自然界中罕見的偶然形成的枝和幹連爲一體的樹木。“連理枝”之外，又出現了“并蒂蓮”之類。“并蒂蓮”亦稱“并頭蓮”“合歡蓮”等，是指一莖生兩花，花各有蒂，蒂在花莖上連在一起的蓮花。這種“連理枝”“并蒂蓮”，難以納入下述的世界通行的階元系統，也難依照林奈創立的雙名命名法命名，但却又是一種不可忽視的實物，是大自然所形成的另一種奇妙的實物。此一“并蒂蓮”如同“比目魚”“連理枝”一樣，亦用以喻情侶或好友，同樣廣見於傳統詩文。歲月悠悠，始於遠古，達於近世，先民對於我中華博物的無限想象以及與之并行的細密觀察探索，令人嘆爲觀止，凡天地生靈、袞袞萬物，無所不及，超乎想象，從而構成了一幅文明古國的壯闊燦爛畫卷。

　　這當是歷經百年沉淪、今得復蘇的我國傳統的博物學，這當是重建的嶄新的全方位的中華博物學。

　　中華博物學除却遵循發揚傳統的名物學、訓詁學、考據學及近世的考古學之外，也廣泛汲取了當代天文、地理、生物、礦物、農學、醫學、藥學諸學的既有成就，其中動植物的本名依照世界通行的階元系統，分爲界、門、綱、目、科、屬、種七類。又依照瑞典卡爾·馮·林奈（瑞文 Carl von Linné）創立的雙名命名法命名。“連理枝”“并蒂蓮”“比目魚”“比翼鳥”之屬旁及龍、鳳、麒麟、貔貅等傳說之物，則作爲附錄，劃歸相應的動物或植物卷中。這樣的研究章法，這樣的分類與標注，避免了傳統分類及形狀描述的訛誤或不確定性，即可與國際接軌。綜合古今中外，論者認爲《中華博物通考》的研究主體，可劃歸三十六大類，依次排列如下：

　　《天宇》《氣象》《地輿》《木果》《穀蔬》《花卉》《獸畜》《禽鳥》《水族》《蟲豸》《國法》《朝制》《武備》《教育》《禮俗》《宗教》《農耕》《漁獵》《紡織》《醫藥》《科技》《冠服》《香奩》《飲食》《居處》《城關》《交通》《日用》《資産》《珍奇》《貨幣》《巧藝》《雕繪》《樂舞》《文具》《函籍》。

　　存史啓智，以文育人，乃我中華千載國風。新時代習近平總書記甚重民族自信、文化自信，極力倡導“舊邦新命”，明確指出要“盛世修文”，怎不令人振奮，令人鼓舞！今日，我輩老少三代前後聯手、辛苦三十餘載、三千餘萬言的皇皇巨著——《中华博物通考》欣幸面世，并得到國家出版基金資助。這就昭示了沉淪百載的中華傳統博物學終得復蘇，這就是重建的全新中華博物學。“舊邦新命”“盛世修文”，重建博物學，旨在賡續中華文脉，發揚優秀傳統文化，汲取生生不息的精神力量，再現偉大民族的深邃智慧，展我生平志，圓我强國夢！

張述錚

乙丑夾仲首書於山東師範大學映月亭
甲辰南吕增補於歷下龍泉山莊東籬齋

總　説

——漫議重建中華博物學的歷史意義與現實價值

緣　起

　　《中華博物通考》（下稱《通考》）是一部通代史論性的華夏物態文化專著，係"九五""十五""十四五"國家重點出版物專項規劃項目，并得到 2020 年度國家出版基金資助。全書共三十六卷，另有附錄一卷，其中有許多卷又分上下或上中下，計有五十餘冊，逾三千萬字。《通考》的編纂，擬稿於 1990 年夏，展開於 1992 年春，迄今已歷三十餘載，初始定名爲《中華博物源流大典》，原分三十二門類（即三十二卷）。此後，歷經斟酌修補，終成今日規模。三十餘載矣，清苦繁難，步履維艱，而大江南北，海峽兩岸，衆多學人，三代相繼，千里聯手，任勞任怨，無一退縮，何也？因本書關涉了古老國度學術發展的重大命題，足可爲當今社會所藉鑒，作者們深知自家承擔的是何樣的重任，未敢輕忽，未敢怠慢。

　　何謂中華物態文化？中華物態文化的研究主體就是中華浩博實物。其歷史若何？就文字記載而言，中華物態文化史應上溯於傳説中的三皇五帝時期，隸屬於原始社會。"三皇五帝"究竟爲何人，我國史家多有不同見解，大抵有三説：一曰"人間君主説"，"三皇"分別指天皇、地皇、人皇，"五帝"分別指炎帝烈山氏、黃帝有熊氏、顓頊高陽氏、帝堯陶唐氏和帝舜有虞氏；二曰“開創天下説”，三皇分別指有巢氏、燧人氏、伏羲氏，“五帝”分別指炎帝烈山氏、黄帝有熊氏、顓頊高陽氏、帝堯陶唐氏和帝舜有虞氏；三曰“道治德化説”，認爲“三皇以道治，五帝以德治”，“三皇”是遠古三位有道的君主，分別指太昊伏羲氏、炎帝神農氏及黄帝軒轅氏，五帝則是少昊金天氏、顓頊高陽氏、帝嚳高辛氏、帝堯陶唐氏和帝舜有虞氏。有關三皇五帝的組合方式，典籍記載亦不盡相同，大抵有四種，在此不予臚列。“三皇五帝”所處時間如何劃定，學界通常認爲有巢、燧人、伏羲屬於舊石器時代，有巢、燧人爲早期，伏羲爲晚期，其餘皆屬新石器時代，炎帝、黄帝、少昊、顓頊等大致同時，屬仰韶文化後期和龍山文化早期。“三皇五帝”後期，已萌生并逐步邁進文明史時代。

　　中華文明史，國際上通常認定爲三千七百年（主要以文字的誕生與城邑的出現等爲標志），國人則認定爲逾五千年，今又有九千年乃至萬年之説。後者可以上溯至新石器時代，如隸屬裴李崗文化的河南省舞陽縣賈湖村出土了上千粒碳化稻米，約有九千年歷史，是世界最早的栽培粳稻種子。經鑒定其中百分之八十以上不同於野生稻，近似現代栽培稻種，可證其時已孕育了農耕文化。其中發現的含有稻米、山楂、葡萄、蜂蜜的古啤酒也有九千年以上的歷史，可證其時已掌握了釀造術。賈湖又先後出土了幾十支骨笛，也有七千八百年至九千年的歷史，其中保存最爲完整者，可奏出六聲音階的樂曲，反映了九千年前，中華民族已具有相當高度的生產力與創造力、具有相當高度的文化藝術水準與審美情趣。有美酒品嘗，有音樂欣賞，彼時已知今人所稱道的“享受生活”，當非原始人所能爲。賈湖遺址的發現并非偶然，近來上山文化晚期浙江義烏橋頭遺址，除却出土了古啤酒之外，又發現諸多彩陶，彩陶上還繪有伏羲氏族所創立的八卦圖紋飾，故而國人認爲這一時期中華文明已開始形成，至少連續了九千載。中華文明的久遠，當爲世界四大文明古國之首，徹底否定了中華文明西來之説。九千載之説雖非定論，却已引起舉世關注。此外，江西省上饒市萬年縣大源鄉仙人洞遺址發現的古陶器則産生於一萬九千至兩萬年前，又遠超前述的出土物的製作時間。雖有部分學界人士認爲仙人洞遺址隸屬於舊石器遺址，并未進入文明時代，但其也足可證中華博物史的久遠。

一、何謂“博物”與《中華博物通考》？《通考》的要義與章法何在？

何謂“博物”？“博物”一詞，首見於《左傳·昭公元年》：“晉侯聞子産之言，曰：‘博物君子也。’”其他典籍也時有記載，如《漢書·楚元王傳贊》：“自孔子後，綴文之士衆也，唯孟軻、孫況、董仲舒、司馬遷、劉向、揚雄此數公者，皆博物洽聞，通達古今。”《周書·蘇綽傳》：“太祖與公卿往昆明池觀魚，行至城西漢故倉地，顧問左右莫有知者。或曰：‘蘇綽博物多通，請問之。’”以上“博物”指博通諸種事物，一般釋爲“知識淵博”。此外，《三國志·魏書·國淵傳》：“《二京賦》博物之書也，世人忽略，少有其師可求。”唐釋玄奘《大唐西域記·摩臘婆國》：“昔此邑中有婆邏門，生知博物，學冠時彦，内外典籍，究極幽微，曆數玄文，若視諸掌。”明王禕《司馬相如解客難》：“借曰多識博物，賦頌所託，勸百而風一。”這些典籍所載之“博物”，即可釋爲今義之“浩博實物”。這一浩博實物，任一博物館盡皆無法全部收藏。本《通考》指稱的“博物”既可以是天然的，也可以是人工的；既可以是静態的，也可以是動態的；既可以是斷代的，也可以是歷時的，是古今并存，巨細俱備，時空縱横，浩浩蕩蕩，但必須是我中華獨有，或是中土化的。研究這浩蕩博物的淵源流變以及同物異名或同名异物之著述即《博物通考》，而爲與西方博物學相區别，故稱之爲《中華博物通考》。

在中國古代久有《皇覽》《北堂書鈔》等類書、《儒學警語》《四庫全書》等叢書以及《爾雅》《説文》等辭書，所涉甚廣，却皆非傳統博物典籍。本書草創之際，唯有《中國學術百科全書》《中華百科全書》《中國大百科全書》之類風行於世，這類百科全書亦皆非博物學專著。專題博物學著作甚爲罕見，僅有今人印嘉祥《物源百科辭書》，俞松年、毛大倫《生活名物史話》，抒鳴、鋭鏵《世界萬物之由來》等幾種，多者收詞約三千條，少者僅一百八十餘款，或洋洋灑灑，或鳳毛麟角，各有千秋，難能可貴。《物源百科辭書》譽稱“我國第一部物源工具書”（見該書序），此書中外兼蓄，虚實并存，堪稱廣博，惜略顯雜蕪。本《通考》則另闢蹊徑，别有建樹，可稱之爲當代第一部“中華古典博物學”。

《通考》甚重對先賢靈智的追踪與考釋。中華民族是滿富慧心的偉大民族，極善觀察探索，即使一些不足挂齒的微末之物也未忽視，且載於典籍，十分翔實生動。如對常見的鳥類飛行方式即有以下描述：鳥學飛曰翎，頻頻試飛曰習，振翅高飛曰翯，向上直飛曰翀，張翼扶摇上飛曰羿，鳥舒緩而飛、不高不疾曰翐、曰翂，快速飛行曰翲，水上飛行曰㮛，高飛曰翰，輕飛曰翩，振羽飛行曰翻，等等，不一而足。如此細密的觀察探隱，堪稱世界之最，令人嘆服！而關於禽鳥分類學，在中國古代也有獨到見解。明代李時珍所著《本草綱目》已建立了階梯生態分類系統，將禽鳥劃分爲水禽、原禽、林禽、山禽等生態類別，具有劃時代意義。這一生態分類法較瑞典生物學家林奈的《自然系統》（第十版）中的分類要早一百六十餘年，充分展示了我國古代鳥類分類學的輝煌成就，駁正了中國傳統生物學一貫陳腐落後的舊有觀念。此外，那些目力難及、浩瀚的天體，也盡在先民的觀察探索之中，如關於南天極附近的星象，遠在漢代即有記載。漢武帝元鼎六年（公元前 111），滅南越國，置日南九郡事，《漢書》及顏注、酈道元《水經注》有關 "日南" 的定名中皆有詳述，而西方於 15 世紀始有發現，晚中國一千四百餘年。再如，關於太陽黑子，在我國漢代亦有記載，《漢書·五行志》載："日黑居仄，大如彈丸。"其後《晋書·天文志中》亦載："日中有黑子、黑氣、黑雲。"而西方於 17 世紀始有發現，晚於中國一千六百餘年。惜自清朝入關之後，對於中原民族，對於漢民族長期排斥壓抑，致使靈智難展，尤其是中後期以來的專制國策，遭致國弱民窮，導致久有的科技一蹶不振，於是在列強的視野下，中華民族變成了一個愚昧的 "劣等" 民族。受此影響，一些居留國外或留學國外的學人，亦曾自卑自弃，本書《導論》曾引胡適的評語：中華民族是 "又愚又懶的民族"，是 "一分像人，九分像鬼的不長進民族"（見胡適《介紹我自己的思想》，1930年 12 月亞東圖書館初版《胡適文選》自序）。本《通考》有關民族靈智的追踪考索，巨細無遺，成爲另一大特點。

《通考》遵從以下學術體系：宗法樸學，不尚空論，既重典籍記載，亦重實物（包括傳世與出土文物）考察，除却既有博物類專著自身外，今將博物研究所涉文獻歸納爲十大系統：一曰史志系統，即史書中與紀傳體并列，所設相對獨立的諸志。如《禮樂志》《刑法志》《藝文志》《輿服志》等，頗便檢用。二曰政書類書系統。重在掌握典制的沿革，廣求佚書异文。三曰考證系統。如《古今注》《中華古今注》《敬齋古今黈》等，其書數量無多，見重實物，頗重考辨。四曰博古系統。如《刀劍錄》《過眼雲煙錄》《水雲錄》《墨林快事》等，這些可視爲博物研究散在的子書，各有側重，雖常具玩賞性，却足資藉鑒。五曰本草系統。其書草木蟲魚、水土金石，羅致廣博，雖爲藥用，已似百科全書。六曰注疏系統。爲古代典籍的詮釋與發揮。如《易》王弼注、《詩》毛亨傳、《史記》裴駰集解、《老子》魏源本義、《楚辭》王夫之通釋、《三國志》裴松之注、《水經》酈道元注、《世說新語》

劉孝標注等。七曰雅學系統、許學系統，或直稱之爲訓詁系統，其主體就是名物研究，後世稱爲“名物學”。八曰異名辨析系統。已成爲名物學的獨立體系。如《事物異名》《事物異名録》等，旨在同物異名辨析。九曰説部系統。包括了古代筆記、小説、話本、雜劇之類被正統學者輕視的讀物，這是正統文化之外，隱逸文化、民間文化的淵藪，一些世俗的衣、食、住、行之類日常器物，多藉此得見生動描述。十曰文物考古系統，這是博物研究中至爲重要的最具震撼力的另一方天地，因爲這是以歷代實物遺存爲依據的，足可印證文獻的真僞、糾正其失誤，多有創獲。

二、《通考》内容究如何，今世當作何解讀？

《通考》内容極爲豐富，所涉範圍極廣，古今上下，時空縱橫，實難詳盡論説，今略予概括，主要可分兩大方面，一爲自然諸物，二爲社科諸物，兹逐一分述如下：

（一）自然諸物：包括了天地生殖及人力之外的一切實體、實物，浩博無涯，可謂應有盡有。

如“太陽”“月亮”，在我中華凡是太空中的發光體（包括反射光體）皆被稱爲“星”，因此漢語在吸納現代天文學時，承襲了這一習慣，將“太陽”這類自身發光的等離子物體命名爲恒星。《天宇卷》研究的主體就是天空中的各種星象。星象就是指各種星體的位置、明暗、形狀等的變化。星象極其繁複，難以辨識。於是，在天空中位置相對穩定的恒星就成爲必要的定位標志。在人們目力所及的範圍内，恒星數以千計，先民將漫天看似雜亂無章的恒星位置相近者予以組合并命名，這些組合的星群稱之爲星宿，因而就有了三垣二十八宿之説。在远古難以對宇宙進行深入探索的時代，先民未能建立起完整的天體概念，也不知彼此的運動關係，僅憑藉直感認知，將所見的最強發光體——“太陽”本能地給予更多的關注，作出不同於西方的別樣解釋。視太陽爲天神，太陽的出没也被演繹成天神駕車巡游，而夸父追日、后羿射日等典故，則承載了諸多遠古信息。先民依據太陽的陰陽屬性、形體形象、光熱情況、時序變化、神話傳説及俗稱俗語等特點，賦予了諸多別名和異稱，其數量達一百九十餘種，如“陽精”“丙火”“赤輪”“扶桑”“東君”“摩泥珠”等，可見先民對太陽是何等的尊崇。對人們習見的“月亮”，《天宇卷》同樣考釋了其異名別稱及其得名由來。今知月亮異名別稱竟達二百二十餘種，較之“太陽”所收尤爲宏富。如

"太陰""玉鏡""嬋娟""姮娥""顧兔""桂影""玉蟾蜍""清凉宮"，等等。而關於"月亮"的所見所想，所涉傳聞佳話，連綿不絕，超乎所料。掩卷沉思，無盡感慨！中華民族是一個明潔溫婉、追求自由、嚮往和平、極具夢想的偉大民族。愛月、咏月、賞月、拜月，深情綿綿，與月亮別有一番不解之緣！饒有趣味者，爲東君太陽神驅使六龍馭車的羲和，如同爲太陰元君駕車的望舒一樣，竟也是一位女子，可見先民對於女性的信賴與尊崇。何以如此？是母系社會的遺風流韵麽？不得而知！足證《通考》探討"博物"的意義并不衹在"博物"自身，而是關乎"博物"所承載的傳統文化。

再如古代出現的"雪""雹"之類，國人多認定與今世無多大差异，實則不然。《氣象卷》收有"天山雪""陰山雪""燕山雪""嵩山雪""塞北雪""南秦雪""秦淮雪""廬山雪""嶺南雪""犬吠雪"（偏遠的南方之雪。因犬見而驚吠，故稱），等等，這些雪域不衹在長城内外，又達於大江南北，可謂遍及全國各地，令人眼界大開。這些雪域的出現，又并非遠古間事，所見文字記載盡在南北朝之後，而"嶺南雪"竟見於明清時期，致使今人難以置信。若就人們對雪的愛惡而言，有"瑞雪""喜雪""灾雪""惡雪"；若就雪的屬性而言，有"乾雪""濕雪""霧雪""雷雪"；若就降雪時間長短而言，有"連旬雪""連二旬雪""連三旬雪""連四旬雪"；若就雪的危害而言，有"致人凍死雪""致人相食雪"等，不一而足。此外，雪另有色彩之別，本卷收有"紅雪""綠雪""褐雪""黑雪"諸文，何以出現紅、綠、褐、黑等顔色？這是由於大地上各類各色耐寒的藻類植物被捲入高空，與雪片相遇，從而形成不同色彩。對此，先民已有細微觀察，生動描述，但未究其成因。1892年冬，意大利曾有漫天黑雪飄落，經國際氣象學家研究測定，此一現象乃是高空中億萬針尖樣小蟲，在飛翔時與雪片粘連所致。這與藻類植物被捲入高空，導致顔色的變幻同理。或問，今世何以不見彩色之雪？因往昔大地之藻類及針尖樣小蟲，由於生態環境的破壞而消失殆盡。就氣象學而言，古代出現彩雪，是正常中的不正常，現代衹有白雪，則是不正常中的正常。本卷中有關雹的考釋，同樣頗具情趣，十分精彩。依雹的顔色有"白色雹""赤色雹""黑色雹""赤黑色雹"，依形狀有"杵狀雹""馬頭狀雹""車輪狀雹""有柄多角雹"，依長度有"長徑尺雹""長尺八雹"，依重量有"重四五斤雹""重十餘斤雹"，依危害則有"傷禾折木雹""擊殺鳥雀雹""擊殺獐鹿雹""擊死牛馬雹""壞屋殺人雹"等，這些記載并非出自戲曲小説，而是全部源於史書或方志，時間地點十分明確，毋庸置疑。古今氣象何以如此不同？何以如此反常？衹嘆中國古代的科研體系多注重對現象的觀察，而不求其成因，祇是將以上現象置於史志之中，予以記載而已。本《通考》對中華"博物"的考辨，不祇是展現了大自然的原貌、大自然的古今變幻，而且也提供了社會的更迭興替和民生的禍福起落等諸多耐人尋味的思考。

另如，《水族卷》中收有棘皮動物"海參"，其物在當代國人心目中，是難得的美味佳餚和滋補珍品。《水族卷》還原其本真面貌，明確指出海參爲海洋動物中的棘皮動物門，海參綱之統稱，而後依據古代典籍，考證其物及得名由來：三國吳沈瑩《臨海水土異物志》："土肉，正黑，如小兒臂大，中有腹，無口目……炙食。"其時貶稱"土肉"，祇是"炙食"而已。既貶稱爲"土"，又止用於燒烤而食，此即其初始的"身份""地位"，實是無足稱道。直至明代謝肇淛《五雜俎·物部一》中，始見較高評價，并稱其爲"海參"："海參，遼東海濱有之，一名海男子。其狀如男子勢然，淡菜之對也。其性溫補，足敵人參，故名海參。""男子勢"，舊注曰"男根"，因海參形如男性生殖器，俗名"海男子"，正與形如女性生殖器的淡菜（又稱"海牝""東海夫人"，即厚殼貽貝）相對應。此一形似"男根"之物，何以又被重視起來？國人對食療養生素有"以形補形"的觀念，如"芹菜象筋骼，吃了骨頭硬；核桃象大腦，吃了思維靈"之類，而因海參似男根，故認定其有補腎壯陽的功能，這就是"足敵人參"的主要根據之一。謝氏在贊其"足敵人參"的同時，又特別標示了其不雅的綽號"海男子"，則又從另一側面反映了明代對於海參仍非那麼珍視，故而在其當代權威的醫典《本草綱目》中未予記載。"海參"在清朝的國宴"滿漢全席"中始露頭角，漸得青睞。本卷作者在還其本真面貌的過程中，又十分自然地釐清了海參自三國之後的异名別稱。如，"土肉""海男子"之後，又有"虷""沙噀""戚車""龜魚""刺參""光參""海鼠""海瓜""海瓜皮""白參""牛臀""水參""春皮""伏皮"諸稱，"虷"字之外，其他十三個异名別稱，古今辭書無一收録，唯一收録的"虷"字，又含混不清。而"海參"喻稱"海瓜"，則爲英文 sea cucumber 的中文義譯，較中文之喻稱"海男子"似有异曲同工之妙，又可證西人對海參也并不那麼重視。

全書三十六卷，卷卷不同。本書設有《珍奇卷》，別具研究價值。如"孕子石"，發現於江蘇省溧陽市蘇溧地區。此石呈灰黃色，質地堅硬，其外表平凡無奇，但當人們把石頭敲開時，裏面會滾出許多圓形石彈子，直徑 21 厘米左右，和母石相較，顏色稍淺，但成分一致。因石中另包小石，好似母石生下的子石，故稱"孕子石"。這種"石頭孕子"史志無載，首次發現，地質學家們同樣百思而不得其解，祇能"望石興嘆"。再如"預報天旱井"，位於廣西全州縣內，每年大旱來臨前二十天，水井會流出渾水，長達兩天之久，附近村民見狀，便知大旱將臨，便提前做好抗旱準備。此外，該井每二十四小時漲潮六次，每次約漲五十分鐘，水量約增加兩倍。此井如同"孕子石"一樣，史志無載，首次發現，對此井的奇特現象有關專家同樣百思不得其解，也祇能"望井興嘆"。

　　（二）社科諸物：自然物外，中華博物中的社科諸物漫布於社會生活之中，其形成發展、古今變化，尤爲多彩，展現了一種別樣的國情特徵和民族靈智。

　　如《國法卷》，何謂"國法"？國法係指國家之法紀、法規。國法其詞作爲漢語語詞起源甚爲久遠，先秦典籍《周禮·秋官·朝士》中即已出現，"國法"之"法"字作"灋"，其文曰："凡民同貨財者，令以國灋行之，犯令者刑罰之。"同書《地官·泉府》中又有另詞"國服"，其文曰："凡民之貸者，與其有司辨而授之，以國服爲之息。"此"國服"言民間貿易必須服從國法，故稱"國服"。作爲語詞，"國法""國服"互爲匹配。國法爲人而設，國服隨法而施，有其法必有其服，有法無服，則法罔立，有服無法，舉世罔聞。今"國法"一詞存而未改，"國服"則罕見使用。就世界範圍而言，中國的國法自成體系，具有國體特色與民族精神，故西方學者稱之爲"中華法系"或"東方法系"。本《國法卷》即以"中華法系"爲中心論題，全面考釋，以現其固有特色與精神。中華法系如同世界諸文明古國法系一樣，源於宗教，興於禮俗，而最終成爲法律，遂具有指令性、強制性。中華法系一經形成，即迥異於西方，因其從不以"永恒不變的人人平等的行爲準則"自詡，也沒有立法依據的總體理論闡釋，而是明確標示法律應維護帝王及權貴的利益。在中國古代，從没出現過如古希臘或古羅馬的所謂絕對公正的"自然法"，毋須在"自然法"指導下制定"實在法"。中國古代的全部法律皆爲正在施行的"實在法"，但却有不可撼動的權威理論——"君權天授"説支撐。"天"，在先民心目中是無可比擬的最神秘、最巨大的力量。"天"，莊重而仁慈，嚴厲而公正，無所不察，無所不能。上自聖賢哲人，下至黎民百姓，少有不"敬天意"、不"畏天命"者，帝王既稱"天子"，且設有皇皇國法，條文森然，何人敢於反叛？天下黔首，非處垂死之地，絕不揭竿而起，妄與"天"鬥！故而在中國古代，帝王擁有最高立法權與司法權，享有無盡的威嚴與尊貴。今知西周時又強化了宗族關係，即血緣關係。血緣關係又分爲近親、遠親、异姓之親等。血緣關係成爲一切社會關係的核心，由血緣關係擴而廣之，又有師生、朋友及當體恤的其他人等關係。由血緣關係又進而強化了尊卑關係，即君臣關係、臣民關係，這些關係較之血緣關係更爲細密，爲此而設有"八辟"之法，規定帝王之親朋、故舊、近臣等八種人，可以享有減免刑罰之特權。漢代改稱"八議"，三國魏正式載入法典。其後，歷代常有沿襲。這一血緣關係在我國可謂根深蒂固，直至今世而未衰。爲維護這尊卑關係，西周之法典又設有《九刑》，以"不忠"爲首罪。另有《八刑》以"不孝"爲首罪。"忠"，指忠君，"孝"指孝敬父母，兩者難以分割。《九刑》《八刑》雖爲時過境遷之古法，但其倡導的"忠孝"，已成爲中華民族的一種處世觀念，一種道德規範。作爲個人若輕忽"忠孝"，則必極端自私，害及民衆；作爲執政者若輕忽"忠孝"，則必妄行無忌，危及國家。今世早已摒弃愚忠愚孝之舉，但仍然繼承并發揚了"忠孝"的傳統。"忠"不再是"忠君"，而是忠於祖國，忠於人民，或是忠於信守的理想；"孝"謂善事父母，直承百代，迄今不衰。"忠孝"是人們發自心底的感恩之情，唯知感恩，始有報恩，人間纔有真情往還，纔有心靈交融。佛家箴言警語曰"上報四重恩，下濟三途苦"（見《大乘本生心地觀經》），"四重恩"指父母恩、師長恩、國土恩、衆生恩（衆生包括動植物等一切生靈）。我國傳統忠孝文化中又融入了佛家的這一經典旨意，可謂相得益彰。"忠孝"乃我文明古國屹立不敗的根基，絕不可視之爲"封建觀念"。縱觀我中華信史可知，舉凡國家昌盛時代，必是忠孝振興歲月，古今如一，堪稱鐵律。國家可敬又可愛，所激起的正是人們的家國情懷！"忠孝"這一處世觀念，這一道德規範，直涉人際關係，直涉國家命運，成爲我中華獨有、舉世無雙的文化傳統。

　　中國之國法，并非僅靠威懾之力，更有"禮治"之宣導，而關乎禮治的宣導今人常常忽略。前已述及中華法系如同世界諸文明古國法系一樣，源於宗教，興於禮俗，由禮俗演進爲禮治，禮治早於刑法之前已經萌生。自商周始，《湯刑》《呂刑》（按，《湯刑》《呂刑》之"刑"當釋爲"法"）相繼問世，尤重"禮治"，何謂"禮治"？"禮治"指遵守禮儀道德與社會規範，破除"禮不下庶人"的舊制，將仁義禮智信作爲基本的行爲規範，《孟子·公孫丑上》曰："辭讓之心，禮之端也。""辭讓"指謙和之道，尊重他人，由"禮讓"而漸發展爲"禮制"。至西周時，"禮治"已成定制。這一立法思想備受推崇。夏商以來，三千餘載，王朝更替，如同百戲，雖脚色各異，却多高揚禮制之大旗，以期社會和諧，民生安樂。不瞭解中國之禮治，也就難以瞭解中華法制史，就難以瞭解中國文化史。此後"禮治"配以"刑治"，相輔相成，久行不衰。"禮刑相輔"何以行使？答曰：升平之世，統治者無不强調禮制之作用，藉此以示仁政；若逢亂世，則用重典，施酷刑（下將述及），軟硬兩手交替使用。這就組成了一張巨大的不可錯亂、不可逾越的法律之網，這就是中華民族百代信守的國家法制的核心，這就是中華民族有史以來建國治國之道。這一“禮刑相輔”的治國之道，迥別與西方，爲我中華所獨有，在漫長而多樣的世界法制史中居於前沿地位。

在我古老國度中，國家既已形成，於是又具有了不同尋常的歷史意義與價值觀。自先秦以來，“國家”一詞意味着莊嚴與信賴。在國人心目中，“國”與“家”難以分割，直與身家性命連爲一體，故“報效國家”爲中華民族的最高志節，而“國破家亡”則爲全民族的最大不幸。三十年前本人曾是《漢語大詞典》主要執筆者之一，撰寫“國家”條文時，已注意了先民曾把皇帝直稱爲“國家”。如《東觀漢紀・祭遵傳》：“國家知將軍不易，亦不遺力。”《晋書・陶侃傳》：“國家年小，不出胸懷。”稱皇帝爲“國家”，以皇帝爲國家的代表或國家的象徵，較之稱皇帝爲天子，更具親切感，更具號召力。中國歷史上的一些明君仁主也多以維護國家法制爲最高宗旨，秦皇、漢武皆曾憑藉堅定地立法與執法而國勢强盛，得以稱雄天下，這對始於西周的“八辟”之法，無疑是一大突破。本書《國法卷》第一章概論論及隋唐五代立法思想時，有以下論述：據《隋書・王誼傳》及文帝相關諸子傳載，文帝楊堅少時同王誼爲摯友，長而將第五女嫁王誼之子，相處極歡，後王誼被控“大逆不道，罪當死”，文帝遂下詔“禁暴除惡”，“賜死於家”。《隋書・文四子傳》又載，文帝三子秦王楊俊，少而英武，曾總管四十四州軍事，頗有令名，文帝甚爲愛惜，獎勵有加。後楊俊漸奢侈，違制度，出錢求息，窮治宮室，文帝免其官。左武衛將軍劉升、重臣楊素，先後力諫曰：“秦王非有他過，但費官物、營廨舍而已。”文帝答曰：“法不可違！”劉、楊又先後諫曰：“秦王之過，不應至此，願陛下詳之。”文帝答曰：“我是五兒之父，若如公意，何不別制天子兒律？”文帝四子、五子皆因違法，被廢爲庶民，文帝處置毫不猶豫，毫不留情。隋文帝身爲人君，以萬乘之尊，率先力行，實踐了“王子犯法，與民同罪”的古訓。在位期間，創建“開皇之治”，人丁大增，百業昌盛，國人視文帝爲真龍天子，少數民族則尊稱其爲聖人可汗。《國法卷》主編對歷史上身爲人君的這種舉措，有“忍割親朋私情，立法爲公”的簡要評論。這一評論對於中國這種以宗族故交爲關係網的大國而論，正是切中要害。此後，唐太宗李世民、玄宗李隆基、憲宗李純等君王皆有類似之舉，終成輝煌盛世。時至明代，面對一片混亂腐敗的吏治，明太祖朱元璋更設有“炮烙”“剥皮”之類酷刑嚴法，懲治的貪官污吏達十五萬之衆，即便自家的親朋故舊，也毫不留情。如進士出身的駙馬，朱元璋的愛婿歐陽倫只因販茶違法，就直接判以死刑，儘管安慶公主及儲君朱允炆苦苦哀求，也絕不饒恕。據《明史·循吏傳序》載："〔官吏〕一時受令畏法，潔己愛民，以當上指……民人安樂、吏治澄清者百餘年。"其時，士子們甘願謀求他職，而不敢輕率爲官，而諸多官員却學會了種田或捕魚，呈現了古今難得一見的別樣的政治生態。明太祖的這類嚴酷法令雖是過當，却勝於放縱，故而明朝一度成爲世界經濟大國、經濟強國。中國歷史上的諸多建國之名君仁主，執法雖未若隋文帝之果決，未若明太祖之嚴酷，但無一不重視國家安危。這些建國名君仁主"上以社稷爲重，下以蒼生在念"（見《舊唐書·桓彥範傳》），故而贏得臣民的擁戴。今之世人多以爲帝王之所以成爲帝王，盡皆爲皇室一己之私利，秖貪圖自家的享榮華富貴而已，實則并非盡皆如此。歷代君王既已建國，亦必全力保國，并垂範後世，以求長治久安。品讀本書《國法卷》，可藉以瞭解我國固有的國情狀况，瞭解我國歷史中的明君仁主如何治理國家，其方策何在，今世仍有藉鑒價值。縱觀我國漫長的歷史進程，有的連續數代，稱爲盛世；有的衰而復起，稱爲中興；有的則二世而亡，如曇花一現。一切取決於先主與後主是否一脉相繼，一切取決於執法是否穩定。要而言之：嚴守國法，則國家興盛，嚴守國法，則社會祥和，此乃舉世不二之又一鐵律。

《國法卷》雖以國法爲研究主體，却力求超越法律研究自身，力求探索法律背後的正反驅動力量，其旨義更加廣遠。因而本卷又區別於常見的法律專著。

另如《巧藝卷》，在《通考》全書中未占多大分量，但在日常社會生活中却有無可替代的獨特地位，藉此大可飽覽先民的生活境遇和精神世界。何謂"巧藝"？古代文獻中無此定義。所謂"巧藝"，專指巧智與技藝性的娛樂及各種健身活動，同時展現了與之相應的家國關係。中華民族的"巧藝"別具特色，所涉内容十分廣泛，除却一般游戲活動外，又包涵了棋類、牌類、養生、武術、四季休閑、宴飲娛樂、動物馴化等等。細閱本卷所載，常爲古人之智巧所折服。如西漢東方朔"射覆"之奇妙，今已成千古佳話。據《漢書·東方朔傳》載，漢武帝嘗覆守宫（即壁虎）於杯盂之下，令衆方士百般揣度，各顯其能，并無一言中的者，而東方朔却可輕易解密，有如神算，令滿座驚呼。何謂"射覆"？"射覆"爲古代猜測覆物的游戲。射，揣度；覆，覆蓋。"射覆"之戲，至明清始衰，其間頗多高手。這些高手似乎出於特異功能，是古人勝於今人麽？當作何解釋？學界認爲這些高手多善《易》學，故而超乎常人，但今世精於《易》學者并非罕見，却未見有如東方朔者，何也？難以作答，且可不論，但古代對動物的馴化，又何以特別精彩，令今人嘆服？

著名的唐代象舞、馬舞，久負盛名，這些大動物似通人性，故可不論，而那些似乎笨拙的小動物，如"烏龜疊塔""蛤蟆説法"之類的馴養，也常常勝過今人，足可展現先民的巧智，"'疊塔''説法'，固教習之功，但其質性蠢蠢，非他禽鳥可比，誠難矣哉！"（見明陶宗儀《輟耕録・禽戲》）古人終將蠢蠢之蟲馴化得如此聰明可愛，藉此可見古人之扎實沉着，心智之專一，少有後世浮躁之風。目前，國人甚喜馴養，寵物遍地，却未見馴出如同上述的"疊塔"之烏龜與"説法"之蛤蟆，今之馬戲或雜技團體，爲現代專業機構，也未見絶技面世。

《巧藝卷》的條目詮釋，大有建樹，絶不因襲他人成説，明確關聯了具體事物形成的歷史淵源與社會背景。如"踏青"，《漢語大詞典》引用了唐代的書證，并稱其爲"清明節前後，郊野游覽的習俗"。本卷則明確指出，"踏青"是由遠古的"春戲"演變而來。西周時曾爲禮制。漢代已有"人日郊外踏青"之俗，同時指出"踏青"還有"游春"的別稱。《漢語大詞典》與本卷的釋文内容差異如此之大，實出常人之所料。何謂"春戲"？所有辭書皆未收録。本卷有翔實考證，兹録如下：

> 春戲：古代民間春季娛樂活動。以繁衍後代和期盼農作物豐收爲目的的男女歡會活動。始於原始社會末期，西周時仍很流行。《周禮・地官・司徒》："中春之月，令會男女。於是時也，奔者不禁。若無故而不用令者，罰之。司男女之無夫家者而會之。"《墨子・明鬼篇》："燕之有祖，當齊之社稷。宋之有桑林，楚之雲夢也，此男女之所屬而觀也。"《詩・鄭風・溱洧》："溱與洧，瀏其清矣。士與女，殷其盈矣。女曰：'觀乎？'士曰：'既且。''且往觀乎！洧之外，洵訏且樂。'維士與女，伊其將謔，贈之以芍藥。"《楚辭・九歌・少司命》："秋蘭兮糜蕪，羅生兮堂下。緑葉兮素枝，芳菲菲兮襲予。夫人兮自有美子，蓀何以兮愁苦？"戰國以後逐漸演變爲單純的春游活動"踏青"。

《巧藝卷》精心地援引了以上經典，可證在中國上古時期男女歡會非常自然，而且是具有相當規模的群體性活動。此舉在中國遠古時代已有所見，青海大通縣上孫家寨出土的舞蹈紋彩陶盆，已展現了男女携手共舞的親密生動場景，那是馬家窰文化的代表，距今已有五千年歷史，但必須明確，這并非蒙昧時期的亂性之舉。這是一種男女交往的公開宣示。前述《周禮・地官・司徒》曰："中春之月，令會男女……司男女無夫之家者而會之。"其要點是"男女無夫之家者"。這是明確的法律規定，故而作者的篇首語曰："以繁衍後代和期盼農作物豐收爲目的。"這就撥正了後世對於中國古代奴隸社會或封建社會有關男女關係的一些偏頗見解，可證本卷之"巧藝"非同一般的娛樂，所展現的是中華先民多方位的生活狀態。

三、博物研究遭質疑，古老科技又誰知？

《通考》所涉博物盡有所據，無一虛指，如繁星麗天，構成了浩大的博物學體系，千載一脉，本當生生不息，如瀑布之直下，但却似大河之九曲，時有峽谷，時有險灘，終因清廷喪權辱國、全盤西化而戛然中斷，故而迥异於西方。由於西方科技的巨大影響，致使一些學人缺少文化自信，多認爲中國古老的博物學，無甚價值。豈知我中華民族從不乏才俊、精英，從不乏偉大的發明，很多祇是不知其名而已。如《淮南子·泰族訓》："欲知遠近而不能，教之以金目則快射。"漢代高誘注曰："金目，深目。所以望遠近射準也。"何謂"金目"？據高注可知，就是深目。"深目"之"深"，謂深遠也（又說稱"金目"爲黄金之目，用以喻其貴重，恐非是）。"金目"當是現代望遠鏡或眼鏡之類的始祖。"金目"其物，在古代萬千典籍中僅見於《淮南子》一書，別無他載。因屬古代統治者杜絶的"奇技淫巧"，又甚難製作，故此物宫廷不傳，民間絶踪，遂成奇品。上世紀 80 年代，揚州邗江縣東漢廣陵王劉荆墓中出土一枚凸透鏡，此鏡之鏡片直徑 1.3 厘米，鑲嵌在用黄金精製而成的小圓環内，視物可放大四五倍，此鏡至遲亦有兩千餘年的歷史。廣陵墓之外，安徽亳州曹操宗族墓等處，亦有出土。是否就是"金目"已難考證。作爲眼鏡其物，發展到宋代，始有明確的文字記載，其時稱之爲"靉靆"（見明方以智《通雅·器用·雜用諸器》引宋趙希鵠《洞天清録》）。今日學者皆將眼鏡視爲西方舶來品，一說來自阿拉伯，又說來自英國，如猜謎語，不一而足；西方的眼鏡實則是由中國傳入的，如若說是西方自家發明，也晚於中國千年之久。

"金目"其物的出現絶非偶然，《墨子》中的《經下》《經説下》已有關於光的直綫傳播、反射、折射、小孔成象、凹凸透鏡成象等連續的科學論述，這一原理的提出，必當有各式透體器物，如鏡片之類爲實驗依據，這類器物的名稱曰何今已不得而知，但製造出金目一類望遠物，是情理之中的必然結果。據上述《經下》《經説下》記載可知，早在戰國時期，先賢已有光學研究的成就，與後世西方光學原理盡同。在中國漫長的古代日常生活中，隨時可見新奇的創造發明，這類創造發明所展現的正是中國獨有的科學。《導論》中所述"被中香爐""長信宮燈"之外，更有"博山爐"（一種形似傳説中神山"博山"的香爐，當香料在爐内點燃時，烟霧通過鏤空的山體宛然飄出，形成群山蒙蒙、衆獸浮動的奇妙景象，約發明於漢代）、"走馬燈"（一種竹木扎成的傳統佳節所用風車狀燈具，外貼人馬等圖案，藉燈内點燃蠟燭的熱力引發空氣對流，輪軸上的人馬圖案隨之旋轉，投身於燈屏上，形成人馬不斷追逐、物換景移的壯觀情景，約發明於隋唐時期）之類。古老中華何止是"四大發明"？此外，約七千年前，在天灾人禍、形勢多變的時代背景之下，先民爲預測未來，指導行爲方嚮，始創有易學，形成於商周之際，今列爲十三經之首，稱爲《周易》，這是今世的科學不能完全解釋的另一門"科學"，其功用不斷地爲當世諸多領域所驗證，在我華夏、乃至歐美，研究者甚衆，本《通考》對此雖有涉及，而未立專論。

那麼，在近現代，國人又是如何對待古代的"奇技奇器"的呢？著名的古代"四大發明"，今已家喻户曉，婦幼皆知，但却如同可愛的國寶大熊貓一樣，乃是西方學者代爲發現。我仁人志士，爲喚醒"東方睡獅"，藉此"四大發明"，竭力張揚，以振奮民族精神。這"四大發明"影響非凡，但在中國傳統文化中亦無重要地位，其中"火藥"見載於唐孫思邈《丹經》，"指南針""印刷術"同見載於宋沈括《夢溪筆談》，皆非要籍鴻篇，唯造紙術見於正史，全文亦僅七十一字，緊要文字祇有可憐的四十三字（見《後漢書·宦者傳·蔡倫》）。而這"四大發明"中有兩大發明，不知爲何人所爲。

在古老中國的歷史長河中，更有另一種科學技術，當今學界稱之爲"黑科技"（意謂超越當今之科技，出於人類的想象之外。按，稱之爲"超科技"，似更易理解，更準確），那就是現代科學技術望塵莫及、無法破解的那些千古之謎。如徐州市龜山西漢楚襄王墓北壁的西邊墻上，非常清晰地顯示一真人大小的影子，酷似一位老者，身着漢服，峨冠博帶，面東而立，作揖手迎客之狀。人們稱其爲"楚王迎賓圖"。最初考古人員發掘清理棺室時，并無壁影。自從設立了旅游區正式開放後，壁影纔逐漸地顯現出來，仿佛是楚王的魂魄顯靈，親自出來歡迎來此參觀的游人一樣。楚襄王名劉注，是西漢第六代楚王，死後葬於此。劉注墓還有五謎，今擇其三：一、工程精度之謎。龜山漢墓南甬道長 55.665 米，北甬道長爲 55.784 米，沿中綫開鑿，最大偏差僅爲 5 毫米，精度達 1/10000；兩甬道相距 19 米，夾角 20 秒，誤差爲 1/16000，其平行度誤差之小，大約需要從徐州一直延伸到西安纔能使兩甬道相交。按當時的技術水準，這樣的墓道是何人如何修建的？二、崖洞墓開鑿之謎。龜山漢墓爲典型的崖洞墓，其墓室和墓道總面積達到 700 多平方米，容積達 2600 多立方米，幾乎掏空了整個山體。勘察發現，劉注墓原棺室的室頂正對着龜山的最高處，劉注府庫中的擎天石柱也正位於南北甬道的中軸綫上。龜山漢墓的工程人員是利用什麽樣的勘探技術掌握龜山的山體石質和結構？ 三、防盜塞石之謎。南甬道由 26 塊塞石堵塞，分上下兩層，每塊重達六至七噸，兩層塞石接縫非常嚴密，一枚硬幣也難以塞入。漢墓的甬道處於龜山的半山腰，當時生産力低下，人們是用什麽方法把這些龐大的塞石運來并嵌進甬道的？ 今皆不得而知。

斷言 "中國古代祇有技術而没有科學" 者，對中國歷史的瞭解實在是太過膚淺，并不瞭解在中國古代不祇有科技，而且竟然有超越科學技術的 "黑科技"。

四、當世灾難甚可懼，人間正道何處覓？

在《通考》的編纂過程中，常遇到的重要命題，那就是以上論及的 "科技"。今之 "科技"，在中國上古曾被混稱爲 "奇技奇器"，直至清廷覆亡，迄未得到應有的重視，導致國勢衰微，外寇侵略，民不聊生。這正是西方視之爲愚昧落後，敢於長驅直入，爲所欲爲的原因。因而一個國家、一個民族，要立於不敗之地，必須擁有自家的科技！ 世人當如何評定 "科技"？ 如何面對 "科技"？ 本書《導論》已有 "道器論"，今《總説》以此 "道器論" 爲據，就現代人類面臨的種種危機，論釋如下：

何謂 "道器"？ 所謂 "道" 是指形成宇宙萬物之原本，是形成一切事理的依據與根由。何謂 "器"？ "器" 即宇宙間實有的萬物，包括一切科技，一切發明，至巨至大，至細至微，充斥天地間，而盡皆不虚。科技衍生於器，驗證於器，多以器爲載體，是推進或毁壞人類社會的一種無窮力量，故而又必須在人間正道的制約之下。此即本書道器并重之緣由，或可視爲天下之通理也。英國自 18 世紀第一次工業革命以來，其科學技術得以高速而全方位地發展，引起西方乃至全世界的密切關注與重視，影響廣遠。這一時期，英帝國統治者睥睨全球，居高臨下，自我膨脹，發表了 "生存競争，勝者執政" 等一系列宏論；托馬斯·馬爾薩斯的《人口論》亦應時而起，其核心理論是："貧富强弱，難以避免。承認現實，存在即合理。" 甚而提出 "必須控制人口的大量增長，而戰争、饑荒、瘟疫是最後抑制人口增長的必要手段"（這一理論在以儒學爲主體的傳統文化中被視爲離經叛道，滅絕人性，而在清廷走投無路全面西化之後，國人亦有崇信者，直至 20 年代初猶見其餘緒）。在這樣的時代背景下，查爾斯·達爾文所著《物種起源》得以衝破基督教的束縛，順利出版，暢行無阻。該書除却大量引用我國典籍《齊民要術》《天工開物》與《本草綱目》之外，還鄭重表明受到馬爾薩斯《人口論》的啓示和影響。《物種起源》的問世，形成了著名的進化理論："物競天擇、優勝劣汰，弱肉强食，適者生存。"（近世對其學說已有諸多評論，此略）進化學說在人們的社會生活中留下了深刻的印迹，在世界範圍内引起巨大反響，當時英國及其他列强利用了自然界"生存法則"的進化理論，將其推行於對外擴張的殖民戰争中，打破了世界原有生態格局，在巨大的聲威之下，暢行無阻，遍及天下。縱觀人類的發展史，尤其是近世以來的發展史可知，科技的高下決定了國家的强弱，以强凌弱，已成定勢，在高科技强國的聲威之下，無盡的搜羅，無盡的采伐，無盡的探測實驗（包括核試驗），自然資源和自然環境漸遭破壞，各種弊端漸次顯露。時至 20 世紀中後期，以原子能、電子電腦、信息技術、空間技術等發明和應用爲標志、第三次科技革命的到來，學界稱之爲"科技革命的紅燈時刻"，其勢如風馳電掣，所向披靡，人類社會發生了翻天覆地的變化，時至 21 世紀，又凸顯了另一灾難，即瘟疫肆虐，病毒猖獗，危及整個人類。這一系列禍患緣何而生？天灾之外，罪魁爲人。何也？世間萬種生靈，習性歸一，盡皆順從於大自然，但求自身生息而已，別無他求，而作爲"萬物之靈"的人類，在茹毛飲血，跨越耕獵時代之後，却欲壑難填，毫無節制！爲追求享樂、滿足一己之貪婪，塗炭萬種生靈，任你山中野外，任你江面海底，任你晝藏夜出，任你天飛地走，皆得作我盤中佳餚。閑暇之日，又喜魚竿獵槍，目睹异類掙扎慘死，以爲暢快，以爲樂趣，若爲一己之喜慶，更可"磨刀霍霍向猪羊"，視之爲正常！"萬物之靈"的人類，永無休止，地表搜刮之外，還有地下的搜索挖掘，如世界著名的南非姆波尼格金礦，雖其開采僅起始於百年前，憑藉當代最先進的科技，挖掘深度已超 4000 米（我國的招遠金礦，北宋真宗年間已進行開采，至今深度不過 2000 米左右），現有 370 千米軌道，用以運送巨大的設備與成噸重的礦石，而每次開采都必須用兩千多公斤的炸藥爆破，可謂地動山搖！金礦之外，又有銀礦、鐵礦、銅礦、煤礦、水晶礦（如墨西哥的奈咯水晶洞，俗稱"神仙水晶礦"，其中一根重達 50 噸，挖出者一夜暴富），種種礦藏數以萬計。此外尚有對石油、純净水，乃至無形的天然氣等的無盡索取，山林破壞，大地沙化，水污染、大氣污染、核污染，地球已是百孔千瘡，而挖掘索取，仍未甘休，愈演愈烈，故今之地球信息科學已經發現地球性能的變異以及由此帶來可怕的全球性灾難。今日世界，各國執政者憑仗高科技，多是從一國、一族或一己之私利出發，或結邦，或聯盟，争强鬥勝，互不相顧，國際關係日趨惡化，人類時刻面臨可怕的威脅，面臨毀滅性的核戰争。凡此種種，怎不令人憂慮，令人悲痛？故而有學者宣稱："科技確實偉大，也確實可怕。一旦失控，後患無窮。"又稱："人類擁有了科技，必警惕成爲科技的奴隸。"此語并非危言聳聽，應是當世的警鐘，因爲人類面對强大的科技，常常難以自控，這是科技發展必然的結果。而作爲"萬物之靈"的人類，具有高智慧，能够擁有高科技，確乎超越了萬物，居於萬物主宰的地位，而執政者一旦擁有失控的權力，肆意孤行，其最終結局必將是自戕自毀，必將與萬物同歸於盡。一言以蔽之，毀滅世界的罪魁禍首是人類自己，而并非他類。

　　面對這多變的現實與可怕的未來，面對這全球性的灾難，中外科學家作了不懈努力，而收效甚微。1988 年 1 月，七十五位諾貝爾獲獎者及世界著名學者齊聚巴黎，探討了 21 世紀科學的發展與人類面臨的種種難題，提出了應對方略。在隆重的新聞發布會上，瑞典物理學家漢内斯·阿爾文發表了鄭重的演説："如果人類要在 21 世紀生存下去，必須回頭到兩千五百年前去汲取孔子的智慧。"（見 1988 年 1 月 24 日澳大利亞《堪培拉時報》原文——《諾貝爾獎獲得者説要汲取孔子的智慧》）這是何等驚人的預見，又是何等嚴正的警示！這七十五位諾貝爾獲獎者没有一位是我華夏同胞，他們對孔子的認知與崇敬，非常客觀，非常深刻，超乎我們的想象。這種高屋建瓴式的睿智呼籲，振聾發聵，可惜并没有警醒世人，也没有引起足够多的各國領導人的重視。

　　人類爲了自救，不能不從人類自身發展史中尋求答案。在人類發展史中，不乏偉大的聖人，孔子是少有的没有被神化、起於底層的聖人（今有稱其爲"草根聖人"者），他生於春秋末期，幼年失父，家境貧寒，又正值天下分裂，戰亂不斷，在這樣的不幸世道裏，孔子及其弟子大力宣導"克己復禮"，這是人類歷史上最切實際的空前壯舉。何謂"禮"？《説文·示部》曰："禮，履也。所以事神致福也。"禮本來是上古祭祀鬼神和先祖的儀式。史稱文、武、成王、周公據禮"以設制度"，此即"周禮"。"周禮"的内容極爲廣泛，舉凡國家的政治、經濟、軍事、行政、法律、宗教、教育、倫理、習俗、行爲規範，以及吉、凶、軍、賓、嘉五類禮儀制度，均被納入禮的範疇。周禮在當時社會中的地位與指導作用，《禮記·曲禮》中有明確記載："分争辯訟，非禮不决；君臣上下、父子兄弟，非禮不定；宦學事師，非禮不親；班朝治軍、涖官行法，非禮威嚴不行。"當然也維護了"君臣朝廷尊卑貴賤之序,下及黎庶車輿衣服宫室飲食嫁娶喪祭之分"(見《史記·禮書》),這符合於那個時代的階級統治背景。孔子提出"克己復禮",期望世人克服一己之私欲,以應有的禮儀禮節規範自己的言行,建立一個理想的中庸和諧社會,這已跨越了歷史局限。孔子的核心思想是"敬天愛人",何謂"敬天"?孔子强調"巍巍乎唯天爲大"(見《論語·泰伯》),又曰:"天何言哉?四時行焉,百物生焉,天何言哉!"(見《論語·陽貨》)孔子所言之"天",并非指主宰人類命運的上蒼或上帝,并非是孔子的迷信,因"子不語怪力亂神"(見《論語·述而》)。孔子認爲四季變化、百物生長,皆有自己的運行規律,人類應謹慎遵從,應當敬畏,不得違背。孔子指稱的"天",實則指他所認知的宇宙。此即孔子的天人觀、宇宙觀。"巍巍乎唯天爲大",在此昊天之下,人是何樣的微弱,面臨小小的細菌、病毒,即可淒淒然成片倒下。何謂"愛人"?孔子推行"仁義之道",何謂"仁"?子曰:"仁者,愛人!"(《論語·顏淵》)即人人相親、相愛。又曰:"己所不欲,勿施於人。"意即重正義,絕不損人利己。何謂"義"?"義"指公正的道理、正直的行爲。子曰:"不義而富且貴,於我如浮雲。"(見《論語·述而》)這就是孔子的道德觀與道德規範,當作爲今世處理人與自然、人與社會的規範與行動指南。其弟子又提出"親親而仁民,仁民而愛物"(見《孟子·盡心上》),漢代大儒又有"天人之際,合而爲一"的主張(董仲舒在《春秋繁露·深察名號》中,爲維護皇權的需要而建立了皇權天授的觀念),這種主張已遠遠超越了維護皇權的需要,成爲了一種可貴的哲理。時至宋代,大儒張載再度發揚孟子"親親而仁民,仁民而愛物"的襟怀,又有"民吾同胞,物吾與也"(見其所著《西銘》)之名言箴語,即將天下所有的人皆當作同胞,世間萬物盡視爲同類,最終形成了著名的另一宏大的儒學系統,其主旨則是"天人合一"論。何謂"天人合一"?"天人合一"有兩層意義:一曰天人一致,天是一大宇宙,人則如同一小宇宙,也就是説人類同天體各有獨立而相似之處;二是天人相應,這是説人與天體在本質上是相通的,是相互相連的。因此,一切人事應順乎自然規律,從而達到人與自然的和諧。達到人與自然的和諧統一,當作爲今世處理人與自然、人與社會的明確規範與行動指南。這是真正的"人間正道",唯有遵循這一"人間正道",人際關係纔能融洽,社會纔能和諧,天下纔能太平。

古老中國在形成"孔子智慧"之前,早已重視人與自然的關係。約在七千年前,我中華先祖已能够通過對於蟲鳥之類的物候觀察,熟練地確定天氣、季節的變幻,相當完美地適應了生産、生活、繁衍發展的需求,這一遠古的測算應變之舉,處於世界領先地位。約四千年前，夏禹之時，已建有令今人嚮往的廣袤的綠野濕地。如《書·禹貢》即記載了"雷夏""大野""彭蠡""震澤""菏澤""孟豬""豬野""雲夢"諸澤的形成及其利用情況，如其中指出："淮海惟揚州，彭蠡既豬（瀦），陽鳥攸居；三江既入，震澤底定。篠簜既敷，厥草惟夭，厥木惟喬……厥貢惟金三品，瑤琨篠簜，齒革羽毛，惟木。"這是說揚州有彭蠡、震澤兩方綠野濕地，適合於鴻雁類禽鳥居住，適合於篠竹（箭竹）、簜竹（大竹）生長，青草繁茂，樹木高大，向君主進貢物品有金銀銅等三品，又有瑤琨美玉、箭竹、大竹以及象齒皮革與孔雀、翡翠等禽鳥羽毛。所謂"大禹治水"，并非祇是被動的抗災自救，實則是大治山川，廣理田野，調整人與大自然的關係，使之相得益彰。《逸周書·大聚解》又載，夏禹之時"且以并農力，執成男女之功，夫然則有生不失其宜，萬物不失其性，人不失其事，天不失其時……放此爲人，此謂正德"，此即所謂夏禹"劃定九州"之功業所在。其中"放此爲人，此謂正德"的論定，已蘊含了後世儒家初始的"天人合一"的觀念。西周初期，已設定掌管國土資源的官職"虞衡"，掌山澤者謂"虞"，掌川林者稱"衡"（見《周禮·天官·太宰》及賈疏）。後世民衆，繼往開來，對於保護生態環境，保護大自然，采取了各種措施，又設有專司觀察氣象、觀察環境的機構，并有方士之類的"巫祝史與望氣者"，多管道、多方位進行探測研究，從而防患於未然。《墨子·號令篇》（一說此篇非墨子所作，乃是研究墨學者取以益其書）曰："巫祝史與望氣者，必以善言告民，以請（讀爲'情'）上報守（一說即太守），上守獨知其請（情）。無［巫］與望氣，妄爲不善言，驚恐民，斷弗赦。"這裏明確地指出，由"巫祝史與望氣者"負責預告各種災情，但不得驚恐民衆，否則即處以重刑，絕不饒恕。愛惜生態，保護自然，這是何樣的遠見卓識，這又是何樣的撫民情懷！

是的，自夏禹以來，先民對於大自然、對於與蒼生，有一種別樣的愛惜、保護之舉措，防範措施非常細密，非常全面而嚴厲。《逸周書·大聚解》有以下記載：夏禹時期設定禁令，大力保護山林、川澤，春季不准帶斧頭上山砍伐初生的林木；夏季不准用漁網撈取幼小的魚鱉，此即世界最早的環境保護法。《韓非子·內儲說上》又載：殷商時期，在街道上揚弃垃圾，必斬斷其手。西周時又有更爲具體規定：如，何時可以狩獵，何時禁止狩獵，何樣的動物可以獵殺，何樣的動物禁止獵殺；何時可以捕魚，何時禁止捕魚，何樣的魚可以捕取，何樣的魚禁止捕取，皆有明文規定，甚而連網眼的大小也依季節不同而嚴予區別。并特別强調：不准搗毀鳥巢，不准殺死剛學飛的幼鳥和剛出生的幼獸。春耕季節不准大興土木。《禮記·月令》又載："毋變天之道，毋絶地之理，毋亂人之紀。"這一"毋變""毋絶""毋亂"之結語，更是展現了後世儒家宣導并嚮往的"天人合一"説。至春秋戰國之際，法律法規的範圍更加全面，特別嚴厲。這一時期已經注意到有關礦山的開發利用，若發現了藏有金銀銅鐵的礦山，立即封禁，"有動封山者，罪死而不赦。有犯令者，左足入，左足斷，右足入，右足斷"（見《管子·地數》）。古人認爲輕罪重罰，最易執行，也最見成效，勝過重罪重罰。這些古老的嚴厲法令，雖是殘酷，實際却是一聲斷喝，讓人止步於犯罪之前，因而犯罪者甚微。這就最大限度地保護了大自然，同時也最大限度地保護了人類自己。而早在西周建立前夕，又曾頒布了令人欽敬的《伐崇令》："文王欲伐崇，先宣言曰……令毋殺人，毋壞室，毋填井，毋伐樹木，毋動六畜，有不如令者，死無赦！崇人聞之，因請降。"（見漢劉向《説苑·指武》）這是指在殘酷的血火較量中，對於敵方人民、財産及生靈的愛惜與保護。我中華上古時期這一《伐崇令》，是世界戰爭史中的奇迹，是人類應永恒遵守的法則！當今世界日趨文明，闊步前進，而戰爭却日趨野蠻，屠殺對方不擇手段，實是可怖可悲！我華夏先祖所展現的這些大智慧、大慈悲，爲後世留下了賴以繁衍生息的楚山漢水，留下了令人神往的華夏聖地，我國遂成爲幸存至今、世界唯一的文明古國。

五、筆墨革命難預料？卅載成書又何易？

《通考》選題因國内罕見，無所藉鑒，期望成爲經典性的學術專著，難度之大，出乎想象，初創伊始，即邀前輩學者南京大學老校長匡亞明先生主其事。這期間微信尚未興起，寧濟千里，諸多不便，盛岱仁、康戰燕伉儷滿腔熱情，聯絡於匡老與筆者之間，得到先生的熱情鼓勵與全力支持，每逢疑難，必親予答復，但表示難做具體工作，在經濟方面也難以爲力。因爲先生於擔任國家古籍整理領導小組組長之外，又全面主持南京大學中國思想家研究中心的工作，正在編纂《中國思想家評傳》，百卷書稿須親自逐一審定，難堪重任。筆者初赴南大之日，老人家親自接待，就餐時當場現金付款，没有讓服務員公款記賬，筆者深受感動，終生難以忘懷。此後在匡老激勵之下，筆者全力以赴，進而邀得數百作者并肩携手，全面合作，并納入國家"九五"重點出版規劃中。1996 年 12 月，匡老驟然病逝，筆者悲痛不已，孤身隻影，砥礪前行，本書再度確定爲國家"十五"重點出版規劃項目，并將初名更爲今名。那時，作者們盡皆恪守傳統著述方式，憑藏書以考釋，藉筆墨以達志。盛暑寒冬，孜孜矻矻，無敢逸豫。爲尋一詞，急切切，一目十行，翻盡千頁而難得；爲求善本，又常千里奔波，因限定手抄，不得複印，纍日難歸！諸君任勞任怨，潛心典籍，閲書，運筆，晝夜伏案，恂恂然若千年古儒。至上世紀末，一些年輕作者已擁有個人電腦，各種信息，數以億計，中文要籍，一覽無餘，天下藏書，"千頃齋""萬卷樓"之屬，皆可盡納其中，無須跋涉遠求。搜集檢索，祇需"指點"，瞬息可得；形成文章，亦祇需"指點"，頃刻可就。在這世紀之交，面临書寫載體的轉換，老一輩學人步入了一個陌生的电脑世界，遭遇了空前的挑戰。當代作家余秋雨在其名篇《筆墨祭》中有如下陳述："五四新文化運動就遇到過一場載體的轉換，即以白話文代替文言文；這場轉換還有一種更本源性的物質基礎，即以'鋼筆文化'代替'毛筆文化'。"由"毛筆文化"向"鋼筆文化"的轉換，經歷了漫長的數千載，而今日再由"鋼筆文化"向"電腦文化"轉換，却僅僅是二十年左右，其所彰顯的是科學技術的力量、"奇技奇器"的力量。作家所謂的"筆墨"，係指毛筆與烟膠之墨，《筆墨祭》祇在祭五四運動之前的"毛筆文化"。今日當將毛筆文化與鋼筆文化并祭，乃最徹底的"筆墨祭"。面對這世紀性的"筆耕文化"向"電腦文化"的轉換，面對這徹底的"筆墨祭"，老一輩學人没有觀望，没有退縮，同青年作者一道，毅然决然，全力以赴，終於跟上了時代的步伐！筆者爲我老一輩學人驕傲！回眸曩日，步履維艱，隨同筆墨轉型，書稿也隨之經歷了大修改、大增補，其繁雜艱辛，實難言喻。天地逆旅，百代過客，如夢如幻，三十餘年來，那些老一輩學人全部白了頭，却無暇"含飴弄孫"，又在指導後代參與其事。那些"知天命"之年的碩博生導師們皆已年過花甲，却偏喜"舞文弄墨"，又在尋覓指導下一代弟子同步前進。如此前啓後追，無怨無悔，這是何樣的襟懷？憶昔乾嘉學派，人才輩出，時有"高郵王父子，棲霞郝夫婦"投入之佳話，今《通考》團隊，於父子合作、夫婦合作之外，更有舉家投入者，四方學人，全力以赴。但蒼天無情，繼匡老之後，另有幾位同仁亦撒手人寰。上海那位《天宇卷》主編年富力强，却在貧病交加、孩子的驚呼聲中，英年早逝。筆者的另一位老友爲追求舊稿的完美，於深夜手握鼠標闃然永訣，此前他的夫人曾勸其好好休息，答説"我没有那麽多時間"！可謂鞠躬盡瘁，死而後已，這又是何樣的壯志，思之怎能不令人心酸！這就是我的同仁，令我驕傲的同仁！

自 2012 年之後，因面臨多種意外的形勢變化，筆者連同本書回歸原所在單位山東師範大學，于是增加了第一位副總主編——文學院副院長、古籍整理研究所所長韓品玉，解決了編務與財力方面的諸多困難，改變了多年來的孤苦狀况。時至 2017 年春，爲盡快出版、選定新的出版社，又增加了天津人民出版社總編輯、南開大學客座教授陳益民，中國職工教育研究院常務副院長、全國職工教育首席專家俞陽，臺北大學人文學院東西哲學與詮釋學研究中心主任賴賢宗教授三位爲副總主編，於是形成了現今的編纂委員會。

在全書編纂過程中，編纂委員會和學術顧問，以及分卷正副主編、主要作者所在單位計有：中國國家博物館、中國國家圖書館、中央文史研究館、中國佛教圖書文物館、全國總工會、中聯口述歷史研究中心、河北省文物與古建築保護研究院、河北省文物考古研究院、河北閱讀傳媒有限責任公司、北京大學、浙江大學、南京大學、南京師範大學、東北師範大學、鄭州大學、河北大學、河北師範大學、河北醫科大學、廈門大學、佛山大學、山東大學、中國海洋大學、山東師範大學、曲阜師範大學、山東中醫藥大學、濟南大學、山東財經大學、山東體育學院、山東藝術學院、山東工藝美術學院、山東省社會科學院、山東博物館、山東省圖書館、山東省自然資源廳、山東省林業保護和發展服務中心、濟南市園林和林業綠化局、濟南市神通寺、聊城市護國隆興寺、臺北大學、臺灣成功大學、臺灣大同大學、臺北中國文化大學、臺灣中華倫理教育學會，以及澳大利亞國立伊迪斯科文大學等，在此表示由衷的謝忱！

本書出版方——上海交通大學領導以及上海交通大學出版社領導，高瞻遠矚，認定《通考》的編纂出版，不祇是可推動古籍整理、考古研究的成果轉化，在傳承歷史智慧，弘揚中華文明，增强民族凝聚力和認同感，彰顯民族文化自信等各個方面具有重要意義。出版方在組織京滬兩地專家學者審校文字的同時，又付出時間精力，投入了相當的資金，增補了不少插圖，這些插圖多來自古籍，如《考工記解》《考工記圖解》《考工記圖説》《考古圖》《續考古圖》《西清古鑑》《西清續鑑》《毛詩名物圖説》《河工器具圖説》等等，藉此亦可見出版方打造《通考》這一精品工程的決心。而山東師範大學各級領導同樣十分重視，社科處高景海處長一再告知筆者："需要辦什麼事情，儘管吩咐。"諸多問題常迎刃而解，可謂足智善斷。筆者所屬文學院孫書文院長更親行親爲，給予了全面支持，多方關懷，令筆者備感親切，深受鼓舞，壯心未老，必酬千里之志。此前，著名出版家和龔先生早已對本書作出權威鑒定，幷建議由三十二卷改爲三十六卷。本書在學術界漂游了三十餘載終得面世，幷引起學界的關注。今有國人贊之曰：《通考》是中華優秀傳統文化創造性轉化、創新性發展的優异成果，是一部具有極高人文價值的通代史論性的華夏物態文化專著，凝聚了中華民族的深層記憶，積澱了民族精神和傳統文化的精髓。又有國際友人贊之曰：《通考》如同古老中國一樣，是世界唯一一部記述連續數千載生機盎然的人類生活史。國内外的評論祇是就本書的總體面貌而言，但細予探究，缺憾甚爲明顯，因本書起步於三十餘年前，三十餘年以來，學術界有諸多新的研究成果未得汲取，田野考古又多有新的發現，國内外的各類典藏空前豐富，且檢索方式空前便捷，而本書作者年齡與身體狀況又各自不同，多已是古稀之年，或已作古，或已難執筆，交稿又有先後之别，故而三十六卷未能統一步伐與時俱進，所涉名物，其語源、釋文難能確切，一些舊有地名或相關數據，亦未及修改，而有些同物异名又未及增補。這就不能不有所抱憾，實難稱完美！以上，就是本書編纂團隊的基本面貌，也是本書學術成就的得失狀況。

　　筆者無盡感慨，卅載一瞬渾似夢，襟懷未展，鬢髮盡斑，萬端心緒何曾了？長卷浩浩，古奥繁難，有幾多知音翻閱？何處求慰藉？人道是紅袖祇揾英雄泪！歲月無情，韶光易逝，幾位分卷主編未見班師，已倏而永别，何人知曉老夫悲苦心情？今藉本書的面世，聊以告慰匡老前輩暨謝世的同仁在天之靈！

張述錚

丙子中吕初稿於山東師範大學映月亭
甲辰南吕增補於歷下龍泉山莊東籬齋

凡　例

　　一、本書係通代史性的中華物態文化學術專著，旨在對構成中華博物的名物進行考釋。全書三十六卷，另有附錄一卷。各卷之基本體例：第一章爲概論，其後據内容設章，章下分節，爲研究考釋文字，其下分列考釋詞目。

　　二、本書所涉博物，分兩種類型：一曰“同物異名”，二曰“同名异物”。前者如“女牆”，隨從而來者有“女垣”“女堞”“女陴”“城堞”“城雉”“陴堞”等，盡皆爲“女牆”的同物異名；後者如“衽”，其右上分别角標有阿拉伯數字，分别作“衽¹”（指衣襟）、“衽²”（指衣服胸前交領部分）、“衽³”（指衣服兩旁掩裳際處）、“衽⁴”（指衣袖）、“衽⁵”（指下裳）等，皆爲“衽”的同名异物。

　　三、各卷詞目分主條、次條、附條三種。次條、附條的詞頭字型較主條小，并用【　】括起。主條對其得名由來、產生年代、形制體貌、歷史演進做全面考釋，然後列舉古代文獻或實物爲證，并對疑難加以考辨，或列舉諸家之説；次條往往僅用作簡要交代，補主條不足，申説相佐；附條一般祇用作説明，格式如即“××”、同“××”、通“××”、“××”之單稱、“××”之省稱，等等。

　　四、各卷名物，或見諸文獻記載，或見諸傳世實物，循名責實，依物稽名，於其本稱、別稱、單稱、省稱，務求詳備，代稱、雅稱、謔稱、俗稱、譯稱，旁搜博采。因中華博物的形成、演化有自身規律，實難做人爲的斷代分割。如“朝制”之類名物，隨同帝王的興起而興起，隨同帝王的消亡而消亡，因而其下限達於辛亥革命；"禮俗"之類名物起源於上古，其流緒直達今世；而"冠服"之類名物，有的則起源甚晚，如"中山裝"之類。故各卷收詞時限一般上起史前，下迄清末民初，有的則可達現當代。

五、各卷考釋條目中的文獻書證一般以時代先後爲序；關乎名物之最早的書證，或揭示其淵源成因之書證，尤爲本書所重，必多方鈎索羅致；二十五史除却《史記》《漢書》外，其他諸史皆非同朝人編纂，其書證行用時間則以書名所標時代爲準；引書以古籍爲主，探其語源，逐其流變，間或有近現代書證爲後起之語源者，亦予扼要采用。所引典籍文獻名按學術界的傳統標法。如《詩》不作《詩經》，《書》不作《尚書》，《説文》不作《説文解字》等；若作者自家行文爲了强調或區別於他書，亦可稱《詩經》《尚書》《説文解字》等。文獻卷次用中文小寫數字：不用"千""百""十"，如卷三三一，不作卷三百三十一；"十"作〇，如卷四〇，不作卷四十。

六、本書使用繁體字。根據 1992 年 7 月 7 日新聞出版署、國家語言文字工作委員會發布的《出版物漢字使用規定》第七條第三款、2001 年 1 月 1 日施行的《中華人民共和國通用語言文字法》第二章第十七條第五款之規定，本書作爲大量引徵古籍文獻的考釋性學術專著，既重視博物的源流演變，又重視對同物異名、同名異物的考辨，故所有考釋條目之詞頭及文獻引文，保留典籍原有用字，包括異體字，除明顯錯別字（必要時括注正字訂誤）之外，一仍其舊。其中作者自家釋文，則用正體，不用異體，但關涉次條、附條等異體字詞頭等，仍予保留。繁體字、異體字的確定，以《規範字與繁體字、異體字對照表》（國發〔2013〕23 號附件一）及《通用規範漢字字典》爲依據。

七、行文叙述中的數字一律采用漢字小寫，但標示公元紀年及現代度量衡單位時，用阿拉伯數字。如"三十六計"，不作"36 計"；"36 米"，不作"三十六米"。

八、各卷對所收考釋詞條設音序索引，附於卷末，以便檢索。

目　録

序　言

　　《中華博物通考》(下稱《通考》)是一部通代史論性的華夏物態文化專著,係"十四五"國家重點出版物出版規劃項目,并得到 2020 年度國家出版基金資助。全書共三十六卷,另有附録一卷,達三千萬字,《冠服卷》即其中的一卷。

　　何謂冠服? 冠爲首服,服爲身服,以此借指生活中的全部衣着、佩飾。

　　中華民族已有五千載之文明史,而穿戴之史又可追溯至更遥遠的時期。若從以獸皮裹身禦寒算起,距今已有幾十萬年了。舊石器時代,人的直立行走和火的使用,都與人類服飾文化的起源相關聯。北京猿人已懂得利用獸骨製造工具,則利用獸皮禦寒亦屬可能。在舊石器時代晚期文化遺址中,先民用獸骨、獸牙、貝殼、石珠等作飾物的情況時有所見,特別是山頂洞人所用骨針的發現,説明這時人類已經用獸皮縫製衣服。到新石器時代,人類已經掌握了采集紡麻、養蠶繰絲、紡織毛布及縫紉等技術。如在龍山文化遺址及河姆渡遺址曾發現織布的工具和機具,可以推知當時原始紡織手工業的情況。在新石器時代的遺址中,還曾發現距今約五千四百年的葛布殘片和距今約四千七百年的絲織品等,這些説明中華先民在新石器時代已經進入穿衣、戴帽、佩飾的文明生活時代。這時已有符合人體穿着功能的成形服飾,從當時的彩繪陶器和岩畫的人物造型,可窺見其衣着形象。他們頭上或戴寬大的圓帽,或戴尖頂高冠,或戴羽冠,或戴草帽。他們穿的衣服,或上衣而下裳,并有紋飾;或上衣下裳相連,腰間束帶。他們脚上或裹行縢,或穿平頭鞋,或穿尖翹式靴，或平頭高勒靴。他們的佩飾品，以多種材料製成，形式多樣。

關於人類服裝產生的原因，學術界有種種說法，概括起來，有如下幾方面的觀點：

第一，氣候適應説。地球進入第四紀冰川期之時，由於用火、熟食，人類原來用以抵禦寒冷的體毛開始退化。爲適應自身生理和環境氣候的變化，人類便以獸皮包裹身體以禦寒。

第二，人體保護説。由於直立行走，原來隱蔽的外部器官暴露出來，人類爲保護這些器官而必須使用衣物。於是初始之時就發明了腰衣布、兜襠布等。

第三，巫術崇拜説。原始人在自然崇拜和圖騰信仰中，相信萬物皆有靈。他們利用一些特定的物體，如貝殼、石頭、羽毛、獸齒、果實等戴在身上，以爲可以避邪，并期望得到神靈的保佑，後來便以某種衣物或裝飾品的形式穿戴或裝飾於身上。

第四，人體裝飾説。人類想使自己更完美、更有魅力，便用自然界提供的或人造的物品裝飾自己。因而其最初佩飾是作爲某種象徵而出現的，如强者、勇者常把戰利品佩於身上，以象徵其力量；弱者、病者或女性則以細軟之物纏身。

第五，异性吸引説。原始人佩戴許多飾物，是爲了吸引异性的注意。所以先民先用皮先掩蓋前面的下體，以後再掩蔽其他部位。後世禮服上的韍就是古制的遺存。

第六，人體遮羞説。這種觀點認爲人類最早着衣先遮蔽生殖器，正是源於羞恥感。

凡此種種，實是各執一端。有些係出於現代人的觀念，原始人未必有如此心理。人類祇有在因自身的生存和發展所需而進行的勞動實踐中纔會產生相應的心理需求，祇有產生了某種需求，纔會產生滿足這種需求的服飾。進而因從衆性的心理趨勢，出現服飾流行性。當然，保護、遮羞的目的容易達到，而人們對服飾美學、象徵意義的追求却永無止境。傳統服飾在隨同時代的變化而變化，具有普遍的流行性，但在百變中却有其不變的發展規律，主要表現爲以下四方面：

一、國體的倡導與制約性。在原始社會，財產共有，無貧富之别，少見不甘人後、從衆性的心理，因而没有所謂的服飾流行性。但在階級社會裏，不同等級的人必須用不同的冠服，所謂"非其人不得服其服，所以順禮也"（《後漢書·輿服志上》）。周代冕服制度形成以後，祇有大夫以上的貴族可以戴冕，而平民則祇能戴巾幘。自隋唐始，皇帝以黄色袍、衫爲常服，此後，直至封建帝制結束，黄色爲皇帝所獨有服色，百官以紫、緋、緑、青等色爲秩，任何人不得僭越。至於平民百姓，由於受封建禮制的限制，也因爲常年從事勞作，衹能穿土色、灰色、黑色等帶有自然色調的服裝。一言以蔽之，在階級社會裏，人民的衣食住行必須遵從等級、尊卑的規定，於是服飾流行性帶有階級烙印。這種流行性，限制了服裝穿着的個性。并且，由於階級社會的需要，又派生了專有服飾，如官吏的"公服"、臣民日常生活的"便服"、軍旅的"戎裝"、學生的校服（古稱"青衫"或"青衿"）以及君臣百官議政的"朝服"（亦稱"具服"）、罪犯的"囚服"等。

二、權貴或名人的影響。如春秋時期，齊桓公好穿紫色衣服，於是貴族、平民皆相仿效；劉邦爲亭長時，以竹皮爲冠，形如鵲尾，時時冠之，稱帝之後，仍喜戴此冠，於是天下盡效，稱"劉氏冠"；漢元帝額有壯髮，遂戴幘，群臣皆隨焉；王莽頭禿，乃施巾，再加冠，遂成爲一種流行戴法；東漢名士郭泰，字林宗，一次行路遇雨，所戴頭巾的一角垂下，時人仿效，故意折巾一角，稱"林宗巾"。後世又有所謂"樂天巾""浩然巾""東坡巾"等。直至近現代，人們仍在效法名流，如"中山服""列寧裝"之類。概而言之，服飾總是在不斷發展演變中，也總是有人刻意或無意地開啓服飾演變先河。

三、婦女的時尚先行性。婦女較之男性通常更喜歡新奇服飾，遂成爲我國服飾新潮流的重要推動者。兩漢時引領服飾風尚的女性爲京城貴族婦女，如西漢卓文君的"遠山眉"，東漢梁冀妻孫壽的"墮馬髻"，皆曾風靡一時。漢代長安有語曰："城中好高髻，四方高一尺；城中好廣眉，四方且半額；城中好大袖，四方全匹帛。"（《後漢書·馬援傳》）入唐後，引領服飾風尚之女性則以京城嬪妃和商業城市之藝妓爲主。唐代皇宮之內，"羽衣霓裳"逐新奇，朝廷又設有梨園，教練各類藝妓，妝飾講究，影響廣遠。民間的各類藝妓，尤爲自由而活躍。如"瑩姐，平康妓也。玉净花明，尤善梳掠"。（宋陶穀《清異録·裝飾門》）按，平康爲長安丹鳳街平康坊，爲妓女聚居之地。時至兩宋，藝妓大盛，遍及全國。據統計，北宋的首都開封，南宋的臨安，其青樓皆達萬所之多。名妓則有陳師師、梁紅玉、王朝雲、嚴蕊等。今學界論定，宋代的藝妓不但引領了服飾新潮，同時也催生了便於唱誦的宋詞。宋孟元老《東京夢華録·序》載："舉目則青樓畫閣，繡户珠簾。雕車競駐於天街，寶馬爭馳於御路，金翠耀目，羅綺飄香。新聲巧笑於柳陌花衢，按管調弦於茶坊酒肆。"宋代藝妓之盛，服飾之華麗，僅於此《序》便可略見一斑。明清之際的名妓董小宛、李香君、柳如是、陳圓圓等，皆曾引領過一代風尚。近代江南流行的"杜韋娘髻"，也是一種藝妓的髮式。在此，必須指出，一味追逐新奇，或許會形成不可阻擋的流行趨勢，但却不一定科學、完美。如發端於五代、盛行於宋代的纏足之陋習，就是如此。20 世紀 70 年代，又曾流行一種脱離常規的拖地喇叭褲。當時，自由地隨心所欲地發展起來的審美追求，使誇張藝術得到了淋漓盡致的發揮，褲子的尺寸誇張到了滑稽可笑的地步。

四、宗教信仰的影響。如道教、佛教、天主教、伊斯蘭教等，各有相應的服飾，其對服飾形制的影響，是不可忽視的。

縱觀人類服裝的演變歷史，始終與政治、經濟、軍事、思想、文化以及宗教信仰、生活習俗等密切聯繫。服飾代表着一定時期的文化，是一定時期物質文明和精神文明的綜合反映，具有鮮明的時代特徵，於是人類存在共有的服飾文化，同樣也存在各個民族、地區自有的服飾文化。

關於中華冠服的興起、演變，作者有全面而精彩的論述，全卷共六章，第一章爲《概論》，下設五節：第一節爲《冠服名義説》；第二節爲《中華服飾的發端及夏、商、周三代的冠服》；第三節爲《春秋、戰國至明清時期的冠服演變》；第四節爲《近代以來的服裝及發展趨勢》；第五節爲《服飾的流行性及其規律》。第二章爲《首服説》，下設四節：第一節爲《冕、弁考》；第二節爲《冠考》；第三節爲《巾、幘考》；第四節爲《帽考》。第三章爲《身服説（上）》，下設十節：第一節爲《祭服考》；第二節爲《朝服考》；第三節爲《公服考》；第四節爲《燕服考》；第五節爲《凶服考》；第六節爲《便服考》；第七節爲《内衣考》；第八節爲《雨衣、風衣考》；第九節爲《僧服、道服考》；第十節爲《手套、袖套考》。第四章爲《身服説（下）》，下設兩節：第一節爲《裳、裙考》；第二節爲《褌、褲考》。第五章爲《足服説》，下設三節：第一節爲《鞋考》；第二節爲《靴考》；第三節爲《襪考》。第六章爲《帶、佩、飾説》，下設三節：第一節爲《腰帶考》；第二節爲《腰佩考》；第三節爲《飾考》。謀篇布局，十分周嚴，爲補全卷專題考釋之不足，卷末又增附表兩種：其一，《唐、宋、元、明、清品官章服簡表》；其二，《〈大清會典圖〉中冠、服簡表》。

冠服的分類與命名，依從衣着的部位與功用，劃爲四大系列：一、首服，亦稱“元服”，俗稱“頭衣”，包括冕、弁、冠、巾、幘、帽等。二、身服，指上下身的衣服。其中上身稱衣，下身稱裳。古代衣式，或衣裳相分，或兩者相連。三、足服，亦稱“足衣”，有鞋、屐、靴、襪等。四、佩飾，主要指衣帶、披肩、牙牌、香囊之類的附屬物。以上大類劃分得簡要明確，一目了然，以下細類的劃分雖甚爲複雜，但仍頗具章法。如《首服説》中的《冠考》文下，又細分爲“古代禮冠及皇帝、太子冠”“文武百官及其他人士冠”“女冠”“隱者冠”“道士冠”諸種;《巾、幘考》下,又細分爲“額巾”“頭巾”“婦女頭巾”“道士頭巾”“近現代民間頭巾”“近現代少數民族婦女傳統頭巾”及“幘類”諸種,充分展現了古代社會朝野、官民、男女及不同民族間的首服的規制和習俗以及所體現出來的等級關係,從中可以看出先民豐富多彩的生活方式。這不衹是階級與貴賤之別,也展示了先民的生活態度與習俗情趣。

依筆者看來,全卷最爲繁複、難度最大、最爲精彩者,當屬最後一章《帶、佩、飾說》。因古往今來,平民百姓看重的通常是衣服本身或鞋帽之類,甚少關注佩飾之類,尤其是那些瑣細之物。

如,當今權威的《漢語大詞典·大部》下收有“夾袋”條,釋曰:“衣服裏面的口袋。《冷眼觀》第一回:‘我拿過翻開一望,見那書中記載的人名事實,倒有一大半是我夾袋裏的東西,那著者竟是先得我心了。’”《冷眼觀》乃是光緒年間王濬卿所著小説,該條“衣服裏的口袋”,釋義不甚分明,這一“口袋”在衣服的何處? 不得而知。

本卷“夾袋”文釋義如下:“衣服內層的口袋。宋代始見。《宋史·施師點傳》:‘師點惓惓搜訪人才,手書置夾袋中。’明代亦見。明張居正《答總憲張岷峽言用人書》:‘別楮所薦諸賢,皆一時之俊,處吾夾袋中,寧止朝夕。’”“夾”,指“夾層”。“夾袋”一詞,特指“衣服內層的口袋”,確定了所在部位,且明確指出“夾袋”一詞宋代始見。

另有“衣袋”一詞,更受冷落,《漢語大詞典》沒有將其單獨立目,只在同書《衣部》“衣兜”條目下列爲三個義項中的最後一項,釋曰:“衣袋:周立波《暴風驟雨》第一部一:‘老孫頭把錢接過來,揣在衣兜裏,笑得咧開嘴。’李强等《在風雨中長大》九:‘起先,他把它放在報袋裏,覺得不放心,後來又放在貼身的衣袋裏,他還是不放心,最後把它放在胸口,放在貼肉的背心裏才覺得合適。’”這裏只是將“衣袋”釋爲“衣兜”,而“衣兜”的前兩義項與“衣袋”毫無干係。何謂“衣袋”,只能靠讀者自行理解,而書證全部是當代文藝作品,也就是説“衣袋”是一後起詞。那麼,中國古代有無“衣袋”? 古代的“衣袋”又是何物? 這一後起詞是如何形成的?

本卷釋義:“衣服上的口袋。用衣料裁製成一端開口,內可盛放小件物品的袋,亦有裝飾作用。先秦時期,始見在腰間挂鞶囊,以盛毛巾等物。漢代始,官吏於朝服肩部綴囊,以盛奏事之物。同時,胡服傳入中原,亦用蹀躞垂挂物品。至宋代,鞶囊演變爲荷包,亦佩於身上。此時又出現夾袋,即衣服內層的口袋。近代以來,隨着西服的傳入、傳統服裝不斷變化，衣服上口袋漸多，出現不同品種、不同式樣的衣袋。常見的，有貼袋、挖袋、插袋、挖貼袋等。"口袋"的古往今來、源流演變，在此得到清晰的解讀，同時又照應了"夾袋"的歷史淵源。

以上只是該説的一二例證而已，讀者諸君稍翻目録，即可覽概貌，知其豐富之狀。

作者對冠服的考釋，如同《通考》全書一樣，就總體而論，肇始於史前，達於近現代，鑒於冠服的民族性、繼承性，其選題直達於當代，達於今時，大有建樹。有諸多條目揭開了千古疑寶。如"半臂"，乃古代的一種短衫。袖口寬大而不過肘，身長僅及腰間，多着於衫襦之外，從上套下，無領或翻領，對襟。今世年輕時尚女子仍有穿着此類短袖衫者，并未嫌其古老。但在古代，却一度男女無別。宋代高承《事物紀原·衣裘帶服》引唐許嵩《建康實録》曰："隋大業中，内宮多服半臂……今背子也。江淮之間或曰綽子，士人競服，隋始製之也。"但稱"隋始製之"則失之武斷。對此，本卷作者以《詩·鄘風·君子偕老》毛奇齡注及《方言》郭璞注等爲據，明確指出："這種服裝先秦始見，初稱'袡'，如漢之綉䄖。至魏晋時已有'半臂''半袖'之稱。""'背子''綽子'乃古代一種短袖衣。參見本卷《身服説（上）·便衣考》'背子'文。"其後，作者另設"背子"一條，釋文一開始就強調了"背子"是"一種短袖長衣"。爾後復引高承《事物紀原·衣裘帶服》之另一書證："背子。〔《實録》〕又曰：秦二世詔衫子上朝服加背子，其制袖短於衫；身與衫齊而大袖……蓋自秦始也。"此即以高氏之矛攻高氏之盾，加之其他典籍及唐壁畫、唐女俑、明唐寅《簪花仕女圖》等爲實證，作者的論斷堅如磐石，毋庸置疑。同時指出"半臂"亦稱"搭護""褡襪"，"背子"亦稱"綽子""四襈襖子"等。如是，"半臂""背子"兩文就有了歷時而旁涉的縱橫展示。

本卷如同全書一樣，遵循探源逐流、重古亦不薄今的編纂宗旨，收詞立目直達現當代，具有鮮明的時代感。以下順舉幾例，以見全豹。如，"一裹窮"："窮家婦女的一種藍布衫，便宜，實用，耐久，中華人民共和國成立前流行於北京等地。""東方衫"："現代一種女上衣，20世紀50至70年代甚爲流行，適合中老年婦女穿用。傳統的中式立領，中間開襟，圓角下襬，兩側開衩，曲腰。通常有四對盤花紐扣，有鑲邊和嵌綫。""蝙蝠衫"："現代一種兩袖張開如蝙蝠翅膀式上衣，領型隨意，袖窿寬大，袖片與前身相連，下襬緊小，受印第安人服裝影響而設計，穿着瀟灑自如……頗受青年人喜愛。20世紀80年代以來在我國始流行。""海魂衫"："現代一種藍白條相間的汗衫，圓領圈，有長、短袖兩種，因電影《海魂》中主人公穿此而得名。原係海軍戰士的貼身汗衫，後傳於民間，尤爲男青年所喜愛，20 世紀 80 年代始流行。"這些現當代服裝實用的款式、來源、流行時代及地域，非常明晰，頗具趣味性。

　　據以上舉證可知，本卷實是一部難得的通達古今的服飾史論，是一部難得的雅俗共賞的中華民族冠服文化的燦爛畫卷。主編山東師範大學歷史文化學院耿天勤教授，當年乃南開大學中文系高才生，文史兼通，出任本卷主編時，雖已著作等身，對此書却頗有偏愛，夜以繼日，歷時近三十載終成此書。其助手趙樹根研究館員，實是一熱血男兒，早年就讀於山東大學中文系時，曾義無反顧，投筆從戎，戰事結束，重歸母校，直至畢業。承擔本卷主要撰稿人時，已年近花甲，身兼山東藝術學院圖書館館長。曾言：餘生唯此爲任，鞠躬盡瘁，了却終生心願。序者初聞，以爲一時戲言而已。豈料一時戲言竟成真，前年老友遽歸道山，臨終告夫人曰："轉告主編（指序者），望能在我的遺像前放上《冠服卷》。"但《通考》的出版，仍遙遙無期！其時序者遠在差旅途中，遙見好友短信中"出書未捷"的悼詞，無盡心酸。此後，天勤教授獨擔重任，傾盡全力，鬢髮盡斑，無怨無悔，令序者敬佩不已！

　　蒼天不負苦心人，本書幸得上海交通大學、中國國家博物館及全國廣大專家學者的支持，終於付印問世，謹作此序，以致謝忱，并權作對仙逝友人之緬懷。

張述錚

太歲旃蒙協洽嘉平月旦日於山東師範大學映月亭初稿
太歲上章困敦嘉平月五日於歷下龍泉山莊東籬齋定稿

第一章　概　論

第一節　冠服名義説

冠爲首服之總名，服爲身服之泛稱。本卷以"冠服"代指首服、身服、足服和腰帶、佩飾等全部服飾。

首服，亦稱"元服"，俗稱"頭衣"。包括冕、弁、冠、巾、幘、帽等。冕、弁、冠皆爲古代貴族男子的首服，可統稱爲冠，但具體而言，三者形制各異，分指不同的禮冠。冕是大夫以上的禮冠，弁是士以上的禮冠，冠本用以束髮，後爲冕、弁之總名。巾、幘作爲首服，是古代平民、卑賤者裹髮用的布帛。巾本是庶人束於腰間用以拭汗或擦物的布帛，後着之額上，成爲首服。幘不同於巾，僅用於束髮，可單着之，亦可上面加冠。帽，本作"冒"，爲覆蓋之意。原始人蓋在頭上的一塊獸皮即最早的帽，至三代，貴族男子戴禮冠，小兒、蠻夷和庶民則戴帽。現代，人們的首服主要爲帽和巾。

身服，即穿在上身和下身的衣服。其中，穿在上身的爲衣，穿在下身的爲裳。古代衣式，或上衣下裳，或衣裳相連。衣有長、短之分，又有内、外之別，還有單、夾、棉之不同。短衣稱"襦"，亦有長、短之分。與襦相對者爲深衣，深衣連衣、裳爲一體。貼身内衣稱"褻衣"，亦稱"澤""私""衷裏衣""衵衣"等。外衣有褂、襖、袍、裘、氅、風衣等。衫、襦、背心等，既可作外衣，亦可作内衣。褂是單上衣或罩在外面的長衣；襖是有襯裏的上衣，有夾、棉之别；袍是絮有亂麻、絲綿（棉）的長襖；裘是皮衣，作爲禮服，需加罩衣，即裼衣；氅本指鳥羽製的外衣，後泛指外套；風衣是擋風遮塵的外衣。衫是單衣，有短袖、長袖之分；背心是無領無袖的上衣。下衣有裳、裙、褌、袴等。裳是將蔽體的前後兩片連在一起，圍在腰部遮下體的下服；裙由裳演變而來，由多幅布帛拼製而成，無襠、無脛筒，繫於腰，遮護下體；褌是貼身短褲，有襠，自腰之下，筒長至膝，本爲内衣，祇有奴僕等勞動者穿在外；袴，亦作"绔"，古代爲脛衣，後世爲套褲，祇有兩脛筒，分套於兩脛，又褲爲其遺制。古代有窮袴，爲一種開襠褲，北方民族穿的滿襠褲亦稱"褌"，後與"袴"字混同，再後以"褲"代之。傳統的褲，有腰，有兩長脛筒，滿襠，與西褲不同。褲有單、夾、棉之不同。

足服，亦稱"足衣"，有鞋、靴、襪等。鞋是一種足服的通稱，古字作"鞵"。因所用材料不同、形制不同、時代不同、地域不同，其名稱各異，有"菲""屬""屨""舄""履""屐""屣"等稱。菲，亦作"扉"，爲鞋的古稱，以草、麻或皮革所製；屬爲芒草所編織的鞋；屨爲三代時對鞋的總稱；舄爲複底鞋，是古代的禮鞋，君王、后妃及百官在禮儀場合穿用，并需與冠服相配；履亦爲鞋的總稱；屐是木底鞋；屣是腳跟部無幫的鞋，即拖鞋。靴，古字作"鞾"，本爲少數民族足服，革製，後傳入中原。靴與鞋之别，是鞋幫上連有長至脛的靿，靿有高、矮之不同。襪，亦作"韈""韤""袜"，亦爲足服的一種，早期以皮製，後以絲、麻、布製，形制或有襪底，或無襪底，或有底而無後跟。

佩飾，主要指腰帶之類衣着的附屬物。古代有革帶、絲帶兩類。革帶，亦稱"鞶帶""鞶革"，以皮革爲之，帶首的固定裝置有鈎和鐍，主要用於男子；絲帶，亦稱"大帶"，以絲帛爲之，主要用於女子。古代服制，歷朝皆有關於帶的規定。通常按帶銙（指附於腰帶上的扣版）的質料、形狀、數量、紋飾等辨别等級。如所用質料，有玉、金、犀、銀、銅、鐵、角、石、墨玉等，故有玉帶、金帶等類别。其形狀或方或圓，數量或多或少，紋飾亦可達一二十種。佩，指腰佩，即腰帶上懸挂的佩件。主要有德佩、事佩兩類。德佩，亦稱"玉珮"，佩不同的玉以爲裝飾，且有寓意。如璧、環、璜、珩等。事佩，指有實用價值的佩件，又有兩類：一類是古代官吏腰間的佩件，用以顯示官階身份，如印綬、魚袋等；一類是民間男女腰間的佩物，反映一種風俗，如香囊、香球、荷包、巾等。

飾，即冠服的裝飾，包括冕、弁、冠、帽、巾等首服之飾和身服上的繪飾、綉飾、緣飾和或披或繫於身上的飾物。

第二節　中華服飾的發端及夏、商、周三代的冠服

中華民族已有五千餘載之文明史，而穿戴之史又可追溯至更遙遠的時期。如果從人類以獸皮裹身禦寒算起，距今已有幾十萬年了。舊石器時代，人的直立行走和火的使用，都與人類服飾文化的起源相關。北京猿人已懂得利用獸骨製造工具，則利用獸皮禦寒亦屬可能。在舊石器時代晚期文化遺址，人類用獸骨、獸牙、貝殼、石珠等作飾物的情況多次被發現，特別是山頂洞人所用骨針的發現，説明這時人類已經用獸皮縫製衣服。到新石器時代，人類已經掌握了紡麻、養蠶繅絲、紡織毛布及縫紉等技術。如在龍山文化遺址及河姆渡文化遺址曾發現織布的工具和機具，可以推知當時原始紡織手工業的情況。在新石器時代的遺址中，還發現距今約五千四百年的葛布殘片和距今約四千七百年的絲織品等，説明中華先民在新石器時代，已經進入穿衣、戴帽、佩飾的文明生活。這時已有符合人體穿着功能的成型服飾，從當時的彩繪陶器和岩畫的人物造型，可窺見其衣着形象。他們頭上或戴寬大的圓帽，或戴尖頂高冠，或戴羽冠；他們穿的衣服，或上衣而下裳，有紋飾；或上衣下裳相連，腰間束帶；他們脚上或裹行縢，或穿尖翹式靴，或穿平頭鞋、平頭高勒靴；他們的佩飾品，以多種材料製成，形式多樣。

關於人類服裝產生的原因，學術界有種種説法，概括起來，有如下幾方面的觀點：

第一，氣候適應説。認爲人類由於用火、熟食，原來用以抵禦寒冷的體毛開始退化，當地球進入第四紀冰川期之時，爲適應自身的生理變化和環境氣候的變化，便以獸皮包裹身體以禦寒。

第二，人體保護説。人類由於直立行走，原來隱蔽的外部器官暴露出來，爲保護這些器官而用衣物。當時發明了腰衣布、兜襠布等。

第三，巫術崇拜説。原始人在自然崇拜和圖騰信仰中，相信萬物皆有靈。他們利用一些特定的物體，如貝殼、石頭、羽毛、獸齒、果實等戴在身上，以爲可以避邪，并期望得到神靈的保佑，後來便以某種衣物或裝飾品的形式穿或飾於身上。

　　第四，人體裝飾説。認爲人類想使自己更完美、更有魅力，想創造性地表現自己，便用自然界提供的或人造的物品裝飾自己。佩飾最初就是作爲某種象徵而出現的，如强者、勇者常把戰利品佩於身上，以象徵其力量。

　　第五，异性吸引説。認爲原始人佩戴許多飾物，是爲了吸引异性的注意。人類着衣，是用皮先掩蓋前面的下體，以後再掩蔽其他。後世禮服上的韍就是古制的遺存。

　　第六，人體遮羞説。認爲人類最早着衣，先遮蔽生殖器，是源於羞恥感。

　　凡此種種，實是各執一端。有些是出於現代人的觀念，原始人并非定有如此心理。如羞恥感産生於人類進入階級社會以後，將此作爲服裝起因，恐非允當。按照辯證唯物主義的學説，勞動創造了世界，勞動創造了人類本身。人類祇有在爲自身的生存和發展所進行的勞動實踐中纔會産生相應的心理要求，祇有産生了某種需要，如生理保護的需要、審美心理的需要等，纔會産生滿足這種需要的服飾。進入階級社會以後，服裝的保護、遮羞、裝飾等功能同時具備，但保護、遮羞的目的容易達到，而在裝飾方面的要求却永無止境。

　　縱觀我國服裝的演變歷史，可知它與政治、經濟、軍事、思想、文化以及宗教信仰、生活習俗等皆有密切關係。服飾代表着一定時期的文化，是一定時期物質文明和精神文明的綜合反映，它有鮮明的時代特徵，在階級社會裏也深深地打上了階級的烙印。

　　中國約在公元前21世紀進入奴隸社會，其發展主要經歷了夏、商、周等朝代。出土的商墓玉雕及玉石、陶塑人像等證實，這時的服裝式樣已經具有了明顯的階級等級之分。奴隸主貴族頭戴高帽、扁帽或裹巾子，身穿小袖右衽交領衣，下着裙裳，腰間束帶，裹腿，脚穿翹尖鞋，還用呈斧形的"赤帶"象徵權威。奴隸身穿小袖衣，長不及踝，免冠，頭髮編辮再盤於頭頂，手縛鐐銬枷鎖。

　　奴隸社會還産生了以國王的冕服爲中心的章服制度。夏、商兩代國王舉行祭禮時都穿冕服。周代國王有六種冕服：祀昊天上帝服大裘冕；享先王則衮冕；享先公、饗射則鷩冕；祀四望、山川則毳冕；祭社稷、五祀則希冕；祭群小祀則玄冕。冕服由冕冠和禮服配套而成。如大裘冕由冕冠和中單、大裘、玄衣、纁裳相配，衣上繪日、月、星辰、山、龍、華蟲六章花紋，裳上綉藻、火、粉米、宗彝、黼、黻六章花紋，此謂"十二章"，再配以大帶、革帶、韍、佩綬、赤舄，這是國王最隆重的禮服。在此基礎上，根據禮儀的輕重及服用者身份地位的高低，在花紋章數上加以區别。冕冠上有玉藻，并以之作爲區别身份的標識，天子衮冕玉藻十二旒，每旒十二玉，懸於冕版前後。公之服最高用九旒，每旒九玉。侯伯七旒，子男五旒。冕服制度自東漢明帝時重定之後，歷代沿用，直至明代，雖有一些更改，但大體不變。

國王除六種冕服之外，還有四種弁服，即分別用於視朝的皮弁、兵事的韋弁、田獵的冠弁、士助君祭的爵弁。

周代王后的禮服也有六種，即褘衣、褕翟、闕翟、鞠衣、展衣、褖衣。其中，前三種爲祭服，褘衣爲玄色加彩繪，褕翟青色，闕翟赤色，用彩絹刻成雉鷄之形，加以彩繪。鞠衣桑黃色，展衣白色，褖衣黑色。六種禮服皆以素紗内衣爲配，皆采用衣、裳不分的袍式。

周天子平時燕居，諸侯祭宗廟，大夫、士早上入廟或叩見父母均可服玄端。玄端衣袂和衣長皆二尺二寸，正幅正裁，玄色無紋，爲國之法服。諸侯玄端以玄冠素裳相配，上士亦配素裳，中士配黃裳，下士配前玄後黃的雜裳。還有一種深衣，爲君王、諸侯、大夫、士朝祭之服外的次等吉服。諸侯夕深衣祭牢肉，大夫、士朝玄端，夕深衣。深衣亦爲庶人的吉服。冕服和玄端，衣裳不相連屬，而深衣上衣下裳相連。在製作時仍上下分裁，中間以縫相連。其制，下裳用六幅，每幅又交解裁之爲二，計十二幅。有上下之殺（削幅），裳旁有續袵鈎邊，深衣以白布爲之，其長至踝。

周代，天子的高級禦寒衣服是裘。大裘用黑羔皮製成。還有狐裘，以狐白裘爲最珍貴。天子、諸侯用全裘不加袖飾，卿、大夫則以豹皮爲袖飾。天子狐白裘外罩錦裼衣，諸侯、卿、大夫上朝時裘外再穿朝服。狐裘之外，麛麑裘、虎裘、貉裘次之，狼裘、犬裘又次之。

周代還有夾層内裝綿絮的袍，是上下相連的長衣。裝麻絮、舊絲綿的叫"緼"，裝新綿絮的稱"襺"。比袍短的棉衣爲"襦"，麻布製者爲"褐"，平民所穿。

周代的鞋，男女相同。國王和王后的鞋有赤舄、白舄、玄舄、青舄，還有素履、葛履等，并專門設置屨人一職掌管，在不同禮儀場合與不同冠服相配。以赤色爲上。

第三節　春秋、戰國至明清時期的冠服演變

春秋、戰國時期，五霸迭興，七國爭雄，衣冠异制。各諸侯國的衣冠服飾各有崇尚。《墨子·公孟》曾談到齊桓公高冠博帶，金劍木盾；晋文公大布之衣，牂羊之裘，韋以帶

劍；楚莊王鮮冠組纓，縫（意謂寬大）衣博袍；越王勾踐剪髮紋身。由於諸侯國之間互相征戰，頻繁接觸，使得各地區之間相互影響，服飾在優勝劣汰中得到發展。商周時期，華夏民族的傳統服裝，一般是上衣下裳，或襦、褲、深衣、下裳搭配，後者把裳穿於襦褲深衣之外，褲爲不加連襠的套褲。穿這種服裝行動不便，特別是在戰爭中不便於騎射。戰國時期，趙武靈王爲便於騎射，提高軍隊戰鬥力，進行了服裝改革。他廢弃傳統的上衣下裳，引進胡服。胡服爲北方少數民族服裝，合身的短上衣，配穿合襠褲，便於騎射。伴隨着胡服而來的帶鐍，也迅速在中原地區流行起來。

春秋、戰國時期的服制，見於文獻記載者，如楚國春申君食客中的上客皆着珠履，楚國還有高冠、清冠；齊國的孟嘗君有價值千金的狐白之裘；趙國的平原君婢妾被綺縠，趙國的將軍、大夫服貂服，而王宮衛士穿黑衣；魏襄王有“蒼頭二十萬”，蒼頭是指頭裹青巾的軍士；平民頭裹黑巾，被稱爲“黔首”。

秦始皇兼并六國、統一中國以後，根據五行説，以爲秦得水德，故服色尚黑；數以六爲紀，規定法冠高六寸。秦始皇還首將六國首服賜給百官，如將楚之法冠賜給御史，采楚莊王時所戴之冠製遠游冠，采趙王之冠製高山冠。秦始皇還製五彩夾纈羅裙以賜宮僚百官母妻。

漢朝建立以後，采用劉邦當亭長時設計的以竹皮製的長冠爲祭宗廟之冠，以黑衣爲祭服。至東漢明帝時，正式制定冠服制度，以冕服爲祭服，對冠冕、衣裳、鞋履、佩綬皆有規定。以冠作爲區分等級地位的重要標志，有冕冠、長冠、委貌冠、皮弁、爵弁、通天冠、遠游冠、高山冠、進賢冠、法冠、武冠、建華冠、方山冠、術士冠、却非冠、却敵冠、樊噲冠等。朝服采用深衣制，爲長袍大袖，以衣料精粗和色彩差別表示等級。袍內襯單衣，下穿肥襠大褲，袍外佩挂組綬，以綬的不同顏色和精細程度標示等級。女子禮服亦深衣制，即連衣裳而不分的單衣形制。始爲曲裾，後改直裾，即在裾角下端斜裁下延成尖角形。除朝服外，男子一般穿褲。北方民族的滿襠褲已在中原地區被百姓使用，稱“褌”，有長短之別。還有三角形的短褲，稱“犢鼻褌”，爲勞動者所穿。漢代婦女的日常之服，爲上衣下裙。在西漢昭帝時，宮廷中出現了窮袴，其制上達於股，下覆於脛，於兩股間施以褲襠，襠不縫綴，以帶繫縛。除女子之外，男子也有穿者。巾、幘本爲卑賤者之服，有別於冠。然至東漢末，王公大臣亦以幅巾爲雅。幘亦更爲講究而多樣，加高顏題，又施幘屋，又加長、短耳，幘上再加冠，致有平巾幘、介幘、空頂幘等。又以色別之，如齋用紺幘，耕用青幘，獵用緗幘，武士用赤幘，賤者用綠幘。

魏晋大體沿襲漢制。南北朝時期，由於异族入侵，民族遷徙，促使胡、漢雜居，南北交流，出現了漢服、胡服并存且自然吸收融合的情況，從而産生了一些新的服裝款式，如褲褶、裲襠、半袖衫、雜裾垂髾服等。褲褶服的特點爲上穿齊膝大袖衣，下穿肥管大口褲，以錦帶將褲管縛住。本爲北朝之服，南朝亦服。裲襠，没有衣袖，衹有前後兩片，一片當胸，一片當背，婦女則於其上綉花，穿於交領短衫之外，下配穿羅裙，時裙的褶襇尚細。半袖衫，即短袖衫，爲燕服，衫袖或寬或窄，南朝尚寬大，北朝尚窄狹。雜裾垂髾服，是女子之深衣，在下襬部分加襳髾，即將下襬裁内三角，上寬下尖，層層相叠，再從腰部所加圍裳中伸出飄帶。這一時期的首服，有帢、巾、幘、幞頭、帽、冠等。帢爲魏武帝所創，形似皮弁，但以縑帛製成，并以色澤别其貴賤。巾爲士人所喜戴，除東漢以來流行的幅巾之外，尚有角巾、葛巾、綸巾、白接䍦等。幘於漢代已見使用，至南北朝時已爲一般人所常戴，主要有平上幘、介幘，作爲官吏首服，武吏戴平上幘，文吏戴介幘。幞頭最早出現在北周，即在幅巾的基礎上裁出四脚。帽本爲草野之人首服，南朝士人亦戴。其特有者爲紗帽，皇帝戴白紗帽，士庶戴烏紗帽。其制，或有捲荷，或有下裙，或有高屋，或有長耳。農商戴大障日帽。北朝多戴突騎帽。冠，百官除沿用漢代的進賢冠、武冠、法冠、高山冠、委貌冠、樊噲冠外，最有特點者爲漆紗籠冠，即頭上束髻，髻上戴平巾幘，上面再罩一頂黑漆紗製的筒狀籠冠。這一時期的足服，南朝盛行木屐，上至天子、百官，下至文人、士庶，乃至婦女，皆喜着之。貧者則穿草鞋。北朝人則常穿靴，并影響南朝。

隋唐時期，我國的服裝形式經過融合、變遷，男子大都穿圓領、窄袖袍衫及缺胯衫（兩側開衩）、加襴袍衫（膝下用一整幅布接成一圈横襴），腰束革帶，頭戴軟脚紗幞頭，脚穿長勒靴。隋代，恢復了漢代的章服制度，冕服用十二章，成爲歷代皇帝冕服的既定款式。隋文帝平時衹戴烏紗帽，隋煬帝則在不同場合戴通天冠、遠游冠、武冠、皮弁等。文武百官朝服爲絳紗單衣，白紗中單，絳紗蔽膝，白襪烏靴；戴進賢冠，以冠梁多少區别官位高低；謁者大夫戴高山冠，御史大夫、司隸戴獬豸冠。隋文帝賜大臣束九環金帶。皇后服制，有褘衣、朝衣、青服、朱服。宫人於長袖衫外穿半臂，下穿十二破裙，即仙裙。婦女外出戴冪䍦。唐代，制定了一套冠服制度，有朝服、公服、章服、常服等。朝服，與隋代基本相同。公服，亦稱"從省服"，與朝服相异者爲無蔽膝、劍、綬。章服，即以不同的紋飾作爲等級標識的貴族禮服和官服。常服，亦稱"讌服"，即皇帝和百官日常穿着的服裝。皇帝以黃袍、衫為常服，百官以紫、緋、綠、青等色為秩，帶飾以玉、金、銀、鍮石、銅、鐵為秩。不同於隋代天子唯用袞冕，唐依周制，製天子之六冕，除冕外，戴通天冠、翼善冠、緇布冠、武弁、黑介幘、白紗帽、平巾幘、白帢等。皇太子有袞冕、玄冕，具服遠游冠、三梁冠、進德冠、烏紗帽、弁、平巾幘等。百官戴爵弁、武弁、進賢冠、法冠、高山冠、委貌冠、却非冠、平巾幘、介幘等。皇后服有褘衣、鞠衣、鈿釵禮衣；皇太子妃有褕翟、鞠衣、鈿釵禮衣；命婦有翟衣、鈿釵禮衣、禮衣、公服、半袖裙襦、花釵禮衣。唐代百官朝服，弃舄用靴，但在祭祀時仍用舄。唐代婦女的日常服飾，上身着襦、衫、襖，且有綉文或織文，下身束裙。衫的款式為半露胸的小衫，或袒露臂的半袖衫；裙長曳地，形較瘦，腰高至胸部，顏色以紅、紫、黃、綠為主，紅色裙最為流行。肩上披帔，帔式多變，一般是一端拴於裙腰右側繫帶上，另一端由右肩繞過後肩，搭差左臂下垂。唐初女子出行，常戴冪䍦，後改用帷帽，至開元後廢止。唐代婦女又喜穿男子服裝，穿衫戴帽着靴，或穿袍戴幞頭，還喜穿胡服、戴胡帽、腰束蹀躞帶。

五代時期官服大體沿襲唐代，并下啓宋代服制。帝服袞冕，戴通天冠，穿絳紗袍。五代時期服飾的變化，尤以首服中的幞頭變化最為顯著。唐末已出現硬脚幞頭，但祇限人主服用。當時出現漆紗幞頭，帝王多用硬脚，且各創新樣。或兩脚上翹；或翹上而反折於下；或如團扇、蕉葉之狀，合抱於前；或左右橫直，不復上翹（宋代即用此制）。巾的名目也很多，如後唐莊宗即位，尚方進御巾裹，有聖逍遥、安樂巾、珠龍便巾、清涼寶山、交龍太守等二十種。

宋代冠服制度大抵沿襲唐制，有祭服、朝服、公服（即常服）、時服、戎服、喪服等。宋代將公服稱“常服”。《宋史·輿服志五》云：“公服從省，今謂之常服。宋因唐制，三品以上服紫，五品以上服朱，七品以上服綠，九品以上服青。其制，曲領大袖，下施横襴，束以革帶，幞頭，烏皮靴。”由此可見一斑。宋代沿用五代時期的漆紗幞頭，樣式頗多，有直脚、局脚、交脚、朝天、順風等式。百官所戴幞頭，初期左右平直不甚長，中期以後兩脚加長，據說這樣做是為了防止百官在朝廷上交頭接耳。文人喜戴高而方正的巾帽，穿寬博的衣衫。巾有東坡巾、程子巾、山谷巾、逍遥巾、軟巾、雲巾、仙桃巾、雙桃巾、華陽巾等，服有袍、襦、襖、短褐、褐衣、衫、直裰、襴衫、鶴氅、褙子、半臂、旋襖等。宋代平民服裝出現了多樣化、行業化的趨勢，所謂“士農工商，諸行百户，衣裝各有本色，不敢越外”（宋孟元老《東京夢華録·民俗》）。宋代命婦隨男子官服而分等級，有褘衣、褕翟、鞠衣、朱衣、鈿釵禮衣和常服。婦女一般服裝有較合身的襦、襖、羅衫、褙子、半臂、背心、圍腰、抹胸、裹肚、裙、褲等。婦女纏足，始於五代時期，宋代已非常盛行，隨之出現了紅幫尖翹鳳頭鞋、錦鞋。宋代婦女戴的冠，有白角冠、珠冠、團冠、高冠、花冠、垂肩冠等，較有特色。冠飾最貴重者為鳳冠。婦女騎馬出行，常以方幅紫羅障蔽半身，稱"蓋頭"。宋代冠服，比較拘謹和保守，色彩不如前代鮮艷，但亦有其長，給人以質樸、潔净、自然之感。這與當時的經濟、政治和思想文化狀況，尤其是程朱理學的影響，有密切關係。

遼、金、元皆少數民族建立的政權，在冠服制度上既受漢族的影響，也保留本民族的服飾特色。遼為契丹所建，開始官分南北，遼主與南班漢官用漢服，太后與北班契丹臣僚用本族服。番官戴氈笠，服紫窄袍，束帶，戴無檐帽或裹幅巾。由於處地寒冷，多服貂襖或羊、狐之裘。婦人穿直領或左衽團衫，前拂地，後長而曳地尺餘。裙子作襉大式，黑紫色，上繡全枝花。金為女真族所建，其服制多沿用宋制。金俗喜穿白色衣服，皆衣皮毛。富者春夏穿紵絲、衲錦衫裳，秋冬穿貂、貉、羔裘衣；貧者用牛馬、貓犬、獐麅之皮為衫褲。穿皮襪、尖頭靴，頭戴蹋鴟巾。婦人穿團衫，下束褶裙，同遼俗。常戴羔皮帽，後亦裹頭巾。元朝為蒙古人所建，既沿用唐宋服裝制度，也保留本族服裝。男子夏天戴笠，冬天戴暖帽。衣、衫、袍、襖多為窄袖，衣長過膝。還有一種辮綫襖，為腰間打褶的裙袍式，便於騎馬。天子、百官皆穿質孫服，即一色衣，其制衣裳相連，式樣緊窄，下裳較短，腰間作無數襞積。元代官員在袍外套半袖裘皮衣，稱"比肩"。民間則穿比甲，其制無領無袖，前短後長。蒙古貴族婦女袍式寬大，袖身肥大，但袖口收緊，其長曳地，漢人稱為"大衣"或"團衫"；頭戴姑姑冠，高約二至三尺，別具特色。蒙古平民婦女亦戴皮帽，并沿用金代雲肩。半臂也很流行，男女皆服。元末，衣服、鞋、帽仿高麗式，流行於京都。

明代服裝基本沿襲唐制，宋元服裝中的某些式樣亦有保留，并有某些改革。皇帝冠服有袞冕、通天冠、皮弁服、武弁服、常服、燕弁服。以常服、燕弁服較有特色。常服為盤領窄袖式黃色四團龍袍，用烏紗折角嚮上巾（後名翼善冠），玉帶，皮靴。燕弁服，弁采古皮弁制，但用烏紗為之；衣用古玄端服之制，玄色青緣，兩肩繡日月，前胸繡團龍一，後背繡方龍二，邊加龍文八十一，領與兩袖繡龍文五十九，衽用龍文四十九；素帶朱裹，玄履白襪。文武百官冠服有祭服、朝服、公服、常服、燕服以及內使監宦官、宰輔蒙恩特賜的蟒服、飛魚服、斗牛服。常服，戴兩脚呈橢圓形的烏紗帽，穿團領衫，束帶，并用補子區別品級。補子，即在官服的前胸和後背補綴的一塊繡有花紋的妝飾，文官繡禽鳥，武官繡猛獸。燕服爲忠靖冠服，冠以烏紗爲之，後列二山，頂平，中略高起三梁，各壓以金綫，邊用金緣。服用古之玄端，深青紗羅爲之。襯以玉色深衣，素帶，素履，白襪。皇后、命婦冠服有禮服、常服。皇后禮服，戴九龍四鳳冠，服褘衣；常服戴雙鳳翊龍冠，服真紅大袖衣，霞帔。命婦禮服，由真紅大袖衫、深青霞帔、褙子配套；常服由長襖、長裙、看帶配套。并按品級配不同規格的首飾，衣、裙、霞帔、看帶繡不同規格的紋飾。明代男子首服，以巾的樣式爲最多，有儒巾、軟巾、諸葛巾、東坡巾、山谷巾等傳統巾式，還有四方平定巾、網巾、純陽巾、樂天巾、老人巾、萬字巾、鑿子巾、凌雲巾等新式樣。帽，有軟帽、烟墩帽、邊鼓帽、瓦楞帽、圶檐帽、大帽、氈笠、鞻帽等。官帽爲烏紗帽，民間主要爲六合一統帽，亦稱"小帽""瓜皮帽"。一般服裝有衫、襖、褲、裙，還常穿裋褐、直身、褡護、襴衫、罩甲、程子衣等。明代婦女一般的服裝有比甲、罩甲、褙子、衫襖、挑綫裙，還盛行包頭，稱"額帕"，飾以珠箍。明代的革帶，外裹以紅或青綾，上綴以犀、玉、金、銀、角等，以玉帶爲貴。腰帶多束而不着腰。扈從官員及在京官員俱佩牙牌。着靴亦有規定，如儒士生員許着靴，校尉力士在上直時亦許，庶民、商賈、技藝、步軍及餘丁等不准穿靴，衹能穿皮札鞻，還曾禁止一般人穿錦綺鑲鞋。

清代是滿族建立的我國最後一個封建王朝，滿洲貴族入主中原後，曾嚴令漢族男子剃髮易服，遭到漢族人民强烈反抗。爲緩和民族矛盾，清廷采取某些讓步措施，有"十不從"之説，在推行滿族服裝的同時，仍保留相當部分的漢族服裝。其冠服制度的制定，以滿族的傳統服裝形式爲基礎，又取法儒家禮教的衣冠傳統。首服有朝冠、吉服冠、常服冠、行冠、雨冠。又分冬、夏兩種，冬戴暖帽，夏戴涼帽。朝冠較爲高聳，呈圓錐狀；吉服冠等較扁圓，帽胎呈覆碗狀。朝冠的頂座有一層、二層、三層之別；吉服冠等則用金屬托起頂子，高約一寸，除皇帝、皇子用紅絨結頂外，親王、郡王以下文武官員的頂子都和朝冠上頂子的材料、色澤大體相同，如紅寶石、珊瑚、藍寶石等。皇帝冬雨冠，頂崇，前檐深，明黃色，有氈、羽緞，皆月白緞裏，有油綢而不加裏，皆用藍布帶；夏雨冠，頂平，前檐敞，餘制如冬雨冠。皇子及文武四、五、六品用紅色，餘用青色。帝王群臣法定身服，主要有衮服、朝服、龍袍、蟒袍、補服、端罩、常服褂、常服袍、行褂、行袍、行裳、雨衣、雨裳等。衮服，衹有皇帝在特定場合穿用；朝服，有冬、夏二種，采上衣連下裳制；朝服，皇帝用明黃色，皇子用金黃色，親王、郡王用藍色及石青色，以下官員用石青、藍或其他顏色；龍袍，祇限於皇帝、皇太子穿用；蟒袍，上自皇子，下至九品、未入流者皆用，但以服色及蟒的多少分別官職；補服，即補褂，補子紋樣沿用明代，稍有改動；端罩，毛翻在外的裘衣，爲職位較高者和皇族近臣及侍衛所穿；常服褂，即外褂，但不用補子；常服袍，日常所穿袍，顏色和花紋多隨所用；行褂，短於常服褂，長與坐齊，袖長及肘；行袍，制如常服袍，稍短，右面的衣裾下短一尺，故亦稱“缺襟袍”，臣工扈行、行圍人員、庶官皆服之；行裳，左右各一片，如隨侍甲裳之制，扈從隨行者及庶官皆服之；雨衣，有六式：一如常服褂而長與袍稱，一以氈及羽緞爲之而月白緞裏，一如常服褂而加領，一如常服袍而袖端平，一如常服褂而長與坐齊，一如常服袍而加領；雨裳，有二式：一爲左右幅相交而上斂下遞博，一前爲完幅而不加淺帷。此外，冠上的花翎，朝服上的披領，頸間的硬領和領衣，馬蹄袖，胸前挂的朝珠，皆別具特色。花翎，爲冠上嚮後下垂拖着的一根孔雀尾的翎羽，有單眼、雙眼、三眼之別，戴者皆有規定；披領，加在項間而披於肩上，文武官員穿大禮服時用；硬領，即加於袍上的領，領衣爲連接於硬領之下的前後二長片，形似牛舌；馬蹄袖，馬蹄形的袖，用於禮服的袖端，這是清朝服裝的最大特點之一；朝珠，挂於頸項間垂於胸前，朝服用三盤，吉服用一盤，自親王以下至文五品、武四品等皆得懸挂。清代的腰帶，有朝帶、吉服帶、常服帶、行帶，除朝帶在版飾上及版形的方圓有定制外，其餘三種帶在版飾上隨所宜而定。帶上繫汗巾、刀、觿、荷包等物。靴爲尖頭式，初規定平常人不准穿靴，後則文武百官及士庶皆着之。皇太后、皇后、命婦冠服，有朝冠、吉服冠、朝褂、朝袍、龍褂、吉服褂、龍袍、蟒袍、朝裙、霞帔。一般男子之首服，有瓜皮帽、氈帽、風帽、拉虎帽、笠帽等，服裝有馬褂、馬甲、衫、袍、襖、褲等；一般女子服裝有馬褂、坎肩、襯衣、氅衣等。漢族女子有衫、襖、背心、裙子、一裹圓、一扣鐘、雲肩、套褲、馬甲、坎肩、抹胸等。勞動人民，如農夫穿對襟短衣或齊膝長衣、長褲或裹腿；農婦穿對襟或交領衣，下穿長裙或長褲。纏足婦女所穿的弓鞋，已普遍采用高底，又有平跟、高跟兩種。滿族婦女不尚纏足，其鞋寬大、高底，稱“花盆底鞋”。

第四節　近代以來的服裝及發展趨勢

　　清代晚期，西方帝國主義的炮艦攻破了清王朝閉鎖的國門，面對民族危機，一些有識之士主張學習西方，改革政治，以富國強兵，抵禦外侮。隨着近代以西式操練法改練新軍，西式的學生操衣、操帽和西式的軍裝軍帽，出現於中國學生和軍人之中。西式服裝采用立體構成原理裁剪，功能合理，故一經引進，便對中國近代服裝結構的改革產生重大影響。

　　從清代後期到民國初期，我國傳統服裝以中式爲主，男子是長衫、袍，或加穿馬褂，女爲旗袍。但受到西式服裝的影響，衫、袍由寬大變爲緊瘦，長蓋脚面，袖僅容臂，臀形畢露。在衫、袍外面加穿馬褂，或罩以緊身短馬甲，束長腰巾，成爲流行款式。

　　辛亥革命推翻清王朝的統治，結束了幾千年的封建帝制，封建的章服制度宣告結束，清代的官服、頂戴被捐弃，中國的服裝也隨之發生重大變化。1911 年 10 月，民國政府公布了服制，規定男、女禮服。男禮服有中、西兩式，分大禮服和常禮服。大禮服爲西式服裝，分晝晚兩種。晝禮服長與膝齊，袖與手臂齊，前開襟，後下端開衩，黑色，穿黑色過踝長靴；晚禮服類似燕尾服，穿短靴，前綴黑結。大禮服帽爲高平頂有檐帽。西式常禮服戴較低的圓頂有檐帽，餘同大禮服。中式男禮服爲長袍、馬褂。女子禮服，上衣長與膝齊，有領，對襟，左右及後下端開衩，下穿裙子。然而，西式男禮服未能推行，其他禮服也未能在民間普及。於是男子禮服仍改爲青褂藍袍，女子則多爲旗袍。西裝傳入中國後，開始僅在一些沿海城市的官僚買辦、資産階級和一部分知識分子中流行，到 20 世紀三四十年代纔全面流行開來。當時，長衫、西褲、皮鞋是男子的時髦穿着，短襖、西褲則是女子的時新打扮。與此同時，西式男女大衣也開始爲人們所穿用。然而，大家閨秀、學校女生仍是上衣下裙，且素樸淡雅，裙式則不斷變化，斜裙、繞膝裙、百褶裙、節裙等逐漸取代馬面裙。

　　在近代服裝改革中，影響最大的是中山裝和改良旗袍的出現。中山裝爲中國民主革命的偉大先行者孫中山先生所提倡，并且親自穿用，亦因此得名。辛亥革命期間，孫中山先生爲適應革命的潮流，方便人民的生活、工作，曾指示奉幫裁縫洋服商人根據南洋華僑中流行的“企領文裝”的上衣基樣，改造成前門襟有六個鈕扣直綫均勻排列、上下口袋爲暗袋、背有背縫、後背中腰處加腰節省縫、舒適自然的新式上衣，又將中國傳統的抿襠褲改成西式褲。這種新式服裝輪廓端正，綫條分明，莊重樸實，方便實用，既可作便服，又可作公服或禮服，不受社會階層、地位、等級的限制，老、中、青皆可穿用，很受群衆歡迎。旗袍，其原形爲滿族旗人的氅衣和襯衣。由於西式服裝及其立體造型的傳入，旗袍吸收西式服裝立體造型的特點，不斷改進。原始的旗袍爲寬腰直筒式，腰身寬鬆，袖口寬大，長至脚面，周邊加鑲滾邊。不久，袖口逐漸縮小，滾邊也不如從前寬闊。20世紀20年代末，出現改良旗袍，其式樣有了明顯改變，如縮短長度、收緊腰身、左右開衩等。這種改進，能充分顯示女性體形的曲綫美。30年代以後，旗袍的造型又有改進，由上半身大襟造型與下半身多變相結合，省縫加歸撥的立體造型與中式周邊裝飾相結合，進而發展到領形、袖形的各種變化，先是流行高領，不久又流行低領，後乾脆無領。袖子時長時短，身長亦有長短變化。從40年代起，旗袍的發展趨嚮是取消袖子、縮短長度和減低領高，并省去繁瑣的裝飾，使其更輕便、適體。旗袍具有濃郁的中華民族服裝特色，被譽爲"東方女裝"的代表。

中華人民共和國成立伊始，人們的思想意識、生活方式發生了巨變，西服、時裝等高檔服裝不受青睞。由於人們對革命的嚮往，對儉樸的社會風氣的追求，出現了人民裝、列寧裝熱。人民裝式樣整齊、大方，符合我國民衆着裝習慣，自20世紀50年代開始流行，至今仍受歡迎。列寧裝，由蘇聯傳入，據當年列寧常着服裝式樣製作，故名。始在老解放區幹部中流行，50年代在廣大範圍内風行一時，幹部普遍穿着，有"幹部服"之稱。60年代後期至70年代，出現了中山裝、青年裝、軍便裝等所謂"老三裝"一統天下的局面，服裝的顏色是藍、白、灰不變，穿着對象是老、中、青，品種單調，缺乏個性。20世紀80年代以來，隨着改革開放的深入發展，生活水平的提高，迎來了人民服飾山花爛漫的春天，西裝已經普及，各種時裝，甚至是高檔時裝，也進入尋常百姓家，國外一度流行的各種款式的服裝，如喇叭褲、緊身褲、超短裙、皮夾克、牛仔服、幸子衫、T恤衫、羽絨服、滑雪服、太空服等，紛紛涌入國内市場，極大地促進了中國服裝的發展，使中國傳統服裝進入與國外服裝相互交流、滲透、融合的過程，使中華服飾逐步走嚮平民化、大衆化、多樣化。現在，人們着裝比較注意舒適感和隨意性，今後服裝的發展的趨勢將更加强調服裝式樣的功能化和適體化，講究穿着舒適隨和、輕快自在，并提升品質、注重個性。同時，服裝的裝飾美化功能將得到進一步發展。中國是統一的多民族國家，漢族之外，尚有五十五個少數民族，他們各自在生活中創造了絢麗多彩的民族服裝，這是中華服飾的重要組成部分。隨着對外交流的深化與發展，少數民族服裝逐漸受到外部世界的重視，開始走嚮世界。對於少數民族服裝，國内學者的研究已經取得顯著成績，本卷有所涉及，但尚待深入研究。展望未來，中華服飾前景壯闊，必步入世界先進行列。

第五節　服飾的流行性及其規律

服飾的流行性反映人類從古到今都存在的一種心理趨勢，是群衆性消費意識的表現形態。

在階級社會裏，服飾受到禮制的制約，其流行性帶有階級的烙印。按照封建禮制的規定，不同等級的人用不同的冠服，不得超越，所謂："非其人不得服其服，所以順禮也。"（《後漢書・輿服志上》）周代冕服制度形成以後，祇有大夫以上的貴族可以戴冕，而平民則祇能戴巾幘。隋唐時期，皇帝以黃色袍、衫爲常服，百官以紫、緋、緑、青等色爲秩，此後，直至封建帝制結束，黃色服裝祇有皇帝纔能穿，任何人不得僭越。至於平民百姓，由於受封建禮制禁諱的限制，也因爲常年從事勞作，祇能穿土色、灰色、黑色等帶有自然色調的服裝。階級社會裏，按等級、尊卑規定服飾，形成了服裝帶有階級烙印的流行性。這種流行性，限制了服裝穿着的個性，但也促進了後代行業服裝的形成。

服裝的流行受有地位、有身份、有名望的人的影響。如春秋時期，齊桓公好穿紫色衣服，於是貴族、平民皆仿效之；劉邦爲亭長時，以竹皮爲冠，形如鵲尾，時時冠之，後來做了皇帝，仍喜戴此冠，於是天下皆效，稱"劉氏冠"；東漢名士郭泰，字林宗，一次行路遇雨，所戴頭巾的一角垂下，時人仿效，故意折巾一角，稱"林宗巾"。此外，漢元帝額有壯髮，遂戴幘，群臣皆隨焉；王莽頭秃，乃施巾，再加冠，遂成爲一種流行戴法。後世有所謂"樂天巾""浩然巾""東坡巾"等，皆效名人而爲。近現代，中山裝的創製和流行，也因孫中山先生的提倡、穿着而風行。

和男性相比，婦女更喜歡流行服飾。在中國古代，領導婦女服飾新潮流者，唐代以前是京城的貴族婦女，宋代以後是京城和一些商業比較發達城市的妓女。漢代長安有語曰："城中好高髻，四方高一尺；城中好廣眉，四方且半額；城中好大袖，四方全匹帛。"（《後漢書・馬廖傳》）西漢卓文君的遠山眉，東漢梁冀妻孫壽的墮馬髻等風行一時，皆起於京師。宋代有"四方看京師，京師看妓女"的民諺。妓女在服飾上求新求奇，妝飾講究，如唐代名妓瑩姐"畫眉日作一樣"，明末名妓陳圓圓有《十美圖》等，這對婦女的服飾發展影響很大，連近代江南流行的"杜韋娘髻"，也是一種妓女的髮式。

服飾的流行，特別是婦女某種妝飾的流行，往往是由某種契機觸發。雖然有一定的偶然性，但由於人們求新求奇的心理作用，即形成流行趨勢。如婦女妝飾中的斜紅、妝靨、花鈿、劉海等，皆爲偶然流行起來。這種能激發人們愛好從而具有明顯的束流作用的服飾，便是服裝流行性的航標，亦可稱爲先導物或誘發物。它使人們感覺新鮮美好，引發妝飾自己的欲望。隨着時間的流逝，時代精神的進化，舊的流行先導物已不能滿足人們永無休止的求新欲，於是更新的、更美的流行先導物就會誕生并被人們迅速接受，引起新的流行。如我國的服裝流行色，在 20 世紀 50 年代流行灰色，60 年代改爲流行藍色，70 年代流行軍綠色，80 年代以來人們對單一的服裝色彩感到厭倦，於是色彩便多樣化起來。服裝的樣式也是如此，中華人民共和國成立以來，流行過列寧裝、中山裝、人民裝等，改革開放以後，西裝最爲流行，同時各種式樣的服裝接踵而起，紛紛流行開來。流行先導物正是以這樣的契機不斷被賦予新的内涵，并隨着時代精神的變化而變化，給人們心理上帶來新的滿足，從而不斷推動服飾的發展。

有時，儘管這種先導物有害於健康，也會形成不可阻擋的流行趨勢。如發端於五代時期、盛行於宋代的婦女纏足，就是如此。纏足婦女所穿的鞋，以纖小爲尚，俗稱"三寸金蓮"。這種盛行儘管對人體健康有極大的危害，甚至是一種殘酷的服飾行爲，但由於是一種流行時尚（還有其他方面的原因），沿襲到清末民初纔逐漸廢止。

服飾的流行，往往又受人們非理性感情支配。在 20 世紀 70 年代曾出現過脱離常規的拖地喇叭褲的流行。當時，自由地隨心所欲地發展起來的美感，使誇張的本領得到了淋漓盡致的發揮，褲子的尺寸也都較爲誇張。

服裝的流行總是呈多元化狀態，包括它的色彩、紋樣、造型、款式、材料、工藝、裝飾手段、着裝條件及方式等。這種多元組成的綜合效應是時尚、審美水準和科技水準的統一，其功能相對來説也比較完善。

服裝流行遵循下列規律：先導物的誕生——一定範圍人的適應及個別接受——部分接受形成流行——逐漸消退——一定時間延續至最後消失。從年齡層次來看，青年人最敏感，少年兒童次之；從地區看，經濟繁榮、文化交流活躍、交通發達的區域漸變速度最快，然後向經濟欠發達、交通不够方便的地區逐漸蔓延。

　　某種服飾風格的流行是人們趨同心理物化和審美心理變化的綜合反映，而這種風格的流行，也有一定的周期。周期由四個主要階段組成，即產生階段、發展階段、頂峰階段、消退階段。

　　從現代來看，在流行的最初產生階段（最時髦階段），通常是由著名設計師在時裝發布會上推出超高級時裝（先導物）。這種新設計的時裝絕無僅有，同時，新的流行時裝價格高昂，顯得太高檔，或太極端，無法適合一般消費者的消費水平，因此它的應用範圍也很有限。這一階段的流行，被稱爲"高層次流行"，它常常被那些首先想要采納新款式，以便不同於他人裝束的人們所接受。新款式、新觀念開始逐漸傳播，便形成了時裝的流行，這就是流行的發展階段。由高級時裝公司推出價格高、數量少的時裝產品，并投放市場，促成時髦潮流，新款式、新觀念的傳播被那些跟隨潮流的大眾所仿效，時裝流行的頂峰階段便到來了。這時，時裝已轉化爲流行服裝，被人們穿用。流行服裝充斥市場，大部分消費者開始厭倦眼前過多相同的裝束，他們再也不願意付同樣的價錢去購買這些被長久使用而又"失寵"的流行物，當然仍有一部分消費者在繼續穿用，這就是所謂過時。與此同時，一些趨時髦的消費者又重新回到了第一階段，再選擇新的時髦産品。一種服裝流行的消退階段和另一種服裝流行的產生階段，幾乎是重叠進行。

　　從服裝發展的歷史來看，服裝的流行有多方面的因素：首先是政治因素，包括社會制度、政治形勢、方針政策、重大事件、戰爭等。它促使人們的生活觀念、行爲規範與之協調，使服裝與之相適應。其次是經濟因素，包括國民收入、人口結構、消費狀態及社會心理、競爭方式、銷售手段等。這是流行的可行性和流行的多元性的重要依據。第三是文化因素，包括生活方式和審美心理兩個方面。其中，生活方式受自然環境、民族傳統、民俗、宗教、人際環境、社會階層、職業等影響；審美心理則受文化水準、審美標準、名人服飾、服飾宣傳、國際流行趨勢及其他領域藝術風格的影響。第四是科技因素。科技新成果在服裝上的應用，是當今公認的時髦。電腦輔助設計，新材料的問世，新加工工藝的應用，服飾新產品的開發等，都激發和加快了服裝的流行。第五是設計師因素。這是所有流行制約因素中最重要的。設計師可以根據流行特點、制約因素、美學規律及對以往經驗等進行創作活動，推出流行先導物，讓各階層的消費者從中找到自己的所需。設計師除具備多元的複合知識和藝術情愫外，還要瞭解歷史，瞭解社會，并客觀地表現它，以更好更快地促進服裝的流行。

　　服裝的流行趨勢是可以預測的。預測的根據是通過對社會、市場營銷狀況、服裝流行趨勢進行調查研究獲得的資料。通過對這些資料的分析，可以做出比較準確的預測。例如，在現代服裝工業中，纖維、織物和皮革生產者必須在消費者購買期的前一到兩年着手籌備。服裝和服飾附件的設計及製造，又必須提前九個月到一年來準備貨物，以便在消費者穿着季節前三到六個月向零售商展示。每年春秋兩季的織物博覽會和服裝博覽會，是向消費者和訂購部門進行展示的大好時機，大批交易都在博覽會上進行，這是商情和花色品種調查研究的關鍵時刻。熟悉和掌握服裝流行的周期性規律，將有助於把握時機，有計劃地進行設計和生產，以適應市場的要求，美化人們的生活。

第二章　首服說

第一節　冕、弁考

冕、弁皆中國古代貴族男子之首服。析而言之，冕是大夫以上的禮冠，弁是士以上的禮冠。統而言之，冕、弁皆禮冠也。（見《說文》"冕""覍"條及段玉裁注）

冕，相傳黃帝始製，又有"胡曹作冕"之說，皆見《世本·作篇》，東漢宋衷注《世本》云胡曹是黃帝臣。歷代學者多持黃帝作冕說。《左傳·桓公二年》："袞冕黻珽。"孔穎達疏："冠者，首服之大名；冕者，冠中之別號……《世本》云：'黃帝作冕。'宋仲子云：'冕，冠之有旒者。'"《說文·曰部》："古者黃帝初作冕。"段玉裁注："《太平御覽》引《世本》曰：'黃帝作旒冕。'宋衷注云：'通帛曰旒。'應劭曰：'周始加旒。'"然時代悠遠，其詳難知。

弁，相傳夏禹所創。周代，弁次於冕。弁分爵弁、皮弁、韋弁。爵弁狀類冕，上有冕版，用笄與髮相貫，但無旒，其色也非如冕玄上朱裏，而是赤而微黑，如爵（雀）頭色，故稱爵弁。皮弁用白鹿皮製成，頂呈尖形，狀如兩手相合，類似後代的瓜皮帽，顏色白中帶淺黃，皮塊連接處綴有五彩玉石，稱璂，又作璹、綦，視之如衆多小星，依官位等級不同，玉數亦异。韋弁是以韎韋做成的弁。韋是熟牛皮，韎是用韎草（茅蒐草）染成赤色。（見《儀禮·士冠禮》《周禮·夏官·弁師》鄭玄注）

周代已形成完備的禮制，有一套冕服制度和弁服制度。冕、弁各與相應等級的衣裳配着，不得僭越。周制，天子六冕，即大裘冕、衮冕、鷩冕、毳冕、希冕、玄冕。在不同場所參加不同的禮儀活動，則服不同的冕。《周禮·春官·司服》云："司服掌王之吉凶衣服，辨其名物與其用事。王之吉服，祀昊天、上帝則服大裘而冕，祀五帝亦如之。享先王則衮冕，享先公、饗射則鷩冕，祀四望、山川則毳冕，祭社稷、五祀則希冕，祭群小祀則玄冕。"根據職位高下亦服不同的冕服，《周禮·春官·司服》又云："公之服，自衮冕而下如王之服；侯伯之服，自鷩冕而下如公之服；子男之服，自毳冕而下如侯伯之服；孤之服，自希冕而下如子男之服；卿大夫之服，自玄冕而下如孤之服。"戴冕者需配冕服，天子六冕，其冕服皆玄衣纁裳，上衣紋樣一般用繪，下裳紋樣則用刺繡。所繡紋樣，視級別高低而异，以十二章爲貴。十二章是十二種圖像。天子在最隆重的場合用十二章紋，其次視禮節輕重而遞減。冕之旒數：衮冕十二旒，鷩冕九旒，毳冕七旒，希冕五旒，玄冕三旒。公與天子可同服衮冕，侯伯可同服鷩冕等，但以冕旒加以區別，如公服衮冕每旒用九玉，以別於天子用的十二玉，且所用爲蒼、白、朱三彩。以下如侯伯鷩冕七旒，旒用七玉；子男毳冕五旒，旒用五玉；卿大夫玄冕則用六旒、四旒、三旒、二旒區別。（見《周禮·春官·司服》）

周代，冕尊而弁次之。爵弁是士助君祭時所服，也是士的最高等禮冠。士穿玄衣纁裳，但不加章彩文飾。下體前用韎韐以代冕服的韍。士以上如大夫等，也可服爵弁。天子受諸侯朝覲於廟或受享於廟時，則服衮冕，一般則戴皮弁以朝。天子郊天、巡牲、在朝賓射禮等也服皮弁。除天子外，皮弁亦爲諸侯在朝之服，又可作爲諸侯視朔之服，以及田獵戰伐之服。皮弁之璂數因級別不同而异。天子五彩玉十二，諸侯以下各依其命數而用玉飾之。如侯伯飾七璂，子男飾五，皆用三彩玉；孤飾四，卿三，大夫二，皆二彩玉；士則無飾。戴皮弁時服細白布衣，下着素裳，裳有襞積在腰中，前繫素韠。韋弁爲兵事所服，若在其他場所，則用韎布爲衣而下着素裳。（見《周禮·夏官·弁師》）

冕之形制，秦以後代有沿革，但大抵保留原始形貌。秦滅六國，秦始皇廢止六冕（一説，祭祀時祇用玄冕）。西漢未能恢復古制，直至東漢明帝永平二年（59）始決意恢復古制，天子之冕版廣七寸，長一尺二寸，前圓後方，上玄裏朱綠，前垂四寸，後垂三寸，十二旒，綴垂白玉珠。三公、諸侯七旒，青玉珠；卿、大夫五旒，黑玉珠。皆有前無後，旁垂黈纊。魏至明帝時，大抵因襲漢代制度，唯垂旒改用珊瑚珠爲異。晋初因襲舊制而稍異，冕延廣七寸，長一尺二寸，但加於通天冠之上，天子十二旒，用白玉珠。王公八旒，卿七旒。東晋時，冕旒初用翡翠、珊瑚及雜珠等飾，至晋成帝時改用白璇珠。渡江後，有"平天冠"之稱。（見《宋書·禮志一》）南朝宋仍晋制，冕版加於通天冠上，稱平頂冠，亦有"平天冠"之稱。（見《宋書·禮志五》）又定皇太子衮冕九旒。齊仍舊制，冕又名平天冠，廣七寸，長一尺二寸，垂珠十二旒。梁制仍用介幘通天冠平冕，上覆冕綖，前垂四寸，後垂三寸，垂白玉珠十二旒，陳依梁制而略加損益。北魏於孝文帝太和十年（486）始考舊典，定冠服制度，服衮冕以朝。北齊因之，於武成帝河清元年（562）立制，天子平冕黑介幘，垂白珠十二旒，用彩玉；皇太子平冕黑介幘，垂白珠九旒。其下爲上公九旒，三公八旒，諸卿六旒。北周之制，天子有十種冕，即蒼冕、青冕、朱冕、黄冕、素冕、玄冕、象冕、衮冕、山冕、鷩冕，通用十二旒。其下公、諸侯、伯、子、男、上大夫、下大夫、士等有方冕、衮冕、山冕、鷩冕、火冕、毳冕等；三公又有祀冕、火冕、毳冕、藻冕、綉冕等。冕服之制，至此已改變古制而乖異。（見《後漢書·輿服志下》《晋書·輿服志》《隋書·禮儀志六》）

隋代廢北周衣冠之制，天子唯用衮冕，垂白珠十二旒，黈纊充耳，玉笄。皇太子衮冕，垂白珠九旒，青纊充耳，犀笄。三公以上亦服衮冕，制同太子。侯、伯服鷩冕，侯八旒，伯七旒。子、男服毳冕，子六旒，男五旒。正三品以下、從五品以上服褵冕，三品七旒，四品六旒，五品五旒。唐初因隋制，又曾製大裘冕，至高宗顯慶元年（656）廢。天子衮冕，廣一尺二寸，長二尺四寸，金飾玉簪導，朱絲組帶爲纓，黈纊充耳，垂珠十二旒。此外，還有鷩冕、毳冕、綉冕（《新唐書·車服志》作絺冕）、玄冕。皇太子衮冕九旒，青纊充耳，犀簪導。侍臣有衮、鷩、毳、綉、玄冕。衮冕九旒，一品服之；鷩冕七旒，二品服之；毳冕五旒，三品服之；綉冕四旒，四品服之；玄冕，五品服之。（此據《舊唐書·輿服志》，《新唐書·車服志》所見旒數與此有異）五代時期因唐制。

宋初，依唐及五代時期舊制。天子衮冕，廣一尺二寸，長二尺四寸，前後十二旒，二纊，并貫珍珠。又有翠旒十二，碧鳳銜之，在珠旒外。冕版覆以龍鱗錦，上綴玉爲七星，旁施琥珀瓶、犀瓶各二十四，周綴金絲網，鈿以珍珠、雜寶玉，加紫雲白鶴錦裏。四柱飾以七寶，紅綾裏。金飾玉簪導，紅絲條組帶，亦謂之平天冕。可見，唐末、五代時期對古代冕制已做了不少改异。仁宗景祐二年（1035）重定衮冕之制，冕版廣八寸，長一尺六寸。減翠旒并鳳子，前後二十四珠旒并合典制。天版頂上改用青羅爲表，彩畫出龍鱗，紅羅爲裏，彩畫出紫雲白鶴，金絲結龍減爲四個。冠身并天柱之龍鱗錦改用青羅，彩畫出龍鱗。金輪等七寶，元真玉碾成，更易不用。其餘照舊，但減輕造。徽宗政和三年（1113）更定皇帝冕服之制，冕版廣八寸，長一尺六寸，前高八寸五分，後高九寸五分。青表朱裏，前後各十二旒，五彩藻十二就，就間相去一寸。青碧錦織成天河帶，長一丈二尺，廣二寸。朱絲組帶爲纓，黈纊充耳，金飾玉簪導，長一尺二寸。中興仍舊制，與政和間不同者，冕前低一寸二分，四旁緣以金，覆於卷武之上；充耳用黃綿，絋以朱組，以其一屬於左笄上垂下，又屈而屬於右笄，繫之而垂其餘。神宗元豐四年（1081）又曾修定大裘冕之制。神宗於元豐六年始服大裘而外加衮冕，以祀昊天上帝及五帝。哲宗元祐元年（1086）依何洵直議，大裘冕去黑羔皮而以黑繒製之。皇太子衮冕，青羅表、緋羅紅綾裏、塗金銀釱花飾，犀簪導，紅絲組，前後白珠九旒，二纊貫水晶珠。諸臣之冕，宋初省八旒、六旒冕，有九旒冕，塗金銀花額，犀、玳瑁簪導，親王、中書門下及三公奉祀服之；七旒冕，犀角簪導，九卿奉祀服之；五旒冕，四品、五品爲獻官則服之。政和三年（1113）又定，正一品九旒冕，金塗銀稜，有額花，犀簪。從一品九旒冕，無額花，餘同正一品。二品，七旒冕，角簪。三品，五旒冕。州郡祭服，三都初獻，八旒冕；經略、安撫、鈐轄初獻六旒冕，亞獻并二旒冕，終獻無旒；節鎮、防、團、軍事初獻四旒冕，亞、終獻并無旒冕。中興後，省九旒、七旒、五旒冕，定鷩冕八旒，毳冕六旒，絺冕四旒，玄冕無旒。（見《宋史·輿服志》三、四）

遼代，皇帝祭祀宗廟、遣上將出征、飲至、踐阼、加元服、納后若元日受朝服衮冕。金飾，垂白珠十二旒，以組爲纓，黈纊充耳，玉簪導。大體沿用唐、後晉之制。金代於熙宗天眷三年（1140）定冕制，大抵依宋早期形制。冕版等與宋相仿，版下有四柱，四面珍珠網結子，花素墜子，前後珠旒共二十四，旒各長一尺二寸，黈纊二，玉簪一，簪頂方二寸，導長一尺二寸。元初，取宋早期及金制，天子衮冕之綖版及冕旒與之同，但橫於綖上的天河帶，左右至地，較前加長。至元十二年（1275）博士議擬衮冕之制，大抵采宋制爲之。天子前後二十四旒，以珍珠爲之，黈纊二，玉簪一。太子用白珠九旒，黈纊充耳，犀簪導。（見《遼史·儀衛志二》《金史·輿服志中》《元史·輿服志一》）

明代於洪武十六年（1383）定衮冕之制。冕前圓後方，玄表朱裏。前後各十二旒，旒用五彩玉十二珠，五彩繅十二就，就間相去一寸。紅絲組為纓，黈纊充耳，玉簪導。至洪武二十六年更定，冕版廣一尺二寸，長二尺四寸。冠上有覆，玄表朱裏，餘如舊制。永樂三年（1405）又定，冕冠以皂紗為之，上覆曰綖，桐板為質，衣之以綺，玄表朱裏，前圓後方。以玉衡維冠，玉簪貫紐，紐與冠武并繫纓處，皆飾以金。左右黈纊充耳，繫以玄紞，承以白玉瑱，朱紘，餘如舊制。嘉靖八年（1529）再更正其制，冠以圓框，烏紗冒之，旒綴七彩玉珠十二，青纊充耳，綴玉珠二，餘如舊制。皇太子袞冕，洪武二十六年定為九旒，旒九玉，金簪導，紅組纓，兩玉瑱。永樂三年定，冕冠玄表朱裏，前圓後方，前後各九旒。每旒五彩繅九就，貫五彩玉九，赤、白、青、黃、黑相次。玉衡金簪，玄紞垂青纊充耳，承以白玉瑱，朱紘纓。親王袞冕同皇太子。親王世子，洪武二十六年定，袞冕七章，三彩玉珠，七旒。永樂三年更定，前後各八旒，每旒五彩繅八就，貫三彩玉珠八，赤、白、青色相次。郡王，永樂三年定，冕冠前後各七旒，每旒五彩繅七就，貫三彩玉珠七。明代之冕，綖下承以冠武，與晉及南朝加於通天冠上不同，這是恢復古制。此外，除皇帝及皇太子、親王、郡王、世子戴冕外，其他公侯以下皆不用。（見《明史·輿服志二》）

清朝順治二年（1645），頒布"嚴行薙髮令"，令官民俱依滿洲服飾，不許用漢制衣冠，傳統冕服之制遂廢。民國廢止不用，但袁世凱在復辟帝制時，曾預製冕冠一頂，現藏中國國家博物館。

關於弁，後代亦沿用。漢代，爵弁亦名冕，廣八寸，長一尺二寸，前小後大，上用爵頭色之繒為之。祠天地五郊、明堂，《雲翹舞》樂人服之。皮弁，制同委貌冠，以鹿皮為之。戴此弁時，上着緇麻衣，皂領袖；下着素裳。行大射禮於辟雍時，其執事者服之。（見《後漢書·輿服志下》）晉代，沿用皮弁、韋弁、爵弁。皮弁，以鹿皮淺毛黃白色者為之。以彩玉珠為璂，天子五彩，諸侯三彩。天子縫有十二，公九，侯伯七，子男五，孤四，卿大夫三。韋弁，制似皮弁，頂上尖，韎草染之，色如淺絳。爵弁，一名廣冕。高八寸，長一尺二寸。制同漢代。南北朝沿用。北周改制，皇帝有十二種服，其中，巡兵即戎服韋弁，田獵行鄉畿服皮弁。諸公、侯、伯、子、男皆服韋弁、皮弁。三公、三孤、公卿、上大夫皆服爵弁、韋弁、皮弁，中大夫無皮弁，下大夫無爵弁。士有祀弁、爵弁。隋代，弁以烏漆紗為之。天子十二璂，皇太子及一品九璂，二品八璂，三品七璂，四品六璂，五品五璂，六品以下無璂。唯文官服之，不通武職。加簪導，以象牙為之。（見《隋書·禮儀志》六、七）

　　唐代，天子之弁以鹿皮爲之。十二璂，用白玉珠，玉簪導；朔日受朝服之。皇太子之弁，亦以鹿皮爲之，玉璂九，犀簪導，組纓；朔望視事服之。侍臣有爵弁，無旒，玄纓，簪導，以紬爲之。六品以下九品以上從祀亦服爵弁，以紬爲之，無旒，黑纓，角簪導。文官九品公事之弁，以鹿皮爲之，通用烏紗，牙簪導。一品九璂，二品八璂，三品七璂，四品六璂，五品五璂，犀簪導。（見《舊唐書・輿服志》《新唐書・車服志》）五代時期大體依唐制。

　　爵弁沿用至宋代，元豐（1078—1085）改制，曾修製五冕及爵弁服，并定選人以上侍祠服爵弁，但未用，而服玄冕無旒。皮弁則沿用至明代。明代，皇帝皮弁服，朔望視朝、降詔、降香、進表、四夷朝貢、外官朝覲、策士傳臚皆服之。嘉靖（1522—1566）以後，祭太歲山川諸神，亦服之。洪武二十六年（1393）定，皮弁以烏紗冒之，前後各十二縫，每縫綴五彩玉十二，玉簪導，紅組纓。永樂三年（1405）定，皮弁如舊制，唯縫及冠武并貫簪繫纓處，皆飾以金玉。嘉靖七年更定燕弁服，其制，冠框如皮弁之制，冒以烏紗，分十二瓣，各以金綫壓之，前飾五彩玉雲各一，後列四山，朱縧組纓，雙玉簪，皇太子朔望朝、降詔、降香、進表、外國朝貢、朝覲，則服皮弁。永樂三年定，皮弁冒以烏紗，前後各九縫，每縫綴五彩玉九，縫及冠武并貫簪繫纓處，皆飾以金。金簪朱纓。親王皮弁，制同皇太子。親王世子皮弁，永樂三年定，以烏紗冒之，前後各八縫，每縫綴三彩玉八。郡王皮弁，永樂三年定，前後各七縫，每縫綴三彩玉七。（見《明史・輿服志二》）清廢皮弁。

冕　類

冕

　　古代帝王、諸侯、卿、大夫參加祭祀典禮時所使用的最尊貴的禮冠。相傳黃帝始製。《説文・曰部》："冕，大夫以上冠也。邃延垂瑬紞纊。从曰免聲。古者黃帝初作冕。"《世本・作篇》："黃帝造火食、旃冕。"有虞氏之皇、夏后氏之收、殷人之冔、周人之冕，皆同類禮冠。《禮記・王制》："有虞氏皇而祭，深衣而養老；夏后氏收而祭，燕衣而養老；殷人冔而祭，縞衣而養老；周人冕而祭，玄衣而養老。"夏、殷二代之禮冠亦可稱冕。如《論語・泰伯》中孔子稱禹"惡衣服而致美乎黻冕"，《書・太甲中》有"伊尹以冕服奉嗣王歸于亳"之語。冕之具體形制，先秦文獻所載不詳，據《禮記・玉藻》及注疏、叔孫通《禮器制度》、《後漢書・輿服志下》等文獻記載，周代之冕大體如下：其頂部覆蓋一長方形木板，名延，又寫作綖，亦稱冕版。延長一尺六寸，寬八寸，上下裱以細布，上用玄色，下用纁色。延前圓後方，前高八寸五分，後高九寸五分，有前傾之勢。延之前後垂五彩絲繩，稱玉藻，亦稱璪或繅，上貫玉珠。珠串稱旒，亦作斿、瑬。

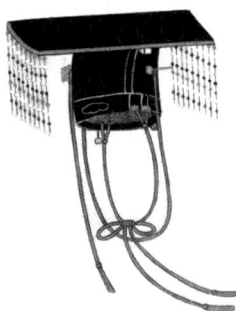

冕冠(東宮冠服·冕冠)
(《明宮冠服儀仗圖》)

一串爲一旒。天子用十二旒，每旒十二就，每一就貫一玉，十二就貫十二玉。天子之旒用五彩玉，其次序是朱、白、蒼、黃、玄，按此次序反復貫穿之。諸侯用九旒，每旒九玉；上大夫七旒，下大夫五旒。旒以飾前，有蔽明之意。延安於冠圈之上，冠圈兩側有小孔，名紐，可橫貫以笄，結於髮髻之上。笄之頂端，則結有冠纓，名紘，以一繩結於笄之兩端，下繞過頷，固冕於首上。兩旁耳處則以統懸以小丸狀玉石，名瑱，又名黈纊，亦稱充耳，其意在提醒戴冕者勿聽讒言。山東濟南出土漢舞樂群俑、山東沂南漢墓畫像石、山西大同北魏司馬金龍墓出土漆屏風、吉林集安五盔墳北朝壁畫，皆有戴冕人物形象。周代，已有完備的冕服制度。天子有六冕，即大裘冕、袞冕、鷩冕、毳冕、希冕、玄冕。皆需配穿冕服，冕服皆玄衣纁裳。公與天子可同服袞冕，侯伯可同服鷩冕等，以旒別之。秦滅六國，秦始皇廢止六冕，或說僅用玄冕。直至東漢明帝時纔恢復冕之古制。魏因之，唯垂旒改用珊瑚珠。晋初形制稍异，延廣七寸，長一尺二寸，且加於通天冠之上。南朝宋因晋制，稱"平頂冠""平天冠"。齊因舊制，名"平天冠"。梁、陳皆用通天冠平冕，

稱"平天冠"。北魏、北齊，天子平冕，黑介幘。北周，天子有十種冕。隋代，天子惟用袞冕，垂白珠十二旒。唐、五代時期大體不變。宋於仁宗、徽宗年

冕　旒
(宋楊甲《六經圖》)

間兩次改制，稍有改變。遼、金依唐、宋之制。元代取宋、金之制，唯天河帶加長。明代於洪武、永樂、嘉靖年間數次定冕之制，最後改以圓匡，版長二尺四寸，廣一尺二寸，各以七彩玉珠爲十二旒。亦稱"冕冠"。《後漢書·輿服志下》："冕冠，垂旒，前後邃延，玉藻。"冕之延爲平整木板，故亦稱"平冕"。《晋書·輿服志》："天子郊祀天地、明堂、宗廟，元會臨軒，黑介幘，通天冠，平冕。"冕以垂旒爲主要特徵，故亦稱"冕旒"。晋崔豹《古今注·問答釋義》："牛亨問曰：'冕旒以繁露者，何也？'答曰：'綴玉而下，垂如繁露也。'"晋、南朝加於通天冠之上，故亦稱"平頂冠""平天冠"。《宋書·禮志五》："天子禮郊廟，則黑介幘，平冕，今所謂平天冠也。"《隋書·禮儀志六》："梁制，乘輿郊天、祀地、禮明堂、祠宗廟、元會臨軒，則黑介幘，通天冠，平冕，俗所謂平天冠者也。"

【冕冠】

即冕。此稱始見於漢代。見該文。

【平冕】

即冕。此稱始見於晋代。見該文。

【冕旒】

即冕。此稱始見於晋代。見該文。

【平頂冠】

即冕。此稱始見於南北朝時期。見該文。

【平天冠】

即冕。此稱始見於南北朝時期。見該文。

皇

相傳有虞氏祭祀時所戴禮冠，冕屬，有羽飾。《禮記·王制》："有虞氏皇而祭，深衣而養老。"鄭玄注："皇，冕屬也，畫羽飾焉。"《通雅·衣服》："皇爲冕象，從凷，似自形也。"

六冕

古代天子之六種冕冠。即大裘冕、袞冕、鷩冕、毳冕、希冕、玄冕。始見用於周代。周代禮制，天子參加不同的典禮，則服不同的冕服。如祀昊天、上帝服大裘冕，享先王服袞冕，享先公、饗射服鷩冕，祀四望、山川服毳冕，祭社稷、五祀服希冕，祭群小祀服玄冕。參閱《周禮·春官·司服》。冕皆玄上朱裏，其旒數：袞冕十二旒，鷩冕九旒，毳冕七旒，希冕五旒，玄冕三旒。每旒皆用五彩玉。《周禮·春官·弁師》："掌王之五冕，皆玄冕，朱裏，延，紐。五采繅十有二就，皆五采玉十有二，玉笄，朱紘。"鄭玄注："冕服有六，而言五冕者，大裘之冕，蓋無旒，不聯數也。"秦始皇廢止不用，或言祇用玄冕。東漢明帝時恢復冕制，後世沿用。晋、南朝將冕板加於通天冠之上，稱"平頂冠"或"平天冠"。唐代以後，諸祭多用袞冕，其餘漸廢。《舊唐書·輿服志》："唐制，天子衣服，有大裘之冕、袞冕、鷩冕、毳冕、綉冕、玄冕。"明代唯天子及皇太子、親王、郡王、世子用冕，公侯以下不用。清代廢止。

大裘冕

古代六冕之一種。天子祭昊天、上帝、五帝時戴之。無旒。戴時需配穿黑色羔裘。周代始見用。《周禮·春官·司服》："王之吉服，祀昊天、上帝則服大裘而冕，祀五帝亦如之。"鄭玄注："鄭司農云：'大裘，羔裘也。'……凡冕服皆玄衣纁裳。"隋大業二年（606），曾詔楊素、牛弘議定天子服飾，製大裘冕。《隋書·禮儀志七》："大裘冕之制，案《周禮》，大裘之冕，無旒。《三禮衣服圖》：'大裘而冕，王祀昊天上帝及五帝之服。'至秦，除六冕，唯留玄冕。漢明帝永平中，方始創制。董巴志云：'漢六冕同制，皆闊七寸，長尺二寸，前圓後方。'於是遂依此爲大裘冕制，青表，朱裏，不施旒纊，不通於下。其大裘之服，案《周官》注'羔裘也'。其制，準《禮圖》，以羔正黑者爲之，取同色繒以爲領袖。其裳用纁，而無章飾，絳韈，赤舄。祀圓丘、感帝、封禪、五郊、明堂、雩、蜡，皆服之。"唐依周制，製天子之六冕，其中有大裘冕。《新唐書·車服志》："凡天子之服十四：大裘冕者，祀天地之服也。廣八寸，長一尺二寸，以板爲之，黑表，纁裏，無旒，金飾玉簪導，組帶爲纓，色如其綬，黈纊充耳。"唐高宗顯慶元年（656），采長孫無忌等奏議，以大裘樸略，冕又無旒，不可通用於寒暑，乃廢大裘冕。元正朝會依禮令用袞冕及通天冠，大祭祀依《郊特牲》亦用袞冕。參閱《舊唐書·輿服志》。後世大裘冕一般不用，唯宋神宗元豐四年（1081）作了修改，六年曾服大裘而外加袞冕，以祀昊天、上帝及五帝。參閱《宋史·輿服志三》。

袞冕

古代六冕之一種。天子及大夫以上祭先王時所戴。戴此冕需配穿袞服。周代始見用。《周禮·春官·司服》："王之吉服……享先王則衮冕。"天子衮冕十二旒，每旒十二玉，用五彩玉貫穿之，前後二十四旒，用玉二百八十八；公之衮冕九旒，每旒九玉，用三彩玉。衮冕以木爲體，廣八寸，長一尺六寸，上玄下繡，前圓後

衮 冕
（宋聶崇義《三禮圖集注》）

方，有前傾之勢，東漢明帝時重製，冕廣七寸，長一尺二寸，前圓後方，朱綠裏，玄上，前垂四寸，後垂三寸，繫白玉珠爲十二旒，以其綬彩色爲組纓。三公諸侯七旒，青玉爲珠；卿大夫五旒，黑玉爲珠。皆有前無後，旁垂黈纊。郊天地、宗祀、明堂則冠之。參閱《後漢書·輿服志下》。魏因漢制。晋亦因襲之，唯將冕延加於通天冠之上，宋同晋制，又定皇太子衮冕九旒。齊、梁、陳仍舊制。北魏、北齊同制，天子衮冕十二旒，太子九旒。北周亦用衮冕，列爲天子十種冕之一。隋制天子衮冕十二旒，公、太子九旒。參閱《隋書·禮儀志》六、七。唐制，天子衮冕廣一尺二寸，長二尺四寸，金飾玉簪導，垂白珠十二旒。皇太子九旒，一品官九旒。五代時期沿襲唐制。宋代，珠旒之外，又有翠旒，且用龍錦表及犀瓶、琥珀瓶（仁宗後省減不用）。後改爲廣八寸，長一尺六寸，前後各十二旒。皇太子九旒。金代依宋初之制。元代取宋、金之制。明代數次更定，

大體恢復古制。參閱《舊唐書·輿服志》《宋史·輿服志三》《明史·輿服志二》。

鷩冕

古代六冕之一種。天子及大夫以上享先公、饗射時所戴之冕。戴此冕需配穿鷩冕服。周代始製。《周禮·春官·司服》："王之吉服……享先公、饗射則鷩冕。"天子鷩冕九旒，前後共十八旒，每旒貫十二玉，計用玉二百一十六顆。侯伯可同服鷩冕，但用七旒，每旒七玉。北周天子十種冕中有鷩冕，群祀、視朝、臨太學、入道法門、宴諸侯與群

鷩 冕
（明王圻等《三才圖會》）

臣及燕射、養庶老、適諸侯家，則服之。諸公、侯、伯亦用。隋制，侯鷩冕八旒，伯七旒。天子唯用衮冕，鷩冕以下不用，後代沿用此制。參閱《隋書·禮儀志》六、七。唐制，鷩冕爲二品之服。宋代，鷩冕八旒，每旒八玉，三彩，朱、白、蒼，角笄，青纊，以三色統垂之，紘以紫羅，屬於武。宰相、亞終獻、大禮使服之；前期，景靈宮、太廟亞終獻，明堂滌濯、進玉爵酒官亦如之。參閱《新唐書·車服志》《宋史·輿服志四》。宋以後廢止不用。

毳冕

古代六冕之一種。天子祀四望、山川戴之。此冕需配穿毳衣。周代始見用。《周禮·春官·司服》："王之吉服……祀四望、山川則毳冕。"賈公彥疏："六服，服雖不同，首同用冕，

以首爲一身之尊，故少變，同用冕耳……冕名雖同，其旒數則亦有異。"天子毳冕七旒，每旒五彩玉十二顆。子、男及大夫朝聘天子、助祭或巡行決訟可服毳冕，但用五旒，旒用五玉。北周大臣服中有毳冕，公、侯、伯、子、男、三公、三孤皆服之，以服章區別等差。隋制，子毳冕六旒，男毳冕五旒。唐制，毳冕爲三品之服，七旒。宋代群臣有毳冕，南宋定爲六旒。宋代以後廢。參閱《隋書·禮儀志》六、七和《新唐書·車服志》《宋史·輿服志四》。

毳　冕
（明王圻等《三才圖會》）

希冕

古代六冕之一種。天子祭社稷、五祀戴之。周代始見用。亦作"絺冕"。《周禮·春官·司服》："王之吉服……祭社稷、五祀則希冕。"鄭玄注："希讀爲絺，或作黹，字之誤也。"陸德明釋文："希，本又作絺。"天子希冕五旒，每旒用五彩玉十二顆。唐制，希冕爲三品之服，六旒。宋代群臣之服有希冕，南宋定爲四旒。宋代以後廢。參閱《新唐書·車服志》《宋史·輿服志四》。

希　冕
（明王圻等《三才圖會》）

【絺冕】

同"希冕"。此體始見於漢代。見該文。

【黹冕】

即希冕。隋代正三品以下、從五品以上助祭服之。《隋書·禮儀志七》："黹冕，三品七旒，四品六旒，五品五旒……正三品已下，從五品已上，助祭則服之。"

玄冕

古代六冕之一種。天子祭群小祀戴之。周代始見用。《周禮·春官·司服》："王之吉服……祭群小祀則玄冕。"鄭玄注："玄者，衣無文，裳刺黻而已，是以謂玄焉。"天子玄冕三旒，每旒五彩玉十二顆。卿、大夫助祭亦服之，但因命數不同，旒上玉珠數亦有异。至北周，皇帝共有十種冕，有玄冕，祀北方上帝，祭神州、社稷服之。參閱《隋書·禮儀志六》。唐制，天子玄冕，蜡祭百神、朝日夕月服之。亦爲五品之服。參閱《舊唐書·輿服志》。宋制，玄冕無旒，光禄丞、奉禮郎、協律郎等服之。參閱《宋史·輿服志四》。

玄　冕（卿大夫玄冕）
（明王圻等《三才圖會》）

蒼冕

北周天子十冕之一種。祀昊天、上帝服之。《隋書·禮儀志六》："後周設司服之官，掌皇帝十二服。祀昊天、上帝，則蒼衣蒼冕。"

青冕

北周天子十冕之一種。祀東方上帝及朝日

服之。參閱《隋書・禮儀志六》。

朱冕

北周天子十冕之一種。祀南方上帝服之。參閱《隋書・禮儀志六》。

黃冕

北周天子十冕之一種。祭皇地祇、祀中央上帝服之。參閱《隋書・禮儀志六》。

素冕

北周天子十冕之一種。祀西方上帝及夕月服之。參閱《隋書・禮儀志六》。

象冕

北周天子十冕之一種。享先皇、加元服、納后、朝諸侯服之。參閱《隋書・禮儀志六》。

山冕

北周天子十冕之一種。祀星辰、祭四望、視朔、大射、饗群臣、巡犧牲、養國老服之。公、侯、子、男之服亦有山冕。參閱《隋書・禮儀志六》。

方冕

北周公、侯、伯、子、男所戴冕之一種。以衣裳之章及旒數區別等差：公九章，九旒；侯八章，八旒；伯七章，七旒；子六章，六旒；

男五章，五旒。參閱《隋書・禮儀志六》。

火冕

北周公、侯、伯、子所戴冕之一種。三公、公卿及上、中、下大夫亦戴之。衣裳皆六章，以冕之旒數區別等差：公九旒，侯八旒，伯七旒，子六旒。參閱《隋書・禮儀志六》。

祀冕

北周三公、三孤、公卿及上、中、下大夫所戴冕之一種。以衣裳之章區別等差：三公六章，三孤五章，公卿四章，大夫三章。參閱《隋書・禮儀志六》。

藻冕

北周三公、三孤、公卿所戴冕之一種。四章，衣裳俱二章。參閱《隋書・禮儀志六》。

繡冕

北周三公、三孤、公卿及上、中、下大夫所戴冕之一種。衣一章，裳二章。參閱《隋書・禮儀志六》。

紫檀冕

宋代的一種冕。四旒。《宋史・輿服志四》："紫檀冕，四旒，服紫檀衣，博士、御史服之。"

弁　類

弁

古代士以上貴族男子穿禮服時所戴的一種次於冕的禮冠。相傳夏禹所創。夏之"收"，殷之"冔"，周之"弁"，皆同類禮冠。周代禮制，吉禮之服用冕，常禮、凶喪之服用弁。《書・金縢》："王與大夫盡弁，以啓金縢之書。"《周

禮・春官・司服》："凡凶事，服弁服。凡吊事，弁絰服。"又《周禮・夏官・叙官》："弁師。"鄭玄注："弁者，古冠之大稱。"弁分爵弁、皮弁。二者形制有異。《釋名・釋首飾》："弁，如兩手相合抃時也。以爵韋爲之謂之爵弁，以鹿皮爲之謂之皮弁。"此外，還有以熟皮所製之韋弁。

戴弁需配穿弁服，如爵弁配不加章紋飾的黑衣
纁裳，皮弁配白衣裳或黑衣裳，韋弁需配穿赤
衣裳。爵弁至宋代廢止，皮弁沿用至明代，韋
弁沿用至南北朝時期。

收

相傳夏代祭祀時所戴禮冠。黑色，屬爵弁
一類。《禮記·王制》：“夏后氏收而祭，燕衣而
養老。”鄭玄注：“有虞氏質，深衣而已。夏而
改之，尚黑而黑衣裳。”《儀禮·士冠禮》：“周
弁、殷冔、夏收。”鄭玄注：“收，言所以收斂
髮也。”《後漢書·輿服志下》：“爵弁，一名冕。
廣八寸，長尺二寸，如爵形，前小後大，繒其
上似爵頭色，有收持笄，所謂夏收、殷冔者
也。”劉昭注引蔡邕《獨斷》曰：“殷黑而微白，
前大而後小；夏純黑，亦前小而後大，皆以
三十六升漆布爲之。”《通雅·衣服》：“收，收髮
也……弁、冔、收皆爵弁，以玄繒爲之，三加
之冠也。”

冔

殷代祭祀時所戴禮冠。以布爲之，顏色黑
而微白，屬爵弁一類。《釋名·釋首飾》：“冔，
亦殷冠名也。冔，幠也。幠之言覆，言以覆首
也。”《詩·大雅·文王》：“常服黼冔。”毛傳：
“冔，殷冠也。夏后氏曰收，周曰冕。”孔穎達
疏：“《郊特牲》及《士冠禮》皆云‘周弁、殷
冔、夏收’，故知冔殷冠也，既以冔爲殷冠，更
取二代以明之，故言夏后氏曰收，周曰冕也。”
《禮記·檀弓下》：“周人弁而葬，殷人冔而葬。”
鄭玄注：“周弁、殷冔，俱象祭冠而素，禮同
也。”《後漢書·輿服志下》“爵弁”劉昭注引蔡
邕《獨斷》云：“殷黑而微白，前大而後小……
以三十六升漆布爲之。”

爵弁

古代弁的一種。
僅次於冕的一種禮冠。
士助君祭時服之，士
以上如大夫等亦服。
始見用於周代。其形
如冕，但無旒，亦無
前低之勢。用極細的
葛布或絲帛爲之，顏
色赤多黑少，如爵頭
之色（爵通雀）。戴爵
弁時亦用笄貫於髻中，
其服爲純衣、纁裳，
但不加章彩文飾，前
用韍鞈以代冕服之韍。
《儀禮·士冠禮》：“爵
弁，服纁裳、純衣、
緇帶、韎韐。”鄭玄注：“爵弁者，冕之次。其
色赤而微黑，如爵頭然。或謂之緅。其布三十
升。”（按：古代布寬二尺二寸，每八十根經綫
叫一升，三十升是當時最細的布。）亦作“雀
弁”。《書·顧命》：“二人雀弁執惠，立於畢門之
內。”孔穎達疏：“鄭玄云：‘赤黑曰雀，言如雀
頭色也。雀弁同如冕，黑色，但無藻耳。’”漢
代，爵弁廣八寸，長一尺二寸，前小後大，繒
其上似爵頭色，有收持笄。祠天地五郊、明堂，
《雲翹舞》樂人服之。參閱《後漢書·輿服志
下》。晉代沿用。北周時，三公、三孤、公卿、
上大夫、中大夫、士之服皆有爵弁。參閱《晉
書·輿服志》《隋書·禮儀志六》。唐代，爲六品
以下、九品以上從祀之服。《新唐書·車服志》：
“爵弁者，六品以下、九品以上從祀之服也。以

爵　弁
（明王圻等《三才圖會》）

雀　弁
（明王圻等《三才圖會》）

紬爲之，無旒，黑纓，角簪導，青衣纁裳……五品以上私祭皆服之。"自宋代起廢止不用。

【雀弁】

同"爵弁"。此體始見於先秦時期。見該文。

皮弁

古代弁的一種。以白鹿皮製作，如兩手相合之狀，顏色白中帶淺黃。製法是將鹿皮分割成片，尖狹一端在上，寬延一端在下，拼接縫合之。其縫合處稱會。會有結飾，綴以五彩玉，名璂，亦作璮、綦。頂端稱邸，用象骨製成，故稱象邸。弁上可橫貫以玉笄。其制長七寸，高四寸（或言高五寸）。

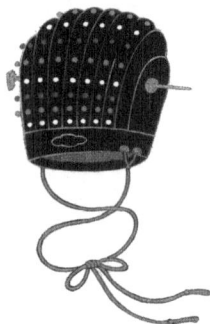

皮弁（世子冠服·皮弁）
（《明宮冠服儀仗圖》）

戴皮弁時服細白布衣，下着素裳，有襞積在腰中，前繫素韠。一般執事則上用緇麻衣而下着素裳。始見用於周代。天子戴之以朝，郊天、巡牲、在朝賓射禮亦服之；諸侯則爲在朝之服，亦可作視朔、田獵之服。天子之弁十二會、十二璂，天子以下會、璂數遞減。《周禮·夏官·弁師》："王之皮弁，會五采玉璂，象邸，玉笄。"鄭玄注："會，縫中也。璂，讀如薄借綦之綦。綦，結也。皮弁之縫中，每貫結五采玉十二以爲飾，謂之綦……邸，下柢也，以象骨爲之。"孫詒讓正義："皮弁爲天子之朝服。"清黃以周《禮書通故·名物圖·天子皮弁》："侯伯璂飾七，子男璂飾五，玉亦三采；孤璂飾四，三命之卿璂飾三，再命之大夫璂飾二，玉亦二采；一命之大夫及士之會無結飾。"漢代沿用，亦以鹿皮爲之，其制同委貌冠。戴此弁時，上着

緇衣，皂領袖，下着素裳。行大射禮於辟雍時，執事者所服。參閱《後漢書·輿服志下》。魏晋至南朝，皮弁用纓而無簪導，以淺毛黃白色鹿皮爲之，亦着黑衣而素裳，其服等級依《周禮》。北周，天子田獵行鄉畿服之，以鹿子皮爲之。諸公、侯、伯、子、男、三公、三孤、公卿、上大夫等皆服之。隋因之，大業年間（605—616）所造，通用烏漆紗，前後二傍如蓮葉，四間空處，又安拳花，頂上當縫安金梁，梁上加璂，天子十二真珠爲之，皇太子及一品九璂，二品八璂，下六品各殺其一。璂以玉爲之，皆犀簪導。六品以下無璂，皆象簪導。唯天子用金棱，後製鹿皮者以賜近臣。唐制，以鹿皮爲之，玉簪導，十二璂，朔日受朝則服之。參閱《通典·禮十七》《通志·器服略一》。明代，皇帝首服亦有皮弁。洪武二十六年（1393）定，以烏紗冒之，前後各十二縫，每縫綴五彩玉十二以爲飾，玉簪導。紅組纓。皇帝朔望視朝、降詔、降香、進表、四夷朝貢、外官朝覲、策士傳臚皆服之。永樂三年（1405）定，皮弁依舊制，唯縫及冠武并貫簪繫纓處，皆飾以金玉。皇太子朔望朝、降詔、降香、進表、外國朝貢、朝覲，亦服皮弁。永樂三年定，冒以烏紗，前後各九縫，每縫綴五彩玉九，縫及冠武并貫簪繫纓處，皆飾以金。金簪朱纓，親王皮弁制如太子。親王世子皮弁，前後各八縫，每縫三彩玉八。郡王前後各七縫，每縫綴三彩玉七。參閱《明史·輿服志二》。清代廢止。明代朱檀墓出土一皮弁，《文物》1972年第五期載文介紹該皮弁云："高21厘米，寬31厘米，藤篾編製，表有黑色編製物痕迹，前後各九縫，縫壓金綫，綴五采玉珠九，鑲金邊，金圈二側有

梅花形穿孔以貫笄。"

韋弁

古代弁的一種。熟皮所製之弁，故名。周代始見用。爲天子於兵事時所服。亦爲士之禮冠。其形如皮弁，用靺草（茅蒐草）染成赤色。戴韋弁，下着赤衣、赤裳。若在非兵事場所，則以靺布爲衣而下着素裳。此韋弁服，漢代仍作伍伯服色。《儀禮·聘禮》："君使卿韋弁，歸饗餼五牢。"鄭玄注："韋弁，靺韋之弁，兵服也。"賈公彥疏："靺即赤色，以赤韋爲弁也。"《周禮·春官·司服》："凡兵事，韋弁服。"鄭玄注："韋弁，以靺韋爲弁，又以此爲衣裳……今時伍伯緹衣，古兵服之遺色。"晉代沿用。《晉書·輿服志》："韋弁，制似皮弁，頂上尖，靺草染之，色如淺絳。"南朝宋因晉制，或爲車駕親戎中外戒嚴之服。北周，天子巡兵即戎則服之。諸公、侯、伯、子、男、三公、三孤、公卿、上大夫、中大夫皆服之。此後，無復其制。參《通典·禮十七》《通志·器服略一》。

韋　弁
（明王圻等《三才圖會》）

冠弁

周代天子田獵時所戴的一種皮弁。諸侯亦爲視朝之服。黑色，形似玄冠。服時，上身着緇布衣，下身爲積素裳。《周禮·春官·司服》："凡甸，冠弁服。"鄭玄注："甸，田獵也。冠弁，委貌，其服緇布衣，亦積素以爲裳，諸侯以爲視朝之服。"清黄以周《禮書通故·名物圖·冠弁》："冠弁者，冠而如弁也。其去延板而大委武，與玄冠同；其施笄設紘，又同皮弁。故《經》謂之冠弁，《記》謂之委貌。"

冠　弁
（宋聶崇義《三禮圖集注》）

綦弁

周代一種黑色皮弁。尖頂，如兩手相合之狀。《書·顧命》："四人綦弁，執戈上刃。"孔傳："綦，文鹿子皮弁。"賈公彥疏："鄭玄云'青黑曰綦'，王肅云'綦，赤黑色'，孔以爲'綦，文鹿子皮弁'，各以意言，無正文也。大夫則服冕，此服弁，知亦士也。"

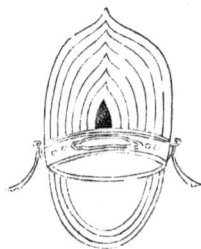

綦　弁
（明王圻等《三才圖會》）

燕弁

明代皇帝燕居時所服之弁。如皮弁，冒以烏紗。《明史·輿服志二》："〔燕弁〕其制，冠匡如皮弁之制，冒以烏紗，分十有二瓣，各以金綫壓之，前飾五采玉雲各一，後列四山，朱條爲組纓，雙玉簪。"

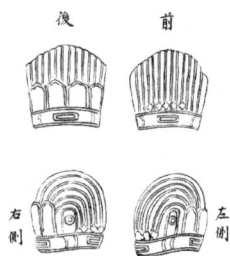

燕弁（燕弁冠服）
（明李東陽等《大明會典》）

第二節　冠　考

冠是古代貴族男子首服的總稱。古代習俗，男子蓄長髮，通常用笄綰住髮髻，然後再用冠束住。總體而言，冠可以包括冕、弁，是一種泛稱；具體而言，冕、弁、冠形制各異，分別指不同的禮冠。《釋名・釋首飾》："冠，貫也，所以貫韜髮也。"《説文・冖部》："冠，絭也，所以絭髮，弁、冕之總名也。"段玉裁注："析言之，冕、弁、冠三者異制；渾言之，則冕、弁亦冠也。"

傳説上古衣毛而帽皮，黃帝始以布爲冠。其後，有夏之毋追、殷之章甫、周之委貌，皆冠也。古禮，貴族男子二十歲加冠，舉行冠禮。《禮記・曲禮》云："男子二十冠而字。"戴冠是規定的禮儀，否則被視爲非禮與不敬。《後漢書・馬援傳》："〔馬援〕敬事寡嫂，不冠不入廬。"戴冠還是外出做官的標志，故"彈冠"指將任官。《梁書・沈約傳》："或辭禄而反耕，或彈冠而來仕。"久之，冠亦成了達官貴人的代稱，唐李白《古風》二十四："路逢鬥鷄者，冠蓋何輝赫。"

古代之冠，其形制、用途同後世之帽迥異。最初之冠，僅有冠梁，且甚窄，綴褶以布，從前至後束於髮髻之上；冠梁拱起，兩端連於冠圈之上，形成小帽，冠圈兩旁有兩根絲帶，稱爲纓，可於頷下打結以固定冠部。纓打結後餘下部分垂於頷下，稱爲緌。如用一絲繩兜住頷下，兩頭繫在冠上，此絲繩則稱紘。由此可知，上古之冠并非像後世帽子那樣將頭全部覆蓋。

在周代，冠還特指貴族所戴的玄冠。玄冠由白鹿皮製成，有帽檐。《禮記・雜記》："大夫冕而祭於公，弁而祭於己；士弁而祭於公，冠而祭於己。"鄭玄注："弁，爵弁也；冠，玄冠也。"冕、弁、冠作爲古代禮冠，冕最尊，弁次之，冠又次之。

戰國末期，趙武靈王實行"胡服騎射"，王冠有貂蟬冠、鵕䴊冠。武冠也加以改革，飾以鶡尾，稱鶡冠，爲武士所服，以示勇武。還有惠文冠，爲趙惠文王所戴。其他國家，如楚國，也有自己的王冠。秦滅六國，曾采趙王之冠（一説齊王冠）制而爲高山冠，采楚之冠制而爲法冠，采楚莊王所戴之冠制而爲遠游冠。漢高祖劉邦的長冠，亦本楚的冠制而爲之。

先秦時期之冠，主要從屬於禮制，形制大體一致，但製作的質料和加於冠上之飾品則時見有別。漢代之冠，則主要從屬於服制，是身份、官階以至官職的表徵。其式繁多，《後漢書·輿服志下》載有長冠、委貌冠、通天冠、遠游冠、高山冠、進賢冠、法冠、武冠、建華冠、方山冠、巧士冠、却非冠、却敵冠、樊噲冠、術士冠、鶡冠等十六種。長冠，以竹皮爲骨，外裱漆纚，冠頂扁而細長，相傳漢高祖劉邦未發迹時所戴，故亦稱"劉氏冠"。漢興，用爲祭冠。在東漢恢復冕服制度以後，仍用於祭宗廟、救日蝕（食）等祀，直至隋代。通天冠，以鐵絲爲梁，正豎於頂，前有山，展筒爲述，皇帝在朝賀、宴會等場合所戴。歷經唐宋，直至明代。遠游冠，制如通天，無山述，太子、諸王等所服。冠體以鐵絲、細紗製成，上有梁，以梁數區別身份。直至唐宋，仍沿用其制。法冠，爲執法者所戴之冠。以纚爲展筒，鐵柱捲，上飾一角，以代獬豸，故亦名"獬豸冠"。武冠，亦稱"武弁大冠"，以漆紗爲之，爲諸武官所服。造型高大，亦稱"大冠"。侍中、中常侍亦戴此冠，但加黄金璫，附蟬爲文，貂尾爲飾，謂之"趙惠文冠"，魏晋南北朝沿用，又稱"建冠""籠冠"。唐宋沿用其名，但其形制已發生變化。

　　漢代，冠是禮服的組成部分，是身份的象徵，故貧賤者不得戴冠，衹能戴幘。至漢元帝，因其額髮豐厚，故先以幘包首而後加冠。又王莽因其頭秃，亦先戴幘而後加冠。久而久之，這種戴法便普及開來，東漢畫像石所繪人物形象，即此戴法。漢代的冠式，前高後低，而又傾斜嚮前。這種冠式，以後逐漸改制。至魏明帝時改高山冠使之卑下，爲漸變之始。後來，冠式逐漸演變成平或前俯而後仰。如進賢之制，大抵到隋唐後也改了形制，不再使用前高七寸、後高三寸之式。另外，從漢代開始，冠梁逐漸加寬，同冠圈連成覆杯之狀，且梁數也逐漸增多，并以梁數之多寡區別官階之高低。

　　六朝時期，天子戴通天冠，其形制，晋、齊於冠前加金博山顏。皇太子則戴遠游冠，梁前亦加金博山。百官戴進賢冠，有五梁、三梁、二梁、一梁之别。唯人主用五梁，三公及郡公、縣侯等用三梁，卿大夫至千石爲二梁，以下職官則爲一梁。此外，有左右侍臣及諸將軍武官所戴之武冠，武騎、武賁等武官所戴之鶡冠，法官所戴之法冠，行人使者所戴之高山冠，行鄉射禮時公卿等所戴之委貌冠，殿門司馬衛士所戴之樊噲冠。其餘漢代的各冠，自魏晋以來，不常使用。北朝時期，少數民族有本民族固有風俗，他們不束髮戴冠，而戴帽。漢人則保持漢族衣冠。北朝亦有受南朝影響而改變首服者。如北魏孝文帝太和十八年（494）革其本族的衣冠制度，十九年引見群臣時班賜百官冠服。又如《周書·宣帝紀》載："帝服通天冠、絳紗服，群臣皆服漢魏衣冠。"

　　隋朝統一全國後，重新厘定漢族的冠服制度。皇帝服通天冠，加金博山，附蟬，黑介幘，玉簪導。不通於下，獨天子元會臨軒服之。皇太子、親王服遠游三梁冠，加金附蟬，宗室王去附蟬，并不通於庶姓。文官服進賢冠，從三品以上三梁，從五品以上二梁，流內九品以上一梁。此外，還有法冠、高山冠、却非冠、委貌冠。唐朝建立後，在前代冠制基礎上確立了一套新的冠制。皇帝有通天冠、翼善冠。通天冠，加金博山，附蟬十二首，施珠翠，黑介幘。諸祭還及冬至朔日受朝、臨軒拜王公、元會、冬會服之。翼善冠，貞觀八年（634）太宗初服，至開元十七年（729）廢止。太子有具服遠游三梁冠、公服遠游冠、進德冠。具服遠游三梁冠，加金博山九首，施珠翠，黑介幘，犀簪導。謁廟還宮、元日冬至朔日入朝、釋奠則服之。諸王亦服。公服遠游冠，五日常服、元日冬至受朝服之。進德冠，九璆，加金飾，其常服及白練裙襦通着之。永徽（650—655）以後，若乘馬袴褶，則着之。群臣所服有進賢冠、武弁大冠、法冠、高山冠、却非冠。進賢冠，文官所服，三品以上三梁，五品以上二梁，九品以上一梁。高山冠，內侍省內謁者及親王下閤等服之。却非冠，亭長、門僕服之。（見《隋書・禮儀志七》《舊唐書・輿服志》）五代時期冠制大體沿襲唐代。

　　宋代大抵承襲唐、五代時期冠制。天子通天冠，二十四梁，高廣各一尺。大祭祀致齋、正旦冬至五月朔大朝會、大冊命、親耕籍田皆服之。皇太子遠游冠十八梁，受冊、謁廟、朝會服之。群臣朝服，有進賢冠、貂蟬冠、獬豸冠。進賢冠，宋初分五梁、三梁、二梁，至元豐（1078—1085）及政和（1111—1118）後分爲七梁、六梁、五梁、四梁、三梁、二梁等。七梁冠分貂蟬籠巾和無貂蟬籠巾兩種，貂蟬籠巾爲三公、親王等服之。獬豸冠有獬豸角，御史大夫、中丞、御史服之。除品官朝服之冠外，平時及一般人也有戴冠的，如蘇東坡自嶺南歸來時戴小冠。戴小冠不用纓，祇用簪橫貫髻中固定之。宋代自皇后、妃以下各內外命婦的首服有九龍四鳳冠、龍鳳珠翠冠、九翠四鳳冠、花釵冠等。宋代婦女戴的冠有白角冠、珠冠、團冠、高冠、花冠、垂肩冠、鞾肩冠等。道教在宋代受到重視，道士亦束髮戴冠，且多存古制，其冠有黃冠、芙蓉冠、五嶽靈圖冠、二儀冠等。（見《宋史・輿服志》三、四）

　　遼代分國服和漢服。國服：大祀，皇帝服金文金冠。漢服：皇帝通天冠，加金博山，附蟬十二，黑介幘，玉或犀簪導。諸祭還及冬至、朔日受朝、臨軒拜王公、元會、冬會服之。太子遠游冠，三梁，加金附蟬九，黑介幘，犀簪導。親王亦服之，用青綾導。群臣戴進賢冠，三品以上三梁，五品以上二梁，九品以上一梁。皇帝公服尚有翼善冠，太子常服尚有進德冠。金代大抵采用宋制。皇帝行幸、齋戒出宫或御正殿，則戴通天冠。皇太子册寶服遠游冠，十八梁。百官朝服，有貂蟬籠巾七梁額花冠、七梁冠、六梁冠、五梁冠、四梁冠、三梁冠、二梁冠。監察御史戴獬豸冠。皇后服九龍四鳳冠。元朝建立以後，除保持固有衣冠形制外，亦采用漢制。大抵近取金宋，遠法漢唐，隨時損益，兼存國制。天子質孫服，其冠有七寶重頂冠、珠子捲雲冠、金鳳頂漆紗冠。群臣之冠，有貂蟬冠、獬豸冠、七梁冠、六梁冠、五梁冠、四梁冠、三梁冠、二梁冠等。婦女首服，以蒙古族貴族婦女之姑姑冠最具特色。（見《遼史·儀衛志二》《金史·輿服志中》《元史·輿服志一》）

明代冠制大抵采用唐代形制，皇帝除冕、弁外，有通天冠、翼善冠。通天冠，洪武元年（1368）定，加金博山，附蟬十二，黑介幘，玉簪導。郊廟、省牲、皇太子諸王冠婚、醮戒服之。翼善冠，明成祖永樂三年（1405）仿唐太宗翼善冠復製。冠以烏紗冒之，折角嚮上。皇太子、親王、郡王及世子皆以之爲常服。嘉靖七年（1528）又製保和冠，以燕弁爲準，用九䄎，去簪與五玉，後山一扇，分畫爲四。郡王世子以上服之。文武官朝服，洪武二十六年定，凡大祀、慶成、正旦、冬至、聖節及頒詔、開讀、進表、傳制，俱用梁冠。一品至九品，以冠上梁數爲差。公冠八梁，加籠巾貂蟬，立筆五折，四柱，前後玉蟬。侯七梁，籠巾貂蟬，立筆四折，四柱，前後金蟬。伯七梁，籠巾貂蟬，立筆二折，四柱，前後玳瑁蟬。一品，冠七梁，不用籠巾貂蟬；二品，六梁；三品，五梁；四品，四梁；五品，三梁；六品、七品，二梁；八品、九品，一梁。御史服解廌冠。嘉靖七年尚製品官燕居之忠靖冠，仿古玄冠，冠匡如制，以烏紗冒之。後列兩山。冠頂仍方中微起，三梁各壓以金綫，邊以金緣之。四品以下去金，緣以淺色絲綫。皇后服禮服，戴九龍四鳳冠，常服戴雙鳳翊龍冠，皆洪武三年定。四年更定，常服爲龍鳳珠翠冠。皇妃服禮服，洪武三年定，戴九翬四鳳冠；常服戴鸞鳳冠。永樂三年更定，禮服戴九翟冠。九嬪，嘉靖十年定，用九翟冠。皇太子妃用九翬四鳳冠。其他如親王妃、郡王妃、命婦等皆有定制。（見《明史·輿服志》二、三）

清朝建立以後，一改漢制衣冠，其首服有朝冠、吉服冠、行冠、常服冠、雨冠等。朝冠用於祭祀慶典，吉服冠用於常朝禮見，常服冠用於燕居。每種冠又分冬、夏兩式。冬季以貂鼠、海獺或狐皮等製成圓形，檐翻捲；夏季用藤竹、篾席或麥秸編成錐形，狀如覆鍋。朝冠、吉服冠和常服冠的區别，主要在於冠頂：朝冠之頂通常爲三層，上爲尖形寶石，中間爲圓形頂珠，下層爲金屬底座。吉服冠頂比較簡單，衹有頂珠及金屬底座。常服冠則祇用紅絨編織爲一個圓珠附綴於頂部。清代以頂珠的質料和顏色區分戴冠者之品級，不同於以往朝代。如朝冠頂珠：文武一品用紅寶石，二品用珊瑚，文三品用珊瑚，武三品用藍寶石，等等。在頂珠之下，還有一支翎管，以安插孔雀等鳥羽製成的翎枝。（見《清史稿·輿服志二》）

古代禮冠及皇帝、太子冠

冠

古代貴族男子束髮所戴之物。其作用是束髮。《釋名·釋首飾》："冠，貫也，所以貫韜髮也。"冠又是成人的標志，古代貴族男子二十而加冠。相傳黃帝始以布爲冠，其後有夏之毋追，殷之章甫，周之委貌。先秦時期之冠，形制大體一致，由冠梁、冠圈等組成，唯製作材料及飾品不同。初，冠梁甚窄，如周制二寸。到漢代，冠梁逐漸加寬，同冠圈連成覆杯之狀，并從屬於服制，是身份、官階及官職的表徵，以梁數之多寡區別官階之高低。後代沿用其制。宋代廢除隋唐以來依品級定冠綬的制度，以官職決定冠服。明代又以冠之梁數分別等差。清代廢傳統冠制。1957年4月於四川省冕寧縣北門外小屯村的一座明墓中出土一頂赤金束髮冠，重31.5克，黃金成色爲百分之九十五。冠之兩側有孔，爲納笄之用，可牢固地簪在頭上。其製作方法是，先抽成細若人髮的金絲，兩股擰成繩狀，再做成

冠
（明王圻等《三才圖會》）

捲草的鏤空花紋圖案，枝與枝之間由金焊接，邊沿用三或四股金絲拼焊而成。

毋追

夏代禮冠。其形制如覆杯，前高廣，後卑銳，以緇布爲之，色黑。《禮記·郊特牲》："委貌，周道也；章甫，殷道也；毋追，夏后氏之道也。"鄭玄注："三冠皆所服以行道也。"漢班固《白虎通·紼冕》："夏者統十三月爲正，其飾最大，故曰毋追。"明王圻等《三才圖會·衣服》："夏之冠曰毋追，以漆布爲殼，以緇縫其上，前廣二寸，高三寸。"殷之章甫，周之委貌，皆因其制。漢之委貌冠、皮弁亦與之同制。《後漢書·輿服志下》："委貌冠、皮弁冠同制，長七寸，高四寸，制如覆杯，前高廣，後卑銳，所謂夏之〔毋〕追、殷之章甫者也。"清朱彝尊以爲《漢武梁祠碑》禹像，冠頂銳而下卑，即《郊特牲》之毋追。參閱《曝書亭集》卷四七之《漢武梁祠碑跋》。亦作"牟追"。《釋名·釋首飾》："牟追，牟，冒也，言其形冒髮追追然也。"畢沅疏證："牟追，《士冠禮》《郊特牲》皆作毋追。"後世亦稱"牟追冠"。《通志·器服略一》："夏后氏牟追冠，長七寸，高四寸，廣五寸，後廣二寸，制如覆杯，前高廣，後卑銳。商因之，制章甫冠，高四寸半，後廣四寸，前

櫛首。周因之，制委貌冠。《司服》云：'凡甸，冠弁服。'甸，田獵也。漢制委貌以皂繒爲之，形如委穀之貌，上小下大，長七寸，高四寸，前高廣，後卑鋭，無笄，有纓，行大射禮於辟雍，諸公、卿、大夫行禮者冠之。宋依漢制。"

【牟追】

同"毋追"。此體始見於漢代。見該文。

【牟追冠】

即毋追。此稱始見於宋代。見該文。

章甫

殷代禮冠。《儀禮·士冠禮》："委貌，周道也；章甫，殷道也；毋追，夏后氏之道也。"鄭玄注："章，明也。殷質，言以表明丈夫也……三冠皆所服以行道也，其制之異同未之聞。"《釋名·釋首飾》："章甫，殷冠名也。甫，丈夫也，服之所以表章丈夫也。"周封殷人之後於宋，宋人沿用其制，直至春秋時尚存其俗。《禮記·儒行》："丘少居魯，衣逢掖之衣，長居宋，冠章甫之冠。"孫希旦集釋："章甫，殷玄冠之名，宋人冠之，所謂修其禮物也。孔子既長，居宋而冠。冠禮，始冠緇布冠，既冠而冠章甫，因其俗也。"《莊子·逍遥游》："宋人資章甫而適諸越，越人斷髮文身，無所用之。"其制前方後圓，較高深。周之委貌、漢之委貌冠承其遺制。《後漢書·輿服志下》："委貌冠、皮弁冠同制，長七寸，高四寸，制如覆杯，前高廣，後卑鋭，所謂夏之毋追，殷之章甫者也。"明王圻等《三才圖會·衣

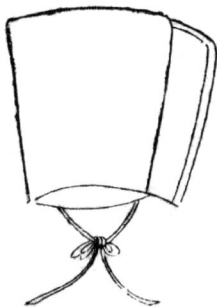

章　甫
（明王圻等《三才圖會》）

服》："商之冠曰章甫，其制與周之委貌、夏之毋追相似，俱用緇布爲之。"亦作"章父"。《漢書·賈誼傳》："章父薦屨，漸不可久兮。"顏師古注："章父，殷冠名也……父讀曰甫。"省稱"章"。《文選·趙至〈與嵇茂齊書〉》："表龍章於裸壤，奏《韶》舞於聾俗，固難於取貴矣。"李善注："章，章甫之冠也。"

【章父】

同"章甫"。此體始見於漢代。見該文。

【章】 [1]

"章甫"之省稱。此稱始見於晋代。見該文。

委貌

周代禮冠。由夏之毋追、殷之章甫演變而來，形制大體相同，以黑色絲織物製成。《儀禮·郊特牲》："委貌，周道也。"《釋名·釋首飾》："委貌，冠形委曲之貌，上小下大也。"漢班固《白虎通·紼冕》："委貌者，何謂也？周朝廷理政事行道德之冠名……周統十一月爲正，萬物始萌小，故爲冠飾最小，故曰委貌。委貌者，言委曲有貌也。"鄭玄以爲委貌即玄冠。《儀禮·士冠禮》："委貌，周道也。"鄭玄注："或謂委貌爲玄冠。"又"主人玄冠朝服"，鄭玄注：

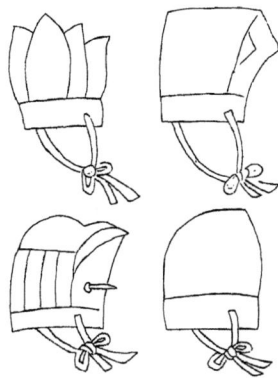

委　貌
（宋聶崇義《三禮圖集注》）

"玄冠，委貌也。"賈公彥疏："此云玄冠，下記云委貌。彼云委貌，見其安正容體；此云玄冠，見其色。實一物也。"漢承其制，製委貌冠。《後漢書·輿服志下》："委貌冠、皮弁冠同制，長七寸，高四寸，制如覆杯，前高廣，後卑銳，所謂夏之〔毋〕追，殷之章甫者也。委貌以皂絹爲之，皮弁以鹿皮爲之。行大射禮於辟雍，公卿諸侯大夫行禮者，冠委貌，衣玄端素裳。"晋之緇布冠即委貌冠，有四形，其一即同漢之委貌冠。《晋書·輿服志》："緇布冠，蔡邕云即委貌冠也……其制有四形……行鄉射禮則公卿委貌冠，以皂絹爲之。形如覆杯，與皮弁同制，長七寸，高四寸。衣黑而裳素，其中衣以皂緣領袖。"南朝宋因其制。參閱《宋書·禮志五》。隋代，國子太學四門生服之。參閱《隋書·禮儀志七》。唐代，爲郊廟文舞郎之首服。《新唐書·車服志》："委貌冠者，郊廟文舞郎之服也。"

【玄冠】

即委貌。其色黑，故稱。此稱始見於先秦時期。見該文。

【委貌冠】

即委貌。此稱始見於漢代。見該文。

長冠

本劉邦爲亭長時所戴之冠，漢代爲祭冠。仿楚冠制，形扁而長，如板，又似鵲尾，以竹皮爲之，故亦稱"劉氏冠""鵲尾冠"。《史記·高祖本紀》："高祖爲亭長，乃以竹皮爲冠，令求盜之薛治之，時時冠之。及貴常冠，所謂

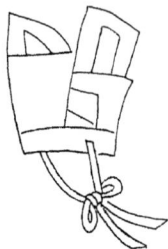

長　冠
（宋聶崇義《三禮圖集注》）

'劉氏冠'乃是也。"裴駰集解引應劭曰："以竹始生皮作冠，今鵲尾冠是也。"司馬貞索隱引應劭云："一名'長冠'。側竹皮裏以縱前，高七寸，廣三寸，如板。"又引蔡邕《獨斷》云："長冠，楚制也。高祖以竹皮爲之，謂之'劉氏冠'。"亦稱"齋冠"。戴此冠祭祀時，穿玄色衣裳，内衣領、袖加絳色寬邊，穿絳色褲襪。《後漢書·輿服志下》："長冠，一曰齋冠，高七寸，廣三寸，促漆纚爲之，制如板，以竹爲裏。初，高祖微時，以竹皮爲之，謂之'劉氏冠'，楚冠制也。民謂之鵲尾冠，非也。祀宗廟諸祀則冠之。"亦稱"貌冠""竹皮冠"。《淮南子·氾論訓》："履天子之圖籍，造劉氏之貌冠。"高誘注："高祖於新豐所作竹皮冠也。"湖南長沙馬王堆一號漢墓出土的彩色木俑，頭頂多竪有一塊長形飾物，形制如板，前低後高，當是此冠之形象。晋依漢制，救日蝕、祠宗廟諸祀服之。參閱《晋書·輿服志》。南朝梁因之不改，亦稱"竹葉冠"。《通志·器服略一》："梁天監中，祠部郎中沈宏議：'竹葉冠是漢祖微時所服，不可爲祭服，宜改用爵弁。'司馬褧云：'若必遵三王，則所廢非一。'遂不改矣。"

【劉氏冠】

即長冠。此稱始見於漢代。見該文。

【鵲尾冠】

即長冠。此稱始見於漢代。見該文。

【齋冠】

即長冠。此稱始見於漢代。見該文。

【貌冠】

即長冠。此稱始見於漢代。見該文。

【竹皮冠】

即長冠。此稱始見於漢代。見該文。

【竹葉冠】

即長冠。此稱始見於南北朝時期。見該文。

通天冠

古代皇帝專用之冠。凡祭祀、朝賀、宴會皆戴之。曾爲戰國時齊王冠，秦滅齊，以其形製作通天冠，其狀不傳。漢因秦名製之。《後漢書·輿服志下》："通天冠，高九寸，正竪，頂少邪却，乃直下爲鐵卷梁，前有山，展筒爲述，乘輿所常服。"劉昭注引蔡邕《獨斷》曰："漢受之秦，禮無文。"晋依漢制，南朝亦因襲之，隋、唐亦沿用。《通志·器服略一》："通天冠……晋依漢制，前加金博山述。注云：述即鷸也，鷸知天雨，故冠像焉。前有展筒。宋因之，又加黑介幘。舊有冠無幘。齊因之，東昏侯改用玉簪導。梁因之，復加冕於其上，爲平天冕。陳因之。北齊依之，乘輿釋奠所服。隋因之，加金博山，附蟬十二首，施珠翠，黑介幘，玉簪導，朔日元會、冬朝會、諸祭還則服之。唐因之，其纓改以翠緌。"五代時期大體依唐制。宋代，通天冠又名卷雲冠，用北珠捲結於冠上，二十四梁，前加金博山，用金或玳瑁製成蟬形附於冠上，高廣均一尺，外青裏朱。戴此冠時則穿織成雲龍紋的絳紗袍，白色中單，方心曲領，金玉帶，蔽膝，佩綬，白襪黑舄。宋孟元老《東京夢華錄·駕宿太廟奉神主出室》："駕乘玉輅，冠服如圖畫間星官之服，頭冠皆北珠裝結頂通天冠，又謂之卷雲

通天冠
（宋聶崇義《三禮圖集注》）

冠。"《宋史·輿服志三》："通天冠，二十四梁，加金博山，附蟬十二，高廣各一尺。青表朱裏，首施珠翠，黑介幘，組纓翠緌，玉犀簪導……大祭祀致齋、正旦冬至五月朔大朝會、大册命、親耕籍田皆服之。"仁宗時改名承天冠。同上又云："仁宗天聖二年，南郊，禮儀使李維言：'通天冠上一字，準敕回避。'詔改承天冠。"遼代，漢服之制，皇帝赤服通天冠。《遼史·儀衛志二》："皇帝通天冠，諸祭還及冬至、朔日受朝、臨軒拜王公、元會、冬會服之。冠加金博山，附蟬十二，首施珠翠，黑介幘，髮纓翠緌，玉若犀簪導。"金代，大抵依宋制，通天冠爲天子視朝之服。參閱《金史·輿服志中》。明代依唐制，加金博山，附蟬，黑介幘。《明史·輿服志二》："皇帝通天冠服。洪武元年定，郊廟、省牲、皇太子諸王冠婚、醮戒，則服通天冠、絳紗袍。冠加金博山，附蟬十二，首施珠翠，黑介幘，組纓，玉簪導。"今山東嘉祥武氏祠保存的畫像石上，有戴此冠之形象。清代廢止。

【卷雲冠】

即通天冠。此稱始見於宋代。見該文。

【承天冠】

即通天冠。此稱始見於宋代。見該文。

遠遊冠

古代皇太子、諸侯王所戴之冠。本爲楚莊王所戴之冠，有通梁組纓。秦滅楚，采其制爲遠遊冠，其制似通天冠。漢承其制，諸王服之。《後漢書·輿服志下》："遠遊冠，制如通

遠遊冠
（明王圻等《三才圖會》）

天，有展筒橫之於前，無山述，諸王所服也。"《三國志·魏書·武帝紀》："〔建安十九年〕三月，天子使魏公位在諸侯王上，改授金璽、赤紱、遠游冠。"晋沿漢制，皇太子、王者後等服之。亦作"遠游冠"。《晋書·輿服志》："遠游冠，傅玄云秦冠也。似通天而前無山述，有展筒橫于冠前。皇太子及王者後、帝之兄弟、帝之子封郡王者服之。諸王加官者自服其官之冠服，惟太子及王者後常冠焉。太子則以翠羽爲緌，綴以白珠，其餘但青絲而已。"南北朝、隋、唐、五代時期沿用。《通志·器服略一》："遠游冠……梁爲皇太子朝服，加金博山翠緌。陳因之，其藻飾服用，依晋故事也。北齊依之，制五梁冠，乘輿所服，不通于下。隋制三梁，加金附蟬九首，施珠翠，黑介幘，翠緌，犀簪導，皇太子元朔入朝、釋奠則服之。唐用之，其制具《開元禮·序例》。"《舊唐書·輿服志》："《武德令》，皇太子衣服，有衮冕、具服遠游三梁冠、公服遠游冠……具服遠游三梁冠，加金附蟬九首，施珠翠，黑介幘，髮纓翠緌〔緌〕，犀簪導……謁廟還宮、元日冬至朔日入朝、釋奠則服之。公服遠游冠……五日常服、元日冬至受朝則服之。"又："遠游三梁冠，黑介幘，青緌，皆諸王服之，親王則加金附蟬。"宋、遼、金等各代沿用其制。《續通志·器服略二》："遠遊冠。宋制，皇太子遠遊冠十八梁，青羅表，金塗銀釲花飾，犀簪導，紅絲組爲纓，加博山附蟬，受冊、謁廟、朝會則服之。遼皇太子遠遊冠三梁，加金附蟬，施珠翠，黑介幘，髮纓翠緌，犀簪導，謁廟還宮、元日冬至朔日入朝服之，親王及諸王則青緌。金皇太子遠遊冠十八梁，金塗銀花飾，博山附蟬，紅絲爲纓，

犀簪導。"至元代始廢。亦省稱"遠遊"。三國魏曹植《求通親親表》："若得辭遠遊，戴武弁，解朱組，佩青綬……乃臣丹誠之至願，不離於夢想者也。"

【遠遊】

"遠遊冠"之省稱。此稱始見於三國時期。見該文。

【遠游冠】

同"遠遊冠"。此體始見於晋代。見該文。

遠遊五梁冠

北齊皇帝首服之一種。即五梁之遠遊冠。《隋書·禮儀志六》："河清中，改易舊物……又有遠遊五梁冠，並不通於下。"《通志·器服略一》："遠遊冠……北齊依之，制五梁冠，乘輿所服，不通於下。"後世不聞。

遠遊三梁冠

有三梁之遠遊冠。皇太子及諸王服之。始見於北齊。《隋書·禮儀志六》："河清中，改易舊物……〔皇太子〕遠遊三梁冠，黑介幘，翠緌纓。"又："遠遊三梁，諸王所服。"隋代沿用。《隋書·禮儀志七》："〔隋皇太子〕遠遊三梁冠，從省服，絳紗單衣……五日常朝則服之。"唐代爲諸王首服。《舊唐書·輿服志》："遠遊三梁冠，黑介幘，青緌〔緌〕，皆諸王服之，親王則加金附蟬。"遼代沿用。皇太子、親王、諸王皆冠遠遊三梁冠。參閱《遼史·儀衛志二》。

翼善冠

古代皇帝專用之冠。唐太宗始製。形似幞頭，以展脚相交於上。《舊唐書·輿服志》："太宗又製翼善冠，朔望視朝，以常服及帛練裙襦通著之。若服袴褶，又與平巾幘通用。"至開元十七年（729）廢。遼用唐制，皇帝戴翼善冠。

《遼史·儀衞志二》："皇帝翼善冠，朔視朝用之。柘黃袍，九環帶，白練裙襦，六合靴。"明代，皇帝以之爲常服。《明史·輿服志二》："皇帝常服。洪武三年定，烏紗折角向上巾，盤領窄袖袍，束帶間用金、琥珀、透犀。永樂三年更定，冠以烏紗冒之，折角向上，其後名翼善冠。"亦稱"衝天冠"。明黃一正《事物紺珠》卷一三《冠服部》云："國朝，改展脚不交，向前朝其冠纓象'善'字，名翼善冠，後改展脚向上，名衝天。"

【衝天冠】

即翼善冠。此稱始見於明代。見該文。

具服遠遊三梁冠

唐代皇太子首服之一種。武德年間（618—626）始定。《舊唐書·輿服志》："《武德令》，皇太子衣服，有袞冕、具服遠遊三梁冠……具服遠遊三梁冠，加金附蟬九首，施珠翠，黑介幘，髮纓翠綏〔緌〕，犀簪導。"

公服遠遊冠

唐代皇太子首服之一種。《舊唐書·輿服志》："《武德令》，皇太子衣服，有袞冕、具服遠遊三梁冠、公服遠遊冠……公服遠遊冠，絳紗單衣，白裙襦……五日常服、元日冬至受朝則服之。"

進德冠

古代皇太子之冠。始用於唐代貞觀年間（627—649）。《舊唐書·輿服志》："〔皇太子〕進德冠，九琪，加金飾，其常服及白練裙襦通著之。若服袴褶，則與平巾幘通著。自永徽已後，唯服袞冕、具服、公服而已。若乘馬袴褶，則著進德冠，自餘並廢。"遼代，皇太子亦服之。《遼史·儀衞志二》："皇太子進德冠，九琪，

金飾，絳紗單衣，白裙襦，白襪，烏皮履。"

七梁額花冠

宋代皇子所戴之冠。始見用於南宋初。《宋史·輿服志三》："其皇子之服，紹興三十二年十月，禮官言：'皇子鄧、慶、恭三王，遇行事服朝服，則七梁額花冠。'"

金文金冠

遼代皇帝大祀所戴之冠。《遼史·儀衞志二》："祭服：遼國以祭山爲大禮，服飾尤盛。大祀，皇帝服金文金冠，白綾袍，紅帶，懸魚，三山紅垂。飾犀玉刀錯，絡縫烏靴。"

實里薛袞冠

遼代皇帝朝服之冠。《遼史·儀衞志二》："朝服……皇帝服實里薛袞冠，絡縫紅袍，垂飾犀玉帶錯，絡縫靴，謂之國服袞冕。"

七寶重頂冠

元代皇帝冬季所戴的一種冠。上綴大珠一。元代皇帝質孫，冬服十一等，此爲一種服之冠。《元史·輿服志一》："天子質孫，冬之服凡十有一等……服大紅、桃紅、紫藍、綠寶里（寶里，服之有襴者也），則冠七寶重頂冠。"其形似鈸，故亦稱"鈸笠冠"。周錫保《中國古代服飾史》第十二章《元代服飾》圖二説明："元成宗像。戴七寶重頂冠。即史中所稱的鈸笠冠，以其形似鈸，故名。上綴大珠一。"

【鈸笠冠】

即七寶重頂冠。此稱始見於元代。見該文。

珠子捲雲冠

元代皇帝夏季所戴的一種冠。元代皇帝質孫，夏服十五等，此爲一種服之冠。《元史·輿服志一》："天子質孫……夏之服凡十有五等，服答納都納石失（綴大珠於金錦），則冠寶頂金

鳳鈸笠；服速不都納石矢（綴小珠於金錦），則
冠珠子捲雲冠。"

金鳳頂漆紗冠

元代皇帝夏季所戴的一種冠。元代皇帝質
孫，夏服十五等，此爲一種服之冠。《元史・輿
服志一》："夏之服凡十有五等，服答納都納石
失（綴大珠於金錦），則冠寶頂金鳳鈸笠，服速
不都納石失（綴小珠於金錦），則冠珠子捲雲
冠……服金龍青羅，則冠金鳳頂漆紗冠。"

保和冠

明代親王及郡王長子以上之冠。《明史・輿
服志二》："今酌燕弁及忠靜冠之制，復爲式具
圖，命曰保和冠服。自郡王長子以上，其式已
明。"《續通典・禮十二》："保和冠，明制，自
親王及郡王長子以上服之。其制，以燕弁爲準，
用九檷，去簪與五玉，後山一扇，分畫爲四。"

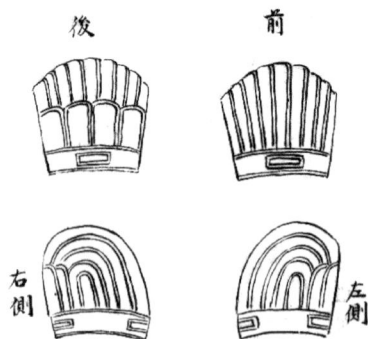

保和冠(保和冠圖・八檷圖)
(明李東陽等《大明會典》)

忠靖冠

明代仿古玄冠之制的一種冠。始製於嘉靖
七年（1528）。以鐵絲爲框，以烏紗爲面，後
列二山，頂方形，中間微起，以金綫壓出三梁，
配以深青紵絲紗羅忠靖服。取"進思盡忠，退
思補過"之義。明王圻等《三才圖會・衣服》：

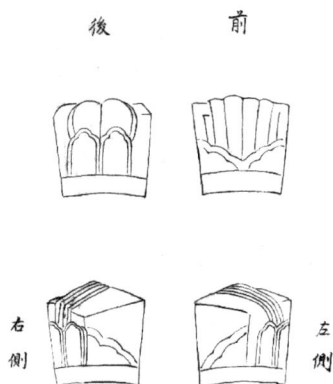

忠靖冠(忠靜冠圖・用雲前圖)
(明李東陽等《大明會典》)

"忠靖冠，有梁，隨品官之大小爲多寡，兩旁暨
後以金綫屈曲爲文，此卿大夫之章，非士人之
服也。嘉靖初更定服色，遂有限制。"亦作"忠
靜冠"。《明史・輿服志三》："〔嘉靖〕七年既定
燕居法服之制……帝因復製《忠靜冠服圖》頒
禮部，敕諭之曰：'祖宗稽古定制，品官朝祭之
服，各有等差……朕因酌古玄端之制，更名忠
靜，庶幾乎進思盡忠，退思補過焉。朕已著爲
圖說，如式製造。在京許七品以上官及八品以
上翰林院、國子監、行人司，在外許方面官及
各府堂官、州縣正堂、儒學教官服之。武官止
都督以上。其餘不許濫服。'禮部以圖說頒佈天
下，如敕奉行。"又："按忠靜冠仿古玄冠，冠
匡如制，以烏紗冒之，兩山俱列於後。冠頂仍
方中微起，三梁各壓以金綫，邊以金緣之。四
品以下，去金，緣以淺色絲綫。"至崇禎時令
百官燕居都用忠靖冠服。南京博物院藏有出土
實物。

【忠靜冠】

同"忠靖冠"。此體始見於明代。見該文。

朝冠

清代舉行祭祀慶典時所戴之冠。皇帝、皇

后、妃嬪、皇子、親王、親王世子、郡王、貝勒、貝子、鎮國公、輔國公、鎮國將軍、輔國將軍、奉國將軍、奉恩將軍、民公、侯、伯、子、男、皇子福晉、世子福晉、郡王福晉、貝

朝冠(貝子夫人冬朝冠圖)
(清伊桑阿等《欽定大清會典》)

勒夫人、貝子夫人、鎮國公夫人、輔國公夫人等皆服之。分冬夏兩種。《清史稿·輿服志二》："皇帝朝冠,冬用薰貂,十一月朔至上元用黑狐。上綴朱緯。頂三層,貫東珠各一,皆承以金龍四,飾東珠如其數,上銜大珍珠一。夏織玉草或藤竹絲爲之,緣石青片金二層,裏用紅片金或紅紗。上綴朱緯,前綴金佛,飾東珠十五。後綴舍林,飾東珠七,頂如冬制。"又:"皇后朝冠,冬用薰貂,夏以青絨爲之,上綴朱緯。頂三層,貫東珠各一,皆承以金鳳,飾東珠各三,珍珠各十七,上銜大東珠一。朱緯上周綴金鳳七,飾東珠九,猫睛石一,珍珠二十一。後金翟一,飾猫睛石一,珍珠十六。翟尾垂珠,凡珍珠三百有二,五行二就,每行大珍珠一。中間金銜青金石結一,飾東珠、珍珠各六,末綴珊瑚。冠後護領垂明黃縧二,末綴寶石,青緞爲帶。"皇子、親王、郡王、鎮國公等之朝冠,與皇帝朝冠大體相似,不過減其頂的層數及所飾東珠的數目。如皇子朝冠,冬用薰貂或青狐,頂金龍二層,飾東珠十。夏織玉草或藤竹絲爲之,上綴朱緯,前綴舍林,飾東珠五。後綴金花,飾東珠四。妃嬪朝冠亦與皇后朝冠大體相同,但所飾東珠、珍珠數目不同。

如妃朝冠,頂二層,用珍珠凡一百八十八,三行兩就。參閱《清史稿·輿服志二》。

吉服冠

清代君臣常朝、禮見所戴之冠。分冬夏兩種。《清史稿·輿服志二》："〔皇帝〕吉服冠,冬用海龍、薰貂、紫貂惟其時。上綴朱緯。頂滿花金座,上銜大珍珠

吉服冠(貝子冬吉服冠圖)
(清伊桑阿等《欽定大清會典》)

一。夏織玉草或藤竹絲爲之,紅紗綢裏,石青片金緣。上綴朱緯,頂如冬吉服冠。"又:"〔皇后〕吉服冠,薰貂爲之,上綴朱緯。頂用東珠。"皇貴妃吉服冠與皇后同。貴妃亦同。妃、嬪亦同,但頂用碧琫玡。皇子吉服冠紅絨結頂,親王頂用紅寶石,親王世子、郡王同親王,貝勒、貝子亦同。鎮國將軍吉服冠頂用珊瑚,輔國將軍用鏤花珊瑚,奉國將軍用藍寶石。固倫額駙吉服冠,頂用紅寶石,戴三眼孔雀翎;和碩額駙頂用珊瑚,戴雙眼孔雀翎。文一品吉服冠頂用珊瑚,文二品用鏤花珊瑚,文三品用藍寶石,文四品用青金石,文五品用水晶,文六品用硨磲,文七品用素金,文八品金頂無飾,文九品金頂。參閱《清史稿·輿服志二》。

常服冠

清代皇帝燕居時所戴之冠。有冬夏兩種。《清史稿·輿服志二》："〔皇帝〕常服冠,紅絨結頂,不加梁,餘如吉服冠。"

常服冠(皇帝冬常服冠圖)
(清伊桑阿等《欽定大清會典》)

行冠

清代皇帝出行時所戴之冠。有冬夏兩種。《清史稿·輿服志二》："〔皇帝〕行冠,冬用黑狐或黑羊皮、青絨,餘俱如常服冠。夏織藤竹絲爲之,紅紗裏緣。上綴朱氂。頂及梁皆黃色,前綴珍珠一。"

行冠(皇帝冬行冠圖二)
(清伊桑阿等《欽定大清會典》)

雨冠

清代君臣雨天所戴之冠。有冬制、夏制之異。《清史稿·輿服志二》："〔皇帝〕雨冠之制二:冬頂崇,前簷深;夏頂平,前簷敞。皆明黃色,月白緞裏。氈及油綢、羽緞惟其時……〔皇子雨冠〕用紅色。"又:"凡雨冠,民公、侯、伯、子、男,一、二、三品文、武官,御前侍衛,乾清門侍衛,上書房、南書房翰林,批本處行走人員,皆用紅色。四、五、六品文武官,雨冠中用紅色,青緣。七、八、九品文武官,雨冠中用青色,紅緣。"

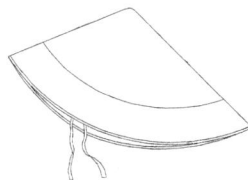

雨冠(文四品官雨冠圖)
(清伊桑阿等《欽定大清會典》)

文武百官及其他人士冠

大白冠

古代白布製成之冠。始見於先秦時期。《禮記·雜記上》："大白冠,緇布之冠,皆不蕤。"鄭玄注:"大白冠,大古之布冠也。《春秋傳》曰:'衛文公大布之衣,大白之冠。'"孔穎達疏:"大白者,古之白布冠也。"白通帛,故亦稱"大帛"。《禮記·玉藻》："玄冠縞武,不齒之服也。居冠屬武,自天子下達,有事然後緌。五十不散送,親沒不髦。大帛不緌,玄冠紫緌,自魯桓公始也。"鄭玄注:"帛當爲白,聲之誤也。大帛,謂白布冠也。"大同太,故亦作"太白冠"。漢劉向《說苑·反質》:"於是更製練帛之衣、太白之冠,朝一年,而齊國儉也。"

【大帛】

即大白冠。此稱始見於先秦時期。見該文。

【太白冠】

同"大白冠"。此體始見於漢代。見該文。

緇布冠

古代黑布所製束髮之冠。無笄。始見於先秦時期。《儀禮·士冠禮》："緇布冠,缺項,青組纓屬於缺,緇纚,廣終幅,長六尺。"鄭玄注:"缺,讀如'有頍者弁'之'頍',緇布冠無笄者,著頍圍髮際,結項中,隅爲四綴以固冠也。項中有緌,亦由固頍爲之耳。今未冠笄者,著卷幘頍象之所生也。滕、薛名崮,爲頍屬。猶著纚,今之幘梁也。終,充也,纚一幅長六尺,足以

緇布冠
(宋聶崇義《三禮圖集注》)

韜髮而結之矣。笄，今之簪。有笄者，屈組爲紘，垂爲飾。無笄者，纓而結其條。"周代行冠禮，初加緇布冠，次加皮弁，再次加爵弁，加皮弁則弃之。《儀禮·士冠禮》："始冠，緇布之冠也。大古冠布，齊則緇之，其緌也，孔子曰：'吾未之聞也，冠而敝之可也。'"《禮記·玉藻》："始緇布冠，自諸侯下達，冠而敝之可也。玄冠朱組纓，天子之冠也。緇布冠繢緌，諸侯之冠也。"鄭玄注："皆始冠之冠也。玄冠，委貌也。諸侯緇布冠有緌，尊者飾也。"孔穎達疏："始冠緇布冠者，言初加冠。大夫、士皆三加，諸侯則四加，其初加者是緇布冠。'自諸侯下達'者，自，從也，從諸侯下達於士始緇布冠。'冠而敝之可也'者，言緇布冠重古，始冠，暫冠之耳。非時王之服，不復恒著，冠而敝去之可也。"漢依之，製進賢冠，爲文儒之服。後代進賢冠爲群臣首服，并以梁數分別貴賤。至元乃廢，明代又用之。《後漢書·輿服志下》："進賢冠，古緇布冠也，文儒者之服也。前高七寸，後高三寸，長八寸。"漢蔡邕以緇布冠爲委貌冠。其制有四。《晋書·輿服志》："緇布冠，蔡邕云即委貌冠也。太古冠布，齊則緇之。緇布冠，始冠之冠也。其制有四形，一似武冠；又一似進賢；其一上方，其下如幘顏；其一刺上而方下。行鄉射禮則公卿委貌冠，以皁絹爲之。形如覆杯，與皮弁同制，長七寸，高四寸。"晋以後不聞。以其制小，僅能撮持髮髻，故亦稱"緇撮"。《詩·小雅·都人

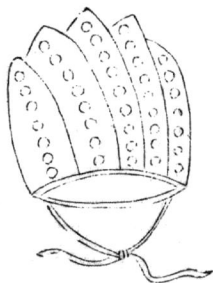

緇 撮
（明王圻等《三才圖會》）

士》："彼都人士，臺笠緇撮。"毛傳："緇撮，緇布冠也。"朱熹《詩集傳》："緇撮，緇布冠也。其制小，僅可撮其髻也。"

【緇撮】

即緇布冠。此稱始見於先秦時期。見該文。

皮冠

古代田獵者所戴之冠。皮製，故名。始見於先秦。《左傳·襄公十四年》："衛獻公戒孫文子、甯惠子食，皆服而朝，日旰不召，而射鴻於囿。二子從之，不釋皮冠而與之言，二子怒。"杜預注："皮冠，田獵之冠也。"國君田獵，招虞人，以此爲信符。《左傳·昭公二十年》："昔我先君之田也，旃以招大夫，弓以招士，皮冠以招虞人。臣不見皮冠，故不敢進。"

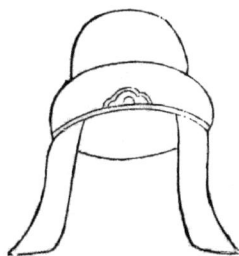

皮 冠
（明王圻等《三才圖會》）

切雲冠

古代一種高冠。冠高，冠下無巾無幘，垂有長纓。始見於先秦，爲楚國大夫所戴。《楚辭·九章·涉江》："冠切雲之崔嵬。"王逸注："切雲，冠名。"後世亦見。宋蘇軾《葉教授和溽字韻詩，復次韻爲戲，記龍井之游》詩："便投切雲冠，予幼好奇服。"

高山冠

古代一種似山形的冠。原爲戰國齊王冠，秦滅齊，秦王以之賜近臣謁者冠之。漢代沿其制，形如通天冠，頂直竪，無山述展筒，其體側立而曲注，故亦稱"側注冠"。《後漢書·輿服志下》："高山冠，一曰側注。制如通天，〔頂〕

不邪却，直豎，無山述展筒，中外官、謁者、僕謁所服。大傅胡廣説曰：'高山冠，蓋齊王冠也。秦滅齊，以其君冠賜近臣謁者服（宋聶崇義《三禮圖集注》）之。'"劉昭注引《漢書音義》曰："其體側立而曲注。"又曰："《史記》酈生初見高祖，儒衣而冠側注。"秦代爲行人使者之服。《三禮圖》："高山冠，一曰側注。高九寸，鐵爲卷梁，秦制行人使者所服，今謁者服之。"漢代天子亦服。《後漢書・輿服志下》"進賢冠"劉昭注引《漢舊儀》曰："乘輿冠高山冠，飛月之纓，幘耳赤。"魏明帝時去其卷筒，以示卑下，晋代沿用。《晋書・輿服志》："高山冠，一名側注，高九寸，鐵爲卷梁，制似通天……中外官、謁者、謁者僕射所服……《傅子》曰：'魏明帝以其制似通天、遠游，故改令卑下。'"南朝各代因其制，隋唐亦沿用之。《通志・器服略一》："高山冠，秦滅齊，獲其君冠，以賜近臣，因而制之……中外官、謁者、僕射、行人使者等所服……魏明帝以其制似通天、遠游，故改令卑下，除去卷筒，如介幘。幘上加物，以象山，行人使者服之。晋、宋、齊、梁、陳，歷代因之。隋因魏制參用之，形如進賢，於冠加三峰，謁者大夫以下服之。梁數依其品降殺。唐因之，内侍省内謁者監及親王司閣等服之。"唐以後不聞。

【側注冠】

即高山冠。《史記・酈生陸賈列傳》："使者對曰：'狀貌類大儒，衣儒衣，冠側注。'"裴駰集解引徐廣曰："側注冠，一名高山冠，齊王所服，以賜謁者。"《後漢書・輿服志下》："高山冠，一曰側注。"亦作"仄注冠"。《漢書・五行志中之上》："昭帝時，昌邑王賀遣中大夫之長安，多治仄注冠，以賜大臣，又以冠奴。"顏師古注："李奇曰：'一曰高山冠，本齊冠也，謁者服之。'師古曰：'仄，古側字也。謂之側注者，言形側立而下注也。'"

【仄注冠】

同"側注冠"。此體始見於漢代。見該文。

法冠

古代執法者所戴之冠。相傳先秦時楚王曾獲獬豸，以其能別曲直，故以爲冠。獬豸，神羊，一角，故冠作一角狀。楚文王好服之，故亦稱"南冠"。秦御史服之。《左傳・成公九年》："南冠而縶者誰也。"杜預注："南冠，楚冠。"孔穎達疏引應劭《漢官儀》云："〔法冠〕《左傳》'南冠而縶'，則楚冠也。秦滅楚，以其冠賜近臣，御史服之。"漢代沿用，爲執法者之冠。亦稱"柱後冠""獬豸冠"。《後漢書・輿服志下》："法冠，一曰柱後。高五寸，以纚爲展筒，鐵柱卷，執法者服之，侍御史，廷尉正、監、平也。或謂之獬豸冠。獬豸，神羊，能別曲直，楚王嘗獲之，故以爲冠。"柱後冠，一稱"柱後惠文冠"。漢蔡邕《獨斷》："法冠，楚冠也，一曰柱後惠文冠。"獬豸冠，亦作"解豸冠"。《廣雅・釋器》："解豸，冠也。"王念孫疏證："《淮南子・主術訓》：'楚文王好服解冠。'高誘注：'解豸之冠，如（宋聶崇義《三禮圖集注》）

今御史冠。'" 魏晋至隋唐，歷代因襲不易。《通志·器服略一》："法冠，秦滅楚，獲其君冠，賜御史⋯⋯漢晋至陳，歷代相因襲不易。隋開皇中，於進賢冠上加二真珠爲獬豸角形。大業中，改制一角。或云：'獬豸，神獸，蓋一角，今二角者非也。'執法者服之。唐用一角，爲獬豸之形，御史臺監察以上服之。"亦作"解廌冠"。《新唐書·車服志》："法冠者，御史大夫、中丞、御史之服也。一名解廌冠。"五代時期因唐制。宋代，獬豸冠亦爲法冠，御史中丞、監察御史等戴之，形制類進賢冠，不過在其梁上刻木爲獬豸角之形狀，并用碧粉塗之。其梁數，依本官的品級而定。參閱《宋史·輿服志四》。金代，御史中丞、監察御史亦戴獬豸冠。參閱《金史·輿服志中》。明清兩代的執法官分別在常服和補服上用獬豸補，爲此冠制之遺像。

【南冠】

　　即法冠。此稱始見於先秦時期。見該文。

【柱後冠】

　　即法冠。此稱始見於漢代。見該文。

【柱後惠文冠】

　　即法冠。此稱始見於漢代。見該文。

【獬豸冠】

　　即法冠。此稱始見於漢代。見該文。

【解豸冠】

　　同"獬豸冠"。即法冠。此體始見於三國時期。見"法冠"文。

【解廌冠】

　　同"解豸冠"。即法冠。此體始見於漢代。見"法冠"文。

【解廌冠】

　　同"獬豸冠"。即法冠。此體始見於唐代。

見"法冠"文。

【豸冠】

　　即法冠。此稱始見於唐代。《唐會要·御史臺》："乾元二年四月六日，敕御史臺，所欲彈事，不須先進狀，仍服豸冠⋯⋯舊制，凡事非大夫、中丞所劾，而合彈奏者，則具其事爲狀，大夫、中丞押奏。大事則豸冠、朱衣、纁裳、白紗中單以彈之，小事常服而已。"後代亦見此稱。宋黃庭堅《次韻郭明叔長歌》："文思舜禹開言路，即看承詔著豸冠。"

【豸角冠】

　　即法冠。此稱始見於唐代。唐韋應物《送閭寀赴東川辟》詩："祗承簡書命，俯仰豸角冠。"後代亦見此稱。宋朱熹《跋〈胡五峰詩〉》："先生去上芸香閣，閣老新峨豸角冠。"

【黑豸】

　　即法冠。此稱始見於唐代。殿中侍御史服之。《新唐書·百官志三》："殿中侍御史九人⋯⋯元日、冬至朝會，則乘馬、具服，戴黑豸升殿。"

【觸邪冠】

　　即法冠。唐代始見此稱。唐劉長卿《瓜洲驛奉餞張侍御公拜膳部郎中却復憲臺充賀蘭大夫留後使之嶺南時侍御先在淮南幕府》詩："風生趨府步，筆偃觸邪冠。"

鶡冠

　　古代插有鶡尾的武冠。本春秋時楚國隱士鶡冠子所戴，爲隱士之冠。《文選·劉峻〈辨命論〉》："至於鶡冠甕牖，必以懸天有期。"李善注：《七略》：鶡冠子者，蓋楚人也。常居深山，以鶡爲冠，故曰鶡冠。"鶡爲猛禽，鬥必至死乃止，因插其尾於冠之左右以示勇，戰國時趙武靈王製行此冠。秦亦用之。漢代，加雙鶡尾於武冠左右，亦稱“武冠”，武官服之。《後漢書・輿服志下》：“武冠，俗謂之大冠，環纓無蕤，以青系爲緄，加雙鶡尾，豎左右，爲鶡冠云。五官、左右虎賁、羽林、五中郎將、羽林左右監皆冠鶡冠，紗縠單衣……鶡者，勇雉也，其鬥對一死乃止，故趙武靈王以表武士，秦施之焉。”劉昭注引徐廣曰：“鶡似黑雉，出於上黨。”晋代沿用。《晋書・輿服志》：“鶡冠，加雙鶡尾，豎插兩邊。”南北朝時期沿襲之，爲武騎、武賁等武官所戴。《通志・器服略一》：“趙惠文冠，一名武冠……又加雙鶡尾，豎左右，名鶡冠。鶡，鷙鳥之暴者，每所攫撮，應爪摧碎，天子武騎故冠之……宋因之不易。齊因之，侍臣加貂蟬，餘軍校武職、黃門散騎等皆冠之，唯武騎虎賁插鶡尾於武冠上。梁因制遠游平上幘武冠。陳因之不易，後爲鶡冠，武者所服。北齊依之。”隋代不用。河南洛陽金村出土的戰國狩獵紋銅鏡上之騎士戴鶡冠，可見其形狀。西漢磚、石刻上，亦有具體描繪。洛陽寧懋石室曾出土北魏執戟盾武士石刻畫，頭上着巾子插二鶡尾。今京劇等戲曲中武將頭盔上插兩根翎毛，爲此冠制之遺像。

鷄冠

古代飾如雄鷄形之冠。服之示勇。春秋時，孔子之弟子子路曾服之。《史記・仲尼弟子列傳》：“子路性鄙，好勇力，志伉直，冠雄鷄，佩豭豚，陵暴孔子。”裴駰集解：“冠以雄鷄，佩以豭豚。二物皆勇，子路好勇，故冠帶之。”

華冠

古代以樺木皮所製之冠。春秋時，孔子弟子原憲曾服之。《莊子・讓王》：“原憲華冠縰履。”

郭象注：“以華木皮爲冠。”

建華冠

古代天子祭祀時樂舞者所戴之冠。始見用於漢代。《後漢書・輿服志下》：“建華冠，以鐵爲柱卷，貫大銅珠九枚，制似縷鹿……天地、五郊、明堂，《育命舞》樂人服之。”劉昭注引薛綜曰：“下輪大，上輪小。”晋及南朝陳沿用。《通志・器服略一》：“建華冠，漢制以鐵爲柱卷……晋及陳代相因不易，餘並無聞。”參閱《晋書・輿服志》《隋書・禮儀志六》。

建華冠

（宋聶崇義《三禮圖集注》）

鷸冠

以鷸鳥的羽毛所製之冠。始見於先秦。《左傳・僖公二十四年》：“鄭子華之弟子臧出奔宋，好聚鷸冠。”杜預注：“鷸，鳥名。聚鷸羽以爲冠，非法之服。”漢之建華冠承其制爲之。《後漢書・輿服志下》：“建華冠……《春秋左傳》曰：‘鄭子臧好鷸冠。’前圓，以爲此則是也。”後亦指鷸形并繪有鷸羽之冠，掌天文者冠之。《爾雅・釋鳥・鷸》：“漢術士冠，亦謂之鷸冠，象鷸鳥形，畫鷸羽爲飾，紺色，司天文者冠之，蓋術氏即鷸音之轉耳。”

【術士冠】

即鷸冠。趙武靈王好服之。漢制，前圓，差池四重。漢蔡邕《獨斷》：“術士冠，前圓，吳制，邐迤四重，趙武靈王好服之。今者不用，其説未聞。”亦作“術氏冠”。《後漢書・輿服志下》："術氏冠，前圓，吳制，差池邐迤四重。趙武靈王好服之。今不施用，官有其圖注。"晋因之，宋以後不用。參閱《晋書·輿服志》。

術氏冠
（宋聶崇義《三禮圖集注》）

【術氏冠】

同"術士冠"。此體始見於漢代。見該文。

圜冠

古代知天時者所戴的一種圓形冠。始見於先秦。《莊子·田子方》："儒者冠圜冠者知天時，履句屨者知地形，緩佩玦者事至而斷。"或謂即鷸冠。近代章炳麟《國故論衡·原儒》："鷸冠者，亦曰術氏冠，又曰圜冠。"

鯷冠

魚皮所製之冠。始見於先秦時期，吳國人戴之。《戰國策·趙策二》："黑齒雕題，鯷冠秫縫，大吳之國也。"鮑彪注："鯷，大鮎，以其皮爲冠。"亦稱"却冠""鮭冠"。《史記·趙世家》："黑齒雕題，却冠秫絀，大吳之國也。"裴駰集解引晋徐廣曰："又一本作'鮭冠黎緤'也。"

【却冠】

即鯷冠。此稱始見於漢代。見該文。

【鮭冠】

即鯷冠。此稱始見於晋代。見該文。

練冠

古代貴族親喪小祥（十三月）服練時所戴之冠。以厚繒或粗布製成。始見於先秦。《左傳·昭公三十一年》："季孫練冠、麻衣、跣行。"楊伯峻注："練冠蓋喪服斬衰十三月服練時所着之冠。"漢代沿其制。《後漢書·禮儀志下》："皇帝近臣喪服如禮。釋大紅，服小紅，十一升都布練冠。"

【素冠】

即練冠。《詩·檜風·素冠》："庶見素冠兮，棘人欒欒兮。"毛傳："素冠，練冠也。"鄭玄箋："喪禮，既祥祭，而縞冠素紕，時人皆解緩，無三年之恩於其父母，而廢其喪禮，故覬幸一見素冠。"又泛指凶時所戴之冠。《禮記·曲禮下》："大夫、士去國，逾竟，爲壇位，鄉國而哭，素衣、素裳、素冠。"孔穎達疏："素衣、素裳、素冠者，今既離君，故其衣、裳、冠皆素，爲凶飾也。"

厭冠

古代喪禮小功以下所戴之冠。其狀厭伏，故稱。始見於先秦。《禮記·曲禮下》："苞屨、扱衽、厭冠，不入公門。"鄭玄注："此皆凶服也……厭猶伏也。喪冠厭伏。"軍敗失地時公、卿以下亦服之。《禮記·檀弓上》："國亡大縣邑，公、卿、大夫、士皆厭冠，哭於大廟三日。"鄭玄注："軍敗失地，以喪禮歸也。厭冠，今喪冠。"

趙惠文冠

古代侍中、中常侍所戴之冠。即加金璫、飾貂蟬之武冠。相傳戰國時趙武靈王效胡服而製，其子趙惠文王冠之，故稱。秦滅趙，以之賜近臣。漢代，侍中、中常侍服之。《後漢書·輿服志下》："武冠……侍中、中常侍加黃金璫，附蟬爲文，貂尾爲飾，謂之'趙惠文冠'。胡廣說曰：'趙武靈王效胡服，以金璫飾首，前插貂尾，爲貴職。秦滅趙，以其君冠賜近臣。'"

亦稱"惠文冠"。《漢書·武五子傳》:"〔劉賀〕衣短衣大絝,冠惠文冠。"顏師古注引孟康曰:"今侍中所著也。"晉代沿用,亦爲侍中、常侍之冠。《晉書·輿服志》:"武冠……即古之惠文冠。或曰趙惠文王所造,因以爲名。亦云,惠者蟪也,其冠文輕細如蟬翼,故名惠文……侍中、常侍則加金璫,附蟬爲飾,插以貂毛,黃金爲竿,侍中插左,常侍插右。"南北朝、隋、唐因之。《通志·器服略一》:"趙惠文冠,一名武冠……即惠文冠也。宋因之不易。齊因之,侍臣加貂蟬……梁因制遠游平上幘武冠。陳因之不易……隋亦名武弁,武職及侍臣通服之,侍臣加金璫附蟬,以貂爲飾,侍左者左珥,侍右者右珥。天子則金博山,三公以上玉枝,四品以上金枝,文官七品以上眊白筆,八品以下及武官皆不眊筆。"至宋代,演變爲籠巾。

【惠文冠】

即趙惠文冠。此稱始見於漢代。見該文。

【鵔䴊冠】

古代以鵔䴊所飾之武冠。即趙惠文冠。《後漢書·輿服志下》:"武冠……侍中、中常侍加黃金璫,附蟬爲文,貂尾爲飾,謂之'趙惠文冠'。"劉昭注:"又名鵔䴊冠。"鵔䴊,即錦鷄。以之飾冠,相傳始於戰國時趙武靈王。秦漢時爲近臣所戴。《史記·佞幸列傳》:"故孝惠時,郎、侍中皆冠鵔䴊,貝帶,傅脂粉,化閎、籍之屬也。"裴駰集解引《漢書音義》:"鵔䴊,鳥名。以毛羽飾冠,以貝飾帶。"司馬貞索隱引《淮南子》云:"趙武靈王服貝帶、鵔䴊。"又引《漢官儀》云:"秦破趙,以其冠賜侍中。"亦稱"鵔鸃冠"。《淮南子·主術訓》:"趙武靈王貝帶、鵔鸃而朝,趙國化之。"

【鵔鸃冠】

即鵔䴊冠。此稱始見於漢代。見該文。

【貂羽】

以貂羽所飾之冠。即趙惠文冠。此稱漢代已行用。《漢書·武五子傳》:"〔劉旦〕建旌旗鼓車,旄頭先敺,郎中侍從者,著貂羽,黃金附蟬,皆號侍中。"

【貂冕】

飾以貂尾之冠。即趙惠文冠。此稱南北朝時已行用。南朝梁江淹《左記室思咏史》:"金張服貂冕,許史乘華軒。"

【蟬冕】

附蟬爲飾之冠。即趙惠文冠之加貂尾及蟬飾者。此稱始見於晉代。晉張協《咏史》詩:"咄此蟬冕客,君紳宜見書。"注引蔡邕《獨斷》曰:"大尉以下冠惠文,侍中加貂蟬。"南朝齊王儉《太宰褚彥回碑文》:"頻作二守,並加蟬冕。"呂延濟注:"蟬冕,侍中冕也。"

武冠

古代武官所戴之冠。始用於漢代。以黑色漆紗爲料,仿趙惠文冠之制製成。頂圓或橢圓,兩邊有耳垂下,下用絲帶繫結。亦稱"武弁大冠"。《後漢書·輿服志下》:"武冠,一曰武弁大冠,諸武官冠之。"亦稱"繁冠""大冠"。漢蔡邕《獨斷》:"武冠,或曰繁冠,今謂之大冠,武官服之。"湖南長沙馬王堆西漢墓出土之漆紗籠冠,爲此冠初期形制。晉因其制,諸將軍武官所服。亦

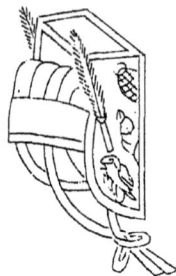

武弁大冠

(宋聶崇義《三禮圖集注》)

稱"武弁""建冠""籠冠"。《晉書‧輿服志》:"武冠,一名武弁,一名大冠,一名繁冠,一名建冠,一名籠冠,即古之惠文冠,或曰趙惠文王所造,因以爲名……左右侍臣及諸將軍武官通服之。"南朝宋、齊沿用不易。梁因製遠游平上幘武冠,陳因之不易。北齊依之,曰武弁,季秋講武、出征、告廟服之。隋代亦曰武弁,武職服之。參閱《隋書‧禮儀志》六、七。唐代沿用,亦曰武弁,武官等服之。《舊唐書‧輿服志》:"武弁、平巾幘,皆武官及門下、中書、殿中、内侍省、天策上將府、諸衞領軍武候監門、領左右太子諸坊諸率及鎮戍流内九品以上服之。其親王府佐九品以上,亦準此。"元明兩代亦用武弁。《續通典‧禮十二》:"武弁。元制,武弁以皮加漆,儀衞之服。明制,皇帝武弁服,親征遣將則服之。其弁制,上銳,色用赤,上十二縫,中綴五采玉,落落如星狀。"

【武弁大冠】

　　即武冠。此稱始見於漢代。見該文。

【繁冠】

　　即武冠。此稱始見於漢代。見該文。

【大冠】

　　即武冠。此稱始見於漢代。見該文。

【武弁】

　　即武冠。此稱始見於晉代。見該文。

【建冠】

　　即武冠。此稱始見於晉代。見該文。

【籠冠】[1]

　　即武冠。此稱始見於晉代。見該文。

進賢冠

　　古代文儒之冠。漢代始見用。承先秦緇布冠遺像而製,以冠梁之數分别貴賤。《後漢書‧輿服志下》:"進賢冠,古緇布冠也,文儒者之服也。前高七寸,後高三寸,長八寸。公侯三梁,中二千石以下至博士兩梁,自博士以下至小史私學弟子,皆一梁。宗室劉氏亦兩梁冠,示加服也。"在山東沂南出土的畫像石、河南滎陽河王村出土的陶倉樓彩繪以及四川成都東鄉青杠坡出土的畫像磚上,都有戴此冠男子形象。晉代承漢之制,進賢冠有五梁、三梁、二梁、一梁之别,人主冠五梁。《晉書‧輿服志》:"進賢冠,古緇布遺象也,斯蓋文儒者之服……有五梁、三梁、二梁、一梁。人主元服,始加緇布,則冠五梁進賢。三公及封郡公、縣公、郡侯、縣侯、鄉亭侯,則冠三梁。卿、大夫、八座尚書、關中内侯、二千石及千石以上,則冠兩梁。中書郎、秘書丞郎、著作郎、尚書丞郎、太子洗馬舍人、六百石以下至於令史、門郎、小史,並冠一梁。"南朝宋、齊、梁、陳及隋唐因晉制。《通典‧禮十七》:"宋因之爲儒冠。齊因之,爲開國公侯下至小吏之服,其以梁數爲降殺則依晉制。梁因之,以爲乘輿宴會之服,則五梁進賢。陳因之,爲文散内外百官所服,以梁數爲高卑,天子所服則五梁。北齊進賢五梁冠不通於下。隋因陳制,内外文官通服之,降殺一如舊法。大唐因之,若親王則加金附蟬爲飾,復依古制緇布冠爲始冠之冠,進賢、緇布二制存焉。"《舊唐書‧輿服志》:"進賢冠,三品以上三梁,五品以上兩梁,九品以上一梁。皆三公、太子三師三少、五等爵、尚書省、秘書省、諸寺監學、太子詹事府、三寺及散官,親王師友、文學、國官,若諸州縣關津岳瀆等流内九品以上服之。"宋代,進賢冠爲品官朝會服時所戴之冠。以漆布爲之,冠額上有鏤金塗銀的額花，冠後有納言，用羅爲冠纓垂而於頷下結之。用玳瑁、犀角做的簪導橫貫於冠中。冠上有銀地塗金的冠梁，梁漸增多。宋初分五梁、三梁、二梁。一品、二品服五梁冠，諸司三品、御史臺四品、兩省五品服三梁冠。其他四品、五品服兩梁冠。至元豐及政和後分爲加貂蟬籠巾七梁、七梁、六梁、五梁、四梁、三梁、二梁七等。第一等，七梁冠加貂蟬籠巾，宰相、親王、使相、三師、三公服之；第二等，七梁冠，樞密使、知樞密院至太子太保服之；第三等，六梁冠，左右僕射至龍圖、天章、寶文閣直學士服之；第四等，五梁冠，左右散騎常侍至殿中、少府、將作監服之；第五等，四梁冠，客省使至諸行郎中服之；第六等，三梁冠，皇城以下諸司使至諸衛率府率服之；第七等，二梁冠，入内、内侍省内東西頭供奉官、殿頭，三班使臣，陪位京官服之。參閱《宋史·輿服志四》。遼代，進賢冠有三梁、二梁、一梁之別。《遼史·儀衛志二》："三品以上進賢冠，三梁，寶飾。五品以上進賢冠，二梁，金飾。九品以上進賢冠，一梁，無飾。"金代進賢冠，大抵同宋代。正一品，貂蟬籠巾，七梁額花冠；正二品，七梁冠；正四品，五梁冠；正五品，四梁冠；正六品至七品，三梁冠。大定二十二年（1182），祫享，攝官、導駕二品冠七梁，三品、四品冠六梁，五品冠五梁，六品冠四梁，七品冠三梁，八品、九品冠二梁。參閱《金史·輿服志中》（按：原書缺正三品）。元代始廢。明代，進賢冠無梁，爲侍儀舍人等之冠。《明史·輿服志三》："〔洪武〕四年，中書省議定，侍儀舍人併御史臺知班，引禮執事，冠進賢冠，無梁。"

五梁冠

進賢冠的一種。有五根橫脊，故稱。始見於漢代。《後漢書·法雄傳》："〔張〕伯路冠五梁冠，佩印綬，黨衆浸盛。"東漢冠制，僅有三梁、二梁、一梁進賢冠，無五梁。伯路爲"海賊"，自稱"將軍"，此"五梁冠"爲私製。晉代，爲皇帝首服。《晉書·輿服志》："人主元服，始加緇布，則冠五梁進賢。"南朝因晉制，五梁冠唯天子服之。宋

五梁冠
（《明宮冠服儀仗圖》）

代初年，五梁冠爲一、二品之冠，元豐、政和年間改制，進賢冠分七等，五梁冠爲第四等，左右散騎常侍至殿中、少府、將作監服之。金代爲正四品之冠，大定年間改爲五品官之冠。元代始廢。參見本卷《首服說·冠考》"進賢冠"文。

三梁冠

進賢冠的一種。有三根橫脊，故稱。始見於漢代，公侯服之。《後漢書·輿服志下》："進賢冠……公侯三梁。"晉因漢制。《晉書·輿服志》："〔進賢冠〕三公及封郡公、縣公、郡侯、縣侯、鄉亭侯，則冠三梁。"南北朝時期，三梁冠仍爲朝服，冠者皆有規定，如陳代，皇太子，開國公、侯、伯、子、男，太宰、太傅、太保、司徒、司空，皆進賢三梁冠。北齊文

三梁冠
（《明宮冠服儀仗圖》）

官三品以上并三梁冠。隋唐用北齊之制。參閱《隋書·禮儀志》六、七及《舊唐書·輿服志》。宋初沿用。後於元豐、政和年間改制，進賢冠分七等，三梁冠爲第六等，皇城以下諸司使至諸衞率府率服之。遼代，三品以上服之。金代，正六品至七品服之。元代始廢。參見本卷《首服説·冠考》"進賢冠"文。參閱《宋史·輿服志四》《遼史·儀衞志二》《金史·輿服志中》。

兩梁冠

進賢冠的一種。有兩根橫脊，故稱。始見於漢代。中二千石以下至博士服之。《後漢書·輿服志下》："〔進賢冠〕中二千石以下至博士兩梁……宗室劉氏亦兩梁冠，示加服也。"晋因漢制，卿、大夫以下，千石以上冠之。《晋書·輿服志》："〔進賢冠〕卿、大夫、八座尚書、關中内侯、二千石及千石以上，則冠兩梁。"南北朝時期，兩梁冠仍爲朝服，冠者皆有規定，如陳朝，縣、鄉、亭、關内、關中及名號侯，關外侯；諸王嗣子；開國公、侯嗣子；光禄、太中、中散大夫；太常、光禄、弘訓太僕、太僕、廷尉、宗正、大鴻臚、大司農、少府、大匠諸卿；丹陽尹；太子保、傅；大長秋；太子詹事；國子祭酒；御史中丞、都水使者；州刺史等皆兩梁冠。北齊，文官四品以上兩梁。隋代，五品以上兩梁。唐代沿用隋制。參閱《隋書·禮儀志》六、七及《舊唐書·輿服志》。宋初沿用唐制。後於元豐、政和年間改制，進賢冠分七等，兩梁冠爲第七等，入内、内侍

兩梁冠
（《明官冠服儀仗圖》）

省内東西頭供奉官、殿頭，三班使臣，陪位京官服之。遼代，五品以上服之。金代，八品、九品服之。元代始廢。參見本卷《首服説·冠考》"進賢冠"文。參閱《宋史·輿服志四》《遼史·儀衞志二》《金史·輿服志中》。

鷸鳥冠

古代知天文者所戴之冠。亦稱"木"。始見於漢代。《淮南子·道應訓》："於是乃去其瞀而戴之木，解其劍而帶之笏。"漢高誘注："瞀，被髮也；木，鷸鳥冠也。知天文者冠鷸。"

【木】

即鷸鳥冠。此稱始見於漢代。見該文。

方山冠

古代祭祀宗廟時表演樂舞者所戴之冠。始見於漢代。形似進賢冠，以青、赤、皂、白、黃等五彩縠爲之。《後漢書·輿服志下》："方山冠，似進賢，以五采縠爲之。祠宗廟，《大予》《八佾》《四時》《五行》樂人服之，冠衣各如其行方之色而舞焉。"晋因之。參閱《晋書·輿服志》。

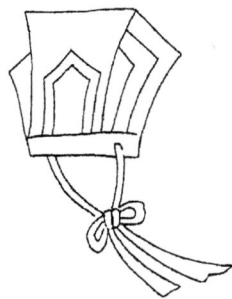

方山冠
（宋聶崇義《三禮圖集注》）

巧士冠

古代皇帝祭天時侍從所戴之禮冠。形似高山冠。《後漢書·輿服志下》："巧士冠，〔前〕高七寸，要後相通，直

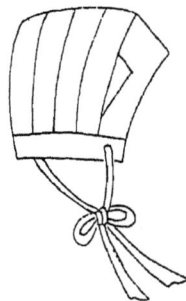

巧士冠
（宋聶崇義《三禮圖集注》）

竪。不常服，唯郊天，黃門從官四人冠之。在鹵簿中，次乘輿車前，以備宦者四星云。"晋從其制，此後無聞。《通志·器服略一》："巧士冠，漢制，高七寸，要後相通，直植［竪］似高山冠……晋因之。自後無聞。"

却非冠

古代宮殿門吏僕射所戴之冠。形似長冠，上寬下促，冠下垂有纓蕤。始見於漢代。《後漢書·輿服志下》："却非冠，制似長冠，下促。宮殿門吏、（宋聶崇義《三禮圖集注》）僕射冠之。"晋代沿用。《晋書·輿服志》："却非冠，高五寸，制似長冠。宮殿門吏、僕射冠之。"南朝、隋、唐依其制。《通志·器服略一》："却非冠，漢制，似長冠，皆縮垂五寸，有纓蕤。宮殿門吏、僕射等冠之。梁《北郊圖》，執事者縮纓蕤。隋依之，門者禁防伺，非服也。唐因之，亭長、門僕服之。"宋代不用。遂廢。

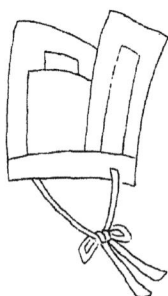

却非冠

却敵冠

古代衛士所戴之冠。制似進賢冠。始見於漢代。《後漢書·輿服志下》："却敵冠，前高四寸，通長四寸，後高三寸，制似進賢，衛士服之。"晋代沿襲漢制，陳依之，餘不用。《通志·器服略一》："却敵冠，晋［漢］制，前高四寸，通長四寸，後高三寸，似進賢冠，凡當殿門衛士服之。陳依之。餘並非。"

樊噲冠

本爲漢將樊噲在鴻門宴上裂裳包楯所製之冠，其形似冕，後人以樊忠勇，仿其形制爲冠，殿門司馬衛士服之。《後漢書·輿服志下》："樊噲冠，漢將樊噲造次所冠，以入項羽軍。廣九寸，高七寸，前後出各四寸，制似冕。"（宋聶崇義《三禮圖集注》）司馬殿門大難衛士服之。或曰，樊噲常持鐵楯，聞項羽有意殺漢王，噲裂裳以裹楯，冠之入軍門，立漢王旁，視項羽。"晋因漢制。《晋書·輿服志》："樊噲冠，廣九寸，高七寸，前後出各四寸，制似平冕。昔楚漢會於鴻門，項籍圖危高祖，樊噲常持鐵楯，聞急，乃裂裳包楯，戴以爲冠，排入羽營，因數羽罪，漢王乘間得出。後人壯其意，乃制冠象焉。凡殿門司馬衛士服之。"南朝宋、齊、陳不易其制，餘并無聞。參閱《通典·禮十七》《通志·器服略一》。

樊噲冠

髦頭

本指披髮的前驅騎士，因仿而製冠，以示英勇。爲帝王儀仗中前驅者之冠。始見於秦代，漢、魏、晋因襲之。《北堂書鈔》卷一三〇引南朝宋徐爰《釋疑略注》："乘輿黃麾內羽林班弓箭，左罼右罕，執罼罕者冠熊皮冠，謂之髦頭。"

交讓冠

漢代一種冠。其制不詳。《後漢書·馬援傳》："〔公孫〕述盛陳陛衛，以延援入，交拜禮畢，使出就館，更爲援制都布單衣、交讓冠，會百官於宗廟中，立舊交之位。"

漆紗籠冠

古代於平上幘之上加戴籠巾的冠。其制，平頂，兩邊有耳垂下，護住臉頰，似圓彩套子。

戴時必須罩於冠幘之外，下用絲帶繫縛。始見於漢代，流行於魏、晋、南北朝時期，男女皆可服用。在河南洛陽出土的漢畫像磚墓彩繪武衛、山東沂南漢墓石刻武士等形象，都戴有此冠。長沙馬王堆西漢墓出土的漆奩中發現實物一具，惟頂部略呈圓形，與魏、晋、南北朝的形制有異。因以黑漆細紗製成，故稱“漆紗籠冠”。省稱“籠冠”。參閱周汛、高春明《中國歷代服飾·魏晋南北朝》。唐代，文吏亦戴之。陝西乾縣唐代章懷太子李賢墓壁畫上之文吏，即戴此冠。

【籠冠】[2]

即漆紗籠冠。此稱始見於漢代。見該文。

鹿皮冠

古代鹿皮所製之冠。漢代始見。《後漢書·楊震傳》：“令彪著布單衣、鹿皮冠，杖而入，待之以賓客之禮。”後代沿襲不衰，多爲文官家居或士子所戴，直至宋代猶有戴者。亦稱“鹿皮帽”，省稱“鹿冠”。《宋書·何尚之傳》：“尚之在家常著鹿皮帽，及拜開府，天子臨軒，百僚陪位，沈慶之於殿廷戲之曰：‘今日何不著鹿皮冠？’”唐皮日休《臨頓爲吳中偏勝之地陸魯望居之不出郭郭曠若郊墅余每相訪款然惜去因成五言十首奉題屋壁》詩：“玄想凝鶴扇，清齋拂鹿冠。”宋米芾《畫史》：“士子國初皆頂鹿皮冠，弁遺制也。更無頭巾掠子，必帶篦，所以裹帽，則必用篦子約髮。”

【鹿皮帽】

即鹿皮冠。此稱始見於南北朝時期。見該文。

【鹿冠】

“鹿皮冠”之省稱。此稱始見於唐代。見

該文。

獺皮冠

古代以獺皮製成之冠。始見於漢代西南少數民族地區。《後漢書·南蠻西南夷傳》：“有邑君長，皆賜印綬，冠用獺皮。”南北朝時亦見。《梁書·陳伯之傳》：“年十三四，好著獺皮冠，帶刺刀。”

貂蟬冠

古代以貂尾與蟬所飾之冠。由進賢冠經兩晋、南北朝演變而成。亦稱“蟬冠”。唐錢起《中書王舍人輞川舊居》詩：“一從解蕙帶，三入偶蟬冠。”織藤漆之，正方形，飾以蟬、貂尾，加於進賢冠之上，爲達官顯貴所戴。亦稱“籠巾”。《宋史·輿服志四》：“貂蟬冠，一名籠巾，織藤漆之，形正方，如平巾幘。飾以銀，前有銀花，上綴玳瑁蟬，左右爲三小蟬，銜玉鼻，左插貂尾。三公、親王侍祠大朝會，則加於進賢冠而服之。”明代，文武官朝服俱用梁冠，以冠上梁數爲差區別品級。籠巾、貂蟬爲公、侯、伯等之冠飾。公冠八梁，加貂蟬籠巾，前後玉蟬；侯七梁，籠巾貂蟬，前後金蟬；伯七梁，籠巾貂蟬，前後玳瑁蟬。俱插雉尾。參閱《明史·輿服志三》。

籠巾（群臣服·加籠巾）
（明王圻等《三才圖會》）

【蟬冠】

即貂蟬冠。此稱始見於唐代。見該文。

【籠巾】

即貂蟬冠。此稱始見於宋代。見該文。

女　冠

冠子

　　古代婦女所戴的一種花飾之冠。相傳秦始皇時妃嬪宮人所戴，隋代沿用。五代馬縞《中華古今注·冠子》：“冠子者，秦始皇之制也，令三妃九嬪當暑戴芙蓉冠子，以碧羅爲之……令宮人當暑戴黃羅髻蟬冠子……至隋煬帝於江都宮水精殿令宮人戴通天百葉冠子。”後世亦見。五代和凝《臨江仙》詞之二：“碧羅冠子穩犀簪，鳳皇雙颭步摇金。”宋孟元老《東京夢華錄·駕回儀衛》：“妓女舊日多乘驢，宣政間惟乘馬，披凉衫，將蓋頭背繫冠子上。少年狎客往往隨後，亦跨馬。”

步摇冠

　　古代以步摇所飾之冠。步摇是一種婦女首飾，以金銀絲編爲花枝，上綴珠寶花飾，并有五彩珠玉垂下，使用時插於髮際，隨着行走時步履的顫動，下垂的珠玉便不停地摇曳。《釋名·釋首飾》：“步摇，上有垂珠，步則摇動也。”以步摇所飾之冠始見於漢代。《漢書·江充傳》：“充衣紗縠禪衣，曲裾後垂交輸，冠禪纚步摇冠，飛翮之纓。”魏晋時期，燕、代地區多見。《晋書·慕容廆載記》：“曾祖莫護跋，魏初率其諸部入居遼西……時燕、代多冠步摇冠，莫護跋見而好之，乃斂髮襲冠。”唐代，步摇冠尤爲盛行，形制日趨精美，主要爲貴族婦女所戴，後亦流行於民間。對此，唐詩中有大量描繪，如白居易《長恨歌》詩：“雲鬢花顏金步摇，芙蓉帳暖度春宵。”

鳳冠

　　古代皇后或貴族婦女所戴飾有鳳凰之禮冠。貴族婦女參加祭祀時，以鳳凰飾首。始見於漢代。《後漢書·輿服志下》：“太皇太后、皇太后入廟服……上爲鳳皇爵，以翡翠爲毛羽，下有白珠，垂黃金鑷。”漢代以後，以鳳凰飾首的現象十分普遍。晋代，已出現將鳳凰繪刻在冠飾上的情況。“鳳冠”一詞也正式出現。貴族婦女亦服之。如石崇的愛婢亦以金爲鳳冠之釵。晋王嘉《拾遺記·晋時事》：“石季倫……使〔愛婢〕翔風調玉以付工人，爲倒龍之佩；紫金爲鳳冠之釵。”但這些鳳冠并非真正的禮服。至宋代，始將鳳冠正式確定爲禮服。后妃在受册、朝謁景靈宮等最隆重的場合，都戴鳳冠，冠上飾有九翬四鳳，另有首飾花九株，小花若干株，冠下附兩博鬢。至南宋，冠上增加了龍的形象，稱“龍鳳花釵冠”。參閱《宋史·輿服志三》。這種鳳冠形象，可參見故宮南薰殿舊藏《歷代帝后像》。冠呈圓筒狀，上面除綴有龍鳳外，四周還飾有各色珠翠。明代沿用，后妃在接受册封、參加祭祀或重大朝會時，亦戴鳳冠，且更加考究。《明史·輿服志二》：“皇后冠服。洪武三年定，受册、謁廟、朝會，服禮服。其冠，圓匡，冒以翡翠，上飾九龍四鳳，大花十二樹，小花數如之。兩博鬢，十二鈿……永樂三年定制，其冠飾翠龍九，金鳳四，中一龍銜大珠一，上有翠蓋，下垂珠結，餘皆口銜珠滴，珠翠雲四十片，大珠花、小珠花數如舊。

鳳冠（九龍四鳳冠圖）
（明李東陽等《大明會典》）

三博鬢，飾以金龍、翠雲，皆垂珠滴。翠口圈一副，上飾珠寶鈿花十二，翠鈿如其數。托裏金口圈一副。珠翠面花五事。珠排環一對。皂羅額子一，描金龍文，用珠二十一。"其形象亦參見南薰殿舊藏《歷代帝后像》。亦有實物出土。北京十三陵定陵地下宮殿博物館，陳列有明萬曆皇帝原配孝端皇后、光宗生母孝靖皇后之鳳冠，上有雕鑄的金質龍鳳，一爲十二龍九鳳，一爲六龍三鳳，每冠還飾有寶石一百多枚，珍珠五千多顆。明代妃嬪跟隨帝后參加祭祀或朝會，亦戴鳳冠。其形制與皇后鳳冠略有不同，除去冠上金龍，代以九隻翠鳥。皇妃常服之冠爲鸞鳳冠、九翟冠。皇太子妃亦用九翬四鳳冠。其他如親王妃、公主及九品以上夫人之冠各有等差。此外，命婦所戴彩冠，上不綴龍鳳，僅綴珠翠、花釵，亦稱鳳冠。參閱《明史·輿服志二》。明代皇妃所戴鳳冠，在江西南城明益宣王朱翊鈏妃孫氏墓、湖北圻春荆端王朱厚烇妃劉氏墓以及北京西郊董四墓村明熹宗妃張氏墓都有實物出土。清代無鳳冠之名，然皇后、妃、嬪參加慶典所戴朝冠，實際亦是鳳冠。如皇后朝冠，冬用薰貂，夏用青絨，上綴朱緯。頂三層，貫東珠各一，皆承以金鳳。在朱緯上周綴金鳳七隻，另飾有東珠、猫睛石和珍珠，今有實物傳世。參閱《清史稿·輿服志二》。

九龍四鳳冠

明代皇后禮冠。受冊、謁廟、朝會服之。其制，圓框，冒以翠，上飾九龍四鳳。參見本卷《首服説·冠考》"鳳冠"文。參閱《明

九龍四鳳冠
（明李東陽等《大明會典》）

史·輿服志二》。

雙鳳翊龍冠

明代皇后常服之冠。《明史·輿服志二》："皇后常服。洪武三年定，雙鳳翊龍冠，首飾、釧鐲用金玉、珠寶、翡翠。"

雙鳳翊龍冠
（《明官冠服儀仗圖》）

龍鳳珠翠冠

明代皇后常服之冠。《明史·輿服志二》："皇后常服……〔洪武〕四年更定，龍鳳珠翠冠，真紅大袖衣霞帔，紅羅長裙，紅褙子。冠制如特髻，上加龍鳳飾……永樂三年更定，冠用皂縠，附以翠博山，上飾金龍一，翊以珠。翠鳳二，皆口銜珠滴。前後珠牡丹二，花八蕊，翠葉三十六。珠翠穰花鬢二，珠翠雲二十一，翠口圈一。金寶鈿花九，飾以珠。金鳳二，口銜珠結。三博鬢，飾以鸞鳳。金寶鈿二十四，邊垂珠滴。金簪二。珊瑚鳳冠觜一副。"

九翬四鳳冠

明代皇妃禮冠。受冊、助祭、朝會服之。《明史·輿服志二》："皇妃、皇嬪及内命婦冠服。洪武三年定，皇妃受冊、助祭、朝會禮服。冠飾九翬、四鳳，花釵九樹，小花數如之。兩博鬢，九鈿。"皇太子妃、親王妃同。

九翬四鳳冠
（《明官冠服儀仗圖》）

鸞鳳冠

明代皇妃常服之冠。《明史·輿服志二》："皇妃、皇嬪及内命婦冠服。洪武三年定……常服，

鸞鳳冠。"皇太子妃同。

九翟冠

明代皇妃禮冠。《明
史·輿服志二》："永樂
三年更定,〔皇妃〕禮
服,九翟冠二,以皂縠
爲之,附以翠博山,飾
大珠翟二,小珠翟三,
翠翟四,皆口銜珠滴。

九翟冠
(《明宮冠服儀仗圖》)

冠中寶珠一座,翠頂雲一座,其珠牡丹、翠穰
花鬢之屬,俱如雙鳳翊龍冠制,第減翠雲十。"
九嬪亦服之。《明史·輿服志二》："九嬪冠服。
嘉靖十年始定,冠用九翟,次皇妃之鳳。"親王
妃亦服之。

珠翠慶雲冠

明代貴人鳳冠。《明史·輿服志二》:"內
命婦冠服。洪武五年定,三品以上花釵、翟
衣……貴人視三品,以皇妃燕居冠及大衫、霞
帔爲禮服,以珠翠慶雲冠、鞠衣、褙子、緣襈
襖裙爲常服。"

花冠

用花裝飾之女冠。始見於唐代。唐張說
《蘇摩遮》:"綉裝帕額寶花冠,夷歌騎舞借人
看。"唐白居易《長恨歌》詩:"雲鬢半偏新睡
覺,花冠不整下堂來。"五代時期沿襲之,至宋
代廣爲流行。花冠用材,有羅絹通草,亦有金
玉玳瑁。所製之花,有桃、杏、荷、菊、梅等,
或綴合四季之花於一冠,名曰"一年景"。婦女
喜戴。宋陸游《老學庵筆記》卷二:"靖康初,
京師織帛及婦人首飾衣服,皆備四時。如節物
則春旛、燈毬、競渡、艾虎、雲月之類;花則
桃、杏、荷花、菊花、梅花,皆併爲一景,謂

之'一年景'。"宋孟元老《東京夢華錄·宰執
親王宗室百官入內上壽》:"女童皆選兩軍妙齡
容艷過人者四百餘人,或戴花冠,或仙人髻,
鴉霞之服。"在南薰殿舊藏《歷代帝后像》中有
戴花冠之形象。

玉葉冠

唐高宗武后女太平公主特製的以玉葉所飾
之冠。唐鄭處誨《明皇雜錄》卷下:"太平公主
玉葉冠,虢國夫人夜光枕,楊國忠鎮子帳,皆
稀世之寶,不能計其直。"唐李群玉《玉真觀》
詩:"高情帝女慕乘鸞,紺髮初簪玉葉冠。"自
注:"公主玉葉冠,時人莫計其價。"

鹿胎冠

宋代女冠。以鹿胎製成,故名。上有紅色斑
點。《宋史·五行志三》:"〔紹興〕二十三年,士
庶家競以胎鹿皮製婦人冠,山民采捕胎鹿無遺。"

雲月冠

宋代女冠。通常爲太后、皇后所戴。宋李
廌《師友談記》:"太妃暨中宮皆鏤金雲月冠,
前後亦白玉龍簪,而飾以北珠。"

團冠

宋代一種女冠。編竹爲團,塗之以綠,漸
變而以角爲之。宋王得臣《麈史·禮儀》:"婦人
衣服塗飾……今略記其首冠之制,用以黃塗白,
或鹿胎之革,或玳瑁,或綴綵羅爲攢雲五岳之
類。既禁用鹿胎、玳瑁,乃爲白角者,又點角
爲假玳瑁之形者,然猶出四角而長矣。後至長
二三尺許,而登車檐,皆側首而入。俄又編竹
而爲團者,塗之以綠,浸變而以角爲之,謂之
團冠……習尚之盛,在於皇祐、至和之間。"河
南禹州白沙宋墓壁畫有此冠式。

嚲肩

古代一種女冠。漢代已見類似飾物，宋代始見此稱，或以爲由團冠演變而成。宋王得臣《麈史·禮儀》："俄又編竹而爲團者。塗之以緑，浸變而以角爲之，謂之團冠。復以長者屈四角，而下至於肩，謂之嚲肩。……又以嚲肩直其角而短，謂之短冠。"嚲通嚲，故"嚲肩"亦作"嚲肩"。在宋佚名《宣和遺事》中描寫宋徽宗所戀妓女李師師的頭飾，就有"嚲肩高髻垂雲碧"句。嚲，垂也。故亦稱"垂肩冠"。垂肩即與肩齊，故亦稱"等肩冠"。當時的角冠，亦同。宋沈括《夢溪筆談·器用》："濟州金鄉縣發一古冢，乃漢大司徒朱鮪墓……婦人亦有如今垂肩冠者，如近年所服角冠，兩翼抱面，下垂及肩，略無小異。"周錫保《中國古代服飾史》第九章《宋代服飾》云："《夢溪筆談》中記婦人戴垂肩冠，即等肩冠，其冠象當時的角冠，作兩翼抱面，下垂及肩，也即是上面所説的嚲肩冠。"亦稱"内樣冠"。宋周煇《清波雜志》卷八："皇祐初，詔婦女所服冠，高毋得過七尺。廣毋得逾一尺，梳毋得逾尺，以角爲之。先是宮中尚白角冠，人爭效之，號内樣冠，名垂肩、等肩，至有長三尺者，登車檐皆側首而入。梳長亦逾尺。議者以爲服妖，乃禁止之。"

【嚲肩】

同"嚲肩"。此體始見於宋代。見該文。

【垂肩冠】

即嚲肩。此稱始見於宋代。見該文。

【等肩冠】

即嚲肩。此稱始見於宋代。見該文。

【短冠】

嚲肩之角直而短者。此稱始見於宋代。見該文。

該文。

【角冠】[2]

即嚲肩。此稱始見於宋代。見該文。

【内樣冠】

即嚲肩。此稱始見於宋代。見該文。

顧姑

宋、元、明時期蒙古族貴族婦女所戴之禮冠。"顧姑"是蒙古語的漢語音譯。其特徵是於圓形冠上直竪一上廣下狹飾物，外飾以珠寶，高二尺左右，亦有高四五尺者。通常以鐵絲或樺木爲骨架，外以皮、紙、絨、絹等裱糊，其上再用柳條或金屬打成枝，包以青氈，再用金箔珠花爲飾。宋孟珙《蒙韃備録·婦女》："凡諸酋之妻，則有顧姑冠，用鐵絲結成，形如竹夫人。長三尺許，用紅青錦綉或珠金飾之。其上又有杖一枝，用紅青絨飾之。"亦作"故姑"。宋彭大雅《黑韃事略》："故姑之製，用畫[樺]木爲骨，包以紅絹金帛，頂之上用四五尺長柳枝或銀打成枝，包以青氈。其向上人，則用我朝翠花或五采帛飾之，令其飛動；以下人則用野雞毛。"亦作"姑姑"。或以爲係唐金步摇冠之遺制。元末葉子奇《草木子·雜制》："元朝后妃及大臣之正室，皆戴姑姑，衣大袍。其次即戴皮帽。姑姑高圓二尺許，用紅色羅，蓋唐金步摇冠之遺制也。"亦作"罟姑"。宋俞琰《席上腐談》卷上："嚮見官妓舞柘枝，戴一紅物，體長而頭尖，儼如角形，想即是今罟姑也。"亦作"罟罟"。《元宮詞》："騎來駿馬響金鈴，蘇合薫衣透體馨。罟罟珠冠高尺五，暖風輕裊鷫鸘翎。"亦作"故故"。元李志常《長春真人西游記》卷上："婦人冠以樺皮，高二尺許，往往以皂褐籠之，富者以紅絹，其末如鵝鴨，名曰

'故故'，大忌人觸，出入盧帳須低回。"亦作
"固姑"。元聶守真《咏胡婦》詩："江南有眼何
曾見，爭捲珠簾看固姑。"北京故宮博物院藏
《歷代帝后像》之元代皇后畫像即戴此冠。甘肅
敦煌莫高窟和安西榆林窟等元代壁畫，亦有戴
顧姑冠的蒙古貴族婦女形象。

【故姑】

同"顧姑"。此體始見於宋代。見該文。

【姑姑】

同"顧姑"。此體始見於元代。見該文。

【罟姑】

同"顧姑"。此體始見於宋代。見該文。

【罟罟】

同"顧姑"。此體始見於元代。見該文。

【故故】

同"顧姑"。此體始見於元代。見該文。

【固姑】

同"顧姑"。此體始見於元代。見該文。

九龍冠

元代婦女禮冠。帽爲金色，上綴大絨球一
隻和大小珠子數十個，後有朝天翅兩根。周圍
飾九條龍，故名。《元史·禮樂志五》："次婦女
一人，冠九龍冠，服綉紅袍。"後演變爲戲劇舞
臺上帝王所用的盔帽。

隱者冠

雲冕

古代隱者之冠。晋代始見。晋陸機《幽人
賦》："彈雲冕以辭世，披霄褐而延佇。"

露冕

古代隱者之冠。晋代始見。《晋書·溫嶠郗
鑒傳論》："露冕爲飾，援高人以同志，抑惟大
隱者歟？"唐代亦多見。唐李嘉祐《送盧員外
往饒州》詩："露冕隨龍節，停橈得水人。"唐
劉長卿《和樊使君登潤州城樓》詩："山城迢遞
敞高樓，露冕吹饒居上頭。"

鐵冠

本爲古代御史所戴法冠。因以鐵爲柱，故
名。《後漢書·方術傳上·高獲》："獲冠鐵冠，帶
鈇鑕，詣闕請歙。"唐岑參《送魏升卿擢第歸東
都》詩："將軍金印韈紫綬，御史鐵冠重綉衣。"
後爲隱者之冠。《宋史·雷德驤傳》："簡夫始起
隱者，出入乘牛，冠鐵冠，自號'山長'……
既仕自奉驕侈，驂御服飾，頓忘其舊，里閭指
笑之曰：'牛及鐵冠安在？'"

道士冠

道冠

道士所戴之冠。其制小，僅用簪扣於髻上。
《三才圖會·衣服》："道冠，其制小，僅可撮其
髻，有一簪中貫之。此與雷巾皆道流服也。"古
代道士戴之。宋洪邁
《夷堅志補·程朝散捕
盜》："三人正面而坐，
羽服道冠。"

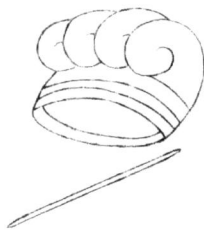

道　冠
（［日］中川忠英《清
俗紀聞》）

角冠[1]

道士戴的一種冠。唐代始見。參見本書《宗教卷·道具説·用物考》"角冠"文。

星冠

古代道士之冠。以其上鑲有星宿圖像，故稱。唐朝已經多見。唐包佶《宿廬山贈白鶴觀劉尊師》詩："漸恨流年筋力少，惟思露冕事星冠。"唐戴叔倫《漢宮人入道》詩："蕭蕭白髮出宮門，羽服星冠道意存。"

熊鬚冠

古代道士之冠。唐代已見。唐張籍《送吳鍊師歸王屋》詩："獨戴熊鬚冠暫出，唯將鶴尾扇同行。"

霞冠

道士所戴金色之冠。唐代已見。唐孟郊《同李益崔放送王鍊師還樓觀兼爲群公先營山居》詩："霞冠遺彩翠，月帔上空虛。"元明亦見此稱。元朱德潤《石民瞻山圖》詩："采芝者誰子，霞冠赤霜袍。手持長年書，邀我同游遨。"明葉憲祖《鸞鎞記·秉操》："你看他霞冠鶴氅，風度翩翾。"

七星冠

古代道士作法時所戴之冠。以其上有北斗七星圖案，故稱。古代道士認爲，北斗七星有建四時、均五行、移節度、掌人命籍的神秘作用，故畫之於冠，以行召神驅鬼之法術。宋代已見。宋佚名《新編宣和遺事》前集："忽值一人，松形鶴體，頭頂七星冠，脚著雲根履，身披綠羅襴，手持著寶劍，迎頭而來。"《紅樓夢》第一〇二回："法師們俱戴上七星冠，披上九宮八卦的法衣。"

第三節　巾、幘考

巾和幘是古代區別於冠的男子首服，是平民、卑賤者裹髮用的布帛。古代禮制，男子二十歲行冠禮，貴族男子戴冠，庶人、卑賤者不得戴冠，祇能戴巾或幘。

巾和幘皆出現於春秋、戰國時期。巾本是庶人束於腰間用以拭汗或擦物的布帛。上有繫帶，即所謂佩巾，後着之於頭，其形如帨，橫着額上。幘與巾不同，幘窄而短，僅用於束髮，使髮不致散落，其前面覆額略高，後面略低，中間露髮，即所謂韜髮之巾，可單着之，亦可在上面加冠。戰國之時，巾和幘已成爲武士和平民的主要首服。秦雄諸侯，乃加其武將首飾爲絳袙，以表貴賤。絳袙即深紅色頭巾。秦兼并六國以後，下令"更名民曰黔首"，説明戰國時平民普遍着黑色頭巾。出土的戰國木俑所戴者也有些像幘類。

漢代，巾和幘仍是平民的主要首服。用巾，大抵以幅布三尺裹頭，故稱幅巾。着時，幞髮嚮後，以二角繫於腦後垂之，另二角反折頭上，繫之附頂，故又稱"折上巾"，其形制與今陝北農民以羊肚手巾包頭相似。至漢末，貴賤通服。如張角領導的農民起義軍頭裹黃巾，又如袁紹、孔融、郭泰、鄭玄等士大夫都以幅巾爲尚。幘之形制在漢代亦多有演變。最初衹是在前面稍作顏題，幘式不高。後乃增其顏題并加巾連額題覆之。其後又增高其顏題，續之爲耳，崇其巾爲屋。文者長耳，謂之介幘，武者短耳，謂之平上幘。（見宋徐天麟《東漢會要》）據東漢蔡邕《獨斷》，幘爲卑賤執事不冠者所服，漢元帝額有壯髮，不欲使人見，始進幘服之，群臣皆隨焉。又王莽頭禿，又將幘屋上加巾而戴之。此時之幘，大抵可將整個頭部覆冒，巾幘合一，遂成爲流行常服，朝野共服之。漢代，幘又以色別之，卑賤者戴綠幘。群吏春服青幘，立夏乃止。武吏常服赤幘。還有齋用紺幘、耕用青幘、獵用緗幘以及黑幘等。（見《後漢書·輿服志下》及劉昭注）

　　魏、晋、南北朝時期，士人沿襲漢末之風，頭巾甚爲流行。不僅家居戴之，也於其他場合使用。蜀漢丞相諸葛亮頭戴綸巾指揮三軍，傳爲佳話。綸巾以較粗的絲帶編織而成，質地厚實，適宜保暖。婦女亦戴綸巾，十六國時趙國國君石虎的皇后，外出時由一千多名女從騎馬護衛，皆頭裹綸巾。在春夏季節，則多戴縑巾、葛巾。縑巾以細密的絲絹製成，質地柔軟而輕薄；葛巾則以葛藤皮爲原料加工而成，質地硬挺而透氣。相傳東晋名士陶淵明隱居山林，常戴一頂葛巾，有時還以之漉酒，故有“漉酒巾”之稱。當時還流行角巾，即叠製成棱角的頭巾。相傳東漢名士郭林宗外出遇雨，頭巾折一角，儒士爭慕效之，稱“林宗巾”。至北周，始將方形頭巾裁出四腳，用時，兩腳繫縛於頭頂，另外兩腳則垂於顱後，稱“折上巾”，即幞頭。隋唐時期，成爲男子主要首服，至宋代發展爲一種官帽。

　　漢以後，幘之使用歷代相沿。晋用漢制，幘以色別之。東晋哀帝從博士曹洪等議，立秋御讀月令改用素幘。南朝宋用黑幘，騎士、鼓吹、武官服之。其救日蝕，文武官皆免冠着赤幘。齊用黑幘，拜陵所服。梁以黑介幘爲朝服，元正朝賀畢，還儲更出所服，未加元服，則空頂幘。陳因之，諸軍司馬服平巾幘，長吏介幘，黃鉞郎朝服，赤介幘，簪筆。隋代沿用，天子田獵御戎、文官出游田里、武官自一品以下至九品，并流外吏等，上下通服黑介幘、平巾黑幘，又製綠幘，庖人服之。其平巾黑幘之制，玉枝金花飾，犀簪導，紫羅褶，其御五輅人，隨其車色。唐因其制，製乘輿空頂黑介幘，雙玉導，加寶飾，祭還及冬至朔日受朝、臨軒拜王公則服之；黑介幘，拜陵則服之；平巾幘，金寶飾，導簪冠支皆以玉，乘馬則服之。皇太子平巾幘，乘馬則服之。空頂介幘，雙玉導，加寶飾，謁廟還宮、元日冬至朔日入朝、釋奠，則服之。冠幘，五品以上陪祭服之。（見《通志·器服略一》）

　　宋因唐制，折上巾爲天子常服，皇太子亦服之。遼國皇帝及臣下亦用，并以紫皂幅巾爲皇帝國服。四帶巾，金國服，以皂羅或紗爲之，上結方頂，折垂於後頂之下際，兩角各綴方羅，徑二寸許，方羅之下各附帶，長六至七寸，當橫額之上。（見《續通志·器服略二》）宋元時期，文人雅士仍崇尚裹頭巾，如東坡巾、山谷巾、雲巾、軟巾、唐巾、仙桃巾、雙桃巾、葛巾、華陽巾、錯摺樣等。這些名稱，或以某一士大夫命名，或以一文學名人命名，或以其質料命名，或以其樣式命名。一般士人又有裹結帶巾的。不同身份的人，常戴不同的頭巾，正如宋人吳自牧在《夢粱録》中所説："士農工商、諸行百户衣巾裝著，皆有等差……街市買賣人，各有服色頭巾，各可辨認是何名目人。"

　　明代，皇帝常服爲烏折角向上巾（後改名翼善冠）。皇太子亦服之。明初，經明太祖朱元璋欽定而頒行全國的，是不分尊卑貴賤皆可服用的網巾。網巾是男子用於束髮的網罩，通常以黑色絲繩、馬尾或棕絲等編成，平常家居可露於外面，爲官者可在上加戴官帽。這種網巾一直流行到明朝滅亡。明初還推行方巾，太祖曾將元末士人楊維楨所戴的四方平定巾頒式天下，并規定爲儒士、生員及監生等文人的專用頭巾。除官定之外，明代男子所戴頭巾名目甚多，款式有三四十種。如儒巾、漢巾、軟巾、吏巾、二儀巾、平頂巾、四角方巾、平巾、萬字巾、番子巾、披雲巾、玉臺巾、飄飄巾、包角巾、縑巾等。嘉靖以後，又有金綫巾、高士巾、素方巾、褊巾、方包巾、和靖巾、諸葛巾、凌雲巾、華陽巾等。至萬曆初，又有樂天巾、晉巾。其他尚有玉壺巾、明道巾、折角巾、東坡巾、陽明巾、程子巾等。或某一類人所服，或某一地區流行，或慕古人而稱之，或自裁而名之。幘在宋代衹施之於樂工、儀衛。或曰，明代的網巾由幘演變而來。參閲周錫保《中國古代服飾史》第九章、第十三章。

　　清代，剃髮垂辮，不戴巾。近代，男子剪掉辮子，皆作短髮，亦不用巾。傳統的頭巾幾廢。但從民間來看，頭巾一直是部分地區農民的首服，直至今日，華北地區、陝北一帶農民仍有裹頭巾的習俗。華北地區的農民是將一條毛巾蒙在頭上，上面兩角在頭後繫緊，下面兩角自然下垂。而陝北一帶的農民是將一條毛巾蒙在頭上，并在額上打結，在很多有關的繪畫和影視作品中皆可見到這種裹頭巾的男子形象。

　　在我國許多少數民族中，男子或女子多有戴頭巾的風俗。如西南地區彝、納西、普米、白、傣、壯、瑤、苗、拉祜、布朗、佤、德昂、基諾、哈尼、布依、水、獨龍、景頗、黎、回、傈僳等民族皆喜用土布、毛巾等包頭。其式樣，各民族及不同支系各不相同，大致有以下幾種：一是纏繞式。即用整幅布匹、毛巾、布條或毛綫纏繞於頭頂，長尺餘，乃至數丈。纏法又有順纏、交纏。雲南水族婦女以青布摺成條，於頭上順纏十數圈，唯右邊垂下一縷，苗、傈僳族亦有此式。彝、德昂、傈僳、哈尼、納西、佤等族包頭用交纏式，交錯起伏很有韵味。二是披搭式。頂披於前於上者有圭山彝族、大理白族等；披垂於後者有雲南回族、傈僳族等；前頂後披者有石屏、凉山彝族等。還有一些其他披搭法。三是纏裹披搭式。如貴州水族，先以長條青布包頭，再用白毛巾橫搭於腦上，某些彝族亦見。又如苗、瑶等族，是包頭之後，再於頂上直搭一布。還有的民族將巾帕與冠帽混戴。（見鄧啓耀《民族服飾：一種文化符號——中國西南少數民族服飾文化研究》，載《中國民族文化專題研究叢書》，云南出版社 1991 年版）一些西北的少數民族，如回、哈薩克、塔吉克、塔塔爾等族，其婦女亦喜戴頭巾。

額　巾

巾

古代男子首服之一種。以布帛製成，橫著額上。春秋、戰國已見。庶人本用以拭汗或拭物，後用以束髮裹頭。古代禮制，貴族男子二十歲舉行冠禮，士以上戴冠，庶人則戴巾以別。一般平民常以黑色頭巾包頭，故被稱爲“黔首”。《釋名·釋首飾》：“巾，謹也。二十成人，士冠，庶人巾，當自謹修四教也。”《急就篇》卷二“巾”顏師古注：“巾者，一幅之巾，所以裹頭也。”《玉篇·巾部》：“巾，几銀切，佩巾也。本以拭物，後人著之於頭。”戰國時爲庶人首服。兵士多用青布裹頭，故稱“蒼頭”，《戰國策·魏策》中有“蒼頭二十萬”之說。秦代武將戴深紅色頭巾，稱“絳袙”。巾於漢代仍爲平民首服，武士亦多服之。至漢末，貴族士大夫亦有以裹幅巾爲雅者，遂流行朝野。初，巾與幘不同，幘窄而短，僅用以束髮，幘上有

冠。漢末巾、幘已混用，故合稱“巾幘”。大抵以幅布爲之，故稱幅巾。着時幞髮嚮後，以二角繫於腦後垂之，另二角反折頭上繫之附頂，故又稱“折上巾”，俗謂之“陌頭”，又稱帕頭、絡頭、繰頭、綃頭。其形制似今陝西農民以羊肚手巾包頭，後衍爲幞頭。《後漢書·逸民列傳·韓康》：“及見康柴車幅巾，以爲田叟也。”《三國志·魏書·武帝紀》：“〔建安二十五年〕二月丁卯，葬高陵。”裴松之注引《傅子》：“漢末王公，多委王服，以幅巾爲雅，是以袁紹、崔豹〔鈞〕之徒雖爲將帥，皆著縑巾。”魏晉南北朝時期，裹巾風氣甚盛。《宋書·禮志五》：“巾以葛爲之……居士野人，皆服巾焉。”唐宋時期，幞頭大興。從五代至宋，巾之屋已加高，并有各式各樣的名稱。以某一知名學者命名者，如樂天巾、東坡巾、程子巾等；以製作質料定名者，如葛巾、紗巾、綢巾等；以款式命名者，

如圓頂巾、方頂巾、琴頂巾、仙桃巾、雙桃巾等。明代，男子仍崇尚頭巾，名目繁多。統治者規定的有烏紗折角向上巾、網巾、四方平定巾。士庶百姓，用燕巾、披雲巾、四帶巾；老年人，用老人巾；士人，用漢巾、晋巾、儒巾、雲巾、金綫巾、素方巾、過橋巾；進士，用唐巾；皂隸公人，用平頂巾、皂隸巾；教坊司官吏，用萬字巾；僧人，用四周巾；道士，用雷巾、九陽巾、純陽巾、吕祖巾；隱士逸人，用華陽巾、高士巾等；還有孝巾、吏巾、包角巾、二儀巾、番子巾、蓮花巾、玉臺巾、燕尾巾、飄飄巾等。清代不用頭巾。巾作爲勞動人民的首服，一直在民間流行。至今，華北、陝北一帶的農民仍有頭裹毛巾之習。

抹額

古代束額之巾。相傳始於禹時，秦代爲侍衛首服。宋高承《事物紀原·戎容兵械》："抹額。《二儀實録》曰：禹娶塗山之夕，大風雷電，中有甲卒千人，其不披甲者，以紅綃帕抹其頭額，云：'海神來朝。'禹問之，對曰：'此武士之首服也。'秦始皇至海上，有神朝，皆抹額，緋衫大口袴。侍衛自此抹額，遂爲軍容之服。"後世沿用，多爲武士首服。唐杜牧《上宣州高大夫書》："婁侍中師德亦進士也……以紅抹額應猛士詔，躬衣皮袴，率士屯田。"唐李賀《畫角東城》詩："水花沾抹額，旗鼓夜迎潮。"唐代章懷太子李賢墓壁畫中有戴抹額的人物形象。在宋代儀衛中，如教官服幞頭紅綉抹額；招箭班的皆長脚幞頭，紫綉抹額。參閲周錫保《中國古代服飾史》第九章。元代爲儀衛首服。《元史·輿服志一》："儀衛服色……抹額，制以緋羅，綉寶花。"

韎巾

古代平民男子束髮之巾。其式，以一幅布自後嚮前交於額，退而繞結於髻上，或在額上打結。始見於春秋、戰國時期。由於各地的方言不同，故有多種名稱，如趙魏之間曰幧頭，江湘之間曰帕頭，秦晋之間曰絡頭等。韎，古音讀mò。《列子·湯問》："北國之人，韎巾而裘。"晋張湛注："韎，音末。《方言》俗人帕頭是也；帕頭，幧頭也。"《方言》卷四："絡頭，帕頭也。紗繢、鬒帶、髳帶、帠、帵，幧頭也。自關以西，秦晋之郊曰絡頭，南楚江湘之間曰帕頭；自河以北，趙魏之間曰幧頭，或謂之帠，或謂之帵，其偏者謂之鬒帶，或謂之髳帶。"或稱"樵頭""綃頭""幓頭""帩頭"。漢趙曄《吳越春秋·勾踐入臣外傳》："越王服犢鼻，著樵頭。"《釋名·釋首飾》："綃頭，綃，鈔也，鈔髮使上從也。或謂之陌頭，言其從後橫陌而前也。"漢代沿用。《後漢書·獨行傳·向栩》："又似狂生，好被髮，著絳綃頭。"《東觀漢記·周黨傳》："建武中徵，黨著短布單衣，穀皮幓頭待見。"魏晋因之。《三國志·吳書·孫策傳》裴松之注引《江表傳》："昔南陽張津爲交州刺史……嘗著絳帕頭。"晋干寶《搜神記·妖怪》："太康中，天下文飾，以氈爲帕頭及帶身袴口。"《樂府詩集·漢相和歌古辭·陌上桑》："少年見羅敷，脱帽著帩頭。"至東晋孝武帝太元年間，人不復著帩頭。參閲《晋書·五行志上》。南北朝以後演變爲幞頭。

【帕頭】

亦作"帕頭""陌頭"。帕與帕、陌同。江湘間對"韎巾"之稱。此稱始見於漢代。見"韎巾"文。

【帕頭】

同"帞頭"。即韜巾。此體始見於晉代。見"韜巾"文。

【陌頭】

同"帞頭"。即韜巾。此體始見於漢代。見"韜巾"文。

【幧頭】

亦作"峭頭""幨頭""綃頭"。幧與峭、幨、綃字異義同。趙魏之間對韜巾之稱。此稱始見於漢代。《禮記・玉藻》:"士,練帶,率,下辟。"鄭玄注:"士以下皆禪,不合而縡積,如今作幧頭爲之也。"見"韜巾"文。

【峭頭】

同"幧頭"。此體始見於漢代。見"韜巾"文。

【幨頭】

同"幧頭"。此體始見於漢代。見"韜巾"文。

【樵頭】

即韜巾。此稱始見於漢代。見該文。

【綃頭】

同"幧頭"。此體始見於漢代。見"韜巾"文。

【絡頭】

亦稱"鬢帶""髳帶"。秦晉之間對韜巾之稱。此稱始見於漢代。見"韜巾"文。

【髳帶】

即絡頭。此稱始見於漢代。見"韜巾"文。

【鬢帶】

即絡頭。《說文・彡部》:"鬢,屈髮也。"《方言》卷四:"絡頭……其偏者謂之鬢帶。"郭璞注:"鬢帶,今之偏叠幧頭也。"

冒絮

暖額包頭之巾。漢代始常見。《史記・絳侯周勃世家》"太后以冒絮提文帝",裴駰集解:"應劭曰:'陌額絮也。'……晉灼曰:'《巴蜀異物志》謂頭上巾爲冒絮。'"北方寒冷,多以棉爲之,或以貂尾,老人多用之。《後漢書・輿服志下》"貂尾爲飾"劉昭注引胡廣曰:"意謂北方寒凉,本以貂皮暖額,附施於冠,因遂變成首飾。"其制,以絮爲巾,蒙於頭上。宋程大昌《演繁露・冒絮》:"詳其所用,當是以絮爲巾,蒙冒老者顙額也……北方寒,故老者用絮蒙其頭始得溫暖。"

額子

古代一種無頂頭巾。以橫幅帛約束頭髮,包住前額,但露髮髻於頭頂。始見於宋代。宋米芾《畫史》:"又其後方見用紫羅爲無頂頭巾,謂之額子。"

額子(中官冠服・皂羅額子)(《明宮冠服儀仗圖》)

頭　巾

頭巾

古代男子裹頭束髮之巾。先秦始爲平民首服,多以皂絹爲之,故戰國時稱庶民爲"黔首",至東漢末,張角領導的農民起義軍頭裹黃巾以別之。漢代，頭巾爲平民首服，較常見。《後漢書·列女列傳·董祀妻》："〔曹〕操感其言，乃追原祀罪。時且寒，賜以頭巾履襪。"因頭巾以整幅絹做成，故亦稱"幅巾"。《後漢書·鮑永傳》："悉罷兵，但幅巾與諸將及同心客百餘人詣河內。"李賢注："幅巾爲不著冠，但幅巾束首也。"又《鄭玄傳》："玄不受朝服，而以幅巾見。"頭巾以縑帛製成，故亦稱"縑巾"。《三國志·魏書·武帝紀》裴松之注引《傅子》："漢末王公，多委王服，以幅巾爲雅，是以袁紹、崔豹〔鈞〕之徒，雖爲將帥，皆著縑巾。"兩晉南北朝時期，士大夫多服之，尤爲隱者常戴，北周時，武帝裁幅巾爲四脚，爲幞頭之始。唐稱之爲四脚，二繫腦後，二繫領。宋代沿用古之幅巾之制，貧者、隱者常服之。宋高承《事物紀原·冠冕首飾》："頭巾，古以皂羅裹頭，號頭巾。蔡邕《獨斷》曰：'古幘無巾，王莽頭禿，乃始施巾之始也。'《筆談》曰：'今庶人所戴頭巾，唐亦謂之四脚，二繫腦後，二繫領下，取服勞不脫，反繫於頂上，今人不復繫領下，兩帶遂爲虛設。後又有兩帶、四帶之異，蓋自本朝始。'"宋李上交《近事會元·幞頭巾子》："今宋朝所謂頭巾，乃古之幅巾，賤者之服。"遼代，皇帝公服有紫皂幅巾，田獵亦戴幅巾。參閱《通典·禮十二》。明代亦見用。《金瓶梅詞話》第一九回："西門慶那日不往那去，在家新捲棚內，深衣幅巾坐的，單等婦人進門。"清代不用。

幅　巾

（明王圻等《三才圖會》）

【幅巾】

即頭巾。以整幅絹製成，故名。此稱始見於漢代。見該文。

【縑巾】

即頭巾。此稱始見於三國時期。見該文。

角巾

古代一種有棱角呈方形的頭巾。以布或葛製成，方頂，四方平直，或前仰後俯，有高有低。或垂帶。始爲東漢名士郭泰所創。郭泰，字林宗，嘗於途中遇雨，其巾一角墊，時人乃故折巾一角以效之，稱爲"林宗巾"。《後漢書·郭泰傳》："郭泰字林宗……嘗於陳、梁間行遇雨，巾一角墊，時人乃故折巾一角，以爲'林宗巾'。"角巾一般爲士庶、平民所服，魏晉間較流行。《晉書·王濬傳》："旋旆之日，角巾私第，口不言平吳之事。"一般士人退隱後亦常服。《晉書·羊祜傳》："既定邊事，當角巾東路，歸故里，爲容棺之墟。"晉太元中，國子生見祭酒博士戴之。南北朝時期，宋不存，至齊立學，王儉議更存焉，陳及北朝皆依之。《周書·武帝紀下》："〔宣政元年三月〕甲戌，初服常冠。以皂紗爲之，加簪而不施纓導，其制若今之折角巾也。"參閱《通典·禮十七》。唐宋時，常爲隱士所服。唐高適《答侯少府》詩："江海有扁舟，丘園有角巾。"唐李賀《南園》詩："方領蕙帶折角巾，杜若已老蘭苔春。"宋張耒《贈趙景平》詩之一："定知魯國衣冠異，盡戴林宗折角巾。"明代方巾爲其遺制，其巾式更高，爲士人所服。

【林宗巾】

即角巾。因東漢名士郭林宗所戴而得名。此稱始見於漢代。見該文。

【折角巾】

即角巾。因巾折爲角狀，故名。此稱始見於南北朝時期。見該文。

葛巾

古代葛布所作之頭巾。始見於漢代。原爲士人所服，質地纖細，形如帢而橫着。東漢末曹操造白帢之時，一度廢止，僅國學與太學生員着之。晋張華《博物志》卷九："漢中興，士人皆冠葛巾。建安中，魏武帝造白帢，於是遂廢，唯二學書生猶著也。"不久以後又恢復，上下共服之，并常作隱士之頭巾。流行於兩晋、南北朝時期。《晋書·隱逸傳·郭文》："恒著鹿裘、葛巾，不飲酒食肉，區種菽麥，采竹葉、木實，貿鹽以自供。"唐代亦見。唐杜甫《賓至》詩："有客過茅宇，呼兒正葛巾。"東晋名士陶淵明隱居山林，常戴此巾，并以巾濾酒，故亦名"漉酒巾"。《宋書·隱逸傳·陶潛》："郡將候潛，值其酒熟，取頭上葛巾漉酒，畢，還復著之。"唐顏真卿《咏陶淵明》詩："手持《山海經》，頭戴漉酒巾。"

【漉酒巾】

即葛巾。因東晋名士陶淵明常以此巾漉酒，故名。此稱始見於唐代。見該文。

菱角巾

古代一種形似菱角的頭巾。造型較低卑，兩端尖鋭，形似菱角，故名。可直接戴在頭上，不需臨時結扎。流行於南北朝時期。五代馮贄《雲仙散録》引南朝雷次宗《續豫章記》："王鄰隱西山，頂菱角巾。又嘗就人買菱，脫頂巾貯之。嘗未遇而嘆曰：'此巾名實相副矣！'"唐閻立本《歷代帝王圖》中的陳文帝即著菱角巾。

諸葛巾

古代一種用青絲帶編的頭巾。相傳三國時諸葛亮所創，故稱。此巾質地厚實，適於保暖，多於冬季戴之。蜀漢丞相諸葛亮嘗戴此巾指揮三軍，與司馬懿對於渭濱。亦稱"綸巾"。明王圻、王思義《三才圖會·衣服》："諸葛巾，此名綸巾。諸葛武侯嘗服綸巾，執羽扇，指揮軍事，正此巾也。因其人而名之，今鮮服者。"魏晋時期流行，顏色以白色爲主，取其高雅潔净。宋蘇軾《念奴嬌·赤壁懷古》："羽扇綸巾，談笑間，檣虜灰飛烟滅。"婦女亦用綸巾，但不限於白色。晋陸翽《鄴中記》："〔石虎〕皇后出，女騎一千爲鹵簿，冬月皆著紫衣巾，蜀錦袴褶。"今從山東沂南漢墓、魏墓出土的石刻及河南洛陽晋墓出土的陶俑，都可看到綸巾束首的男女形象。

諸葛巾
（明王圻等《三才圖會》）

【綸巾】

即諸葛巾。此稱始見於晋代。見該文。

烏巾

古代以烏紗所製的角巾。流行於南北朝時期。多爲隱者所服。南朝宋羊欣《采古來能書人名》："吳時張弘好學不仕，常著烏巾，時人號爲張烏巾。"《周書·武帝紀下》："〔宣政元年三月〕甲戌，初服常冠，以皁紗爲之，加簪而不施纓導，其制若今之折角巾也。"唐宋時期亦甚流行。唐陳羽《送李德輿歸穿石洞山居》詩："烏巾年少歸何處，一片彩霞仙洞中。"亦稱"烏角巾"。唐杜甫《南鄰》詩："錦里先生烏角巾，園收芋栗未全貧。"仇兆鰲注："角巾，隱士之冠。"宋陸游《小憩長生觀飯已遂行》詩：
"道士青精飯，先生烏角巾。"元代亦見。元楊
維楨《湖州作》詩之四："湖州野客似玄真，水
晶宮中烏角巾。"

【烏角巾】

即烏巾。此稱始見於唐代。見該文。

鹿皮巾

古代以鹿皮所製的頭巾。常爲隱士所戴。盛
行於南北朝時期。《南史·陶弘景傳》："〔梁武〕
帝手敕招之，錫以鹿皮巾，後屢加禮聘，並不
出。"後代亦見。省稱"鹿巾"。五代韋莊《雨霽
池上作呈侯學士》詩："鹿巾藜杖葛衣輕，雨歇池
邊晚吹清。"

【鹿巾】

"鹿皮巾"之省稱。此稱始見於五代時期。
見該文。

幞頭

古代一種巾帽。由幅巾發展而來，北周武
帝創始。漢代以降，盛行以幅巾裹髮。至北周，
武帝將幅巾裁爲四脚，即四帶，覆於頭上後，
以前面二脚包過前額，繞至腦後，結帶垂之，
另二脚由後嚮前，自下而上，曲折附頂，於額
上繫結，此謂幞頭之始。宋高承《事物紀原·
冠冕首飾》："幞頭。《二儀實錄》曰：古以皂羅
三尺裹頭，號頭巾，三代皆冠列品，黔首以皂
絹裹髮，亦爲軍戎之服。後周武帝依周三尺裁
爲幞頭，此得名之始也。到唐馬周交解爲之，
用一尺八寸，左右三攝法三才，重繫前脚法二
儀。《唐會要》曰：'故事，全幅皂向後幞髮，
俗謂之幞頭。周武帝建德中裁爲四脚。貞觀
中，太宗謂侍臣曰：幞頭起於周武，蓋取便於
軍容。'"由於幞頭另外兩脚反曲折上繫結於頂，

故亦名"折上巾"。宋趙彥衛《雲麓漫鈔》卷
三："幞頭之制，本曰巾，古亦曰折。以三尺皂
絹向後裹髮，晉、宋曰幕。後周武帝遂裁出四
脚，名曰幞頭，逐日就頭裹之，又名折上巾。"
亦稱"四脚"。宋沈括《夢溪筆談·故事一》：
"幞頭，一謂之四脚，乃四帶也。二帶繫腦後垂
之，二帶反繫頭上，令曲折附頂，故亦謂之折
上巾。"隋文帝時，因幞頭質地過軟，采納牛弘
建議，內襯巾子。唐代，幞頭大行，形制數變。
有軟脚幞頭、硬脚幞頭。巾子之形制，先有平
頭小樣，繼有武家樣、武家諸王樣、英王踣樣、
內樣等。宋趙彥衛《雲麓漫鈔》卷三："隋大業
十年，吏部尚書牛弘上疏曰：'裹頭者，內宜著
巾子，以桐木爲內，外黑漆。'唐武德中，尚平
頭小樣者。證聖二年，則天臨朝，以絲葛爲之，
以賜百官，呼爲'武家樣'。又有高頭巾子，亦
呼爲'武家諸王樣巾子'。景龍四年，內宴，賜
百官內樣巾子，高而後隆，目爲'英王樣巾
子'。明皇開元十四年，賜臣下內樣巾子，圓
其頭，是也。又裴冕嘗自製巾子，謂之'僕射
巾'。自唐中葉已後，諸帝改製，其垂二脚，或
圓，或闊，用絲弦爲骨，稍翹翹矣。"亦稱"軍
容頭"。宋黎靖德編《朱子語類·禮》："唐人幞
頭，初止以紗爲之。後以其軟，遂斫木作一山
子，在前襯起，名曰軍容頭。其說以爲起於魚
朝恩。一時人爭效。"幞頭尚有貴賤之別，皇帝
用硬脚上曲，群臣下曲。晚唐五代時期，幞頭
形制又有變易，兩脚漸變平直，式樣益多。宋
沈括《夢溪筆談·故事一》："唐制，唯人主得用
硬脚。晚唐方鎮擅命，始僭用硬脚。"宋趙彥衛
《雲麓漫鈔》卷三："唐末喪亂，自乾符後，宮
娥、宦官皆用木圍頭，以紙絹爲襯，用銅鐵爲

骨，就其上製成而戴之，取其緩急之便，不暇如平時對鏡繫裹也。僖宗愛之，遂製成而進御。五代時期帝王多裹朝天幞頭，二脚上翹。四方僭位之主，各創新樣，或翹上而反折於下，或如團扇蕉葉之狀，合抱於前。僞孟蜀始以漆紗爲之。湖南馬希範二角左右長尺餘，謂之'龍角'，人或誤觸之，則終日頭痛。至劉漢高祖始仕晋爲并州衙校，裹幞頭左右長尺餘，橫直之，不復上翹，迄今不改。"五代時期末，幞頭已變成帽子。宋代，爲男子主要首服。上至帝王，下至百官，除祭祀典禮、隆重朝會需服冠冕外，一般都戴幞頭。其形制，初期以藤織草巾子爲裏，以漆紗爲表，稱"幞頭帽子"。後因漆紗帽胎已甚堅固，遂不用藤裏，稱"漆紗幞頭"。這種可隨意脫戴的幞頭，已完全脫離巾帕形式，變成一種帽子。《宋史·輿服志五》："〔幞頭〕國朝之制，君臣通服平脚，乘輿或服上曲焉。其初以藤織草巾子爲裏，紗爲表，而塗以漆。後惟以漆爲堅，去其藤裏，前爲一折，平施兩脚，以鐵爲之。"宋代幞頭兩側的展脚，以直脚爲常見，初期左右平直，稍短，後漸加長。還有交脚、局脚、朝天、順風以及宮花、牛耳、銀葉弓脚等。宋沈括《夢溪筆談·故事一》："本朝幞頭，有直脚、局脚、交脚、朝天、順風凡五等。唯直脚貴賤通服之。"

吏人戴圓頂軟脚幞頭，優伶戴脚闊而銳的牛耳幞頭，儀衛戴黑漆圓頂無脚幞頭，或一脚指天一脚圈曲幞頭。皂隸、歌樂等雜職人員戴其他形制的幞頭。

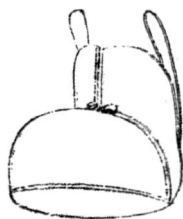

折上巾(御用冠服·烏紗折上巾)
(明王圻等《三才圖會》)

元代，公服多用幞頭，形制大體同宋代的長脚幞頭。皂隸之間亦戴朝天幞頭。士庶幞頭一般如唐巾，腦後下垂二彎頭長脚，呈"八"字式。參閱《元史·輿服志一》。明代，常服之冠烏紗帽是由唐代幞頭演變而來的一種圓頂官帽。其制，以鐵綫編織成框架，蒙以烏紗，左右各插一翅，不分文武，皆可戴之。文官戴展脚幞頭，即後邊兩脚以木片襯其中包扎；武官戴交脚幞頭，即後面兩脚嚮上於腦後相交。《儒林外史》第四二回："應天府尹大人戴着幞頭，穿着蟒袍，行過了禮。"

【折上巾】
即幞頭。因折角向上，故稱。此稱始見於北周。見該文。

【四脚】
即幞頭。北周武帝將幅巾裁爲四脚，始有此稱。見該文。

【軍容頭】
即幞頭。此稱始見於唐代。見該文。

軟脚幞頭
幞頭的一種。以柔軟紗羅製成，兩脚下垂，或至頸，或過肩，或反插結內。流行於唐代前期。閻立本《步輦圖》中的唐太宗及其官吏所戴即軟脚幞頭。

硬脚幞頭
幞頭的一種。在幞頭雙脚內加弦爲骨，使之堅挺上翹，如一對硬翅。流行於唐中後期。敦煌莫高窟一百五十六窟唐壁畫中繪有這種形式的幞頭。

朝天幞頭
幞頭的一種。幞頭之兩脚上翹。晚唐已見。流行於五代時期和宋代。宋趙彥衛《雲麓漫鈔》

卷三："五代帝王多裹朝天襆頭，二脚上翹。"

交脚襆頭

襆頭的一種。巾後交折其脚。宋代爲襆頭常見之式。宋沈括《夢溪筆談·故事一》："本朝襆頭，有直脚、局脚、交脚、朝天、順風凡五等。"元代爲儀衛首服，亦作"交角襆頭"。《元史·輿服志一》："儀衛服色：交角襆頭，其制，巾後交折其角。"明初定爲執仗之士首服。《明史·輿服志三》："校尉冠服。洪武三年定制，執仗之士，首服皆纏金額交脚襆頭。"

【交角襆頭】

同"交脚襆頭"。此體始見於元代。見該文。

牛耳襆頭

襆頭的一種。兩脚形似牛耳，故稱。始見於唐代。亦稱"軟裹"。宋王得臣《麈史·禮儀》："〔襆頭〕後又爲兩闊脚，短而鋭者名'牛耳襆頭'，唐亦謂之'軟裹'。至中末以後，浸爲展脚者，今所服是也。"

【軟裹】

即牛耳襆頭。此稱始見於唐代。見該文。

黑漆圓頂襆頭

襆頭的一種。宋代公差皂隸使用的一種襆頭。其制，圓頂、無脚，并在外層正中間開一道缺口。參閱周汛、高春明《中國歷代服飾·宋》。

鳳翅襆頭

襆頭的一種。制如唐巾，脚兩旁有二金鳳翅。元代爲儀衛首服。《元史·輿服志一》："儀衛服色……鳳翅襆頭，制如唐巾，兩角上曲，而作雲頭，兩旁覆以兩金鳳翅。"

控鶴襆頭

襆頭的一種。元代儀衛首服。《元史·輿服志一》："儀衛服色……控鶴襆頭，制如交角，金纏其額。"

花角襆頭

襆頭的一種。元代儀衛首服。《元史·輿服志一》："儀衛服色……花角襆頭，制如控鶴襆頭，兩角及額上，簇象生雜花。"

巾子

加在襆頭内的一種頭巾。始見於隋代。漢以來盛行以幅巾裹髮，至北周武帝始裁爲四脚，爲襆頭之始。隋大業十年（614），吏部尚書牛弘上疏，以爲襆頭質地過軟，請在襆頭裏面加一固定性飾物，覆蓋在髮髻之上，以包裹出各種形狀，得到朝廷准許，此即所謂"巾子"。唐封演《封氏聞見記·巾襆》："襆頭之下，别施巾，象古冠下之幘也。"宋王得臣《麈史·禮儀》："襆頭，後周武王〔帝〕爲四脚，謂之'折上巾'，隋大業中，牛弘請著巾子，以桐木爲之，内外皆漆。"唐代，襆頭盛行，且經歷了幾次較大的變化，其變化主要表現在巾子上。隋文帝時，已有平頭小樣巾，唐武德初始行用。武后臨朝，有武家樣。中宗時，又有英王踣樣。後又有圓頂巾子。《舊唐書·輿服志》："武德已來，始有巾子，文官名流，上平頭小樣者。則天朝，貴臣内賜高頭巾子，呼爲武家諸王樣。中宗景龍四年三月，因内宴賜宰臣已下内樣巾子。開元已來，文官士伍多以紫皂官絁爲頭巾、平頭巾子，相效爲雅製。玄宗開元十九年十月，賜供奉官及諸司長官羅頭巾及官樣巾子，迄今服之也。"新疆吐魯番阿斯塔那唐墓中曾出土巾子實物。

平頭小樣巾

巾子的一種。隋文帝時已見，至唐武德始行用，盛行於貞觀年間。其形制較簡單，多爲扁平狀。閻立本《步輦圖》中有人物形象用此巾子。見"巾子"文。參閱《舊唐書·輿服志》。

武家諸王樣巾

唐代巾子的一種。武則天創製於天授二年（691）。巾子提高，中間呈凹勢。盛行於武則天當政時期。陝西乾縣章懷太子、懿德太子及永泰公主墓出土的壁畫中，男女幞頭均作此式。見"巾子"文。參閱《舊唐書·輿服志》。

英王踣樣巾

唐代巾子的一種。創始於唐中宗景龍四年（710）。本爲中宗在藩時所戴。其式高而折下，左右分瓣，形成二球狀，且明顯前傾。唐玄宗開元以後，漸被遺棄。《新唐書·車服志》："至中宗，又賜百官英王踣樣巾，其製高而踣，帝在藩時冠也。"陝西西安唐代鮮于庭誨墓和陝西咸陽底張灣唐墓出土陶俑作此式。

官樣巾

唐代巾子的一種。始見於唐玄宗開元十九年（731）。最早爲供奉官及諸司長官所服。形制更高，但無前傾，圓球狀漸消失，頭部略呈尖形。盛行於唐玄宗時期，流行於唐末。陝西西安東郊唐章令信墓出土的陶俑爲此巾式，時代爲唐德宗貞元元年（785）。詳見本卷《首服說·巾、幘考》"巾子"文。參閱《舊唐書·輿服志》。

僕射樣巾

唐代巾子的一種。唐代裴冕所創。裴曾爲右僕射，故稱。《舊唐書·裴冕傳》："自創巾子，

其狀新奇，市肆因而效之，呼爲'僕射樣'。"

唐巾

古代一種形似唐朝幞頭的頭巾。始見於唐代，爲帝王所戴，後漸與儒巾、方巾混稱。至明代士人亦服之。明王圻等《三才圖會·衣服》："唐巾。其制，類古毋追，嘗見唐人畫像，帝王多冠此，則固非士大夫服也，今率爲士人服矣。"唐制四脚，以烏紗爲之，明沿用唐制。明田藝蘅《留青日札·巾》：

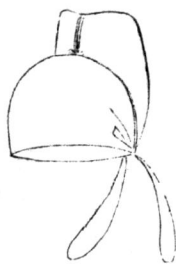

唐　巾
（明王圻等《三才圖會》）

"唐巾，唐制四脚。二繫腦後，二繫頷下，服牢不脫，有兩帶、四帶之異。今則二帶上繫，二帶向後下垂也。"宋代，唐巾下垂之二脚納有藤篾，向兩旁分張，成"八"字形。元代，唐巾一般不用藤篾，改成軟角。軟角唐巾爲宣聖廟祭服。儀衛首服亦有唐巾。《元史·輿服志一》："宣聖廟祭服……執事儒服，軟角唐巾。"又："儀衛服色……唐巾，制如幞頭，而橢其角，兩角上曲作雲頭。"明代，士人服之。明范濂《雲間據目抄》卷二："余始爲諸生時，見朋輩戴橋梁絨綫巾，春元戴金綫巾，縉紳戴忠靖巾。自後以爲煩，俗易高士巾、素方巾，復變爲唐巾、晉巾、漢巾、褊巾。"

方山巾

古代儒者所戴之巾。形似方山冠，故名。始見於唐代。唐李白《嘲魯儒》詩："足著遠遊履，首戴方山巾。"至明代，巾式繁多，亦有方山巾。明徐咸《西園雜記》卷上："嘉靖初年，士夫間有戴巾者，今雖庶民亦戴巾矣；有唐巾、

程巾、坡巾、華陽巾、和靖巾……方山巾、陽明巾，巾制各不同。閭閻之下，大半服之。"

浩然巾

古代文人所戴的一種巾帽。相傳唐代以名士孟浩然曾戴之，人爭仿效，故稱。以黑色布緞製成，形如風帽，可禦風雪。明代文人覺其風雅，常於秋冬戴之。《醒世姻緣傳》第四回："晁大舍一面笑，一面叫丫頭拿道袍來穿……隨把網巾摘下，坎了浩然巾，穿了狐白皮襖，出去接待。"清代文人亦有戴者。《儒林外史》第二四回："只見外面又走進一個人來，頭戴浩然巾，身穿醬色綢直裰。"

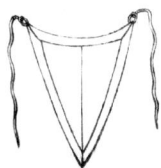

浩然巾
（［日］中川忠英《清俗紀聞》）

黑三郎

古代伶人戴的一種頭巾。始見於五代時期。後唐莊宗常身預俳優，所裹頭巾，品名繁多，有聖逍遥、安樂巾、黑三郎等。後世伶人所裹頭巾，常借用此名。參閱宋陶穀《清異録·衣服》。

夾巾

古代一種錐形頭巾。始見於五代時期。爲前蜀王衍所創製。周錫保《中國古代服飾史》第八章："又王衍自製夾巾（一作尖巾，其狀如錐），庶民亦效之。"

皂紗折上巾

宋代天子便坐視事所戴之巾。參閱《續通典·禮十二》。

仙桃巾

古代一種形似仙桃的頭巾。流行於宋代。周錫保《中國古代服飾史》第九章《宋代服飾》："米芾記李公麟畫《西園雅集圖》中的王晋卿即戴仙桃巾。又程伊川所戴紗巾，背後望之如鐘形，其狀乃似道士所戴者，謂之仙桃巾。"又："蘇州市博物館藏明代李士達所作的《西園雅集圖》中秦少游所戴者即仙桃巾。"

雙桃巾

仙桃巾的一種。形似雙桃之頭巾。流行於宋代。周錫保《中國古代服飾史》第九章《宋代服飾》："宋畫中有作此雙桃式的巾。"亦稱"并桃冠"。宋蔡伸《小重山》詞："霞衣鶴氅并桃冠，新裝好，風韵愈飄然。"宋徽宗曾戴栗玉并桃冠。

【并桃冠】

即雙桃巾。此稱始見於宋代。見該文。

胡桃結巾

古代一種結成胡桃式的頭巾。其制，將幞頭的二帶反折於頂，結成胡桃式。見於宋代。宋陸游《老學庵筆記》卷二："予童子時，見前輩猶繫頭巾帶於前，作胡桃結。"

一字巾

相傳爲宋代名將韓世忠解職家居時所戴之巾。宋洪邁《夷堅甲志·韓郡王薦士》："韓郡王既解樞柄，逍遥家居，常頂一字巾，跨駿騾，同游湖山之間。"後世戲劇中醜角所扮書僮常戴之巾，爲其遺制。

花頂頭巾

宋代庶人所裹的頭巾。宋米芾《畫史》："士子國初皆頂鹿皮冠，弁遺制也，更無頭巾……其後舉人始以紫紗羅爲長頂頭巾，垂至背，以别庶人黔首，今則士人皆戴。庶人花頂頭巾，稍作幅巾、逍遥巾。"

四邊净

宋代的一種頭巾。相傳秦伯陽所創。宋趙彦衛《雲麓漫鈔》卷四："巾之制,有圓頂、方頂、塼頂、琴頂。秦伯陽又以塼頂服去頂内之重紗,謂之四邊净。"

東坡巾

古代一種頭巾。相傳宋代名士蘇東坡所戴,故名。明王圻等《三才圖會·衣服》："東坡巾。巾有四墻,墻外有重墻,比内墻少殺。前後左右各以角相嚮,著之則角界在兩眉間。以老坡所服,故名。嘗見其畫像,至今冠服猶爾。"明李士達作《西園雅集圖》中蘇東坡即戴此巾,藏蘇州博物館。明代亦見。明楊基《贈許白雲》詩:"麻衣紙扇跋兩屨,頭帶一幅東坡巾。"亦稱"子瞻樣"。宋李廌《濟南先生師友談記·東坡帽》:"士大夫近年效東坡桶高檐短,名帽曰'子瞻樣'。"

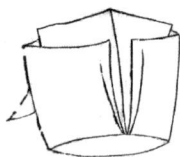

東坡巾
（明王圻等《三才圖會》）

【子瞻樣】

即東坡巾。此稱始見於宋代。見該文。

儒巾

古代士人所戴頭巾。宋代始見。宋林景熙《元日得家書喜》詩:"爆竹聲殘事事新,獨憐臨鏡尚儒巾。"明代,初爲舉人未第者所服,後不分舉、貢、監生,均可戴之。其制,如同方巾,前高後低,以黑縐紗爲表,漆藤絲或麻布爲裏,仿幞

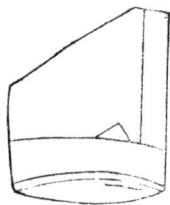

儒巾
（明王圻等《三才圖會》）

頭制,設垂帶。明王圻等《三才圖會·衣服》:"儒巾。古者士衣逢掖之衣,冠章甫之冠,此今之士冠也,凡舉人未第者皆服之。"清代亦見。《飛花咏》第一一回:"家人即在氈包中取出一幅儒巾儒服,粉底皂靴。"

雲巾

古代一種巾帽。宋代已見。亦稱"燕尾巾"。周錫保《中國古代服飾史》第九章《宋代服飾》:"在五代及宋代,巾之屋已加高,並有各種式樣和名稱,如東坡巾、山谷巾、雲巾、軟巾、唐巾……蘇東坡有謝人惠贈雲巾詩,雲巾又名燕尾巾。"明代,雲巾有梁,士人多服之。明王圻等《三才圖會·衣服》:"雲巾。有梁,左右及後用金綫或素綫屈曲爲雲狀,制頗類忠靖冠,士人多服之。"

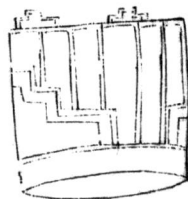

雲巾
（明王圻等《三才圖會》）

【燕尾巾】

即雲巾。此稱始見於宋代。見該文。

長頂頭巾

宋代士人戴的一種頭巾。宋米芾《畫史》:"士子國初皆頂鹿皮冠……其後方見用紫羅爲無頂頭巾,謂之額子……其後舉人始以紫紗羅爲長頂頭巾,垂至背,以别庶人黔首,今則士人皆戴。"

諢裹

古代教坊、諸雜劇人員所戴的一種頭巾。始見於宋代。宋孟元老《東京夢華録·宰執親王宗室百官入内上壽》:"教坊色長……皆諢裹,寬紫袍……諸雜劇色皆諢裹。"

萬字頭巾

古代形如"卍"形的頭巾。本是如來佛胸前的符號，南北朝時製爲文，音萬，爲吉祥萬德之所集之意。宋代始見，其制下闊上狹。一般爲庶民所服，尤爲各類教師，特別是武教頭所常用。《京本通俗小説·錯斬崔寧》："却是一個後生，頭戴萬字頭巾……一直走上前來。"亦稱"萬字頂頭巾"。《水滸傳》第三回："頭裏芝麻羅萬字頂頭巾。腦後兩個太原府紐絲金環。"亦稱"萬字巾"。《金瓶梅詞話》第九三回："〔李貴〕頭戴萬字巾，腦後撲匾金環。"亦作"卍字巾"。明代，教坊司樂戴之。《明史·輿服志二》："教坊司冠服。洪武三年定。教坊司樂藝，青卍字巾，繫紅綠褡褲。"

【萬字頂頭巾】

即萬字頭巾。此稱始見於明代。見該文。

【萬字巾】

即萬字頭巾。此稱始見於明代。見該文。

【卍字巾】

同"萬字巾"。即萬字頭巾。此體始見於明代。見"萬字頭巾"文。

掠子

古代士人縮髮的一種頭巾。以絲絹爲之。始見於宋代。宋米芾《畫史》："士人國初皆頂鹿皮冠，弁遺制也。更無頭巾、掠子……其後方有絲絹作掠子，掠起髮，頂帽出入，不敢使尊者見。既歸，於門背取下掠子，篦約髮訖，乃敢入。"元代亦見。亦稱"掠頭"。元關漢卿《金綫池》第一折："有幾個打疊客旅輩丟下些刷牙、掠頭。"

【掠頭】

即掠子。此稱始見於元代。見該文。

折上頭巾

遼代皇帝常服所戴之巾。參閱《通典·禮十二》。

吐鶻巾

金代一種頭巾。《續通典·禮十二》："吐鶻巾。金制：以皂羅若紗爲之，上結方頂，折垂於後。頂之下際兩角各綴方羅，徑二尺許，方羅之下各附帶，長六七寸，當橫額之上。或爲一縮襞積，貴顯者於方頂上循十字縫飾以珠，其中必貫以大者，謂之頂珠。"因巾上綴有四帶，故亦稱"四帶巾"。明初庶人戴之。《續通志·器服略二》："四帶巾。金國服。以皂羅或紗爲之，上結方頂，折垂於後。頂之下際兩角各綴方羅，徑二寸〔尺〕許，方羅之下各附帶，長六七寸，當橫額之上。"《續文獻通考·王禮七》："庶人冠服。洪武初，庶人婚，許假九品服。三年，庶人初戴四帶巾，改四方平定巾，雜色盤領衣，不許用黃。"

【四帶巾】

即吐鶻巾。此稱始見於金代。見該文。

蹋鴟巾

金人戴的一種頭巾。貴者在頂部十字縫中加飾以珠。宋周煇《北轅錄》："〔金人〕無貴賤，皆著尖頭靴。所頂巾謂之蹋鴟。"宋范成大《蹋鴟巾》詩："重譯知書自貴珍，一生心愧蹋鴟巾。"

四方平定巾

明代儒生戴的一種巾帽。其形制，四角皆方。始出現於明太祖時。相傳元末明初士人楊維楨入見太祖，戴此巾上殿，太祖奇其巾式，問其巾名，楊氏詔諛曰："此四方平定巾也。"太祖聽後極爲高興，遂頒行天下，規定爲儒士、生員及監生等人的專用頭巾。明張岱《夜航船·衣冠·方巾》:"元楊維楨被召入見。太祖問:'卿所冠何巾?'對曰:'四方平定巾。'太祖悦其名,召中書省,依此巾製頒天下盡冠之。"《明史·輿服志三》:"洪武三年,庶人初戴四帶巾,改四方平定巾,雜色盤領衣,不許用黄。"戴此巾,服裝穿着比較隨便。到明末,上自職官大僚,下至生員,皆戴此巾。巾式多有變化,或高或低,或方或扁,極高者民間稱"頭頂一書櫥"。亦稱"四角方巾"。明末清初葉夢珠《閱世編·冠服》記明代服飾:"其便服,自職官大僚而下,至於生員,俱戴四角方巾……其後巾式時改,或高或低,或方或扁,或仿晋、唐,或從時製,總非士林莫敢服矣。其非紳士而巾服或擬於紳士者,必縉紳子弟也。不然,則醫生、星士、相士也。"亦稱"方巾"。明王圻等《三才圖會·衣服》:"方巾。此即古所謂角巾也,制同雲巾,特少雲文。相傳國初服此,取四方平定之意。"清代儒生亦戴之。《儒林外史》第一七回:"看見匡超人戴着方巾,知道他是秀才。"

方　巾
（明王圻等《三才圖會》）

【四角方巾】

即四方平定巾。此稱始見於明代。見該文。

【方巾】

即四方平定巾。此稱始見於明代。見該文。

進士巾

明代一種巾帽。《續通典·禮十二》:"進士巾,明制,如烏紗帽,頂微平,展角,闊寸餘,長五寸許,繫以垂帶,皂紗爲之。"

網巾

明代一種網狀束髮頭巾。以絲結網爲巾,用以裹髮,故稱。始見用於明太祖洪武初年,流行於整個明代。相傳明太祖一日微行,至神樂觀,見一道士燈下結網巾,問是何物,對曰:網巾,用以裹頭,則萬髮俱齊。次日,太祖下旨,召此道士命爲道官,取巾十三頂頒示十三省布政司,使貴賤皆服之,遂流行天下。參閱明郎瑛《七修類稿》卷一四、明李介《天香閣隨筆》卷二。一說,唐代已有。參閱清周亮工《書影》卷九。一說,元代始見。參閱清恒仁《月山詩話》。網巾多以黑色絲繩或馬尾、棕絲編織而成。網口以帛作邊,俗稱"邊子"。邊子兩幅,稍後綴一小圈,用金玉或銅錫爲之,稱"網巾圈"。兩邊各繫小繩交貫於兩圈内,頂束於髮,以裹頭上,使髮整齊。因有總繩收緊,故亦名"一統山河"或"一統天和"。參閱清王逋《蚓庵瑣語》。明王圻等《三才圖會·衣服》:"網巾。古無是制。國朝初定,天下改易胡風,乃以絲結網,以束其髮,名曰網巾,識者有'法束中原,四方平定'之語。"至天啓年間,削去網帶,祇束下網,稱"懶收網"。明亡,清統治階級强制推行剃髮令,其巾遂廢。

網　巾
（明王圻等《三才圖會》）

【一統山河】

即網巾。此稱始見於明代。見該文。

【一統天和】

即網巾。此稱始見於明代。見該文。

【懶收網】

即網巾。此稱始見於明代。見該文。

凌雲巾

明代士人戴的一種頭巾。形制與官吏燕居時所戴的忠靖冠相類，以細絹爲表，用色綫盤成界道，并飾以雲紋。流行於明代中期。嘉靖二十二年（1543），禮部上疏，認爲此巾與忠靖冠相似，有僭禮制，詔禁之。《明史·輿服志三》："嘉靖二十二年，禮部言士子冠服詭異，有凌雲等巾，甚乖禮制，詔所司禁之。"

老人巾

明代年長者所戴之頭巾。明初始見。其制，以紗羅爲之，方頂，頂傾斜，前仰後俯。明王圻等《三才圖會·衣服》："老人巾。嘗見稗官云：'國初始進巾樣，高皇以手按之，使後，曰：如此却好。遂依樣爲之。'今其制方頂，前仰後俯，惟耆老服之，故名老人巾。"

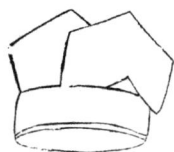

老人巾
（明王圻等《三才圖會》）

吏巾

古代吏佐所戴的頭巾。明代多用此稱。其制，類老人巾，唯多兩翅。明王圻等《三才圖會·衣服》："吏巾。制類老人巾，惟多兩翅。六功曹所服也，故名吏巾。"

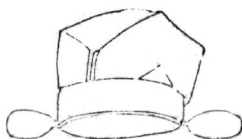

吏　巾
（明王圻等《三才圖會》）

中華一統巾

明代朝會時歌人所戴的一種巾帽。《明史·輿服志三》："朝會大樂九奏歌工：戴中華一統巾，衣紅羅生色大袖衫，畫黃鶯、鸚鵡花樣。"

平頭巾

明代僭用冠帶者罰戴之頭巾。《明史·輿服志三》："儀賓朝服、公服、常服，俱視品級，與文武官同……有僭用者，革去冠帶，戴平頭巾，於儒學讀書、習禮三年。"

皂隸巾

明代賤役者所服之巾。相傳爲元代卿大夫之冠，明初以冠隸人示辱。其制，始爲圓頂，後改平頂。巾不覆額。明王圻、王思義《三才圖會·衣服》："皂隸巾。巾不覆額，所謂無顔之冠是也。其頂前後頗有軒輊，左右以皂綫結爲流蘇，或插鳥羽爲飾，此賤役者之服也。相傳胡元時爲卿大夫之冠，高皇以冠隸人，示紲辱之意云。"《明史·輿服志三》："皂隸公人冠服。洪武三年定，皂隸，圓頂巾，皂衣。四年定，皂隸公使人，皂盤領衫，平頂巾，白褡褲，帶錫牌。十四年令各衙門袛禁，原服皂衣，改用淡青。"

治五巾

明代士人戴的一種巾帽。有三梁。明王圻、王思義《三才圖會·衣服》："治五巾。有三梁，其制類古五積巾，俗名緇布冠，其實非也。士人嘗服之。"

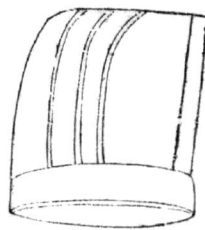

治五巾
（明王圻等《三才圖會》）

漢巾

明代一種頭巾。其名當係假記。明王圻、王思義《三才圖會·衣服》："漢巾。漢時衣服多從古制，未有此巾，疑厭常喜新者之所爲，假以漢名耳。"明范濂《雲間據目鈔》卷二："余始爲諸生時，見朋輩戴橋梁絨綫巾……

漢　巾
（明王圻等《三才圖會》）

自後以爲煩，俗易高士巾、素方巾，復變爲唐巾、晋巾、漢巾、編巾。"

兩儀巾

明代一種頭巾。沈從文《中國古代服飾研究·明代巾帽》："兩儀巾，後垂飛葉二扇。"

鑿子巾

明代一種頭巾。沈從文《中國古代服飾研究·明代巾帽》："鑿子巾，爲唐巾而去其帶耳。"

平巾[1]

明代一種頭巾。制如官帽。長隨、内使、小火等所戴。周錫保《中國古代服飾史》第十三章《明代服飾》："平巾。以竹絲作胎，青羅蒙之，制如官帽，但後無山，有羅一幅垂後，長一尺，俗稱'沙鍋片'，爲長隨、内使、小火等所戴。"

【沙鍋片】

"平巾"之俗稱。此稱始見於明代。見該文。

披雲巾

明代平民所戴頭巾。周錫保《中國古代服飾史》第十三章《明代服飾》："披雲巾。用緞或氈，巾式扁而頂方，後用披肩半幅，内置棉絮，是任意爲之。"

玉臺巾

明代一種頭巾。屬秀才儒巾。清褚人穫《堅瓠集廣集》卷之二《秀才儒巾》載："高皇欲製一雅式者爲令，屢進其式，俱不當意，遂揮之地跌瘝。馬皇后曰：如此正好。高皇因依此樣頒天下。居常則戴方巾，名四方平定巾。嘉靖初，作青羅巾，稱程子、玉臺巾制，桑悦作詩云：'一幅青羅四褶成，無因長冒玉臺名。若從白七群中過，只少三根孔雀翎。'"周錫保《中國古代服飾史》第十三章《明代服飾》："玉臺。玉臺本山名，其巾式類此山形。用青羅爲之，是取山名的雅尚而又像其形。"

騌巾

一種以馬頸上的長毛編成的頭巾。明代中晚期流行，多用於夏季。有疏有密，疏者稱"朗素"，密者稱"密結"。明范濂《雲間據目鈔》卷二："騌巾，始於丁卯以後……今又有馬尾羅巾、高淳羅巾，而馬尾羅者，與騌巾亂真矣……萬曆以來，不論貧富，皆用騌，價亦甚賤，有四五錢、七八錢者，又有朗素、密結等名。"

飄飄巾

明末流行的一種巾帽。其制，前後各有一片披垂，與純陽巾略相似，惟無盤雲紋。參見本卷《首服説·巾、幘考》"道士頭巾"文。具有儒雅風度，故士大夫喜戴之。周錫保《中國古代服飾史》第十三章《明代服飾》："飄飄巾。前後各披一片，在明末時流行。"明代曾鯨所作肖像圖中人物即戴此巾。

不認親

明末民間流行的一種頭巾。以低側其檐，自掩眉目，故稱。參閱清凌揚藻《蠹勺編·不認親》。

四周巾

古代武士、壯士、兵丁、鄉勇等青壯年男子所戴的一種巾帽。其制，用一塊方二尺的布帛，從前額往後裹頭，在兩耳的上部扎緊并打結，剩餘部分順

四周巾
（明王圻等《三才圖會》）

後自然垂下，顏色有黑、黃等多種。此巾盛行於民間，而官宦士紳階層不戴。始於何時不詳，明清時期仍然流行。

婦女頭巾

面衣

古代一種遮面蔽塵的巾帽。其前後用紫羅爲幅，并有四條雜色帶子垂於背後，可障蔽風塵，爲遠行乘馬之服。漢代始見。晉葛洪《西京雜記》卷二：“趙飛燕爲皇后，其女弟在昭陽殿，遺飛燕書曰：‘……謹上襚三十五條，以陳踴躍之心。金華紫輪帽、金華紫羅面衣。’”晉代亦見。《晉書·惠帝紀》：“〔惠帝〕行次新安，寒甚，帝墜馬傷足。尚書高光進面衣。”後世沿用。亦稱“面帽”。宋高承《事物紀原·冠冕首飾》：“又有面衣，前後全用紫羅爲幅下垂，雜他色爲四帶，垂於背，爲女子遠行、乘馬之用，亦曰面帽。”明王圻等《三才圖會·衣服》所述內容與《事物紀原》大體相同。

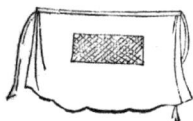

面衣
（明王圻等《三才圖會》）

【面帽】

即面衣。此稱始見於宋代。見該文。

冪䍦

古代一種罩在頭上以遮面蔽身的長巾。通常以黑色輕薄透明紗羅爲之，覆於頭頂，披體

而下，障蔽全身，在近臉面處開一小孔，以便露出眼鼻。五代馬縞《中華古今注·冪䍦》：“其冪䍦之象，類今之方巾，全身障蔽，繒帛之爲。”原流行於西域一帶，爲少數民族一種遮面蔽塵之巾，男女皆用。《晉書·四夷傳·吐谷渾》：“其男子通服長裙，帽或帶冪䍦。”《隋書·附國傳》：“其俗以皮爲帽，形圓如鉢。或帶冪䍦。”魏晉時期，逐漸傳入中原。北朝後期，宮人騎馬已着冪䍦。隋朝和唐朝初期爲婦女出行時的蔽首之巾，男子用者罕見。《北史·隋宗室諸王傳》：“〔秦王〕爲妃作七寶冪䍦，重不可戴，以馬負之而行。”《舊唐書·輿服志》：“武德、貞觀之時，宮人騎馬者，依齊、隋舊制，多着冪䍦。雖發自戎夷，而全身障蔽，不欲途路窺之。”至永徽年間，帷帽流行，冪䍦漸廢。中宗以後，不復戴之。《新唐書·車服志》：“初，婦人施冪䍦以蔽身。永徽中，始用帷冒，施裙及頸，坐檐以代乘車，命婦朝謁，則以駝駕車。數下詔禁而不止。武后時，帷冒益盛。中宗後，乃無復冪䍦矣。”《新唐書·五行志》：“永徽後，乃用帷帽，施裙及頸，頗爲淺露。至神龍末，冪䍦始絕。”按：關於冪䍦的罩面部分是否開孔，據

日本東京國立博物館收藏的唐畫《樹下人物圖》和上海博物館收藏的三彩女陶俑，應是開孔的。參閱周汛、高春明《中國古代服飾風俗》。一說，冪䍠可開可合，欲窺人和視物時，可用手搴開之，即用手張開。廣東潮州婦女出行，以皂布丈餘蒙頭，自首以下，雙垂至膝，亦如冪䍠。參閱周錫保《中國古代服飾史》第七章《隋、唐服飾》。

帷帽

一種於席帽四周垂挂網紗以掩面蔽塵的巾帽。形似圓笠，周圍垂以半透明的薄紗細網到頸，并加飾珠翠以障蔽其面，多爲婦女出門騎馬時所戴。和冪䍠相比，其帽裙僅下垂至頸，其掩面短而小。帷帽產生於隋代，最初亦是西域人民的服飾。唐初，流行冪䍠，帷帽一度被廢，到高宗永徽以後，又重新興起。武則天以後，帷帽大興，并取代冪䍠。開元年間，又爲胡帽取代。唐代婦女服飾上的這種演變，反映了唐代社會風尚的變化。《舊唐書·輿服志》："武德、貞觀之時，宮人騎馬者，依齊、隋舊制，多著冪䍠。雖發自戎夷，而全身障蔽，不欲途路窺之。王公之家，亦同此制。永徽之後，皆用帷帽，拖裙到頸，漸爲淺露……則天之後，帷帽大行，冪䍠漸息。"亦作"帷冒"。《新唐書·車服志》："永徽中，始用帷冒……武后時，帷冒益盛。"亦作"幃帽"。唐張元一《咏静樂縣主》詩："馬帶桃花錦，裙銜綠草羅。定知幃帽底，儀容似大哥。"明陶宗儀輯《說郛》卷一〇引馮

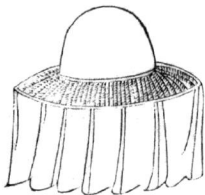

帷　帽
（明王圻等《三才圖會》）

鑑《續事始》："永徽之後，復有用幃帽，施裙到胸，漸爲淺露；至則天後，幃帽大行，冪䍠遂廢。"宋代，士人騎馬出行亦有戴帷帽者，以全幅紗連綴於席帽或氈笠下垂之。宋高承《事物紀原·冠冕首飾》："帷帽。唐《車服志》曰：帷帽創於隋代，永徽中始用之，施裙及頸。今世士人，往往用皂紗若青，全幅連綴於油帽或氈笠之前，以障風塵，爲遠行之服，蓋本此。"宋張擇端《清明上河圖》中有婦女戴帷帽乘驢的形象。

【帷冒】

同"帷帽"。此體始見於唐代。見該文。

【幃帽】

同"帷帽"。此體始見於唐代。見該文。

蓋頭

女子外出或舉行婚禮時蓋頭蔽面之巾。始見於唐朝永徽年間以後，流行於宋代。一般以紫羅做成，半透明，可窺見外面，婦女外出時戴此遮面。宋周煇《清波雜志》卷二："婦女步通衢，以方幅紫羅障蔽半身，俗謂蓋頭，蓋唐帷帽之制也。"或以爲冪䍠遺制。沈從文《中國古代服飾研究·唐畫塑中所見戴帷帽婦女》："至於冪䍠，作爲裝飾品也尚保留於宋元民間不廢。惟名稱已改爲'蓋頭''紫羅蓋頭'。見於宋、元人畫迹中的有南宋《耕織圖》中農家婦女，李嵩《貨郎圖》中平民婦女，以及元人繪《農村嫁娶圖》中幾個農家婦女。世傳王維作《捕魚圖》，船中有個漁婆子在艙中升火，頭上也搭了個蓋頭。即此可知，畫必出於宋人，決非王維所作。"這種蓋頭，實是在唐代風帽基礎上改製而成，形似風帽。即以一塊帛布縫製成一個風兜，套於頭上，露出臉面，多餘部分披於

背後。江蘇泰州森森莊宋墓出土女俑，戴此蓋頭。另一種，一大幅帛巾，一般用紅綢，上繡五彩花紋，四周垂有流蘇。多用於舉行婚禮之時。成婚時，新娘以之蒙面。宋吳自牧《夢梁錄·嫁娶》："〔兩新人〕並立堂前，遂請男家雙全女親，以秤或用機杼挑蓋頭，方露花容，參拜堂次諸家神及家廟。"這種風俗一直延續到明清時期。金董解元《西廂記諸宮調》卷一："把蓋頭兒揭起，不甚梳妝，自然異常。"《紅樓夢》第九七回："儐相請了新人出轎，寶玉見喜娘披着紅，扶着新人，幪着蓋頭。"舉行婚禮時，新娘蒙蓋頭，這種風俗在1949年前仍十分流行。

【蓋巾】

即蓋頭。清吳榮光《吾學錄初編》卷一三："〔通禮〕姆爲女加景（單縠爲之）蓋首。謹案：……景即今之蓋巾……所以擁蔽其面，不僅爲禦塵計也。"

透額羅

用以罩額的透明紗羅。流行於唐朝開元、天寶以後，由帷帽演變而來。唐元稹《贈劉采春》詩："新妝巧樣畫雙蛾，謾裏常州透額羅。"沈從文《中國古代服飾研究·唐畫塑中所見戴帷帽婦女》："開元、天寶以後，帷帽制雖已廢除，猶有部分殘餘痕迹保留於都市婦女一般裝飾上，則爲'透額羅'的使用。如敦煌壁畫《樂庭瓌夫人行香圖》中眷屬部分，就有三個着透額羅的青年婦女典型樣子。"

冪首

古代一種婦女障面的頭巾。始見於宋代。宋無名氏《異聞總綠》卷四："宣和七年春，相州士人來京師，調官歸，出封丘門，見婦人着紅背子，戴紫冪首，行於馬前。"

文公帕

婦女用以蓋頭障面的長巾。以皂布丈餘蒙頭，下垂至膝。流行於廣東潮州一帶。相傳唐朝韓愈被貶潮州時所創製。明周暉《續金陵瑣事》："廣東潮州婦人出行，則以皂布丈餘蒙頭，自首以下，雙垂至膝，時或兩手翕張其布以視人……名曰'文公帕'，昌黎遺制也。"亦稱"韓公帕"。清張心泰《粵游小志》："潮州婦女出行，則以皂布丈餘蓋頭，自手以下，雙垂至膝，時或兩手翕張其布以視人，狀殊可怖。名'韓公帕'，蓋韓愈遺制也。"其事亦載清梁紹壬《兩般秋雨盦隨筆》及今人饒宗頤《潮州志》。這種服飾習俗一直延續到清末，現在除老年婦女仍以布帕蒙頭外，青年婦女已不再沿襲此俗。

【韓公帕】

即文公帕。此稱始見於清代。見該文。

逍遙巾

遼代婦女戴的一種頭巾。金承遼俗，亦戴之。《大金國志》卷三九："金俗好衣白……自滅遼侵宋，漸有文飾。婦人或裹逍遙巾，或裹頭巾，隨其所好。"沈從文《中國古代服飾研究·宋會昌九老圖》："遼金制，婦女年高也戴逍遙巾。照傳世《卓歇圖》《胡笳十八拍圖》中蔡文姬等婦女頭上巾裹看來，即和東坡巾相近。"

額帕

婦女包額之帶巾。由唐代透額羅發展而來。元代稱"漁婆勒子"，限下層平民使用。至明代，婦女喜用之。一般以烏綾爲之，夏則用烏紗，每幅約闊二寸，長四寸。後用全幅斜摺闊三寸裹於額上，垂後兩抄而再嚮前作方結，年老者或加錦帕。萬曆年間有用騌尾製者。崇禎中用二幅，每幅方尺許，斜摺闊寸餘，一幅施於内，而一幅加之於外，另作方結加於外幅的正面。亦稱"遮眉勒"。沈從文《中國古代服飾研究・唐畫塑中所見戴帷帽婦女》："〔透額羅〕後來演進爲元人'漁婆勒子'，似限於社會下層平民使用。明代社會中上層愛俏婦女稱'遮眉勒'，清代則雍正、乾隆皇妃便裝、官僚貴族一品夫人便裝無不使用，而農民竈户亦常用，代替了帕頭，作爲禦寒一般應用物。"又該書《元代幾個奏樂道童》："明代惟愛俏的婦女纔使用，名叫'遮眉勒'，正中部分有時還釘一粒珠子。"亦稱"頭箍"。初期祇用全幅斜摺，裹於額上，後乃裁而加飾。貴族之家有用金玉珠寶綴於箍上者，稱"珠箍"。參閱周錫保《中國古代服飾史》第十三章《明代服飾》。山西博物院藏明代侍女俑有裹額帕的形象。清到民國初年，老年婦女用一種無頂的形似兩片大眼睛的包頭帽，分左右包於額上，富者飾以珠寶銀器，俗稱"包頭眼"。

【漁婆勒子】

即額帕。此稱始見於元代。見該文。

【遮眉勒】

即額帕。此稱始見於明代。見該文。

【頭箍】

即額帕。此稱始見於明代。見該文。

兜勒

婦女包額勒髮之巾。明代額帕之遺制。清代盛行，特別是江南一帶婦女喜戴之。一般以黑絨爲之，内墊棉花，上綴珠翠，或繡花朵。套在額上，掩及於耳，繫兩帶於髻下結之。參閱周錫保《中國古代服飾史》第十三章《明代服飾》。改琦繪《紅樓夢圖咏》中晴雯像即戴兜勒。亦稱"勒子"。《紅樓夢》第六回："那鳳姐家常帶着紫貂昭君套，圍着那攢珠勒子，穿着桃紅灑花襖。"

【勒子】

即兜勒。此稱始見於清代。見該文。

卧兔兒

古代婦女戴的一種抹額。以水獺、狐狸、貂鼠等動物毛皮爲之，有保暖作用。見於明代。《金瓶梅詞話》第一四回："〔月娘〕頭上帶着鬏髻、貂鼠卧兔兒。"又第六六回："鄭愛月兒、愛香兒戴着海獺卧兔兒、一窩絲杭州攢、翠重梅鈿兒，油頭粉面，打扮的花仙也似的。"

昭君套

古代婦女戴的暖額。以動物毛皮製成。形同戲曲、繪畫中昭君出塞時所戴帽罩，故名。爲抹額之遺制。流行於明清時期。《紅樓夢》第六回："那鳳姐家常帶着紫貂昭君套，圍着那攢珠勒子，穿着桃紅灑花襖，石青刻絲灰鼠披風、大紅洋縐銀鼠皮裙。"

道士頭巾

華陽巾

道士所戴的一種頭巾。始見於五代時期。《新五代史・唐臣傳・盧程》："程戴華陽巾，衣鶴氅，據几決事。"後代沿用。宋王禹偁《黄州新建小竹樓記》："公退之暇，披鶴氅，戴華陽巾，手執《周易》一卷，焚香默坐，消遣世慮。"清孔尚任《桃花扇·入道》："外更華陽巾，鶴氅，執拂子上，拜壇畢，登壇介。"

九陽巾

道士戴的一種頭巾。元代始見。元馬致遠《黃粱夢》第一折："你有那出世超凡神仙分，繫一條一抹條，帶一頂九陽巾。君，敢着你做真人。"明代亦見。《西游記》第二五回："三耳草鞋登腳下，九陽巾子把頭包。"

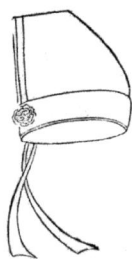

雷巾

道士所戴頭巾。制類儒巾。明代常見。明王圻等《三才圖會·衣服》："雷巾。制頗類儒巾，腦後綴片帛，更有軟帶二，此黃冠服也。"

雷　巾
（明王圻等《三才圖會》）

純陽巾

道士所戴的一種頭巾。制如漢巾、唐巾。以仙人吕純陽（即吕洞賓）曾服而名。相傳唐代詩人白居易（字樂天）曾戴此巾，故亦稱"樂天巾"。明代常見。明王圻等《三才圖會·衣服》："純陽巾。一名樂天巾，頗類漢、唐二巾，頂有寸帛襞積，如竹簡垂之於後。曰純陽者以仙名，而樂天則以人名也。"

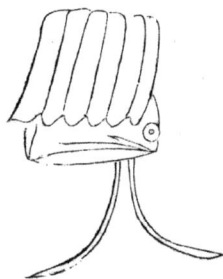

純陽巾
（明王圻等《三才圖會》）

【樂天巾】

即純陽巾。此稱始見於明代。見該文。

混元巾

道教全真道道士戴的圓巾。以布帛縫製，頂有圓孔。爲道士所戴巾之一。

板巾

道士所戴巾帽。明代多見。明末淩濛初《二刻拍案驚奇》第三九回："獺龍應允，即閃到白雲房，將衆道常戴板巾盡取了來。"

近現代民間頭巾

白羊肚毛巾

民間男子包頭巾。白色，狀如羊肚，故名。一般在額前綰結。可遮陽、防塵，亦可遮雨、禦寒，還可拭汗。流行於陝西北部。陝北民歌《信天游》："織條白絨絨羊肚子毛巾哎，送給親哥哥牧羊的人！"亦稱"羊肚子手巾"。陝北《信天游》："新羊肚子手巾頭上戴，這後生一表好人才。"

【羊肚子手巾】

即白羊肚毛巾。此稱始見於現代。見該文。

紗巾

現代婦女的一種包頭巾。是一種正方形的絲織品（亦有長方形者）。或一色，或幾種顏色搭配，或有各種圖案，花色品種繁多。戴時可對角摺疊，蒙在頭上，兩角在領下打結，當作包頭巾。也可多層摺疊作圍巾用。中老年婦女戴顏色較深者，青年女子則喜戴顏色鮮亮者。

近現代少數民族婦女傳統頭巾

白色披巾

哈薩克族老年婦女戴的頭巾。分內外兩層。內層從頭蓋至胸背，祗露出臉部，頭巾上裝飾銀塊、彩珠，并綉有花朵圖紋。外層頭巾長及腳踵，是有一圈額沿的大塊方巾，可戴在頭上。其上有一塊銀飾，鑲嵌珍珠，懸挂數條銀鏈，鏈端又穿有大粒珠子，狀若冕旒。兩層頭巾須一起戴用。

黑頭巾

瑤族婦女戴的一種黑色頭巾。黑布長六尺，兩頭綉花，有二十四枝邊穗，捲於"盤龍髮髻"上。流行於今廣西巴馬一帶。

婚標頭巾

壯族姑娘戴的白底花邊毛巾。參加歌圩或趕街走親戚時戴之，有其特殊標志：若把毛巾摺叠成三四層，使之像手帕大小，蓋在頭上，則表示未婚；若把頭巾包頭打結，則表示已婚。流行於廣西都安一帶。

幘　類

幘

古代男子束髮之巾。在髻上覆以頭巾。一直蓋到平額。此稱始見於漢代。《説文・巾部》："幘，髮有巾曰幘。"《急就篇》卷三："冠幘簪簧結髮紐。"顏師古注："幘者，韜髮之巾，所以整嬪髮也。常在冠下，或但單著之。"傳説戰國時已見用。漢趙曄《吴越春秋》："大宰嚭……解冠幘，肉袒。"秦爲武將首服。漢代加以改進，名之曰"幘"，《後漢書・輿服志下》："古者有冠無幘……秦雄諸侯，乃加其武將首飾，爲絳袙，以表貴賤，其後稍稍作顏題。漢興，續其顏，却摞之，施巾連題，却覆之，今喪幘是其制也。名之曰'幘'。"本爲卑賤無官職因而不能戴冠者所服，在民間流行。至西漢末，上下通行，貴族平民皆可服用。漢時，幘爲黑布一幅，長六尺。漢蔡邕《獨斷》："幘，古者卑賤執事不冠者之所服也。"又："元帝額有壯髮，不欲使人見，始進幘服之。群臣皆隨焉。"起初，幘僅用於束髮，使髮不至散落，前面覆額略高，後面略低，中間頭髮顯露。從漢文帝時開始，加高顏題；又幘頂隆起如屋面，稱幘屋；又加長巾帕，合後施收作長耳、短耳；幘上又加巾加冠。故幘又分爲介幘、平上幘、空頂幘等。《後漢書・輿服志下》："幘者，賾也，頭首嚴賾也。至孝文乃高顏題，續之爲耳，崇其巾爲屋，合後施收，上下群臣貴賤皆服之。文者長耳，武者短耳，稱其冠也。"漢代對戴幘的對象、顏色、式樣均有嚴格規定。如文者長耳、武者短耳等。《後漢書・輿服志下》："尚書幘收，方三寸，名曰納言，示以忠正，顯近職也。迎氣五郊，各如其色，從章服也。皂衣群吏春服青幘，立夏乃止，助微順氣，尊其方也。武吏常赤幘，成其威也。未冠童子幘無屋者，示未成人也。入學小童幘也句卷屋者，示尚幼少，未遠冒也。喪幘却摞，反本禮也。升數如冠，與冠偕也。期喪起耳有收，素幘亦如之，禮輕重有制，變除從漸，文也。"河南新密打虎亭漢墓畫像石上的官吏及僕從頭上戴幘，河北望都一號漢墓壁中門下小吏及伍伯諸人亦戴幘。魏晉南朝時期，文官服介幘，武官服平上幘。平上幘的形制，是幘後加高，中呈平型，體積逐漸縮小至頂。《晉書·輿服志》："文武官皆免冠著幘。"《通典·禮十七》："東晉哀帝從博士曹弘之等議，立秋御讀月令，改用素幘。宋因之，以黑幘，騎吏、鼓吹、武官服之，其救日蝕，文武官皆免冠著赤。齊因之，以黑幘，拜陵所服。梁因之，以黑介幘爲胡服，元正朝賀畢還宮更出所服，未加元服則空頂介幘。陳因之，諸軍司馬服平巾幘，長吏介幘，御節郎、黃鉞郎朝服，赤介幘，簪筆。"隋唐時期，武官、衛官戴平巾幘，流外官行署三品以下登歌工人戴介幘。《通典·禮十七》："隋依之，天子畋獵御戎、文官出游、武官一品以下並流外吏等，上下通服黑介幘、平巾黑幘。又制綠幘，庖人服之。其平巾黑幘之制，玉枝金花飾，犀簪導，紫羅褶，其御五輅人，逐其車色。大唐因制，乘輿空頂黑介幘、雙玉導，加寶飾，祭還及冬至朔日受朝會、臨軒拜王公則服之。黑介幘，拜陵則服之。平巾幘，導簪冠支皆以玉，乘馬則服之。皇太子平巾幘，乘馬則服之。空頂介幘，雙玉導，加寶飾，謁廟還宮、元日冬至朔日入朝、釋奠則服之。冠幘，五品以上陪祭服之。"宋代，幘祇施之於樂工、儀衛。遼制，一品以上至六品皆冠幘，纓簪導，凡謁見

東宮及餘公事服之。元制，平巾幘黑漆革爲之，形如進賢冠之籠巾，或以青，或以白，皆儀衛之服。明代，空頂幘爲未冠者之服。參閱《續通典·禮十二》。

幘巾

古代一種束髮頭巾。漢代始見此稱。《方言》亦稱"承露""覆髻"。《方言》第四："覆結謂之幘巾，或謂之承露，或謂之覆髻，皆趙魏之間通語也。"

【承露】

即幘巾。此稱始見於漢代。見該文。

【覆髻】

即幘巾。此稱始見於漢代。見該文。

納言幘

古代尚書所戴之幘巾。其形後收，寓納言之意，故名。始見於漢代。《後漢書·輿服志下》："尚書幘收，方三寸，名曰納言，示以忠正，顯近職也。"兩晉、南北朝沿其制。《晉書·輿服志》："又有納言幘，幘後收又一重，方三寸。"《隋書·禮儀志六》："〔陳制〕尚書令、僕射、尚書幘，收方三寸，名曰納言。"

赤幘

古代武吏所戴的紅色幘巾。始見於秦漢時期。在戰國後期，秦即加絳袙爲武將首飾。絳袙爲深紅色頭巾。漢代，武吏服之。《後漢書·輿服志下》："武吏常赤幘，成其威也。"晉用漢制。《晉書·輿服志》："又有赤幘，騎吏、武吏、乘輿鼓吹所服。救日蝕，文武官皆免冠著幘，對朝服，示威武也。"南北朝時期沿用。《隋書·禮儀志六》："〔北齊〕又有赤幘，卑賤者所服。救日蝕，文武官皆免冠，著赤介幘，對朝服。賤者平巾，赤幘，示威武，以助於陽也。

止雨亦服之。"隋代亦見。《隋書·禮儀志七》："〔幘〕厨人以綠，卒及馭人以赤，舉輦人以黃。"

紺幘

深青透紅色的幘。漢代已見。齋戒服之。《後漢書·輿服志下》："古者有冠無幘……禮輕重有制，變除從漸，文也。"劉昭注引《漢舊儀》曰："凡齋，紺幘。"後不見用。

素幘

白色的幘。其形制，起耳有收。用於凶喪事。始見於漢代。《後漢書·輿服志下》："期喪起耳有收，素幘亦如之。"漢班固《白虎通·三軍》："王者征伐所以必皮弁素幘何？伐者，凶事，素服示有悽愴也。"晋代，立秋御讀月令用之。《通典·禮十七》："東晋哀帝從博士曹弘之等議，立秋御讀月令改用素幘。"

緗幘

古代禮用淺黃色之幘。漢代始用。《漢官儀》："太官謁者皆緗幘大冠，白絹單衣。"《漢書·輿服志下》："古者有冠無幘……禮輕重有制，變除從漸，文也。"劉昭注引《漢舊儀》曰："秋貙劉，服緗幘。"《晋書·輿服志》："漢儀，立秋日獵，服緗幘。"南北朝時期亦見用。《隋書·禮儀志六》："〔北齊〕請雨則服緗幘。"

絳幘

漢代宿衛武士所戴深紅色之幘。《漢官儀》："於朱雀門外，著絳幘，傳雞鳴。"

青幘

古代一種青色之幘。春耕服之。始見於漢代。《後漢書·輿服志下》："皂衣群吏春服青幘，立夏乃止，助微順氣，尊其方也。"劉昭注引《漢舊儀》曰："耕，青幘。"

綠幘

古代地位卑下者所戴的綠色幘巾。始見於漢代。《漢書·東方朔傳》："董君綠幘傅韝，隨主前，伏殿下。"顏師古注："應劭曰：'宰人服也。'師古曰：'綠幘，賤人之服也。'"南北朝至隋代，皆爲厨人之服。《隋書·禮儀志六》："〔北齊〕庖人則服綠幘。"又《禮儀志七》："〔隋〕幘……厨人以綠。"唐代仍沿用。《舊唐書·輿服志》："平巾綠幘，青布袴褶，尚食局主膳、典膳局典食、太官署食官署供膳服之。"亦稱"碧頭巾"。唐封演《封氏聞見記·奇政》："李封爲延陵令，吏人有罪，不加杖罰，但令裹碧頭巾以辱之。"亦稱"青巾"。元代娼妓之夫服之。《元典章·禮部·服色》："至元五年，准中書省劄，娼妓之家，家長並親屬男子裹青巾。"亦稱"綠頭巾"，明代樂工服之。明沈德符《萬曆野獲編·禮部·教坊官》："按祖制，樂工俱戴卍字巾，繫紅綠搭膊。常服則綠頭巾，以別於士庶。"樂工之妻多爲歌妓，名屬教坊，在當時是被侮辱和被玩弄的對象，故民間也戲稱妻與別人有奸情的男子爲戴"綠帽子"或戴"綠頭巾"，其源出於此。《二十年目睹之怪現狀》第五六回："那婆娘暗想：這個烏龜自己情願拿綠帽子往腦袋上磕，我一向倒是白耽驚怕的了。"

【碧頭巾】

即綠幘。此稱始見於唐代。見該文。

【青巾】

即綠幘。此稱始見於元代。見該文。

【綠頭巾】

即綠幘。此稱始見於明代。見該文。

【綠帽子】

"綠幘"之俗稱。此稱始見於清代。見該文。

童子幘

古代未冠者所戴之幘。漢代始見。《後漢書·輿服志下》："未冠童子幘無屋者，示未成人也。"亦作"半頭幘""空頂幘"。《後漢書·劉盆子傳》："盆子時年十五……俠卿爲制絳單衣，半頭赤幘。"李賢注："半頭幘即空頂幘也，其上無屋，故以爲名……《東宮故事》曰：'太子有空頂幘一枚。'即半頭幘之制也。"南朝梁以黑介幘爲朝服，元正朝賀畢，還宮更出所服，未加元服，則空頂幘。唐代因其制。參閲《通典·禮十七》。

【半頭幘】

即童子幘。此稱始見於漢代。見該文。

【空頂幘】

即童子幘。此稱始見於漢代。見該文。

卷幘

古代入學小童所戴之空頂幘。始見於漢代。《後漢書·輿服志下》："入學小童幘也句卷屋者，示尚幼少，未遠冒也。"《儀禮·士冠禮》"緇布冠"鄭玄注："今未冠笄者著卷幘。"孔穎達疏："此舉漢法以况義耳……明漢時卷幘亦以布帛之等圍繞髮際爲之矣。"

介幘

古代文官所戴之幘。其制長耳。始見於漢代。《後漢書·輿服志下》："幘者，賾也，頭首嚴賾也。至孝文乃高顏題，續之爲耳，崇其巾爲屋，合後施收，上下群臣貴賤皆服之。文者長耳，武者短耳，稱其冠也。"晋代沿用。《晋書·輿服志》："幘者，古賤人不冠者之服也。漢元帝額有壯髮，始引幘服之。王莽頂禿，又加其屋也。《漢注》曰，冠進賢者宜長耳，今介幘也……介幘服文吏。"南北朝時期沿用。《隋

書·禮儀志六》："〔陳〕幘，尊卑貴賤皆服之。文者長耳，謂之介幘。"又："〔北齊〕救日蝕，文武官皆免冠，著赤介幘，對朝服。"隋代沿襲其制。《隋書·禮儀志七》："〔隋〕承遠游、進賢者，施以掌導，謂之介幘……其乘輿黑介幘之服……畋獵豫游則服之。"唐代，天子首服有黑介幘，拜陵時服之。群臣首服亦有黑介幘，國官謁見府公服之；諸流外官行署，三品以上黑介幘。國子、太學、四門學生參見則服之。諸州縣佐史、鄉正、里正、嶽瀆祝史、齋郎，并介幘。參閲《舊唐書·輿服志》。宋代樂工服介幘，形如籠巾。宋吳自牧《夢粱録·駕宿明堂齋殿行禋祀禮》："樂工皆裹介幘如籠巾。著緋寬衫、勒帛。"

介幘（介幘冠）
（明王圻等《三才圖會》）

平上幘

古代武官所戴之幘。其制，平頂，短耳。始見於漢代。《後漢書·輿服志下》："幘者，賾也，頭首嚴賾也……上下群臣貴賤皆服之。文者長耳，武者短耳，稱其冠也。"魏晋沿用。與漢代不同的是幘後加高，中呈平形，體積逐漸縮小至頂，有"小冠"之稱。《三國志·魏書·賈逵傳》："充咸熙中爲中護軍。"裴松之注引《魏略·李孚傳》："及到梁淇，使從者斫問事杖三十枚，繫著馬邊，自著平上幘，將三騎，投暮詣鄴下。"《晋書·輿服志》："冠惠文者宜短耳，今平上幘也。始時各隨所宜，遂因冠以別。介幘服文吏，平上幘服武官也。"《宋書·五行志一》："晋末皆冠小冠，而衣裳博大，風流相仿，輿

臺成俗。"南朝沿襲其制。《隋書·禮儀志六》："〔陳〕幘，尊卑貴賤皆服之。文者長耳，謂之介幘；武者短耳，謂之平上幘。"亦稱"平巾"。北齊爲賤者之服。隋代承武弁者服之。《隋書·禮儀志六》："〔北齊〕賤者平巾，赤幘，示威武，以助於陽也，止雨亦服之。"《隋書·禮儀志七》："〔隋〕幘……承武弁者，施以笄導，謂之平巾。"唐代，天子、太子乘馬服之，武官皆用之。亦稱"平巾幘"。《新唐書·車服志》："〔天子、皇太子之服〕平巾幘者，乘馬之服也。"又："〔群臣之服〕平巾幘者，武官、衛官公事之服也。"唐以後亦有戴者，其形制漸發生變化。元代爲儀衛之首服，形如籠巾。《元史·輿服志一》："儀衛服色……平巾幘，黑漆革爲之，形如進賢冠之籠巾，或以青，或以白。"明代爲長隨、內使、小火者所戴，形如官帽而無後山。明劉若愚《酌中志·內臣佩服紀略》："凡請大轎長隨及都知監戴平巾……平巾，以竹絲作胎，真青羅蒙之，長隨、內使、小火者戴之。制如官帽而無後山，然有羅一幅垂於後，長尺餘，俗所謂砂鍋片也。"

【平巾】[2]

即平上幘。此稱始見於南北朝時期。見該文。

【平巾幘】

即平上幘。此稱始見於唐代。見該文。

【小冠】

兩晉南北朝時期對"平上幘"之俗稱。從河北景縣封氏墓出土的文吏陶俑和南京中央門外出土的侍從陶俑中，可見其式樣。沈從文《中國古代服飾研究·晉六朝男女俑》："又史稱晉人喜戴小冠子，形象難於具體徵信。如就南北朝材料分析，所謂小冠，多已無梁，衹如漢式平巾幘，後部略高，縮小至於頭頂，南北通行。北朝流行或在魏孝文帝改服制以後，直到隋代依舊不改。"

岸幘

古代一種不覆額的幘巾。戴幘須覆額，如戴幘露出前額，則稱岸幘。此幘式可表示灑脫，不拘禮節。始見於漢末，盛行於晉代。《藝文類聚》卷五三漢孔融《與韋林甫書》："閑僻疾動，不得復與足下岸幘廣坐，舉杯相於，以爲邑邑！"《晉書·謝奕傳》："岸幘笑咏，無異常日。"延及唐代，亦稱"岸巾"。唐劉肅《大唐新語·極諫第三》："中宗愈怒，不及整衣履，岸巾出側門。"

【岸巾】

即岸幘。此稱始見於唐代。見該文。

喪幘

古代居喪時所戴的幘巾。始見於漢代。《後漢書·輿服志下》："漢興，續其顏，却摞之，施巾連題，却覆之，今喪幘是其制也……喪幘却摞，反本禮也。升數如冠，與冠偕也。"

黑幘

黑色的幘。南朝宋始用。騎吏、鼓吹、武官服之。《宋書·禮志五》："宋乘輿、鼓吹，黑幘，武冠。"

第四節　帽　考

帽是古代没有冠冕之前的首服。本寫作"冒"，是覆蓋之意，故凡蓋在頭上者即可稱帽。帽的起源，可上溯到原始社會時期。原始人爲了遮護頭部，將一塊獸皮覆蓋在頭上，這就是最早的帽。《後漢書·輿服志下》云："上古穴居而野處，衣毛而冒皮，未有制度。"雖是推測，但很有道理。1978年春，在陝西臨潼鄧家莊新石器時代遺址，發現一件距今六千年的人像陶塑，頭戴一頂寬大的圓帽，證實早在新石器時代就有了帽。另據《説文·冃部》，以爲帽是小兒和蠻夷頭衣，這當是夏、商、周三代的情形。三代時期，貴族成年男子有正式的禮冠，而小兒、蠻夷和庶民頭上所戴無定制，庶人戴巾，小兒及蠻夷則戴帽。從河南安陽殷墟婦好墓出土的石人看，男子祇戴一種帽箍，以絲綢布帛製作。周代，除帽箍外，還有平形、尖形、月牙形及中間突出、兩邊翻捲的形式，大致是低而平者爲普通人所戴，高而尖者爲貴族所戴。

秦漢時代，首服除冠、巾之外，還有一種便帽，同時已有一種羌人毡帽流入中原，亦稱毡笠，爲區別冠、巾，故有"定制爲冠，無定制爲帽"之説。漢末至魏晋之世，帽大興盛，朝野通戴。漢曹操擬古皮弁制，以縑帛裁爲帢帽，或作"帕"。晋成帝咸和九年（334），聽尚書八座承郎、門下三省侍官乘車白帢低幃，出入掖門，又二宮直官着烏紗帢。實際上，士人宴居皆着帢。當時江左野人已着帽，士人亦然。當時帽爲圓頂，其後乃高其屋。（見《晋書·輿服志》）南北朝時期，北朝人士大多戴帽，如北魏着突騎帽。南朝多以紗縠爲材料製成紗帽，有白紗帽、烏紗帽。白紗帽爲天子首服，宴私皆戴之，今存唐閻立本畫《陳文帝圖》中人物即戴白紗帽。太子在永福省戴白紗帽，在上省則戴烏紗帽。此外，士人則戴皂帽，農商則戴大障日帽，亦名"屠蘇"，其形障日覆耳。南朝帽式多樣，其制不定，或有捲荷，或有下裙，或有紗高屋，或有烏紗長耳。齊東昏侯又令左右作逐鹿帽，形極窄狹；又別立帽式，騫其口而舒二翅，名曰"鳳凰度三橋"；裙襬後總而結之，名曰"反縛黃鸝"；又有"兔子度坑""山鵲歸林"等帽，皆以帽形定名。（見《南齊書·五行志》）

隋文帝開皇初，常着烏紗帽，自朝貴以下至於冗吏通着入朝，後又製白紗帽。唐代，天子首服亦有烏紗帽，視朝聽詔及宴見賓客時服之。還有白帢，臨大臣喪時服之，至顯慶元年（656）廢止不用。皇太子首服亦有烏紗帽，視事及宴見賓客服之。唐代士民還喜戴胡帽，男女皆戴，天寶初尤甚。當時典型的胡帽是捲檐虛帽，還有錦帽、珠帽、搭耳帽、渾脫帽，皆胡帽。婦女所戴胡帽，據西安韋頊墓石椁綫雕中的女胡帽樣式有兩種：一種裝上翻的帽耳，一種在口沿部分飾以皮毛。五代時期，就帽而言，亦有一定特點。如前蜀王建喜戴大帽，亦令百姓皆戴；王衍晚年，俗又競尚小帽，名曰"危腦帽"。

宋代，帽的種類較多，有用幞頭光紗做的京紗帽，有用南紗做的翠紗帽，有帽檐上聳形似筆筒的筆帽，有士大夫仿效蘇東坡戴的高筒帽，有以隱士方山子戴的方形帽命名的"方山子"，有帽檐尖如杏葉的尖檐帽，有輕巧簡便的羅隱帽。此外，還有席帽，爲一般没有功名的人士所戴；名曰"重戴"的大裁帽，初爲御史臺諸官所戴，淳化、祥符間定爲職官首服；風帽，擋風避寒所戴；僧帽，僧侶所戴。遼國人所戴帽有無檐紗帽、氈帽、貂帽等，還有爪拉帽，原爲遼查刺所戴，後轉音爲"爪拉"。金人所戴的帽有轄帽、貂帽，婦女還喜戴羔皮帽。元代，蒙古族首服的特點是冬帽夏笠。天子有質孫服，即一色衣，帽需與之相配。冬服十一等。如穿金錦剪茸則戴金錦暖帽；穿紅、黃粉皮服則戴紅金答子暖帽；穿白粉皮服則戴白金答子暖帽。夏服十五等。如穿答納都納石矢并綴大珠於金錦則戴寶頂金鳳鈸笠；穿大紅珠寶裏紅毛子答納則冠珠緣邊鈸笠；穿白毛子金絲寶裏則戴白藤寶貝帽。王公大臣戴大帽，即暖帽、鈸笠等，帽皆有頂，視其花樣以分別等威。官民戴帽者亦甚多，帽檐有圓有方，或作前圓後方，或作樓子式。蒙古族入至中原以後，除保留其固有的民族冠服外，亦采用漢族冠制，帽類亦有學士帽、錦帽等。自大德以後，蒙、漢士人各就其便。

明代冠制，既上采唐宋之制，也有元代遺留，其式樣有新的發展。帽頂上飾以珠、玉、寶石，始自元代。明代沿其制，飾以玉、珠、金、銀、瑪瑙、水晶、香木等。弘治間，士民所戴帽式皆作平頂，形似截筒；正德時，帽頂稍收，作尖桃式。群臣常服有烏紗帽，其制前低後高，二旁各插一翅，通體皆圓，帽內另以網巾束髮，常朝視事戴之。此外，有棕結草帽，如笠而高，中軍巡捕戴之；有遮陽大帽，即笠子，凡科貢入監生有恩例者戴之；有圓帽，似笠而小，用烏紗，漆裏，元代氈帽遺制；有鵝帽，校尉等用；有堂帽，由唐巾演變而來，但用硬殼作盔式，用鐵綫爲硬展脚，有職之官員在朝堂上始得戴之；有中官帽，亦稱"内使帽"，後列三山，并增方帶兩條垂於後，内使所戴，無職官亦有戴者；有瓦楞棕帽，嘉靖初生員始戴，後民間富者亦戴之；有小帽，一名"瓜拉帽"，亦稱"六合一統帽"，形似後代的瓜皮帽，本爲執役廝卒輩所戴，後士庶亦戴之；有笠，方廣皆二尺四寸，以竹絲織成，上覆黑絹蒙之，或覆以櫟葉，輿隸們戴插鷺尾的毡笠，轎夫、傘夫則戴紅毡笠，農民則戴方斗笠；有捲檐毡帽，樂舞中舞師戴之；有襆腦，將軍力士、校尉、旗軍等戴之；有紅黑高帽，開府各衙門中的執役者戴之；有烟墩帽，式如大帽，檐直而頂稍細，上綴金蟒珠玉等，内臣所戴；有邊鼓帽，將極高的平頂帽上部作尖長式，嘉靖間市井少年戴之。清代皇帝和官員的禮帽，有冬天所戴的暖帽和夏天所戴的凉帽。帽上插花翎是清代禮帽的一大特點。凉帽初尚扁而大，後尚高而小。士大夫燕居時則戴便帽，又名“秋帽”，俗稱“西瓜皮帽”，沿襲明代六合帽之制，先作瓜棱形圓頂，後又作略近平頂形，下承以帽檐。帽胎有軟胎、硬胎，用黑緞、紗，或以馬尾、藤竹絲編織成胎。帽檐有用錦沿，或用紅、青錦緣緣以臥雲紋。用紅絨結爲頂。農民及市販勞動者仍沿襲明代之俗，戴毡帽，其式甚多，或大半圓形，或半圓形而頂略平，或四角有檐反折嚮上，或反折嚮上作兩耳式，或後檐嚮上反折而前檐作遮陽式等。用以禦風寒的風帽，亦稱“風兜”，或夾，或棉，或皮，多爲黑色，高貴則用紅色。多爲老者所戴，和尚、尼姑亦戴之。還有皮帽，或稱“拉虎帽”，腦後分開而繫以二帶。亦有不分開者，謂之“安髦帽”，本爲皇帝狩獵所戴，後王公亦戴之。還有狗頭帽，帽頂兩旁左右開孔裝上二隻狗耳朵毛皮，用鮮艷綢緞呢絨做成，鑲嵌金鈿、假玉，爲孩童所戴。農民還戴笠帽、凉帽，用藤、竹、麥秸編成。清朝後期，受西方服飾影響，學生和軍人有操帽、軍帽。（見周錫保《中國古代服飾史》第九至十四章）至今，帽式愈加繁多。

歷代各式帽

帽

指從古到今的首服。古代特指布帛製的圓形軟帽。其形制，一般爲圓頂，有檐。或上方下圓。以布帛紗絲製成。其作用是遮護頭部，以防曬、防風、防寒、防塵，亦有裝飾作用。帽的出現，可上溯到原始社會時期。1978 年在陝西臨潼鄧家莊新石器時代遺址，發現一件距今約六千年的人像陶塑，頭戴一頂寬大的圓帽，證明帽起源於史前時期。帽，本作“冒”，初爲兒童、蠻夷首服。《説文·冃部》：“冃，小兒及蠻夷頭衣也。”段玉裁注：“小兒未冠，夷狄未能言冠，故不冠而帽。”夏、商、周三代時期，貴族成年男子戴冠，庶人戴巾，小兒及蠻夷戴帽。秦漢之世，冠、巾、幘之外，流行一種便帽，同時羌人的毡帽已流入中原。《漢書·雋不疑傳》：“始元五年，有一男子乘黄犢車，建黄旂，衣黄襜褕，著黄冒，詣北闕，自謂衞太子。”《後漢書·耿秉傳》：“安得惶恐，走出門，脱帽抱馬足降。"魏晋之世，帽已成爲朝野首服，時流行魏武帝創製的和圓帽。《晋書·輿服志》："後世施幘於冠，因或裁纓爲帽。自乘輿宴居，下至庶人無爵者皆服之。成帝咸和九年，制聽尚書八座丞郎、門下三省侍官乘車，白帢低幃，出入披門。又，二宮直官著烏紗帢。然則往往士人宴居皆著帢矣。時江左時野人已著帽，人士亦往往而然，但其頂圓耳，後乃高其屋云。"南北朝、隋唐時期，天子首服有白紗帽、烏紗帽，士人戴皂帽，農商戴大障日帽。北周的突騎帽，垂裙覆帶，很有特色。唐代還流行胡帽，其制不定。《隋書·禮儀志六》："〔陳〕帽，自天子下及士人，通冠之。以白紗者，名高頂帽。皇太子在上省則烏紗，在永福省則白紗。又有繒皂雜紗爲之，高屋下裙，蓋無定準。"又《禮儀志七》："案宋、齊之間，天子宴私，著白高帽，士庶以烏，其制不定。或有卷荷，或有下裙，或有紗高屋，或有烏紗長耳。後周之時，咸著突騎帽，如今胡帽，垂裙覆帶，蓋索髮之遺象也。又文帝項有瘤疾，不欲人見，每常著焉。相魏之時，著而謁帝，故後周一代，將爲雅服，小朝公宴，咸許戴之。開皇初，高祖常著烏紗帽，自朝貴已下，至於冗吏，通著入朝。今復製白紗高屋帽……宴接賓客則服之。"《舊唐書·輿服志》："〔天子〕白紗帽……視朝聽訟及宴見賓客則服之。"《新唐書·車服志》："〔中宗後〕宮人從駕，皆胡冒乘馬，海内效之。"宋、元、明、清時期，帽爲冠、巾之外主要首服，式樣繁多，各具特色。如宋代的紗帽、高筒帽、尖檐帽；元代的暖帽、鈸笠、氈帽；明代的烏紗帽、六合一統帽；清代皇帝和官員戴的暖帽、涼帽，還有士、農、工、商戴的瓜皮帽、氈帽、風帽、笠帽等。現代，帽類更是花樣翻新，舉不勝舉。如八角帽、圓頂帽、鴨舌帽、呢帽、棉帽、皮帽、毛綫帽等。少數民族的帽，更是形形色色。如維吾爾族的花帽、哈薩克族的三葉帽、蒙古族的哈爾邦、回族的號帽、白馬藏族人的瓜葉式帽、水族的馬尾帽、彝族的雞冠帽、白族的鳳凰帽、門巴族的缺口氈帽、鄂倫春族的狍頭皮帽等。

【冒】

同"帽"。此體始見於漢代。見該文。

【帽子】

即帽。唐代始見此稱。唐王建《宮詞》："未戴柘枝花帽子，兩行宮監在檐前。"後代沿用。《宋史·輿服志三》："後殿早講，皇帝服帽子、紅袍、玉束帶。"元王惲《玉堂嘉話》卷一："虎巖每得一聯一咏，即提擲帽於几，龍山從旁謂曰：'不知李、杜平時費多少帽子。'聞者爲捧腹。"此稱一直沿用至當代。

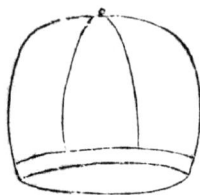

帽子

（明王圻等《三才圖會》）

岑牟

古代鼓角士所戴的帽子。以帛絹爲之。始見於漢代。《後漢書·文苑傳·禰衡》："諸史過者，皆令脱其故衣，更著岑牟單絞之服。"李賢注引《文士傳》曰："以帛絹制作衣，一岑牟，一單絞及小褌。"又引《通史志》曰："岑牟，鼓角士胄也。"

帢

古代一種便帽。以縑帛製成，形如皮弁而缺四角。有單、夾之別。相傳爲東漢末年曹

操所創製。《三國志·魏書·武帝紀》"〔建安
二十五年〕二月丁卯，葬高陵"，裴松之注引
《傅子》："魏太祖以天下凶荒，資財乏匱，擬古
皮弁，裁縑帛以爲帢，合於簡易隨時之義，以
色別其貴賤，於今施行。"亦稱"帢帽"。上文
裴松之注又引《曹瞞傳》曰："太祖爲人佻易無
威重……時或冠帢帽以見賓客。"亦作"帕"。
《三國志·魏書·鍾會傳》："會已作大坑，白棓
數千，欲悉呼外兵入，人賜白帕。"晉代沿用，
有白帢、烏紗帢。《晉書·輿服志》："及江左，
哀帝從博士曹弘之等議，立秋御讀令，改用素
白帢。"又："成帝咸和九年，制聽尚書八座丞
郎、門下三省侍官乘車，白帢低幃，出入掖門。
又，二宮直官著烏紗帢。然則往往士人宴居皆
著帢矣。"南朝、隋、唐沿用，多於臨喪服之。
《通典·禮十七》："齊依以素爲之，舉哀臨喪服
之。梁因之，以代古疑縗，爲弔服，群臣舉哀
臨喪則服之。陳因之，而初婚冠送餞亦服之。
隋依梁不易。大唐因之。"亦作"峽"。晉崔豹
《古今注·輿服》："峽，魏武帝所製。"《宋書·禮
志五》："魏武以天下凶荒，資財乏匱，擬古皮
弁，裁縑帛以爲峽，合乎簡易隨時之義，以色
別其貴賤。"亦作"幍"。《北史·裴植傳》："長
成後，非衣幍不見。"

【帢帽】

即帢。此稱始見於晉代。見該文。

【帕】

同"帢"。此體始見於三國時期。見該文。

【峽】

同"帢"。此體始見於晉代。見該文。

【幍】

同"帢"。此體始見於南北朝時期。見該文。

白帢

以素白縑帛製成的帢。東漢末曹操所創製
即白帢。晉沿用，陸機被逮捕前，釋戎服，着
白帢。又，張茂以官非命，遺命白帢入官，不
用朝服。參閱《晉書·陸機傳》和《張茂傳》。
亦作"白帕"。《晉書·輿服志》："成帝咸和九年，
制聽尚書八座承郎、門下三省侍官乘車，白帕
低幃，出入掖門。"

【白帕】

同"白帢"。此體始見於晉代。見該文。

烏紗帢

以烏紗製成的帢。始見於晉代。亦作"烏
紗帕"。《晉書·輿服志》："成帝咸和九年……二
宮直官著烏紗帢。"

【烏紗帕】

同"烏紗帢"。此體始見於晉代。見該文。

無顏帢

無顏縫不覆額的帢。魏武帝始製之帢，橫
縫其前以別後，曰顏帢，後稍去其縫，故名。
始見於晉代。《晉書·五行志上》："初，魏造白
帢，橫縫其前以別後，名之曰顏帢，傳行之。
至永嘉之間，稍去其縫，名無顏帢。"

合歡帽

古代一種以左右兩片合縫而成的帽。圓頂，
以絲爲之。始見於晉代。晉束晳《近游賦》：
"及至三農間隙，遘結婚姻，老公戴合歡之帽，
少年著蕞角之巾。"晉陸翽《鄴中記》："石季龍
出獵，著金縷織成合歡帽。"南北朝時期仍流
行。陝西西安草場坡出土之北魏持弓武士俑，
所戴即合歡帽樣式。

接羅

一種白色巾帽，以白鷺羽爲飾。始見於晉

代。《晋書・山濤傳》："時有童兒歌曰：'山公出何許，往至高陽池……時時能騎馬，倒著白接䍦。'"亦作"接䍦"。《文獻通考・王禮考七》："晋著白接䍦，竇平《酒譜》曰：'接䍦，巾也。'"唐代沿用。唐李白《襄陽歌》詩："落日欲没峴山西，倒著接䍦花下迷。"唐代以後亦見，直至明清時期。《金瓶梅詞話》第五七回："贏色的又要去挂紅，誰讓你倒著接䍦。"清孔尚任《桃花扇・投轅》："倒戴着接䍦帽，橫跨着湛盧刀。"亦作"㲯䍦"。元辛文房《唐才子傳・朱放》："嘗著白㲯䍦，鹿裘筝履，盤桓酒家。"

【接䍦】

同"接䍦"。此體始見於晋代。見該文。

【㲯䍦】

同"接䍦"。此體見於元代。見該文。

大帽

古代一種大邊帽。由草、藤等編結而成，上蒙黑色紗縠，可垂於帽檐之下，以隔風塵。本農夫野老所戴，用以遮陽。北魏孝文帝遷都代，以賜百官，謂之"溫帽"。五代馬縞《中華古今注・大帽子》："本岩叟草野之服也。至魏文帝詔百官常以立冬日貴賤通戴，謂之溫帽。"此後，經隋唐之演變，五代、宋朝漸爲官吏首服。亦稱"大裁帽"。宋高承《事物紀原・冠冕首飾》："大帽，野老之服也，今重戴，是本野夫巖叟之服；唐以皂縠爲之，以隔風塵。李氏《資暇》曰：'大裁帽也。'《談苑》曰：後魏孝文帝自雲中徙代，以賜百寮；五代以來，唯御史服之；本朝淳化初，宰相、學士、御史、北省官、尚書省五品已上，皆令服之；今唯郎中、臺諫服之。自後魏始。"明代士人戴之。亦

稱"遮陽帽"。明王圻、王思義《三才圖會・衣服》："大帽。嘗見稗官云：國初，高皇幸學，見諸生班烈日中，因賜遮陽帽，此其制也。今起家科貢者則用之。"

大　帽
（明王圻等《三才圖會》）

亦稱"遮陽大帽"。清褚人穫《堅瓠集》卷之一《遮陽帽》："明制，士子入青監滿日，許戴遮陽大帽。"清代禮帽亦稱"大帽"。

【溫帽】

即大帽。此稱始見於南北朝時期。見該文。

【大裁帽】

即大帽。此稱始見於唐代。見該文。

【遮陽帽】

即大帽。此稱始見於明代。見該文。

【遮陽大帽】

即大帽。此稱始見於清代。見該文。

紗帽

泛指以絲紗所製之帽。有烏紗所製之烏紗帽和以白紗所製之白紗帽。始見於南北朝時期，多爲君主或貴顯者所戴。《北齊書・平秦王歸彥傳》："齊制，宮内唯天子紗帽，臣下皆戎帽，特賜歸彥紗帽以寵之。"《周書・長孫儉傳》："儉乃著裙襦紗帽，引客宴於別齋。"白紗帽是南朝皇帝首服，至陳末，一般人亦戴之。《南史・宋明帝紀》："建安王休仁便稱臣，奉引升西堂，登御坐。事出倉卒，上失履，跣，猶著烏紗帽，休仁呼主衣以白紗代之。"隋初，皇帝和官員平時戴烏紗帽，接待賓客則戴白紗帽。《隋書・禮儀志七》："開皇初，高祖常著烏紗帽，自

朝貴已下，至於冗吏，通著入朝。今復指白紗高屋帽，其服，練裙襦，烏皮覆。宴接賓客則服之。”唐代爲天子首服之一種。參閱《舊唐書·輿服志》。民間亦服紗帽。唐杜甫《秋野五首》之三：“掉頭紗帽仄，曝背竹書光。”唐白居易《夏日作》詩：“葛衣疏且單，紗帽輕復寬。”宋代，與幞頭相混爲一，爲官吏主要首服。書生亦多戴之。《宋史·符昭壽傳》：“昭壽以貴家子，日事游宴，簡倨自恣，常紗帽素氅衣，偃息後圃，不理戎務。”明代定烏紗帽爲文武官員常禮服。參閱《明史·輿服志三》。明湯顯祖《南柯記·卧轍》：“白頭紗帽保平安，職掌批行和帶管，有的錢鑽。”

紗帽（群臣冠服·烏紗帽）
《明宮冠服儀仗圖》

烏紗帽

古代紗帽的一種。以烏色紗所製之帽。晋代流行帢帽，宮官多着烏色者，爲最早之烏紗帽。《晋書·輿服志》：“成帝咸和九年……二宮直官著烏紗帽。”至南朝宋時，建安王休仁製成一種用烏紗抽扎帽邊的帽子，亦稱“烏紗帽”。《宋書·五行志一》：“明帝初，司徒建安王休仁統軍赭圻，制烏紗帽，反抽帽裙，民間謂之‘司徒狀’，京邑翕然相尚。”南朝皇太子在上省戴烏紗帽，士庶亦戴之。隋代君臣皆着之。《隋書·禮儀志七》：“案宋、齊之間，天子宴私，著白紗帽，士庶以烏，其制不定……開皇初，高祖常著烏紗帽，自朝貴已下，至於冗吏，通

烏紗帽（士庶冠服·內使
烏紗帽）
（明王圻等《三才圖會》）

著入朝。”唐代，天子以爲首服之一，視朝聽訟及宴見賓客服之。皇太子亦於視事、宴見賓客時服之。參閱《新唐書·車服志》。後行於民間，儒士、隱士亦服之。唐李白《答友人贈烏紗帽》詩：“領得烏紗帽，全勝白接䍦。”唐白居易《初冬早起寄夢得》詩：“起戴烏紗帽，行披白布裘。”五代時期以後，幞頭形制有新的變化，烏紗帽遂與之混一，行於朝野。《宋史·輿服志三》：“〔天子之服〕窄袍或御烏紗帽，中興仍之。”明代，烏紗帽爲官吏常服中主要首服，其式樣與晚唐、五代時期的幞頭略同，前低後高，帽的二旁各插一翅，通體皆圓，帽內另以網巾束髮。一、二品帽頂、帽珠用玉；三至五品帽頂用金，帽珠除玉外隨所用；六至九品帽頂用銀，帽珠用瑪瑙、水晶、香木。民間不再隨意用之。《明史·輿服志三》：“凡常朝視事，以烏紗帽、團領衫、束帶爲公服。”又：“內使冠服……其常服，葵花胸背團領衫，不拘顏色；烏紗帽，犀角帶。無品從者，常服團領衫，無胸背花，不拘顏色；烏角帶，烏紗帽，垂軟帶。”亦稱“烏紗”。唐柳宗元《同劉二十八院長述舊言懷感時事》詩：“春衫裁白紵，朝帽挂烏紗。”唐劉威《旅懷》詩：“無名無位却無事，醉落烏紗卧夕陽。”宋范仲淹《依韻酬章推官見贈》詩：“山人驚戴烏紗出，溪女笑偎紅杏遮。”又省稱“烏帽”。唐杜甫《相逢歌贈嚴二別駕》詩：“烏帽拂塵青螺粟，紫衣將炙緋衣走。”宋陸游《東陽道中》詩：“風軟烏帽送輕寒，雨點春衫作碎斑。”

【烏紗】

即烏紗帽。此稱始見於唐代。見該文。

【烏帽】

"烏紗帽"之省稱。此稱始見於唐代。見該文。

白紗帽

古代紗帽的一種。用白紗製的高頂帽。始流行於南朝宋，爲天子首服。宴私皆戴之。《資治通鑑·宋順帝昇明二年》："攸之大怒，召諸軍主曰：'我被太后令，建義下都。大事若克，白紗帽共著耳。'"南朝各代，凡爲皇帝者即戴之，足見其貴。《梁書·侯景傳》："自篡立後，時著白紗帽。"唐閻立本所畫陳文帝像即戴白紗帽。皇太子在永福省亦戴之。陳代，一般人亦戴之。隋初，爲皇帝首服。參閱《隋書·禮儀志七》。唐代沿用，爲天子首服之一種。《舊唐書·輿服志》："白紗帽，白裙襦，白襪，烏皮履，視朝聽訟及宴見賓客則服之。"省稱"白帽"。《資治通鑑·宋明帝泰始元年》："於時事起倉猝，王失履，跣至西堂，猶著烏帽。坐定，休仁呼主衣以白帽代之。"亦稱"高頂帽""白紗"。《隋書·禮儀志六》："〔陳〕帽，自天子下及士人，通冠之。以白紗者，名高頂帽。皇太子在上省則烏紗，在永福省則白紗。"亦稱"白高頂帽""白紗高屋帽"。《隋書·禮儀志七》："案宋、齊之間，天子宴私著白高頂帽，士庶以烏，其制不定……今復制白紗高屋帽。"

【白帽】

"白紗帽"之省稱。此稱始見於南北朝時期。見該文。

【高頂帽】

即白紗帽。此稱始見於南北朝時期。見該文。

【白紗】

即白紗帽。此稱始見於南北朝時期。見該文。

【白高頂帽】

即白紗帽。此稱始見於南北朝時期。見該文。

【白紗高屋帽】

即白紗帽。此稱始見於隋代。見該文。

卷荷帽

烏紗帽的一種。南朝士庶戴之。以烏紗爲之，圓頂，中竪一縷，帽檐翻捲，形似荷葉，故名"卷荷"。始行於南朝宋、齊之間。《隋書·禮儀志七》："案宋、齊之間，天子宴私著白高帽，士庶以烏，其制不定。或有卷荷，或有下裙，或有紗高屋，或有烏紗長耳。"亦稱"蓮葉帽"。《北史·僭僞附庸傳·蕭詧》："又惡見人髮，白事者必方便避之，擔輿者冬月必須裹頭，夏月則加蓮葉帽。"河南鄧州出土的南北朝畫像磚中，有一組部曲鼓吹者形象，頭上所戴即此帽，現藏中國國家博物館。

【蓮葉帽】

即卷荷帽。此稱始見於南北朝時期。見該文。

裙帽

古代一種烏紗製成的高頂垂裙帽。南朝士大夫戴之。《隋書·禮儀志七》："案宋、齊之間，天子宴私著白高帽，士庶以烏，其制不定。或有卷荷，或有下裙，或有紗高屋，或有烏紗長耳。"有帽裙和高屋爲這種帽子的基本特徵。《資治通鑑·齊武帝永明二年》："宋元嘉之世，諸王入齋閣，得白服、裙帽見人主；唯出太極四廂，乃備朝服。"胡三省注："宋、齊之間，制高屋帽，下裙蓋。"

鳳度三橋

南朝齊東昏侯創製的一種帽。《南史·齊和帝紀》："東昏又與群小別立帽，騫其口而舒兩翅，名曰'鳳度三橋'。"

反縛黃鸝

南朝齊東昏侯創製的一種帽。《南史·齊和帝紀》："東昏又與群小別立帽……裙向後，總而結之，名曰'反縛黃鸝'。"

調帽

南朝齊東昏侯創製的一種帽。《南史·齊和帝紀》："〔東昏侯〕又作著調帽，鏤以金玉，間以孔翠。"

逐鹿帽

南朝齊東昏侯創製的一種帽。《南史·齊和帝紀》："東昏又令左右作逐鹿帽，形甚窄狹。"

高翅帽

古代一種翅耳高挑的帽。始見於南北朝時期。《北史·熊安生傳》："安生與同郡宗道暉、張暉、紀顯敬、徐遵明等爲祖師，道暉好着高翅帽，大屐，州將初臨，輒服以謁見。"唐代亦見。唐韓翃《送南少府歸壽春》詩："孤客小翼舟，諸生高翅帽。"

倚勸

古代一種半裙紗帽。始見於南北朝時期。《南史·齊廢帝海陵王紀》："時又多以生紗爲帽，半其裙而析之，號曰倚勸。"後世沿用，亦稱"窩玉"。《通雅·衣服》："倚勸，今之窩玉也。"

【窩玉】

即倚勸。此稱始見於明代。見該文。

突騎帽

古代北方一種男式便帽。圓頂，左、右及後方爲帽裙所披覆，繞額處繫扎一帶。流行於南北朝時期。突騎，爲突擊敵人的騎兵，此帽原當爲武士騎兵所戴，西域民族首服，南北朝時期傳入中原，北朝多見，北周盛行，民間亦

服。《梁書·諸夷傳·武興國》："著烏皂突騎帽，長身小袖袍，小口袴，皮靴。"《隋書·禮儀志七》："後周之時，咸著突騎帽，如今胡帽，垂裙覆帶，蓋索髮之遺象也。又文帝項有瘤疾，不欲人見，每常著焉。相魏之時，著而謁帝，故後周一代，將爲雅服，小朝公宴，咸許戴之。"在山西壽陽北齊庫狄回洛墓出土的陶俑中，有此帽樣式。

氈帽

用毛氈製成的帽。本羌人首服，流行於西北地區，秦漢時傳入中原。《南史·末國傳》："土人剪髮，著氈帽、小袖衣。"1979年在新疆樓蘭羅布泊孔雀河北岸古墓中發現一頂氈帽，經測定，距今三千八百八十多年。唐代，有以白氈所製的氈帽，稱"白題"；有以烏羊所製的氈帽，稱"渾脱氈帽"。唐玄宗開元年間流行的胡帽，亦有氈帽。宋、遼、金、元各代，皆有氈帽流行，特別在北方更甚。如遼代，番官戴氈帽。亦稱"氈笠"。宋高承《事物紀原·冠冕首飾》引《寶錄》曰："本羌人首服，以羊毛爲之，謂之氈帽，即今氈笠也。秦漢競服之，後故以蓆爲骨而鞔之，謂之蓆帽。"宋徐度《却掃編》下："〔王〕亢爲人深目、高準、多髯，事毳裘氈笠。"明代，氈帽種類、用途有新的變化。有捲檐氈帽，樂舞中舞師戴之；有上插鷺尾的氈帽，輿隸所戴；有紅氈帽，轎夫、傘夫所戴。其他如圓帽、鵝帽、中官帽、小帽等，冬季亦用氈製。明清以來，多爲農民及市販勞動者所戴，式樣甚多。有大半圓形者，有半圓形而頂略平者；有四角帶檐反折嚮上者，有反折嚮上作兩耳式者；有折下可掩兩耳者，有頂爲錐狀者。周錫保《中國古代服飾史》第十四

章《清代服飾》："氈帽。亦沿襲前代，本爲農民及市販勞動者所戴，其式大致有：一是大半圓形；一是半圓形而頂略作平些的；一是四角有檐反折向上；一是反折嚮上作兩耳式，在折下時可掩兩耳者；一是後檐嚮上反折而前檐作遮陽式者；一是頂作帶有錐狀者。另有爲士大夫們燕居時作爲便帽的，則加金錢蟠綴成各種花式，或作四合如意、蟠龍、金綫鑲緣等。也有裹面加以毛皮的，係北方及内蒙古諸地所戴。"清代後期，浙江紹興創製一種烏氈帽，圓邊尖頂，做工精細，甚爲盛行。清代江南地區流行的圓頂氈帽，一直流傳到民國時期。魯迅作品《故鄉》中的少年閏土形象，即"頭戴一頂小氈帽"。氈帽防風保暖性能好，流行於我國北方、西北廣大地區，漢、藏、蒙、土、普米等許多民族皆戴。在内蒙古諸地，還在帽内襯以毛皮。藏族男子常戴氈製的禮帽。民國初年，在青海互助、大通等土族聚居地區，以絨毛製成蘑菇狀，然後將下沿翻上而成，女式多爲棕色，亦有白色，翻沿高而匀，周圍飾以織錦花邊，稱"拉金鎖"氈帽。男式多爲白色，亦有黑色，翻沿前低後高，周圍或飾以織錦花邊，名"鷹嘴啄食"氈帽。當今，氈帽仍爲民間便帽，西北地區尤爲盛行，特別爲老年人所喜愛。

氈 笠
（明王圻等《三才圖會》）

【氈笠】

即氈帽。此稱始見於宋代。見該文。

白題

古代氈帽的一種。以白氈製成，爲三角形，高頂而虛，有邊，捲檐。漢魏時由西北少數民族地區傳入中原，隋唐時期在民間廣爲流行。唐杜甫《秦州雜詩》之三："馬驕珠汗落，胡舞白題斜。"

渾脱氈帽

古代氈帽的一種。以烏羊毛製成，呈錐形。源自西北少數民族地區。以革或氈製。唐代，長孫無忌始以烏羊毛製。渾脱，即皮囊，即將牛羊皮整體脱下，吹氣其中使滿。明葉子奇《草木子·雜俎》："北人殺小牛，自脊上開一孔，逐旋取去内頭骨肉，外皮皆完，揉軟，用以盛乳酪酒漿，謂之渾脱。"此帽類似渾脱，故名。亦稱"趙公渾脱"。唐張鷟《朝野僉載》卷一："趙公長孫無忌以烏羊爲渾脱氈帽，天下慕之，其帽爲'趙公渾脱'。"初爲男帽，後演變爲女帽，多以錦綉爲之，爲唐代婦女胡帽之一種。

【趙公渾脱】

即渾脱氈帽。此稱始見於唐代。見該文。

捲檐氈帽

明代文舞之舞師所戴氈帽。白色。《明史·輿服志三》："〔文舞〕其舞師皆戴白捲檐氈帽，塗金帽頂，一撒紅纓，紫羅帽襻。"

胡帽

原指古代北方少數民族所戴之帽。所謂鮮卑帽、長裙帽、突騎帽等，皆可稱爲胡帽。魏晉南北朝時期逐漸傳入中原。隋唐時，特別是開元初，又從西域引進錦帽、蕃帽、珠帽、氈帽、渾脱帽、捲檐虛帽等。皆統稱"胡帽"。男女皆着之。《隋書·禮儀志七》："後周之時，咸著突騎帽，如今胡帽，垂裙覆帶，蓋索髮之遺象也。"唐之胡帽與突騎帽相類似。《舊唐書·輿服志》："開元初，從駕宫人騎馬者，皆著胡帽，靚妝露面，無復障蔽。士庶之家，又相仿效，帷帽之制，絕不行用。"可知，胡帽不遮面，與帷帽不同。此外，"垂裙覆帶"亦爲其主要特徵。從考古發現的陶俑、壁畫形象來看，唐朝胡帽或以厚錦緞製成，或以烏羊毛製成。頂部略尖，式樣甚多：或周身織有花紋，或鑲嵌各種珠寶，或下沿爲曲綫帽檐，或裝有上翻帽耳并飾羽毛，或口沿飾以皮毛。胡帽約在唐玄宗天寶以後廢止。

鮮卑帽

南北朝時期北方鮮卑族所戴之帽。始流行於北魏，魏孝文帝推行漢化政策，一度被禁止。北齊時，又推行鮮卑化政策，鮮卑帽復行。《太平御覽》卷九七五引《北齊書》："後主武平中，特進、侍中崔季舒宅中池内，蓮莖皆作胡人面，仍着鮮卑帽。俄而季舒見煞。"其特點是帽之兩側及後背，皆垂裙至肩，故亦稱"大頭長裙帽"。《梁書·諸夷·河南王傳》："河南王者，其先出自鮮卑慕容氏……著小袖袍、小口袴、大頭長裙帽。"

【大頭長裙帽】

即鮮卑帽。此稱始見於南北朝時期。見該文。

【烏丸帽】

南北朝時烏丸族所戴之帽。《魏書·吐谷渾傳》："遣使通劉義隆求援，獻烏丸帽。"其形制不詳，但烏丸與鮮卑同俗，其帽亦當無大异。

捲檐虛帽

胡帽的一種。盛唐時，隨柘枝舞傳入中原，男女皆戴之。以彩錦、毡罽或羊皮製成。帽頂高聳，帽檐朝上翻捲，或裝有護耳。或在帽子四周裝有小鈴。唐張祜《觀楊瑗柘枝》詩："促

叠蠻鼙引柘枝，捲檐虛帽帶交垂。"1952年於陝西咸陽邊防村出土唐彩繪胡裝俑，戴此種胡帽。

錦帽

胡帽的一種。以彩錦製成的帽。始爲西域少數民族所戴之帽，兩晋南北朝時期傳入中原，唐代盛行，男女皆服。其制，或尖頂，或圓頂，或翻檐，或敞檐，亦有風帽式者。陝西西安韋頊墓出土石刻，有穿胡服戴此帽的婦女形象。

搭耳帽

胡帽的一種。始爲北方少數民族所戴之帽，戰國時趙武靈王實行胡服騎射，傳入中原，并進行改造。五代馬縞《中華古今注·搭耳帽》："本胡服，以韋爲之，以羔毛絡縫。趙武靈王更以綾絹皂色爲之，始并立其名'爪牙帽子'，蓋軍戎之服也。又隱太子常以花搭耳帽子以畋獵游宴，後賜武臣及内侍從。"唐代，搭耳帽爲胡帽之一種。通常以厚實的織物或羊皮製成，帽頂尖聳，兩側綴有護耳，在室内時可將護耳翻上，外出時則將護耳搭下。以女性所戴者爲多。新疆吐魯番第二百三十號墓出土舞樂屏風上的樂伎即戴搭耳帽。

蕃帽

胡帽的一種。本指吐蕃、西蕃地區少數民族所戴帽。唐初，隨西域流行的"胡騰舞"傳入。通常以彩錦、羊皮、絨毡等爲之。戴者多爲女性。唐劉言史《王中丞宅夜觀舞胡騰》詩："織成蕃帽虛頂尖，細氈胡衫雙袖小。"因帽上的紋樣多由珠子綴成，故亦稱"珠帽"。唐李端《胡騰兒》詩："揚眉動目踏花氈，紅汗交流珠帽偏。"

【珠帽】

即蕃帽。此稱始見於唐代。見該文。

研絹帽

以研光絹所製之帽。始見於唐代。常於宴舞時戴之。唐南卓《羯鼓録》:"〔汝南王〕璡常戴研絹帽打曲,上自摘紅槿花一朵,置於帽上筆檐處,二物皆極滑,久之方安。遂奏《舞山香》一曲,而花不墜落。"亦稱"研光帽"。宋蘇軾《記謝中舍》:"徐州倅李陶,有子年十七八,素不甚作詩。忽咏《落花》詩云:'流水難窮目,斜陽易斷腸。誰同研光帽,一曲《舞山香》。'"

【研光帽】

即研絹帽。此稱始見於宋代。見該文。

韓君輕格

古代一種輕紗帽。五代時南唐韓熙載所製。宋陶穀《清異録·衣服》:"韓熙載在江南造輕紗帽,匠帽者謂爲'韓君輕格'。"

圓帽

古代一種圓頂帽。宋代已見。福建連江宋墓出土有圓帽。元代,圓帽似笠而小,用烏紗,裏面漆之,或用氈製,相傳元世祖后雍古剌氏所創。亦稱"爹檐帽"。明黃一正《事物紺珠》:"圓帽,元世祖出獵,惡日射目,以樹葉置胡帽前,其后雍古剌氏乃以氈片置前後,今爹檐帽。"山西太原小井峪元墓壁畫中人物即戴圓帽,現藏山西省博物館。加前檐的圓帽,甘肅漳縣元代汪世顯家族墓曾出土實物。明代,遮陽帽亦稱圓帽,當是承元代遺制。

【爹檐帽】

即圓帽。此稱始見於明代。見該文。

重戴

折上巾之上戴大裁帽。以羅爲之,方而垂檐,紫裏,旁有二紫絲組爲纓,下垂而結於領下。始見於唐代,宋因其制。初流行於民間,後朝廷官吏亦用。宋高承《事物紀原·冠冕首飾》:"大帽,野老之服也,今重戴,是本野夫巖叟之服;唐以皂縠爲之,以隔風塵。"《宋史·輿服志五》:"重戴,唐士人多尚之,蓋古大裁帽之遺制,本野夫巖叟之服。以皂羅爲之,方而垂檐,紫裏,兩紫絲組爲纓,垂而結之頷下。所謂重戴者,蓋折上巾又加以帽焉。宋初,御史臺皆重戴,餘官或戴或否。後新進士亦戴,至釋褐則止。"至淳化、祥符間,又定爲職官首服。《續通典·禮十二》:"淳化二年,御史臺言:'舊儀,三院御史臺及出使,並重戴,事已久廢。其御史出臺爲省職及在京釐務者,請依舊儀。'從之。又詔兩省及尚書省五品以上皆重戴,樞密三司使、副則否。中興後,御史、兩制知貢舉官、新進士上三人,許服之。"

羞帽

宋代科舉中狀元、榜眼、探花者所戴之帽。宋吳自牧《夢粱録·士人赴殿試唱名》:"帥漕與殿步司排辦鞍馬儀仗,迎引文武三魁,各乘馬戴羞帽,到院安泊款待。"

小帽

古代一種便帽。其形制小巧,便於戴脱。晋末和南北朝時期已見。南朝宋劉義慶《世説新語·任誕》:"桓宣武少家貧,戲大輸。"南朝梁劉孝標注引《郭子》:"覺頭上有布帽,擲去,著小帽。"初爲家居時所戴,歷代沿用時多有變革。五代時,前蜀王建始倡戴大帽,後又競尚小帽,謂之"危腦帽"。金制,小帽爲天子常朝之服。《金史·輿服志中》:"〔視朝之服〕常朝則服小帽、紅襴、偏帶或束帶。"明代小帽即六合一統帽,亦稱"瓜拉帽"。因形似瓜皮,後俗亦稱"瓜皮帽"。始爲執役廝卒所戴，後士庶亦戴之。清代，小帽形制、名稱更多，但大體沿襲明代的六合一統帽樣式，稱"秋帽"。後期形制多變，有平頂、尖頂、硬胎、軟胎之別，有"盔襯""困秋""兔窩""軍機六折"等名目。清末，帽頂結子小如豆，用藍色，戴時常半覆於額前。宣統時，帽檐重疊有多至七八道者。小帽内襯裏多用紅布，如服喪則用黑布或藍布，帽頂結子用白色或藍色。參閱周錫保《中國古代服飾史》第十三、十四章。從民國初年至中華人民共和國成立前夕，一些地方的鄉紳還戴這種形似瓜皮的小帽，紅帽頂結，爲清代小帽之遺制。

危腦帽

五代時前蜀後期流行的一種小帽。《新五代史·前蜀世家》："當王氏〔衍〕晚年，俗競爲小帽，僅覆其頂，俯首即墮，謂之危腦帽。"

六合一統帽

明代流行的一種小帽。始見於明初，相傳明太祖創製，寓天下歸一之意。一般用六片羅帛拼縫而成，亦有用八片拼成者，上作平形或圓形，下有檐，呈筒狀。清顧炎武《日知録》卷二八《冠服》引明陸深《豫章漫鈔》："今人所戴小帽，以六瓣合縫，下綴以檐如筒，閻憲副閎謂予言亦太祖所製，若曰六合一統云爾。"因形似瓜皮拼成，故俗亦稱"瓜皮帽"。清談遷《棗林雜俎》："清時小帽，俗稱'瓜皮帽'，不知其由來久矣。瓜皮帽即六合巾，明太祖所製，在四方平定巾之前。"沿用至民國初。魯迅《華蓋集·補白》："瓜皮帽，長衫，雙梁鞋，打拱作揖，大紅名片，水烟筒，或者都要成爲愛國的標徵。"亦稱"瓜拉帽"。明闕名《松下雜鈔》

上："皇子戴玄青縐紗六瓣有頂圓帽，名曰瓜拉帽。"

【瓜皮帽】

"六合一統帽"之俗稱。此稱始見於清代。見該文。

【瓜拉帽】

即六合一統帽。此稱始見於明代。見該文。

爪拉帽

明代一種小帽。始爲北方少數民族所戴的一種圓頂帽。因遼主查剌（遼道宗耶律弘基）曾戴此帽而得名，後轉音爲"爪拉帽"。《通雅·衣服》："中人帽曰爪拉。徐文長曰：遼主名查剌，或服是帽，轉爲爪拉。近有奄帽，是高麗王帽，京師呼爪拉。范文穆乾道使金，接伴裏蹋鳴。"

秋帽

清代一種小帽。形如明代六合一統帽。瓜菱形圓頂，或略作平頂，下承以檐，爲士大夫燕居時所戴。帽胎有硬有軟，多爲硬胎，以黑緞、紗或馬尾、藤竹絲製成。檐有錦沿，或用紅、青錦緣緣以卧雲紋。用紅緣爲頂，頂後或垂紅緣尺餘。嘉慶時盛行在帽上蟠金緣組繡，加綴明珠、寶石鑲嵌。參閱周錫保《中國古代服飾史》第十四章《清代服飾》。

盔襯

清代一種小帽。形如秋帽，帽頂極尖，流行於咸豐初年。參閱周錫保《中國古代服飾史》第十四章《清代服飾》。

困秋

清代一種小帽。形如秋帽，以皮爲帽檐。流行於咸豐初年。參閱周錫保《中國古代服飾史》第十四章《清代服飾》。

兔窩

清代一種小帽。形如秋帽，中淺而缺。流行於咸豐初年。參閱周錫保《中國古代服飾史》第十四章《清代服飾》。

軍機六折

清代一種小帽。形如秋帽，軟胎，可叠納懷中。參閱周錫保《中國古代服飾史》第十四章《清代服飾》。

磕腦

一種包額覆腦之巾帽。宋代已見。原爲軍中武士所戴，後民間亦戴之。以虎皮作成虎頭形者，稱“虎磕腦”。元關漢卿《哭存孝》第四折：“你戴一頂虎磕腦，馬跨着黃驃。”《水滸傳》第五一回：“只見一個老兒裹着磕腦兒頭巾，穿着一領褐羅衫。”亦作“榼腦”。明代爲將軍、力士、校尉、旗軍等所戴。《明史・輿服志三》：“二十二年令將軍、力士、校尉、旗軍，常戴頭巾或榼腦。”

【榼腦】

即磕腦。此稱始見於明代。見該文。

瓦楞帽

一種頂部摺叠如瓦楞的帽子。由四片瓦狀編織物縫合而成，上小下大，頂上有杆狀飾物突起。用牛馬尾編結者，稱“瓦楞棕帽”。始見於元代。明代嘉靖初年生員戴之，後民間亦戴之。明徐復祚《投梭記・摺齒》：“大姐只下機來道個萬福，小子就送一百個瓦楞帽兒。”《儒林外史》第一回：“只見外邊走進一個人來，頭戴瓦楞帽，身穿青布衣服。”

硬帽

元代皇帝小祀所戴之帽。《遼史・儀衛志二》：“小祀，皇帝硬帽，紅克絲龜文袍。”

暖帽

冬季所戴用來保暖之帽。此稱唐代已見。唐白居易《即事重提》詩：“重裘暖帽寬氈履，小閣低窗深地爐。”至元代，從天子到百官，冬天都戴暖帽。其質孫服，天子冬服十一等，百官冬服九等，大抵穿什麼衣料、色澤的衣服則戴什麼暖帽。《元史・輿服志一》：“天子質孫，冬之服凡十有一等，服納石失（金錦也）、怯綿里（翦茸也），則冠金錦暖帽。”帽檐有圓有方，或作前圓後方，或作樓子式。清代制度規定，官吏冠服分暖帽、涼帽，立冬前數日換戴暖帽。《清會典・事例・禮部・冠服》：“〔順治〕九年議準，涼帽、暖帽上圓月，官員用紅片金，庶人用紅緞。”清富察敦崇《燕京歲時記・換季》：“每季三月，換戴涼帽，八月換戴暖帽。屆時由禮部奏請。大約在二十日前後者居多。換戴涼帽時，婦女皆換玉簪；換戴暖帽時，婦女皆換金簪。”其形制，多爲圓形，周圍有一道檐邊，寬約二寸。材料用皮，或用呢、緞、氈、布，多爲黑色。帽檐爲上仰形，可分別鑲以毛皮、呢子、青絨。初以貂皮爲貴，其次爲獺皮，再次爲狐皮、狍皮，其下各種獸皮皆可用。還有以黃鼠狼皮染黑代獺皮者，名曰“騷鼠”，時人爭相效仿。康熙時，江寧等地新製一種剪絨暖帽，色黑質細，宛如騷鼠，價格低廉，爲一般學士所喜戴。暖帽中間裝有紅色帽緯，以絲或緞製成。帽子的最高處，裝有頂珠，多爲寶石，有紅、藍、白、金等色，是區別官職的重要標志。皇帝所戴暖帽，分冬朝冠、冬吉服冠、冬常服冠、冬行冠等。皇子、親王、鎮國公等所戴暖帽形制大抵相同，唯其頂層數及所飾東珠數目減少。其他各品官頂子皆有規定，按品級戴用，不得僭越。

金錦暖帽

元代天子冬季所戴暖帽的一種。《元史·輿服志一》："天子質孫，冬之服凡十有一等，服納石矢（金錦也）、怯綿里（翦茸也），則冠金錦暖帽。"

紅金答子暖帽

元代天子冬季所戴暖帽的一種。《元史·輿服志一》："天子質孫，冬之服凡十有一等……服紅黃粉皮，則冠紅金答子暖帽。"

白金答子暖帽

元代天子冬季所戴暖帽的一種。《元史·輿服志一》："天子質孫，冬之服凡十有一等……服白粉皮，則冠白金答子暖帽。"

銀鼠暖帽

元代天子冬季戴暖帽的一種。《元史·輿服志一》："天子質孫，冬之服凡十有一等……服銀鼠，則冠銀鼠暖帽。"

涼帽

夏日所戴借以透涼之帽。元代始見此稱。元薩都剌《上京即事》詩："昨夜内家清暑宴，御羅涼帽插珠花。"元俞琰《席上腐談》卷上："近時涼緇巾以竹絲爲骨，如涼帽之狀，而覆以皂紗，易脱易戴，夏月最便。"元代，蒙古族的衣冠是冬帽而夏笠，夏笠即涼帽。天子的質孫服、夏服有十五等。大抵穿什麼衣料、色澤的衣服戴什麼涼帽。百官亦有規定。參閱《元史·輿服志一》。清制，官吏每歲立夏節前換戴涼帽。四品以上用片金裏，五品以下用紅緞裏。其式無檐，形似圓錐，俗稱喇叭式，或稱"覆釜"。内有緌結頷下。初尚扁而大，後尚高而小。材料用東北生長的一種名叫"得勒蘇"的草（後稱"玉草"），一般的也用竹篾、藤絲、麥秸，外裹綾羅。顏色多爲白色，也有湖、黃等色。上綴紅纓頂珠。《清會典·事例·禮部·冠服》："夏冠……織玉草或藤絲、竹絲爲之。"涼帽有夏朝冠、夏吉服冠、夏常服冠、夏行冠，從皇帝到皇子、親王、鎮國公等，形制大抵相同，惟其頂的層數及所飾東珠數目有异。其他各品官頂子皆有規定。

白藤寶貝帽

元代天子夏季所戴涼帽的一種。《元史·輿服志一》："天子質孫……夏之服凡十有五等……服白毛子金絲寶里，則冠白藤寶貝帽。"

黃牙忽寶貝珠子帶後檐帽

元代天子夏季所戴涼帽的一種。《元史·輿服志一》："天子質孫……夏之服凡十有五等……服珠子褐七寶珠龍答子，則冠黃牙忽寶貝珠子帶後檐帽。"

七寶漆紗帶後檐帽

元代天子夏季所戴涼帽的一種。《元史·輿服志一》："天子質孫……夏之服凡十有五等……服青速夫金絲闌子，則冠七寶漆紗帶後檐帽。"

涼緇巾

元代一種便帽。形如涼帽，夏季戴用。元俞琰《席上腐談》："近時涼緇巾以竹絲爲骨，如涼帽之狀，而覆以皂紗，易脱易戴，夏月最便。"

學士帽

元代儀衛首服之一種。《元史·輿服志一》："儀衛服色……學士帽，制如唐巾，兩角如匙頭下垂。"

堂帽

　　明代官員坐堂時所戴之帽。由唐巾演變而來。唐代皇帝所戴幞頭兩脚上曲，人臣則下垂。五代時，兩脚漸變平直。宋代，已出現漆紗幞頭，即幞頭帽子，可隨意脫戴，其式樣爲不同身份的重要標志。皇帝和官僚戴展脚幞頭，兩脚向兩側平直伸長。還有弓脚、交脚、捲脚、直脚、無脚等式樣，公差、僕役戴無脚幞頭。明代的堂帽爲宋代展脚幞頭之遺制，但用硬殼作盔式，用鐵綫爲硬展脚，脚長一尺二寸，有職之官員在朝堂上纔可戴，餘則不敢僭用。參閱周錫保《中國古代服飾史》第十三章《明代服飾》。後代戲劇中文官坐堂所戴的所謂"烏紗帽"，即主要取明代堂帽之制。

中官帽

　　明代中官所戴之帽。亦稱"內使帽"。明王三聘《事物考·冠服》："中官帽，國朝初以圓帽爲太平帽，至洪武十九年始製其樣……無官者頂後垂方紗一幅，曰內使帽。是帽原於高麗未服，高廟遣一細作瞷其王之冠制而爲之，遂命諸內侍皆冠之。因使者謂曰：汝主之冠與朕此內臣同。"周錫保《中國古代服飾史》第十三章《明代服飾》："中官帽。後列三山，並增方帶二條垂於後，無職官亦有戴者。惟頂後垂方紗一幅，內使所戴，也叫做'內使帽'。"江西撫州南城明代益莊王墓出土俑戴此帽，現藏中國歷史博物館。

【內使帽】

　　即中官帽。此稱始見於明代。見該文。

烟墩帽

　　明代內臣戴的一種帽。周錫保《中國古代服飾史》第十三章《明代服飾》："烟墩帽。式如大帽。檐直而頂稍細，冬用天鵝［鵝］絨或紵綢紗，夏則用馬尾結成之。上綴金蟒珠玉等，亦內臣所戴者。"四川陽城明墓出土俑有戴此式帽者，現藏四川省博物館。

烏紗描金曲脚帽

　　明代內使戴的一種帽。《明史·輿服志三》："內使冠服。明初置內使監，冠烏紗描金曲脚帽，衣胸背花盤領窄袖衫，烏角帶，靴用紅扇面黑下椿。"

烏紗小頂帽

　　明代內使年十五歲以下者所戴之帽。《明史·輿服志三》："〔內使冠服〕年十五以下者，惟戴烏紗小頂帽。"

金鵝帽

　　明代校尉所戴的一種帽。洪武十四年（1381）定制。《明史·輿服志三》："校尉冠服。洪武三年定制，執仗之士，首服皆縷金額交脚幞頭，其服有諸色辟邪、寶相花裙襖，銅葵花束帶，皂紋靴。六年，令校尉衣只孫，束帶，幞頭，鞾韉。只孫，一作質孫，本元制，蓋一色衣也。十四年改用金鵝帽，黑漆戧金荔枝銅釘樣，每五釘攢就，四面稍起邊襴，鞓青縈束之。"

雨帽

　　明代文武官員遇雨所戴之帽。《明史·輿服志三》："〔洪武〕二十二年令文武官遇雨戴雨帽，公差出外戴帽子，入城不許。"

邊鼓帽

　　古代一種頂尖而長、帶檐的圓帽。元代遺制。明代爲一般市井少年、平民和僕役所戴。周錫保《中國古代服飾史》第十三章《明代服飾》："邊鼓帽。嘉靖間市井少年將極高的平頂帽上部作尖長式，俗稱之謂‘邊鼓帽’。”到清代，仍較常見。

鈸帽

清代官帽。形如鈸，故名。其後專用爲夏日禮帽，上綴紅纓，有職者中安座，戴頂。清兵入關以後，於順治二年（1645）下剃髮令，改滿族服飾，换鈸帽箭衣。明葉紹袁《啓禎記聞録》卷六：“十二日奉新旨，官民俱依滿族服飾，不許用漢制衣服冠巾，由是撫按鎮道，即换鈸帽箭衣。”亦稱“紅纓帽子”。清劉鶚《老殘游記》第二回：“轎子後面，一個跟班的戴個紅纓帽子，膀子底下夾個護書，拚命價奔，一面用手巾擦汗，一面低着頭跑。”

【紅纓帽子】

即鈸帽。此稱始見於清代。見該文。

緯帽

清代官吏所戴夏帽。以竹絲或藤爲胎編製，外蒙以紗，上覆紅纓，垂披四周。《清會典·事例·禮部·冠服》：“每月朔望常服，或貂褂，夏季緯帽。百日内，召見大臣，引見官員御便殿。”

京式大帽

清末官員戴的一種窄檐禮帽。《二十年目睹之怪現狀》第四回：“後頭送出來的主人……頭上戴着京式大帽，紅頂子花翎。”

風流帽

優人所戴之帽。圍如束帛，兩旁帶輕薄白翅。見於清代。亦稱“不倫”。清褚人穫《堅瓠集五集》卷之二《風流帽》：“《桐下听然》：馮南谷，吴門博徒，善詼諧，嘗負博錢十萬，匄貸豪門。時王元美在座，戲以優人風流帽襲其首，曰：‘能詩，當如所請。’馮即朗吟曰：‘天下風流少，區區帽上多。鬢邊齊拍手，恰似按笙歌。’……按風流帽亦稱‘不倫’，圍如束帛，兩旁白翅，不摇而自動。”

【不倫】

即風流帽。此稱始見於清代。見該文。

笠　類

笠

遮陽防雨帽。圓形隆頂，周邊寬檐，似席帽。先秦時期已常見。以草編者爲草笠。最常用的是臺皮，即莎草，所製者謂“臺笠”。《詩·小雅·無羊》：“何簑何笠，或負其餱。”又《周頌·良耜》：“其饟伊黍，其笠伊糾。”毛傳：“笠，所以禦暑雨也。”笠常與簑、簦連用，簑是披在身上的雨具，簦是有把的雨具。《儀禮·既夕禮》：“藁車載蓑笠。”鄭玄注：“蓑笠，備雨服。”《國語·越語上》：“譬如蓑笠，時雨既至，必求之。”《急就篇》卷三：“竹器簦笠簟籧篨。”注：“簦笠，皆所以禦雨也。大而有把，手執以行謂之簦；小而無把，首戴以行謂之笠。”漢魏時期亦常見。《三國志·吴書·吕蒙傳》：“蒙麾下士，是汝南人，取民家一笠以覆官鎧……遂垂涕斬之。”笠以竹片製成，於帽檐上垂挂縑帛，以蔽日，稱“褦襶”。四川成都漢墓出土陶俑，有戴笠農夫形象。唐代文人喜戴笠，唐詩中多有吟咏。唐柳宗元《江雪》詩：“孤舟蓑笠翁，獨釣寒江雪。”唐李頎《漁父歌》

詩:"白首何老人,蓑笠蔽其身。"笠多以竹篾編成,亦有用藤條、葦葭等編製者,爲歷代勞動人民所喜戴,尤爲漁者所常戴。《清明上河圖》中有頭戴笠身披蓑衣的人物形象,可見宋代戴笠之普遍。元刻陳元靚《事林廣記》插圖中亦有戴笠的人物形象。明清時期,笠的種類更多。明代有戴笠的規定。《明史·輿服志三》:"〔洪武〕二十二年令農夫戴斗笠、蒲笠出入市井不禁,不親農業者不許。"後士人可戴笠帽,稱"遮陽帽"。清代帝王、百官戴的涼帽,實爲笠帽。民間勞動人民沿用。現代,笠仍爲勞動者常用首服,南方水鄉尤爲多見,以竹篾編製者爲多。

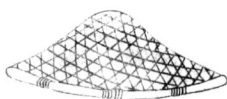

笠
([日]中川忠英《清俗紀聞》)

茅蒲

古代笠的一種。以竹笋之皮所製之笠。始見於先秦。《國語·齊語》:"首戴茅蒲,身衣襏襫。"韋昭注:"茅蒲,簦笠也……茅,或作萌。萌,竹萌之皮,所以爲笠也。"

草笠

以草編的笠帽。始見於先秦。從事田野勞動者常用。《禮記·郊特牲》:"草笠而至,尊野服也。"孔穎達疏:"草笠,以草爲笠也……草笠是野人之服。"草笠爲黃色,故亦稱"黃冠"。天子祭田時亦服之。《禮記·郊特牲》:"黃衣、黃冠而祭,息田夫也。野夫黃冠,黃冠,草服也。"孔穎達疏:"田夫,則野夫也。野夫著黃冠,黃冠是季秋之後草色之服,故息田夫而服之也。"後泛指無官職的士庶百姓之首服。唐杜甫《遣興五首》之四:"上疏乞骸骨,黃冠歸故鄉。"

【黃冠】

即草笠。此稱始見於先秦時期。見該文。

臺笠

古代笠的一種。以莎草皮所製之笠。始見於先秦。《詩·小雅·都人士》:"彼都人士,臺笠緇撮。"鄭玄箋:"以臺皮爲笠。緇布爲冠。"又《南山有臺》:"南山有臺,北山有萊。"毛傳:"臺,夫須也。萊,草也。"孔穎達引陸機疏云:"舊說,夫須,莎草也,可爲蓑笠。《都人士》云:'臺笠緇撮'……所以禦雨。"

臺笠
(明王圻等《三才圖會》)

襪襫

古代笠的一種。一種避暑涼笠,以竹製成,上罩以帛,以遮陽光。漢魏時已見。三國魏程曉《嘲熱客》詩:"平生三伏時,道里無行車。閉門避暑臥,出入不相過。只今襪襫子,觸熱到人家。"清郝懿行《證俗文·衣服·臺笠》:"襪襫,《潛確類書》:'即今暑月所戴涼笠,以青繒綴襜,而蔽日者也。'"

箬笠

古代笠的一種,以箬竹的葉或篾所製之笠。始見於唐代。唐張志和《漁父歌》:"青箬笠,綠蓑衣,斜風細雨不須歸。"宋代亦見。亦作"篛笠"。宋蘇軾《漁父》詩:"自庇一身青箬笠,相隨到處綠蓑衣。"宋陸游《春日》詩:"銀盃酒色家家綠,箬笠烟波處處寬。"

【篛笠】

同"箬笠"。此體始見於宋代。見該文。

羽笠

古代笠的一種。用鶴羽所飾之笠。明代始見。

周錫保《中國古代服飾史》第十三章《明代服飾》："笠，方廣均爲二尺四寸，用竹絲，上覆黑絹蒙之，或覆以檞葉。有用鶴羽者則稱之謂'羽笠'。"

蒲斗笠

古代笠的一種。用細藤所製。明初農民所戴。亦稱"雲笠"。周錫保《中國古代服飾史》第十三章《明代服飾》："洪武初農民戴'蒲斗笠'，一名'雲笠'，用細藤爲之，方廣二尺，用黑絹蒙之，綴檐以遮風日。"

【雲笠】

即蒲斗笠。此稱始見於明代。見該文。

蘇公笠

一種具有地方特色的笠。笠之四周綴以綢帛，下垂，顏色有淡紅、淡綠、淡青、白等，以遮風蔽日。流行於廣東惠州、嘉應等地區，婦女多戴之。相傳爲宋代蘇軾遺制，故名。流行時間當在宋代以後，清代多見。清梁紹壬《兩般秋雨盦隨筆·韓公帕蘇公笠》："惠州、嘉應婦女戴笠，笠周圍綴以綢帛，以遮風日名曰'蘇公笠'，眉山遺製也。"

防暑禦寒帽

大障日

一種寬邊遮陽大帽。始行於晋惠帝元康年間。爲中原地區農民、商人所戴。其形如屋式，有檐，有覆耳。亦稱"屠蘇"。《宋書·五行志二》："〔晋〕元康中，天下商農通著大障日。時童謠曰：'屠蘇鄣日覆兩耳，當見瞎兒作天子。'"屠蘇，亦作"塗蘇""塗麻"。後世亦有戴者。南朝梁劉孝威《結客少年場行》詩："插腰銅匕首，障日錦塗蘇。"明湯顯祖《紫簫記·假駿》："金裹錦塗麻，碧桃春藍橋路。"

【屠蘇】

即大障日。此稱始見於晋代。見該文。

【塗蘇】

同"屠蘇"。即大障日。此體始見於南朝時期。見"大障日"文。

【塗麻】

同"屠蘇"。即大障日。此體始見於明代。見"大障日"文。

席帽

古代一種笠帽。以藤席爲骨，敷以面料製成。圓頂，有寬檐，可遮日。本古圍帽遺制，至隋代始見其稱。五代馬縞《中華古今注·席帽》："本古之圍帽也，男女通服之。以韋之四周，垂絲網之，施以朱翠。丈夫去飾。至煬帝淫侈，欲見女子之容，詔去帽，戴幞頭巾子幗也，以皂羅爲之。丈夫藤席爲之骨，鞔以繒，乃名'席帽'。至馬周，以席帽油禦雨從事。"唐代沿其制，但尚未大行。唐皇甫氏《京都儒士》："遂於此壁下尋，唯見席帽，半破在地。"唐李匡乂《資暇集·席帽》："永貞之前，組藤爲蓋曰席帽，取其輕也。後或以太薄，冬則不禦霜寒，夏則不障暑氣，乃細色罽代藤曰氈帽，貴其厚也。非崇貴莫戴，而人亦未尚。"五代時期已甚流行。至宋代，演變爲大帽，但以草、藤編織者，仍稱"席帽"，爲一般未有功名的人士所戴，取得功名後即改戴官品冠服。宋吳處厚《青箱雜記》卷二："蓋國初猶襲唐風，士子皆曳袍重戴，出則以席帽自隨。"又同卷記載"李巽屢舉不第，後中舉"，作詩云："爲報鄉閭親戚道，如今席帽已離身。"或以爲羌人氈帽之遺制。亦作"蓆帽"。宋高承《事物紀原·冠冕首飾》："蓆帽。《實錄》曰：'本羌人首服，以羊毛爲之，謂之氈帽，即今氈笠也。秦漢競服之，後故以蓆爲骨而鞔之，謂之蓆帽。女人戴者，四緣垂下網子以自蔽，今世俗或然。'"

【蓆帽】

同"席帽"。此體始見於宋代。見該文。

油帽

在席帽上蒙油繒的帽。形似笠帽，可以防雨。唐代馬周始創。五代馬縞《中華古今注·席帽》："丈夫藤席爲之骨，鞔以繒，乃名席帽。至馬周，以席帽油禦雨從事。"西域婦人戴之，謂之"蘇幕遮"。《宋史·外國傳·高昌》："俗好騎射，婦人戴油帽，謂之蘇幕遮。"

【蘇幕遮】

即油帽。此稱始見於宋代。見該文。

風帽

冬季擋風禦寒的軟帽。始見於宋代。宋范成大《正月十四日雨中與正夫朋元小集夜歸》詩："燈市淒清燈火稀，雨中風帽笑歸遲。"宋戴復古《九日》詩："醉來風帽半欹斜，幾度他鄉對菊花。"南宋馬遠《雪屐觀梅圖》中的人物即戴風帽。清代，風帽有夾層的，亦有中間實以棉的，或用布、綢緞、呢子，或用氈、皮。顏色有紫、深藍、深青，一般用黑色，高貴者用紅色。或用布作裏，或用皮作裏，有左右兩片，於當中縫綴而成。帽頂遮至前額，臉部露於外，下兜兩頰及頜，左右有帶可繫於頦下，

再向下披於兩肩及後背。徐珂《清稗類鈔·服飾·風帽》："中實棉，或襲以皮，以大紅之綢緞或呢爲之。"亦稱"風兜"。光緒年間，上海一帶流行紅風兜。清曹庭棟《養生隨筆》卷三《帽》："腦後爲風門穴，脊梁第三節爲肺俞穴，易於受風，辦風兜如氈雨帽以遮護之，不必定用氈製，夾層綢製亦可，綴以帶二，縛於頜下，或小紐作扣，並得密遮兩耳，家常出入，微覺有風，即携以隨身，兜於帽外。"因其形制與佛像中觀音菩薩所戴帽兜相似，故又稱"觀音兜"。婦女常用，老年婦人更爲喜用。《紅樓夢》第四九回："〔寶玉〕見探春正從秋爽齋出來，圍着大紅猩猩氈的斗篷，帶着觀音兜。"《花月痕》第四八回："采秋內衣軟甲，外戴頂觀音兜，穿件竹葉對襟道袍，手執如意。"約從清光緒年間開始，風帽由長改短，以原長者名觀音兜，老年人常戴用，和尚、尼姑亦有戴者。20世紀30年代始逐漸消失。

【風兜】

即風帽。此稱始見於清代。見該文。

【觀音兜】

即風帽。此稱始見於清代。見該文。

草帽

以麥秆、麻草、金絲草編織的遮陽防暑帽。亦稱"麥秆帽"。由笠演變而來。或直接用草料編織而成，或先用麥秆等先編成草辮而後編織而成。一般爲圓頂凸起，四周有檐。檐或寬或窄，以決定帽之大小。一般爲淡黃色。帽頂與帽檐銜接處有兩對稱小孔，可穿繩以繫於頜下。始於清代，沿襲至今。山東、河北、河南民間尤爲流行，且多以爲家庭手工業，花樣翻新，大受外商歡迎，成爲出口暢銷商品。尚秉

和《歷代社會風俗事物考》卷四："清時草帽。古爲笠，或以臺草，或以竹，或以箬，至清時以麥莖編爲辮，盤綴成笠，光澤、輕鬆、柔軟，廣約二尺，極爲外國所羨，於是草帽辮爲出口大宗。"

【麥秆帽】

即草帽。此稱始見於清代。見該文。

將軍盔

清代漢族男子冬日所戴的防風禦寒棉帽。因形似明清軍官所戴皮盔，故名。黑色，面料有緞、布兩種，裏襯黑布夾薄棉一層。頂部如瓜皮帽，從齊額處開始分成左、右、後三大片聯綴至肩，如盔甲的護領，唯後片稍長。上有黑綫納花成"壽"字，紋飾或三片相似，或左右對稱。曾流行於天津等地，戴者多爲四十至五十歲的商人。20世紀30年代起逐漸絕迹。

皮帽

皮製防寒帽，亦稱"拉虎帽""耳朵帽"。清代皇帝秋狩戴之。周錫保《中國古代服飾史》第十四章《清代服飾》："皮帽。或叫做'拉虎帽'，腦後分開而繫以二帶。又有'安髠帽'，腦後不分開，本爲皇帝狩獵所戴，後王公亦戴之。有用毡做的，左右兩旁用毛，可翻下掩耳，前用鼠皮，大多爲北方寒冷時所戴，也叫做'耳朵帽'。"徐珂《清稗類鈔·服飾類·拉虎帽》："拉虎帽者，每歲木蘭秋狩，皇上輒御之以蒞圍場。王公亦多效之，特不用紅絨結頂耳。"

【拉虎帽】

即皮帽。此稱始見於清代。見該文。

【耳朵帽】

即皮帽。此稱始見於清代。見該文。

【安髠帽】

即皮帽。此稱始見於清代。見該文。

近現代民間童帽

狗頭帽

一種童帽。清代開始流行。周錫保《中國古代服飾史》第十四章《清代服飾》："狗頭帽。爲孩童所戴，帽頂兩旁左右開孔裝上二隻毛皮的狗耳朵，亦有作兔子耳朵式者，帽用鮮艷綢緞呢絨爲上，鑲嵌金鈿、假玉。帽筒用花邊緣圍之。"近現代仍流行於全國很多地區。帽前或釘八仙，或釘"長命富貴""金玉滿堂"等吉祥文字。爲四歲以下兒童所戴。

公子帽

舊時漢族民間一種童帽。帽前飾荷花，并釘有銀鑄八仙，帽後爲荷葉，有五個荷葉圖案，每張荷葉上挂一個用細銀鏈串成的鈴，戴在頭上叮噹作響，故亦稱"荷花公子帽"。還可在帽上別一個一寸見方的小銀盤，内刻繪算盤和筆、墨、硯，以寄托長大後像公子那樣求取功名之望。流行於江南各地。一般爲四歲以下兒童所戴。

【荷花公子帽】

即公子帽。以帽前飾荷花，故稱。此稱始見於近現代。見該文。

月亮帽

舊時漢族民間一種童帽。帽蓋頂留一圓孔，以示月亮，帽圈上飾以花片，帽蓋上綉牡丹等花，兩邊各飾一隻花綉壽桃，襯以綠緞製作的桃葉。流行於江南各地。一般爲四歲以下兒童所戴。

馬尾帽

漢族民間傳統男帽。用黑馬尾編織而成，故名。形如瓜皮小帽，盛夏戴用，涼爽透風。流行於貴州貴陽、都勻、安順等地區。

兒童虎頭帽

漢族民間傳統童帽。以布或綢製，上有刺綉，以虎頭圖案爲飾。有單、棉之別。夏季所戴衹有帽圈。流行於廣大農村地區。山東沂蒙山區所作更具鄉土特色。一般以綠綢布做面料，用彩色布點綴，再以彩綫綉成。帽呈筒形，留出面部。虎頭五官勻稱，粗眉、大眼、闊嘴，耳、鼻、口還綴以兔毛，五彩紛呈，幼兒喜戴。

獅子帽

漢族民間傳統童帽。帽前中間釘一銀鑄獅子頭或"福"字，邊飾花卉，上用金綫花片做成獅子毛。流行於江南各地。一般爲四歲以下兒童所戴。

僧　帽

僧帽

僧人所戴帽的統稱，包括毗羅帽、寶公帽、僧帽等八種。明黃一正《事物紺珠》："毗羅帽、寶公帽、僧伽帽、山子帽、班吒帽、飄帽、六和巾、頂包，八者皆釋冠也。"佛教自東漢傳入中國而盛行於南北朝時期。唐代以來，與道教一直爲我國兩大宗教。然歷代僧侶形象，大多作光頭，其帽式難以一一列舉其詳。毗羅帽上綉毗羅佛像。金代國主所裹皂頭巾，帶後垂，似宋時的僧伽帽。後世被稱"濟公活佛"者，所戴帽如《三才圖會》中的芙蓉帽。元代，西僧皆戴紅兜帽，即紅教喇嘛所戴者，亦稱"茜帽"。參閱周錫保《中國古代服飾史》第九章。

僧　帽
（明王圻等《三才圖會》）

毗羅帽

僧帽的一種。上綉毗羅佛形象，故稱。僧人作法事時所戴。明黃一正《事物紺珠》："毗羅帽、寶公帽、僧伽帽、山子帽、班吒帽、飄帽、六和巾、頂包，八者皆釋冠也。"亦作"毗盧帽"。《金瓶梅詞話》第六五回："門外永福寺道堅長老，領十六衆上堂僧來念經，穿雲錦袈裟，戴毗盧帽，大鈸大鼓。"亦稱"毗盧帽子"。《西游記》第三九回："唐僧着了一驚——把個毗盧帽子打歪——雙手忙扶着那球。"

【毗盧帽】

同"毗羅帽"。此體始見於明代。見該文。

【毗盧帽子】

即毗羅帽。此稱始見於明代。見該文。

僧伽帽

僧帽的一種。明黃一正《事物紺珠》："毗羅帽、寶公帽、僧伽帽、山子帽、班吒帽、飄帽、六和巾、頂包，八者皆釋冠也。"宋代已見。宋蘇軾《成伯家宴造坐無由輒欲效響而酒已盡入夜不欲煩擾戲作小詩求數酌而已》詩："道士令嚴難繼和，僧伽帽小却空回。"元代亦見。元王實甫《西廂記》第二本楔子："不念《法華經》，不禮《梁皇懺》，颩了僧伽帽，袒下我這偏衫。"

芙蓉帽

一種狀如芙蓉的僧帽。佛門弟子所戴。明王圻等《三才圖會·衣服》："芙蓉帽，禿輩不巾幘，然亦有二三種，有毘盧一盞燈之名，此云芙蓉者，以狀之相似也。"始見於宋代。亦稱"芙蓉冠"。宋葉廷珪《海録碎事·衣冠服用》："桐柏真人著芙蓉冠。"

芙蓉帽
（明王圻等《三才圖會》）

【芙蓉冠】

即芙蓉帽。此稱始見於宋代。見該文。

瓢冠

瓜瓢形的僧帽。清孔尚任《桃花扇·入道》："外扮張薇瓢冠衲衣，持拂上。"

現代各種便帽

禮帽

出門、拜客或遇事表示禮節時戴的帽。清代，暖帽是官員秋冬時戴的禮帽，涼帽是春夏時戴的禮帽。近代以來，男子在社交場合常戴一種禮帽，多爲圓頂，頂上略平，下施寬闊帽檐。有冬夏兩式，冬用黑色毛呢，夏用白色絲葛。爲男子最莊重的首服，穿着中、西服裝皆可戴之。

八角帽

現代男子所戴的一種便帽。紅色始戴於第二次國內革命戰争時期，後八路軍於抗日戰争時期亦戴之，後演變爲便帽。帽頂外口呈八角形，故名。帽之下端有一段帽邊，前面中間有半圓形帽舌。劉輝山《歡慶紅色中央政權誕生》："我們紅軍戰士們穿着灰色軍衣……戴着八角帽。"美國作家斯諾在陝北給毛澤東拍的照片即戴此帽。現流行的男式便帽中的解放帽仍存其制。適合春秋二季戴用。

解放帽

現代男子所戴的一種便帽。原爲中國人民解放軍軍帽，在解放戰争時期至1955年軍服改制前戴用。外用草緑色布，内有襯裏，圓平頂，下接帽墻齊耳上部。前有帽檐似舌。其特點是貼首，不占空間，且可摺疊放置，利於野戰中在林野行進或隱蔽，不受挂礙。官兵帽式一致無差別。後廣行於各地，成爲時尚習用之便帽，顏色以藍、青爲多，又或用呢絨、嗶嘰等多種面料製作。現時流行的男式圓頂帽即其遺制。

太陽帽

夏季遮陽用的一種帽。其制有二：一爲圓頂，有裏，帽邊嚮下；一無帽頂，僅有帽檐，帽圈多用塑料製成。夏季外出旅游多戴之，從事體育運動亦有戴者。

馬帽

現代一種單帽。原爲騎馬人所戴，故稱。由六塊瓜皮式的帽片組成，中間前方有一半月形帽舌,上方綴有帽花。布料或單用一色,或用兩種顏色拼鑲。戴這種帽顯得精神活潑,故一度受到少年兒童喜愛。20世紀50年代較爲流行。

風雪帽

　　現代男子一種冬帽。以駱駝絨製作,帽頂略平,頂中央有一小絨球,帽頂爲三翻式,翻下之後,祇露臉部一蛋形圓孔。戴在頭上,可將耳朵、後腦、脖子全部罩住。亦稱"羅宋帽"。其初爲蘇聯等北方國家男子冬季禦寒所戴,後傳入中國。在東北、北方較爲流行。由於其保暖性能好,尤爲中老年人所喜愛。

【羅宋帽】

　　即風雪帽。此稱始見於現代。見該文。

軟木帽

　　現代一種遮陽帽。圓頂,四周有寬的帽檐,以軟木作坯,外面用白色或淡色布料包裹。戴此帽遮陽,輕盈凉快。這種帽後被布質太陽帽代替。

筒帽

　　現代一種筒形便帽。用毛綫織成一個長約40厘米的圓筒,筒的直徑和頭圍差不多,約60~65厘米。如對摺平放,則成長方形。可織成條形或其他花紋,或紅、黃、白等一色,或幾種顏色交錯編織。戴時,將帽筒套在頭上,頭前翻出一個兩寸左右的捲邊,露出面部,下邊套在脖子上,可起到圍脖作用,故亦稱"套帽"。還可在筒的一頭勒上皮筋,扎成花頭,另一頭捲一個邊,戴在頭上。如不需戴帽,可叠成三摺,圍在脖子上,作脖套用。此帽一物多用,盛行於20世紀80年代,深受少年兒童喜愛,女孩子戴者尤多。

【套帽】

　　即筒帽。因戴時套在頭上,故有此稱。此稱始見於現代。見該文。

圓頂帽

　　現代男子常戴的一種便帽。由解放帽衍變而來。帽頂呈圓形,周邊有一圈帽墻,前有半圓形帽舌。內有襯裏,帽口內邊緣鑲以皮條。一般用咔嘰、華達呢或其他呢料製成,顏色多爲上青、黑色或棕色,後又出現草綠色。爲男子秋冬季所常戴。20世紀50年代,下鄉幹部常戴這種帽,故農民亦俗稱之爲"幹部帽"。

【幹部帽】

　　"圓頂帽"之俗稱。此稱始見於現代。見該文。

銅盆帽

　　現代一種形似銅盆的帽。圓形平頂,帽墻低,下端四周有凸出的帽檐,用氈呢爲之。將其翻放,極似我國舊時銅盆,故名。洪深《香稻米》第一幕:"你看他頭上戴的銅盆帽,傾斜到怎麼一個角度。"始從國外傳入時,稱"拿破侖帽"。經過演變,已成目前呢帽式樣,但習慣上仍稱銅盆帽。

【拿破侖帽】

　　即銅盆帽。此稱始見於現代。見該文。

鴨舌帽

　　現代男子一種便帽。亦稱"開浦帽""前進帽"。原在西方國家流行,後被引入中國。其形制,後邊高,前邊低,呈斜坡式,帽後和左右兩側後有帽墻,前有帽舌。帽前檐呈鴨舌狀,用按扣與帽舌相扣連,故稱。用料以呢子爲主,亦用咔嘰布等料。一般在春秋季戴用。

【開浦帽】

即鴨舌帽。此稱始見於現代。見該文。

【前進帽】

即鴨舌帽。此稱始見於現代。見該文。

橄欖帽

現代一種形似橄欖的帽。帽形兩端尖，中間寬，形似橄欖，故名。又如船的形狀，故亦稱“船形帽”。始曾爲美國步兵軍帽，後傳入我國。20世紀50年代後期一度爲中國人民解放軍采用作制式軍帽之一種。後來我國有些飯店、賓館的服務員和飛機上的女服務員，戴這種式樣的帽子。

【船形帽】

即橄欖帽。此稱始見於現代。見該文。

壓髮帽

現代一種晚間睡眠時保護頭髮的帽子。由六片瓜皮式帽片組成，帽頂有一小型圓球爲帽滴。一般用棉毛布或各類富有彈性的針織衣料製成。晚間睡眠時戴在頭上，可保護頭髮，使之整齊不散。

近現代少數民族傳統帽

一連營帽

保安族男子戴的一種冬帽。帽爲筒形，以兔、狗、狐等毛皮製成，毛朝外。平時可捲起，嚴寒時將摺邊放下，可蓋住雙耳及前額。流行於今甘肅積石山保安族東鄉族撒拉族自治縣一帶。

八魯加

門巴族音譯，意謂“黑頂帽”。門巴族男子之帽。帽爲筒形，平圓形，翻檐。用毪氇呢，筒紅色，頂黑色，翻檐用黃褐色絨，設“V”形缺口，用藍布繡裹沿邊。戴時缺口置額前偏左。流行於西藏門隅北部地區，爲門巴族男子一年四季首服。

三角帽

瑤族民間傳統女帽。帽呈三角形。用各色布作底，青年女子用花，中年婦女用藍，老年婦女用青，用各色絲綫繡上奇花异草、瓜果林木、獅龍麒象、錦雞鳳凰等，但不綉虎豹等凶惡動物。

三葉帽

哈薩克族牧民冬季戴的男帽。多以紅、紫、黃等色緞子作面，襯以羊羔皮或狐皮製成。當額處爲黑色羊絨，毛朝外。頭頂部分爲三塊白色的皮或氈。左、右、後三面小垂，故稱。或於頂飾以鷹毛。防寒性能好。流行於新疆地區，阿勒泰一帶尤爲常見。

大布綳子

蒙古族布製太陽帽。形似漢族的草帽，直徑一米多。以純白布製成，邊緣用細鐵絲的圓圈綳起，故名。流行於内蒙古阿拉善察汗淖爾一帶。

扎拉帽

裕固族一種高圓頂紅纓穗帽。用芨芨草扎成帽形，上用白布縫製而成。爲姑娘出嫁時所戴。流行於甘肅肅南裕固族自治縣等地。

瓦夏

藏語音譯，意謂"全狐皮帽"。爲藏族民間傳統皮帽。用一張完整的狐狸皮縫合，毛露在外，配以緞料做帽頂。流行於西藏、青海、四川等地區。

四片瓦

哈薩克、柯爾克孜族男子戴的一種氈帽。以四塊白色的氈片縫合而成。氈片相合之處用黑絨布壓邊，黑白對比，形成四根醒目的綫條。帽的裏面亦鑲有黑絨布，帽邊嚮上微捲，帽頂大體呈方形，頂之中央綴有一支黑絨流蘇，下垂至額頭部位，可隨人的活動搖擺。此種帽既可防寒，亦可遮陽。流行於新疆牧區。

吐麻克

哈薩克族姑娘戴的一種小帽。馬皮製成，邊緣刺繡有精緻的花紋，具有强烈的民族特色。通常爲未嫁的姑娘所戴。

折子帽

東鄉族傳統女帽。圓形，帽頂綠色或藍色，帽邊成折狀，有寬二至三寸的紅色或綠色花邊，近耳處垂有各色絲綫做成的穗子，或串以各色珠子。七至八歲女孩戴之。流行於甘肅東鄉族自治縣及廣河、和政等地。

花竹帽

用竹篾編織成的一種帽子。廣西毛南族稱之爲"頂蓋花"，意謂"帽頂編花"。直徑50~60厘米，分表裏兩層，複合而成。用毛南山鄉出產的金竹、水竹破篾後編成，帽上編出八十至九十個圓圈，帽面用黑竹條編出各式花紋，製作精緻，可作雨具，亦是青年人定情禮物。每逢節慶男女對歌時，如果男青年手拿花竹帽，即表示來定情。歌畢，將花竹帽贈給意中人，如姑娘接受，則表示定情。流行於廣西北部。

【頂蓋花】

即花竹帽。此稱始見於近現代。見該文。

沙吾克烈帽

哈薩克族傳統女帽。新娘所戴的一種氈帽。用布、絨或綢緞做面，上飾金、銀、珠寶，帽檐正前方飾有串珠垂於額前。流行於新疆北部。

狍頭皮帽

鄂倫春、鄂温克、赫哲等族狩獵用帽。帽用狍頭皮製成，故名。將剝離後的狍頭皮兩個眼圈鑲黑皮條，兩耳割下，用其他部位的皮革做兩隻假耳朵縫上。既可保暖，又可僞裝。流行於東北黑龍江、烏蘇里江、松花江流域及大、小興安嶺地區。

披風式尖帽

基諾族婦女戴的一種白底黑紋三角形尖頂帽。以長約60厘米、寬20~30厘米的竪條花紋土布封摺，縫住一邊即成。戴時帽沿上摺起指許寬的邊，有的還在帽尖、帽尾飾以毛綫和刺繡品。已婚婦女戴尖平頂帽，頭髮打成結子，用竹製髮卡卡住；未婚女子戴尖頂帽，頭髮散披在肩上。

哈爾邦

蒙古語音譯。蒙古族民間傳統帽。形似暖帽。頂高，邊平。裏子以白氈製成，外飾以皮或將氈染成紫綠色爲飾。冬、夏無別，僅以厚薄爲差。頂綴纓，名曰"扎拉"。絲質帽帶，端垂流蘇，長及地。流行於內蒙古、青海等地區。男女皆可戴。

保如

赫哲語音譯。赫哲族傳統夏帽。以樺皮爲

料，其狀似斗笠，尖頂，大檐，帽檐上鑲各種花紋。可遮陽防雨，流行於東北黑龍江、松花江、烏蘇里江流域。

夏皮通

赫哲語音譯。赫哲族一種布帽。以棉布爲之，由帽頂、帽耳、帽罩組成。帽頭似瓜皮，帽耳綉有花紋。夏季可防蚊防雨，冬季在帽內縫上皮子可保暖。清末民初流行於東北黑龍江、松花江、烏蘇里江流域。

夏波波查布富

泰雅語音譯。高山族泰雅人民間傳統皮帽。漢語亦稱"熊皮帽"。是一種蒙有熊喉部皮的半球形藤帽。帽緣外側有寬 2 厘米的麻布帶一道，每隔約 15 厘米處綴螺綫一個。熊皮亦可用帶角的獵獲物皮或猪牙替代。流行於臺灣北部地區。限部落酋長、族長與獵物多者戴用。

【熊皮帽】

即夏波波查布富。漢語稱呼。見該文。

羔皮帽

維吾爾族民間傳統皮帽。呈圓筒狀，約高 15 厘米，多用黑燈芯絨做面，上綉數道細花紋，邊緣鑲有寬約 5 厘米的羔皮。流行於新疆南部。

班黑曼勒

塔吉克語音譯。塔吉克族民間傳統皮帽。羊羔皮製成，高約 20 厘米，用黑燈芯絨或綢緞做面，邊緣多鑲黑羊羔皮，帽頂綉有花紋。流行於新疆塔什庫爾干塔吉克地區。

鼓打帽

亦稱"魚尾帽"。白族民間傳統女帽。帽上釘有銀泡子，圓珠形帽花均有銀質裝飾，在帽後呈魚尾形翹起，或做成鷄冠形裝於帽前。流行於雲南劍川一帶。

【魚尾帽】

即鼓打帽。因帽後呈魚尾形翹起，故稱。此稱始見於近現代。見該文。

號帽

回族男子戴的無檐小帽。顏色有白、灰、黑三種，分春、夏、秋、冬不同的季節來戴，一般春、夏、秋季戴白帽，冬季戴灰色或黑色帽。白帽用的確良、滌卡、華達呢等，灰色、黑色帽用平絨。式樣在各地區有所不同，或爲圓形，或爲角形。

維吾爾族方帽

維吾爾族傳統小帽。由四塊帽片組成，帽頂中間呈現"X"形拼刺綉，或編織圖案裝飾。呈正方形盒狀，有四面矮牆。戴時，僅扣在頭頂上，帽子的一條側棱朝嚮正前方，具有民族風格。維吾爾族男女均喜戴之，女帽則更加鮮艷精緻。

鷄冠帽

彝族姑娘戴的一種帽。以硬布剪成鷄冠狀，再用大小一千二百多顆銀泡鑲綉而成，戴在頭上如雄鷄，故名。此帽是彝族姑娘吉祥、幸福的象徵。流行於雲南紅河地區。

翹尖帽

基諾族女帽。用白色間有彩色條紋的麻布製作，頂尖翹，前額處有一道捲邊，其餘部分披垂於肩背。戴時將頭髮在頭頂前部綰髻。

羅漢帽

侗族民間傳統童帽。帽檐有兩層銀飾，上層有十八個羅漢，下層有十八朵梅花，取"十八羅漢護身，一切鬼神莫近"之意。兩鬢各佩一月形銀飾，下面各有一銀獅，仰頭望月，脚踏銀球。帽後繫有七至十一根短銀鏈，末端吊有銀鈴、四方印、葫蘆、仙桃、金魚和鷹爪等，搖頭或走動時，可發出清脆聲響。流行於湖南、廣西、貴州地區。

羅窩帽

彝族傳統女帽。黑色，圓形，有時以紫色或黃色的窄編帶爲飾。戴時平置頭頂如蓮葉之狀。傳統習俗，凡生過小孩的婦女方可戴用。

靈雅

珞巴語音譯，珞巴族博嘎爾、凌波等部落男帽。以去毛的熊皮製成。窄簷，簷上加套毛衝外的熊皮圈"冬波"，後懸綴梯形帶眼窩的熊頭皮做的"布歷"，以護後頸。既可防雨，又可防樹枝、野獸和刀箭的刺傷。

鷹帽

蒙古族男子冬帽。以綿羊羔皮製成，形若鷹，故稱。以黑布爲裏。相傳爲元代遺制。冬季戴此帽，暖和而輕便。

第三章　身服説（上）

第一節　祭服考

中國古代帝王服裝和官員服裝可分兩大類：禮服和公服。禮服，亦稱法服，即禮法規定的標準服，對不同身份的人在不同的場合所戴的冠帽，所穿的衣、裳、鞋、襪以及佩飾皆有規定。周代，將禮劃分爲五種，即吉、凶、軍、賓、嘉五禮。其中，吉禮是祭祀之禮，凶禮是喪葬之禮，軍禮是與軍事活動有關的戰事之禮，賓禮是朝聘、會盟之禮，嘉禮是喜慶之禮。與之相適應，便產生了祭服、凶服、軍服、朝服、吉服等禮服。

祭服是舉行祭祀活動時所穿的衣服。祭祀在古代被視爲"國之大事"，祭祀的對象有天、地、祖先等，其儀式最爲隆重，服飾最爲講究，故祭服成爲禮服中最重要的一種。可以説，狹義的禮服即指祭服。

周代，國君、公、卿、大夫在舉行祭祀典禮時皆穿冕服。冕服由冕、衣、裳、蔽膝、大帶、舃等組成，衣爲玄色以象徵天，裳爲纁色以象徵地。依祭祀的對象不同而有六種形制，即大裘冕、袞冕、鷩冕、毳冕、希冕、玄冕，合稱"六冕"，亦稱"六服"。大裘冕爲帝王祭天之服，以冕、衣、裳、羔裘、蔽膝、大帶、佩綬、舃等組成。冕不垂旒，衣、裳之上繪綉十二種紋樣，即日、月、星辰、山、龍、華蟲、宗彝、藻、火、粉米、黼、黻，稱"十二章"，皆有含義。羔裘以黑色羊羔皮製成。袞冕爲祭先王之服，其制次於大裘冕。它不用羔裘，冕垂旒，天子前後各十二旒，每旒十二珠，公、侯視其地位遞減。衣、裳共用九章，三公以下遞減。鷩冕爲祭祀先公之服，其制次於袞冕。君王冕用九旒，衣、裳用七章。毳冕爲遥祀山川之服，其制次於鷩冕。天子冕用七旒，衣、裳用五章。希冕，亦作"絺冕"，祭祀社稷五祀之服，其制低於毳冕。天子冕用五旒，衣、裳用三章。玄冕爲祭群小祀之服，是最低級的冕服。天子冕用三旒，衣無章，裳一章。諸侯、卿、大夫助祭各視王服有差：公之服自袞冕而下如王之服，侯、伯之服自鷩冕而下如公之服，子、男之服自毳冕而下如侯伯之服，孤之服自希冕而下如子男之服，卿、大夫之服自玄冕而下如孤之服。王后和命婦的祭服也有規定。王后有六服，即褘衣、揄狄、闕狄、鞠衣、展衣、褖衣。其中，褘衣、揄狄、闕狄三種是祭服。從王祭先王則服褘衣，祭先公服揄狄，祭群小祀則服闕狄。褘衣玄質（鄭玄以爲素質），畫五色的翬形；揄狄青質，畫五色的翟形；闕狄赤質，刻翟形而不加畫色。皆用袍制，即上下連屬，皆以素紗爲裏，配以大帶、蔽膝及襪、舄等。亦爲命婦之服。三夫人及公之妻服闕狄，侯、伯夫人服揄狄，子、男夫人亦服闕狄。（見《周禮·天官·内司服》）

春秋、戰國時代，周禮遭到破壞，僅有玄冕，餘皆不用。貴族參加祭祀，也用朝服代替祭服。秦代不用周禮，祭祀時衹用玄冕，衣、裳皆黑色。西漢一代亦未能恢復冕服制度，漢高祖以長冠爲祭宗廟之冠，其服上下玄色，稱"袀玄"，内中衣用絳緣領和袖，絳褲襪。至東漢明帝時纔决意恢復古制，詔有司采《周禮》《禮記》《書·皋陶謨》，天子祭祀天地明堂用冕服，采歐陽氏説，冕垂十二旒，衣、裳備綉日、月、星辰等十二章，玄衣纁裳；三公、九卿、特進侯從夏侯氏説。三公、諸侯冕用七旒，衣、裳用九章；九卿以下冕用五旒，衣、裳七章。都有五彩、大佩、赤舄絇履。百官執事人祭祀，仍用長冠，服袀玄，絳緣領、袖中衣，絳絝襪。太皇太后、皇太后入廟及皇后謁廟之服，皆紺上皂下，公卿、列侯、中二千石、二千石夫人，入廟佐祭之服，皂絹上下。（見《後漢書·輿服志下》）

魏晉南北朝時期，所用祭服大體仍承襲東漢制度而略有損益。魏晉之制，皇帝郊祀天地明堂宗廟，服黑介幘、通天冠，上加平冕十二旒，衣裳皂上絳下，十二章。釋奠先聖，服皂紗袍，絳緣中衣，絳褲襪，黑舄。王公、卿助祭郊廟，服平冕。王公冕八旒，衣九章；卿冕七旒，衣七章。皇后謁廟服，皂上皂下。南朝，皇后謁廟，服褂襦大衣。其餘大體因襲魏晋之制。北齊，皇帝祭廟、明堂服衮冕。諸公卿郊祀天地宗廟，戴平冕，黑介幘，冕旒，上公九旒，三公八旒，諸卿六旒。玄衣纁裳，三公八章，九卿六章。皇后助祭以褘衣，祠郊禖以褕狄。内命婦、左右昭儀、三夫人視一品，服褕狄；外命婦，一品、二品服闕狄。北周改革服制，皇帝冕服增至十種，有蒼冕、青冕、朱冕、黄冕、素冕、玄冕、象冕、衮冕、山冕、鷩冕。象冕以上服均爲十二章，衮冕以下分別爲九、八、七章。諸臣依職位高低依次遞減。皇后祭服有翬衣、褕衣、鷩衣。（見《晋書·輿服志》《宋書·禮志五》《隋書·禮儀志六》）

　　隋代，皇帝有大裘冕、衮冕。大裘之服，以羔正黑者爲之，祀圜丘、封禪、五郊、明堂皆服之；衮冕之服，玄衣纁裳，九章，白紗内單，革帶，白玉雙佩，大小綬，朱襪赤舄。宗廟、社稷、朝日、夕月等服之。諸王百官，有衮冕，九旒，服九章，王、國公、開國公服之；鷩冕，侯八旒，伯七旒，服七章；毳冕，子六旒，男五旒，服五章；絺冕，三品七旒，四品六旒，五品五旒，正三品以下，從五品以上，助祭服之；從九品以上，爵弁，玄纓無旒，玄衣纁裳無章，助祭服之。皇太后、皇后祭服爲褘衣，深青質，文以翬翟，五彩重行，十二等。皇太子妃，公主，王妃，三師、三公及公、侯、伯夫人，子、男夫人等服闕翟以助祭。唐代，皇帝祀天神地祇服大裘冕，祭海嶽服毳冕，祭社稷、饗先農服絺冕，蜡祭百神、朝日、夕月服玄冕。後以大裘冕不適宜夏季穿用，廢止，諸祭用衮冕。百官助祭、私家祭祀皆服冕服：一品衮冕，九旒，九章；二品鷩冕，八旒，七章；三品毳冕，七旒，五章；四品絺冕，六旒，三章；五品玄冕，五旒，一章；六品以下，九品以上爵弁，無旒，青衣纁裳。皇后有褘衣，皇太子妃有褕狄，皆助祭之服。（見《隋書·禮儀志七》《舊唐書·輿服志》《新唐書·車服志》）

　　宋代，皇帝有大裘冕、衮冕。大裘，青表纁裏，黑羔皮爲領、褾、襈，朱裳，被以衮服，冬至祀昊天上帝服之，立冬祀黑帝、立冬後祭神州地祇亦如之。衮冕，前後十二旒，衮服青色，七章，紅裙五章，白羅中單，革帶，紅襪赤舄，祭天地、宗廟等服之。百官祭服，有九旒冕，青羅衣綉五章，緋羅裳綉四章，緋蔽膝綉二章，緋羅襪履，親王、中書門下奉祀服之。其冕無額花者，玄衣纁裳，三公奉祀服之。七旒冕，衣畫三章，裳畫二章，九卿奉祀服之。五旒冕，青羅衣裳，無章，四、五品獻官服之，六品以下紫襢衣，朱裳，御史、博士服之。平冕無旒，青衣纁裳，太祝奉禮服之。皇后有褘衣，深青，翟文赤質，五色十二等，青紗中單，黼領，羅縠褾、襟、襈，青襪，舄加金飾，受册、謁景靈宫

服之。(見《宋史・輿服志》三、四)

遼代,有國服、漢服,皆有祭服。皇帝國服中之祭服,大祀服金文金冠,白綾袍,紅帶,懸魚,絡縫烏靴;小祀戴硬帽,服紅克絲龜文袍。漢服中的祭服,袞冕,金飾,白珠十二旒,玄衣纁裳十二章。皇后祇定小祀之服,戴紅帕,服絡縫紅袍,懸玉珮,絡縫烏靴。金代沿宋制,皇帝大祭祀,服袞冕。群臣祭服,冠如朝服,去貂蟬、竪筆,青衣,朱裳。元代,皇帝祭祀用冕服,袞冕製以漆紗,前後各十二旒。袞龍服製以青羅,飾以生色銷金,帝星一、日一、月一、昇龍四、複身龍四、山三十八、火四十八、華蟲四十八、虎蜼四十八。裳,製以白紗,狀如裙,飾文繡十六行,每行藻二、粉米一、黼二、黻二。白紗中單,絳緣,紅羅靴,紅綾襪。(見《遼史・儀衛志二》《金史・輿服志中》《元史・輿服志一》)

明代,皇帝袞冕。洪武十六年(1383)定,冕前圓後方,玄表朱裏,前後各十二旒。玄衣黃裳,繡十二章。蔽膝隨裳色。黃襪,黃舄金飾。二十六年更定,玄衣纁裳,紅羅蔽膝,朱襪赤舄。凡祭天地、宗廟、社稷、先農等服之。洪武元年定通天冠服,通天冠加金博山,附蟬十二,絳紗袍,深衣制。絳紗蔽膝,方心曲領,白襪,赤舄,凡郊廟、省牲等服之。文武百官祭服,洪武二十六年定,一品至九品,青衣,白紗中單,俱皂領緣,赤羅裳,赤羅蔽膝,方心曲領,凡親祀郊廟、社稷服之。皇后、妃禮服,洪武三年定,皇后爲翡翠圓冠,上飾九龍四鳳,大小珠花十二樹,褘衣,深青質,繪赤質五彩翟文十二等,蔽膝同衣色,青襪,舄以金飾。皇妃九翬四鳳,花釵九樹,青質翟衣,青紗中單,玉革帶,青襪舄。凡受册、謁廟、朝會服之。(見《明史・輿服志》二、三)

清代,祭圜丘、祈穀、祈雨等祀典,豫日詣齋宮,皇帝穿龍袍袞服。袞服石青色,繡五爪正面金團龍四,左肩繡日,右肩繡月。王公以下陪祭及執事官皆用朝服,其隨從俱穿吉服。皇帝朝服亦用於祭祀,其冬朝服明黃色,祭祀圜丘、祈穀用藍色,朝日用紅色;其夏朝袍亦明黃色,惟常雩祭祀時用藍色,夕月時用月白色。(見《清史稿・輿服志二》)

帝王禮服

禮服

舉行隆重典禮時所穿的服裝。通常包括冠帽、衣裳、鞋襪等。我國古代有吉、凶、軍、賓、嘉五禮,故禮服應包括祭服、凶服、軍服、朝服、吉服等。但古代祭祀典禮最重要、最隆重，故狹義的禮服指祭服。古代帝王的禮服又主要指冕服，因爲從西周開始，在祭祀天地、先王、宗廟時，在登基、册封、婚禮、朝會等重要場合，皆穿冕服。王后在這種場合亦有特定禮服。依周代禮制，天子、諸侯、卿、大夫、士皆按等級而服禮服。如凡有祭祀之禮，帝王、卿、大夫皆以冕服爲禮服，依等級而有大裘冕、衮冕、鷩冕、毳冕、絺冕、玄冕，冕之垂旒、衣裳之章紋皆有定制。參閱《周禮·春官·司服》。歷代帝王對禮服皆有規定，雖有一定變化，但基本遵從先秦時上衣下裳的古制。平民禮服各代有所不同，先秦爲深衣，清末爲長袍馬褂。民國初年，曾規定以中山裝爲禮服。現代，凡參加宴會、晚會和出席各類喜慶禮儀活動，或出訪、迎賓所穿衣服，亦稱禮服。

【法服】[1]

禮法規定的標準服。即禮服。先秦已有此稱。《孝經·卿大夫》：“非先王之法服不敢服。”唐玄宗李隆基注：“先王制五服，各有等差，言卿大夫遵守禮法，不敢僭上偪下。”漢代亦見其稱。《漢書·賈山傳》：“故古之君人者，於其臣也可謂盡禮矣；服法服，端容貌，正顔色，然後見之。”後代亦用。《資治通鑑·齊武帝永明四年》：“〔四月〕甲子，初以法服、御輦祀南郊。”

韋弁服

古代弁服的一種。天子於兵事時所着之服。弁服是僅次於冕服的一種禮服，士以上皆可服之。韋弁服既以韎韋染成赤黄色的柔皮爲弁，又以爲衣、裳。故韋弁服赤弁、赤衣、赤裳。始見於先秦。漢代爲伍伯之服色。《周禮·春官·司服》：“凡兵事，韋弁服。”鄭玄注：“韋弁以韎韋爲弁，又以爲衣裳……今時伍伯緹衣，古兵服之遺色。”賈公彦疏：“凡云韋弁服者，以韋爲冕，又以爲服，故云韋弁服。”晋代仍存，韋弁制似皮弁。參閱《晋書·輿服志》。南北朝以後不用。

冠弁服

古代弁服的一種。周代天子田獵時所着。亦爲諸侯視朝之服。式如委貌，色黑，實玄冠加弁。上身着緇布衣，下身爲積素裳。《周禮·春官·司服》：“凡甸，冠弁服。”鄭玄注：“甸，田獵也。冠弁，委貌，其服緇布衣，亦積素以爲裳。諸侯以爲視朝之服。《詩·國風》曰‘緇衣之宜兮’，謂王服此以田。王卒食而居則玄端。”孫詒讓正義：“凡甸冠弁服者，此王四時常田之服，蓋玄冠而加弁也。此弁與爵弁、韋弁、皮弁不同，即所謂皮冠。”漢代，戴委貌時，其服同。參閱《後漢書·輿服志下》。晋、南朝因其制。參閱《晋書·輿服志》《宋書·禮志五》。

良裘

周代國王秋季田獵誓師時所服的一種精良皮衣。《周禮·天官·司裘》：“中秋，獻良裘，王乃行羽物。”鄭玄注：“良，善也。中秋鳥獸氄毛，因其良時而用之。鄭司農云：‘良裘，王所服也。行羽物，以羽物飛鳥賜群吏。’”賈公彦疏：“仲秋所獻善裘者，爲八月誓獼田所用，故獻之……良裘與大裘，皆君所服，針功細密，故得良裘之名。”

黼裘

周代國君秋季田獵誓師時所穿的皮衣。以黑羔皮和狐白製成，有黑白相間的花紋，故稱。

《禮記·玉藻》:"唯君有黼裘以誓省。"鄭玄注:"黼裘,以羔與狐白雜爲黼文也。省當爲獮;獮,秋田也。國君有黼裘誓獮田之禮。"

韋衣

古代皮製上衣。多爲田獵時所服。始見於先秦。漢劉向《說苑·善說》:"林既衣韋衣而朝齊景公。"後代亦見。《晉書·魏舒傳》:"性好騎射,著韋衣,入山澤,以漁獵爲事。"

御閱服

宋代天子乘馬大閱之服。《宋史·輿服志三》:"天子之服……七曰御閱服,天子之戎服也,中興之後則有之……以金裝甲,乘馬大閱則服之。"

命婦禮服

吉服

古代舉行吉禮時所穿的衣服。包括祭祀、婚禮、冠禮等隆重場合所穿的衣服。狹義而言,吉禮即祭祀之禮,故吉服即祭服。《周禮·春官·大宗伯》:"以吉禮事邦國之鬼神示。"西周時,禮制已較完備,在舉行祭祀時,天子、卿、大夫穿冕服,從這一意義上說,冕服即吉服。從東漢明帝重定冕服制度始,歷代皆有規定。詳見本卷《身服說

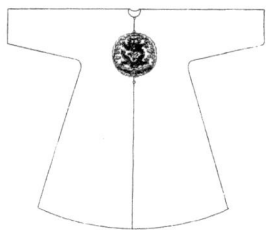

吉服(貝勒夫人吉服掛圖)
(清伊桑阿《欽定大清會典》)

(上)·祭服考》"冕服"文。

花釵禮衣

唐代命婦禮服。《新唐書·車服志》:"花釵禮衣者,親王納妃所給之服也。"

大袖連裳

唐代命婦禮服。六品以下妻,九品以上女嫁之服。《新唐書·車服志》:"大袖連裳者,六品以下妻,九品以上女嫁服也。青質,素紗中單,蔽膝、大帶、革帶、韈、履同裳色,花釵,覆笄,兩博鬢,以金銀雜寶飾之。庶人女嫁有花釵,以金銀琉璃塗飾之。連裳,青質,青衣,革帶,韈、履同裳色。"

天子祭服

祭服

古代祭祀時所穿禮服。始見於周代。《周禮·天官·内宰》:"中春,詔后帥外内命婦始蠶於北郊,以爲祭服。"賈公彦疏:"《禮記·祭義》亦云:'蠶事既畢,遂朱綠之,玄黃之,以爲祭

服。'此亦當染之以爲祭服也。"周代,天子參加各種祭祀需分別服用不同的冕服,有大裘冕、袞冕、鷩冕、毳冕、希冕、玄冕等,服以章爲別,冕以旒爲差。王后從王祭祀,則有褘衣、褕狄、闕狄等。公、卿、大夫、士等的祭服亦

各有等差。祭服皆玄衣纁裳，以同天地之色。《詩・豳風・七月》：“爲公子裳。”毛傳：“祭服，玄衣纁裳。”孔穎達疏：“玄黄之色施於祭服。”戰國時，僅有玄冕，貴族以朝服代祭服。秦代，祭祀唯用玄冕。或言，郊祀之服用袀玄，即衣、裳皆爲玄色。西漢，祭祀時戴長冠，着袀玄。東漢明帝時，對周代祭服進行整理，重定冕服制度。《後漢書・輿服志下》：“秦以戰國即天子位，滅去禮學，郊祀之服皆以袀玄。漢承秦故……顯宗遂就大業，初服旒冕，衣裳文章，赤舄絇屨，以祠天地，養三老五更於三雍，於時致治平矣。天子、三公、九卿、特進侯、侍祠侯，祀天地明堂，皆冠旒冕，衣裳玄上纁下。乘輿備文，日月星辰十二章，三公、諸侯用山龍九章，九卿以下用華蟲七章，皆備五采，大佩，赤舄絇屨，以承大祭。百官執事者，冠長冠，皆袛服。五岳、四瀆、山川、宗廟、社稷諸沾秩祠，皆袀玄長冠，五郊各如方色云。百官不執事，各服常冠袀玄以從。”魏晉以後，皆以冕服爲祭服，雖有損益，但大抵不變，直至明代。《明史・輿服志三》：“凡親祀郊廟、社稷，文武官分獻陪祀，則服祭服。”清代，皇帝祭祀用袞服，且僅用於祭圜丘、祈穀、祈雨等，百官則以朝服代之。參閱《清史稿・輿服志二》。

冕服

古代帝王、諸侯、卿、大夫舉行重大典禮時所穿之服。穿時需戴冕，冕異服異。服爲上衣下裳，玄衣纁裳。古代文獻中有商代穿冕服的記載。《書・太甲中》：“伊尹以冕服奉嗣王歸于亳。”西周已形成完備的冕服制度，有六種冕服。《周禮・春官・司服》：“王之吉服，祀昊天、上帝則服大裘而冕，祀五帝亦如之。享先王則

袞冕，享先公、饗、射則鷩冕，祀四望、山川則毳冕，祭社稷、五祀則希冕，祭群小祀則玄冕。”《禮記・雜記上》：“復，諸侯以褒衣，冕服，爵弁服。”鄭玄注：“復，招魂復魄也。冕服者，上公五，侯伯四，子男三。”冕服以冕旒之不同及衣裳之章數區別尊卑等級。周禮，上公冕服九章，諸侯、伯七章，諸子、男五章。《周禮・秋官・大行人》：“上公之禮，執桓圭九寸，繅藉九寸，冕服九章……諸侯之禮，執信圭七寸，繅藉七寸，冕服七章……諸伯執躬圭，其他皆如諸侯之禮。諸子執穀璧五寸，繅藉五寸，冕服五章……諸男執蒲璧，其他皆如諸子之禮。”鄭玄注：“冕服，著冕所服之衣也。”秦始皇時祭祀祇有玄冕。東漢明帝重定冕服之制，天子冕服備繡日、月、星辰等十二章，服玄上纁下；三公、諸侯等用山、龍等九章；九卿以下用華蟲等七章。皆大佩、赤舄絇屨。所戴冕之規格、形狀、垂旒皆有定制。參閱《後漢書・輿服志下》。此後，從三國魏明帝始，對這一冕服之制雖有損益，但大體沿襲。如晋代始將冕綖加於通天冠上，南朝各代因其制；北周有十種冕服。唐代以後，諸祭以袞冕爲多，其餘數種冕服逐漸廢止；宋代作青碧錦織成的天河帶，長一丈二尺，廣二寸，冕服紋樣亦有變化；明代冕服唯天子及皇太子、親王、郡王、世子用，公侯以下皆不用。清代廢止傳統的冕服之制，雖有“袞服”，但與前代袞冕形制相異。參閱有關正史《輿服志》《車服志》。

六服

周天子祭祀用的六種冕服。周代禮制，天子參加各種祭祀典禮，分別穿戴不同的冕服。共有大裘冕、袞冕、鷩冕、毳冕、希冕、玄冕

六種。《周禮・春官・司服》："掌王之吉凶衣服，辨其名物與其用事。王之吉服，祀昊天上帝則服大裘而冕，祀五帝亦如之。享先王則袞冕。享先公、饗、射則鷩冕，祀四望、山川則毳冕，祭社稷、五祀則希冕，祭群小祀則玄冕。"鄭玄注："六服同冕者，首飾尊也……凡冕服皆玄衣纁裳。"

大裘

古代天子冕服之一種。祭天時穿用，祀五帝亦服之。始見於周代。《周禮・春官・司服》："王之吉服，祀昊天上帝則服大裘而冕，祀五帝亦如之。"以黑色羔皮製成，無紋飾以示質。穿此服行禮，外面還要着一件與皮毛同色的罩衣。《周禮・天官・司裘》："司裘掌爲大裘，以供王祀天之服。"鄭玄注引鄭司農云："大裘，黑羔裘，服以祀天，示質。"賈公彥疏："裘言大者，以其祭天地之服，故以大言之，非謂裘體侈大……案鄭志，大裘之上又有玄衣，與裘同色，亦是無文采。"南朝梁天監七年（508）采五經博士陸瑋等議，依古制製大裘。以玄繒爲之。其制式如裘，其裳以纁，皆無紋綉。陳依梁制。隋制，大裘之服，以羔正黑者爲之，取同色繒以爲領、袖，纁裳，無章飾。祀圓丘、感帝、封禪、五郊、明堂、雩、蜡，皆服之。參閱《隋書・禮儀志》六、七。唐制，大裘以黑羔皮爲之，玄領、褾、襟緣。朱裳，白紗中單，皂領，青褾、襈、裾。

大　裘
（明王圻等《三才圖會》）

祀天神地祇則服之。至高宗顯慶元年（656）采長孫無忌議，廢之。參閱《舊唐書・輿服志》。宋神宗元豐三年（1080）及四年修定大裘冕制。大裘，青衣纁裏，黑羔皮爲領、褾、襈，朱裳，外加袞服，以祀昊天上帝及五帝。後改制，去黑羔皮而以黑繒製焉。參閱《宋史・輿服志三》。宋以後廢。

裼衣

古代覆於裘上的外衣。先秦服制，士以上冬服裘時，裘外覆與之同色有紋飾的裼衣，裼衣外又有襲衣、正服。襲衣遮蔽裼衣稱作襲，表示質樸或肅敬之意，謂之"充美"；在一定場合，開正服襲衣前衿露出裼衣，稱作裼，顯示裼衣的紋飾，以示敬仰，謂之"見美"。此關乎禮制。《儀禮・聘禮》："裼降立。"鄭玄注："裼者，免上衣，見裼衣。凡當盛禮者，以充美爲敬，非盛禮者，以見美爲敬，禮尚相變也。"《禮記・玉藻》："君衣狐白裘，錦衣以裼之。君之右虎裘，厥左狼裘。士不衣狐白。君子狐青裘豹褎，玄綃衣以裼之，麑裘青犴褎，絞衣以裼之；羔裘豹飾，緇衣以裼之；狐裘，黃衣以裼之。錦衣狐裘，諸侯之服也。犬羊之裘不裼，不文飾也不裼。裘之飾也，見美也。吊則襲，不盡飾也。君在則裼，盡飾也。服之襲也，充美也。是故尸襲，執玉龜襲。無事則裼，弗敢充也。"鄭玄注："君衣狐白毛之裘，則以素錦爲衣覆之，使可裼也……凡裼衣，象裘色也……非諸侯則不用錦衣爲裼。"

襲衣[1]

古代穿於正服之內、裼衣之外的上服。始見於先秦。襲，覆蓋之義。《禮記・玉藻》："襲裘不入公門。"鄭玄注："衣裘必當裼也。"孔穎達疏："裘上有裼衣，裼衣上有襲衣，襲衣之上有正服；但據露裼衣不露裼衣爲異耳。"先秦禮制，對於襲衣的覆蓋或顯露裼衣的場合有若干規定。《玉藻》："服之襲也，充美也。"鄭玄注："充猶覆也。所敬不主於君則襲。"孔穎達疏："凡敬有二體，一則父也，二則君也。父是天性至極，以質爲敬，故子於父母之所不敢袒裼；君非血屬，以文爲敬，故臣於君所則裼。若平敵以下則亦襲，以其質略也。所襲雖同，其意異也。"《禮記・表記》："子曰：裼襲之不相因也，欲民之毋相瀆也。"鄭玄注："禮盛者以襲爲敬……禮不盛者以裼爲敬。"孔穎達疏："行禮之時，禮不盛者則露見裼衣，禮盛之時則重襲上服。是行禮初盛則襲衣，禮不盛則裼衣。"

明衣

古代舉行祭祀等禮時所穿的貼身布單衣。在行祭禮前，必先齋戒沐浴，以整潔身心，表示對神明的虔敬；沐浴之後先着明衣。始見於先秦。《論語・鄉黨》："齊必有明衣布。"何晏集解："孔曰以布爲沐浴衣。"邢昺疏："齋必有明衣布者，將祭而齋則必沐浴，浴竟而著明衣，所以明絜其體也。明衣以布爲之，故曰齋必有明衣布也。"《穆天子傳》卷六："昧爽，天子使嬖人贈用文錦明衣九領。"

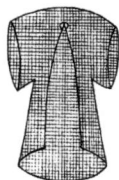

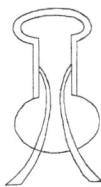

明　衣
（宋聶崇義《三禮圖集注》）

褘衣

古代天子的次等祭服。天子之冕服，除大裘爲上，其餘均爲褘服。諸侯、卿、大夫覲見天子時，着褘衣，戴冕，稱"褘冕"。《儀禮・覲禮》："侯氏褘冕，釋幣於禰。"鄭玄注："褘冕者，衣褘衣而冠冕也。褘之爲言埤也。天子六服，大裘爲上，其餘爲褘，以事尊卑服之。而諸侯亦服焉。"

袞衣

古代天子冕服之一種。祭宗廟時穿用。公亦服之。始見於周代。其制，袞衣圖案定爲九章，即龍、山、華蟲、火、宗彝、藻、粉米、黼、黻。衣五章，皆畫之；裳四章，皆以繡。《詩・豳風・九罭》："我覯之子，袞衣繡裳。"毛傳："袞衣，卷龍也。"鄭玄箋："王迎周公，當以上公之服往見之。"穿袞衣配戴冕稱袞冕。《周禮・春官・司服》："王之吉服……享先王則袞冕。"鄭玄注："王者相變，至周而以日月星辰畫於旌旗，所謂三辰旂旗，昭其明也。而冕服九章，登龍於山，登火於宗彝，尊其神明也。九章，初一曰龍，次二曰山，次三曰華蟲，次四曰火，次五曰宗彝，皆畫以爲繢，次六曰藻，次七曰粉米，次八曰黼，次九曰黻，皆絺以爲繡，則袞之衣五章，裳四章，凡九也。"《司服》又曰："公之服，自袞冕而下如王之服。"鄭玄

袞衣（九罭袞衣圖）
（明王圻等《三才圖會》）

注："自公之衮冕至卿大夫之玄冕，皆其朝聘天子及助祭之服。"東漢明帝定冕服之制，玄衣纁裳，天子十二章，三公、諸侯九章，九卿以下七章，皆備五彩。參閱《後漢書·輿服志下》。魏明帝時，始定衮衣黼黻的制度，大抵因襲漢制，惟天子服用刺繡，公卿用織成的紋樣。晋代，衮衣皂上絳下，王公用九章，卿七章。南北朝時期大抵沿用魏晋之制。北周天子十種冕服，皆十二章，衮冕在内。公、侯、伯、子、男、上大夫、下大夫、士皆服之，唯章數分別下降。隋制，衮衣玄上纁下，衣五章，裳四章，白紗内單。王、國公、開國公初受册、入朝、祭、親迎等則服之。參閱《晋書·輿服志》和《隋書·禮儀志》六、七。唐制，天子踐阼、征還、遣將、納后、元日受朝賀等，服衮冕，深青衣纁裳，十二章，衣八章，裳四章。皇太子、一品官青衣纁裳，九章。參閱《舊唐書·輿服志》《新唐書·車服志》。宋制，天子衮衣青色七章，紅裙五章，白羅中單。群臣衣裳九章。後略有改動。遼制，衮衣玄上纁下，十二章，八章在衣，四章在裳。金代，大抵采宋制。元代采宋金之制。參閱《宋史·輿服志三》《遼史·儀衛志二》《金史·輿服志中》《元史·輿服志一》。明初之制，玄衣纁裳，十二章，衣六章，裳六章；皇太子九章，衣五章，裳四章。永樂、嘉靖年間又有改動。參閱《明史·輿服志二》。省稱"衮"。《周禮·春官·司服》"享先王則衮冕"鄭玄注引鄭司農云："衮，卷龍衣也。"《後漢書·張衡傳》："服衮而朝。"上繡龍形圖案，故亦稱"龍衮"。《禮記·禮器》："禮有以文爲貴者，天子龍衮，諸侯黼，大夫黻。"以繡山、龍、藻、火圖案，故亦稱"龍火衣"。唐王建《元日早朝》詩："聖人龍火衣，寢殿開璇扃。"元陳孚《呈李野齋學士》詩："欲補十二龍火衣，袖中別有五色綫。"亦稱"九章衣"。《資治通鑑·後唐紀》明宗長興四年："〔孟〕知祥自作九旒冕、九章衣，車服、旌旗皆擬王者。"

【衮】

"衮衣"之省稱。此稱始見於先秦時期。見該文。

【龍衮】

即衮衣。此稱始見於漢代。見該文。

【龍火衣】

即衮衣。此稱始見於唐代。見該文。

【九章衣】

即衮衣。此稱始見於五代時期。見該文。

鷩衣

古代天子冕服的一種。享先公及饗射時服之。周代始見。有華蟲以下七章，衣三章，裳四章。《周禮·春官·司服》："王之吉服……享先公、饗射則鷩冕。"鄭玄注引鄭司農云："鷩，褘衣也。"鄭玄注又云："鷩畫以雉，謂華蟲也。其衣三章，裳四章，凡七也。"亦爲侯、伯之服。《司服》又曰："侯、伯之服，自鷩冕而下如公之服。"北周皇帝十種冕服，鷩冕爲其中一種，七章，衣三章，裳四章，群祀、視朝、臨太學、入道法門、宴諸侯與群臣及燕射、養庶老、通諸侯家服之。公、侯、伯亦服之。隋代，爲侯、伯之服，七章，受册、入廟、祭、親迎服之。參閱《隋書·禮儀志》六、七。唐代，皇帝有事遠主服之，深青衣纁裳，七章。亦爲二品官員之服。宋代，爲諸臣祭服。參閱《新唐書·車服志》《宋史·輿服志四》。宋以後廢止。

毳衣

古代天子冕服的一種。祀四望、山川時服之。子、男爵及大夫朝聘天子、助祭或巡行決訟亦服之。以細毛製成，上衣下裳，玄色，五章。始見於周代。《周禮·春官·司服》："王之吉服……祀四望、山川則毳冕。"鄭玄注："毳，畫虎蜼謂宗彝也，其衣三章，裳二章，凡五也。"又，"子男之服，自毳冕而下，如侯伯之服。"《詩·王風·大車》："大車檻檻，毳衣如菼。"毛傳："毳衣，大夫之服……天子大夫四命，其出封五命，如子男之服，乘其大車檻檻然，服毳冕以決訟。"鄭玄箋："毳衣之屬，衣繢而裳繡，皆有五色焉。"北周，公、侯、伯、子、男、三公、三孤皆有毳冕，服五章，衣三章、裳二章。隋代，爲子男之服。《隋書·禮儀志七》："毳冕，服五章。衣，宗彝、藻、粉米三章，裳黼、黻二章。子、男初受册，執贄、入朝、祭、親迎，則服之。"唐代，皇帝祭海嶽服之。亦爲三品官員之服。五章。參閱《新唐書·車服志》。宋代，爲群臣祭服，其服五章，六部侍郎以上服之。參閱《宋史·輿服志四》。宋以後不用。

希衣

古代天子冕服的一種。祭社稷、五祀時服之。以細葛布製成。三章。始見於周代。《周禮·春官·司服》："王之吉服……祭社稷、五祀則希冕。"鄭玄注："希讀爲絺……希，刺粉米，無畫也。其衣一章，裳二章，凡三也。"又《夏官·弁師》："弁師掌王之五冕……皆五采玉十有二，玉笄朱紘。"鄭玄注："希衣之冕五旒，用玉百二十。"亦爲孤之命服。《司服》又云："孤之服，自希冕而下，如子、男之服。"亦作"絺衣"。《史記·五帝本紀》："堯乃賜舜絺衣與琴，爲築倉庫，予牛羊。"唐代，皇帝祭社稷、饗先農服之。亦爲四品官員之服。三章。《新唐書·車服志》："絺冕者，祭社稷、饗先農之服也。六旒。三章：絺，粉米在衣，黼、黻在裳。"宋代爲群臣祭服。衣一章，繪粉米；裳二章，繡黼、黻。光禄卿、監察御史、讀册官、舉册官、分獻官以上服之。參閱《宋史·輿服志四》。宋以後不用。

【絺衣】

同"希衣"。此體始見於漢代。見該文。

玄衣[1]

古代天子冕服的一種。祭群小祀時服之。無紋，裳刺黻。黑色。始見於周代。《周禮·春官·司服》："王之吉服……祭群小祀則玄冕。"鄭玄注："玄者，衣無文，裳刺黻而已，是以謂玄焉。凡冕服皆玄衣纁裳。"亦爲卿、大夫命服。《司服》又云："卿、大夫之服，自玄冕而下如孤之服。"鄭玄注："自公之袞冕至卿大夫之玄冕皆其朝聘天子及助祭之服，諸侯非二王後，其餘皆玄冕而祭於己。"《禮記·王制》："周人冕而祭，玄衣而養老。"鄭玄注："周則兼用之，玄衣素裳。"唐代，皇帝以爲祭服。五品官

玄　衣
（明王圻等《三才圖會》）

亦服之。一章。《新唐書·車服志》："玄冕者，蜡祭百神、朝日、夕月之服也。"宋代亦用。《宋史·輿服志四》："玄冕：無旒，無佩綬，衣純黑，無章，裳刺黼而已，韍無刺繡，餘如絺冕。光禄丞、奉禮郎、協律郎、進搏祭官、太社令、良醖令、太官令、奉俎饌等官、供祠執事官内侍以下服之。"宋以後不用。

袀玄

純黑色祭服。秦代不用周禮，祭祀僅用玄冕，身着黑衣黑裳，謂之"袀玄"。漢初，舉行祭祀典禮時百官執事戴長冠，着袀玄。《後漢書·輿服志下》："秦以戰國即天子位，滅去禮學，郊祀之服皆以袀玄。漢承秦故。……〔祀天地明堂〕百官執事者，冠長冠，皆祗服。五嶽、四瀆、山川、宗廟、社稷諸沾秩祠，皆袀玄長冠，五郊各如方色云。百官不執事，各服常冠袀玄以從。"亦作"袀袨"。《淮南子·齊俗訓》："尸祝袀袨，大夫端冕。"高誘注："袀，純服；袨，墨齋衣也。"

【袀袨】

同"袀玄"。此體始見於漢代。見該文。

袞服

清代皇帝最重要的一種祭服。不同於前代的袞衣。在祭圜丘、祈穀、祈雨等場合着之。石青色，對襟，平袖，兩肩及胸背各繡一團正龍。亦有章紋。用時，罩於朝服之上。《清史稿·輿服志二》："袞服，色用石青，繡五爪正面金龍四團，兩肩前後各一。其章左日右月，萬壽篆文，間以五色雲。春、秋棉、袷，冬裘、夏紗惟其時。"

王后祭服

褘衣

古代王后祭服的一種。從王祭先王服之。玄質（鄭玄以爲素質）。其衣制，上下連屬。夾裏用白色紗縠。另配以大帶、蔽膝、黑舄。《釋名·釋衣服》："王后之上服曰褘衣，畫翬雉之文於衣也。"周代始見。《周禮·天官·内司服》："掌王后之六服：褘衣、揄狄、闕狄、鞠衣、展衣、緣衣、素沙。"鄭玄注："褘衣，畫翬者……從王祭先王則服褘衣。"南朝宋制，太皇太后入廟服袿襡大衣，謂之褘衣。齊因之，袿襡用繡爲衣裳。陳依其制，皇后謁廟，袿襡大衣皂色。北齊皇后助祭、朝會以褘衣。隋制，皇后褘衣深青質，織成領、袖，文以翬翟，五彩，重行十二等，素紗白單，祭及朝會大事服之。唐制，皇后褘衣爲受册、助祭、朝會大事之服。深青織成爲之，畫翬赤質五色十二等，素沙中單，黼領，朱羅縠褾、襈。參閱《通典·禮二十二》，《隋書·禮儀志》六、七，《舊唐書·輿服志》。宋制，皇后、妃及以下内外命

褘衣（皇后冠服·褘衣）
（明王圻等《三才圖會》）

婦有褘衣，深青質，織成五彩翟文，十二等，即十二重行。素紗中單，領繡黼文，以朱色羅縠緣袖及邊。受册封、朝謁、朝會服之。金代，大抵同宋制。參閲《宋史·輿服志三》《金史·輿服志中》。明制，皇后褘衣，深青質，上繡畫赤質五彩翟文十二等。内襯素紗中單，黼領，朱色羅縠緣袖端、衣邊及後裾。參閲《明史·輿服志二》。清代廢止。

揄狄

古代王后祭服的一種。從王祭先公時服之。爲袍制，繪有長尾雉，圖形青質，夾裏用白。另配以大帶、蔽膝及青襪、青舄。周代始見。亦作"揄翟"。《周禮·天官·内司服》："掌王后之六服：褘衣、揄狄、闕狄、鞠衣、展衣、緣衣，素沙。"漢鄭玄注："狄當爲翟。翟，雉名……江淮而南，青質五色皆備成章曰搖。王后之服，刻繒爲之形而采畫之，綴於衣以爲文章……揄翟，畫搖者……皆祭服。從王祭先王，則服褘衣，祭先公則服揄翟。"亦爲侯、伯夫人從君祭廟之服。《禮記·玉藻》："王后褘衣，夫人揄狄。"鄭玄注："夫人，三夫人，亦侯、伯之夫人也。"亦作"褕翟"。《詩·鄘風·君子偕老》："玼兮玼兮，其之翟也。"漢毛公傳："褕翟、闕翟，羽飾衣也。"鄭玄箋："侯、伯夫人之服，自褕翟而下，如王后焉。"亦作"搖翟"。《釋名·釋衣服》："搖翟，畫搖雉之文於衣也。江淮而南青質五色

揄狄（后服制圖·揄狄）
（宋楊甲《六經圖》）

皆備成章曰搖。"搖同鷂。亦作"褕狄"。唐柳宗元《禮部賀册太上皇后賀表》："伏惟皇帝陛下對若天休，奉揚睿旨，長秋既登其正位，褕狄亦被於恩光。"李翱注："褕音搖，刻雉飾服也。"

揄翟
（宋聶崇義《三禮圖集注》）

北齊，皇后祠郊禖以揄狄。内外命婦以上、從二品以上，金章，紫綬，服揄狄。皇太子妃亦服之。隋制，三妃服之，皇太子妃亦服之。青織成爲之，爲鷂翟之形，青質，五色，九等。助祭、朝會服之。諸侯王太妃、妃、長公主、三公夫人、一品命婦、揄翟九等；公夫人、縣主、二品命婦揄翟八等；侯、伯夫人、三品命婦服揄狄七等。助祭、朝會服之。唐制，皇太子妃服之，青織成爲之，文爲鷂翟之形，青質、五色、九等，受册、助祭、朝會服之。參閲《隋書·禮儀志七》《舊唐書·輿服志》。宋制，皇妃服之，用青羅繡鷂翟之形編次於衣，青質，五色，九等。内襯素紗中單，黼領，并以羅縠緣袖及邊，受册服之。皇太子妃亦服之，青織爲鷂翟之形，五色，九等。受册、朝會服之。金代大抵用宋制。參閲《宋史·輿服志三》《金史·輿服志中》。明清不用。

【揄翟】
同"揄狄"。此體始見於漢代。見該文。

【褕翟】
同"揄狄"。此體始見於漢代。見該文。

【搖翟】
同"揄狄"。此體始見於漢代。見該文。

【褕狄】

同“揄狄”。此體始見於唐代。見該文。

闕狄

古代王后祭服的一種。從王祭群小祀服之。下至士妻，祭祀及宴見皆可服之。刻翟形而不繪色，赤質，夾裏用白，配以大帶、蔽膝、赤舄。始見於周代。亦作“闕翟”。《周禮・天官・內司服》：“掌王后之六服：褘衣、揄狄、闕狄……素沙。”漢鄭玄注：“狄當爲翟。翟，雉名……王后之服，刻繒爲之形而采畫之，綴於衣以爲文章……闕翟，刻而不畫……祭群小祀則服闕翟。”

闕　狄
（明王圻等《三才圖會》）

賈公彥疏：“闕翟者，其色赤……刻爲雉形，不畫之爲彩色，故名闕翟也。”《釋名・釋衣服》：“闕翟，剪闕繒爲翟雉形，以綴衣也。”北齊皇后小宴服。宮人女官，二品服之。隋制，九嬪服之，子夫人、四品命婦亦服，刻赤繒爲翟，綴於服上，以爲六章，男夫人、五品命婦則五章。參閱《隋書・禮儀志七》。唐代及以後不用。

【闕翟】

同“闕狄”。此體始見於漢代。見該文。

宵衣

古代婦人助祭時穿的黑色帛服。見於周代。《儀禮・士昏禮》：“姆纚笄宵衣在其右。”鄭玄注：“宵讀爲《詩》‘素衣朱綃’之綃。《魯詩》以綃爲綺屬也。姆亦玄衣，以綃爲領，因以爲

名，且相別耳。”《儀禮・特牲饋食禮》：“主婦纚笄宵衣。”鄭玄注：“綃，綺屬也。此衣染之以黑，其繒本名曰宵。《詩》有‘素衣朱宵’，《記》有玄宵衣，凡婦人助祭者同服也。”

宵　衣
（宋聶崇義《三禮圖集注》）

褂襹大衣

古代衣裳相連有下垂如刀圭狀者之服。見於南朝各代。爲皇后祭服。《隋書・禮儀志六》：“〔陳〕皇后謁廟，服褂襹大衣，蓋嫁服也，謂之褘衣，皁上皁下。親蠶則青上縹下。皆深衣制，隱領袖緣以條。”周錫保《中國古代服飾史》第六章《魏晉南北朝服飾》：“齊因之。褂襹用綉爲衣裳。陳依前制。按褂衣也爲婦女的嫁時服，其服有下垂如刀圭狀者，即加此刀圭形之旁衽於褂衣裾旁。顏師古謂：褂衣如大掖衣之類。《廣雅》謂：‘褂，長襦也。’這是既有旁衽而且大袖，又爲較長之服式。”

象服

古代繪有圖像的祭服。既可指帝王繪有日、月、星辰等圖像的冕服，亦可指王后及諸侯夫人穿的繪有翟形圖像的祭服。先秦始有此稱。《詩・鄘風・君子偕老》：“象服是宜。”毛傳：“象服，尊者所以爲飾。”鄭玄箋：“象服者，謂揄翟、闕翟也。人君之象服，則舜所云‘予欲觀古人之象，日、月、星辰之屬。’”孔穎達疏：“以人君之服畫日、月、星辰謂之象，故知畫翟羽亦爲象也，故引古人之象以證之。”

章　服

章服 [1]

古代以圖案爲等級標志之服。相傳始於黃帝，著於虞舜，後代因之。《史記·孝文本紀》："乃下詔曰：'蓋聞有虞氏之時，畫衣冠異章服以爲僇，而民不犯，何則？至治也。'"清惲敬《十二章圖説·序》："古者十二章之制，始於軒轅，著於有虞，垂於夏、殷，詳於有周，蓋兩千有餘年。"十二章，指十二種圖案，即日、月、星辰、山、龍、華蟲、宗彝、藻、火、粉米、黼、黻。華蟲以上施於衣，稱上六章；宗彝以下施於裳，稱下六章。周代，因日、月、星辰已畫於旌旗上，乃不復施於服飾上，故變爲九章。後漢明帝定天子冕服十二章，直至明代。清代，於朝服前後列十二章紋樣。十二章之外，尚有九章、七章、五章、三章之別。天子視禮節輕重而遞減，百官依爵位、品級而有別。

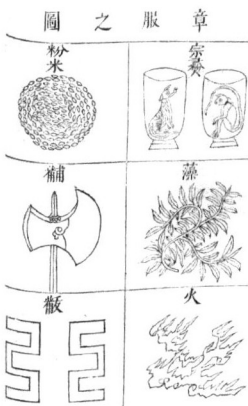

章　服（明王圻等《三才圖會》）

黼衣

古代繡有黑白相間斧形花紋的章服。始見於先秦。《荀子·哀公》："黼衣黼裳者，不茹葷。"後代亦見。《漢書·韋賢傳》："黼衣朱紱，四牧龍旂。"顏師古注："黼衣，畫爲斧形，而白與黑爲彩也。"

黻衣

古代繡有黑青相間形花紋的章服。始見於先秦。《詩·秦風·終南》："君子至止，黻衣繡裳。"毛傳："黑與青謂之黻，五色備謂之繡。"

龍袍

古代皇帝的袍服。上繡龍紋，故稱。周代，帝王所服衮衣，上繡龍、山、華蟲、火、宗彝等，被稱爲"卷龍衣"，經後代演變，成爲龍袍。宋代已見此稱。宋李心傳《建炎以來繫年要録》："《靖康忠臣第二番語録》云：二月六日，金人令蕭慶、劉思脱二帝龍袍。"《元史·速哥傳》："速哥奏事，朝至朝入奏，夕至夕入奏，文宗嘗出金盤龍袍及宮女贈之。"明代皇帝的龍袍在胸、背及雙肩處繡四條龍形，下裳加十二章紋飾。清代，皇帝龍袍屬吉服，穿時需戴吉服冠，束吉服帶，項間挂朝珠，色以明黃爲主，亦用金黃、吉黃色。皇后、皇太后亦服之。《清朝通志·器服略三》："皇帝龍袍，色用明黃，棉袷紗裘惟其時，領袖俱石青片金緣，繡文金龍九，列十二章，間以五彩雲，領前後正龍各一，左右及交襟處行龍各一，袖端正龍各一，下幅八寶立水，裾左右開。"清代龍袍有傳世實物，圓領，大襟右衽、箭袖。上繡九條金龍，但正面、背面、單獨看衹見到五條。下端斜嚮地排

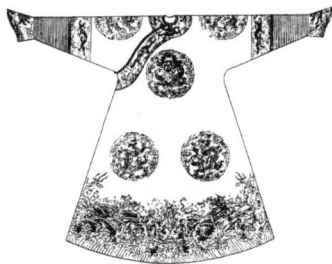

龍袍（皇太后·皇后龍袍圖二）
（清伊桑阿《欽定大清會典》）

列着許多彎曲的綫條，名"水脚"，其上爲水浪，水浪上有山石寶物，表示綿延不斷的吉祥之意，還有"一統山河"和"萬世升平"之意。

其他祭服

弁服

古代次於冕服的禮服。頭戴弁，身穿與之相配的弁服。弁有爵弁、皮弁、韋弁，故有爵弁服、皮弁服、韋弁服等，還有冠弁服、服弁服、弁絰服。周代已有定制。《周禮·春官·司服》："凡兵事，韋弁服。視朝，則皮弁服。凡甸，冠弁服。凡凶事，服弁服。凡吊事，弁絰服。"爵弁服爲玄衣纁裳，但無章采文飾，爲古代士以上助君祭之服。沿用至宋代。皮弁服爲天子視朝之服，郊天、巡牲、在朝賓射禮亦服之，諸侯在朝、視朔、田獵亦服之。細白布衣，素裳，素韠。沿用至明代。但隋唐以後改用烏皮弁，并以烏紗爲之，上衣亦改爲絳紗袍。韋弁服爲天子於兵事時之服，爲赤衣、赤裳。南北朝以後即不見用。冠弁服爲周代天子田獵之服，亦爲諸侯視朝之服。玄冠加弁，色黑，即所謂玄冠，式如委貌，緇布衣，積素裳。漢、晋、南朝戴委貌冠時，沿其制。服弁服爲周代天子凶事之服，戴喪冠，其服斬衰、齊衰。弁絰服爲周天子吊事之服，式如爵弁而用素爲之，并加環絰。

爵弁服

古代弁服的一種。士以上助君祭祀時所着之服。弁爲爵（雀）頭色，服爲絲衣，玄色，下着纁裳，與冕服的衣、裳同，但不加章采文飾。前有韎韐以代冕服的韍。周代始見。《儀禮·士冠禮》："爵弁服：纁裳，純衣，緇帶，韎韐。"鄭玄注："爵弁者，冕之次，其色赤而微黑，如爵頭然……純衣，絲衣也。"漢因其制，祠天地、五郊、明堂，《雲翹舞》樂人服之。晋同漢制。參閱《後漢書·輿服志下》《晋書·輿服志》。隋制，爵弁，無旒，角爲簪導，衣青，裳纁，并縵，無章。六品以下通服之。參閱《隋書·禮儀志七》。唐沿隋制，《新唐書·車服志》："爵弁者，六品以下、九品以上從祀之服也。以絢爲之……青衣纁裳，白紗中單，青領、褾、襈、裾，革帶鈎䙆，大帶及褲內外皆緇，爵韠，白韈，赤履。五品以上私祭皆服之。"唐以後不見行用。

素端

古代士之祭服。制如玄端，素色。上身亦着素服。其袂之廣袤仍爲二尺二寸。周代始見。《周禮·春官·司服》："其齊服，有玄端、素端。"鄭玄注："士齊有素端者，亦爲札荒有所禱請。變素服言素端者，明異制。"賈公彦疏："素端者，即上素服，爲札荒祈請之服也。"《禮記·雜記上》："子羔之襲也，繭衣裳，與稅衣，纁袡爲一，素端一，皮弁一，爵弁一，玄冕一。"孔穎達疏："素端一者，此第二稱也。以服既不褻，並無復別衣表之也。盧云：'布上素，下皮弁服。'賀瑒云：'以素爲衣裳也。'"孫希旦集解："素端，制若玄端，而用素爲之，蓋凶札祈禱致齊之服也。"

縞衣

以白色生絹製成的上衣。殷商時用爲享受食禮待遇的老年人養老所穿的衣服。《禮記·王制》："殷人縞而祭，縞衣而養老。"鄭玄注："殷尚白而縞衣裳。"孔穎達疏："縞，白色生絹，亦名爲素。此縞衣爲白，白色深衣也。"周代爲普通勞動者之服。《詩·鄭風·出其東門》："縞衣綦巾，聊樂我員。"毛傳："縞衣，白色男服也。"一説，即皮弁服。清風應韶《風氏經説·皮弁服》："孔子謂諸侯皮弁告朔，卒告朔事，然後服縞以視朝，然則縞衣，皮弁之衣也。"

純衣

一種絲製祭服。士參與祭祀時服之。色彩純一，故稱。相傳堯"黃收純衣"。參閲《史記·五帝本紀》。周代，士助祭時，戴爵弁，穿純衣。《儀禮·士冠禮》："爵弁服：纁裳，純衣，緇帶，韎韐。"（宋聶崇義《三禮圖集注》）鄭玄注："此與君祭之服……純衣，絲衣也。餘衣皆用布，唯冕與爵弁服用絲耳。"

純衣

中衣

古時着於祭服、朝服内的襯衣。先秦始見。其制，衣裳相連，比深衣短，以素紗或布爲之，配以彩色邊飾。士以上階層家居亦作便服，庶人以爲常服。《禮記·深衣》孔穎達疏："深衣，連衣裳而純之以采者，素純曰長衣，有表則謂之中衣。大夫以上祭服之中衣用素……士祭以朝服，中衣以布……凡深衣，皆用諸侯、大夫、士夕時所著之服。故《玉藻》云：'朝玄端，夕深衣。'庶人吉服亦深衣，皆著之在表也。其中衣在朝服、祭服、喪服之下。"又《郊特牲》"繡黼丹朱中衣"，孔穎達疏："中衣，謂以素爲冕服之裏衣。"漢因其制，祭祀着絳緣領袖中衣。《後漢書·輿服志下》："長冠……祀宗廟諸祀則冠之。皆服袀玄，絳緣領袖爲中衣，絳絝韈，示其赤心奉神也。"晋制，天子郊祀天地明堂宗廟，戴通天冠時，其服中衣，以絳緣其領袖。未加元服者，空頂介幘。其釋奠先聖，則絳紗袍，絳緣中衣。其朝服，絳紗袍，皂緣中衣。參閲《晋書·輿服志》。南北朝時期沿其制。亦稱"中單"。《隋書·禮儀志六》："〔梁〕其釋奠先聖，則皂紗袍，絳緣中衣，絳袴韈，黑舄……天監三年，何佟之議：'公卿以下祭服，裏有中衣，即今之中單也。'"又："〔陳〕皇太子……若釋奠，則遠游冠，玄朝服，絳緣中單，絳袴韈，玄舄。"隋代沿用。亦稱"内單"。皇帝服通天冠、皇太子服遠游冠及群臣朝服，皆用白紗内單。參閲《隋書·禮儀志七》。唐代沿用，宋明二朝皆同此制。參閲《新唐書·車服志》《宋史·輿服志三》《明史·輿服志

中單（乘輿冠服·中單）
（《明宮冠服儀仗圖》）

二》。亦稱"中禪"。《漢書·江充傳》:"充衣沙穀單衣。"唐顏師古注:"若今之朝服中禪也。"

【中單】

即中衣。此稱始見於南朝時期。見該文。

【內單】

即中衣。此稱始見於隋代。見該文。

【中禪】

同"中單"。即中衣。此體始見於唐代。見"中衣"文。

履袍

宋代天子繫履時所着祭祀之袍。始用於宋孝宗乾道九年（1173）。《宋史·輿服志三》:"天子之服……四曰履袍……乾道九年，又用履袍。袍以絳羅爲之，折上巾，通犀金玉帶。繫履，則曰履袍。服靴，則曰靴袍。履、靴皆用黑革。四孟朝獻景靈宮、郊祀、明堂、詣宮、宿廟、

進胙，上壽兩宮及端門肆赦，並服之。大禮畢還宮，乘平輦，服亦如之。"

靴袍

宋代天子服靴時所着之袍。靴以黑革製。袍以絳羅爲之。四孟朝獻景靈宮、郊祀、明堂等服之。詳見本卷上條"履袍"文。參閱《宋史·輿服志三》。

白綾袍

遼國皇帝祭服，大祀服之。遼有國服、漢服，此爲國服。《遼史·儀衛志二》:"大祀，皇帝服金文金冠，白綾袍，紅帶，懸魚，三山紅垂。飾犀玉刀錯，絡縫烏靴。"

紅克絲龜文袍

遼國皇帝祭服，小祀服之。遼有國服、漢服，此爲國服。《遼史·儀衛志二》:"小祀，皇帝硬帽，紅克絲龜文袍。"

第二節　朝服考

朝服，亦稱具服，是古代帝王和百官朝會時穿的衣服，爲古代禮服的一種。

周代已有朝服，周王視朝穿的皮弁服即最早的朝服。其制，頭戴白鹿皮所做的弁，身穿白細布做的衣和裳。士以上男子皆可服之，以皮弁上所用玉飾以區別等級身份，如天子用五彩玉，侯、伯、子、男用三彩玉，卿、大夫用二彩玉，士不用玉。玉之數量亦不同。諸侯、卿、大夫聽朝，則頭戴玄冠，身着緇衣、素裳。（見《周禮·春官·司服》）

春秋、戰國時期，諸侯之朝服，戴委貌，服玄端，合稱"委端"。委貌，以黑繒爲之。西漢朝服亦黑色，稱"皂衣"。東漢時，始以袍爲朝服，深衣制，隨五時色：春青、夏朱、季夏黃、秋白、冬黑。皇帝戴通天冠。官吏等級的區別在於：不同身份的官員戴不同的冠，如諸王戴遠游冠，中外官、謁者、僕射服高山冠，文儒戴進賢冠，武官戴鶡冠，御史戴獬豸冠等；冠梁的多少不同，如進賢冠，公侯三梁，中二千石以下至博士兩梁，自博士

以下至小吏私學弟子皆一梁；佩綬的顏色、織法不同，如諸侯王赤綬、四彩、三百首，公侯將軍金印紫綬、二彩、一百八十首，九卿、中二千石銀印青綬、三彩，千六百石銅印墨綬、三彩，四百石、三百石、二百石，銅印黃綬。佩綬時，或垂之，或以鞶囊盛之。（見《後漢書·輿服志下》）

漢代的冠服制度，爲後代沿用，作爲朝服的主要形式。晋代，皇帝朝服用通天冠，金博山顏，黑介幘，絳紗袍，皂緣中衣。文儒戴進賢冠，三公及封郡公、縣公、郡侯、縣侯、鄉亭侯冠三梁；卿、大夫、二千石及千石以上兩梁；中書郎、秘書丞郎等及六百石以下至於令史、門郎、小吏，冠一梁。侍臣、將軍武官通服武冠，亦稱"籠冠"。中外官、謁者、謁者僕射服高山冠。執法官服獬豸冠。自二千石夫人以上至皇后，皆以蠶衣爲朝服。南朝因魏晋之舊，并有新的規定。如入殿門，有籠冠者着之，有纓則下之；緣廂行，得提衣；省閣內得着履、烏紗帽；入齋閣及橫度殿庭，不得人提衣及捉服飾；入閣則執手板，自摳衣等。北齊，皇帝正旦受朝及正旦拜王公服袞冕之服，皂衣，絳裳，十二章，緣絳中單，絳褲襪，赤舄。諸王服遠游冠。文官服進賢冠，二品以上三梁，四品以上兩梁，五品以下、流外九品以上一梁。致事者服委貌冠。主兵官及侍臣通着武弁。七品以上朝服，絳紗單衣，白紗中單。皇后禮見皇帝以展衣。北周，皇帝朝諸侯用象衣象冕，十二章。皇后從皇帝朝皇太后服翬衣，素質，五色；朝命婦，服褕衣，青質，五色。隋代，皇帝正冬受朝、臨軒拜爵等服袞冕，玄衣纁裳，九章，白紗內單，革帶，白玉雙佩，大小綬，朱襪赤舄，舄飾以金。元會臨軒、饗食等服通天冠，黑介幘，金博山。絳紗袍，深衣制。白紗內單，絳紗蔽膝。方心曲領，此制不通於下。諸王、國公、開國公初受册、入朝等，服袞冕，九旒，服九章；侯、伯服鷩冕，分別爲八旒、七旒，服七章。諸武職及侍臣通服武弁，平巾幘。侍臣加金璫附蟬，以貂爲飾，諸王服遠游三梁冠，黑介幘。文官服進賢冠，黑介幘，三品以上三梁，四品、五品兩梁，流內九品以上一梁。法官服獬豸冠。謁者服高山冠。左右衛、左右武衛、左右武侯大將軍、領左右大將軍，服武弁，絳朝服。（見《晋書·輿服志》,《隋書·禮儀志》六、七）

唐代，皇帝踐祚、納后、元日受朝賀等服袞冕，深青衣，纁裳；冬日受朝賀、祭還等服通天冠，絳紗袍；朔日受朝服弁服，絳紗衣，素裳。諸臣朝服，除冠幘之外，一品至五品，服絳紗單衣、白裙襦、革帶、鉤䚢、假帶、曲領方心、絳紗蔽膝、劍、佩、綬等。七品以上，去劍、佩、綬。皇后受册、助祭、朝會諸大事服褕衣，命婦受册、從蠶，外命婦

朝會、外命婦大朝會服翟衣。（見《舊唐書・輿服志》《新唐書・車服志》）

宋代，皇帝祭天地宗廟、朝太清宮、受册尊號，元日受朝等服衮冕，十二旒，衣青色七章，紅裙五章，白羅中單，革帶，紅襪赤舄；正旦、冬至、五日朔大朝會、大册命服通天冠，二十四梁，加金博山，絳紗袍，絳紗裙，皂褾、襈，白紗中單，白羅方心曲領，白襪黑舄。常朝服赭黃、淡黃襴袍，紅衫袍。皇太子受册封、謁廟及朝會服遠游冠，朱及紅紗裙，紅紗蔽膝，白花羅中單，白羅方心曲領，羅襪黑舄，革帶佩綬。群臣朝服，冠有進賢冠、貂蟬冠、獬豸冠。進賢冠以冠梁數分等第，塗金銀花額，犀、玳瑁簪導，立筆，有五梁、四梁、三梁、二梁等。衣緋羅袍，白花羅中單，緋羅裙，羅大帶，緋色羅蔽膝，玉劍、玉珮、錦綬、白綾襪、黑皮履。以官職大小而有所不同，如六品以下無中單、佩劍及綬。中書門下，冠上加籠巾貂蟬，稱貂蟬冠。御史服獬豸冠，上有獬豸角，衣有中單。（見《宋史・輿服志》三、四）

遼代，朝服分國服、漢服兩種。國服：皇帝服實裏薛衮冠，絡縫紅袍，垂飾犀玉帶錯，絡縫靴。臣僚戴氈冠，或紗冠，服紫窄袍，繫鞊鞢帶，以黃紅色條裏革爲之，用金玉、水晶、靛石綴飾。漢服：皇帝通天冠，絳紗袍，白紗中單，白裙襦，絳蔽膝，襪舄。皇太子服遠游冠，絳紗袍，餘同。親王服遠游冠，絳紗單衣，白紗中單。二品以上同。三品以下服進賢冠，以梁爲等差。金代，大抵依唐宋之制，天子戴通天冠，服絳紗袍；皇太子戴遠游冠，衣朱明服，紅裳，白紗中單。天子常朝則服小帽、紅襴、偏帶或束帶。百官朝服，按品級不同，戴貂蟬籠巾、七梁冠、六梁冠、五梁冠、四梁冠、三梁冠，監察御史戴獬豸冠。其服皆有規定，如正一品，緋羅大袖、裙、蔽膝；正二品，緋羅大袖，雜花暈錦玉環綬，餘并同。元代朝服，大抵同宋金之制，唯百官俱穿青羅衣，加蔽膝、環綬，并執笏等。（見《遼史・儀衞志二》《金史・輿服志中》《元史・輿服志一》）

明代，皇帝朔望視朝等用皮弁服，皮弁以烏紗冒之，前後各十二縫，絳紗袍，紅裳，中單，紅襪黑舄。皇太子同，唯皮弁前後各九縫。文武百官朝服用梁冠，一至九品，以冠梁爲等差。赤羅衣，白紗中單，青飾領緣，赤羅裳，青緣，赤羅蔽膝，大帶赤、白二色絹，革帶，佩綬，白襪黑履。皇后服褘衣，深青繪翟赤質，五色，十二等，蔽膝隨裳色。后妃青質翟衣，青紗中單。（見《明史・輿服志》二、三）

清代，皇帝朝服有冬、夏兩種，衣、裳連屬制，色用明黃，配以朝冠、朝珠。披領及袖石青，片金緣，冬加海龍緣。兩肩、前、後繡正龍各一，腰帷行龍五，衽正龍一，襞積前、後團龍各九，裳正龍二、行龍四，披領行龍二，袖端正龍各一。列十二章。下幅八寶平水。十一月朔至上元，披領及裳俱表以紫貂，袖端薰貂。兩肩、前、後綉正龍各一，襞積行龍六。十二章在衣，間以五色雲。皇子用金黃色，親王、郡王用藍色及石青色，此下官員用石青、藍或其他顏色。（見《清史稿·輿服志二》）

　　由帝王賞賜或恩准穿的服裝稱"賜服"。歷代皆見。如唐代武則天賜給狄仁傑的金字袍；明代的蟒衣、飛魚服、斗牛服皆賜服；清代的黃馬褂，非賜不得服。

朝　服

朝服

　　古代君臣朝會議政時之服。包括冠、衣、裳、鞋、襪等。始見於周代。周王視朝用皮弁服，接受諸侯朝覲於廟用衮冕。《儀禮·士冠禮》："主人玄冠、朝服、緇帶、素韠，即位於門東西面。"《周禮·春官·司服》："眂朝，則皮弁服。"鄭玄注："視朝，視內外朝之事。皮弁之服，十五升白布衣，積素以爲裳。王受諸侯朝覲於廟則衮冕。"孔穎達疏："天子三朝，外朝二，內朝一。二皆用皮弁，故經總云'視朝則皮弁服'也。知'皮弁之服，十五升白布衣，積素以爲裳'者，案《禮記·雜記》云'朝服十五升'，《士冠禮》云'皮弁素積'，故知義

朝服(貝勒冬朝服圖二)
（清伊桑阿《欽定大清會典》）

然也。"諸侯卿士朝見天子之後，退而聽朝，則服緇衣，首服爲委貌，合稱"委端"。《詩·鄭風·緇衣》："緇衣之宜分。"毛傳："緇，黑色，卿士聽朝之正服也。"鄭玄箋："緇衣者，居私朝之服也。天子之朝服，皮弁服也。"《春秋穀梁傳·僖公三年》："陽谷之會，桓公委端搢笏而朝諸侯。"范寧注："委，委貌之冠也。端，玄端之服。"西漢，朝服爲黑色，在領、袖處緣以絳邊。東漢，始以袍爲朝服，深衣制。《後漢書·輿服志下》："通天冠……乘輿所常服。服衣，深衣制，有袍，隨五時色……近今服袍者也。今下至賤更小史，皆通制袍，單衣，皂緣領袖中衣，爲朝服云。"五時色朝服，即春青，夏朱，季夏黃，秋白，冬黑，但至朝皆着皂衣。《漢書·蕭望之傳》："敝備皂衣二十餘年。"顏師古注引如淳曰："雖有五時服，至朝皆著皂衣。"此後，魏、晉、南北朝、隋、唐、五代，至宋、元、明各朝，帝王百官朝服皆袍制，多用絳紗，故稱"絳紗袍"。袍多爲交領，大袖，下長至膝，皂緣領、袖、襟、裾，配白紗中單、白裙襦、絳紗蔽膝、白襪、黑舄等。皇帝一般戴通天冠，皇太子則遠游冠，文武百官分別服進賢

冠、法冠、貂蟬冠等。清代朝服，別具特色，有朝冠、朝袍、朝裓等。朝服，亦稱“具服”。《隋書·禮儀志七》：“朝服，亦名具服。冠、幘、簪導、白筆、絳紗單衣、白紗內單、皂領、袖、皂襈、革帶、鉤䚢、假帶、曲領方心、絳紗蔽膝、韈、舄、綬、劍、佩。從五品已上，陪祭、朝饗、拜表，凡大事則服之。”

【具服】

即朝服。此稱始見於隋代。見該文。

皮弁服

古代弁服的一種。始見於周代。爲天子視朝之服。郊天巡牲、在朝賓射禮等亦服之。亦爲諸侯在王朝之服及視朔、田獵之服。頭戴皮弁，以白鹿皮爲之，服細白布衣，下着素裳，裳有襞積於腰中，前繫素韠。《周禮·春官·司服》：“眂朝，則皮弁服。”鄭玄注：“視朝，視內外朝之事。皮弁之服，十五升白布衣，積素以爲裳。”《儀禮·士冠禮》：“皮弁服，素積，緇帶，素韠。”又《既夕禮》：“皮弁服，纓彎貝勒，縣於衡。”鄭玄注：“皮弁服者，視朔之服。”漢代，行大射禮於辟雍時，執事者服皮弁，衣緇麻衣，皂領、袖，下着素裳。晉代因之，亦皂衣而素裳。參閱《後漢書·輿服志下》《晉書·輿服志》。隋制，改以烏漆紗爲弁，始加簪導，并衣袴褶。《隋書·禮儀志七》：“弁之制……《魏臺訪議》曰：‘天子以五采玉珠十二飾之。’今參準此，通用烏漆紗而爲之。天子十二琪，皇太子及一品九琪，二品八琪，三品七琪，四品六琪，五品五琪，六品已下無琪。唯文官服之，不通武職。案《禮圖》，有結纓而無笄導。少府少監何稠，請施象牙簪導。詔許之。弁加簪導，自茲始也。乘輿鹿皮弁服，緋

大襦，白羅裙，金烏皮履，革帶，小綬長二尺六寸，色同大綬，而首半之，間施三玉環，白玉佩一隻。視朝聽訟則服之。凡弁服，自天子已下，內外九品已上，弁皆以烏爲質，並衣袴褶。五品已上以紫，六品已下以絳。宿衛及在仗內，加兩襠，螣蛇絳構衣，連裳。典謁贊引，流外冗吏，通服之，以縵。”唐因隋制，天子以爲朔日受朝之服，絳紗衣，素裳，白玉雙佩，革帶以後有鞶囊，以盛小雙綬，白韈，烏皮履。皇太子以爲朔望視事之服。群臣以爲文官公事之服，以琪數區別品級等差，皆朱衣素裳。六品以下去琪及鞶囊、綬、佩。六品、七品綠衣，八品、九品青衣。參閱《新唐書·車服志》。明依唐制，《明史·輿服志二》：“皇帝皮弁服。朔望視朝、降詔、降香、進表、四夷朝貢、外官朝覲、策士傳臚皆服之。嘉靖以後，祭太歲山川諸神，亦服之。其制自洪武二十六年定。皮弁用烏紗冒之……其服絳紗衣，蔽膝隨衣色……永樂三年定……絳紗袍，本色領、褾、襈、裾。紅裳，但不織章數。”清代不用。

狐白裘

集狐腋下白色毛皮所製之裘。因不易得，故極其名貴。周代，爲天子之朝服。《禮記·玉藻》：“君衣狐白裘，錦衣以裼之。”鄭玄注：“君衣狐白毛之裘，則以素錦爲衣覆之使可裼也。裼而有衣曰裼，必覆之者，裘，褻也。《詩》云：‘衣錦絅衣，裳錦絅裳。’然則錦衣覆有上衣明矣。天子狐白之上衣皮弁服與？”孔穎達疏：“天子視朝服皮弁服，則天子皮弁之下有狐白錦衣也。諸侯於天子之朝亦然。”戰國時，孟嘗君曾有一狐白裘，價值千金，天下無雙，入秦獻之昭王。後爲脫難，令門客能爲狗盜者從宮藏

中盗出，獻給秦昭王幸姬而得脱難。參閲《史記·孟嘗君列傳》。後世爲豪富之家所服。唐杜甫《錦樹行》詩：“五陵豪貴反顛倒，鄉里小兒狐白裘。”省稱“狐白”。《禮記·玉藻》：“士不衣狐白。”鄭玄注：“狐之白者少，以少爲貴也。”漢桓寬《鹽鐵論·散不足》：“今富者鼲貂、狐白、鳧翥，中者麛衣、金縷、燕貉、代黃。”

【狐白】

“狐白裘”之省稱。此稱始見於先秦時期。見該文。

狐裘

狐皮所製之裘。輕軟保暖，極其貴重。始見於周代。爲諸侯之朝服。《詩·秦風·終南》：“君子至止，錦衣狐裘。”毛傳：“狐裘，朝廷之服。”鄭玄箋：“諸侯狐裘，錦衣以裼之。”後代服用漸廣。唐岑參《白雪歌送武判官歸京》詩：“散入珠簾濕羅幕，狐裘不暖錦衾薄。”清孫枝蔚《雪中對稚兒匡有咏》：“竭來秫酒須賒易，典去狐裘欲贖難。”

狐　裘
（明王圻等《三才圖會》）

麛裘

以幼鹿毛皮所製之裘。始見於先秦。爲諸侯朝服，卿、大夫、士亦服，着素衣。《論語·鄉黨》：“緇衣，羔裘；素衣，麛裘；黃衣，狐裘。”何晏疏：“麛裘，鹿子皮以爲裘也。”《禮記·玉藻》：“君衣狐白裘，錦衣以裼之。”孔穎達疏：“〔諸侯〕在國視朔則素衣麛裘，卿、大夫、士亦皆然。故《論語》注云：‘素衣麛裘，視朔之服是也。’”

羔裘

以羔皮製成之裘。始見於先秦。爲諸侯、卿、大夫之朝服。《詩·鄭風·羔裘》：“羔裘如濡，洵直且侯。”鄭玄箋：“緇衣羔裘，諸侯之朝服也。”《禮記·檀弓上》：“羔裘玄冠者，易之而已。”孔穎達疏：“羔裘、玄冠，即朝服也。”後世亦貴重之。明宋應星《天工開物·乃服》：“古者羔裘爲大夫之服，今西北搢紳亦貴重之。”

羔　裘
（明王圻等《三才圖會》）

鹿裘

以鹿皮所製之裘。較粗陋，卿相服之以示儉。始見於先秦。齊相晏嬰曾服之以朝。《晏子春秋·外篇·重而異者》：“晏子相景公，布衣鹿裘以朝。”戰國時期，墨家學派主張節用，服鹿裘以示儉。《史記·太史公自序》：“〔墨者〕夏日葛衣，冬日鹿裘。”

絞衣

一種蒼黃色裼衣。大夫、士穿麛裘時服之。先秦始見。《禮記·玉藻》：“〔君子〕麛裘青犴袖，絞衣以裼之。”鄭玄注：“君子，大夫、士也……絞，蒼黃之色也。”

吉光裘

以吉光毛所製之裘。吉光，傳説中神馬，其毛黃色。漢代，西域特有，曾以之獻漢武帝，武帝服之聽朝。《西京雜記》卷一：“武帝時，西域獻吉光裘，入水不濡。上時服此裘以聽朝。”

紗縠襌衣

以紗縠所製的單衣。其制，將整幅帛交輸

裁之，使一頭狹若燕尾，垂之於兩旁。始見於漢代。《漢書·江充傳》："充衣紗縠襌衣，曲裾後垂交輸，冠禪纚步搖冠，飛翮之纓。"禪亦作"單"。東漢爲武士之服。《後漢書·輿服志下》："五官、左右虎賁、羽林、五中郎將、羽林左右監皆冠鶡冠，紗縠單衣。"

【紗縠單衣】

同"紗縠襌衣"。此體始見於漢代。見該文。

五時衣

一種隨時節而定服色的袍式朝服。漢代始見。《後漢書·輿服志下》："服衣深衣，制有袍，隨五時色。"五時色即春青、夏朱、季夏黃、秋白、冬黑。兩晉、南北朝時仍沿用。亦稱"五時朝服"。《晉書·輿服志》："魏已來名爲五時朝服，又有四時朝服，又有朝服。自皇太子以下隨官受給。百官雖服五時朝服，據今止給四時朝服，闕秋服。三年一易。"《隋書·禮儀志六》："及至熙平二年，太傅清河王懌、黃門侍郎韋廷祥等，奏定五時朝服，準漢故事，五郊衣幘，各如方色焉。及後齊因之。"後傳到民間，在江南一帶，凡娶新婦，必有五時衣。參閱清梁紹壬《兩般秋雨盦隨筆》。

【五時朝服】

即五時衣。此稱始見於三國時期。見該文。

四時朝服

按四時發放的朝服。春青、夏朱、季夏黃、冬黑。五時朝服而缺秋服，故稱。始見於晉代。詳見本卷上條"五時衣"文。參閱《隋書·禮儀志六》。

皂衣

古代百官所服黑色朝服。爲四時朝服之一種。始見於漢代。《漢書·蕭望之傳》："〔張〕敞曰：'敞備皂衣二十餘年，嘗聞罪人贖矣，未聞盜賊起也。'"顏師古注："雖有四時服，至朝皆著皂衣。"

絳紗袍

古代天子朝服。戴通天冠時所着深紅色紗袍。始見於晉代。《晉書·輿服志》："〔天子朝服〕通天冠，高九寸，金博山顏，黑介幘，絳紗袍，皂緣中衣。"南朝沿用。《隋書·禮儀志六》："〔梁制〕又有通天冠，高九寸，前加金博山述，黑介幘，絳紗袍，皂緣中衣，黑舄，是爲朝服。"隋唐因其制。《隋書·禮儀志七》："通天冠……絳紗袍，深衣制。"《新唐書·車服志》："通天冠者，冬至受朝賀、祭還、燕群臣、養老之服也……絳紗袍，朱裏紅羅裳，白紗中單。"宋因唐制，亦爲天子朝服。《宋史·輿服志三》："〔天子之服〕三曰通天冠、絳紗袍……絳紗袍，以織成雲龍紅金條紗爲之，紅裏，皂襈、褾、裾，絳紗裙，蔽膝如袍飾，並皂襈、褾。白紗中單，朱領、褾、襈、裾。白羅方心曲領。白韤，黑舄，佩綬如袞。大祭祀致齋、正旦冬至五月朔大朝會、大冊命、親耕籍田皆服之。"明代亦爲天子朝服。《明史·輿服志二》："皇帝通天冠服。洪武元年定，郊廟、省牲，皇太子諸王冠婚、

絳紗袍(御用冠服·絳紗袍)
(明王圻等《三才圖會》)

醮戒，則服通天冠、絳紗袍……絳紗袍，深衣制。白紗內單，皂領、標、襈、裾。絳紗蔽膝，白假帶，方心曲領。白韈，赤舄。"

綉袍

古代官吏所着綉有不同紋樣的袍。始創於唐代武則天當政時期。各種不同職別的官員，所穿袍上綉有不同的紋樣，文官綉禽，武官綉獸。《舊唐書·輿服志》："則天天授二年二月，朝集使刺史賜綉袍，各於背上綉成八字銘。長壽三年四月，敕賜岳牧金字銀字銘袍。延載元年五月，則天內出緋紫單羅銘襟背衫，賜文武三品已上。左右監門衛將軍等飾以對師子，左右衛飾以麒麟，左右武威衛飾以對虎，左右豹韜衛飾以豹，左右鷹揚衛飾以鷹，左右玉鈐衛飾以對鶻，左右金吾衛飾以對豸，諸王飾以盤龍及鹿，宰相飾以鳳池，尚書飾以對雁。"這種以禽獸紋樣區別文武官員品級的做法，即明清時期補子的濫觴。

絡縫紅袍

遼國皇帝朝服。遼國服制，有國服、漢服，此屬國服。《遼史·儀衛志二》："〔朝服〕皇帝服實裏薛袞冠，絡縫紅袍，垂飾犀玉帶錯，絡縫靴，謂之國服袞冕。"亦爲皇后小祀之祭服。又："〔小祀〕皇后戴紅帕，服絡縫紅袍。"

赤羅衣

明代文武官朝服。洪武二十六年（1393）定，嘉靖八年（1529）更定。《明史·輿服志三》："文武官朝服。洪武二十六年定，凡大祀、慶成、正旦、冬至、聖節及頒詔、開讀、進表、傳制，俱用梁冠，赤羅衣，白紗中單，青飾領緣，赤羅裳，青緣，赤羅蔽膝，大帶赤、白二色絹，革帶，佩綬，白韈黑履……嘉靖八年更

定朝服之制。梁冠如舊式，上衣赤羅青緣，長過腰指七寸，毋掩小裳。"

補褂

清代職官穿的在胸背正中地位綴以補子的外褂。其紋樣，視職別而定。《清會典·禮部·儀制清吏司三》："服有袍有褂。朝服，蟒袍外皆加補褂。"褂上之補子多用方形，文官綉禽，武官綉獸。文官一品綉仙鶴，二品綉錦雞，三品綉孔雀，四品綉雲雁，五品綉白鷳，六品綉鷺鷥，七品綉鸂鶒，八品綉鵪鶉，九品綉練雀。武官一品綉麒麟，二品綉獅子，三品綉豹，四品綉虎，五品綉熊，六品綉彪，七品、八品綉犀牛，九品綉海馬。貝子以上皇親，補子皆用圓形，上綉龍蟒。參閱《清史稿·輿服志二》。

鞠衣

古代王后告桑事之服。其色黃綠，如桑葉始生，春時服之。周代始見。衣式爲袍制，夾裏用白。配以大帶、蔽膝、赤舄。亦稱"黃桑服"。《周禮·天官·內司服》："掌王后之六服：褘衣、揄狄、闕狄、鞠衣……素沙。"漢鄭玄注："鞠衣，黃桑服也，色如麴塵，象桑葉始生。《月令》：'三月薦鞠衣於上帝，告桑事。'"亦爲九嬪及孤之妻朝會之服。《內司服》又云："辨外內命婦之服，鞠衣、展衣、緣衣，素沙。"

鞠衣(東宮妃冠服·鞠衣)
（《明宮冠服儀仗圖》）

鄭玄注："内命婦之服，鞠衣，九嬪也……外命婦者，其夫孤也，則服鞠衣。"晋代，爲皇后、貴夫人朝服。亦稱"鼂衣"。《晋書・輿服志》："自二千石夫人以上至皇后，皆以鼂衣爲朝服。"至北齊，皇后親蠶以鞠衣。九嬪視三品，銀章，青綬，鞠衣。宮人女官，三品，鞠衣。隋制，皇后鞠衣，黄羅爲質，織成領袖，親蠶服之。美人、才人亦服之。亦爲皇太子妃親蠶之服。唐制，皇后鞠衣，黄羅爲之，無雉，親蠶之服。亦爲皇太子妃從蠶之服。參閲《隋書・禮儀志七》《舊唐書・輿服志》。宋依唐制。參閲《宋史・輿服志三》。明制，皇后鞠衣，紅色，前後織金龍雲紋，或繡或鋪翠圈金，飾以珠。皇妃、嬪及内命婦亦服之，皇太子妃用青色鞠衣。參閲《明史・輿服志二》。清代廢止。

【黄桑服】

即鞠衣。此稱始見於漢代。見該文。

【鼂衣】

即鞠衣。此稱始見於晋代。見該文。

展衣

古代王后見王及賓客之服。衣式袍制，色白，裏亦白。周代始見。亦稱"襢衣"。《周禮・天官・内司服》："掌王后之六服：褘衣……展衣、緣衣，素沙。"鄭玄注："展衣，以禮見王及賓客之服。字當爲襢。襢之言亶。亶，誠也。"賈公彦疏："展衣者，色白，朝王及見賓客服。"亦爲世婦、卿大夫妻之禮服。《内司服》又云："辨外内命婦之服，鞠衣、展衣、緣衣，素沙。"鄭玄注："内命婦之服……展衣，世婦也……外命婦者……其夫卿大夫也，則服展衣。"周制，王后之六服，唯上公夫人皆可服之；而侯伯夫人自揄狄而下，子男夫人自闕

狄而下，卿妻自鞠衣而下，大夫妻自展衣而下方可服。展衣則公、侯、伯、子、男之夫人，卿大夫妻皆可服之。《禮記・玉藻》："君命屈狄，再命褘衣，一命襢衣，士褖衣。"孔穎達疏："一命襢衣者，襢者，展也。子、男、大夫一命，其妻服展衣也。"又《雜記》："大夫之喪……下大夫以襢衣。"鄭玄注："下大夫謂下大夫之妻。襢，《周禮》作展。王后之服六，唯上公夫人亦有褘衣，侯伯夫人自揄狄而下，子男夫人自闕狄而下，卿妻自鞠衣而下，大夫妻自展衣而下。"孔穎達疏："下大夫之妻所服襢衣也。"北齊皇后禮見皇帝以展衣。世婦視四品，銀印，青綬，展衣。宮人女官，四品展衣。隋制，寶林有展衣。參閲《隋書・禮儀志七》。唐及以後不用。

展衣(后服制圖・展衣)
（宋楊甲《六經圖》）

【襢衣】

即展衣。此稱始見於先秦時期。見該文。

翟衣

上有翟形之衣。始見於北周。爲皇后十二種衣之六種，包括翬衣、褕衣、鷩衣、鵫衣、鵫衣、袗衣，分别在不同場合穿用。《隋書・儀禮志六》："〔後周〕皇后衣十二等。其翟衣六，從皇帝祀郊禖，享先皇，朝皇太后，則服翬衣（素質，紅色）。祭陰社，朝命婦，則服褕衣（青質，五色）。祭群小祀，受獻繭，則服鷩衣（赤衣）。采桑則服鵫衣（黄色）。從皇帝見賓客，聽女教，則服鵫衣（白色）。食命婦，歸寧，則服袗衣（玄色）。俱十有二等，以翬雉爲

領褾，各有二。”諸公夫人無翟衣，雉皆九等；諸侯夫人，又無褕衣，雉皆八等；諸伯夫人，又無鷩衣，雉皆七等；諸子夫人，又無鵫衣；諸男夫人，又無鵫衣，雉皆五等。三妃、三公夫人有鵫衣、鵫衣、袆衣；三妣，三孤之内子有鵫衣、袆衣；六嬪，六卿之内子有袆衣。參閱《隋書·禮儀志六》。唐代，爲命婦禮服。内命婦受册、從蠶、朝會，外命婦嫁及受册、從蠶、大朝會服之。青質，繡翟編次於衣及裳，重爲九等，青紗中單，黼領，朱縠褾、襈、裾。施兩博鬢，飾以寶鈿。一品翟九等，花釵九樹；二品翟八等，花釵八樹；三品翟七等，花釵七樹；四品翟六等，花釵六樹；五品翟五等，花釵五樹。寶鈿視花釵之數。參閱《舊唐書·輿服志》《新唐書·車服志》。宋代，亦爲命婦禮服。《宋史·輿服志三》：“命婦服……翟衣，青羅繡爲翟，編次於衣及裳。第一品，花釵九株，寶鈿準花數，翟九等；第二品，花釵八株，翟八等；第三品，花釵七株，翟七等；第四品，花釵六株，翟六等；第五品，花釵五株，翟五等。並素紗中單，黼領，朱褾、襈，通用羅縠，蔽膝隨裳色，以緅爲領緣，加文繡重雉，爲章二等。大帶，革帶，青韈，舄，佩、綬。受册、從蠶服之。”明代沿用。《明史·輿服志二》：“〔皇

翟衣（中宫冠服·翟衣）
（《明宫冠服儀仗圖》）

后冠服〕翟衣，深青，織翟文十有二等，間以小輪花。”又：“〔皇妃、皇嬪及内命婦冠服〕翟衣，青質綉翟，編次於衣及裳，重爲九等。”又：“内命婦冠服。洪武五年定，三品以上花釵、翟衣。”

青衣

古代青色之服。先秦時，天子於春季服之。《禮記·月令》：“〔天子〕衣青衣，服倉玉。”孔穎達疏：“夏云朱，冬云玄，則春青、秋白可知也。”漢魏時期，皇后春日衣青衣。晉因其制。《晉書·禮志上》：“蠶將生，擇吉日，皇后著十二笄步搖，依漢魏故事，衣青衣。”北周，爲皇后十二種服之一種，春齋及祭還服之。參閱《隋書·禮儀志六》。隋代服制，皇后禮服有褘衣、鞠衣、青衣、朱衣四等。《隋書·禮儀志七》：“青衣，青羅爲之，制與鞠衣同。去花、大帶及佩綬。以禮見皇帝，則服之。”

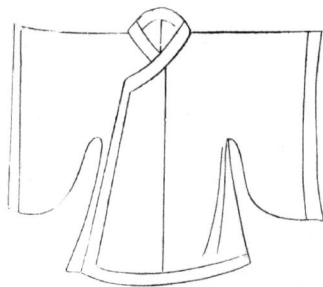

青衣（群臣服·青衣）
（明王圻等《三才圖會》）

朱衣

古代紅色之衣。先秦時天子夏日服之。《禮記·月令》：“〔天子〕衣朱衣，服赤玉。”漢代爲官服。《後漢書·蔡邕傳》：“臣自在宰服，及備朱衣，迎氣五郊，而車駕稀出。”北周，爲皇后十二種服之一種，夏齋及祭還服之。隋代，爲皇后宴見賓客之服。參閱《隋書·禮儀志》六、

七。唐代，導駕官衣之。宋代，爲官員朝服。《宋史·輿服志四》："《開元禮》：導駕官並朱衣，冠履依本品。朱衣，今朝服也。"亦爲后妃之服。《宋史·輿服志三》："后妃之服。一曰褘衣，二曰朱衣，三曰禮衣，四曰鞠衣。"

朝褂

清代皇太后、皇后、妃、嬪等穿在朝袍外面的無袖褂。圓領，對襟，長與袍齊。《清史稿·輿服志二》："〔皇后〕朝褂之制三，皆石青色，片金緣：一，繡文前後立龍各二，下通襞積，四層相間，上爲正龍各四，下爲萬福萬壽文。一，繡文前後正龍各一，腰帷行龍四，中有襞積。下幅行龍八。一，繡文前後立龍各二，中無襞積。下幅八寶平水。皆垂明黃縧，其飾珠寶爲宜。"皇太后、妃、嬪朝褂與皇后同。又："〔皇子福晉〕朝褂，色用石青，片金緣。繡文前行龍四，後行龍三。領後垂金黃縧，雜飾惟宜。"又："〔貝勒夫人〕朝褂，繡四爪蟒，領後垂石青縧。"又："〔民公夫人〕朝褂，色用石青，片金緣。繡文前行蟒二，後行蟒一。領後垂石青縧，雜佩惟宜。"

朝褂（皇太后·皇后朝褂圖二）
（清伊桑阿《欽定大清會典》）

朝袍

清代皇后、妃、嬪等穿的朝服。分冬朝袍、夏朝袍兩種。《清史稿·輿服志二》："〔皇后〕朝袍之制三，皆明黃色：一，披領及袖皆

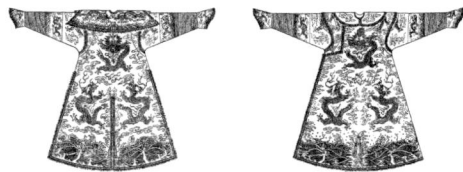

朝袍（貝勒夫人冬朝袍圖）
（清伊桑阿《欽定大清會典》）

石青，片金緣，冬加貂緣，肩上下襲朝褂處亦加緣。繡文金龍九，間以五色雲。中有襞積。下幅八寶平水。披領行龍二，袖端正龍各一，袖相接處行龍各二。一，披領及袖皆石青，夏用片金緣，冬用片雲加海龍緣，肩上下襲朝褂處亦加緣。繡文前後正龍各一，兩肩行龍各一，腰帷行龍四。中有襞積。下幅行龍八。一，領袖片金加海龍緣，夏片金緣。中無襞積。裾後開。餘俱如貂緣朝袍之制。領後垂明黃縧，飾珠寶惟宜。"太皇太后、皇太后與皇后同。皇貴妃、妃亦同。嬪朝袍用香色。又："〔皇子福晉〕朝袍用香色，披領及袖皆石青。片金緣，冬加海龍緣。肩上下襲朝褂處亦加緣，繡文前後正龍各一，兩肩行龍各一，襟行龍四，披領行龍二，袖端正龍各一，袖相接處行龍各二。裾後開。領後垂金黃縧，雜飾惟宜。"又："〔貝勒夫人〕朝袍，藍及石青諸色隨所用，領、袖片金緣，冬用片金加海龍緣。繡四爪蟒，領後垂石青縧。"又："〔民公夫人〕朝袍，藍及石青諸色隨所用。披領及袖皆石青，冬用片金加海龍緣。繡文前後正蟒各一，兩肩行蟒各一，襟行蟒四，中無襞積。披領行蟒二，袖端正蟒各一，袖相接處行蟒各二。後垂石青縧，雜佩惟宜。"

龍褂

清代皇后、妃、嬪及皇太子所穿的繡有龍紋的外褂。圓領，對襟，下長過膝。繡金龍八

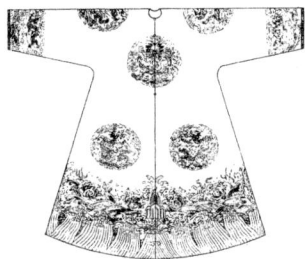

龍褂（皇太后·皇后龍褂圖一）
（清伊桑阿《欽定大清會典》）

吉服褂（鎮國公夫人吉服褂圖）
（清伊桑阿《欽定大清會典》）

團、四團不等，依各人身份而定。《清史稿·輿服志二》："〔皇后〕龍褂之制二，皆石青色：一，繡文五爪金龍八團，兩肩前後正龍各一，襟行龍四。下幅八寶立水。袖端行龍各二。一，下幅及袖端不施章采。"又："〔嬪〕龍褂，繡文兩肩前後正龍各一，襟夔龍四。"又："〔皇子〕龍褂，色用石青。正面繡五爪金龍四團，兩肩前後各一，間以五色雲。"

吉服褂

清代普通命婦禮服，相當於皇后、妃、嬪

的龍褂。圓領，對襟，兩袖平齊，下長過膝，所繡花紋按品級而別。皇子福晉，色用石青，繡五爪正龍四團，前後兩肩各一。親王福晉，繡五爪金龍四團，前後正龍，兩肩行龍。郡王福晉，繡五爪行龍四團，前後兩肩各一。貝勒夫人，前後繡四爪正蟒各一。貝子夫人，前後繡四爪行蟒各一。鎮國公夫人，繡花八團。參閱《清史稿·輿服志二》。

<h1 style="text-align:center">賜　服</h1>

賜服

古代由帝王賞賜或恩准穿的服裝。周代，天子即按等級賜給官員衣服，稱爲"命服"，《禮記·王制》曾提及"命服"。後代常見。如唐代武則天曾賜狄仁傑金字袍，參閱《新唐書·狄仁傑傳》。五代時有按季節頒賜諸官衣服之制，宋代沿用。所賜有袍、衫、抱肚、勒帛、褲等。參閱《宋史·輿服志五》。明代賜服，多以特恩，如謁陵、大閱、陪祀、監修實錄、開經筵等服之。一種是其官品未達到應服的，如正二品而賜公、侯的麒麟服，或品低而賜服高

一二級的如仙鶴服；另一種是蟒衣、飛魚服、斗牛服，非賞賜不得服。《明史·輿服志三》："歷朝賜服，文臣有未至一品而賜玉帶者，自洪武中學士羅復仁始。衍聖公秩正二品，服織金麒麟袍、玉帶，則景泰中入朝拜賜。自是以爲常。內閣賜蟒衣，自弘治中劉健、李東陽始。麒麟本公、侯服，而內閣服之，則嘉靖中嚴嵩、徐階皆受賜也。仙鶴，文臣一品服也，嘉靖中成國公朱希忠、都督陸炳服之，皆以玄壇供事。而學士嚴訥、李春芳、董份以五品撰青詞，亦賜仙鶴。尋諭供事壇中乃用，於是尚書皆不敢

衣鶴。後敕南京織閃黃補麒麟、仙鶴，賜嚴嵩，閃黃乃上用服色也；又賜徐階教子升天蟒。萬曆中，賜張居正坐蟒。武清侯李偉以太后父，亦受賜。"清代賜服很多，其服用皆有規定。如皇子朝袍用金黃色，親王、郡王用藍色或石青色，但曾賜許用金黃色者亦得用之；蟒袍，皇太子用杏黃色，皇子用金黃色，親王、郡王須賞給後纔能用金黃色，自貝勒以下民公以上，曾賜五爪蟒緞者纔能穿用；團龍褂非奉上賜，不得用五爪龍團花、四團龍，諸王有特賜四正龍者，許服用；黃馬褂，須賞賜者方可穿用；花翎，以眼之多寡爲品之等級，亦有賞戴者。參閱《清朝通志·器服略三》《清朝通典·禮·嘉四》。

命服

古代天子按等級賜給官員的衣服。周制，有一命至九命之級差，官員的衣服因命數不同而各有定制。《詩·小雅·采芑》："服其命服，朱芾斯皇。"鄭玄箋："命服者，命爲將，受王命之服也。"朱熹集傳："命服，天子所命之服也。"《禮記·王制》："命服、命車，不粥於市。"《國語·晉語四》："君以天子之命服命重耳，重耳敢有安志，敢不降拜？"

功裘

天子賜予卿大夫之皮衣。其質地、手工次於良裘。見於周代。《周禮·天官·司裘》："季秋，獻功裘，以待頒賜。"鄭玄注："功裘，人功微粗，謂狐青麛裘之屬。鄭司農云：功裘，卿大夫所服。"賈公彥疏："此季秋則是九月授衣之節。季秋獻功裘以待頒賜者，功裘之內有群臣所服之裘，故言以待頒賜。"

錦裘

罩以錦帛之裘。東漢末，曹操曾以之賜楊彪。漢曹操《與楊彪書》："今贈足下錦裘三領。"後代亦見。《舊唐書·李晟傳》："每將合戰，必自異，衣錦裘、繡帽前行，親自指導。"

錦袍

以錦爲面料所製之袍。曹操曾以之賜楊彪。漢曹操《與楊彪書》："遺臣以錯采羅縠錦袍。"宋代，賜予有官品職位者。《宋史·輿服志五》："〔建隆三年〕近臣、軍校增給錦襯袍……諸班及諸軍將校，亦賜窄錦袍……朝官、京官、內職出爲外任通判、監押、巡檢以上者，每歲十月時服，開寶中，皆賜窄錦袍……在外禁軍將校，亦賜窄錦袍。"

金字袍

繡有金字之袍。唐代，武則天執政時，曾賜給狄仁傑金字袍。《新唐書·狄仁傑傳》："〔武后〕乃貶仁傑彭澤令，邑人爲置生祠。萬歲通天中，契丹陷冀州，河北震動，擢仁傑爲魏州刺史。前刺史懼賊至，驅民保城，修守具。仁傑至曰：'賊在遠，何自疲民？萬一虜來，吾自辦之。何預若輩？'悉從就田。虜聞亦引去。民愛仰之，復爲立祠。俄轉幽州都督，賜紫袍龜帶，后自製金字十二於袍，以旌其忠。"宋吳曾《能改齋漫録·武后製賜狄仁傑袍金字》："予案家傳云，以金字環繞五色雙鸞，其文曰：'敷政術，守清勤，昇顯位，勵相臣。'"

麒麟袍

繡有麒麟圖形的袍。唐代武則天時，賜武官左右衛服之。《舊唐書·輿服志》："延載元年五月，則天內出緋紫單羅銘襟背衫，賜文武三品已上。左右監門衛將軍等飾以對獅子，左右衛飾以麒麟。"唐白居易《醉送李十二常侍赴鎮浙東》詩："今日洛橋還醉別，金杯翻污麒麟袍。"

集翠裘

集各色翠羽製成之裘。唐代武則天時南海郡所獻，以之賜嬖臣張昌宗，後爲狄仁傑賭得。唐薛用弱《集異記》卷二《集翠裘》："則天時，南海郡獻集翠裘"，則天以之賜張昌宗，命披裘供奉雙陸。宰相狄仁傑入奏事，則天因命狄與張雙陸。狄對曰："争先三籌，賭昌宗所衣毛裘。"則天曰："卿以何物爲對？"狄指所穿紫紬袍曰："臣以此敵。"則天笑曰："卿未知此裘價逾千金，卿之所指爲不等矣。"狄起曰："臣此袍乃大臣朝見奏對之衣，昌宗所衣乃嬖倖寵遇之服，對臣之袍，臣猶快快。"昌宗心赧神沮，累局連北。狄褫裘拜恩而出，付家奴衣之，遂促馬而去。

蜀襠袍

蜀錦所製的插衽於帶的袍。唐德宗時曾以之賜韋綬。《新唐書·韋綬傳》："德宗時，以左補闕爲翰林學士，密政多所參逮。帝嘗幸其院，韋妃從，會綬方寢……時大寒，以妃蜀襠袍覆而去。"

時服

按季節頒賜諸官的衣服。始於五代時期，宋代沿用。始祗賜將相、學士、禁軍大校。建隆三年（962）始遍賜文武群臣將校，凡端午、十月一日、誕聖節皆賜給。所賜有袍、衫、抱肚、勒帛、褲。賜服多以各式有鳥獸紋樣錦紋衣料做成。如中書門下、樞密、宣徽院、節度使及侍衛步軍都虞候以上，皇親大將軍以上，賜天下樂暈錦；三司使、學士、中丞、内客省使、駙馬、留後、觀察使，皇親將軍、諸司使、廂主以上，賜簇四盤鵰細錦；三司副使、宮觀判官，賜黃獅子大錦；防禦團練使、刺史、皇親諸司副使，賜翠毛細錦；權中丞、知開封府、銀臺司、審刑院及待制以上，知檢院、同三司副使、六統軍、金吾大將軍，賜紅錦。諸班及諸軍將校，亦賜窄錦袍。有翠毛、宜男、雲雁細錦，獅子、練鵲、寶照大錦，寶照中錦，凡七等。應給錦袍者，賜服有五種：公服、錦寬袍、綾汗衫、褲、勒帛；不給錦袍者，加以黃綾綉抱肚。或賜四種，或賜三種，或賜兩種，視其官職高下而定。所賜錦袍，有寬身大袖和緊身窄袖兩種。參閱《宋史·輿服志五》。

旋襴

圓領大袖長衫。始見於宋代。帝王常以之賜臣下。《宋史·輿服志五》："校獵從官兼賜紫羅錦、旋襴、暖韡。"亦作"檈襴"。宋沈括《謝賜衣襖表》："伏蒙聖慈特降敕書，賜臣翠毛細錦綿檈襴一領。"金代亦見。亦作"旋闌"。金董解元《西廂記諸宮調》卷五："那張生，聞得道，把旋闌兒披定，起來陪告。"

【檈襴】

同"旋襴"。此體始見於宋代。見該文。

【旋闌】

同"旋襴"。此體始見於金代。見該文。

蟒衣

古代綉有蟒形紋飾的袍服。始見於明代。皇帝常用以賜臣下以示愛寵或標等差。亦稱"蟒服"。《明史·輿服志三》："永樂以後，宦官在帝左右必蟒服，製如曳撒。綉蟒於左右，繫以鸞帶，此燕閑之服也。次則飛魚。惟入侍用之。貴而用事者賜蟒，文武一品官所不易得也。單蟒面皆斜向，坐蟒則面正向，尤貴。又有膝襴者，亦如曳撒，上有蟒補，當膝處橫織細雲蟒……蟒有五爪、四爪之分，襴有紅、黃之別耳。弘治元年，都御史邊鏞言：'國朝品官無蟒衣之制。夫蟒，無角無足，今内官多乞蟒衣，殊類龍形，非制也。'乃下詔禁之。"明沈德符《萬曆野獲編·列朝一·蟒衣》："弘治元年，都御史邊鏞奏禁蟒衣……孝宗是之，著爲令。蓋上禁之固嚴，但賜賚屢加，全與詔旨矛盾，亦安能禁絕也。"《明史·輿服志三》："内閣賜蟒衣，自弘治中劉健、李東陽始……又賜徐階教子升天蟒。萬曆中，賜張居正坐蟒。武清侯李偉以太后父，亦受賜。"又："〔正德〕十三年，車駕還京。傳旨俾迎候者，用曳撒、大帽、鸞帶。尋賜群臣大紅紵絲羅紗各一。其服色一品斗牛，二品飛魚，三品蟒，四品麒麟，六七品虎彪……十六年，世宗登極詔云：'近來冒濫玉帶、蟒龍、飛魚、斗牛服色，皆庶官雜流並各處將領夤緣奏乞，今俱不許。'"蟒衣服制從明朝永樂年間出現，經弘治、正德到萬曆幾亂，但始終爲榮寵尊貴之服。皇帝雖有禁令，但又時破常規，因而朝野俱以服之爲顯。宦官劉瑾被籍沒時，家中有大批蟒衣。明王鏊《震澤長

蟒袍(貝勒蟒袍圖)
(清伊桑阿《欽定大清會典》)

語·雜論》："正德中，籍沒劉瑾貨財……蟒衣四百七十襲，牙牌二匱。"山東省博物館藏明代戚繼光像，即穿蟒衣。亦稱"蟒袍"。《明史·馬芳傳》："尋以功進左，賜蟒袍。"清代，上自皇太子下至九品、未入流者皆可着之。一般穿在外褂之内，其顏色及所織蟒紋（包括蟒爪之數），皆有詳細規定。皇太子用杏黃色，片金緣，繡文九蟒，裾左、右開。皇子、親王及一品至三品官，繡五爪九蟒，金黃色；四品至六品，繡四爪八蟒；七品至九品，繡四爪五蟒。除金黃色外，隨所用。福晉、命婦亦用。參閱《清史稿·輿服志二》。

【蟒袍】

即蟒衣。此稱始見於明代。見該文。

【蟒服】

即蟒衣。此稱始見於明代。見該文。

飛魚服

古代以飛魚爲紋飾的袍服。始見於明代。皇帝常以之賜有功之臣。後漸成爲明内使監宦官、錦衣衛、宰輔蒙恩特賞的賜服。貴重程度次於蟒衣。非皇帝特賜不得服。飛魚，頭如龍，魚身，二角，能飛，形似蟒，其服亦類蟒衣，故嘉靖皇帝曾誤將飛魚服視爲蟒衣。《明史·輿服志三》："〔嘉靖〕十六年，群臣朝於駐蹕所，兵部尚書張瓚服蟒。帝怒，諭閣臣夏言曰：'尚書二品，何自服蟒？'言對曰：'瓚所服，乃欽賜飛魚服，鮮明類蟒耳。'帝曰：'飛魚何組兩角？其嚴禁之。'於是禮部奏定，文武官不許擅用蟒衣、飛魚、斗牛、違禁華異服色。"

斗牛服

古代以斗牛爲紋飾的袍服。始見於明代。皇帝常以之賜大臣，爲貴重服飾。《明史·輿服

志三》："〔正德〕十三年，車駕還京。傳旨俾迎候者，用曳撒、大帽、鸞帶。尋賜群臣大紅紵絲羅紗各一。其服色一品斗牛，二品飛魚，三品蟒，四五品麒麟，六七品虎彪，翰林科道不限品級，皆與焉。惟部曹五品下不與。時文臣服色亦以走獸，而麒麟之服逮於四品，尤異事也。十六年，世宗登極詔云：'近來冒濫玉帶，蟒龍、飛魚、斗牛服色，皆庶官雜流并各處將領夤緣奏乞，今俱不許。'……於是禮部奏定，文武官不許擅用蟒衣、飛魚、斗牛、違禁華異服色。"

三襴貼

明代皇帝賞賜貴近內臣的一種服飾。貼裏，有紅、青之別。自魏忠賢始，在膝襴之下又加一蟒襴，兩袖上各加兩條蟒襴。叫三襴貼裏。明劉若愚《酌中志·內臣佩服紀略》："自逆賢擅政，改蟒貼裏，膝襴之下，又加一襴，名曰三襴貼裏，最貴近者方蒙欽賞服之。"

黃馬褂

黃色的馬褂。清代馬褂中最貴重的一種，非特賜不得服。清制，跟隨皇帝巡幸的侍衛、行圍校射中靶獵多者可穿黃馬褂，立有軍功者賞賜黃馬褂。前者黑色紐絆，後者黃色紐絆。《清會典事例·侍衛處·儀制》："後扈前引大臣、一二等侍衛升級新補者，歲於十二月行文內務府，支領緣貂朝衣，端罩豹尾；班侍衛支領蟒袍，恭遇巡幸，支領黃馬褂。"

帶膝貂褂

清代大臣最尊貴的一種褂。以帶膝的貂皮爲之。大臣罕有蒙賜者。徐珂《清稗類鈔·服飾類·帶膝貂褂》："帶膝貂褂，胸及兩肩均有白色毛，即貂之膝皮也。咸同間，得蒙恩賜者僅二人。一徐相國郙……一李文忠公鴻章。"

第三節　公服考

公服，是古代官吏在衙署內處理公務時所穿的服裝，其重要性低於朝服。其形制較簡便，省去許多繁瑣的佩飾，故亦稱"從省服"。這種服裝祇用於官吏，故亦稱"官服"。古代，依身份、官品的不同而有所等差，并有嚴格的制度規定。

先秦、兩漢時期無公服之稱，或以爲弁服是周代公服。官吏着公服處理公務約始於魏晉南北朝時期，故公服之稱亦見於此時。當時已產生公服制度，并開始以公服來區別職官的身份等級。北朝時，公服爲冠、幘，紗單衣，深衣，革帶，假帶，履韤，鉤䚢。八品以下，流外四品以上服之。流外五品以下，九品以上，着褠衣爲公服。隋代沿用其制，公服有冠、幘，簪導，絳紗單衣，革帶，鉤䚢，假帶，方心，韤，履，紛，鞶囊。從五品以上服之。流外五品以下，九品以上則服絳褠衣公服。（見《隋書·禮儀志》六、七）唐依隋制，并規定公服顏色品級。公服：一至九品，服絳紗單衣，白裙襦，革帶、鈎䚢，假帶，方心，紛，鞶囊等，六品以下去紛及鞶囊。凡謁見東宮及餘公事則服之。貞觀四年（630）定爲四等：一至三品服紫，五品服緋，六品、七品服綠，八品、九品服青。（見《舊唐書·輿服志》《新唐書·車服志》）

宋代，公服亦稱"常服"，大抵因唐制。三品以上服紫，五品以上服朱，七品以上服綠，九品以上服青。其制，曲領大袖，下施橫襴。束以革帶，幞頭，烏皮靴。自王公至一品以上通服之。到元豐年間改制，去青不用，四品以上服紫，六品以上服緋，九品以上服綠。凡服色用紫或緋色者，都加佩魚袋，以金、銀飾爲魚形而佩於公服上，繫挂在革帶間而垂之於後，以分貴賤。凡賜佩金、銀魚袋的服飾又稱"章服"。還有借紫、借緋的制度。（見《宋史·輿服志五》）

遼代，公服分國服、漢服兩種。國服：公服謂之"展裏"，着紫。皇帝紫皂幅巾，紫窄袍，或束帶，或衣紅襖；臣僚用幅巾，紫衣。漢服：皇帝翼善冠，柘黃袍，九環帶，白練裙襦，六合靴。皇太子遠遊冠，絳紗單衣，白裙襦，革帶，金鈎䚢，白襪，烏皮履。五品以上，絳紗單衣，白裙襦，帶鈎䚢，襪履。六品以下，冠幘纓，簪導，去紛、鞶囊，餘同。金代，大抵沿宋制。國主視朝，服純紗幞頭，窄袍，紫袍，玉帶。有紫、緋、綠三等，其服色以官品定，五品以上服紫，六品、七品服緋，八品、九品服綠。其紋飾：一品以上服大獨科花，徑五寸；二品、三品服散搭花，徑一寸五分；四品、五品服小雜花，徑一寸；六品、七品服芝麻羅；八品、九品無紋羅。又命文資官公服皆加襴，文官加佩魚袋。元代，公服大抵采宋、金之制，戴展脚幞頭，束偏帶，其帶正從一品以玉，或花或素；二品用花犀；三品、四品用黃金荔枝；五品以下用烏犀，八銙。帶鞓用朱草，靴用黑皮，衣用羅。衣式爲大袖，盤領，右衽。一品至五品用紫色；六品、七品用緋色；八品、九品用綠色。一品用大獨科花，徑五寸，二品至五品花紋徑減差，餘無紋。（見《遼史·儀衛志二》《金史·輿服志中》《元史·輿服志一》）

明代，公服與常服分制，文武官公服，用盤領右衽袍，袖寬三尺。一品至四品，緋袍；五品至七品，青袍；八品、九品，綠袍；未入流雜職官與八品以下同。袍的花紋以花徑大小分別等級，如一品用大獨科花，徑五寸，以下遞減其花徑大小。戴幞頭，漆紗二等，展脚長一尺二寸。笏以朝服爲之。腰帶，一品以玉，或花或素；二品用犀；三品、四品，金荔枝；五品以下烏角。鞓用青革，仍垂撻尾於下。靴用皂色。每日早晚朝奏事及侍班、謝恩、見辭服之。凡常朝視事，則以烏紗帽、團領衫、革帶爲公服，稱“常服”。以革帶上的銙飾區别等差，如一品用玉帶銙，二品用花犀帶銙，三品用金鈒花帶銙，四品用素金帶銙，五品用銀鈒花帶銙，六品、七品用素銀帶銙，八品、九品用烏角帶銙。洪武十四年（1381）定職官常服使用補子，即以金綫或彩絲綉織成禽獸紋樣，綴於官服胸背，通常爲方形，文官用禽，武官用獸。公、侯、駙馬、伯服，綉麒麟、白澤。文官一品綉仙鶴，二品錦鷄，三品孔雀，四品雲雁，五品白鷴，六品鷺鷥，七品鸂鶒，八品黄鸝，九品鵪鶉；雜職官練雀；風憲官獬廌。武官一品、二品均綉獅子，三品、四品虎豹，五品熊羆，六品、七品彪，八品犀牛，九品海馬。（見《明史·輿服志三》）

清代，自親王以下，均有補服，色用石青，胸前背後各綴補子。上綉紋樣，文以禽，武以獸。與明代略异。如文官八品綉鵪鶉，九品綉練雀；武官三品綉豹，四品綉虎，五品綉熊，六品綉彪，七品、八品綉犀牛等；貝子以上皇親，補子爲圓形，綉龍蟒，其餘皆方形；文官五品以上、武官四品以上及科道、侍衛等，均得懸挂朝珠，以雜寶及諸香爲之。（見《清史稿·輿服志二》）

公服總類

公服[1]

古代官員在衙署處理公務時穿的服裝。周代的弁服可視爲公服。公服之稱，始見於南北朝時期。南朝宋劉義慶《世説新語·傷逝》：“王濬仲爲尚書令，著公服，乘軺車。”《資治通鑑·齊武帝永明四年》：“夏，四月，辛酉朔，魏始制五等公服。”亦稱“從省服”。《隋書·禮儀志六》：“〔北齊〕公服，冠、幘，紗單衣，深衣，革帶，假帶，履襪，鈎鰈，謂之從省服。”隋代沿其制。《隋書·禮儀志七》：“自餘公事，皆從公服。”南北朝時期，公服多爲單衣，窄袖。唐代，公服已采用袍制，袖仍窄小，并分紫、緋、緑、青四等顔色。宋代又稱“常服”，大抵因唐制，用紫、朱、緑、青四色，圓領大袖袍衫，下加横襴，腰束革帶，戴幞頭，穿靴。《宋史·輿服志五》：“公服。凡朝服謂之具服，公服從省，今謂之常服。宋因唐制，三品以上服紫，五品以上服朱，七品以上服緑，九品以上服青。”金、元沿用。明代，公服與常服分制，常服實相當於前代公服，亦爲袍式，并增

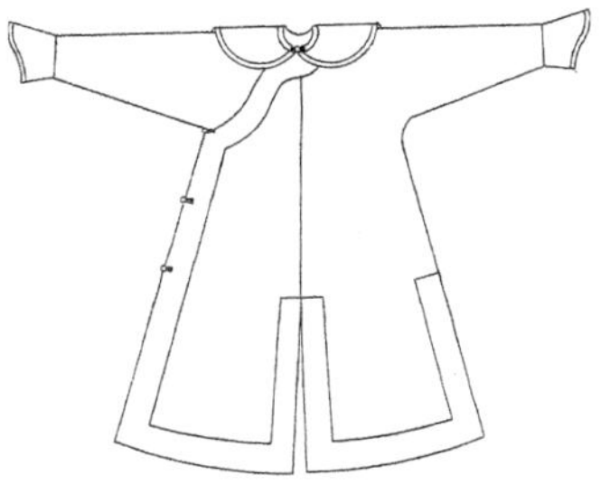

公服（舉人公服袍圖）
（清伊桑阿《欽定大清會典》）

加補服。清代亦沿用補服。參閱《明史·輿服志三》《清史稿·輿服志二》。

【從省服】

即公服。此稱始見於北朝時期。見該文。

【常服】[1]

即公服。此稱始見於宋代。見該文。

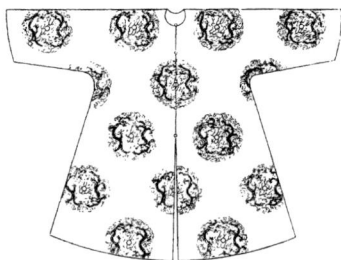

常服(皇帝常服掛圖)
(清伊桑阿《欽定大清會典》)

【章服】[2]

即公服。賜佩金、銀魚袋的服飾。宋代始見此稱。《宋史·輿服志五》："仁宗天聖二年，翰林待詔、太子中舍同正王文度因勒碑賜紫章服，以舊佩銀魚，請佩金魚。"周錫保《中國古代服飾史》第九章《宋代服飾》："凡是賜佩金、銀魚袋的服飾又稱之謂'章服'。在宋代，賜金紫或銀緋，是人們頗引以爲榮的一件事。例如《宋史·張說傳》有：'及入辭，賜服金紫'。宋代文學家蘇軾也曾得到賜服銀緋的榮寵。所謂賜金紫，就是佩金飾的魚袋和着紫色的公服，銀緋就是佩銀飾魚袋和着緋色的公服。"

褠[1]

古代公服。一種窄袖單衣。袖狹，形直如溝，故稱。漢代始見。魏晉南北朝時大爲流行，朝野以爲盛服。《釋名·釋衣服》："褠，襌衣之無胡者也，言袖夾直形如溝也。"三國時沿用。《三國志·吳書·呂岱傳》："始，岱親近吳郡徐原，慷慨有才志，岱知其可成，賜巾褠，與共言論，後遂薦拔。"《三國志·吳書·呂範傳》："還吳，遷都督。"裴松之注引《江表傳》："範出，更釋褠，著袴褶，執鞭，詣閣下啓事，自稱領都督。"亦稱"褠衣"。南北朝時著之以爲公服。《隋書·禮儀志六》："〔北齊〕流外五品已下，九品已上，皆著褠衣爲公服。"唐代亦用。《舊唐書·輿服志》："九品以上絳褠衣（制同絳公服，袖狹，形直如溝，不垂），去方心、假帶，餘同絳公服……其齋郎，介幘，絳褠衣……諸州縣佐史、鄉正、里正、岳瀆祝史、齋郎，並介幘，絳褠衣。"

【褠衣】

即褠。此稱始見於南北朝時期。見該文。

展裹

遼代對公服之稱。《遼史·儀衛志二》："公服：謂之'展裹'，著紫。興宗重熙二十二年，詔八房族巾幘。道宗清寧元年，詔非勳戚之後及夷離堇副使並承應有職事人，不帶巾。皇帝紫皂幅巾，紫窄袍，玉束帶，或衣紅襖；臣僚亦幅巾，紫衣。"宋孟元老《東京夢華錄·元旦朝會》："大遼大使頂金冠，後檐尖長如大蓮葉，服紫窄袍，金蹀躞；副使展裹金帶如漢服。"

袍類公服

青袍

青色袍服。始見於南北朝時期。北周庾信《哀江南賦》："青袍如草，白馬如練。"唐初規定，八品、九品服青袍。《舊唐書·輿服志》："貞觀四年又置，三品已上服紫，五品以下服緋，六品、七品服綠，八品、九品服以青，帶以鍮石。"後又分深青、淺青。《新唐書·車服志》："深青爲八品之服，淺青爲九品之服。"青袍爲低級官吏之服。唐杜甫《徒步歸行》詩："青袍朝士最困者，白頭拾遺徒步歸。"宋因唐制，初，九品以上服青，後改服綠。《宋史·輿服志五》："〔公服〕宋因唐制，三品以上服紫，五品以上服朱，七品以上服綠，九品以上服青。其制，曲領大袖，下施橫襴，束以革帶，幞頭，烏皮靴……元豐元年，去青不用……九品以上則服綠。"明制，五品至七品服青袍。《明史·輿服志三》："〔文武官公服〕其制，盤領右衽袍，用紵絲或紗羅絹，袖寬三尺。一品至四品，緋袍；五品至七品，青袍。"亦稱"青衫"。唐白居易《琵琶行》詩："座中泣下誰最多？江州司馬青衫濕。"宋歐陽修《聖俞會飲》詩："嗟余身賤不敢薦，四十白髮猶青衫。"

【青衫】

即青袍。此稱始見於唐代。見該文。

緋袍

紅色袍服。始見於北齊，天子以爲讌服。唐初規定四品、五品服緋，後又定四品服深緋，五品服淺緋。《舊唐書·輿服志》："爰至北齊，有長帽短靴，合袴襖子，朱紫玄黃，各任所好……高氏諸帝，常服緋袍。"又："貞觀四年又制，三品已上服紫，五品已下（疑爲上）服緋。"唐白居易《行次夏口先寄李大夫》詩："假著緋袍君莫笑，恩深始得向忠州。"宋因唐制，爲五品、六品公服。《宋史·輿服志五》："〔公服〕宋因唐制，三品以上服紫，五品以上服朱……元豐元年，去青不用，階官至四品服紫，至六品服緋，皆象笏、佩魚……中興，仍元豐之制，四品以上紫，六品以上緋。"明制，爲一品至四品公服。《明史·輿服志三》："文武官公服。洪武二十六年定。每日早晚朝奏事及侍班、謝恩、見辭則服之……其制，盤領右衽袍，用紵絲或紗羅絹，袖寬三尺。一品至四品，緋袍。"

紫袍

紫色袍服。始見於唐代。爲高官之服。《舊唐書·輿服志》："〔武德〕四年八月，敕三品已上大科紬綾及羅，其色紫，飾用玉。五品已上小科紬綾及羅，其色朱，飾用金。六品已上服絲布雜小綾交梭雙紃，其色黃，六品七品飾銀。八品九品鍮石……貞觀四年又制，三品已上服紫……十一月，賜諸衛將軍紫袍，錦爲褾袖。"宋因唐制，三品以上公服爲紫袍。《宋史·輿服志五》："〔公服〕宋因唐制，三品以上服紫……元豐元年，去青不用，階官至四品服紫……中興，仍元豐之制，四品以上紫。"

綠袍

綠色袍服。唐初規定，六品、七品服綠。後又有深綠、淺綠之別。《舊唐書·輿服志》："貞觀四年又制，三品已上服紫，五品已下〔上〕服緋，六品、七品服綠。"《新唐書·車服志》：

"深綠爲六品之服，淺綠爲七品之服，皆銀帶鎊九。"唐元稹《酬翰林白學士代書一百韵》詩："綠袍因醉典，烏帽逆風遺。"宋因唐制，始爲六品、七品公服，後八品、九品亦服。《宋史·輿服志五》："〔公服〕宋因唐制，三品以上服紫，五品以上服朱，七品以上服綠……元豐元年，去青不用，階官至四品服紫，至六品服緋，皆象笏、佩魚，九品以上服綠。"明代沿其制，爲八品、九品公服。《明史·輿服志三》："〔文武官公服〕八品、九品，綠袍。"亦稱"綠衫"。唐白居易《憶微之》詩："分手各拋滄海畔，折腰俱老綠衫中。"

【綠衫】

即綠袍。此稱始見於唐代。見該文。

紫窄袍

遼國皇帝公服。爲國服。《遼史·儀衞志二》："〔公服〕皇帝紫皀幅巾，紫窄袍，玉束帶。"

盤領右衽袍

明代文武官公服。盤領，右衽，袖寬三尺。按品級分別服以不同顏色。《明史·輿服志三》："文武官公服。洪武二十六年定。每日早晚朝奏事及侍班、謝恩、見辭則服之。在外文武官，每日公座服之。其制，盤領右衽袍，用紵絲或紗羅絹，袖寬三尺。一品至四品，緋袍；五品至七品，青袍；八品、九品，綠袍；未入流雜職官，袍、笏、帶與八品以下同。公服花樣：一品，大獨科花，徑五寸；二品，小獨科花，徑三寸；三品，散答花，無枝葉，徑二寸；四品、五品，小雜花紋，徑一寸五分；六品、七品，小雜花，徑一寸；八品以下無紋。"

補　服

補服

古代綉有補子的官服。服之前胸及後背綴有用金綫和絲綫綉的補子。形式比袍短而又比褂長，其袖端平，對襟。文官綉禽，武官綉獸。始見於明代。《明史·輿服志三》："文武官

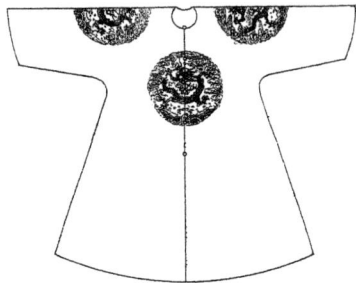

補服(郡王補服圖)
(清伊桑阿《欽定大清會典》)

常服……〔洪武〕二十四年定，公、侯、駙馬、伯服，綉麒麟、白澤。文官一品仙鶴，二品錦雞，三品孔雀，四品雲雁，五品白鷴，六品鷺鷥，七品鸂鶒，八品黃鸝，九品鵪鶉；雜職練鵲；風憲官獬廌。武官一品、二品獅子，三品、四品虎豹，五品熊羆，六品、七品彪，八品犀牛，九品海馬。"其後補紋亦有所改易。清代，沿用補服。其制，較袍略短，袖口平正，對襟，前胸、後背處各加一塊綉有禽鳥或走獸的錦緞補子。親王、郡王用圓形補子，其餘用方形補子，長寬相等，約29厘米。文官綉禽，武官綉獸，和明代相比，紋飾稍有不同。如明代文二品綉錦雞，而清代綉孔雀；明代武一、二品

綉獅子，清代武一品麒麟，武二品獅子。參閱《清史稿·輿服志二》。

豸衣

古代監察、執法等官員穿的補服。因其上綉有獬豸，故稱。始見於明代。明歸有光《送福建按察司王知事序》："乃除爲福建按察司執事。知事於州倅，品秩爲降。然衣豸衣，自郡守二千石皆與抗禮，於外省爲清階。"清代御史補服亦綉獬豸。參閱《清史稿·輿服志二》。

第四節 燕服考

燕服，是古代帝王及文武百官宴會或閑居時穿的服裝。燕，亦作"讌"，同"宴"，後亦稱"常服"。它次於祭服、朝服，亦异於公服，歷代皆有制度規定。

周代，天子服玄端以燕居，大夫、士則服深衣。（見《禮記·玉藻》）漢代，燕服主要爲襜褕。漢武帝元朔三年（前126），武安侯田蚡着襜褕入朝，以"不敬"罪，免爵。事載《史記·魏其武安侯列傳》。可見，當時襜褕爲上層貴族燕居之服。

魏晋時期，皇帝除祭服、朝服外，還有雜服、素服。其雜服，色有青、赤、黄、白、緗、黑，介幘，五色紗袍，五梁進賢冠，遠游冠，平上幘武冠。其素服，白帢單衣。（見《晋書·輿服志》）

南北朝時期，南方宴會服單衣，北方少數民族則常服袴褶，北齊則有合袴襖子。皇后燕居以褖衣。隋代，皇帝有弁服，十二琪，衣袴褶，宴接賓客時着白紗高屋帽，練裙襦服，烏皮履。皇后宴見賓客以朱服。帝王貴臣服黄文綾袍，百官着黄袍，後又令五品以上服紫袍，六品以下用緋、緑。唐初沿用，亦稱"常服"，實與公服合制并日常穿用也。天子以黄袍及衫，後漸用赤黄色，遂禁百官不得用。并規定，三品以上，大科綢綾及羅，其色朱，飾用金。六品以上，服絲布，雜小綾，交梭，雙釧，其色黄。六品服用緑，飾以銀。八、九品服用青，飾以鍮石。勛官之服，隨其品而加佩刀、礪、紛、帨等。命婦視其夫品色。（見《舊唐書·輿服志》）

宋沿唐制。皇帝，赭黄、淡黄袍衫，玉裝紅束帶，皂文靴，大宴服之。又有赭黄、淡黄襴袍，紅衫袍，常朝服之。又有窄袍，便坐視事服之。皆皂紗折上巾，通犀金玉環帶。窄袍或御烏紗帽。中興仍其制。後殿早講，皇帝服帽子，紅袍，玉束帶，講讀官公服繫鞋。晚講，皇帝服頭巾，背子，講官易便服。宋代稱公服爲常服，應注意區別。（見《宋

史・輿服志三》）

　　遼代分國服、漢服兩種。國服中之常服，皇帝服綠花窄袍，或披紫黑貂裘。漢服中之常服，裹折上頭巾，穿柘黃袍衫，九環帶，六合靴。百官亦分國服、漢服。北班臣僚作爲便衣，謂之"盤裏"，服綠衣窄袍，中單多紅綠色。貴者披貂裘，以紫黑色爲貴，青次之。又有銀鼠，尤潔白。賤者貂毛、羊、鼠、沙狐裘。南班官員，俱戴幞頭。五品以上紫袍，牙笏，金玉帶；六品、七品，幞頭，緋衣，木笏，銀帶；八品、九品，幞頭，綠袍，鍮石帶。金代，皇帝常朝服小帽，紅襴、偏帶或束帶。百官常服用藍領而窄袖，胸膺間或肩袖處飾以金綉花紋。有帶、巾，盤領衣，烏皮靴。元代，內庭大宴則服質孫。質孫，即一色衣。皇帝質孫，冬服十一等。如服大紅、桃紅、紫藍、綠寶裏，則冠七寶重頂冠。服紅黃粉皮，則冠紅金答子暖帽等。夏服有十五等，服答納都納石矢，則冠寶頂金鳳鈸笠；服速不都納矢，則冠珠子卷雲冠等。百官質孫，冬之服有九等：大紅納石失一，大紅怯綿裏一，大紅官素一，桃紅、藍、綠官素各一，紫、黃、鴉青各一。夏之服有十四等：素納石失一，聚綫寶裏納石失一，棗褐渾金間絲蛤珠、大紅官素帶寶裏、大紅明珠答子各一，桃紅、藍、綠、銀褐各一，高麗鴉青雲袖羅一，駝褐、茜紅、白毛子各一，鴉青官素帶寶裏一。（見《遼史・儀衛志二》《金史・輿服志下》《元史・輿服志一》）

　　明代，洪武三年（1370）定常服之制。皇帝，烏紗折角向上巾，盤領窄袖袍，束帶間用金、琥珀、透犀。皇太子，烏紗折上巾。文武官凡常朝視事，則烏紗帽、團領衫、束帶。品級不同，帶亦有异（按：此常服實相當於唐宋之公服）。永樂三年（1405）更定，皇帝，翼善冠，盤領、窄袖黃袍，前後及兩肩各織金盤龍一。玉帶，皮靴。太子赤袍，餘同。嘉靖七年（1528）又定忠靖冠服爲品官燕居之服。忠靖冠，仿古玄冠。忠靖冠服，仿古玄端服，色用深青，以紵絲紗羅爲之。在京許七品以上官及八品以上翰林院、國子監、行人司，在外許方面官及各府堂官、州縣正堂、儒學教官服之。武官祇都督以上。其餘不許濫服。皇后常服，洪武三年定，雙鳳翊龍冠。諸色團衫，金綉龍鳳紋。四年更定，龍鳳珠翠冠，真紅大袖衣，霞帔，紅羅長裙，紅褙子。永樂三年更定，以皂縠爲冠，附以翠博山，飾金龍一，翠鳳二。服用黃大衫，深青霞帔，織金雲霞龍紋，或綉或鋪翠圈金。四襈襖子，深青色，金綉團龍文。鞠衣，紅色，前後織金龍文。大帶，紅綫羅爲衣。緣襈襖子，黃色。緣襈裙，紅色。妃、嬪及內命婦常服，洪武三年定，鸞鳳冠，諸色團衫，金綉鸞鳳，金、玉、犀帶。又定，山松特髻，假鬢花鈿，或花釵鳳冠。真紅大袖衣，霞帔，紅羅裙，褙子，衣用織金及綉鳳紋。永樂三年更定，其大衫、霞帔、燕居佩服之飾，俱同中宮，第織金綉緣，俱雲霞鳳紋，不用雲龍紋。（見《明史·輿服志》二、三）

清代，皇帝有常服冠，制如吉服冠，唯頂用紅絨結。常服褂，色及花紋隨所用。行冠，有二式：冬用黑狐或黑羊皮，式如常服冠。夏以藤或竹絲爲之，紅紗裏緣，上綴朱氂。頂及梁皆黃色，前綴珍珠一。行袍，制同常服褂，長減十之一，右裾短一尺。色彩花紋隨所用。行褂，色用石青，長與坐齊，袖長及肘。群臣常服袍，宗室用四開衩的式樣。行褂，親王、郡王以下文武品官用石青色。領侍衛內大臣、御前大臣、侍衛班領、護軍統領、健銳營翼長用明黃色。其餘八旗皆有規定。一般庶官皆可穿用，唯不得用黃。行袍，凡臣工扈行、行圍人員，都例服用，下達庶官皆服之。文武官出差、謁客，可加上對襟大袖馬褂。皇后有龍褂，石青色，片金緣，綉五爪金龍八團；龍袍，明黃色，或綉金龍九條，或綉金龍八團。命婦依其夫。（見《清史稿·輿服志二》）

帝王百官燕服

燕服

古代帝王及文武百官燕居時穿的服裝。爲官者退朝閑居，稱"燕居"，故稱其所服爲"燕服"。《詩·周南·葛覃》："薄污我私，薄浣我衣。"毛傳："私，燕服也。"周代有司服之官，玉府掌燕服。《周禮·天官·玉府》："掌王之燕衣服。"賈公彥疏："燕衣服者，謂燕寢中所有衣服之屬。"周天子以玄端爲燕居之服，大夫、士則以深衣爲家居之服。《禮記·玉藻》："卒食，玄端而居。"鄭玄注："天子服玄端燕居也。"又："朝

燕　服
（明王圻等《三才圖會》）

玄端，夕深衣。"鄭玄注："謂大夫、士也。"可知大夫、士朝服爲玄端，燕服爲深衣。君之燕服可爲臣之朝服，如大夫、士之深衣可爲平民之禮服。漢代，襜褕爲家居之服。《史記·魏其武安侯列傳》："元朔三年，武安侯坐衣襜褕入宮，不敬。"司馬貞索隱："謂非正朝衣，若婦人服也。"魏晉南北朝時期，服飾制度不甚嚴格。南方宴會時皇帝穿單衣，朝臣多以巾幘爲盛服。北方少數民族常着袴褶，北齊有合袴襖子，帝則服緋袍。隋代帝王服黃紋綾袍，百官着黃袍，圓領，窄袖，配以革帶、靴。《隋書·禮儀志六》："又乘輿宴會，服單衣黑介幘。"唐代融南北服飾風俗漸有定制。亦作"讌服"，亦稱"常服"。《舊唐書·輿服志》："讌服，蓋古之褻服也，今亦謂之常服。江南則以巾褐裙襦，北朝則雜以戎夷之制。爰至北齊，有長帽

短靴，合袴襪子，朱紫玄黃，各任所好。雖謁見君上，出入省寺，若非元正大會，一切通用。高氏諸帝，常服緋袍。隋代帝王貴臣，多服黃文綾袍，烏紗帽，九環帶，烏皮六合靴。百官常服，同於匹庶，皆著黃袍，出入殿省。”又：“武德初，因隋舊制，天子讌服，亦名常服，唯以黃袍及衫，後漸用赤黃。遂禁士庶不得以赤黃爲衣服雜飾。”隋唐時期，確定了以袍服顏色定官位高卑的制度，穿常服需戴幞頭。五代時期沿用。宋代沿襲唐制，又稱常服爲公服，亦即官員平常上朝辦公或閑居在家所服。然更爲閑散者則服直裰，及受理學風氣所浸染也。《宋史·輿服志三》：“唐因隋制，天子常服赤黃、淺黃袍衫，折上巾，九還帶，六合靴。宋因之，有赭黃、淡黃袍衫，玉裝玉束帶，皂文靴，大宴則服之。”又《輿服志五》：“公服。凡朝服謂之具服，公服從省，今謂之常服。”金沿宋制。元代，大宴用質孫，即一色服，具有民族特色。《元史·輿服志一》：“質孫，漢言一色服也，內庭大宴則服之。”明代，皇帝常服，戴翼善冠，着盤領窄袖黃袍，玉帶，皮靴。又定忠靖冠服爲品官燕居之服。參閱《明史·輿服志》二、三。清代，有常服冠、常服褂、常服袍等，從天子到品官，皆有定制。參閱《清史稿·輿服志二》。

【讌服】

同“燕服”。此體始見於唐代。見該文。

【常服】[2]

即燕服。此稱始見於唐代。見該文。

玄端

古代一種緇布衣。天子燕居、諸侯祭宗廟服之，卿大夫、士朝服玄端，夕服深衣。正幅不削，端正寬大，其士之衣袂皆二尺二寸，其衣長亦二尺二寸，色黑。周代已見。《周禮·春官·司服》：“其齊服有玄端、素端。”鄭玄注：“端者，取其正也。士之衣袂皆二尺二寸，而屬幅是廣袤等也，其袪尺二寸，大夫已上侈之。侈之者，蓋半而益一焉。半而益一則其袂三尺三寸，袪尺八寸。”孫詒讓正義引金鶚云：“玄端……是服名，非冠名，蓋自天子下達至於士通用爲齊服，而冠則尊卑所用互異。”諸侯之朝服用玄端素裳，若上士則用素裳，中士則用黃裳，下士則用雜裳。雜裳即前用玄色後用黃色，并用緇帶而佩繫如裳色之韠。玄端與朝服相似，但朝服則着素裳，即天子朝服用皮弁，用白細布爲上衣，下着素裳；諸侯用玄冠，緇布衣，素積爲裳。而天子則以玄端爲齊服及燕居之服。《儀禮·士冠禮》：“玄端、玄裳、黃裳、雜裳可也。”鄭玄注：“此莫夕於朝之服。玄端，即朝服之衣易其裳耳。上士玄裳，中士黃裳，下士雜裳。雜裳者，前玄後黃。”《禮記·玉藻》：“卒食，玄端而居。”鄭玄注：“天子服玄端燕居也。”亦作“元端”。《晏子春秋·雜上十二》：“景公飲酒，夜移於晏子。前驅款門曰：‘君至！’晏子被元端，立於門。”

玄端
（宋聶崇義《三禮圖集注》）

【元端】

同“玄端”。此體始見於先秦時期。見該文。

深衣

諸侯、大夫、士家居時所穿的衣服，亦

深衣（深衣前圖袷）
（明王圻等《三才圖會》）

爲庶人常禮服。衣裳相連，前後深長，故稱。相傳虞舜之時即出現深衣，布製，色白。《禮記·王制》："有虞氏皇而祭，深衣而養老。"鄭玄注："有虞氏質，深衣而已。"孔穎達疏："深衣謂白布衣，以質，用白布而已。"深衣製作時，上下分裁，中有縫連屬爲之。下裳用六幅，每幅交解裁之爲二，故共計有十二幅。有上下之殺，即削幅。裳旁有續衽鈎邊。長及足踝，上狹下廣。《禮記·深衣》："古者深衣，蓋有制度，以應規矩繩權衡。短毋見膚，長毋被土。續衽鈎邊，要縫半下。袼之高下可以運肘，袂之長短反詘之及肘……制十有二幅，以應十有二月……故可以爲文，可以爲武，可以擯相，可以治軍旅，完且弗費，善衣之次也。"鄭玄注："續猶屬也，衽在裳旁者也。屬連之，不殊裳前後也。鈎讀如鳥喙必鈎之鈎。鈎邊，若今曲裾也……裳六幅，幅分之以爲上下之殺……深衣者，用十五升布鍛濯灰治，純之以采。善衣，朝祭之服也。自士以上，深衣爲之次；庶人吉服，深衣而已。"《禮記·玉藻》："朝玄端，夕深衣。深衣三袪，縫齊倍要，衽當旁，袂可以回肘，長中繼掩尺，袼二寸，袪尺二寸，緣廣寸半。"鄭玄注："謂大夫、士也。三袪者，謂要中之數也。袪尺二寸，圍之爲二尺

四寸，三之七尺二寸。"深衣盛行於春秋、戰國時期。其質料，多用麻布。至漢代，命婦以爲禮服，改用彩帛縫製。西漢婦女深衣衣襟頗長，纏身數道，花邊顯露在外。東漢時，深衣衣裾又被製成數片三角，穿時幾片叠壓相交。《後漢書·輿服志下》："太皇太后、皇太后入廟服……皇后謁廟服，紺上皂下，蠶，青山縹下，皆深衣制……貴人助蠶服，純縹上下，深衣制……公、卿、列侯、中二千石、二千石夫人……入廟佐祭者皂絹上下，助蠶者縹絹上下，皆深衣制，緣。"魏晋以後，深衣漸變爲袍衫。隋唐時期公服有襴衫，野服有道袍。宋代，尚有製深衣而服者。深衣對後世服制影響甚大，唐代的袍下加襴，元代的質孫服、腰綫襖子，明代的袍服、曳撒等上下連衣裳的形式，近代的旗袍、長衫，以及現代的連衣裙等，皆爲深衣遺制。在湖南長沙楚墓出土的男女木俑服飾上，可看到深衣式樣。長沙馬王堆西漢墓出土的女服，有上下連屬者，前襟接長，作成斜角，穿時由前繞至背後，爲戰國時深衣遺制。

【麻衣】[1]

即深衣。古代的常服。始見於周代。《詩·曹風·蜉蝣》："蜉蝣掘閱，麻衣如雪。"鄭玄箋："麻衣，深衣。"以麻布製成，白色。分爲有綵飾、無綵飾兩種。有綵飾者爲朝服，用麻十五升；無綵飾者爲總服，用麻減半。兩者精粗不同。《左傳·昭公三十一年》："季孫練冠、麻衣，跣行。"孔穎達疏："麻衣，當是布深衣也。"《禮記·間傳》："又期而大祥，素縞麻衣。"鄭玄注："麻衣，深衣也。謂之麻者，純用布，無采飾也。"唐宋時期，舉子亦服之。唐李賀《野歌》："麻衣黑肥衝北風，帶酒日晚歌田中。"

王琦注：“唐時舉子皆着麻衣，蓋苧葛之類。”宋蘇軾《監試呈諸試官》詩：“麻衣如再著，墨水真可飲。”

襜褕

古代裾式單衣。先秦已廣爲服用，漢代始稱襜褕。深衣制，即衣裳相連，被體深邃。有直裾，亦有曲裾綴於衣旁之式。西漢多爲婦女所着。男子偶爾穿之，被認爲非禮。《史記·魏其武安侯列傳》：“元朔三年，武安侯坐衣襜褕入宫，不敬。”司馬貞索隱：“謂非正朝衣，若婦人服也。”西漢晚期，不論男女，皆可穿之。其顔色多爲絳色，亦有黄色者。《漢書·雋不疑傳》：“始元五年，有一男子乘黄犢牛，建黄旐，衣黄襜褕，著黄冒，詣北闕，自謂衛太子。”至東漢，逐漸普及，并取代深衣，除祭祀、朝會外，皆可穿着。有縑襜褕、貂襜褕等。《東觀漢記》：“狄純率領宗族賓客二千人，皆縑襜褕絺巾迎上。”其形制，或曲裾，或直裾。《漢書·何並傳》：“林卿迫窘，乃令奴冠其冠，被其襜褕自代。”顔師古注：“襜褕，曲裾禪衣也。”《急就篇》卷二：“襜褕袷複褶袴褌。”顔師古注：“襜褕，直裾禪衣也。謂之襜褕者，取其襜褕而寬裕也。”山東嘉祥、河南密縣、四川成都等地出土的東漢人物磚刻中，有此服裝樣式。據長沙馬王堆西漢墓出土實物證明，襜褕有曲裾交相掩和直裾崦旁綴衽者二式。清姚鼐《仇英〈明妃圖〉》詩，有“中有襜褕擁獨騎”之句，圖中明妃出塞時即着襜褕。

【褈裕】

即襜褕。方言。漢代江淮、南楚一帶對襜褕之稱。《方言》第四：“襜褕，江淮、南楚謂之褈裕。”

裋褕

短襜褕。漢代始見。《方言》第四：“〔襜褕〕其短者曰裋褕。”

襤褸

布製無緣飾敝襜褕。漢代始見。《方言》第四：“〔襜褕〕以布而無緣，敝而紩之，謂之襤褸。”

裗裾[1]

漢代關西一帶對襤褸之稱。晉代俗稱“裾掖”。《方言》第四：“〔襜褕〕其短者謂之裋褕，以布而無緣，敝而紩之，謂之襤褸，自關而西謂之裗裾。”晉郭璞注：“俗名裾掖。”

【裾掖】[1]

“裗裾”之俗稱。此稱始見於晉代。見該文。

單衣

單層的薄衣。周代已爲常服，服於外。作裏衣穿於祭服、朝服内，則爲中衣。戰國時，夏季常單着之。《管子·山國軌》：“春縑衣，夏單衣。”後世沿用，上加紋飾，亦作爲僅次於朝服的盛服。《後漢書·輿服志下》：“虎賁虎騎皆鶡冠，虎文單衣。”魏晋以後，單衣之袖逐漸變小，亦稱爲“褠”。褠亦作公服服用，參見本卷《身服説（上）·公服考》“褠”文。《資治通鑑·晋簡文帝咸安元年》：“著平巾幘、單衣。”胡三省注：“單衣，江左諸人所以見尊者之服，所謂巾褠也。”南朝梁制，拜陵則箋布單衣，介幘。宴會則單衣，黑介幘。陳制，郡國太守、相、内史，諸軍長史，郡國相、内史丞、長史，諸縣署令、長、相，州都大中正、郡中正，諸將軍開府功曹、主簿，諸縣尉，持節節史，諸王書佐，皆單衣，介幘。諸軍司馬，諸府參軍，皆單衣，平巾幘。北魏制，拜陵則黑介幘，白紗單衣。爲宫臣舉哀，白袷，單衣。百官朝服，絳紗單衣；公服，紗單衣。隋制，拜陵、舉哀，白紗單衣。朝服、公服，絳紗單衣。唐沿隋制。參閲《隋書·禮儀志》六、七及《新唐書·車服志》。宋、遼、金、明各代，多用作祭服、朝服内衣，故多稱“内單”“中單”。亦作“襌衣”。《禮記·儒行》：“丘少居魯，衣逢掖之衣。”鄭玄注：“逢猶大也。大掖之衣，大袂襌衣也……庶人襌衣，袂二尺二寸，袪尺二寸。”《漢書·蓋寬饒傳》：“寬饒初拜爲司馬，未出殿門，斷其襌衣，令短離地。”湖北江陵馬山一號墓出土有綉羅單衣、綉絹單衣實物。

【襌衣】

同“單衣”。此體始見於漢代。見該文。

合袴襖子

古代一種短衣。窄袖，長至胯部，下襬較緊窄，不開衩，故名。穿時，配以長褲。南北朝時期流行於北方少數民族地區，北齊時已廣爲流行，上下通服，既爲常服，又作朝服。《舊唐書·輿服志》：“讌服……北朝則雜以戎夷之制。爰至北齊，有長帽短靴，合袴襖子，朱紫玄黄，各任所好。雖謁見君上，出入省寺，若非元正大會，一切通用。”

袴褶

古代一種上衣下褲的服裝。袴同褲，初時加縛膝部，褲脚窄小，後亦有褲脚舒散者。褶即上衣，爲短身袍衫。河北景縣出土有北朝着袴褶俑。沈從文《中國古代服飾研究·北朝景縣封氏墓着袴褶俑》：“一、袴褶基本式樣，必包括大、小袖子長可齊膝的衫或襖，膝部加縛的大、小口袴。而於上身衫子内（或外）加罩兩當。晋式小冠子或北朝筒子帽，漆紗籠巾，在某種情形下，則在巾帽絡帶間另有不同彩色標記。二、袴褶作爲賜物，常成份配套，其中也可能包括兩當鎧在内，但不一定在内。因爲除顔色、材料分別等級，加工方法則有‘納’的，有‘綉’的，還有用獅子（或符拔）皮作成的，既相當結實，也相當美觀，具有一定防禦刀箭和畋獵時抵抗猛獸傷害的功能。所以臨戎戒嚴、畋獵出巡，爲文武通服。”袴褶本爲北方少數民族之服，便於騎射，戰國時趙武靈王實行胡服騎射，便采用其衣制。兩漢至魏晋，逐漸傳入中原，始爲軍服，後延及文武百官。其質料，或用布縑，或用錦緞，或用毛皮。三國之時，始有“袴褶”之稱。《三國志·吴書·吕範傳》裴松之注引晋虞溥《江表傳》：“〔吕〕範出，更釋褠，著袴褶，執鞭，詣閣下啓事，自稱領都督。”《晋書·楊濟傳》：“濟有才藝，嘗從武帝校獵北芒下，與侍中王濟俱著布袴褶，騎馬執角弓在輦前。”《晋書·輿服志》：“袴褶之制，未詳所起，近世凡車駕親戎，中外戒嚴服之。服無定色，冠黑帽，綴紫摽，摽以繒爲之，長四寸，廣一寸。腰有絡帶，以代鞶革。中官紫摽，外官絳摽。又有纂嚴戎服而不綴摽，行留文武悉同。其田獵、巡幸，則惟從官戎服，帶鞶革，文官不纓，武官脱冠。”摽，《宋書·禮志》作“縹”。南北朝時期，南方衹作爲戎服和行旅之服，北方則以爲朝服和常服。北魏官員朝會皆着之。《資治通鑑·齊武帝永明九年》：“魏舊制，群臣季冬朝賀，服袴褶行事，謂之小歲。”平民亦着之。《魏書·胡叟傳》：“每至貴勝之門，恒乘一牸牛，弊韋袴褶而已。”婦女亦着之。《太平御覽》卷六八七引《鄴中記》：“〔石虎〕皇后出，女騎一千爲鹵簿。冬月皆著紫綸巾、熟錦袴褶。"隋承北朝之風，袴褶仍然流行。清汪汲《事物原會·袴褶》:"《輿服雜事》: 趙武靈王有袴褶之制，漢武時亦有此服，隋制文武百官咸服之。車駕親戎，制縛袴使不舒散，蓋馬上之服也。"唐代貞觀年間令百官朔望日服袴褶入朝，天寶年間京官六品以下朝參之衣，着朱袴褶，至貞元年間罷之。《舊唐書·輿服志》:"太宗又製翼善冠，朔望視朝，以常服及帛練裙襦通著之。若服袴褶，又與平巾幘通用。著於令。"宋代，僅儀衛中尚服之。明代亦有袴褶，但其制已變。周錫保《中國古代服飾史》第十三章《明代服飾》:"褲褶，有短袖或缺袖，上截有橫摺，而下截作竪摺，類曳撒，但短袖，爲戎服類，與北朝時所稱的褲褶是名同而實異。類似腰綫襖。"

黄文綾袍

隋代帝王貴臣之常服。《舊唐書·輿服志》: "讌服，蓋古之褻服也，今亦謂之常服……隋代帝王貴臣，多服黄文綾袍，烏紗帽，九環帶，烏皮六合靴。"

黄袍

古代皇帝專用的黄色袍服。隋代，百官以爲常服，皇帝亦作爲朝服。唐初因其制，漸改爲赤黄，并禁士庶服之，遂成爲皇帝專用袍服。《隋書·禮儀志七》:"〔隋〕百官常服，同於匹庶，皆著黄袍，出入殿省。高祖朝服亦如之，唯帶加十三環，以爲差異。"《舊唐書·輿服志》: "武德初，因隋舊制，天子讌服，亦名常服，唯以黄袍及衫，後漸用赤黄，遂禁士庶不得以赤黄爲衣服雜飾。"唐代以後沿襲之，"黄袍加身"意味着登了帝位，如趙匡胤"陳橋兵變"即如此。宋制，天子袍衫赭黄、淡黄。《續資治通鑑

長編·宋太祖建隆元年》:"諸將已擐甲執兵，直扣寢門……太祖驚起披衣，未及酬應，則相與扶出聽事，或以黄袍加太祖身，且羅拜庭下稱萬歲。"《宋史·輿服志三》:"唐因隋制，天子常服赤黄、淺黄袍衫，折上巾，九還帶，六合靴。宋因之，有赭黄、淡黄袍衫，玉裝紅束帶，皂文靴，大宴則服之。又有赭黄、淡黄襜袍，常朝則服之。"遼金亦沿用之。《遼史·儀衛志二》:"〔公服〕皇帝翼善冠，朔視朝用之。柘黄袍，九環帶，白練裙襦，六合鞾。"《金史·輿服志中》:"視朝之服。初，太宗即位，始服赭黄，自後視百官朝御袍帶。章宗即位，以世宗之喪，有司請御純吉，不從，乃服淡黄袍、烏犀帶。"明清天子亦穿黄袍。《明史·輿服志二》:"〔皇帝常服〕袍黄，盤領，窄袖，前後及兩肩各織金盤龍一。"《清史稿·輿服志二》:"〔皇帝〕朝服，色用明黄……龍袍，色用明黄。"亦稱"柘袍"。因柘木汁之色赤黄，故有此稱。宋歐陽玄《陳摶睡圖》詩:"陳橋一夜柘袍黄，天下都無鼾睡牀。"

【柘袍】

即黄袍。此稱始見於宋代。見該文。

【赭黄袍】

古代帝王赤黄色袍服。即黄袍。始見於隋，唐沿用。《新唐書·車服志》:"初，隋文帝聽朝之服，以赭黄文綾袍……至唐高祖，以赭黄袍、巾帶爲常服。"宋代沿用。《宋史·輿服志三》: "宋因之，有赭黄、淡黄袍衫，玉裝紅束帶，皂文鞾，大宴則服之。"金代亦用。《金史·輿服志中》:"初，太宗即位，始服赭黄，自後視百官朝御袍帶。"亦稱"赭袍"。唐杜牧《長安雜題長句》詩:"觚稜金碧照山高，萬國珪璋擁赭袍。"

《新五代史·四夷附録·契丹》："〔杜〕重威等被圍糧絶，遂擧軍降。〔耶律〕德光喜，謂趙延壽曰：'所得漢兒皆與爾。'因以龍鳳赭袍賜之，使衣以撫晋軍，亦以赭袍賜重威。"

【赭袍】

即赭黄袍。此稱始見於唐代。見該文。

襴袍

古代一種圓領大袍。因下襬施有一道横襴，故名。始見於北周而定於唐初。《舊唐書·輿服志》："晋公宇文護始命袍加下襴。"《新唐書·車服志》："太宗時……太尉長孫無忌又議：'服袍者下加襴，緋、紫、緑皆視其品，庶人以白。'"至晚唐時期，樣式已發生變化，如領口用同色衣料的闊邊鑲沿，内襯白色護領等，袍袖也較寬鬆。韓滉《文苑圖》可看到這種服裝樣式。五代時期和宋代仍流行。五代顧閎中《韓熙載夜宴圖》中有的男子形象即穿襴袍。

衫袍

宋代天子一種袍服。大宴、常朝服之。因唐之制，赭黄或黄色。《宋史·輿服志三》："〔天子之服〕五曰衫袍……唐因隋制，天子常服赤黄、淺黄袍衫，折上巾，九還帶，六合鞾。宋因之，有赭黄、淡黄袍衫，玉裝紅束帶，皂文鞾，大宴則服之。又有赭黄、淡黄襖袍，紅衫袍，常朝則服之。"沈從文《中國古代服飾研究·宋太祖趙匡胤像》："封建統治者爲誇大他'受命於天'的尊嚴，照例把衣服車馬等級區別嚴明，表示惟我獨尊。《宋史·輿服志》稱，天子之服六種……實本於《唐六典》的天子六服而來，小有改易。"

襖袍

宋代天子袍服。赭黄、淡黄色，常朝服之。見"衫袍"文。參閲《宋史·輿服志三》。

紅衫袍

宋代天子袍服，常朝服之。見"衫袍"文。參閲《宋史·輿服志三》。

窄袍

宋代天子一種袍服。便坐視事服之。《宋史·輿服志三》："〔天子之服〕六曰窄袍……又有窄袍，便坐視事則服之。皆皂紗折上巾，通犀金玉環帶。窄袍或御烏紗帽。中興仍之。"

緑花窄袍

遼國皇帝常服。遼國有國服、漢服，此屬國服。《遼史·儀衞志二》："帝常服……緑花窄袍，中單多紅緑色。"

質孫

蒙古語音譯。意謂"顏色"。元代宮廷大宴之服。元制，天子、百官於内庭禮宴皆着此服，雖貴賤不一，因爵而异，但冠帽衣履通用一色，故漢譯爲"一色服"。其衣式緊窄，下裳較短，腰間多襞積，肩背貫有大珠。天子質孫，冬服有十一種，夏服有十五種。百官質孫，冬服有九種，夏服有十四種。穿着均需與冠帽相配。《元史·輿服志一》："質孫，漢言一色服也，内庭大宴則服之。冬夏之服不同，然無定制。凡勛戚大臣近侍，賜則服之。下至於樂工衞士，皆有其服。精粗之制，上下之别，雖不同，總謂之質孫云。天子質孫，冬之服凡十有一等，服納石矢、怯綿里，則冠金錦暖帽……夏之服凡十有五等，服答納都納石矢，則冠寶頂金鳳鈸笠……百官質孫，冬之服凡九等……夏之服凡十有四等。"元柯九思《宫詞十五首》之一自注："凡諸侯王及外番來朝，必錫宴以見之，國語謂之質孫宴。質孫，漢言一色，言其衣服皆一色也。"亦譯作"只孫"。明陶宗儀《南村輟耕録・只孫宴服》:"元制,内宴諸臣,皆賜只孫衣,謂一色衣也。只孫宴服者,貴臣見饗於天子則服之,今所賜絳衣是也。貫大珠以飾其肩背間膺,首服亦如之。"亦譯作"只遜"。明代爲衛士擎執儀仗者之服。明蔣一葵《長安客話》:"見下工部旨,造只遜八百付,皆不知只遜何物,後乃知爲上直校尉鵝帽錦衣也。"

【一色服】

"質孫"的漢語意譯。此譯稱始見於元代。見該文。

【只孫】

同"質孫"。蒙古語音譯。此譯稱始見於明代。見該文。

【只遜】

同"質孫"。蒙古語音譯。此譯稱始見於明代。見該文。

燕弁服

皇帝燕居時之服。見於明代。嘉靖七年(1528)采古制爲之。寓深宫獨處,以燕安爲戒之意。其制,《明史・輿服志二》載曰:"冠匡如皮弁之制,冒以烏紗,分十有二瓣,各以金綫壓之,前飾五采玉雲各一,後列四山,朱條爲組纓,雙玉簪。服如古玄端之制,色玄,邊緣以青,兩肩繡日月,前盤圓龍一,後盤方龍二,邊加龍文八十一,領與兩祛共龍文五九。袵同前後齊,共龍文四九。襯用深衣之制,色黄。袂圓祛方,下齊負繩及踝十二幅。素帶,朱裏青表,綠緣邊,腰圍飾以玉龍九。玄履,朱緣紅纓黄結。白襪。"

忠靖冠服

明代品官燕居之服。明嘉靖七年(1528)定制。參照古玄端之制,更名"忠靖",意謂"進思盡忠,退思補過"。《明史・輿服志三》:"忠靖服仿古玄端服,色用深青,以紵絲紗羅爲之。三品以上雲,四品以下素,緣以藍青,前後飾本等花樣補子。深衣用玉色。素帶,如古大夫之帶制,青表綠緣邊并裏。素履,青綠條結。白襪。"

保和冠服

明代親王及世子、郡王燕居之服。明嘉靖七年(1528)參照燕弁及忠靖冠之制爲之。《明史・輿服志二》:"嘉靖七年諭禮部:'朕仿古元端,自爲燕弁冠服,更制忠静冠服,錫於有位,而宗室諸王制猶未備。今酌燕弁及忠静冠之制,復爲式具圖,命曰保和冠服……保和冠制,以燕弁爲準,用九瓝,去簪與五玉,後山一扇,分畫爲四。服,青質青緣,前後方龍補,身用素地,邊用雲。襯用深衣,玉色。帶青表綠裏綠緣。履用皂綠結,白襪。'"

圓領

明代官吏的一種常用服裝。領爲圓形,故稱。明徐渭《女狀元》第四齣:"叫黄老爺那人進來,脱了圓領。"清代亦用。《儒林外史》第三回:"只見那張鄉紳下了轎進來,頭戴紗帽,身穿葵花色圓領,金帶,皂靴。"

褀襳

明代内臣常服袍衫。長袖,兩邊有擺。内臣之外,外廷官員亦服之,後期士大夫亦爲交際宴會之服。明劉若愚《酌中志・内臣佩服紀略》:"褀襳,其制後襟不斷,而兩旁有擺,前襟兩截而下,有馬面褶,往兩傍起。"亦作"曳撒"。周錫保《中國古代服飾史》第十三章《明代服飾》:"褀襳。或作曳撒。長袖,兩旁有擺，前襟兩截而其下有馬口褶，其褶從兩旁起，亦有紅、青二色，紅者綴本等補子。此種裰褶不特内臣服之，外廷亦有，後期士大夫在交際宴會時也常着之。此服本爲從戎輕捷的服飾，其衣式應即是前代質孫服的遺制。《堅瓠集》載：'元親王及功臣侍宴者則賜冠衣，謂之只孫，明高皇定鼎，命值駕校尉服之，儀從所服團花只孫是也。'《觚不觚録》謂其上有横摺而下復竪摺之，若袖長則爲曳撒者，應即是此衣。"

【曳撒】

同"裰褶"。此體始見於明代。見該文。

膝襴

明代内官燕服。制如裰褶。《明史·輿服志三》："永樂以後，宦官在帝左右，必蟒服……又有膝襴者，亦如曳撒，上有蟒補，當膝處横織細雲蟒，蓋南郊及山陵扈從便於乘馬也。"

襯道袍

明代宫廷内臣所穿二色衣的第二層直裰。明劉若愚《酌中志·内臣佩服紀略》："二色衣，近御之人所穿之衣。自外第一層謂之蓋面，如裰褶、貼裏、圓領之類；第二層謂之襯道袍；第三層曰綴領道袍。"

襒褶

明代衙役檔頭之服。《明史·刑法志三》："役長曰檔頭，帽上鋭，衣青素襒褶，繫小條，白皮靴，專主伺察。"

常服袍

清代皇帝燕居時的袍服。《清史稿·輿服志二》："常服袍，色及花文隨所御，裾四開。"

行袍

清代官員隨皇帝出行或出使時穿的袍服。

常服袍(皇帝常服袍圖)
（清伊桑阿《欽定大清會典》）

制同常服袍。爲便於騎馬行走，將袍的右襟截去一塊，然後用紐扣縮住，故亦稱"缺襟袍"。《清史稿·輿服志二》："常服袍，色及花文隨所御，裾四開。行袍同。"周錫保《中國古代服飾史》第十四章《清代服飾》："行袍，形制同常服袍，惟長比常服袍減短十分之一，右面的衣裾下短一尺，以便於乘騎之需，又稱之謂'缺襟袍'。在不乘騎的時候即把這短一尺的一幅用紐扣扣拴，就同常袍一樣。這種行袍凡臣工扈行、行圍人員，都例服這種行裝，下達庶官也都穿着之。"

【缺襟袍】

即行袍。清代始見。見該文。或以爲源於隋唐時百官所服之缺胯襖子。清袁枚《隨園隨筆·原始》："今之武官，多服缺襟袍子。起於隋文帝征遼，詔武官服缺胯襖子。唐侍中馬周請於汗衫上加服小缺襟襖子，詔從之。"

行袍(皇帝行袍圖)
（清伊桑阿《欽定大清會典》）

裘　類

鼠裘

以鼠皮所製之裘。鼠多指灰鼠，又名青鼠，古稱"鼲"，身灰，腹白，所製裘爲裘服中較珍貴者。此外，鼫、貂、貔等鼠皮亦可爲裘。漢魏時期始見。漢桓寬《鹽鐵論·散不足》："今富者鼲鼫、狐白、鼲裘，中者罽衣、金縷、燕貉、代黄。"《三國志·吳書·吳主傳》"劉備奔走，僅以身免"裴松之注引《吳歷》："文帝報使，致鼲子裘、明光鎧、騑馬。"宋葉廷珪《海錄碎事》卷五："《吳書》曰：陸遜破曹休，上大會，命遜舞，解所著白鼫子裘賜之。"後代亦見。《北齊書·唐邕傳》："〔顯祖〕又嘗解所服青鼠皮裘賜邕。"唐溫庭筠《遐水謡》："犀帶鼠裘無暖色，清光炯冷黄金鞍。"

鼲子裘

鼲鼠皮所製之裘。鼲，又名鼲子、黄鼠。穴居土中，見人則交其前足於頸，拱立如揖，故又稱拱鼠、禮鼠。皮毛可以爲裘。始見於漢代。漢桓寬《鹽鐵論·力耕》："鼲貂狐貉，采旄文罽，充於内府。"三國時亦見。參閱《三國志·吳書·吳主傳》裴松之注引《吳歷》。參見本卷上條"鼠裘"文。

雉頭裘

以雉鳥頭羽製成之裘。奇巧華麗。晉武帝時太醫司馬程據所獻，被帝所焚。《晉書·武帝紀》："太醫司馬程據獻雉頭裘，帝以奇技異服，典禮所禁，焚之於殿前。"

孔雀裘

以孔雀羽毛織成之裘。精美艷麗。南齊文惠太子始製。《南齊書·文惠太子傳》："〔太子〕善製珍玩之物，織孔雀毛爲裘，光彩金翠，過於雉頭矣。"後代亦見，爲王公貴族所服。《紅樓夢》第五二回回目："俏平兒情掩蝦鬚鐲，勇晴雯病補孔雀裘。"

浮光裘

一種珍异之裘。唐代南昌國所獻。上綉五彩龍鳳。唐蘇鶚《杜陽雜編》卷中："浮光裘即海水染其色也，以五彩蹙成龍鳳各一千三百，絡以九色真珠。上衣之以獵北苑，爲朝日所照，而光彩動摇，觀者皆眩其目，上亦不爲之貴。一日，馳馬從禽，忽值暴雨，而浮光裘略無沾潤，上方嘆爲異物也。"宋葉廷珪《海錄碎事》卷五："唐寶曆中，南昌國獻浮光裘，即紫海水所染，以五色彩蹙成龍鳳，觀者目眩。"

端罩

清代皇帝、皇子、皇族近臣及侍衛穿的極珍貴的毛皮大衣。形同補服，平袖，對襟，皮製，毛翻在外，長似大衣。起源很早，據《滿文老檔》太祖朝中已見。皇帝端罩，紫貂爲之。十一月朔至上元用黑狐。明黄緞裏。左、右垂帶各二，下廣而鋭，色與裏同。皇子用紫貂，金黄緞裏；親王、郡王、貝勒、貝子、固倫額

端罩(一等侍衛端罩圖)
(清伊桑阿《欽定大清會典》)

駙用青狐，月白緞裏；鎮國公、輔國公、和碩額駙用紫貂，月白緞裏；民公、侯、伯下至文三品、武二品用貂皮，藍緞裏；一等侍衛用猞猁猻，間鑲以豹皮，月白緞裏；二等侍衛用紅豹皮，素紅緞裏；三等侍衛用黃狐皮，月白緞裏，藍翎侍衛同。參閱《清史稿·輿服志二》。

褂　類

褂

　　清代加於袍外的短衣。有單、夾、棉、皮等多種。皇帝之褂，色用石青，有常服褂、行褂之別。皇后、妃有朝褂、龍褂。朝服所有褂上有補子，稱"補褂"。《清會典·禮部·儀制清吏司三》："服有袍有褂。朝服，蟒袍外皆加補褂……常服褂無補……女褂，長與袍齊。"褂加於袍，故亦稱"外褂"。《二十年目睹之怪現狀》第四回："後頭送出來的主人，却是穿的棗紅寧綢箭衣，天青緞子外褂。"

【外褂】

　　即褂。此稱始見於清代。見該文。

常服褂

　　清代皇帝燕居時所穿的長褂。石青色，圓領，對襟，下襬左右各開一衩，衩高至膝。不綴補子。《清史稿·輿服志二》："常服褂，色用石青，花文隨所御，裾左右開。"

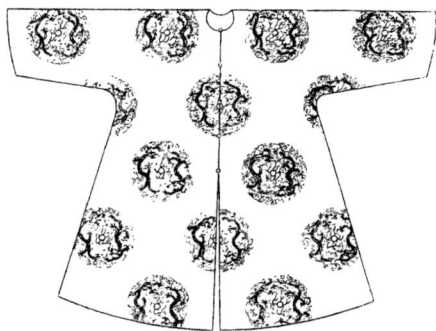

常服褂(皇帝常服褂圖)
（清伊桑阿《欽定大清會典》）

行褂

　　清代男子出行時穿的短褂。比常服褂短，長與坐時齊，袖長及肘，石青色。帝王品官皆着之。《清史稿·輿服志二》："〔皇帝〕行褂，色用石青，長與坐齊，袖長及肘。"《大清會典圖》卷七五："親王行褂，色用石青，長與坐齊，袖長及肘，綿袷紗裘惟其時。郡王以下文武品官行褂，制同。"周錫保《中國古代服飾史》第十四章《清代服飾》："〔行褂〕按定制爲親王、郡王以下文武品官用石青色；領侍衛內大臣、御前大臣、侍衛班領（長）、護軍統領、健銳營翼長用明黃色，諸臣得有賜黃馬褂者纔能穿着；他如八旗之四正旗副都統、正黃旗者色用金黃；正白旗、正紅旗、正藍旗者各按旗色；鑲黃旗、鑲白旗、鑲藍旗者用紅色緣，鑲紅旗者用白色緣；其他如前鋒參領、護軍參領、火器營官皆服之；豹尾班侍衛，用明黃色，左右及肩前施雙帶結之；健銳營前鋒參領，色用明黃藍緣，

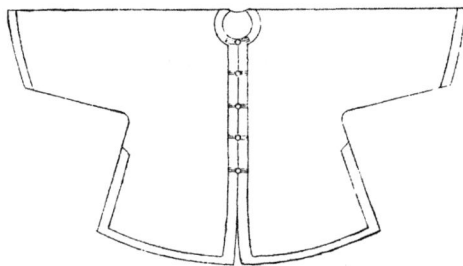

行褂(八旗之四鑲旗副都統行褂圖)
（清伊桑阿《欽定大清會典》）

營兵色用藍，明黃緣；虎槍營總統領，用明黃，領左右端青緣直下至前裾；槍長色用紅，領左右靖青緣；營兵色用白，領左右端青緣，都直下至前裾；火器營兵色用藍，白緣。行褂的形制，下達一般庶官以及扈行者都可穿着，不過服色不得用黃而已。"

馬褂

一種罩於長袍外的短褂。見於清代。本爲滿族人騎馬時所着，故稱。後用爲常服和禮服。其制，有長袖、短袖、寬袖、窄袖，有對襟、大襟、琵琶襟。身長至臍，袖僅掩肘。清趙翼《陔餘叢考》卷三三："凡扈從及出使，皆服短褂、缺襟袍及戰裙。短褂，亦曰馬褂，馬上所服也。"或謂馬褂源於隋唐時之半臂。清汪汲《事物原會·馬褂》："馬褂實始於隋大業間

馬　褂
（〔日〕中川忠英《清俗紀聞》）

也，唐高祖減其袖，則謂之半臂耳。"周汛、高春明《中國歷代服飾·清》："馬褂的形制，有對襟、大襟和缺襟之別。對襟的馬褂多當作禮服。大襟馬褂多當作常服，一般穿在袍服之外。缺襟馬褂，制如缺襟袍，又叫'琵琶襟馬褂'，多用作行裝。這些馬褂大多爲短袖，袖口平齊而寬大。清朝中葉又流行一種窄袖馬褂，圖其活動便捷。馬褂顏色，除黃色爲特賞之外，一般多以天青或元青色作爲禮服。他如深紅、淺綠、紫醬、深藍、深灰等都可作爲常服。領、袖邊緣多有鑲滾，分闊邊與狹邊兩種。大致初期尚狹，中期尚闊，以後復又行狹，及至晚清，已

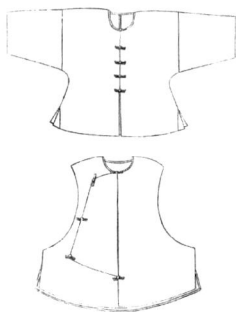

沒有什麼鑲邊了。馬褂的質料，除綢緞等織物以外，還有皮毛，如海龍、玄狐、猞猁、紫貂、倭刀、草上霜等。乾隆年間，有的達官貴人，爲了炫耀其富貴，將馬褂反穿，露皮毛於外。清末，更流行一種黑色海虎絨馬褂，襯以湖色春紗直行棉袍，爲縉紳闊老的時髦服飾。"民國初年，男子仍以馬褂、長衫爲禮服。馬褂一般以黑色絲麻棉毛織品爲之，對襟窄袖，下長至腹，前襟釘鈕扣五粒。

對襟馬褂

清代馬褂的一種。其形制爲對襟，故稱。周錫保《中國古代服飾史》第十四章《清代服飾》："對襟馬褂，初尚天青色，至乾隆中尚玫瑰紫，末年福文襄公好著深絳色，人們也都效之，謂之'福色'；嘉慶時尚泥金色及淺灰色，夏天用紗製則都用棕色，其大袖對襟馬褂，可以代替外褂而作爲正式的行裝，色用天青，大小官員在謁客時亦服之。"

【得勝褂】

即對襟馬褂。傅恒征金川歸，喜其便捷，故謂之"得勝褂"。清昭槤《嘯亭續録》："自傅文忠公征金川歸，喜其便捷，名'得勝褂'，今無論男女燕服，皆著之矣。"

琵琶襟馬褂

清代馬褂的一種。制如缺襟袍。多在出行時穿用。亦稱"缺襟馬褂"。周錫保《中國古代服飾史》第十四章《清代服飾》："琵琶襟馬褂，右襟短缺，與缺襟袍相類，也叫做'缺襟馬褂'。"

【缺襟馬褂】

即琵琶襟馬褂。此稱始見於清代。見該文。

翻毛皮馬褂

　　清代馬褂的一種。將毛露在外表的一種馬褂。冬季常用。始見於乾隆年間，至嘉慶間盛行。周錫保《中國古代服飾史》第十四章《清代服飾》："翻毛皮馬褂……初則尚極稀少而奇異，到嘉慶間在冬季則無人不穿此種翻毛馬褂者，料用貴重的玄狐、紫貂、海龍、猞猁猻、干尖、倭刀、草上霜、紫羔等，有喪者則用銀鼠、麥穗子（俗稱蘿蔔絲）等，但均屬達官貴人者服之。"

皇后命婦常服

緣衣

　　古代王后侍御及燕居時之服。色黑，夾裏用白。周代始用。亦作"褖衣""稅衣"。《周禮·天官·内司服》："掌王后之六服：褘衣……緣衣，素沙。"漢鄭玄注："《雜記》曰：'夫人服稅衣、揄狄。'又《喪大記》：'士妻以褖衣。'言褖者甚衆，字或作稅。此緣衣者，實作褖衣也。褖衣，御於王之服，亦以燕居。男子之褖衣黑，則是亦黑也。"亦爲女御之服、士妻之服。《周禮·天官·内司服》又云："辨外内命婦之服，鞠衣、展衣、緣衣，素沙。"鄭玄注："内命婦之服……緣衣，女御也。外命婦者……其服士也，則服緣衣。"《禮記·玉藻》："再命褘衣，一命襢衣，士褖衣。"鄭玄注："此子、男之夫人及其卿大夫、士之妻命服也……褖或作稅。"又《禮記·喪大記》："士以爵弁，士妻以稅衣。"孔穎達疏："稅衣，六衣之下也，士妻得服之。"北齊皇后宴居以褖衣。八十一御女視五品，銅印，黑綬，褖衣。宮中女官，

褖衣（后服制圖·褖衣）
（宋楊甲《六經圖》）

五品、六品服褖衣。隋制，采女有褖衣。參閲《隋書·禮儀志七》。唐及以後不用。

【褖衣】

　　同"緣衣"。此體始見於先秦時期。見該文。

【稅衣】

　　同"緣衣"。此體始見於先秦時期。見該文。

蒼衣

　　北周皇后十二種衣之一種。臨婦學及法道門，燕命婦，有時見命婦，則服之。諸公、侯、伯、子、男夫人，三妃，三公夫人，三妣，三孤之内子，六嬪，六卿之内子，亦服之。參閲《隋書·禮儀志六》。

黃衣[1]

　　北周皇后十二種衣之一種。采桑齋及采桑還則服之。諸公、侯、伯、子、男夫人，三妃，三公夫人，三妣，三孤之内子，六嬪，六卿之内子，上、中、下媛，上、中、下大夫之孺人，皆服之。參閲《隋書·禮儀志六》。

素衣

　　北周皇后十二種衣之一種。秋齋及祭還則服之。諸公、侯、伯、子、男夫人，三妃，三公夫人，三妣，三孤之内子，六嬪，六卿之内

子，上、中、下媛，上、中、下大夫之孺人，御婉士之婦人，皆服之。參閱《隋書・禮儀志六》。

玄衣 [2]

北周皇后十二種衣之一種。冬齋及祭還，則服之。諸公、侯、伯、子、男夫人以下，至御婉士之婦人，皆服之。參閱《隋書・禮儀志六》。

鈿釵禮衣

唐代皇后宴見賓客之服。十二鈿，服雜色衣。《舊唐書・輿服志》：“《武德令》：皇后服有褘衣、鞠衣、鈿釵禮衣三等……鈿釵禮衣，十二鈿，服通用雜色，制與上同，唯無雉及珮綬，宴見賓客則服之。”亦稱“鈿釵襡衣”。《新唐書・車服志》：“皇后之服三……鈿釵襡衣者，燕見賓客之服也。十二鈿，服用雜色而不畫，加雙佩小綬，去舄加履，首飾大小華十二樹，以象袞冕之旒，又有兩博鬢。”亦爲皇太子妃宴見賓客之服，九鈿，首飾花九樹。亦爲內命婦常參，外命婦朝參、辭見、禮會之服。一品九鈿，二品八鈿，三品七鈿，四品六鈿，五品五鈿。參閱《新唐書・車服志》。

【鈿釵襡衣】

即鈿釵禮衣。此稱始見於唐代。見該文。

禮衣 [1]

唐代命婦之服。六尚、寶林、御女、采女、女官七品以上大事皆服之。通用雜色，制如鈿釵禮衣，唯無首飾、佩綬。參閱《舊唐書・輿服志》《新唐書・車服志》。宋代后妃之服亦有禮衣。《宋史・輿服志三》：“后妃之服。一曰褘衣，二曰朱衣，三曰禮衣，四曰鞠衣。”

公服 [2]

唐代命婦之服。七品以上尋常供奉服之。去中單、蔽膝、大帶。九品以上，大事及尋常供奉亦服之。參閱《舊唐書・輿服志》《新唐書・車服志》。

半袖裙襦

唐代命婦之服。東宮女史常供奉之服。參閱《舊唐書・輿服志》《新唐書・車服志》。

大衣 [1]

古代婦女禮服。始見於唐代，宋代沿用。宋高承《事物紀原・衣裘帶服》：“大衣。商周之代，內外命婦服諸翟。唐則裙襦大袖爲禮衣。開元中，婦見舅姑，戴步搖，插翠釵。今大衣之制，蓋起於此。《實錄》：大袖在背子下，身與衫子齊而袖大，以爲禮服。疑即此也。”元代長江以南稱金代團衫爲大衣。參見本卷《身服說（上）・燕服考》“團衫”文。參閱元陶宗儀《輟耕錄・賢孝》。

大袖

古代皇后、妃、嬪的常服。長及腳面，直領對襟。因其兩袖寬大，故名。始見於宋代。《宋史・輿服志三》：“其常服，后妃大袖，生色領，長裙，霞帔，玉墜子。”後傳至民間，但衹

大袖（士庶冠服・胸背花盤領大袖衫）
（明王圻等《三才圖會》）

限於貴族婦女穿用，普通百姓家婦女禁用。《朱子家禮》："大袖，如今婦女短衫而寬大，其長至膝，袖長一尺二寸。"注："衆妾則以背子代大袖。"宋吴自牧《夢粱録·嫁娶》："且論聘禮，富貴之家當備三金送之，則金釧、金鐲、金帔墜者是也……更言士宦，亦送銷金大袖，黄羅銷金裙段，紅長裙或紅素羅大袖段亦得。"福建福州南宋黄昇墓出土有實物。元代貴族婦女着之。明代，皇后常服有真紅大袖衣。《明史·輿服志二》："〔皇后常服〕洪武三年定……諸色團衫……四年更定，龍鳳珠翠冠，真紅大袖衣霞帔，紅羅長裙，紅褙子。"皇妃、皇嬪亦服之。亦稱"大袖衣"。宋孟珙《蒙韃備録·婦女》："又有大袖衣，如中國鶴氅，寬長曳地，行則兩女奴拽之。"

【大袖衣】

即大袖。此稱始見於宋代。見該文。

團衫

古代一種長而寬大的女上衣。金代女真族婦女始着之。《金史·輿服志下》："〔婦人〕上衣謂之團衫，用黑紫或皂及紺，直領，左衽，掖縫，兩傍復爲雙襞積，前拂地，後曳地尺餘。"元代，北方漢族婦女以爲禮服。元陶宗儀《南村輟耕録·賢孝》："國朝婦人禮服，韃靼曰袍，漢人曰團衫，南人曰大衣，無貴賤皆如之。"明代，皇后、妃、嬪及内命婦常服，有諸色團衫。參閱《明史·輿服志二》。

大衫

明代皇后常服。黄色。《明史·輿服志二》："〔皇后常服〕永樂三年更定……大衫霞帔，衫黄，霞帔深青，織金雲霞龍文，或綉或鋪翠圈金，飾以珠玉墜子，瑑龍文。"皇妃、九嬪及内命婦亦服之，以爲禮服。

緣襈襖子

明代皇后常服。黄色。《明史·輿服志二》："〔皇后常服〕永樂三年更定……緣襈襖子，黄色，紅領襈襈裾，皆織金綵色雲龍文。"内命婦亦以爲常服。

鳳袍

古代上面綉鳳的袍。清代爲皇后、妃、嬪之常服。上綉圖案，通常爲鳳穿牡丹，以象徵美好、光明、幸福，有傳世實物。

第五節　凶服考

凶服，亦稱"喪服"，是古代舉行凶禮儀式所穿的服裝，亦禮服之一種。凶禮爲古代五禮之一，涉及死亡、疫病、饑饉、水旱灾害等。死亡是凶禮中最重要的大事，故狹義的凶服即喪服。它包括冠、衣、裳、絰、帶等。三代已有定制。根據周代喪服制度規定，按與死者的親疏關係分爲五等，稱爲"五服"，即斬衰、齊衰、大功、小功、緦麻。斬衰，用最粗的麻布做成，不緝衣邊，使斷處外露以示無飾，子及未嫁女爲父、承重孫爲祖父、妻爲夫均服此喪服；齊衰，用粗麻布做成，緝邊，子及未嫁女爲母，後代爲祖父母、曾祖父母、高祖父母服之；大功，用熟麻布做成，已嫁女爲伯叔父、兄爲弟，以及爲堂兄弟、未嫁的堂姊妹、已嫁的姑等服之；小功，用較細的熟麻布做成，爲遠親服之；緦麻，用細麻布做成，亦爲遠親服之。最長者三年，最短者三月。此外，在食宿、居室、寢具等方面皆有不同要求。(見《儀禮·喪服》)

古代，有官職者遇父母之喪，稱"丁憂"，要辭職回故里守孝。守孝期滿，即服闋，然後申請復職。如身居要職，不能離任，或喪期未滿即令赴任，稱"奪情"。在軍中遇喪而不能奔喪，亦穿凶服，黑色，稱"墨衰"或"墨絰"。帝王爲公卿百官吊喪，其凶服，根據被吊者的不同身份，采用不同的形制，有錫衰、緦衰、疑衰等，以麻布質地辨別等差。

喪服制度自周代形成後，歷代雖有損益，但基本不變。如喪服的顏色，始用黑，後改用白；又如斬衰，後代多無衰、負、適等麻布。明代洪武七年(1374)曾重定喪服之制，對五服有詳細規定，影響至後代，特別在民間一直流行。清代，因男子蓄髮辮，不便用首絰，故以黄色絲繩繫於髮辮上，久成風俗，今治喪時胸佩黄花爲其遺制。民國初年，曾規定：男子遇有喪事，穿禮服時左臂上圍以黑紗，女子則於胸前綴以黑紗結。這一規定，一般祇在城市執行，至於廣大鄉村，仍流行"披麻戴孝"的喪俗。

根據喪禮，爲死者裝斂，始沐浴後加明衣裳和襲衣，次日加小斂衣，又次日加大斂衣。先秦已有其制，另有絞、紟、衾、冒等。秦漢以降，迄於清末，品官治喪大抵沿襲或略有改易，而民間則較簡易。古代，帝王及王族死後，還用以玉片連綴而成的特製殮尸之服，西漢已形成其制，東漢則形成以金、銀、銅縷爲分別的等級制度，三國時廢除此制。後代罕見。考古發現有實物。

服喪者凶服

凶服

古代舉行凶禮儀式時穿的服裝。凶禮是古代五禮之一，故凶服亦禮服之一種。凶禮所涉及的範圍很廣，如喪葬、疫病、饑饉、水旱災害等。在這些治哀儀式上所用的服裝，統稱凶服。《禮記·祭義》："郊之祭也，喪者不敢哭，凶服者不敢入國門，敬之至也。"凶服多以素麻爲之，故亦稱"素服"。《周禮·春官·司服》："大札、大荒、大災，素服。"鄭玄注："大札，疫病也；大荒，饑饉也；大災，水火爲害。君臣素服、縞冠。"喪葬在凶禮中最爲重要，舉行喪葬之禮時所穿的服裝稱"喪服"，亦稱"凶服"。《論語·鄉黨》："凶服者式之。"何晏集解："孔曰：喪服，送死之衣物。"

【素服】

即凶服。此稱始見於先秦時期。見該文。

喪服

凶服的一種。居喪時所穿的衣服。喪服之制，始於三代。宋高承《事物紀原·吉凶典制》："喪服。三王乃制喪服，則衰絰之起，自三代始也。"喪服制度規定，以親疏關係爲等差，分爲斬衰、齊衰、大功、小功、緦麻五種服飾，稱爲"五服"。參閱《儀禮·喪服》。

五服

古代喪服制度規定的五種服飾。以親疏關係爲等差，分爲斬衰、齊衰、大功、小功、緦麻五種。五種服飾的形制、質料不同，所服的時間亦不同。周代已有其制。《禮記·學記》："師無當於五服，五服弗得不親。"孔穎達疏："五服，斬衰也，齊衰也，大功也，小功也，緦麻也。"亦稱"五縗"。《淮南子·齊俗訓》："夫儒墨不原人情之終始，而務以行相反之制，五縗之服，悲哀抱於情，葬薶稱於養。"高誘注："五縗，謂三年、期年、九月、五月、三月服也。"

【五縗】

即五服。此稱始見於漢代。見該文。

斬衰

古代喪服，爲五服中最重的一種。服期爲三年。先秦之制，用極粗的生麻布製成衣、裳，四緣及袖口均不緝邊，使斷處外露。當胸綴一塊長六寸、寬四寸的麻布，名曰衰；背後有負，兩肩有適，亦均係麻布，服斬衰者還須繫苴首絰、苴腰絰、絞帶，手執苴杖，腳穿菅屨。《儀禮·喪服》："斬衰裳，苴絰杖絞帶，冠繩纓，菅

履者。傳曰：斬者何？不緝也。苴絰者，麻之有蕡者也。苴絰大搹，左本在下，去五分一以爲帶……苴杖，竹也……絞帶者，繩帶也。冠繩纓，條屬右縫。冠六升，外畢，鍛而勿灰。衰三升。菅屨者，菅菲也，外納。"又："負廣出於適寸；適博四寸，出於衰；衰長六寸，博四寸。"斬衰服期二十七個月，號"三年之喪"，後民間有服整三年者。周代，爲天子斬衰，爲父斬衰。《周禮·春官·司服》："凡喪，爲天王斬衰。"《禮記·喪服四制》："其恩厚者其服重，故爲父斬衰三年，以恩制者也。門內之治，恩掩義；門外之治，義斷恩。資於事父以事君而敬同，貴貴尊尊，義之大者也。故爲君亦斬衰三年，以義制者也。"後代，斬衰喪服多無衰、負、適，首絰亦易以白布，繫以麻絲，鞋前蒙白布或小塊麻布片。至明朝洪武七年（1374）改爲子爲父母皆斬衰三年。《明史·禮志十四》："〔洪武七年〕乃立爲定制。子爲父母，庶子爲其母，皆斬衰三年……仍命以五服喪制，並著爲書，使内外遵守。其制服五：曰斬衰，以至粗麻布爲之，不縫下邊……其叙服有八。曰斬衰三年者：子爲父母，庶子爲所生母，子爲繼母；子爲慈母，謂母卒父命他妾養己者；子爲養母，謂自幼過房與人者；女在室爲父母，女嫁被出而反在室爲父母；嫡孫爲祖父母承重及曾高祖父母承重者；爲人後者爲所後父母，及爲所後祖父母承重；夫爲後則妻從服，婦爲

斬衰（斬衰圖）
（明王圻等《三才圖會》）

舅姑；庶子之妻爲夫之所生母；妻妾爲夫。"

齊衰

古代喪服，爲五服中次於斬衰的一種。服期爲三年、一年至三個月不等。其服制以粗麻布做成，因其緝邊縫齊，故稱。先秦之制，由齊衰衣、齊衰裳、牡麻絰、齊衰冠、削杖、布帶、疏履組成。衣、裳均用四升之布縫製，升，古代計絲之量詞。《西京雜記》卷五："五絲爲繩，倍繩爲升。"四縫及袖口均縫邊。其冠七升，以布爲纓。《儀禮·喪服》："疏衰裳齊，牡麻絰，冠布纓，削杖，布帶，疏履。三年者。傳曰：齊者何？緝也。牡麻者，枲麻也。牡麻絰，右本在上。冠者，沽功也。疏履者，藨蒯之菲也。"齊衰的服期，爲繼母、慈母服三年，爲祖父母和妻、庶母服一年，爲曾祖父母服五個月，爲高祖父母服三個月。漢唐以降，因而未改。至明朝洪武七年（1374）改定喪禮，嫡子、衆子爲庶母皆齊衰，以稍粗麻布爲之，縫下邊。《明史·禮志十四》："〔洪武七年〕乃立爲定制……嫡子衆子爲庶母，皆齊衰杖期。仍命以五服喪制，並著爲書，使內外遵守……曰齊衰，以稍粗麻布爲之，縫下邊……曰齊衰杖期者：嫡子衆子爲庶母；嫡子衆子之妻爲夫之庶母，爲嫁母、出母、父卒繼母改嫁而己從之者；夫爲妻。曰齊衰不杖期者：父母爲嫡長子及衆子，父母爲女在室者，繼母爲長子及衆子，慈

齊衰（齊衰圖·冠制）
（明王圻等《三才圖會》）

母爲長子及衆子；孫爲祖父母，孫女雖適人不降，高、曾皆然；爲伯叔父母；妾爲夫之長子及衆子，爲所生子；爲兄弟，爲兄弟之子及兄弟之女在室者，爲姑及姊妹在室者；妾爲嫡妻；嫁母、出母爲其子；女在室及雖適人而無夫與子者，爲其兄弟及兄弟之子；繼母改嫁爲前夫之子從已者；爲繼父同居兩無大功之親者；婦人爲夫親兄弟之子，婦人爲夫親兄弟子女在室者；女出嫁爲父母；妾爲其父母；爲人後者爲其父母；女適人爲兄弟之爲父後者；祖爲嫡孫；父母爲長子婦。曰齊衰五月者：爲曾祖父母。曰齊衰三月者：爲高祖父母，爲繼父昔同居而今不同者，爲繼父雖同居而兩有大功以上親者。"

大功

古代喪服，五服中輕於齊衰、重於小功的一種。服期爲九個月。其服用熟麻布做成，較齊衰稍細，較小功爲粗，故稱。先秦之制，由衣、裳、牡麻絰、布帶組成。又有兩種：其一，本服齊衰而殤死，爲長殤服大功九個月，爲中殤服大功七個月，均無受，衣裳用七升之布。九個月者絰有纓，七個月者絰無纓。其二，爲叔伯兄弟、庶孫、嫡婦等服大功九個月，用九升之布，三個月後易以十一升之布。《儀禮·喪服》："大功布，衰裳，牡麻絰，無受者……其長殤皆九月，纓絰；其中殤七

大功（大功服圖·大功冠）
（明王圻等《三才圖會》）

月，不纓経。大功布衰裳，牡麻経纓布帶。三月，受以小功衰，即葛九月者。傳曰：大功布九升，小功布十一升。”漢唐以降，大體因之不變。明朝洪武七年（1374）改定喪禮，大功以粗熟布爲之，服期九個月。《明史・禮志十四》："仍命以五服喪制，並著爲書，使内外遵守。其制服五……曰大功，以粗熟布爲之……其叙服有八……曰大功九月者：爲同堂兄弟及姊妹在室者，爲姑及姊妹及兄弟之女出嫁者；父母爲衆子婦，爲女之出嫁者；祖爲衆孫；爲兄弟之子婦；婦人爲夫之祖父母，爲夫之伯叔父母，爲夫之兄弟之子婦，爲夫兄弟之女嫁人者；女出嫁爲本宗伯叔父母，及爲兄弟與兄弟之子，爲姑姊妹及兄弟之女在室者；爲人後者爲其兄弟及姑姊妹在室者；妻爲夫本生父母；爲兄弟之子爲人後者。”清代大體不變。規定堂兄弟、未婚的堂姊妹、已婚的姑、姊妹、姪女及衆孫、衆子婦、姪婦等之喪，皆服大功；已婚女爲伯父、叔父、兄弟、姪、未婚姑、姊妹、姪女等服喪，亦服大功。參閱《清通典・禮服制》。亦稱"大功衰"。《儀禮・喪服》："宗子孤爲殤，大功衰、小功衰，皆三月。"亦作"大紅"。《史記・孝文本紀》："已下，服大紅十五日，小紅十四日，纖七日，釋服。"裴駰集解引服虔曰："當言大功、小功布也。纖，細布衣也。"

【大功衰】

即大功。此稱始見於先秦時期。見該文。

【大紅】

同"大功"。此體始見於漢代。見該文。

小功

古代喪服，五服中輕於大功的一種。服期五個月。其服，先秦時以較細的熟麻布爲之。《儀禮・喪服》："小功布衰裳，牡麻経即葛五月。從祖祖父母，從祖父母報。從祖昆弟，從父姊妹。孫適人者，爲人後者，爲其姊妹適人者，爲外祖父母……小功十升若十一升。"鄭玄注："即，就也。小功輕，三月變麻，因故衰以就葛経帶而五月也。"唐代喪制，略有异同。《唐律・名例》"一曰議親"長孫無忌疏議："小功之親有三：祖之兄弟、父之從父兄弟、身之再從兄弟是也。此數之外，據《禮》，内外諸親有服同者，並準此。"明朝洪武七年（1374）改定喪禮，小功以稍粗熟布爲之，服期五個月。《明史・禮志十四》："〔其制服五〕曰小功，以稍粗熟布爲之……曰小功五月者：爲伯叔祖父母，爲同堂伯叔父母，爲再從兄弟及再從姊妹在室者，爲同堂兄弟之子，爲祖姑在室者，爲從祖姑在室者，爲同堂兄弟之女在室者，爲兄弟之妻；爲人後者爲其姑姊妹適人者；爲嫡孫婦，爲同堂姊妹之出嫁者，爲孫女適人者，爲兄弟之孫及兄弟之女孫在室者，爲外祖父母，爲母之兄弟姊妹，爲同母異父之兄弟姊妹，爲姊妹之子；婦人爲夫之姑及夫之姊妹，爲夫之兄弟及夫兄弟之妻，爲夫兄弟之孫及夫兄弟之女孫在室者，爲夫同堂兄弟之子及同堂兄弟之女在室者。"清代沿用。亦稱"小功衰"，亦作"小紅"。參見本卷上條"大功"文。

小功（小功服圖）
（明王圻等《三才圖會》）

【小功衰】

即小功。此稱始見於先秦時期。見"大功"文。

【小紅】

同"小功"。此體始見於漢代。見"大功"文。

【細功】

即小功。因用較細的熟麻布做成，故稱。漢賈誼《新書·六術》："喪服稱親疏以爲重輕，親者重，疏者輕，故復有粗衰、齊衰、大紅、細紅、緦麻、備六。"注："大紅、細紅，即大功、小功也。"

緦麻

古代喪服，爲五服中最輕的一種。服期三個月。其服，先秦時以疏織細麻布爲之。《儀禮·喪服》："緦麻三月者。傳曰：緦者，十五升抽其半，有事其縷，無事其布，曰緦。"鄭玄注："緦麻，布衰裳而麻絰帶也……謂之緦者，治其縷細如絲也。"賈公彥疏："此章五服之內輕之極者，故以緦如絲者爲衰裳，又以澡治莩垢之麻爲絰帶，故曰緦麻也。"據《儀禮·喪服》，先秦時期，族曾祖父母，族祖父母，族父母，族昆弟；庶孫之婦，庶孫之中殤；從祖姑姊妹適人者，報祖父從祖昆弟之長殤；外孫；從父昆弟侄之下殤，夫之叔父之中殤、下殤等，皆緦麻。漢唐以降，基本沿用。明朝洪武七年（1374）改定喪制，緦麻以稍細熟布爲之，服期三個月。《明史·禮志十四》："〔洪武七年〕其制服五……曰緦麻，以稍細熟布爲之。其叙服有八……曰緦麻三月者：爲族曾祖父母，爲族伯叔祖父母，爲族父母，爲族兄弟及族姊妹在室者，爲族曾祖姑在室者，爲族祖姑及族姑在室者，爲兄弟之曾孫，女在室同，爲曾孫玄孫，爲同堂兄弟之孫，女在室同，爲再從兄弟之子，女在室同，爲祖姑、從祖姑及從祖姊妹之出嫁者，爲兄弟之孫女出嫁者，爲同堂兄弟之女出嫁者，爲乳母，爲舅之子，爲姑之子，爲姨之子，爲外孫，爲婿，爲妻之父母，爲兄弟孫之婦，爲同堂兄弟子之婦，爲同堂兄弟之妻，爲外孫婦，爲甥婦；婦人爲夫之曾祖、高祖父母，爲夫之叔伯祖父母，爲夫之同堂伯叔父母，爲夫兄弟之曾孫，爲夫之同堂兄弟，爲夫同堂兄弟之孫，孫女同，爲夫再從兄弟之子，爲夫兄弟之孫婦，爲夫同堂兄弟子之婦，爲夫同堂兄弟之妻，爲夫同堂姊妹，爲夫之外祖父母，爲夫之舅及姨，爲夫之祖姑及從祖姑在室者；女出嫁爲本宗叔伯祖父母，爲本宗同堂叔伯父母，爲本宗同堂兄弟之子女，爲本宗祖姑及從祖姑在室者，爲本宗同堂姊妹之出嫁者；爲人後者爲本生外祖父母。"清代以來，凡疏遠親屬、親戚，如高祖父母、曾伯叔祖父母、族伯叔父母、外祖父母、岳父母、中表兄弟、婿、外孫等，皆服緦麻。亦稱"緦服"。《禮記·玉藻》："童子不裘不帛，不屨絇，無緦服。"

【緦服】

即緦麻。此稱始見於先秦時期。見該文。

功衰

古代服斬衰、齊衰時，在練祭之後改換的喪服。因布之精粗與大功喪服同，故稱。始見於先秦。《禮記·雜記上》："有父母之喪，尚功衰，而附兄弟之殤，則練冠，附於殤。"鄭玄注："斬衰、齊衰之喪，練皆受以大功之衰，此謂之功衰。"孔穎達疏："尚功衰者，衰謂三年，練後之衰，升數與大功同，故云功衰。"

服弁服

古代弁服的一種。周代天子凶事時所着之服。戴喪冠，服斬衰、齊衰。《周禮·春官·司服》："凡凶事，服弁服。"鄭玄注："服弁，喪冠也。其服，斬衰、齊衰。"賈公彦疏："云斬衰、齊衰者，以其正服齊衰是不降之首，然則王爲適子斬衰，其爲適孫、適曾孫、適玄孫、適來孫，則皆齊衰不杖。"

弁絰服

弁服之一種，周代天子吊事服之。弁絰服如爵弁而用素爲之，并加環絰，是用麻纖纏如環而加於素弁之上。其所加的環絰，視喪禮輕重而定其粗細。《周禮·春官·司服》："凡吊事，弁絰服。"鄭玄注："弁絰者，如爵弁而素加環絰。《論語》曰：'羔裘玄冠不以吊。'絰大如緦之絰。其服錫衰、緦衰、疑衰。諸侯及卿大夫亦以錫衰爲吊服。《喪服小記》曰'諸侯吊必皮弁錫衰'，則變其冠耳。喪服舊説，以爲士吊服素委貌冠，朝服，此近庶人吊服，而衣猶非也。士當事弁絰疑衰，變其裳以素耳。國君於其臣弁絰，他國之臣則皮弁。大夫、士有朋友之恩，亦弁絰……而加環絰，環絰即弁絰服。"

錫衰

用細麻布製的喪服。周代天子吊公卿之喪服之。《周禮·春官·司服》："王爲三公六卿錫衰，爲諸侯緦衰，爲大夫、士疑衰，其首服皆弁絰。"鄭玄注："君爲臣服吊服也。鄭司農云：'錫，麻之滑易者，十五升去其半，有事其布，無事其緦。緦，亦十五升去其半，有事其緦，無事其布。疑衰，十四升衰。'玄謂：無事其緦，衰在内；無事其布，衰在外。疑之言擬也，擬於吉。"賈公彦疏："天子臣多，故三公與六卿同錫衰，諸侯五等同緦衰，大夫與士同疑衰。不見三孤者，與六卿同。又不辨同姓、異姓，亦以臣故也。云首服皆弁絰者，三衰同，皆弁絰。"

緦衰

周代天子吊諸侯之喪所服之喪服。以細麻布製成，與錫衰同爲十五升去其半。詳見本卷上條"錫衰"文。參閱《周禮·春官·司服》。

疑衰

周代天子吊大夫、士所服之喪服。以細麻布製成，十四升。詳見本卷上條"錫衰"文。參閱《周禮·春官·司服》。

繐衰

古代諸侯之臣爲天子服喪之服。其布細而疏，用小功升數。始見於先秦時期。《儀禮·喪服》："繐衰裳，牡麻絰，既葬除之者。傳曰：'繐衰者何？以小功之繐也。'諸侯之大夫爲天子。傳曰：'何以繐衰也？諸侯之大夫以時接見乎天子。'"鄭玄注："治其縷如小功而成，布四升半。凡布細而疏者謂之繐。"賈公彦疏："此繐衰是諸侯之臣爲天子在大功下小功上者，以其天子七月葬，既葬除，故在大功九月下小功五月上。又繐雖如小功升數，又少，故在小功上也。此不言帶屨者，以其傳云小功之繐也，則帶屨亦同小功可知。"又："繐衰四升有半，其冠八升。"鄭玄注："此謂諸侯之大夫爲天子繐衰也。在小功之上者，欲著其縷之精粗也。升數在齊衰之中者，不敢以兄弟之服服至尊也。"春

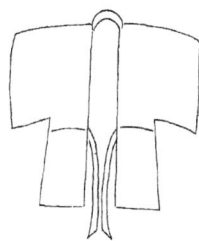

繐衰（繐衰衣）

（宋聶崇義《三禮圖集注》）

秋時期，不遵服制者用以代期功之喪服。《禮記·檀弓下》："叔仲皮死，其妻魯人也，衣衰而繆絰。叔仲衍以告，請繐衰而環絰。"鄭玄注："繐衰，小功之縷而四升半之衰。環絰，弔服之絰。時婦人好輕細而多服者。"

玄赬

大夫招魂之服。玄衣赤裳，服時戴玄冠。始見於先秦。《禮記·喪大記》："夫人以屈狄，大夫以玄赬。"鄭玄注："赬，赤也。玄衣赤裳，所謂卿大夫自玄冕而下之服也。"孔穎達疏："大夫以玄赬者，玄，纁也，言大夫招魂用玄冕玄衣纁裳，故云玄赬也。"

布深衣

古代新娘始遭公婆之喪所服之衣。以布縫製，取深衣制，故稱。始見於先秦。《禮記·曾子問》："曾子問曰：'親迎，女在塗，而婿之父母死，如之何？'孔子曰：'女改服布深衣、縞總以趨喪。'"

長衣

古代服喪時穿在喪服內的衣服。以布縫製，上衣下裳相連，形如長褲，以素布爲滾邊，袖口各有一塊一尺長的布。居喪時，遇有接待賓客或參與卜筮等吉事，則脫去衰服，以長衣爲上服。始見於先秦。《儀禮·聘禮》："遭喪，將命於大夫，主人長衣、練冠以受。"鄭玄注："長衣，素純布衣也。去衰易冠，不以純凶接純吉也。吉時在裏爲中衣。中衣，長衣，繼皆掩尺。表之曰深衣，純袂寸半耳。"賈公彥疏："此長衣則與深衣同布，但袖長素純爲翼，故云長衣，素純布衣也。"

端衰

古代喪服上衣。因其形制與吉服玄端同，故稱。《禮記·雜記上》："端衰、喪車皆無等。"鄭玄注："衣衰言端者，玄端，吉時常服，喪之衣衰當如之。"孔穎達疏："端衰謂喪服上衣，以其綴六寸之衰於心前，故衣亦曰衰。端，正也。吉時玄端服，身與袂同以二尺二寸爲正，而喪衣亦如之，而今用縗綴心前，故曰端衰也。"

殯服

大斂入殯時所用喪服。爲未成服之服，主人服之。始見於先秦。《禮記·曾子問》："曾子問曰：'君出疆，以三年之戒，以椑從。君薨，其入如之何？'孔子曰：'共殯服，則子麻弁絰、疏衰、菲、杖，入自闕，升自西階。'"鄭玄注："此謂君已大斂。殯服，謂布深衣、苴絰散帶垂，殯時主人所服。共之以待其來也……棺柩未安，不忍成服於外也。麻弁絰者，布弁而加環絰也。布弁，如爵弁而用布。"臣喪，殯後國君始來弔，主人亦復服之。《禮記·喪大記》："君弔，則復殯服。"鄭玄注："復，反也，反其未殯未成服之服，新君事也，謂臣喪既殯，後君乃始來弔也。"孔穎達疏："謂臣喪大斂與殯之時，君有故不得來至，殯後主人已成服而君始來弔，主人則復殯服者。復，反也。殯服謂殯時未成服之服，主人於時反服此服。新君之事，其服則首絰、免布深衣也，不散帶。"

慘服

古代喪服，多指期、功（一年、九個月、五個月）等喪服。始見於唐代。《舊唐書·睿宗紀》："〔景云〕三年春正月辛未朔，親謁太廟。癸酉，上始釋慘服，御正殿受朝賀。"睿宗爲中宗母弟，當時爲中宗服喪。宋代亦見。《宋史·禮志二十八》："凡既葬公除，則無事不可，故於祭無妨。乞令凡有慘服既葬公除，及聞哀假滿，許吉服赴祭。"

墨慘

墨色喪服。在五服之外，爲服喪者在不宜穿喪服的場合所穿的變通服裝。始見於唐代。《舊唐書·柳冕傳》："三十日公除，詣於正内，則服墨慘，歸至本院，縗麻如故。"宋代偶見，并漸亡。亦稱"墨慘衣"。宋丁謂《晋公談錄·墨慘衣》："艾仲孺侍郎言：祖父嫁衣中有墨

慘衣。妯娌問之，云父母令候夫家私忌日，着此慰尊長。今此禮亦亡。"

【墨慘衣】

即墨慘。此稱始見於宋代。見該文。

白衫

古代凶服。始見於唐代。《舊唐書·唐臨傳》："嘗欲吊喪，令家僮自歸家取白衫。"後世以爲孝服。

服喪者絰帶

絰

古代服喪時繫在頭上或腰間的麻帶。頭上的稱首絰，腰間的稱腰絰。始見於先秦時期。《儀禮·喪服》："斬衰裳，苴絰、杖、絞帶。"鄭玄注："麻在首在要皆曰絰。絰之言實也，明孝子有忠實之心，故爲制此服焉。首絰，象緇布冠之缺項。要絰，象大帶。"根據服之輕重，所服絰粗細不同。服重喪用苴絰，服輕喪用牡麻絰。五等喪服所用絰粗細不同，重喪粗大，輕喪細小。首絰粗，腰絰細。《儀禮·喪服》："苴絰大搹，左本在下，去五分一以爲帶；齊衰之絰，斬衰之帶也，去五分一以爲帶；大功之絰，齊衰之帶也，去五分一以爲帶；小功之絰，大功之帶也，去五分一以爲帶；緦麻之絰，小功之帶也，去五分一以爲帶。"鄭玄注："盈手曰搹。搹，扼也。中人之扼圍九寸。以五分一爲殺者，象五服之數也。"

首絰

古代服喪時頭上戴的麻帶。始於周代。其形制，是以一股麻纏繞成圓圈形，不用雙股糾

絞，兩旁有纓，戴時結頤下。五等喪服皆用，斬衰用苴絰，齊衰以下用牡麻絰。苴絰粗圍九寸，齊衰以下遞減五分之一。參閱《儀禮·喪服》。如以麻一股爲體，另以麻纏繞其周圍如環狀，則稱環絰，孝子小斂後所戴。《禮記·雜記上》："小斂環絰，公、大夫、士，一也。"鄭玄注："環絰者，一股所謂纏絰也。"孔穎達疏："親始死，孝子去冠。至小斂，不可無飾……貴賤始得加環絰。"加於弁上則稱弁絰，君吊臣所戴。《周禮·夏官·弁師》："王之弁絰，弁而加環絰。"鄭玄注："弁絰，王吊所服也。"後世用之。三國魏時，易麻爲白布，稱"布巾"。《宋書·禮志四》："魏時會喪及使者吊祭，用博士杜希議，皆去冠，加以布巾。"宋朝亦用。《宋史·禮志二十八》："三年之内，禁中常服布巾、布衫、布被子。"亦

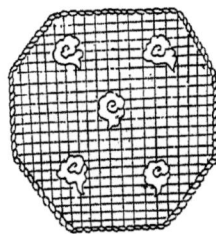

布巾（畫布巾）
（宋聶崇義《三禮圖集注》）

稱“絰巾”。《金瓶梅詞話》第六六回：“然後西門慶着素衣絰巾，拜見，遞茶畢。”

【布巾】

即首絰。此稱始見於三國時期。見該文。

【絰巾】

即首絰。此稱始見於明代。見該文。

要絰

古代服喪時腰上繫的麻帶。較首絰細。始見於先秦時期。《儀禮·喪服》：“斬衰裳，苴絰、杖、絞帶。”鄭玄注：“麻在首在要皆曰絰……要絰，象大帶。”賈公彥疏：“案《士喪禮》云：‘苴絰大鬲，要絰小焉。’”

苴絰

古代以苴麻所製之絰帶。服斬衰時服之。苴麻，結子之麻，亦稱子麻。以之爲絰帶始見於先秦。《儀禮·士喪禮》：“苴絰大鬲。”注：“苴絰，斬衰之絰也。苴麻者，其貌苴以爲絰，服重者尚粗惡。”《儀禮·喪服》：“斬衰裳，苴絰、杖、絞帶。”賈公彥疏：“云苴絰、杖、絞帶者，

苴　絰
（宋聶崇義《三禮圖集注》）

以一苴目此三事，謂苴麻爲首絰、要絰，又以苴竹爲杖，又以苴麻爲絞帶。”又：“傳曰：‘斬者何？不緝也。苴絰者，麻之有蕡者也。苴絰大搹，左本在下，去五分一以爲帶。’”後世沿用。《新唐書·楊瑒傳》：“帝封太山，集樂工山下，居喪者亦在行。瑒謂起苴絰使知鐘律，非人情所堪。帝許，乃免。”

牡麻絰

古代以牡麻所製之絰帶。牡麻，俗稱公麻，不結子，其皮較平滑。以之爲絰，服齊衰、大功、小功者用之。首絰以一股麻纏繞，腰絰以兩股糾絞。始見於先秦。《儀禮·喪服》：“疏衰裳齊，牡麻絰。”胡培翬正義：“牡麻絰者，以牡麻爲首絰、腰絰。牡不帶子，惡減於苴。”又《士喪禮》：“牡麻絰，右本在上，亦散帶垂。”鄭玄注：“牡麻絰者，齊衰以下之絰也。牡麻者，其貌易，服輕者宜差好也。右本在上，服輕本於陰而統於外。”胡培翬正義引沈彤云：“此苴絰、牡麻絰皆一股而纏，不絞。成服乃絞之，與要絰同。”《禮記·檀弓上》：“司寇惠子之喪，子游爲之麻衰牡麻絰。”

澡麻絰

古代以澡麻所製的絰帶。澡麻，牡麻除去浮皮污垢者，較潔白。以之爲絰帶，用於下殤小功之喪服。先秦始見。《儀禮·喪服》：“小功布衰裳，澡麻帶絰五月者。”鄭玄注：“澡者，治去莩垢，不絕其本也。”胡培翬正義：“莩垢，謂麻皮之污垢，濯治之，使略潔白也。不絕其本，謂不斷其本，連根爲之。”《禮記·喪服小記》：“下殤小功，帶澡麻不絕本，詘而反以報之。”鄭玄注：“下殤小功，本齊衰之親，其絰帶澡，率治麻爲之。帶不絕其本屈而上，至要中合而糾之，明親重也。”

墨衰絰

麻布製黑色喪服。絰帶爲白色。喪服本爲白色，若服喪期間有軍戎之事，則以黑色喪服隨軍行。始見於春秋時期。《左傳·僖公三十三年》：“遂發命，遽興姜戎。子墨衰絰，梁弘御戎，萊駒爲右。”杜預注：“晋文公未葬，故襄公稱子，以凶服從戎，故墨之。”此俗後代沿用。宋李心傳《建炎以來繫年要録·宋高宗建

炎三年》：“初，議遣人使金，張浚因薦晧；吕頤浩召與語，大悦。俄有旨賜對，時晧方墨衰絰，頤浩脱巾衣服之。”

絞帶

古代喪服斬衰所繫的麻帶。以苴麻糾絞而成，故名。始見於先秦。《儀禮·喪服》：“斬衰裳，苴絰、杖、絞帶。”鄭玄注：“要絰，象大帶。又有膠帶，象革帶。齊衰以下用布。”賈公彦疏：“云苴絰、杖、絞帶者，以一苴目此三事，謂苴麻爲首絰、要絰，又以苴竹爲杖，又以苴麻爲絞帶。”

絞帶（大功服圖·絞帶）
（明王圻等《三才圖會》）

喪者斂衣

明衣裳

死者經沐浴後所穿的乾净貼身單衣。包括明衣和前後裳。先秦始見用。《儀禮·士喪禮》：“明衣裳用布。”鄭玄注：“所以親身，爲圭絜也。”賈公彦疏：“下浴訖，先設明衣，故知親身也。”又《既夕禮》：“明衣裳用幕布，袂屬幅，長下膝。有前後裳，不辟，長及轂。緇紳緆，緇純。”鄭玄注：“幕布，帷幕之布，升數未聞也。屬幅，不削幅也。長下膝，又有裳，於蔽下體深也。不辟，質也。轂，足跗也。凡他服，短無見膚，長無被土。一染謂之緅，今紅也。飾裳在幅曰紳，在下曰緆。七八爲緇；緇，黑也。飾衣曰純，謂領與袂衣以緇，裳以緅，象天地也。”三代以來，襲有明衣，唐改用生絹單衣，宋用新衣即可。參閲宋高承《事物紀原·吉凶典制·明衣》。

斂衣

裝殮死者的衣服。包括上衣、下裳、帽、鞋等。先秦時，斂衣有襲衣、小斂衣，另有絞、紟、衾、冒等。襲衣穿於死者身上，其餘均裹於尸身，用絞捆束。《儀禮·士喪禮》：“乃襲三稱。”鄭玄注：“遷尸於襲上而衣之，凡衣，死者左衽，不紐。”賈公彦疏：“此士襲三稱，小斂十九稱，大斂三十稱。案《雜記》注云：士襲三稱，子羔襲五稱，今公襲九稱，則尊卑襲數不同矣，諸侯七稱，天子十二稱與？……《喪大記》云：小斂十有九稱，尊卑同。大斂，君百稱，五等同大夫，五十稱。以下文士三十稱，天子、諸侯、卿、大夫、士命數雖殊，稱數亦等，三公宜與諸侯同。”後世沿用，但民間斂衣之數減少，且喜用單數，有十一、十三等數，均穿在身上。用帽，或用風兜，秀才以上用紅色，一般讀書人用藍色，不識字者用黑色。鞋頭綴一珍珠，以爲死者照路。婦女則在鞋底綉蓮花，寓踏蓮花上西天拜佛之意。唐楊炯《中書令薛振行狀》：“別降中使賜斂衣一襲，雜物百段。”亦稱“斂服”。《儀禮·既夕禮》：“柩至於壙，斂服載之。”

【斂服】

即斂衣。此稱始見於先秦時期。見該文。

襲衣 [2]

裝殮死者用的衣服。先秦始見。據喪禮，爲死者裝殮三次：始沐浴後加明衣裳及襲衣，次日加小斂衣，又次日加大斂衣。唯明衣裳及襲衣穿於尸身，小斂衣、大斂衣僅包裹捆束。《儀禮·士喪禮》：“商祝掩瑱，設幎目；乃屨，綦結於跗，連絇；乃襲三稱，明衣不在算。”胡培翬正義：“三稱，爵弁服、皮弁服、褖衣也。襲之則先褖衣而後爵弁服，先其裏也。衣、裳俱謂之稱。”襲衣之數，以死者爵位高低爲多寡。《禮記·雜記上》：“子羔之襲也，繭衣裳與稅衣，纁袡爲一，素端一，皮弁一，爵弁一，玄冕一……公襲：卷衣一，玄端一，朝服一，素積一，纁裳一，爵弁二，玄冕一，襃衣一，朱綠帶，申加大帶於上。”鄭玄注：“士襲三稱，子羔襲五稱，今公襲九稱，則尊卑襲數不同矣。諸侯七稱，天子十二稱與？”後世沿用，如唐代亦斂以襲衣。《新唐書·禮樂志十》：“乃襲。襲衣三稱，西領南上。”至清代亦然，但有變化。清萬斯大《儀禮商》卷二：“古人死者惟襲衣親身，服如生時，而左衽爲異，小斂、大斂，則取衣包裹，囊以質殺，惟取結束堅牢，形體方正……後世送死之衣，止有古人襲衣之數，故止有襲，而大小斂之禮亡，間有行之，且笑其迂，而訾爲公文一角也。”

小斂衣

古代喪禮小斂時死者所用之衣。有祭服、散衣等。先秦時，士、大夫以上均用十九套。《儀禮·士喪禮》：“厥明陳衣於房，南領西上，綪絞，橫三縮一，廣終幅，析其末；緇衾赬裏無紞。祭服次，散衣次，凡十有九稱。”鄭玄注：“綪，屈也。絞，所以收束衣服，爲堅急者也……紞，被也，斂衣或倒被，無別於前後也。”賈公彥疏：“〔此〕論陳小斂衣物之事……必十九者，案《喪大記》：小斂衣十有九稱，君陳衣於序東，大夫、士陳衣於房中。”秦漢以

降，迄於清末，品官治喪沿襲而又有改易。民間則合襲衣、小斂衣、大斂衣爲一，統稱斂衣。《新唐書·禮樂志十》：“諸臣之喪……小斂衣一十九稱，朝服一，笏一。”《清史稿·禮志十二》：“品官喪禮。……明日小斂，陳斂牀堂東，加斂衣。三品以上五稱，複三、禪二；五品以上三稱，複二、禪一；六品以下二稱，複、禪各一。皆以繒。複衾一。”

大斂衣

古代喪禮大斂時死者所用之衣。所用衣數，視死者爵位而定。先秦始見。《儀禮·士喪禮》：“厥明，滅燎，陳衣於房，南領西上，綪絞，紟，衾二，君襚、祭服、散衣，庶襚，凡三十稱，紟不在算，不必盡用。”鄭玄注：“紟，單被也，衾二者，始死斂衾，今又復制也。小斂衣數，自天子達，大斂則異矣。”賈公彥疏：“云大斂則異矣者，案此文，《士喪》大斂三十稱，《喪大記》士三十稱，大夫五十稱，君百稱，不依命數，是亦喪數略，則上下之大夫及五等諸侯各同一節，則天子宜百二十稱。”秦漢以降，歷代沿用，清代小斂衣、大斂衣合一。《新唐書·禮樂志十》：“諸臣之喪……乃大斂，衣三十稱，上服一稱，冕具簪、導、纓。”《清史稿·禮志十二》：“〔品官喪禮〕明日小斂……加斂衣……〔士庶人喪禮〕通禮，士斂衣複、禪各一。”

散衣

古代喪禮裝殮死者的衣服中除祭服之外的衣服。先秦始見。《儀禮·士喪禮》：“緇衾赬裏，無紞，祭服次，散衣次，凡十有九稱。”鄭玄注：“〔祭服〕爵弁服，皮弁服。〔散衣〕褖衣以下袍繭之屬。”胡培翬正義：“褚氏寅亮云：‘小

斂固有玄端服，但在散衣中，經所言祭服，仍指助祭之服。'……言散衣，則爵弁服、皮弁服以外之衣，皆統之矣。"

壽衣

爲裝殮死者備用的衣服。老年人常於生前做好備用。其名當始見於宋代以後。《水滸傳》第二四回："歸壽衣正要黄道日好，何用别選日？"明沈璟《義俠記·巧構》："門外誰人聲響徹，元來是壽衣施主偶相接。"近代以來，城市有專門出售壽衣的商店，民間則仍自備。《二十年目睹之怪現狀》第一〇五回："一個家人拿了票子來，説是綢莊上來領壽衣價的。"

開番

阿拉伯語音譯，意謂"壽衣"。伊斯蘭教指殮服。在我國，流行於回族聚居地區。一般用白布，分爲三層：内層爲毛裳，相當於漢族古代的襲衣裳，其長超出死者頭、脚各七寸，寬四尺餘，中剪一洞，露出臉部。穿之前，男子加纏頭或白帽，女子加白帽、蓋頭。另有裹胸布，長、寬各三尺。第二層爲小殮服，長如死者身長，寬略大於毛裳。外層爲大殮服，其長如毛裳，寬四尺五寸，包裹全身。

招魂服

復衣裳

爲死者招魂的衣服。用死者生前穿過之衣，以竹竿挑之，周游四郊，冀死者魂復於魄而返生。先秦始見。《周禮·天官·玉府》："大喪，共含玉、復衣裳、角枕、角柶。"鄭玄注："鄭司農云：'復，招魂也。衣裳，生時服。招魂復魄於太廟至四郊。'……玄謂：復於四郊以綏。"《儀禮·士喪禮》："復者一人，以爵弁服簪裳於衣，左何之，扱領於帶。升自前東榮，中屋，北面招以衣，曰：'皋某復！'三，降衣於前。"鄭玄注："復者，有司招魂復魄也。天子則夏采祭僕之屬，諸侯則小臣爲之。爵弁服，純衣纁裳也……北面招，求諸幽之義也。皋，長聲也。

某，死者之名也。復，反也。降衣，下之也。《喪大記》曰：'凡復，男子稱名，婦人稱字。'"亦稱"復衣服"。《周禮·春官·司服》："大喪，共其復衣服、斂衣服、奠衣服、廞衣服，皆掌其陳序。"賈公彦疏："復衣服，謂始死招魂復魄之服。案《雜記》云：復者，升屋西上，則皆依命數。天子則十二人，諸侯九人、七人、五人，大夫、士亦依命數，人執一領。天子袞冕已下，上公亦皆用助祭之上服。"此喪俗歷代沿用，1949年前，民間仍存此俗，後破除迷信，此俗廢。

【復衣服】

即復衣裳。此稱始見於先秦時期。見該文。

玉 衣

鱗施

以玉片製成的葬服。罩於死者身上，形如魚鱗。先秦始見。《吕氏春秋·孟冬紀》："國彌大，家彌富，葬彌厚，含珠鱗施。"高誘注：

"鱗施,施玉於死者之體如魚鱗也。"漢代的玉衣,爲其遺制。

玉衣

以玉片連綴而成的特製殮尸之服。源於先秦時的綴玉面罩、綴玉衣服。西漢形成其制,罩及全身。至東漢,則形成以金、銀、銅縷爲分別的等級制度。帝王及王族多用之,亦可賞賜給公侯將相。其制,以金、銀、銅等金屬絲將玉片連綴。自腰以上稱襦,腰以下稱柙。襦亦有加珠璣者。《漢書·霍光傳》:"〔光薨〕賜金錢、繒絮,綉被百領,衣五十篋,璧珠璣玉衣。"顏師古注:"《漢儀注》:以玉爲襦,如鎧狀,連綴之,以黃金爲縷,要已下玉爲札,長尺,廣二寸半爲甲,下至足,亦綴以黃金縷。"玉衣有防腐作用。亦稱"玉匣"。《後漢書·劉盆子列傳》:"發掘諸陵,取其寶貨,遂污辱呂后屍。凡賊所發,有玉匣殮者率皆如生,故赤眉得多行婬穢。"李賢注:"《漢儀注》曰'自腰以下,以玉爲札,長尺,廣一寸半,爲匣,下至足,綴以黃金縷,謂之玉匣'也。"按:據現代考古發掘,漢墓出土有玉衣,均爲金縷,上下均爲玉片,頭頂部有一玉璧,未見珠襦玉柙,亦無長一尺、廣二寸半的玉札。與文獻記載有異。如河北定州四十號漢墓的金縷玉片計用玉一千零二十三塊,金絲約 2580 克,玉片多爲梯形與長方形,少數爲三角形及不規則四邊形。漢以後使用漸少。三國時魏黃初三年(222)下令廢除此制。

【玉匣】

即玉衣。此稱始見於漢代。見該文。

珠襦玉匣

貫珠玉製成的殮服。漢代始見。爲皇帝、后及貴戚、大臣死後所用。《西京雜記》卷一:"漢帝送死,皆珠襦玉匣,形如鎧甲,連以金縷。"亦作"珠襦玉柙"。《漢書·佞幸傳·董賢》:"及至東園秘器,珠襦玉柙,豫以賜賢,無不備具。"顏師古注:"珠襦,以珠爲襦,如鎧狀,連縫之,以黃金爲縷,要以下,玉爲柙,至足,亦縫以黃金爲縷。"亦稱"珠璣玉衣"。《漢書·霍光傳》:"〔光薨〕賜金錢、繒絮,綉被百領,衣五十篋,璧珠璣玉衣。"顏師古注:"《漢儀注》:以玉爲襦,如鎧狀,連綴之,以黃金爲縷,要已下玉爲札,長尺,廣二寸半爲甲,下至足,亦綴以黃金縷。"後代罕見。宋朝皇帝陵寢有用者。明田汝成《西湖游覽志餘·版蕩淒凉》:"發宋家諸陵寢,斷殘肢體,攫珠襦玉匣,焚其胔,棄骨草莽間。"

【珠襦玉柙】

同"珠襦玉匣"。此體始見於漢代。見該文。

【珠璣玉衣】

即珠襦玉匣。此稱始見於漢代。見該文。

金縷玉匣

古代玉衣的一種。以金縷連接玉片製成的殮服。戰國已見。河北邯鄲趙王陵二號墓曾出土二百零九片金縷玉衣散片。漢代帝王用作殮服。《後漢書·禮儀志下》:"守宮令兼東園匠將女執事,黃綿、緹繒、金縷玉匣如故事。"李賢注引《漢舊儀》曰:"帝崩,唅以珠,纏以緹繒十二重。以玉爲襦,如鎧狀,連綴之,以黃金爲縷。腰以下以玉爲札,長一尺,〔廣〕二寸半,爲柙,下至足,亦縫以黃金縷。"今稱"金縷玉衣"。1968 年河北滿城西漢中山靖王劉勝墓及其妻竇綰墓各出土金縷玉衣一件,各由兩千餘玉片製成,每一玉片四角鑽有小孔,以金絲連綴，故稱。

【金縷玉衣】

即金縷玉匣。現代考古學者對"金縷玉匣"之稱。見該文。

銀縷玉匣

玉衣的一種。以銀絲連接玉片製成的殮服。始見於漢代。爲諸侯王、列侯等所用。《後漢書·禮儀志下》："諸侯王、列侯、始封貴人、公主薨，皆令贈印璽、玉匣銀縷。"《東觀漢記·梁商傳》："商薨，賜東園轀車、朱壽器、銀縷、黃金玉匣。"今亦稱"銀縷玉衣"。1970年於江蘇徐州東漢彭城王劉恭後裔墓中出土一件銀縷玉衣。整理修復後全長170厘米，共用玉片二千六百餘塊，銀絲約重800克。現藏南京市博物館。

【銀縷玉衣】

即銀縷玉匣。現代考古學者對"銀縷玉匣"之稱。見該文。

銅縷玉匣

玉衣的一種。以銅絲連結玉片製成的殮服。始見於漢代。大貴人、長公主所用。《後漢書·禮儀志下》："諸侯王、列侯、始封貴人、公主薨，皆令贈印璽、玉枏銀縷；大貴人、長公主銅縷。"

蛟龍玉匣

玉衣中的珍品。製作玉衣的玉片上刻有龍、鳳等圖案，故稱。漢武帝所用。《西京雜記》卷一："漢帝送死，皆珠襦玉匣，匣形如鎧甲，連以金縷。武帝匣上皆鏤爲蛟龍、鸞鳳、龜、麟之象，世謂爲蛟龍玉匣。"

璵璠玉匣

用璵璠玉片連接而成的殮服。璵璠，美玉名。漢代宦官趙忠以璵璠玉片爲其父特製玉匣。《後漢書·朱穆傳》："有宦者趙忠喪父，歸葬安平，僭爲璵璠玉匣、偶人。"李賢注："玉匣長尺，廣二寸半，衣死者自腰以下至足，連以金縷，天子之制也。《左傳》曰：'陽虎將以璵璠殮。'杜預注云：'美玉名，君所佩也。'"

第六節　便服考

便服是相對於禮服而言的服裝，是指儒士、平民及其他勞動者日常生活中穿的衣服，也包括一些士大夫家居時所穿的衣服和官僚致仕、告老後所穿之服，但以常人之便服爲主。工作服、奇服、醫療服等附此。祭服、朝服、公服受禮制制約，每一朝代都有統一規定，而便服則不然，除某些朝代對士庶衣服的用料、色彩有規定之外，一般不受禮制的制約，其質料隨着社會的進步而發展，其形式則隨着社會風尚的變化而變遷。

夏、商、周三代，中原地區的華夏族的服裝是上衣下裳，束髮右衽。春秋、戰國時期，衣裳連屬的深衣廣泛流行，成爲平民的主要服裝形式。同時，隨着與少數民族的交往，窄袖短衣、長褲的胡服也傳入中原。先秦時期，貴族、平民，不分男女，衣服式樣大體相同，衹是顏色、質料有別。如貴族衣絲，平民衣褐；貴族衣羔裘、狐裘、貉裘，庶民則衣犬裘。《詩・豳風・七月》云："載玄載黃，我朱孔陽，爲公子裳。"又云："一之日于貉，取彼狐狸，爲公子裘。"把染成紅色的絲給貴族做裳，把獵取的狐狸毛皮給公子做裘，而勞動者自己却衹能哀嘆"無衣無褐，何以卒歲"。這些詩句正反映了西周早期貴族和庶民衣服的不同情況。此外，這時還有袍。《詩・秦風・無衣》："豈曰無衣？與子同袍。"袍是實以綿絮的長衣，這時衹作内衣，穿時另加罩衣。《禮記・喪大記》云："袍必有表。"即袍外必須加罩衣。

到漢代，人們家居時可不必加罩衣，但在領、袖、襟、裾處加緣飾。到東漢，成爲新娘嫁衣，尊卑皆可穿之，但顏色、裝飾有規定，以別等差。如公主、貴人、妃以上，嫁娶得服錦綺羅縠繒，彩十二色，重緣袍。六百石以上重練，彩九色，禁丹紫紺。三百石以上彩五色，青絳黃紅綠。二百石以上彩四色，青黃紅綠。賈人則衹准用緗縹，即衹准穿淺黃或淺青色袍服。從東漢開始，袍服成爲朝服的主要形式，官吏公服亦用袍制，士庶百姓雖仍着袍，但多由粗麻布製成，有麻袍、布袍等。（見《後漢書・輿服志下》）

上衣下裳相連的深衣，在春秋、戰國時期是便服的主要形式。漢代繼續流行，成爲婦女的禮服。這種深衣，采用曲裾，即將衣服的前襟接長，作成斜角，穿時由前繞至背後，在身上纏繞數道。這時，婦女的日常服裝則爲上衣下裳，即上衣下裙。如漢代梁鴻妻、鮑宣妻平日都着疏布衣裳；又如漢獻帝時女子喜爲長裙，上衣甚短，裙甚長。"留仙裙"之名便出自西漢。隨着内褲的完善，深衣由曲裾發展爲直裾，又由直裾發展爲襜褕，主要在貴族中流行，男女皆服。一般平民着襦褲，《後漢書・廉范傳》中，有一首歌謠頌揚廉范任蜀郡太守後改善了人們的生活，說"廉叔度，來何暮？不禁火，民安作。平生無襦今五絝"，正反映了當時平民的日常穿着。襦即上衣，有長短、單夾之别。絝，亦作袴，後作褲。始爲脛衣，開襠，故外罩以裳或深衣。亦有有襠之褲，稱"窮褲"。短者稱"褌"，司馬相如與卓文君回成都後，嘗單着犢鼻褌，與庸保雜作滌器於市以耻卓王孫。（見《史記・司馬相如列傳》）貧者還有着短褐者，是一種粗布短衣。執役者手着臂韝，似後世的袖套。時婦女所着，還有諸于，即大袖衣；綉䰅，短袖衣，似後世的半臂。

魏晉南北朝時期，南朝的衣式大抵尚於博大，北朝則尚於窄小，然南北相互影響，服裝變化較大。南朝一般男子的衣服有衫、襖、襦、褲、裙、半袖等。如宋高祖微時着衲布衫、襖。（見《宋書·徐湛之傳》）梁朝昭明太子作襦、褲各三千件，冬月以賜貧凍者。（見《梁書·昭明太子統傳》）貧者一般是衹著衫或襦褲，士大夫則以爲襯服，外必束以裙，若不加裙，襦褲衹作爲私居褻服。衫之形制中有裲襠衫，一般著之於內。半袖是短袖衣，帝王閑居亦著之。文人有披鶴氅者，鶴氅是以鶴羽織成的羽衣，穿之甚顯飄逸瀟灑。白衣，在先秦時即平民之衣，此時仍爲平民之服，尤爲商賈之常服。受北朝影響，南朝亦著褲褶服。北朝少數民族原有的服飾是，頭戴長帽，身穿小袖緊袍，腰束蹀躞帶，脚穿長勒靴，衣襟從右嚮左掩，即所謂"左衽"。在北方的漢人仍保持原有服飾，著裙襦。受南朝影響，北朝的褲褶服亦改用大口褲。東漢以後，婦女的深衣又有新的發展，即衣裾大多被裁製成數片三角，穿時幾片叠壓相交，因其上廣下狹，形如刀圭、燕尾，故稱爲"袿袍"，亦稱"袿襦"。在晉人顧愷之《列女圖》和山西大同北魏司馬金龍墓出土的木版漆畫上都有描繪。晉、南朝一般婦女的日常衣服是上身著襦、衫，下身穿裙。這在當時的文學作品中有大量描繪，如晉謝朓《贈王主簿》詩："輕歌急綺帶，含笑解羅襦。"梁沈約《少年新婚之咏》詩："裾開見玉趾，衫薄映凝膚。"晉傅玄《艷歌行》詩："白素爲下裾，丹霞爲上襦。"襦、衫以寬大爲主，對襟，穿著方便，夏季衹需用帶子繫縛即可。北朝衣服則多爲窄袖、緊身。受北朝服飾影響，南朝亦出現窄狹之衣。服飾式樣由上長下短變爲上儉下豐。北齊婦女有戴冪羅者，自頭而下，全身障蔽，沿用至唐初。這期間，婦女還著裲襠、抱腹、帔。由於姬妾聲伎日益繁盛，民間還出現了營業性妓女，她們專事修飾，衣著日趨奢侈，對社會影響很大。

隋唐時期，一般男子之服有衫。士子則服襴衫，這種衫較長，加襴，領、袖、襟、裾加緣。庶人服開胯的缺胯衫，這種衫長不過膝，穿之勞作方便。一般平民所服還有褐，以麻或毛織成，有長有短，隱士亦服之。晉代處士馮翼曾穿一種大袖衣，被稱爲"馮翼衣"，隋唐時朝野皆服之。士子在未入仕途時，皆著白袍。唐代還流行半臂，即短袖衣，男女皆服。唐代於袍衫之內著襖，始有朱、紫、青、綠等色，後被禁止，平民之服皆白色。唐代與西北少數民族交往頻繁，各民族有不少人雜居於內地，故從貴族到士民，不分男女，皆喜著胡服，戴胡帽、穿長勒靴。隋唐婦女的日常服裝，上身主要有襦、襖、衫，下身束裙，肩上披以帔帛。襦的樣式有新的變化，除原有的大襟外，多用對襟，且衣襟敞開，不用紐扣，下束於裙內。衣袖以窄爲主，長至腕。婦女穿襖，南北朝已見，隋唐時期沿用，沒有定式，袖或寬或窄，衣襟或對襟，或大襟，身長至胯或膝。衫以窄袖爲主，晚唐五代時期變寬。唐代的襦、襖、衫皆以紗羅爲之，上都有織紋和綉紋，裙上亦然，并有垂帶。裙的顏色，以紅、紫、黃、綠爲多，紅裙尤爲流行。裙長曳地，且束得極高，襦、衫都束在裙內，裙幅以多爲佳。對此，唐詩中有大量描繪。唐代婦女還盛行在肩背間披一幅長畫帛，稱"披帛"，唐畫和唐俑均可見其形制。亦着褾襠、半臂。褾襠爲男子所服，女子亦着之。舞樂女子歌舞時，罩於外面的有縵衫。唐代婦女還喜着男裝，如穿袍服，戴幞頭，着丈夫靴，開元、天寶年間尤盛。（見《舊唐書·輿服志》）唐代前期，中原一帶婦女還喜穿西域裝，着翻領小袖上衣，條紋褲，綫鞋，戴捲檐胡帽。

宋代的服裝，大體沿襲唐代，但呈現出多樣化的趨勢，宋孟元老在《東京夢華録》中，記述了北宋京都汴梁各色人物的衣着，云："其士、農、工、商，諸行百户，衣裝各有本色，不敢越外。"如香鋪裏香人即頂帽披背子，質庫掌事，即着衫、角帶，不頂帽。從《清明上河圖》中也可看到各行各業的人物的不同衣着，如漁父披蓑衣。從服色來説，一般平民衹准服黑、白二色，不准服藍、紫色，嚴禁服黃色。一般低級公職人員和士大夫，出入交際場所，常戴烏紗帽，着皂衫，束角帶，穿靴。這種裝束，一般文士亦常服。士大夫仍有穿上衣下裳者，如朱熹晚年即穿直領上衣，下穿黃裳。平民一般衣服仍是襦、襖、衫、袍等。襦、襖是勞動人民的日常衣着。襦長至膝，有夾、綿之别。一般貧苦的平民穿短褐，身狹袖小，亦稱筒袖的襦。身長至足、有表有裏的是袍，亦稱"長襦"。士人穿白袍，庶人着布袍。衫有涼衫、紫衫、白衫、毛衫、葛衫等名稱。涼衫披在外，較寬大，白色，亦稱"白衫"；紫衫，深紫色，本爲便於戎事之服，後士大夫亦服，是一種短窄的小衫；毛衫、葛衫分别爲羊毛和麻葛製成，故稱。還有衫的下襬加接橫襴的襴衫，以白細布爲之，圓領大袖，進士、國子生、州縣生服之。宋代士大夫穿在外面的衣服，還有直掇、道衣、鶴氅。直掇，亦稱直身，是一種長衣，背之中縫直通到下面，隱士、僧寺行者亦着之；道衣斜領交裾，四周以黑布爲緣，其式寬大，一般文人、士人所服；鶴氅在晋、南朝即有，宋代文人、詩人、山野之人皆喜披之。還有一種貉袖，長不過腰，袖僅掩肘，襲於衣上，男女皆然，士大夫服之。宋代穿背子極爲普遍，男女皆服。男子，上至皇帝、官吏，下至士人、商賈等皆服之；女子，從后、妃、公主到家居婦女，乃至媒婆、女妓皆服之。但婦女着背子有正式的規定。宋代的背子身長至足，袖亦加長，兩裾離异不縫合，在兩腋及背後垂帶子以便束結。半臂在宋代亦流行，本武士服之，官吏燕居時亦服，婦女亦有穿者。半臂減其袖即背心，宋代已有其稱，亦稱"背搭"，可穿在內，亦可穿在外。宋代婦女日常穿的衣服，上身仍是襦、衫、襖，另有半臂、背子，下身爲裙子和褲。大袖衫在宋代爲婦女禮服，后妃作爲常服，普通之家，新娘出嫁亦着之。宋代崇尚理學，社會風氣比較保守，反映在服飾上則比較拘謹，唐代服裝中色澤鮮艷、衣裝暴露的風尚有所改變，襦、襖短身窄袖，貼體稱身，一般爲對襟，蓋在下裙之外。顏色以紅、紫爲主，黃次之，貴者用錦、羅加刺繡。平民婦女則比較粗陋。衫是單的，短袖，顏色淺淡。襦有單、複之別，單襦近乎衫，複襦近乎襖。襖或夾或棉。宋代背子的形制比較長，與大袖相似，然袖子不如大袖寬闊，兩裾不縫合，以勒帛繫束。后、妃、公主等貴族婦女以爲常服，平時將其穿在大袖之內，士庶婦女不穿大袖，直接將背子穿在外。大袖、衫子、背子在福建福州南宋黃昇墓皆有出土。宋代婦女的裙，多以羅紗爲之，且有刺繡或用氊畫，或用銷金，或用暈染。裙及裙帶較長。顏色有紅、綠、黃、藍、青等色，歌伎樂舞者所着石榴裙、褶裙更具特色。宋代文學作品中有大量描繪。另外，宋代婦女與男子同樣在腰間繫一圍腰，顏色尚鵝黃，因稱之爲“腰上黃”或“邀上皇”。亦有繫青花布巾者。宋代婦女裙子裏面亦着褲，上繡花，勞動婦女亦有單着褲者。還有膝褲，着於脛部以保下肢；襪，多以羅綾爲之，足尖上彎；鞋，紅幫鞋面，尖頭，有刺繡，勞動婦女亦有圓頭、平頭；靴，多爲宮人及歌舞女子所着。

遼代地處北方，氣候寒冷，以襖、裘禦寒。貴者服貂裘，賤者服羊毛、鼠毛和沙狐之裘。夏季裹綠巾，服綠窄袍。還有一種圍於肩背間的“賈哈”，狀如箕，兩端尖銳，以錦貂爲之，清代披領爲其遺制。遼代婦女上衣叫團衫，有黑、紫、紺諸色，直領，左衽。前拂地，後長而曳地尺餘，雙垂紅黃帶。裙子形式作襜大式，多以黑紫上繡以全枝花。

金代亦處北方，貴賤皆衣皮毛，富者以貂鼠、青鼠、狐貉、羔皮，貧者以牛馬、貓犬、獐麂之皮爲衫褲。服色尚白，服式窄小，皆左衽。金主之近侍給使者服紫襖子，塗金束帶。金代婦女上衣亦爲團衫，其形制、顏色與遼代相同，但在掖縫二傍作雙褶襇，用紅綠帶束之。許嫁之女着綽子，即背子，用紅或銀褐明金，對襟，領加彩繡，前齊拂地，後拖地五寸餘。下身束襜裙，尚黑紫色，上繡全枝花，用六個褶襇，可擴張展開。因地寒，常戴羔皮帽，亦與男子一樣，穿皮製的衫褲。淪入金地的漢族婦女大抵仍穿宋代的服裝。

元代，蒙古人冬帽夏笠，衣皆皮製，有皮襖、氊裘。其質孫服，天子、百官着之，樂工、衛士亦着之。元代還有一種皮衣，名比肩，俗稱“襻子答忽”，有表有裏，似半袖衫。還流行比甲，無領、袖，後長倍於前，時人皆服之。海青衣亦蒙古特有，其制於前臂肩間開縫，出二衣裳袖，後懸紐於背縫間。元代蒙古貴族婦女多以貂鼠爲衣，戴皮帽；一般婦女則用羊皮衣和氁氈一類的衣料。衣爲袍服，寬大，其長曳地，大袖而袖口較窄。多用大紅織金、吉具錦、蒙茸、瑣里等，亦尚紅、黃、綠、茶色及胭脂紅、鷄冠紫、泥金色。舞女及宮女在頸下胸、背、肩處圍一雲肩。漢族婦女仍服襦裙，早期尚華彩，後以淡素爲主。男女皆穿半臂。元代還規定娼家出入祇准服皂背子，或紫皂衫子。

明代士庶服飾有定制。如洪武三年（1370），改四帶巾爲四方平定巾，穿雜色盤領衣，不許用黃。還有很多禁例，如規定農夫可用紬、紗、絹、布，商賈祇准衣絹、布等。洪武二十三年定衣服長短寬狹，庶民衣長去地五寸，袖口五寸。明内臣之服有袘襰，此服爲元代質孫服之遺制，大襟，長袖。後期士大夫亦着之。類袘襰者，還有程子衣，腰有一綫道橫縫之；褶子，交領或圓領，兩袖寬大，下長過膝，腰部以下摺有細襇，狀如女裙，官吏、士人皆着之。一般士人還穿直身、襴衫。直身，亦稱直掇，宋代已見，衣式寬而大，青布爲之。還有罩甲，騎馬者服對襟式，士大夫可服非對襟式。裙子，男女均着之。弘治初，在京士人皆愛着馬尾裙。崇禎末，帝命其太子、王子易服；着青布棉襖，紫花布裌衣，白布褲，藍布裙，白布襪，青布鞋，戴皂布巾，作民人裝束，以便逃難，由此可見明庶民之服概況。明代普通婦女的服裝仍是上衣下裙，唯衣裙的長短隨時而有所變化，弘治間婦人衣衫僅掩至裙腰，富者用羅緞紗織，織金彩綉於通袖，裙用金彩膝襴；至正德間，衣衫漸大，裙襇漸多；嘉靖初衣衫長大垂至膝下，去地僅五寸，袖闊至四尺餘，裙短而褶少；隆慶、萬曆間，衣袖減窄，長三尺餘，僅露出裙二三寸，内加膝褲。裙尚畫裙，或插綉，或堆紗，後尚大紅綉花；至崇禎初則專用素白，裙上所綉祇在下邊一二寸處；末年則尚細褶裙，裙下邊用大紅一綫，上加綉畫二三寸。膝褲初長自膝下而垂下没履，製作考究；至崇禎間又短小，祇在脛間。明末崇尚南妓，尤以秦淮曲中的妝束爲四方所取法，大抵以雅淡樸素爲尚，且衣衫之長短、袖之大小，亦隨時變易。江南水鄉的婦女則腰束短裙。背子，亦稱“披風”，爲明代婦女冬服，可作禮服。女子在室者着窄袖背子，樂妓祇能穿黑色背子，教坊司婦人則不能着背子。比甲，本爲元制，明代北方婦女以爲日常之服，罩於衫襖之外。還有一種零拼碎補之衣，俗名“水田衣”，始見於崇禎末年。冬季頭上戴帽兜，如昭君套、觀音兜。年輕婦女中，還有戴頭箍的風尚，初以棕絲爲之，結成網狀罩住頭髮，後又出現了紗頭箍及熟羅頭箍。其形式，初尚闊，後行窄。後演變爲勒子。明代婦女着鳳頭鞋，上加綉；宮人則着雲樣鞋，刺小金花。

　　清代，一般男子着装的特點，是在長衣袍衫之外，上身加穿一件馬褂。馬褂本爲滿洲營兵所服，清初袛有富貴之家服之，康熙之後逐漸普及，一般民衆皆可服之，成爲一種變服。馬褂之長僅至臍，有長袖、短袖、寬袖、窄袖、對襟、大襟、琵琶襟諸式。對襟馬褂，初尚天青色，後又尚玫瑰紫、泥金色及淺灰色，官員謁客時亦服之。有一種長袖馬褂，時稱“阿娘袋”。大襟馬褂，衣襟開在右邊，四周有緣邊，爲雜服。琵琶襟馬褂，右襟短缺，亦稱“缺襟馬褂”。還有一種翻毛皮馬褂，衣料貴重，冬季富者穿用。穿馬甲亦清代服飾一大特色，單、夾、棉、紗皆有。前襟橫作一字者，稱“一字襟馬甲”，亦名“軍機坎”，始僅王及公主能服，後期人人可服，且短僅及腰下，亦有琵琶襟、大襟、對襟諸式，有鑲邊。奴僕等以紅、白鹿皮爲之。衫、袍、襖爲男子日常之服。有單衫，一般爲淺色長衫，單着或罩於袍襖之外；有襯衫，做襯服，顏色初尚白，後用玉色或油綠色，亦有蛋清色；有短衫，一般勞動者所常服，以便勞作。袍有棉袍、夾袍，初尚寬大，後期變短緊而窄袖。襖較短，特別農村是如此。下身之服，以褲爲主。褲有單、夾、棉、皮等。馬夫、侍僮穿短衫窄褲。清末還有在褲脚鑲以黑緞的。江南水鄉農民在水田勞動時穿牛頭褲，北方則多把褲脚管扎起來。還有套褲，上口尖而下褲管平，穿時露出臀部及上腿後面上部。有單、夾、棉，料用緞、紗、綢、呢等，多男子所用，滿族婦女亦着之。山西一帶男子還有以滿襠褲製作成套褲式者。手套在清代多見，有露指、不露指兩種。清代，滿族婦女的服飾早期比較樸素，後期則較爲繁飾。常穿不分衣裳的長袍，後稱旗袍。旗袍的形制發生了多次變化，大抵早期極爲寬大，後來逐漸變爲小腰身；早期領高，後變低或無領；早期袖和身較長，後漸變短。在長袍上還喜加罩一件坎肩。坎肩上有綉花，鑲緣，有對襟、一字襟、琵琶襟、大襟等式。旗袍在 20 世紀 20 年代以後，逐漸成爲漢族婦女的一種主要服式。滿族婦女還梳一字頭、大拉翅等髮式，穿高跟在足心的花盆底鞋。宮女們大都穿紅襖綠裙，常服唯藍布衫和袍，上加絲綢坎肩。清初有“男降女不降”之説，漢族婦女仍沿襲明代形制，上身着襖、衫，下身以束裙爲主，後期漸流行穿褲子。以地區而言，南方婦女多束裙，北方婦女扎褲脚。服裝的鑲滾很普遍，有“十八滾”之稱。上衣較長，大致在膝下，有的罩以長背心，侍婢等加以較長的飯單。裙子皆繫於上衣之內，顏色以紅爲最，裙式繁多，尤以百襉裙最受歡迎。婦女便服中有四面不開衩者，稱“一裹圓”，男子亦服。還有一口鐘，即斗篷，冬季披之禦寒用。護手的有手籠、手套。（見周錫保《中國古代服飾史》）

　　辛亥革命推翻了清王朝的統治，衣冠服飾也發生了巨大的變化。民國初年，男子服裝，一方面長袍、馬褂仍存，并被作爲禮服，另一方面出現了中山裝、學生裝和西裝。在城市裏，青年人，特別是各類學校的學生、教師，各公司洋行和各機關的辦事員，以穿西裝爲主；老年人、商店的伙計及一般市民，仍穿長袍、馬褂。在農村，地主、豪紳穿長袍、馬褂，廣大貧苦的農民，夏季上身穿汗衫、汗褂、背心，下身穿褲子，冬季穿棉襖、棉褲。上衣形式，多爲高領，對襟或大襟。婦女服裝，在20世紀20年代以前，一般仍是上衣下裙。同時，在青年知識女性中多穿窄面修長的高領衫、襖，下穿黑色長裙，裙上不施繡紋，衣衫比較樸素。此後，受西洋服飾的影響，婦女服裝樣式發生了較大變化。上衣腰身窄小，領低，袖長不過肘，下擺爲弧形，領、袖、襟、裾等部位緣以花邊；裙子略有縮短，裙褶取消而任其自然下垂，裙邊緣繡以花邊。20年代以後，漢族婦女也開始穿旗袍，并在原有基礎上不斷改進，使其更加輕便、適體，三四十年代極爲盛行。這一時期，婦女的衣服，還有大衣、西裝、馬甲、長裙、連衣裙、圍巾、手套等。至於廣大勞動婦女，一般是上衣爲衫、褂、襖，下衣爲褲。

　　中華人民共和國成立以後，在中國共產黨的領導下，隨着社會各方面的發展和進步，人們的思想意識和生活方式有很多改變。20世紀40年代，列寧裝在陝甘寧邊區廣爲流行，50年代又一度在我國城市中流行，很多幹部穿這種服裝，當時有"幹部服"之稱。出於對艱苦樸素的生活作風的追求，50年代還出現人民裝熱。人民裝有男女二式，故男女皆穿。60年代，特別是"文化大革命"期間，人們服裝出現了花色品種單調，甚至老、中、青不分的局面，造成了藍、白、灰"老三色"和中山裝、青年裝、軍便裝"老三裝"一統天下。當時，上至中央領導，下至普通群衆，清一色的中山裝，青年人則穿青年裝和軍便裝。粉碎"四人幫"以後，特別是黨的十一屆三中全會以後，大大解放了人們的思想，隨着改革開放的深入，在全國範圍內出現了西裝熱。與此同時，人們的服裝出現了多樣化、個性化的趨勢。一方面大量引進外國服裝新品種，一方面在傳統服裝的基礎上大膽創新。夏季最流行的是硬領的西服襯衫、西服小翻領、短袖衫、T恤衫、文化衫、老頭衫、背心，秋冬則流行羊毛衫、夾克衫、皮夾克、西服、西式呢子大衣、半大衣、裘皮大衣、羽絨服、毛衣、毛背心、羽絨背心等，花色品種繁多，舉不勝舉。

　　我國少數民族的服裝，形式多樣，豐富多彩，難以盡述。鄧啓耀在《民族服飾：一種文化符號》一書中，談到西南少數民族服飾時，關於上衣，就有七類：披裹式衣、貫頭

衣、長衣、短袍、短衣、圍腰、披。西北、東北等地的少數民族服裝也大體可歸入上述幾
類。披裹式衣，可看作上古披裹獸皮的遺俗，當今門巴、珞巴、納西、彝、白等族，還保
留着披整張羊皮或整張小牛皮的習慣。貫頭衣，可看作披裹式衣經簡單裁製的結果，仍以
整布披挂，但中間挖一孔以套頭，腰間可用繩束之，如門巴婦女的長内衣"不布熱"，無
領、袖、扣，無開襟，衹開一個圓口套頭，長至小腿。長衣，古代深衣的遺制，有各種式
樣的袍衫，着寬袖大襟袍的有藏、普米、門巴、珞巴、納西等族。住高寒山區的多穿皮
袍，住一般山區的着布袍。典型的皮袍是藏族的藏袍、褐衫等，其制爲大襟、長袖、肥
腰、無兜。被稱爲"楚巴"的褐衫，亦爲長袍。雲南麗江納西族的大襟女襖多爲布袍，大
袖、無領、夾層、前短後長。穿窄袖長袍的有瑶、侗、怒、彝、羌、傈僳、拉祜等族。在
西北地區，有維吾爾族的"托恩"、東鄉族的"仲白"、達斡爾族的"哈日米"、蒙古族的
蒙古袍、撒拉族的大襟袍、哈薩克等族的袷袢。在東北，有朝鮮族的"杜魯瑪克"、鄂倫
春族的"蘇恩"等。此外，西北地區藏、回、撒拉等族穿的褐衫，土族的"木日格迭勒"
等，皆爲長衫。短袍，比長衣短，比短衣長，窄袖，加束革帶，西北地區少數民族常服，
即漢人所稱"胡服"。西南各民族亦常見。短衣，式樣很多，有對襟衣、斜襟衣、無襟衣
等式樣。白族的對襟衣叫"祁褡"，黎族喜穿對襟無口或無領上衣，基諾族已婚男子穿對
襟短褂"戛得"，無領，無扣。雲南西雙版納布朗族婦女上衣爲斜襟，窄袖，無領，其他
民族亦多見。哈尼族奕車人婦女的上衣和外衣皆無領、無襟。此外，西藏珞隅地區珞巴族
婦女的"基都""阿麥革董"爲對襟，而門隅北部地區門巴族男子的"埃劣普冬"爲斜襟，
東北的朝鮮族日常穿的上衣"則羔利"爲斜襟。短衣亦有寬袖、窄袖、半袖、無袖之分，
這與所居住地區的氣候有關。許多民族喜穿無袖短衣，俗稱"短褂""領褂""褂子"，亦
稱"坎肩"。羌、苗、侗、佤、納西、白、怒、哈尼、瑶、畬、彝、傣、布朗、傈僳、蒙
古等民族皆有。可穿於其他衣服外，亦可貼身穿。門巴族大皮坎肩、羌族皮褂、彝族羊皮
褂皆羊皮所製，其他民族的坎肩多布、麻所製。式樣有大襟右衽、對襟右衽、對襟等。做
内衣的小褂，以傣、佤、瑶、布朗等族爲多，且均爲女服。其中，傣族小褂最具特色。在
西北、東北的少數民族中，如新疆維吾爾、烏孜別克、哈薩克等族的"平吉克"，青海土
族的"木日格古褂子"，黑龍江、吉林、遼寧等地朝鮮族的"左克"等，皆爲坎肩。亦有
長坎肩，如新疆柯爾克孜族的"客木再勒"，長至臀下膝上；青海土族的"達胡"，其長過
膝。圍腰，爲上衣的輔助部分，主要爲婦女服用。繫於腰間遮於腹前的稱圍腰或圍裳。毛

難、畬、瑤等族爲小圍裳式；納西、白、藏等族爲大圍腰式。納西族婦女的百褶圍腰、藏族婦女的長條圍腰"邦典"，均別具特色。另有一種胸腹式圍腰，上挂於脖頸，中繫於腰後，實爲外衣化的兜肚。在西南民族中，彝、水、侗、布依、仫佬等族均有此類圍腰。還有圍於後的圍腰，西藏隆子地區西巴霞曲流域的珞巴族阿巴達能人的腰圍，既可遮臀，亦可墊坐；雲南紅河地區的哈尼族未婚女子的圍腰，也是繫於腰間以遮蓋臀部。披，有披風、斗篷、披巾、披肩等，可能是上古披裹式衣的遺制，有些民族仍有遺留。如西藏錯那縣門巴族婦女披小牛犢皮，雲南納西族婦女用七星羊披。披毡，歷史悠久，當今彝族男子的披毡名"擦爾瓦"，形似一口鐘。布類披風，在傣、阿昌等民族中較爲流行。

一般便服

衣

原指上衣。古代衣服，上曰衣，下曰裳。《詩·邶風·綠衣》："綠兮衣兮，綠衣黃裳。"毛傳："上曰衣，下曰裳。"在原始社會時期，人們以羽皮爲衣，後來有了麻絲，始以布帛爲之，有"黃帝垂衣裳而天下治"之説。《禮記·禮運》："昔者，先王未有宮室，冬則居營窟……未有麻絲，衣其羽皮……後聖有作……治其麻絲，以爲布帛。"《周易·繫辭下》："黃帝、堯、舜垂衣裳而天下治，蓋取諸乾坤。"衣的用途，

衣
（明王圻等《三才圖會》）

主要是禦寒、遮體、修飾等。《説文·衣部》："衣，依也。"段玉裁注："依者，倚也。衣者，人所依以蔽體也。"衣的質料，古代有苧、麻、葛、絲、布、皮等，現代又增加了化纖、人造革等；衣的形制，主要是上衣下裳制和衣裳連屬制。此外，衣的色彩、裝飾歷代亦多有變化。

服

泛指供人服用之物，通常指人體穿着的衣服，并多指單件的上衣或長衣。《詩·曹風·候人》："彼其之子，不稱其服。"《周禮·天官·内司服》："掌王后之六服。"古代王朝更替必易服色，如夏尚黑，殷尚白，周尚赤，秦尚黑。《史記·曆書》："王者易姓受命，必慎始初，改正朔，易服色。"秦以後，長期以黃爲尊貴。周代，已形成完備的禮制，有祭祀之服，還有朝服、田獵服、凶服、兵服、燕服等，不同的身份、不同的場合穿不同的衣服。參閱《周禮·春官·司服》。秦漢以後，歷代對冠服皆有規定。

葛衣

以葛布製的夏衣。始見於先秦。《韓非子·五蠹》："冬日麑裘，夏日葛衣。"葛是一種多年生蔓草，其莖之纖維，可製葛布。後代亦見用。唐韓翃《田倉曹東亭夏夜飲得春字》詩："葛衣香有露，羅幕静無塵。"宋陸游《夜出偏門還三山》詩："水風吹葛衣，草露濕芒履。"

緹衣

古代武士之服。衣色丹黄，故稱。始見於漢代。《文選·張衡〈西京賦〉》："緹衣韎韐，睢盱拔扈。"李善注："緹衣、韎韐，武士之服。《字林》曰：'緹，帛丹黄色。'"

袨服

古代武士之服。黑色，故名。始見於漢代。《漢書·鄒陽傳》："夫全趙之時，武力鼎士袨服叢臺之下者一旦成市，而不能止幽王之湛患。"晉代亦見用。《文選·陸機〈豪士賦〉序》："時有袨服荷戟，立於廟門之下。"李善注引蘇林曰："袨服，黑服也。"

虎文單衣

漢代虎賁武騎所服之衣。《後漢書·輿服志下》："虎賁武騎皆鶡冠，虎文單衣。襄邑歲獻織成虎文云。"

繡衣

漢代直指使者所服之衣。直指使者謂持斧捕盜之官，并有持節發兵之權，漢武帝時置。《漢書·武帝紀》："〔天漢二年〕泰山、琅邪群盜徐教等阻山攻城，道路不通。遣直指使者暴勝之等衣繡衣杖斧分部逐捕，刺史郡守以下皆伏誅。"

烏衣

黑色衣。古代貧賤者之服。始見於三國時期。《三國志·魏書·鄧艾傳》："值歲凶旱，艾爲區種，身被烏衣，手執耒耜，以率將士。"後代亦見。《隋書·五行志上》："後主於苑内作貧兒村……多令人服烏衣，以相執縛。"唐段成式《酉陽雜俎·諾皋記上》："虞道施，義熙中乘車山行，忽有一人，烏衣，徑上車言寄載。"

凉衣

單衣。常作内服。晉代始有此稱。《方言》第四"袀褕謂之襌"晉郭璞注："今又呼爲凉衣也。"南北朝時期亦見稱。南朝宋劉義慶《世説新語·簡傲》："平子脱衣巾，徑上樹取鵲子，凉衣拘閡樹枝，便復脱去。"

品色衣

北周天臺侍衛官所着五色衣。《周書·宣帝紀》："大象二年，詔天臺侍衛之官，皆著五色及紅、紫、緑衣，以雜色爲緣，名曰品色衣。有大事，與公服間服之。"

半除

古代一種長袖衣。隋代始見，内官服之。宋曾慥《類説》卷三五引唐劉存《事始·半除》："隋大業中内官多服半除，即今長袖也。"

胡服

古代西北地區少數民族的服裝。我國古代稱北方少數民族爲"胡人"，胡人所穿的衣服稱"胡服"。戰國時期，趙武靈王實行胡服騎射，最早將胡服引入中原。時中原地區的漢族服裝是寬衣博帶，而胡服則是短衣、長褲和革靴，衣身緊窄，便於活動，尤其便於騎馬射箭，故趙武靈王爲使趙國軍事强盛，首先進行服裝改革，引進胡服。參閱《戰國策·趙策二》《史記·趙世家》。河南衛輝山彪鎮出土的水陸攻戰圖銅鑑，繪有穿短衣、長褲及齊膝長襦的戰士形象。東漢，胡服在貴族中已流行。《後漢書·五行志一》："靈帝好胡服、胡帳、胡牀、胡坐、胡飯、胡空侯、胡笛、胡舞，京都貴族皆競爲之。"魏晉南北朝時期，胡服逐漸傳入中原。隋唐時期，胡服極爲盛行，男女皆服。其特徵是尖錐形渾脱花帽，翻領小袖長袍或圓領衫子，下穿條紋小口褲，足穿軟錦透空靴或六縫靴，腰繫細縷縧帶。陝西西安韋泂墓、韋項墓以及乾縣永泰公主墓出土的壁畫、陶俑均可看到此類服裝。《新唐書·五行志》："天寶初，貴族及士民好爲胡服胡帽，婦人則簪步搖釵，衿袖窄小。"又《車服志》："初，婦人施冪䍦以蔽身，永徽中，始用帷冒，施裙及頸，坐檐以代乘車……武后時，帷冒益盛，中宗後乃無復冪䍦矣。宮人從駕，皆胡冒乘馬，海內效之，至露髻馳騁，而帷冒亦廢，有衣男子衣而鞾，如奚、契丹之服……開元中，初有綫鞋，侍兒則著履，奴婢服襴衫，而士女衣胡服。"胡服後成爲漢族服裝的重要組成部分。宋沈括《夢溪筆談·故事一》："中國衣冠，自北齊以來，乃全用胡服。窄袖緋綠短衣，長靿靴，有蹀躞帶，皆胡服也。窄袖便於騎射。短衣、長靿靴皆便於涉草。"

短後衣

一種後裾較前裾短的衣服。先秦始見。《莊子·說劍》："吾王所見劍士，皆蓬頭突鬢垂冠，曼胡之纓，短後之衣。"唐代亦武人所服。唐岑參《北庭西郊候封大夫受降回軍獻上》詩："自逐定遠侯，亦著短後衣。"宋代亦見，但不爲士大夫之家所着。《宋史·趙汝讜傳》："讜年少，衣短後衣，不得避。〔葉〕適勸之曰：'名門子安可不學？'汝讜慚。自是，終身不衣短後衣。"

清代亦有短後衣，但可能是短裝而下束戰裙者。清林則徐《送嶰筠賜環東歸》詩："天山古雪成秋水，替浣勞臣短後衣。"亦稱"短後"。清錢謙益《送丘俞二將軍》詩："白頭未試猿公術，短後猶堪作健兒。"

【短後】

即短後衣。此稱始見於清代。見該文。

回鶻裝

本古代西北地區少數民族回鶻族的服裝，唐代中期在貴族婦女和宮廷婦女中間廣爲流行。其制，似長袍，翻領，窄袖，寬身，衣襟開在左邊，領袖口鑲邊。周汛、高春明《中國歷代服飾·隋唐》："回鶻裝的基本特點，略似男子的長袍，翻領，袖子窄小而衣身寬大，下長曳地。顏色以暖調爲主，尤喜用紅色。材料大多用質地厚實的織錦，領、袖均鑲有寬闊的織金錦花邊。穿着這種服裝，通常都將頭髮挽成錐狀的髻式，時稱'回鶻髻'。"

水田衣 [1]

古代一種以各色零碎織錦料拼合縫製成的服裝，形似僧人所穿的袈裟。因整件服裝織料色彩互相交錯，形如水田，故名。唐代，始有人用此法拼製衣服。唐王維《過盧員外宅看飯僧若題七韵》詩："乞飯從香積，裁衣學水田。"因此種衣服簡單而別致，有其他服裝不可替代的特殊效果，故甚受婦女青睞，明清時期在婦女中較流行。周汛、高春明《中國歷代服飾·明》："水田衣是一種以各色零碎織料拼合縫製成的服裝……它具有其他服飾所無法具備的特殊效果，簡單而又別致，所以在明清婦女中間贏得普遍喜愛。史籍中有不少記載，文藝作品裏也有描述，如吳敬梓《儒林外史》稱：'那船上女客在那裏換衣裳，一個脱去元色外套，換了一件水田披風。'”又：“水田衣的製作，在開始的時候還比較注意勻稱，各種錦緞織料都事先裁成長方形，然後有規律地編排縫合。到了後來就不再那樣拘泥，織錦料子大小不一，形狀也各不相同，形似補釘，簡直成了戲臺上的‘百衲衣’了。”

密四門

宋代流行的一種婦女上衣。短而窄，前後左右襞開四縫，用帶扣約束之。周錫保《中國古代服飾史》第九章《宋代服飾》：“又上衣興尚前後左右襞開四縫，用帶扣約束之，當時名之曰‘密四門’。”南宋初稍衰，南宋末又興。

野服

南宋流行的一種服裝。原指田野人之服。秦漢時已有其稱。《禮記·郊特牲》：“草笠而至，尊野服也。”孔穎達疏：“草笠是野人之服。”唐代亦見此稱。唐李頎《謁張果老先生》詩：“餐霞斷火粒，野服兼荷製。”南宋流行的野服，上衣下裳，大帶方履。和正規服比較，其方便之處在於：繫上腰帶可作禮服，放下腰帶可隨便穿用。上衣服色爲黃、白、青三色，領襟加黑色邊緣，長至膝部；下裳黃色，帶用白絹，加青或黑邊。渡江後，衣制日簡，普遍穿用上下相連本爲軍旅之服的紫色窄袖衫，穿野服者實借此表達一種復古懷舊的願望。

大襟衣

一種一襟可掩住另一襟的衣服。爲我國傳統服裝，漢族之外，部分少數民族亦用。其制，或有領，或無領，不施紐扣，在右衽穿一帶子，打結代扣，或用布扣連結於左腋之下。有長衫、短襖之分。不分男女皆穿，老人尤多穿者。女式的多爲短大襟，長不過膝，短不露腹。男式的有長短兩種。長者稱“長袍”，長不蔽跌，短不過膝，多老年人所穿，亦作爲佳節盛裝；短者多作爲平時勞作時的便裝。此種衣服在我國許多地區流傳，直至現代。少數民族，如侗族婦女還在胸前用細帶繞過頸脖，挂上寬下尖的三角襟，并用彩色絲縷繡上各種圖案，稱“胸襟”。布依族爲左衽開，或用紐絆，或用布扣。

對襟衣

兩襟相對之衣。爲我國民間傳統上衣。古代稱“裋衣”，爲諸侯、大夫、士等日常所穿。《方言》第四：“襌衣……無裳者謂之裋衣，古謂之深衣。”錢繹箋疏：“裋衣即今之對襟衣，無右外襟者也。”明初唯騎馬許服。清顧炎武《日知録·對襟衣》：“《太祖實録》：‘洪武二十六年三月，禁官民步卒人等服對襟衣，惟騎馬許服，以便於乘馬故也。’”清代演變爲罩甲。這種對襟衣，在漢族及部分少數民族流行。如華北地區廣大農村流行的對襟衣有單、夾、棉等幾種，立領，一般用布製紐扣七個。單者多爲白色，夏季穿用；夾、棉多爲黑色或藍色，秋、冬季穿用。又如黔南地區的布依族穿的對襟衣，高領，後背中一縫隙直下，前胸對襟，用布扣五至七個，袖稍長，袖口反捲，左胸上有一小荷包，腰上處又有一小荷包。

【裋衣】

即對襟衣。此稱始見於漢代。見該文。

軟袖衣

一種大襟女式長外衣。爲民間傳統女服。用名貴料子做成，袖寬約一尺五寸左右，袖口至響上一尺處鑲一花白色軟緞，衣領的外托肩及衣邊鑲約二寸寬與袖口同色的軟緞。節日、慶典、盛會時作爲禮服穿戴。流行於青海河湟等地區。

中山裝

近代一種男式服裝。民國初年始出現。由孫中山首創并穿着，故稱。民國初年，孫中山參照中國原有之衣褲，吸收日本帝國大學校服及南洋華僑中的"企領文裝"的樣式設計，由名匠黃隆生裁製而成。其上裝爲翻摺式小立領，對襟，七鈕（初爲九鈕），前胸上部左右各綴一方形帶兩條褶的小貼袋，下部左右各綴一胖體大貼袋，有軟蓋，蓋上有一鈕扣，衣長及臀，袖長至腕，袖端有鈕扣三粒。褲制爲前面開襠，用暗鈕，左右各有一暗袋，右臀部有一暗袋，用軟蓋，前右腰還有一小暗表袋。後在推廣中又不斷改進。北伐以後，曾規定男子夏天穿白色中山裝，其他季節爲黑色。1949 年之後，又加改進，七鈕減爲五鈕，上衣袋去摺。老舍《四世同堂》二五："他極大膽的穿上了一套中山裝！"中華人民共和國成立後，各級幹部多穿改進的中山裝。"文化大革命"期間曾被外國人稱爲"毛式服裝"。其後一段時間内仍爲我國男子基本服裝樣式之一，廣爲流行，可作便服，亦可作禮服。

西裝

西式服裝。起源於歐洲，清代晚期傳入我國，目前已成爲男子國際性禮服。領口不卡緊并向外翻，穿上後能顯出裏面的襯衫、背心、領帶及其他飾物。穿着舒適，瀟灑大方。非正式場合可不繫領帶，門襟鈕扣亦可不繫。西裝有兩件套、三件套、單上裝等多種搭配。兩件套包括上裝、西褲；三件套包括上裝、西褲、馬甲；單上裝指上、下裝异料或异色。又有單

排扣、雙排扣之别，并有一粒鈕、二粒鈕、三粒鈕之分，還有平駁頭、槍駁頭等式。20 世紀 80 年代以來，隨着改革開放的深入，國際交往的增多，西裝在我國迅速普及，廣爲流行，特别受青年人之喜愛。亦稱"洋裝"。張明敏演唱《我的中國心》歌詞："洋裝雖然穿在身，我心依然是中國心。"

【洋裝】

即西裝。此稱始見於近現代。見該文。

學生裝

一種簡便的西裝。近代主要在知識分子和學生中流行，故稱。始從日本引進，與西裝比較，不用翻領，祇有一條窄而低的狹領，穿時用鈕扣縮緊，也不需用領帶、領結等作爲裝飾。在衣服的正面下方，左右各綴一隻暗袋，左側的胸前還綴有一隻明袋。下身是西式長褲。

簡易西裝

一種在選料和製作上比較簡易的西裝。式樣和正規西裝相同，但選料不太講究，一般以化纖仿毛織物或中長花呢爲面料。縫製亦較簡易，或祇作半截夾裏，不做全胸襯。一般在日常生活中穿用，20 世紀 80 年代後期開始流行。

列寧裝

一種依據當年列寧經常穿着的服裝式樣製作的服裝。翻駁領、窄腰，斜插袋，胸前雙排扣。20 世紀 40 年代流行於陝甘寧邊區，50 年代初又一度在我國城市中廣爲流行，在幹部中間穿着十分普遍，故亦稱"幹部服"。

【幹部服】

即列寧裝。此稱始見於現代。見該文。

人民裝

一種現代服裝。有男式、女式兩種。男式，

衣領同中山裝，有三個暗插袋，暗門襟式。女式，小圓角翻駁領，單排扣三粒，左右下襟有兩個帶袋蓋的暗插袋，和女式的軍便裝式樣相似。始流行於 20 世紀 50 年代。式樣整齊、大方，符合我國穿着習慣。

軍便裝

一種現代服裝。仿照軍裝式樣裁製而成，故名。衣領爲中山裝式樣。對襟，用五粗鈕扣連接。前襟上下左右有四個暗插袋，外飾袋蓋。顏色多爲草綠，亦有用海軍藍者。20 世紀 60 至 70 年代甚爲流行。

獵裝

一種現代服裝。因借鑒打獵時穿的服裝而設計製作，故名。原流行於菲律賓和東南亞地區，近代以後傳入中國。其特點是做背縫，開背衩，以便騎馬和跨步。翻駁領，多口袋。口袋有貼袋式，也有插袋式。腰間繫腰帶。有單排鈕、雙排鈕，并縫有肩袢、袖袢等裝飾。現已發展成爲日常生活中穿着的收腰、多口袋、開背叉式樣的上衣。

卡曲

現代一種春秋外衣。廣東及港澳地區始有此稱。式樣似獵裝，翻駁領，貼袋，比一般春秋衫略長。以毛呢或化纖仿毛織物爲主要面料。有單、夾、半夾等多種。

毛衣

現代一種以毛綫織的上衣。有手工編織者，有機器編織者。有圓領、V字領、高領等領式，或開襟，以鈕扣連接，或套頭。顏色多種，花樣日益翻新。當代極爲流行。張抗抗《北極光》七："他指了指路邊攤床上挂着的一件鮮艷奪目的高價毛衣。"

迷彩服

現代制式軍服的一種，配備於陸上作戰部隊。其帽、衣、褲均印染爲斑駁狀的深綠、草綠、赭紅、土黃諸僞裝色。利於在山林、田野作戰時同自然景物色彩混淆，借以加强自身隱蔽性。由於這種服裝色彩斑斕，甚得青少年喜愛，故也有仿製作爲日常生活用服者。20 世紀 90 年代初開始流行。

工作服

工作服

在工作時穿的服裝。具有防污作用。有背心式和長袖式。用結實耐用的衣料做成，一般較寬敞。

水冷服

現代一種特殊職業服裝。在高溫下進行重體力勞動時，使用通風服不足減輕嚴重熱應激的一種服裝。全身密閉或大部分密閉。以傳導、對流散熱爲主，可減少蒸發水量，避免人體脱水和損失電解質。

武術服

武術比賽與練習時穿的服裝。寬鬆舒展，用料爲薄絲綢面料。一般上裝爲套頭式、翻領、緊袖口、緊下襬；下裝爲燈籠型長褲。具有民族風格。

軍服

軍人穿的服裝。用料具有保溫、抗暑、防水、防紫外綫等功能。講究實用、輕便、舒適、配套。顏色一般與作戰背景相似。如陸軍軍服是綠色，與草木莊稼顏色一致，作戰時便於隱蔽。軍服分軍官服和士兵服，其區別是：上衣，士兵服有兩個口袋，下面無口袋；軍官服上、下各有兩個口袋。此外，軍官與士兵所戴肩章、帽子亦有別。女軍服在夏季下身穿裙子。

校服

在校學生、教職員穿的服裝。有男、女之別。中、小學生校服除注重整體效果外，又體現出學生活潑嚮上的性格；大學生校服既有學生氣，又趨嚮成熟；教職員工服，主要突出集團特徵。顏色以白、藍、紅爲主，一般用混紡的化纖織物。男式爲上衣下褲，女式爲上衣下裙。

通風服

一種勞動保護服裝。是一種適應高溫環境，全密閉或半密閉，爲在體內進行空氣强迫對流的需要而製的工作服。其主要功能是排出體熱、汗水及二氧化碳等有害物質。與之配套穿用的有通風帽、半身式通風服和全身式通風服。半身式通風服多穿用於部分密閉不透氣的服裝內，冷却軀幹及近心端的四肢。又分爲管道式通風背心、氣袋式通風背心、夾層式通風圍裙等。全身式通風服，主要包括背部氣袋式通風服、混合式通風服、管道式通風服等。

郵電服

郵電部門職工工作時穿的制服。因國家、地區、民族的不同而有多種。現代我國的郵電服，男女上衣皆西式翻領，開袋，似西服形狀。下身爲筒褲，戴大檐殼帽，有郵電標識。服裝爲綠色，象徵"和平友好的傳遞者"。早年配套的還有自行車、鞋、包，皆爲綠色。

救生衣

現代一種具有特殊用途的服裝。爲一種用帆布製作、內襯軟木的背心式上衣，或用背帶繫挂，圍在胸背一周。可在落水時利用軟木的浮力幫助浮起，起救生作用，故稱。主要供漁民、船員等水上作業時使用。

勞動保護服

工作或勞動時穿的具有防護作用的服裝。衣式較寬鬆，袖口、領口、褲口均束緊。衣肩與褲臀皆寬大舒展。無裝飾，耐穿耐用。因工作性質、勞動環境的不同，其面料色彩及款式亦異。如醫務工作者穿白色，環衛工人穿黃色。勞動保護服，在夏季具有通風性，冬季具有保暖性，水上作業時具有耐水性。

電療衣

一種特種服裝。用一種電療織物製成的衣服。緊貼人的皮膚時，能產生微弱的靜電場，能促進人體的血液循環，對風濕性關節癥有一定療效。

鐵路服

鐵路運輸部門職工穿的制服。原爲藍色，男子爲軍便服式，女子爲軍服式。佩戴大檐帽和鐵路路徽。扣子亦有統一的鐵路標識。後來，我國各省市的鐵路局都重新設計了制服，其造型色彩都很新穎獨特，各不相同。除常用的藍色外，以工作性質的不同還用綠、紅、黃等色。分爲冬裝和夏裝。

袷　衣

複

有表有裏之衣。漢代始見此稱。《説文·衣部》：“複，重衣也。”朱駿聲通訓：“《釋名》‘有裏曰複’，謂即袷也。”漢代以後亦見。“複”或作“復”。《三國志·魏書·管寧傳》：“寧常著皂帽、布襦袴、布裙，隨時單復，出入閨庭，能自任杖，不須扶持。”亦稱“複衣”。《世説新語·夙惠》：“晋孝武年十二，時冬天，晝日不著複衣，但著單練衫五六重；夜則累茵褥。”《南史·徐嗣伯傳》：“時直閤將軍房伯玉服五石散十許劑，無益，更患冷，夏日常複衣，嗣伯爲診之。”

【複衣】

即複。此稱始見於晋代。見該文。

袷

有面有裏的雙層衣。與充以絮之衣相對。始見於漢代。《漢書·匈奴傳》：“服繡袷綺衣。”顔師古注：“袷者，衣無絮也。繡袷綺衣，以繡爲表，以綺爲裏也。”《説文·衣部》：“袷，衣無絮也。”段玉裁注：“此對以絮曰襺、以緼曰袍言也。”至晋代，始稱“袷衣”。晋潘岳《秋興賦》：“借茷蒻，御袷衣。”後代沿用。唐皮日休《夏首病愈因招魯望》詩：“曉日清和尚袷衣，夏陰初合掩雙扉。”清方苞《兄百川墓志銘》：“八九歲，誦《左氏》《太史公書》，遇兵事，輒集録置袷衣中。”亦作“袂衣”。宋蘇軾《初秋寄子由》詩：“子起尋袂衣，感嘆執我手。”亦作“夾衣”。宋陸游《示客》詩：“暉暉晚日收新稻，漠漠新寒試夾衣。”現代仍寫作“夾衣”。

侯金鏡《漫游小五臺·遠眺》：“當天氣由燥熱變得微寒的時候，我披上一件夾衣到大門洞外面去看天色。”

【袷衣】

即袷。此稱始見於晋代。見該文。

【袂衣】

同“袷衣”。即袷。此體始見於宋代。見“袷”文。

【夾衣】

同“袷衣”。即袷。此體始見於宋代。見“袷”文。

【夾衫】

有面有裏的雙層衫。即夾衣。此稱始見於唐代。唐李賀《酬答》詩：“金魚公子夾衫長，密裝腰輕割玉方。”亦作“袷衫”。巴金《將軍集·一個女人》：“他出去的時候，衹穿了一件袷衫，現在一定會覺得冷了。”

【袷衫】

同“夾衫”。此體始見於現代。見該文。

褚衣

裝入綿絮之衣。以綿裝衣曰褚。《漢書·南粤傳》：“上褚五十衣，中褚三十衣，下褚二十衣，遺王。”顔師古注：“以綿裝衣曰褚。上、中、下者，綿之多少薄厚之差也。”“褚衣”之稱始見於漢代。《説文·衣部》：“複……一曰褚衣。”唐代沿用。《新唐書·李愬傳》：“蔡吏驚曰：‘城陷矣！’元濟尚不信，曰：‘是洄曲子弟來索褚衣爾。’”唐以後亦見。宋朱弁《送春》詩：“風烟節物眼中稀，三月人猶戀褚衣。”

奇　服

奇服

奇异的衣服。古代對有違常態、有悖禮制之衣的稱呼。先秦始見。《周禮・天官・閽人》："奇服怪民不入宮。"《詩・邶風・綠衣》的作者記其亡妻的服裝是"綠衣黃裏""綠衣黃裳"，這有悖於周代禮制，是一種奇服。春秋時期，晋獻公給他的太子申生作了一件偏衣，這也是奇服。參閱《左傳・閔公二年》。秦漢及以後各代，奇服多見。其發明者有帝王、后妃、貴戚，也有黎民百姓。如漢代梁冀製狐尾單衣，南齊東昏侯自造游宴之服，唐中宗女安樂公主穿的單絲碧羅籠裙，等等，各正史之《五行志》多有記載。亦稱"險衣"。《南史・周弘正傳》："〔劉〕顯縣帛十四，約曰：'險衣來者以賞之。'……既而弘正綠絲布袴，綉假種，軒昂而至，折標取帛。"

【險衣】

即奇服。此稱始見於南北朝時期。見該文。

偏衣

左右异色之衣。爲古代奇服。始見於先秦。《左傳・閔公二年》："太子帥師，公衣之偏衣，佩之金玦。"杜預注："偏衣，左右異色，其半似公服。"亦稱"偏裻之衣"。《國語・晋語一》："是故使申生伐東山，衣之偏裻之衣。"《史記・晋世家》："太子帥師，公衣之偏衣。"裴駰集解引服虔曰："偏裻之衣。偏異色，駮不純，裻在中，左右異，故曰偏衣。"

【偏裻之衣】

即偏衣。此稱始見於先秦時期。見該文。

狐尾單衣

古代一種奇服。衣裙拖地，偏於一側，狀如狐尾，故稱。東漢梁冀所製。《後漢書・梁冀傳》："冀亦改易輿服之制，作平上軿車，埤幘，狹冠，折上巾，擁身扇，狐尾單衣。"李賢注："後裾曳地，若狐尾也。"後代偏後衣爲其遺制。

偏後衣

衫裾偏裁其後的衣服。爲漢代梁冀所製狐尾單衣之遺制。唐代始見。唐劉存《事始》："古者衣服短而齊，不至地。《後漢書》梁冀始制狐尾單衣。注云：'後裾曳地，若狐尾。'至今婦人裙衫皆偏裁其後，俗呼爲'偏後衣'也。"

近現代少數民族傳統上衣

尼麥埃濟

珞巴語音譯，意爲"女性衣服"。珞巴族民間女式上衣。以兩塊植物纖維長條土布縫爲浴巾被狀，穿時將長條搭蓋於左肩，袒出右肩臂，一端從胸前經右至左臂內繞身一圈於右胸前，與背部經右臂內的一端相接而成右衽狀，用竹針扣牢，腰帶束緊。長至膝蓋。顏色爲黑、紅或本色。老少皆穿着。流行於西藏珞隅地區。

尼嘎埃濟

珞巴語音譯，意爲"男性衣服"。珞巴族民

間男式上衣。以兩塊植物纖維長條土布縫爲單人毛巾被狀，本色或黑色，或有花紋。穿時將長條斜披於背部，斜的上衣邊的一端邊角搭蓋右肩，袒露左肩臂，同邊的另一端經左至右臂内繞身一圈半於胸前右側，與蓋肩邊角相接成右衽狀，以竹針扣牢，再將下長衣邊往上掖至蓋着生殖器，用腰帶束緊。老少皆穿着。流行於西藏珞隅地區。

各許六

白語音譯，意爲"海藍色上衣"。白族民間傳統女外衣。前襟短，後襟長，袖口和衣襟上綴有象徵魚鱗、魚人的銀白色泡子。穿時，外繫圍腰，上綉海藻、菱角等水生植物圖案，褲脚邊綉海水波紋，脚穿船形鞋。此種服飾反映了古代白族對魚的崇拜習俗。流行於雲南洱海地區。

求巴

門巴語音譯，意爲"上衣"。門巴族男子上衣。以棉麻纖維或羊毛紡織物爲原料製成，斜襟，右衽，衣角開口，無領、袖，無扣、衣袋，以帶束腰。有長、短兩種，短者即一般上衫，終年穿着；長者與小腿齊，寒冷季節穿着。流行於西藏墨脱地區。

努庫司吐畢蘭

泰雅語音譯。亦作"努庫司青匹蘭""希帕里安"。俗稱"禮衣"。高山族泰雅人傳統禮服。一種長衣。正面兩幅的中間及背面左右以紅絨綫夾織，背下夾織部分有白或黑花紋，襟、袖口、裾及衣背中縫處各綴以貝珠串，襟與裾以褐色麻綫編帶緄邊，裾下繫結百顆黃銅小鈴。限部落首領及獵頭多次者，在獵頭凱旋祝祭與其他重要儀禮時穿着。流行於臺灣北部地區。

【努庫司青匹蘭】
同"努庫司吐畢蘭"。見該文。

【希帕里安】
同"努庫司吐畢蘭"。見該文。

【禮衣】[2]
"努庫司吐畢蘭"之俗稱。見該文。

努庫司努莫安

泰雅語音譯。亦稱"浮紋長衣"。高山族泰雅人傳統禮服。爲白麻布"努庫司"，胸前、背後無花紋，正面中間用紅絨綫夾織五條狹小菱形連接成的花紋，寬約 15 厘米。背後白底邊起多半部分用紅色或桃紅色絨綫夾織。背面中間有一條寬約 8 厘米、五條寬約 1 厘米的直綫與角形浮紋。衣側、衣背接縫處與襟的一部分用紅、黑色絨綫交互緄邊。此服袛准獵頭穿着。流行於臺灣北部地區。

魚皮衣

赫哲族一種傳統服裝。以曬乾捶軟的魚皮製作，故稱。女子常穿用。衣長過膝，腰部稍窄，下身肥大，袖寬而短，有領窩而無立領，衣邊、袖口綉花紋，或縫綴各色花邊，或縫貝殼、銅錢、銅鈴爲飾。流行於東北地區，現已罕見。

戞得

基諾語音譯，意爲"太陽花衣"。基諾族男子傳統上衣服飾。對襟，無領，胸、袖鑲黑、白、青色相間的條狀花紋，背綉直徑約 10 厘米的彩色圓形圖案，狀若太陽花（嚮日葵），故名。起源遠古，流傳至今。流行於雲南景洪基諾山區。

農隆

黎語杞方言音譯，意爲"隆樹皮"。舊時黎

族民間傳統服裝。冬季，取隆樹皮，經搥打使軟，再浸水，然後曬乾，縫合成衣。男女皆穿。流行於海南白沙、瓊中和保亭等地。

錢吊

畬族民間傳統服裝。一種上衣。以青色棉布裁成背心狀，中間開襟，釘五對布結紐扣。下襬有兩個橫長方形口袋，以裝幣。流行於福建地區。

近現代少數民族傳統短衣

那坦吐畢蘭

泰雅語音譯。亦稱"舊制短衣"。高山族泰雅人傳統男服。一種短上衣。以紅、桃紅色絨綫爲主，與黃、黑、白棉綫夾織而成，正面左右兩幅中部各有縱行條綴一道，靠襟處各綴白瓷鈕八顆，左右裾角各結紅、黃色絨綫織帶一條，襟、襬邊有黑、白棉綫交織成的幾何紋樣，背面有黑彩橫行條紋四道。上端中部結有垂飾：頭髮粗辮二條，細辮二十三條，紅色絲綫辮二條，綠色絲綫辮一條，白瓷鈕二十六顆，黃色小銅鈴四顆。限獵頭勇士在出戰或凱旋時穿用。正面綴有螺錢的，供部落首領與獵頭多次者穿用。

【舊制短衣】

即那坦吐畢蘭。見該文。

阿麥革董

珞巴語音譯，意爲"女人短上衣"。珞巴族婦女短上衣。由植物纖維紡織的土布製成，對襟，有袖，無領、扣、袋，以帶束腰。本色或黑色。流行於西藏珞隅地區北部和東南部。

則羔利

朝鮮語音譯，意爲"上衣"。朝鮮族傳統服裝。一種日常穿的短上衣。交領，斜襟，無紐扣，以長布帶打結，打結後下垂飄帶。男子和老年婦女穿白色，外套穿坎肩；青年婦女和少女以彩色綢緞鑲邊，飄帶亦用紅、紫、藍等色綢緞製成，并講究與裙子協調；少女穿的袖筒多用七色緞製成。流行於吉林、黑龍江、遼寧等地。

窄袖短衣

傣族女裝。有長袖、短袖兩種。無領，長僅及腰，在胸前右側開襟，但不到腋下，不同於漢族的大襟。有五對紐扣，領子中間一對，右胸前三對，其中二對偏下，兩片衣襟在腹前相交處形成一個小缺口，此處又有一對鈕扣，形似清代缺襟馬褂。多爲白色，亦有粉紅等淺色帶花者，下配筒裙。流行於雲南傣族居住地區。

埃劣普冬

門巴語音譯，意爲"短上衣"。門巴族男子短外衫。以羊毛紡織的粗氆氌呢作面料製成，斜襟右衽，有袖、領和扣子，無袋，衣角開口，以銀灰色布綉裹衣邊。有黑、紅、白等色。流行於西藏門隅北部地區。

基都

珞巴語音譯，意爲"短上衣"。珞巴族婦女短上衣。以植物纖維紡織的土布作料製成，對襟，短袖或無袖，無領、扣、衣袋，以帶束腰。多爲本色，亦有粗條相間花紋。流行於西藏珞隔地區。

銀衣

苗族民間女服。青色或藍色短衣，在衣領、袖、襟邊、背心處用銀泡、銀錢、銀片、銀鈴裝飾而成，并绣或鑲嵌各種圖案。極爲昂貴，富有婦女纔可穿着。流行於貴州凱里、雷山、榕江、臺江、丹寨等地。

近現代少數民族傳統罩衣

冬郭

門巴語音譯，意爲"外罩衣"。門巴族婦女外罩衫。由染成黑色或紅色的羊毛織成的氆氌呢作面料製成，斜襟右衽，衣角開口，沿邊绣裏藍布，有袖，有領或無領，無扣，無衣袋，以五色寬帶束腰。短者即上衣，終年穿着；長者齊小腿，寒冷時穿着。流行於西藏門隅一帶。

卡拉他米

達斡爾語音譯。達斡爾族民間男服。用狍皮縫製的一種特殊男式短罩衣。右大襟扣紐，左側底襟稍長過膝。穿此服收割莊稼時可保護裏邊衣服。流行於今内蒙古莫力達瓦地區。

四襟衣

舊時水族傳統服裝。一種類似長衫的衣服。前後開襟，以深色布緄邊，襟角内側和腰岔處鑲流雲形花邊。以深藍色土布製作。清代中葉，在水族地區廣爲流行，但多爲權勢者穿着。

托尼

烏孜別克語音譯，意爲"外套"。烏孜別克族民間傳統男服。其制，斜領，右衽，無扣，腰間束三角形绣花帶。黑色或咖啡色。有長、短之制。長者及膝，短者及臀。套於上衣之外。流行於新疆一帶。多爲中老年所着。

托切克滿

柯爾克孜語音譯，意爲"駝毛長大衣"。柯爾克孜族民間傳統男服。一種長衣。用駝毛手工織成，長至膝下，無領，袖口、腰圍用黑平絨或黑布緣邊。男子夏、秋季穿着。流行於新疆克孜勒蘇柯爾克孜一帶。

言褂子

傈僳族傳統外罩衣。亦稱"傈僳褂子"。用黑白相間的細橫紋麻布縫製，長及臀部，恰遮住肩背，可保護衣服易磨破的部分。青年男女皆喜穿用。流行於雲南瀘水等地區。

【傈僳褂子】

即言褂子。見該文。

庫普

哈薩克語音譯。哈薩克族一種絮以駝馬或綿羊毛的大衣。對襟，男女通用。男子冬季常穿不挂布面的羊皮大衣。穿時腰間束皮帶，右側配小刀。流行於新疆地區。

博布

門巴語音譯。門巴族婦女背部披挂的整張毛皮。一般用牛犢皮、岩羊皮或麂子皮等，以周邊有白毛者爲佳。相傳唐代文成公主入藏時背披毛皮，當地婦女競相仿效，遂相沿成俗。

擦爾瓦

彝語音譯，意爲"披氈"。彝族傳統服飾。有悠久的歷史。東晉時代壁畫"夷漢部曲"人物已見其物。唐代，南詔國時亦見。《蠻書》卷八："其蠻，丈夫一切披氈。"當代彝族男子所披，用白、灰、青三色羊毛編織或編打而成，無領無袖，頸部有許多褶皺，似一口鐘，下端綴長穗，長及膝。流行於四川和雲南大小凉山地區。

衫　類

衫

　　單層短袖上衣。不需施袪，袖口寬敞。先秦已有其物，秦漢始有其名。五代馬縞《中華古今注·布衫》："三皇及周末，庶人服短褐襦，服深衣。秦始皇以布開胯，名曰衫。"《釋名·釋衣服》："衫，芟也。芟，末無袖端也。"畢沅疏證："蓋短袖無袪之衣。"魏晉南北朝時期爲男子主要身服。《宋書·徐湛之傳》："初，高祖微時，貧陋過甚，嘗自往新洲伐荻，有納布衫襖等衣，皆敬皇后手自作。高祖既貴，以此衣付公主，曰：'後世若有驕奢不節者，可以此衣示之。'"衫有單、夾二式。多爲對襟，中帶以襟帶相連，亦可兩襟敞開。多以紗、縠、絹、布製成，色彩尚素雅，尤以白色爲多。沈從文《中國古代服飾研究·東晉竹林七賢圖磚刻》："晉《東宫舊事》稱'太子納妃，有白縠、白紗、白絹衫，並紫結纓'。晉《修復山林故事》

衫
（明王圻等《三才圖會》）

稱：'梓宫有練單衫、複衫、白紗衫、白縠衫。'可知當時是上、中階層通用便服。衫有單、夾，不論婚、喪均常用白色薄質絲綢製作。"隋唐時期，男子服裝的主要形式是圓領袍衫。《舊唐書·輿服志》："武德初，因隋舊制，天子讌服，亦名常服，唯以黄袍及衫，後漸用赤黄，遂禁士庶不得以赤黄爲衣服雜飾。"宋代，皇帝大宴之服，有赭黄、淡黄袍衫。進士有襴衫，處士有皂衫。《宋史·輿服志五》："中興，士大夫之服，大抵因東都之舊，而其後稍變焉。一曰深衣，二曰紫衫，三曰凉衫，四曰帽衫，五曰襴衫……進士則幞頭、襴衫、帶，處士則幞頭、皂衫、帶，無官者通用帽子、衫、帶；又不能具，則或深衣，或凉衫。"明代，文武官常服，有團領衫。皇后常服有諸色團衫，妃、嬪、内命婦禮服有大衫。《明史·輿服志三》："文武官常服。洪武三年定，凡常朝視事，以烏紗帽、團領衫、束帶爲公服。"清代，男子服裝有衫，漢族婦女的服裝也有衫，前期寬大，後期窄小。近代，男子服裝仍流行長衫，直至中華人民共和國成立前，後漸少。《二十年目睹之怪現狀》第二回："我看那人時，身上穿的是湖色熟羅長衫，鐵綫紗夾馬褂。"魯迅《呐喊·孔乙己》："孔乙己是站着喝酒而穿長衫的唯一的人。"

青衿

　　藍色交領的長衫。青，此指藍色。古時斜

領下連於衿，故謂領爲衿。西周至唐宋時爲學子之常服。《詩·鄭風·子衿》："青青子衿，悠悠我心。"毛傳："青衿，青領也。學子之所服。"鄭玄箋："《禮》：父母在，衣純以青。"孔穎達疏："言青青之色者，是彼學子之衣衿也。"北齊顔之推《顔氏家訓·書證》："古者斜領下連於衿，故謂領爲衿。孫炎、郭璞注《爾雅》，曹大家注《列女傳》，並云'衿，交領也'。"《新唐書·禮樂志九》："其日，鑾駕將至，先置之官就門外位，學生俱青衿服，入就位。"參見本卷《身服説（上）·便服考》"藍衫""襴衫"文。

逢掖

古代一種寬袖單衣。形若深衣。始見於先秦。孔子曾服之。《禮記·儒行》："丘少居魯，衣逢掖之衣；長居宋，冠章甫之冠。"鄭玄注："逢猶大也，大掖之衣，大袂禪衣也，此君子有道藝者所衣也。"孫希旦集解："逢掖之衣，即深衣也；深衣之袂，其當掖者二尺二寸，至袪而漸殺，故曰逢掖之衣。"《後漢書·輿服志下》："《禮記》'孔子衣逢掖之衣'，縫掖其袖合而縫大之近今袍者也。"漢代始爲儒者之服。亦作"縫掖"。《後漢書·王符傳》："時人爲之語曰：'徒見二千石，不如一縫掖。'言書生道義之爲貴也。"南朝宋劉義慶《世説新語·文學》"鄭玄在馬融門下"注引《玄別傳》："後遇黨錮，隱居著述，凡百餘萬言。大將軍何進辟玄，乃縫掖相見。"

【縫掖】

同"逢掖"。此體始見於漢代。見該文。

【逢衣】

寬袖長衣。古代儒者之服。即逢掖。始見於先秦。《荀子·儒效》："逢衣淺帶，解果其冠。"

漢代亦見。《韓詩外傳》卷五："逢衣博帶。"亦作"縫衣"。《莊子·盜跖》："縫衣淺帶，矯言僞行，以迷惑天下之主。"

【縫衣】

同"逢衣"。此體始見於先秦時期。見"逢衣"文。

衫子

寬袖單衣。一般爲對襟。夏季穿用，男女皆着之。始見於秦。亦稱"半衣"。五代馬縞《中華古今注·衫子背子》："衫子，自黃帝製衣裳，而女人有尊一之義，故衣裳相連。始皇元年，詔宮人及近侍宮人皆服衫子，亦曰半衣，蓋取便於侍奉。"晋代，南方士大夫通用巾裹衫子便服。江蘇南京西善橋出土竹林七賢和榮啓期磚刻畫上人物所穿衣服即衫子。沈從文《中國古代服飾研究·東晋竹林七賢圖磚刻》："幾個人穿的衣服，照劉熙《釋名》，應當叫'衫子'，和漢代袍不同處，是衣無袖端，敞口。"唐代，多爲婦女所着，初期窄袖，晚唐變爲寬袖。唐元稹《雜憶》詩之五："憶得雙文衫子薄，鈿頭雲映褪紅酥。"唐以後盛行。宋高承《事物紀原·衣裘帶服》："衫子。女子之衣與裳連，如披衫，短長與裙相似，秦始皇方令作衫子，長袖猶至於膝。宜衫、裙之分，自秦始也。陳宮中尚窄衫子，纔用八尺，當是今制也。"金董解元《西廂記諸宮調》卷三："夫人可來積世，瞧破張生心意，使些兒譬似閑腌見識，著衫子袖兒淹淚。"《清平山堂話本·刎頸鴛鴦會》："傅粉施朱，梳個縱鬢頭兒，著件叩身衫子。"

【半衣】

即衫子。此稱始見於秦代。見該文。

偏襜

古代一種半袖衫。始見於漢代。後世沿用。《方言》第四："偏襜謂之襜襦。"郭璞注："即衫也。"錢繹箋疏："襦有不施袖者，亦有半施袖者，其半施之襜襦，即所謂偏襦。"

襯衫

襯在外衣內的單上衣。作爲祭服、朝服之內衣，稱中單或內單。《玉篇·衣部》："襯，近身衣。"唐李商隱《燕臺》詩之一："夾羅委篋單綃起，香肌冷襯琤琤珮。"宋孟元老《東京夢華錄·車駕宿大慶殿》："兵士皆小帽，黃綉抹額，黃綉寬衫，青窄襯衫。"至清代，制如長衫。一用以襯於禮服內，掩蓋開衩處內褲的外露，二是避免貴重細毛皮袍的氈毛的磨損。參閱徐珂《清稗類鈔·服飾類·襯衫》。襯衫的顏色初尚白，後用玉色或油綠色，亦有蛋青色。嘉慶時優伶輩用青色倭緞、漳絨等緣其邊，一般又尚白。參閱周錫保《中國古代服飾史》第十四章《清代服飾》。現代，通常指穿在上衣裏面的西式單上衣，主要爲白色，也有其他顏色。沙汀《困獸記》一七："挽挽袖頭，又把襯衫下襬從西裝褲子的褲腰裏扯出來。"

紫衫

紫色衫。始見於隋代，爲皇帝侍從所服。《隋書·禮儀志七》："侍從則平巾幘，紫衫，大口袴，金裝兩襠甲。"宋代，本軍校服。中興後，士大夫亦服之。其制短而窄。《宋史·輿服志五》："紫衫。本軍校服。中興，士大夫服之，以便戎事。紹興九年，詔公卿、長吏服用冠帶，然迄不行。二十六年，再申嚴禁，毋得以戎服臨民，自是紫衫遂廢。"

黃衫

古代少年穿的黃色華貴服裝。始見於隋代。《隋書·麥鐵杖傳》："將度遼，謂其三子曰：'阿奴當備淺色黃衫，吾荷國恩，今是死日，我既被殺，爾當富貴。'"亦見於唐代。唐杜甫《少年行》詩："黃衫年少來宜數，不見堂前東逝波。"《新唐書·禮樂志十二》："樂工少年姿秀者十數人，衣黃衫，文玉帶，立左右。"

披衫

古代暑天所披單衣。長與身齊，大袖。始見於唐代。五代馮鑑《續事始》："《實錄》曰：披衫爲制，蓋從褕翟而來，但取其紅紫一色，而無花綠，長與身齊，大袖，下其領，即暑月之服。"五代時期亦見。五代和凝《天仙子》詞："柳色披衫金縷鳳，纖手輕拈紅豆弄。"

蕉衫

用蕉布縫製的衣衫。蕉布是一種芭蕉纖維製成的布。以之爲衫，文獻記載始見於唐代。唐白居易《東城晚歸》詩："晚入東城誰識我，短靴低帽白蕉衫。"直至明清時期皆見之。明袁宏道《柳浪雜咏》之二："蕉衫烏角巾，半衲半村民。"清袁枚《隨園詩話》卷七："〔袁香亭〕《消夏雜咏》云：'科頭赤足徜徉過，一領蕉衫尚覺多。'"

縠衫

薄紗單衣。漢魏時已見。《樂府詩集·吳聲歌曲·讀曲歌》："縠衫兩袖裂，花釵鬢邊低。"唐白居易《寄生衣與微之因題封上》詩："淺色縠衫輕似霧，紡花紗袴薄於雲。"

藍衫

古代學子所服袍衫，因下施橫襴爲裳，其色藍，故稱。由西周之"青衿"發展而成。始見於唐代。唐韋應物《送秦系赴潤州》詩：“近作新婚鑷白髯，長懷舊卷映藍衫。”亦稱“藍袍”。唐齊己《與崔校書静話言懷》詩：“我性已甘披祖衲，君心猶待脱藍袍。”五代時期沿用。五代殷文圭《賀同年第三人劉先輩鹹辟命詩》：“甲門才子鼎科人，拂地藍衫榜下新。”明清生員亦穿藍衫，直至近代。

【藍袍】

即藍衫。此稱始見於唐代。見該文。

襴衫

古代學子之服。在衫的下襬加接一幅横襴，故名。始見於唐初，以棠苧爲之。由藍衫發展而來，形制無甚差别，但顏色漸不限於藍。《新唐書·車服志》：“太宗時……士人以棠苧襴衫爲上服，貴女功之始也。一命以黄，再命以黑，三命以纁，四命以綠，五命以紫。士服短褐，庶人以白。中書令馬周上議：‘《禮》無服衫之文，三代之制有深衣。請加襴、袖、褾、襈，爲士人上服……’詔皆從之。”此即後世舉子服襴衫之始。唐代流行。唐韋絢《劉賓客嘉話録》：“大司徒杜公在維揚也，嘗召賓幕閑語：

襴衫
（明王圻等《三才圖會》）

‘我致政之後，必買一小駟八九千者，飽食訖而跨之，著一粗布襴衫，入市看盤鈴傀儡，足矣。’”宋代，爲進士、國子生、州縣生之服。爲袍服形式。《宋史·輿服志五》：“襴衫。以白細布爲之，圓領大袖，下施横襴爲裳，腰間有辟積。進士及國子生、州縣生服之。”宋高承《事物紀原·衣裘帶服》：“襴衫。《唐志》曰：馬周以三代布深衣，因於其下著襴及裙，名襴衫，以爲士之上服。今舉子所衣者，襴衫是也。”明清時，仍爲士人之服。《明會要》卷二四引《昭代典則》：“〔洪武〕二十四年十月丁巳，定生員巾服之制。帝以學校爲國儲材，而士子巾服無異吏胥，宜更易之，命秦逵制式以進。凡三易，其制始定。命用玉色絹爲之，寬袖，皂緣，帛縧，軟巾垂帶，命曰‘襴衫’。上又親服試之。”《明史·輿服志三》：“生員襴衫，用玉色布絹爲之，寬袖，皂緣，皂條軟巾垂帶……洪熙中，帝問衣藍者何人，左右以監生對。帝曰：‘著青衣較好。’乃易青圓領。”《兒女英雄傳》第二八回：“旁邊却站着一個方巾，襴衫，十字披紅，金花插帽，滿臉酸文，一嘴尖團字兒的一個人。原來那人是……冒考落第的一個秀才。”《正字通·衣部》：“明制生員襴衫，用藍絹裾袖，緣以青，謂有襴緣也。俗作襤衫，因色藍改爲藍衫。”亦作“襤衫”。

【襤衫】

同“襴衫”。此體始見於明代。見該文。

【白襴】

古代士人之服。即襴衫。以白布爲之，故稱。始見於唐代。唐段成式《酉陽雜俎·黥》：“忽有一人，白襴屠蘇，傾首微笑而去。”宋元亦見。《宋史·輿服志五》：“近年品官綠袍及舉子白襴下皆服紫色，亦請禁之。"元王實甫《西廂記》第二本第二折："烏紗小帽耀人明，白襴净，角帶傲黄鞓。"王季思校注："《元史·輿服》記：'宣聖廟執事，儒服，軟脚唐巾，白襴插領，黄鞓角帶，皂靴。'白襴二句，正寫當時儒服。"

缺骻衫

唐代庶人所服的一種開骻衫。平民及百工百業勞動人民皆着之。《新唐書·車服志》："開骻者名曰缺骻衫，庶人服之。"開骻即指衣旁下脚開衩至骻骨邊而言。敦煌第八十五窟唐壁畫中獵人即穿圓領缺骻衫。

籠桶衫

唐代蜀地流行的一種粗製單衫。唐馮贄《雲仙雜記·籠桶衫柿油巾》："杜甫在蜀，日以七金買黄兒米半籃、細子魚一串，籠桶衫、柿油巾，皆蜀人奉養之粗者。"

藕絲衫

藕色絲製衫。始見於唐代。唐元稹《白衣裳》詩之二："藕絲衫子柳花裙，空著沈香慢火熏。"

茜衫

茜紅色衣衫。始見於唐代。唐白居易《城東閑行因題尉遲司業水閣》詩："病乘籃轝出，老著茜衫行。"

太清氅

一種夏季用的精製外衫。始見於宋代。宋陶穀《清異録·衣服》："臨川上饒之民，以新智創作醒骨紗，用純絲、蕉骨相兼撚織，夏月衣之，輕涼適體。陳鳳閣喬始以爲外衫，號太清氅。"

皂衫

黑色短袖單衣。古代處士所着。始見於宋代。《宋史·輿服志五》："進士則幞頭、襴衫、帶，處士則幞頭、皂衫、帶。"金代沿用。《金史·輿服志下》："親王傔從。引接十人，皂衫、盤裹、束帶、乘馬。"

帽衫

古代一種連帽的衫。宋代士大夫常服之。《宋史·輿服志五》："帽衫。帽以烏紗、衫以皂羅爲之，角帶，繫鞵。東都時，士大夫交際常服之。南渡後，一變爲紫衫，再變爲凉衫，自是服帽衫少矣。惟士大夫家冠昏、祭祀猶服焉。若國子生，常服之。"

凉衫

單層外衣。一種便服，披於外，較寬大。本先秦景衣之制，有黑白之分。宋代廣爲流行。宋高承《事物紀原·衣裘帶服》："凉衫。《筆談》曰：近歲京師士人朝服乘馬，以黲衣蒙之，謂之凉衫，亦古遺法也。《儀禮》曰：朝服加景。但不知古人制度何如耳。"宋孟元老《東京夢華録·駕同儀衛》："妓女舊日多乘驢，宣政間惟乘馬，披凉衫，將蓋頭背繫冠子上。"南宋紹興二十六年（1156）後，紫衫廢，士大夫皆服凉衫，以爲便服。制如紫衫，因用白色，又稱"白衫"。後又禁服，衹用作喪服。《宋史·輿服志五》："凉衫。其制如紫衫，亦曰白衫。乾道初，禮部侍郎王曮奏：'竊見近日士大夫皆服凉衫，甚非美觀，而以交際、居官、臨民，純素可憎，有似凶服。陛下方奉兩宮，所宜革之……'於是禁服白衫，除乘馬道塗許服外，餘不得服。若便服，許用紫衫。自後，凉衫衹用爲凶服矣。"

【白衫】[2]

即凉衫。白色便服。此稱始見於宋代，見該

文。

官衫

元代官妓之服。元馬致遠《還牢米》第一折：“我原是此處一個上廳行首，爲當不過官身，納了官衫帔子，禮案上除了名字。”

一裹窮

窮家婦女的一種藍布衫。便宜，實用，耐久。1949 年前流行於北京等地。李家瑞《北平風俗類徵·衣飾》引《京都竹枝詞》：“貧家婦女滿胡同，藍布衫名一裹窮，斜戴凉簪歪挽髻，清晨大半髮蓬蓬。”

大褂

現代中式單衣。肥大，衣長過膝。茅盾《官艙裏》：“那位老先生自然是‘中裝’，藍綢的大褂，老式花樣。”

東方衫

現代一種女上衣。20 世紀 50 至 70 年代甚流行。適合中老年婦女穿用。傳統的中式立領，中間開襟，圓角下襬，兩側開衩，曲腰。通常有四對盤花紐扣，有鑲邊和嵌綫。多選用印花細條燈芯絨作面料。有單、夾兩種。既具有民族特色，又新穎別致。

兩用衫

現代一種有兩種用途的單上衣。其衣領下面的駁角能攤開翻駁，又能扣合關閉。衣領下第一顆鈕扣不是用開紐孔的形式，而是在領下駁角上端沿邊縫一綫袢，以代替紐眼。現代流行。

中西式罩衫

現代一種結合中西式服裝樣式做成的罩衫。外形似傳統中式短褂，旗袍式衣領，在中間開襟。用做西服的方法做肩縫、裝袖。20 世紀

六七十年代較流行。

拉鏈衫

現代一種在開襟部位安裝通條長拉鏈的上衣。式樣很多，一般爲翻領，斜插袋。有男式、女式、童式多種。現代以來流行不衰，青年男女尤喜穿用。

蝙蝠衫

現代一種兩袖張開如蝙蝠翅膀式上衣。領型隨意，袖窿寬大，袖片與前身相連，下襬緊小。受印第安人服裝影響而設計，穿着瀟灑自如，不拘小節，舒適隨便，頗受青年人喜愛。20 世紀 80 年代以來在我國始流行。

香港衫

現代一種單上衣。初流行於香港地區，故名。其制，短袖，翻駁領，中開襟，三隻貼袋，四紐扣。20 世紀 80 年代以來逐漸流行全國。

扣子衫

現代一種短袖衫。由短袖汗衫式樣變化而來。翻領，前衣片中間開半襟，從頭套穿，開襟處有一顆鈕扣封住，故名。初以素色針織衣料製成，後發展爲色織，或印有條紋圖案。始爲男青年穿用，20 世紀 80 年代以來，普遍流行，不分男女、年齡，均喜穿着。

海魂衫

現代一種藍白條相間的汗衫。圓領圈。有長、短袖兩種。因電影《海魂》中的主人公穿此而得名。原係海軍戰士的貼身汗衫，後傳於民間，尤爲男青年所喜愛，20 世紀 80 年代始流行。

廣告衫

現代一種圓領圈、套衫式的短袖上衣。多采用針織的化纖衣料，白色。上面印有推銷商

品的文字或圖案，故名。20世紀80年代以來較流行。

彈力衫

現代一種用彈力布裁製的單上衣。式樣如汗衫，圓形領圈，短袖，不開襟，套頭穿。有男式、女式、童式等。其特點是彈性大，有寬伸餘地。20世紀80年代以來較流行。

羊毛衫

現代以毛紗或毛型化纖紗編織的針織上衣。其形制，或對襟，或套頭；圓領，或高領；長袖。顏色有紅、黃、藍、綠等多種，上有各種花紋或圖案。原料以羊毛爲主，還有特種動物毛，如駱駝毛、兔毛、牦牛絨等。其質地柔軟，彈性好，保暖性能强，男女老少皆着之，20世紀80年代以來極爲流行。

近現代少數民族傳統衫

木日格迭勒

土族語音譯，意謂"褐衫"。土族傳統服裝。以手工織的褐布縫製的長衫。女式爲黑色，小圓領，大襟，兩側開衩，以藍或紅布做緣邊，四隻鈕扣，繫腰帶。冬季穿着。男式多爲白色，有小圓領和大領兩種，大領者寬大不開衩，飾黑或藍布緣邊。流行於青海互助、大通等地。

秀蘇

土族語音譯，意爲"花袖衫"。土族民間傳統女服。一種青壯年婦女外衣。通常用紅、黃、藍、綠、紫五色彩布或綢緞縫製成套袖筒，縫接在坎肩或長衫的肩部。腰繫綉花散帶或綉花帶，頭戴織錦、花邊、金絲等鑲邊的氈帽，身上還佩挂許多飾物，美觀大方，婀娜多姿。流行於青海互助等地。

烏克蘭衫

一種富有民族特色的襯衫。多以白色綢料或布料製成。立領，左側開半襟，平行的下襬，襯衫式衣袖。在衣領、襟邊和袖口等部位綴以特有的烏克蘭式的桃花花邊爲飾。始爲烏克蘭人穿用，我國新疆地區男子，特別是哈薩克族男子也喜穿用。

階納布

珞巴語音譯，意爲"披衫"。珞巴族婦女的披衫。由兩塊植物纖維紡織的土布縫合成長方形，上部用羊毛繩縮口，下以色綫編成旒鬚。多爲紫紅、大紅色，也有本色或黑色。流行於西藏珞隅地區。

褐衫

藏族農民、牧民傳統上衣。以粗毛織成的褐子縫製，衣邊鑲綴水獺皮、庫錦、金寶地等民族緞。男式爲裂袋式衣領，腰肥大；女式爲中式高領，右大襟，較男式肥長。多爲黑黃色，還有紫紅、大紅、石青、油綠、赭石等色。流行於甘肅、青海、西藏一帶。藏族之外，上述地區漢、回、撒拉等族亦穿此服。

龍冠衫

亦稱"藍冠衫""郎冠衫"。畬族語音譯，意爲男子禮服長衫。一般爲青、黑或藍色，四周鑲白或紅邊，下襬開衩處綉有雲頭。過節、喜慶日子穿着。流行於浙江地區。

【藍冠衫】

即龍冠衫。見該文。

【郎冠衫】

即龍冠衫。見該文。

襦　類

襦

一種短衣、短襖。最早時祇作爲裏衣，後亦穿在外。先秦始見。有單、複之別。單襦近乎衫，複襦近乎襖。《禮記·內則》："衣不帛襦袴。"《説文·衣部》："襦，短衣也。"段玉裁注："顏注《急就篇》曰：'短衣曰襦，自膝以上。'按襦，若今襖之短者。"《後漢書·廉范傳》："平生無襦今五褲。"兩晉、南北朝時期，男女皆着。南朝宋劉義慶《世説新語·夙惠》："韓康伯數歲，家酷貧，至大寒，止得襦，母殷夫人自成之，令康伯捉熨斗，謂康伯曰：'且著襦，尋作複 幝。'"《梁書·昭明太子統傳》："又出主衣錦帛，多作襦袴，冬月以施貧凍。"《樂府詩集·漢相和歌古辭·陌上桑》："湘綺爲下裙，紫綺爲上襦。"隋代，女服的基本形式是短襦長裙，裙腰一般都在腰部以上，有的甚至繫在腋下。短襦有小袖、長袖，從出土的隋代陶俑可見其形制。唐代，盛行襦裙，襦較短，窄袖，配以長裙、披帛。唐溫庭筠《菩薩蠻》詞之一："新帖綉羅襦，雙雙金鷓鴣。"從陝西乾縣永泰公主墓壁畫及洛陽關林出土唐三彩俑可見其形制。宋代，仍流行襦裙，其襦腰身和袖口都較寬鬆，顏色也較清淡，宮女和下層勞動婦女多着之。參閱宋張擇端《清明上河圖》。明代婦女襦裙，與宋代無甚差別，祇是年輕婦女在腰中間加一腰裙。江蘇鎮江博物館藏有明代襦之出土實物。

腰襦

長僅及腰的短衣。其上綉有各種圖紋。南北朝時期始見。婦女多着之。《樂府詩集·雜曲·焦仲卿妻》："妾有綉腰襦，葳蕤自生光。"

襪

古代一種短單襦。南北朝時期始見。《玉篇·衣部》："襪，禪襦也。"後世亦稱"襪子"。明馬佶人《十錦塘》傳奇四："隨分什麼縐紗綿襖、白綾背褡、青羊羢襪子、潞紬披風，一總拿出來，任憑和相公揀中意的穿。"

【襪子】

即襪。此稱始見於明代。見該文。

小襦

短衣。始見於晉代。《史記·秦始皇本紀》："夫寒者利裋褐。"晉徐廣注曰："一作'短'，小襦也。"唐杜甫《別李義》詩："憶昔初見時，小襦綉芳蓀。"

短打

一種男子緊身短衣。粗布製作，狀如對襟短褂，長齊腰，衣袖、衣身緊箍於身。亦有將長衫前後襬撩起，紮於腰上，亦稱"短打"者。活動方便，農村男子常着之。流行於全國許多地區。

棉綁身

民間傳統婦女冬棉衣。小領，大襟，衣身較長，兩側有叉口，以棉布或絲綢爲料，中實以棉絮或羊毛。老年婦女多穿筒狀長衫式，中年婦女則穿花瓶式。流行於青海河湟地區。

短袖衣、無袖衣等上衣

綉𧞣

古代婦女外服的短袖上衣。漢代始見。𧞣亦作“裾”。後世演變爲半臂。《後漢書·光武帝紀上》:“時三輔吏士東迎更始，見諸將過，皆冠幘，而服婦人衣，諸于綉𧞣，莫不笑之，或有畏而走者。”李賢注:“字書無‘𧞣’字,《續漢書》作‘裾’……楊雄《方言》曰:‘襜褕，其短者，自關之西謂之裗裾。’郭璞注云:‘俗名裾掖。’據此，即是諸于上加綉裾，如今之半臂也。或‘綉’下有‘擁’字。”後世亦見。亦作“綉䯽”。五代韋莊《和鄭拾遺〈秋日感事〉》詩:“僭侈彤襜亂，諠呼綉䯽攘。”

【綉裾】

同“綉𧞣”。此體始見於漢代。見該文。

【裗裾】[2]

即綉𧞣。綉𧞣的方言。此稱始見於漢代。見該文。

【裾掖】[2]

即綉𧞣。綉𧞣的俗名。此稱始見於晋代。見該文。

【綉䯽】

同“綉𧞣”。此體始見於五代時期。見該文。

半臂

古代一種短袖小衫。袖寬大而不過肘，身長僅及腰間，多着於衫襦之外，從上套下。無領，或翻領，對襟，當胸用帶繫結而不施衿紐。這種服裝先秦始見，初稱“袢”，如漢之綉𧞣。至魏晋時已有“半臂”“半袖”之稱。《詩·鄘風·君子偕老》:“蒙彼縐絺，是紲袢也。”毛奇齡注:“袢之從半，謂衣之半也。如後世之所稱‘半袖’、‘半臂’者。”《方言》第四:“自關而西謂之襜褕，其短者謂之短褕……自關而西謂之裗裾。”晋郭璞注:“俗名裾掖。據此則是諸于上加綉裾，如今之半臂也。”《晋書·五行志上》:“魏明帝著綉帽，披縹紈半袖，常以見直臣。楊阜諫曰:‘此禮何法服耶?’帝默然。”唐代極爲盛行。始爲宫女所服，其製作或用錦，每年由成都、廣陵兩地上貢長安，後傳至民間。《舊唐書·來子珣傳》:“〔珣〕常衣錦半臂，言笑自若，朝士誚之。”《新唐書·后妃傳上》:“陛下獨不念阿忠脱紫半臂易斗麵爲生日湯餅邪?”中唐以後，逐漸少見，但宋、明時尚存。宋邵博《聞見後録》卷二〇:“李文伸言東坡自海外歸毗陵，病暑，著小冠，披半臂，坐船中。”明姚士粦《見只編》卷上:“〔婦人〕上穿青錦半臂，下著絳裙，襪而不鞋。”宋、遼、金騎士之貉袖受半臂影響。背心亦由半臂演變而來。按宋高承《事物紀原·衣裘帶服》:“半臂。《實録》又曰:隋大業

半　臂
(明王圻等《三才圖會》)

中，内宫多服半臂，除即長袖也。唐高祖減其袖，謂之半臂，今背子也。江淮之間或曰綽子，士人競服，隋始制之也。"按：此實誤，"背子""綽子"乃古代一種短袖衣。參見本卷《身服説（上）·便衣考》"背子"文。

【袡】[1]

　　即半臂。此稱始見於先秦時期。見該文。

【半袖】

　　即半臂。此稱始見於魏晋時期。見該文。

【搭護】

　　即半臂。宋代俗稱其爲"搭護"。宋高承《事物紀原·衣裘帶服》："半臂。……今俗名搭護。"或以爲胡衣之名，實則一物。宋鄭思肖《心史上·絶句》之八："鬆笠氈靴搭護衣，金牌駿馬走如飛。"自注："搭護，胡衣名。"元代沿其制。明代亦見。明王圻、王思義《三才圖會·衣服》："半臂……今俗名搭護。"亦作"搭褙"。元武漢臣《生金閣》第三折："孩兒，吃下這杯酒去，又與你添了一件綿搭褙麼！"亦作"褡褙"。明耿定向《權子·三驗》："時令方釋圓領袍，服褡褙，據案而坐。"清代爲皮製長衣。清汪汲《事物原會·褡褙》："王士禎《居易録》：'今語謂皮衣之長者曰褡褙，此語最古。'郭一經曰：'半臂衫也。起於隋時，内官服之。'"

【搭褙】

　　同"搭護"。此體始見於元代。見該文。

【褡褙】

　　同"搭護"。此體始見於明代。見該文。

裲襠

　　一種無領無袖的外衣。唐代婦女服用。其形制如裲襠，但較長，加之於大袖之上而不遮掩大袖衣。《通雅》："裲襠，言裲襠之蓋其外

也。"唐蔣防《霍小玉傳》："著舊石榴裙，紫裲襠，紅緑帔子。"《新唐書·車服志》："武舞緋絲布大袖，白練裲襠……鼓吹按工加白練裲襠。"又："殿庭文舞郎，黄紗袍，黑領、襈，白練裲襠……登歌工人，朱連裳，革帶，烏皮履。殿庭加白練裲襠。"在新疆吐魯番出土的唐代絹衣女俑有此服飾。

背子

　　古代一種短袖長衣，後又改爲長袖。形如中單，但腋下兩裾不連。多爲對襟，但不施衿紐，腰間多以勒帛繫束，男女皆可服用。秦代已有其制。宋高承《事物紀原·衣裘帶服》："背子。〔《實録》〕又曰：秦二世詔衫子上朝服加背子，其制袖短於衫，身與衫齊而大袖。今又長與裙齊，而袖纔寬於衫。蓋自秦始也。"隋唐時期亦見。五代馬縞《中華古今注·衫子背子》："隋大業末，煬帝宫人、百官母妻等緋羅蹙金飛鳳背子，以爲朝服及禮見賓客舅姑之長服也。天寶年中，西川貢五色織成背子。"宋代背子，一種爲貴族男子着在祭服、朝服内的襯裏之衣，其制如古代中單，盤領、長袖，兩腋開衩，下長至足；一種指武士、儀衛的圓領

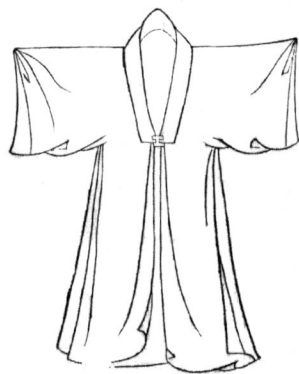

背　子
（明王圻等《三才圖會》）

制服，對襟、短袖，下長至膝。還有一種女子服用者，直領對襟爲多，不施紐扣、繩帶，袖或寬或窄，長度過膝，左右腋下開衩。穿時衣襟敞開，露出裏衣。男子着者，上有皇帝、官吏，下有士人、商賈、儀衛等；女子着者，上有后、妃、公主，下有家居婦女、媒人、女妓、教坊歌樂女等。《朱子語類》卷一二七："今上登極，時常著白綾背子。"宋程大昌《演繁露·背子中禪》："今人服公裳，必表以背子。背子者，狀如單襦、袷襖，特其裾加長，直垂至足焉耳。其實古之中禪也。禪之字或爲單。中單之制，正如今人背子。"宋代男子穿的背子爲非正式禮服，官員祇作爲襯衣，士大夫則作爲會客時的簡便禮服，而婦女穿背子則有正式規定。《宋史·輿服志五》："淳熙中，朱熹又定祭祀、冠婚之服，特頒行之。凡士大夫家祭祀、冠婚，則具盛服……婦人則假髻、大衣、長裙。女子在室者冠子、背子。衆妾則假紒、背子。"元代，女妓穿黑色背子。明代，背子的形制大體同宋代。亦作"褙子"。命婦所着，亦稱"四襈襖子"。《明史·輿服志二》："皇后常服。洪武三年定……紅羅長裙，紅褙子。"又："永樂三年更定……四襈襖子，即褙子。"皇妃、嬪及內命婦的常服也有褙子。其形制有合領、大袖和直領、小袖之別。四襈係直領、開四衩的式樣。民間女子在室者亦着窄袖褙子。

【褙子】

同"背子"。此體始見於明代。見該文。

【四襈襖子】

即背子。此稱始見於明代。見該文。

【綽子】

即背子。宋代江、淮之間始有此稱。宋高承《事物紀原·衣裘帶服》："半臂……今背子也，江、淮之間或曰綽子，士人競服。"金代亦稱之，許嫁之女服之。《金史·輿服志下》："許嫁之女則服綽子，制如婦人服，以紅或銀褐明金爲之，對襟彩領，前齊拂地，後曳五寸餘。"

背心

一種無領無袖的上衣。在漢代裲襠和唐代半臂基礎上演變而來，宋代始有其稱。宋佚名《西湖老人繁勝錄》："街前，撲賣摩候羅，多着乾紅背心，繫青紗裙兒。"宋曹勳《北狩見聞錄》："徽廟出御衣衣襯一領。"自注："俗呼背心。"福建福州南宋黃昇墓出土實物有背心。其制：對襟、無袖，長同上衣，質用花羅，兩襟另綴花邊。明清沿用。《紅樓夢》第三回："只見一個穿紅綾襖青綢掐牙背心的丫鬟走來。"現代，有夏季穿的綾織、布製背心，還有冬季穿的毛背心、棉背心以及羽絨背心等。

背褡

無袖短衣。承漢代裲襠遺制演變而來。僅蔽胸背。元代始見。元秦簡夫《趙禮讓肥》第一折："我則見他番穿着綿納甲，斜披着一片破背褡。"後世沿用，直至現代。《醒世姻緣傳》第七九回："四錢八分銀買了一匹平機白布，做了一件主腰，一件背褡，夾襖夾袴從新拆洗，絮了棉套，製做停當。"茅盾《虹》一〇："旗袍從她胸前敞開着，白色薄綢的背褡裹住她的豐滿的胸脯。"亦稱"搭背"。元楊訥《西游記》第六本："一個個手執白木植，身穿着紫搭背。"

【搭背】

即背褡。此稱始見於元代。見該文。

比甲

古代婦女穿的一種無領無袖長外衣。由漢

代裲襠、隋唐半臂演變而來。元代始見。爲元世祖皇后察必所創，初爲便於騎射而製。《元史·后妃傳·世祖后察必》："〔后〕又製一衣，前有裳無衽，後長倍於前，亦無領袖，綴以兩襻，名曰比甲。以使弓馬，時皆倣之。"明代，多爲年輕婦女所穿，且流行於士庶妻女及奴婢之間。明代通俗小說常見描寫。對襟式比甲用紐扣住，其他襟式的用帶繫扎。罩於衣裙之外。《金瓶梅詞話》第二七回："李瓶兒是大紅蕉布比甲，金蓮是銀紅比甲，都用羊皮金滾邊，妝花楣子。"清代，比甲亦甚流行。清蒲松齡《聊齋志異·胡大姑》："視之，不甚修長，衣絳紅，外襲雪花比甲。"後經過變革，改製成馬甲。

罩甲

一種短袖或無袖的罩衣。承前代裲襠演變而來。始見於明代，有對襟、非對襟之別。周錫保《中國古代服飾史》第十三章《明代服飾》："罩甲，有二種：一種爲對襟的，一般軍民步卒等不准服用，惟騎馬者可服；一種爲非對襟者，則士大夫等均可服之。但紫花罩甲則不准着。黃色罩甲爲軍人所服，衣式較短，始自正德間，其後中外都效之，即如巡狩、督餉，

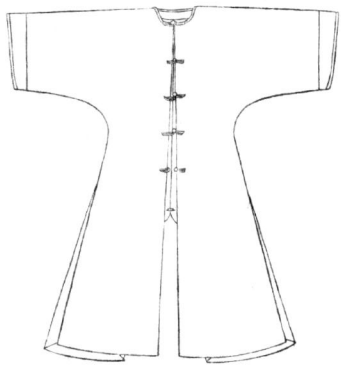

外　套
（〔日〕中川忠英《清俗紀聞》）

侍郎、巡撫、都御史等也都服此罩甲。内官穿窄袖衣亦加此罩甲於外，且有織金綉者。捕快則加紅布罩甲於外。轎夫、傘夫俱加紅背心。"山東博物館藏明代《邢玠抗日援朝戰迹圖》，其中有騎馬者穿黃罩甲。清代沿用，其制有變。其短小者曰馬甲、坎肩，而長大者曰褂、外套。清王應奎《柳南續筆·罩甲》："今人稱外套亦曰罩甲。按罩甲之制，比甲則長，比披襖則短。創自明武宗，前朝士大夫亦有服之者。"亦稱"齊肩""褾裸""褂子"。《通雅·衣服一》："戎衣有罩甲，所謂重衣在上而短者，前似袴衣，或肩有袖至臂臑而止，今曰齊肩，邊關號曰褾裸，又謂之褂子。"

【外套】

即罩甲。此稱始見於清代。見該文。

【齊肩】

即罩甲。此稱始見於明代。見該文。

【褾裸】

即罩甲。此稱始見於明代。見該文。

【褂子】

即罩甲。此稱始見於明代。見該文。

坎肩

一種無領無袖的上衣。由隋唐半臂演變而來。一般在天凉時穿於上衣之外，有單、夾、棉、皮之別，婦女穿者較多。清代始見。《醒世姻緣傳》第一四回："只見珍哥揉着頭，上穿一件油綠綾機小夾襖，一件醬色潞油小綿坎肩，下面岔着綠綢夾褲，一雙天青紵絲女靴。"《紅樓夢》第四〇回："剩的配上裏子，做些個夾坎肩兒給丫頭們穿。"現代亦流行。曹禺《北京人》第一幕："她穿着一件月白色的上身，外面套了青直貢呢的坎肩。"

馬甲

一種有領無袖的上衣。類坎肩。清代始見。周汛、高春明《中國歷代服飾·清》："馬褂之外，又有馬甲（北方稱'坎肩'，也有叫'背心'的），男女皆着。馬甲也有大襟、對襟、琵琶襟諸式。一般穿在裏面，式樣也比較窄小。晚清時，有把馬甲穿在外面的。"清代馬甲有傳世實物，其制短小，僅及腰下。其初穿於袍內，解脱方便。其裝飾多樣，或施以彩綉，或鑲以花邊。領子多元寶式，下襬一般無衩。

巴圖魯坎肩

清代一種多紐扣馬甲。巴圖魯，滿語，意謂勇士。其制，四周鑲邊，正胸橫行一排紐扣，共十三粒，紐扣爲"一"字形，故俗稱"一字襟馬甲"或"十三太保"。始爲朝廷要員所着，故亦稱"軍機坎"。後一般官員皆着之，成爲一種半禮服。徐珂《清稗類鈔·服飾》："京城盛行巴圖魯坎肩兒，各部司員見堂官往往服之，上加纓帽。南方呼爲'一字襟馬甲'。例須用皮者，襯於袍套之中，覺暖，即自探手，解上排紐扣，而令僕代解兩旁紐扣，曳之而出，借免更換之勞。後且單夾綿紗一律風行矣。"周汛、高春明《中國歷代服飾·清》："另有一種多紐扣馬甲，稱'巴圖魯坎肩'（巴圖魯是滿語，意即勇士）。這種馬甲，四周鑲邊，於正胸橫行一排紐扣，共十三粒，俗稱'一字襟'馬甲，或謂'十三太保'。先著於朝廷要官之間，故又稱'軍機坎'。"有傳世實物。

【一字襟馬甲】

即巴圖魯坎肩。此稱始見於清代。見該文。

【十三太保】

即巴圖魯坎肩。此稱始見於清代。見該文。

【軍機坎】

即巴圖魯坎肩。此稱始見於清代。見該文。

鷹膀褂

清代一種加袖坎肩。形似老鷹翅膀，故名。本爲乘馬之服，後亦日常服用；始爲皮製，後亦用紗，有單、夾、棉之别。徐珂《清稗類鈔·服飾》："京師盛行巴圖魯坎肩兒……其加兩袖者曰鷹膀，則宜於騎馬，步行者不能服也。"《紅樓夢》第四九回："〔寶玉〕只穿一件茄色哆囉呢狐狸皮襖，罩一件海龍小鷹膀褂子，束了腰，披上玉針蓑，帶了金藤笠，登上沙棠履，忙忙的往蘆雪庭來。"

大襟馬褂

衣襟開在右邊的馬褂。有一大襟，將另一小襟掩在内。清代始見，爲馬褂的一種，多作便服穿用。周錫保《中國古代服飾史》第十四章《清代服飾》："大襟馬褂，即衣襟開在右邊，其四周有用異色爲緣邊，是屬於便服類。"此種馬褂一直沿用至現代，1949 年以後，逐漸少見，但在北方農村，老年人仍穿用。

阿娘袋

清代一種對襟、身袖皆長的馬褂。始由康熙時某權臣所着，後誤稱爲"倭龍袋"，其後又稱"鵝領袋"。清史夢蘭《止園筆談》："今日常禮服之長袖馬褂，既非往日制服，又非前代所有，實起於家庭骨肉之間。某相國曾隨駕北征，其母夫人憂其文弱，不勝風寒，爲製是衣，取其暖而便也。相國感母恩，常服之不去身……當時名之阿娘袋，後誤爲'倭龍袋'，今則又稱爲'鵝領袋'矣。"後民間穿者漸多，尤爲老年人所喜愛。亦稱"卧龍袋"。《兒女英雄傳》第三九回："〔鄧九公〕穿一件舊月白短夾襖兒，敞着腰兒，套着一件羽緞夾卧龍袋，從脖頸兒起一直到大襟没一個扣着。"清末民初，北方仍然流行，特别是民間。

【倭龍袋】

即阿娘袋。此稱始見於清代。見該文。

【鵝領袋】

即阿娘袋。此稱始見於清代。見該文。

【卧龍袋】

即阿娘袋。此稱始見於清代。見該文。

五毒背心

用紅、藍、黄、白、緑五種色布拼接成的背心。上綉蜈蚣、蝎子、壁虎、蜘蛛、蟾蜍五種毒蟲圖案。民間以爲穿此衣可以毒攻毒，避邪除病。流行於陝西西安及關中地區。

近現代少數民族傳統坎肩

木日格古掛子

土族音譯，意爲"褐坎肩"。土族民間傳統服飾。用褐布縫製的短坎肩。無領、袖，有大襟。用黑白布料配藍或黑、紅布緣邊。男女勞動時皆穿。流行於青海互助、大通等地。

左克

朝鮮語音譯，意爲"坎肩"。朝鮮族傳統服飾。一種套在上衣外的坎肩。一般以綢緞作面，毛皮爲裏。有三個衣袋，五個扣。男服必備，老年婦女亦穿。老年男女穿的肥大，青年人穿的形似西服坎肩。流行於黑龍江、吉林、遼寧等地。

平吉克

維吾爾語音譯，亦稱"吉麗提卡"，意爲"女背心"。維吾爾、烏孜别克、哈薩克等族民間傳統女服。一種罩在連衣裙外的無袖對襟上衣。長及腰間。用紅、緑、黑等色平絨製成。在領口及四邊用絲綫綉花邊或滾邊。流行於新疆地區。

【吉麗提卡】

即平吉克。見該文。

客木再勒

柯爾克孜語音譯，意爲"坎肩"。柯爾克孜族民間傳統服裝。布製，寬大，直領或無領，領口甚大，長及臀下膝上，袖裝扣帶，釘銀扣，對襟。一般穿於内衣之外，再加外衣。婦女多穿紅色，男子穿黑、灰、藍色。流行於新疆克孜勒蘇柯爾克孜地區。

達胡

土族語音譯。一種長坎肩。無領，無袖，對襟，左、右、後開衩至胯下，長過膝，鑲彩緞花邊。一般穿在袍子外面，多爲顯貴人家少婦穿着。流行於青海互助地區。

紫紅坎肩

白族婦女服飾。大襟式，衣襟左右有鑲邊，無領，袖籠口。穿於白色大襟上衣之外，胸前佩戴銀色蛇骨鏈爲飾，腰繫一條綉花圍裙。

黑坎肩

撒拉族民間服裝。一種大襟長坎肩。多以黑色棉布或綢緞縫製。男式與一般坎肩相似。女式衣長及膝，如中裝上衣，無袖，大襟釘縮花排扣至肩，鑲邊，兩邊開衩，有的胸前還綉精緻的花卉。中青年婦女喜穿。流行於青海循化一帶。

納木

珞巴語音譯。珞巴族婦女傳統服飾。一種黑色無袖套頭長坎肩。以羊毛染織而成。長及腹部，袖窟很大。女子的坎肩還在袖口、下襬處加一道白色鑲邊。珞隅地區的珞巴族男子則在坎肩外披一塊野牛皮，用皮條繫在肩膀上；女子頸間佩戴數條甚至數十條項鏈，懸挂於坎肩外。流行於西藏珞隅馬尼崗、梅楚卡地區。

對襟坎肩

白族男子服裝。多爲黑色，前襟鑲有白邊，有十數對布條打成的“一”字形紐扣，配穿白色上衣、長褲，腰繫綉花腰帶，兩端做成三角形。帶頭飾有小銀墜，垂在腹前，似蔽膝。

袍　類

袍

長衣服之通稱。特指有表有裏，中鋪絲綿的長衣，即長襦。先秦用作內衣，穿時需加罩外衣。《禮記·玉藻》：“纊爲繭，縕爲袍。”鄭玄注：“衣有著之異名也。纊謂今之新綿也，縕謂今纊及舊絮也。”孫希旦集解：“新而美者爲纊，惡而舊者曰縕，衣以縕着之者謂之袍。”先秦時，一般爲穿不起裘的窮人所着。《詩·秦風·無衣》：“豈曰無衣？與子同袍。”袍之起源有二說：一說有虞氏即有之。五代馬縞《中華古今注·袍衫》：“袍者，自有虞氏即有之，故《國語》曰袍以朝見也。秦始皇三品以上綠袍深衣，庶人白袍，皆以絹爲之。”一說周代時周公抱成王施之。《後漢書·輿服志下》：“袍者，或曰周公抱成王宴居，故施袍。”漢代，除作內衣外，平時亦可穿在外面，於是逐漸演變爲外衣，并多在領、袖、襟、裾等部位緣邊。不論男女，皆可服用。《釋名·釋衣服》：“袍，丈夫著，下至跗者也。袍，苞也；苞，內衣也。婦人以絳作衣裳，上下連，四起施緣，亦曰袍，義亦然也。”漢代，皇家貴族婦女，袍上之裝飾更爲考究。帝王、百官還以之爲朝服。其制，以大袖爲多，袖口部分收縮緊小。《後漢書·輿服志下》：“公主、貴人、妃以上，嫁娶得服錦綺羅縠繒，采十二色，重緣袍。”又：“服衣，深衣制，有袍，隨五時色……今下至賤更小史，皆通制袍，單衣，皂緣領袖中衣，爲朝服云。”自漢以後，袍爲朝服，天子着絳紗袍。隋唐以後，天子着黃袍，百官則以顏色區別等級。《廣雅·釋器》：“袍襡，長襦也。”王念孫疏證：“《續漢書·輿服志》云：‘或曰周公抱成王燕居，故施袍。’是袍爲古人燕居之服，自漢以後，始以絳紗袍、皂紗袍爲朝服矣。”《晋書·輿服志》：“其釋奠先聖，則皂紗袍……其朝服……絳紗袍。”又：“其雜服有……五色紗袍。”《舊唐書·輿服志》：“高氏諸帝，常服緋袍。隋代帝王貴臣，多服黃文綾袍……百官常服，同於匹庶，皆著黃袍，出入殿省。天子朝服亦如之，惟帶加十三環以爲差異……晋公宇文護始命袍加下襴。”又：“武德初，因隋舊制，天子讌服，亦名常服，唯以黃袍及衫，後漸用赤黃。”《宋史·輿服志三》：“衫袍。唐因隋制，天子常服赤黃、淺黃袍衫……宋因之，有赭黃、淡黃袍衫……大宴則服之。又有赭黃、淡黃襕袍，紅衫袍，常朝則服之。又有窄袍，便坐視事則服之。"明代，天子、百官皆服袍。《明史·輿服志二》："皇帝通天冠服。洪武元年定，郊廟、省牲，皇太子諸王冠婚、醮戒，則服通天冠、絳紗袍……皇帝常服。洪武三年定，烏紗折角向上巾，盤領窄袖袍。"又《輿服志三》："〔文武官公服〕其制，盤領右衽袍……一品至四品，緋袍；五品至七品，青袍；八品九品，綠袍。"清代亦用袍，皇帝有龍袍、常服袍，皇后有龍袍、朝袍，其下還有蟒袍等，參閱《清史稿·輿服志二》。

【褭明】

即袍。長襦。方言之稱。《方言》第四："褭明謂之袍。"郭璞注："《廣雅》云：'褭明，長襦也。'"錢繹箋疏："注引《廣雅》云者，《釋器》文也。《急就篇》云'袍襦表裏曲領裙'顏師古注：'長衣曰袍，下至足跗；短衣曰襦，自膝以上。一曰羃衣。'是袍與襦長短各異。以褭明爲長襦者，蓋比襦爲長而溫暖，故《說文》亦謂之羃衣。"

綈袍

古代平民常服。以質地粗厚之繒爲之。始見於戰國時期。范睢事魏中大夫須賈，遭毀謗，逃至秦國，仕秦爲相。後須賈事秦，范睢故着敝衣往見，須賈憐其寒，贈綈袍一件，旋知睢爲秦相，大驚請罪。睢以賈贈綈袍，有眷戀故人之意，故釋之。參閱《史記·范睢列傳》。

白袍

白色袍服。古代庶人服之。始見於秦代。五代馬縞《中華古今注·袍衫》："秦始皇三品以上綠袍深衣，庶人白袍，皆以絹爲之。"漢以後，軍隊有着白袍者。《梁書·陳慶之傳》："慶之麾下，悉著白袍，所向披靡。"唐制，新進士皆着白袍。唐李肇《唐國史補》卷下："或有朝客譏宋濟曰：'近日白袍子何太紛紛？'濟曰：'蓋由緋袍子、紫袍子紛紛化使然也。'"宋代，尚未有官職者着白袍。宋蘇軾《催試官考較戲作》詩："願君聞此添蠟燭，門外白袍如立鵠。"亦稱"素袍"。《宋史·方技傳上·趙自然》："〔趙自然〕後夢一人，綸巾素袍，鬢髮斑白，自云姓陰，引之登高山。"明謝讜《四喜記·赴試秋闈》："獨坐悶無聊，淚紛紛濕素袍。冤家鎮日縈懷抱。"

【素袍】

即白袍。此稱始見於宋代。見該文。

【鵠袍】

即白袍。鵠色白，故名。宋岳珂《桯史·萬春伶語》："命供帳考校者悉倍前規，鵠袍入試。"

袷袍

雙層無絮的長袍。始爲古代北方胡族之服。《史記·匈奴列傳》："服繡袷綺衣、繡袷長襦、錦袷袍各一。"後傳入中原，歷代沿用，直至現代。巴金《沉默集·春雨一》："我脫掉那件濕透了的袷袍，兩隻脚更不像樣了。"

襺

新綿袍。《說文·衣部》："襺，袍衣也。從衣，繭聲。以絮曰襺，以縕曰袍。《春秋傳》曰：'盛夏重襺。'"張舜徽《說文解字約注·衣部》："襺：襺乃袍之別名。襺之言繭也，謂裹其軀體上下相連也。襺之受義於繭，猶袍之受義於包耳。袍、襺析言雖殊，而外形一也。"始見於先秦，亦作"繭"。《左傳·襄公二十一年》："重繭，衣裘，鮮食而寢。"杜預注："繭，綿衣。"

孔穎達疏：“《玉藻》曰：‘纊爲繭，縕爲袍。’鄭玄云：‘衣有著之異名也。纊謂今之新綿，縕謂今纊及舊絮也。’然則繭是袍之別名，謂新綿著袍，故云綿衣也。”

【繭】

同“襺”。此體始見於先秦時期。見該文。

縕袍

以亂麻舊絮充填的長袍。古代爲貧窮者所穿。先秦始見。《論語・子罕》：“衣敝縕袍，與衣狐貉者立而不耻者，其由也與？”何晏集解：“孔曰：‘縕，枲著。’”漢代因之。《後漢書・羊續傳》：“續乃坐使人於單席，舉縕袍以示之，曰：‘臣之所資，唯斯而已。’”李賢注：“縕，故絮也。”後代亦見。唐杜甫《大雨》詩：“執熱乃沸鼎，纖絺成縕袍。”

【褞袍】

同“縕袍”。此體始見於漢代。漢陸賈《新語・本行》：“二三子布弊褞袍，不足以避寒。”《後漢書・桓鸞傳》：“少立操行，褞袍糟食，不求盈餘。”

縕著

麻絮着於衣內之袍。猶縕袍。古代貧賤者之服。先秦始見。《韓詩外傳》卷九：“士褐衣縕著，未嘗完也。”漢代以後亦見。亦作“縕緒”。《文選・任昉〈齊竟陵文宣王行狀〉》：“華袞與縕緒同歸，山藻與蓬茨俱逸。”張銑注：“縕緒，貧賤服也。”

【縕緒】

同“縕著”。此體始見於南北朝時期。見該文。

縕黂

以粗劣麻絮着裏之冬衣。先秦始見。《列子・楊朱》：“昔者宋國有田夫，常衣縕黂，僅以過冬。”張湛注：“縕黂，謂分弊麻絮衣也。”後世亦見。宋晁補之《同畢公叔飲城東》詩：“何必悲無衣，縕黂聊禦冬。”

袿袍

漢代婦女穿的一種形似刀圭之袍。衣裳相連，有表有裏，上廣下窄。《禮記・雜記上》：“内子以鞠衣、褒衣，素沙。”鄭玄注：“六服皆袍制，不襌，以素沙裏之，如今袿袍襈重繒矣。”孔穎達疏：“袍制，謂連衣裳，有表有裏，似袍，故云‘皆袍制，不襌’。漢時有袿袍，其袍下之襈，以重繒爲之。”江蘇徐州銅山出土的漢代陶女俑，其服飾當是此服裝之遺形。

袿衣

古代婦女穿的一種形似刀圭的長衣。始見於漢代。漢王褒《九懷・尊嘉》：“修余兮袿衣，騎霓兮南上。”後代亦見。《南史・宋江夏文獻王義恭傳》：“舞伎正冬著袿衣，不得莊面。”清蒲松齡《聊齋志異・嫦娥》：“次日，早往，則女先在，袿衣鮮明，大非前狀。”

【袿襡】

即袿衣。此稱始見於晋代。《晋書・隱逸傳・夏統》：“又使妓女之徒服袿襡，炫金翠，繞其船三匝。”何超音義：“襡，音蜀。《字林》曰：‘袿，婦人上衣也。襡，連要衣也。’”亦作“袿”。《南史・隱逸傳下・鄧郁》：“神仙魏夫人忽來臨降，乘雲而至，從少嫗三十，並着絳紫羅綉袿。”

【袿襡】

同“袿襡”。此體始見於南北朝時期。見該文。

諸于

古代一種婦女上衣。較寬大，屬袿衣類。盛行於漢代。《漢書·元后傳》："是時政君坐近太子，又獨衣絳緣諸于，長御即以爲是。"顏師古注："諸于，大掖衣，即袿衣之類也。"亦作"諸衧"。《後漢書·光武帝紀上》："時三輔吏士東迎更始，見諸將過，皆冠幘而服婦人衣，諸于繡鑷，莫不笑之。"王先謙集解："惠棟曰：'諸于，《説文》云：衧，諸衧也。省作于。'"後世半臂爲其遺制，亦稱"披風敞袖"。《通雅》："諸于、繡鑷，半臂也……是今之披風敞袖也。"《正字通·衣部》："衧，諸衧，即諸于，今俗呼披風敞袖是也。"

【諸衧】

同"諸于"。此體始見於漢代。見該文。

【披風敞袖】

"諸于"之俗稱。此稱始見於明代。見該文。

雜裾垂髾服

古代女服。不分上衣下裳，以襳、髾爲裝飾。襳即長飄帶。髾爲固定在衣服膝前和下襬附近的三角形飾物，以輕軟的絲綢製成，層層重疊，上寬下窄，稱爲"雜裾"。腰間加一條小圍腰。走動時襳、髾相引，如燕子飛翔，瀟灑裊娜。後又將襳縮短、髾加長，兩者遂合二爲一。盛行於兩晉南北朝時期。東晉顧愷之《洛神賦圖》中的人物即身穿此類服裝，山西大同司馬金龍墓出土北魏漆畫屏風亦有穿此服的形象。

直裰

古代家居常服，一種斜領大袖、四周鑲邊的袍衫。衣背中縫上下貫通，故稱。相傳晉處士馮翼始服，隋唐朝野服之，至宋乃稱"直裰"。宋郭若虛《圖畫見聞志·論衣冠異制》："晉處士馮翼，衣布大袖，周緣以皂，下加襴，前繫二長帶，隋唐朝野服之，謂之馮翼之衣，今呼爲直裰。"宋以後亦見。《儒林外史》第一回："一個穿寶藍直裰，兩人穿元色直裰，都有四五十歲光景。"《水滸傳》第四回："智深把皂直裰褪剝下來，把兩隻袖子纏在腰裏。"亦稱"直掇"。宋蘇轍《答孔平仲惠蕉布》詩："更得雙蕉縫直掇，都人渾作道人看。"僧道之徒常服之，故亦稱"道袍"。明王世貞《觚不觚錄》："腰中間斷，以一綫道橫之，下豎摺之，則謂之'程子衣'；無綫道者則謂之道袍，又曰直掇。"亦稱"直綴"。《金瓶梅詞話》第三九回："那道士頭戴小帽，身穿青布直綴，下邊履鞋净襪。"亦稱"直身"。周錫保《中國古代服飾史》第十三章《明代服飾》："直身。與道袍相似，或稱直掇。宋時已有此衣式，是一種寬大而長的衣，元代襌僧也服此衣，爲一般士人所穿。明初太祖制民庶章服用青布直身即此。後有作民謠云：'二可怪，兩隻衣袖像布袋'者應即指此衣。"

【直掇】

同"直裰"。此體始見於宋代。見該文。

【道袍】[1]

即直裰。此稱始見於明代。見該文。

【直綴】

即直裰。此稱始見於明代。見該文。

【直身】

即直裰。此稱始見於明代。見該文。

【直襬】

即直裰。《警世通言·王安石三難蘇學士》："不多時，相府中有一少年人，年方弱冠，戴纏鬃大帽，穿青絹直裰，攞手洋洋，出來下堦。"

【直繫】

即直裰。始見於宋代。宋佚名《宣和遺事》前集："天子道：'恐卿不信。'遂解下龍鳳絞綃直繫，與了師師。"宋周密《齊東野語·李全》："〔姚〕翀遂縋城而出，以直繫書青州姚通判，以長竿揭之馬前，往見李姑姑。"金代亦見。金董解元《西廂記諸宮調》卷七："藍直繫有功夫，做得依規矩。"凌景埏校注："直繫，袍子。也有人説就是直裰。"

褶

寬袖大袍。由先秦帛製夾衣，經南北朝時期袴褶服之演變，至唐宋漸成定制。由原先左衽改爲右衽，短身變爲長身，小袖衍爲大袖。《三國志·魏書·崔琰傳》："唯世子燔翳捐褶，以塞衆望，不令老臣獲罪於天。"《資治通鑑·陳宣帝太建十四年》："叔堅手搤叔陵，奪去其刀，仍牽就柱，以其褶袖縛之。"胡三省注："褶，音習，布褶衣也，今之寬袖。"周錫保《中國古代服飾史》第六章《南北朝服飾》："自北族的褲褶服盛行後，南人也彩而服之，但畢竟在朝會或禮儀中，這樣裝束是不符合儀表的嚴肅感。因此南人就將上身的褶衣加大了袖管，下身的褲管也加大了。"明清時期，尤爲盛行。《金瓶梅詞話》第六九回："衆人不免脱下褶，並拿下頭上簪圈下來，打發停當，方纔説進去。"

襯袍

元代儀衛之服。襯在裲襠甲裏面的長衣。《元史·輿服志一》："儀衛服色……襯袍，制用緋錦，武士所以褐裲襠。"

士卒袍

元代儀衛之服。《元史·輿服志一》："儀衛服色……士卒袍，制以絹紬，繪寶相花。"

程子衣

明代一種類曳撒之衣。腰有一綫道橫縫之，爲士大夫日常所着。據傳此衣爲宋代理學家程顥、程頤兄弟所常服，故稱。明王世貞《觚不觚録》："腰中間斷，以一綫道橫之，下竪摺之，則謂之'程子衣'。"江蘇南京明徐俌墓曾出土實物，現藏江蘇南京博物館。

襨子

明代一種便服。制如女裙。亦稱"襯褶袍"。明劉若愚《酌中志·内臣佩服紀略》："世人所穿襨子，如女裙之制者，神廟亦間尚之，曰襯褶袍，想即古人下裳之義也。"

【襯褶袍】

即襨子。此稱始見於明代。見該文。

箭衣

古代一種便於射箭之袍。因便於射箭，故稱。其袖端上長下短，僅可覆手，以便射箭，稱"箭袖"。又袖口形似馬蹄，亦稱"馬蹄袖"。始見於明末。明葉紹袁《啓禎記聞録》卷七："撫按有司申飭，衣帽有不能備營帽箭衣者，許令黑帽綴以紅纓，常服改爲箭袖。"滿族入關之後繼續行用，直至清末。其制，官吏士庶開兩衩，皇族宗室開四衩。徐珂《清稗類鈔·服飾》："〔順治四年十一月〕詔定官民服飾之制，削髮垂辮。於是江蘇男子，無不箭衣小袖，深鞋緊襪。"

旗袍

婦女穿的一種長袍。本爲滿族婦女特有的袍子，清朝建立後逐漸傳入内地。因滿族被稱爲“旗人”，故漢人稱爲“旗袍”。其制，圓領，捻襟（大襟），窄袖，四面開襖，有扣絆。清代滿族婦女的旗袍，始爲直筒式，腰寬，下襬、袖口較大，下襬不開衩，講究裝飾，在衣襟、領口、袖邊等處鑲邊，以多鑲爲美。一般長不没脚，作禮服時，長及脚面。貴族婦女及宫廷嬪妃穿高底鞋，旗袍蓋住脚面。入關後，旗袍的開襖從四面變爲兩面，或不開襖；下襬由寬大變爲收斂，即由斜綫變成直綫；袖口也由窄變肥。形成一種長馬甲式旗袍。清末滿族婦女旗袍，特點是寬大、平直，下長至足，多用綢緞，其上綉滿花紋，領、袖、襟、裾都滚有寬闊的花邊。辛亥革命以後，至 20 世紀 20 年代，亦在漢族婦女中流行，并在原來的基礎上不斷改進，吸收了西裝的優點，袖口逐漸縮小，滚邊逐漸變窄，長度縮至膝下或踝骨，兩側開衩，直領，右開大襟，收緊腰身，逐漸成爲適合中國婦女穿着的具有民族特色的服裝。按季節有長、中、短袖，單、夾、皮之别。至 30 年代，領由高變低，乃至無領，袖子先長後短，短至露肘；衣襟先長後短，短至膝下。至 40 年代以來，縮短長度、减低領高，夏季取消袖子，成爲發展趨勢。旗袍美觀適體，能體現出中國女性的秀美身姿。改革開放以後，款式有新的改變，出現了後裝袖，有肩縫旗袍、暗褶式開衩旗袍、短連袖旗袍、無袖旗袍等新款式。旗袍不僅成爲中國婦女的家居服裝，也成爲在社交場合所着的一種禮服，并受到西方歐美婦女的青睞。

睡衣

現代一種睡眠時穿的服裝。多以薄紗製成，輕軟舒適，較長，一般爲套穿式。睡眠時所穿，形如袍，故稱。後出現對襟式等多種樣式。近代從國外傳入，始在大城市富貴人家中流行，20 世紀 80 年代以後，隨着人民生活的提高，睡衣亦進入普通人民家庭。有男式、女式兩種。男式多用條格衣料，女式多用小花衣料并綴以花邊裝飾。

【睡袍】

即睡衣。此稱始見於現代。見該文。

晨衣

早晨起床後在卧室内穿的一種服裝。20 世紀初由國外傳入。始爲以毛巾布作青果領式的浴衣改變而成，後多用團花軟緞、素色軟緞、華絲葛、織錦緞等高檔絲織物裁製。其式，仍以青果領爲主，形如長袍，腰間有帶可繫。有單、棉之别，亦有男式、女式、童式的不同。

棉袍

現代以棉花絮成的袍。多以布製，表用深色，裏用淺色。中式，有領，封襟，以紐扣連結。魯迅《集外集·文藝與政治的前途》：“譬如今天××先生穿了皮袍，我還祇穿棉袍；××先生對於天寒的感覺比我靈。”

棉猴

現代一種衣領上連着風帽的棉大衣。冬季穿用，穿者以學生爲主。風雪天將風帽套在頭上，平時亦可放下垂於領後。20 世紀六七十年代較流行。冰心《記一件最難忘的事情》：“我趕緊穿好衣服，披上棉猴。媽媽還把我的棉猴領子翻了上去。”

近現代少數民族傳統袍服

大襟夾袍

撒拉族傳統袍服。其制，高領，釘縮花排扣，兩邊開衩，長及腳面，下襬較寬大。有表有裏，故稱"夾袍"。男女皆穿，女式所用面料顏色較鮮艷。流行於甘肅等地。

大襟棉袍

撒拉族傳統袍服。黑面白裏，絮以羊毛或棉花。高領，釘縮花排扣，長不過膝，兩邊開衩。中老年婦女冬季穿用。流行於甘肅等地。

巴察

藏語音譯，意謂"鑲邊皮袍"。藏族民間傳統服裝。將光板羊皮袍鑲邊而成。通常用羊羔、水獺、旱獺、貂鼠皮，或用黑皮絨、燈芯絨、毛呢、彩色氆氌等在胸襟邊沿、袖口、領口和其他袍邊緣邊。流行於西藏、青海、四川等地。

仡佬袍

舊時仡佬族傳統服飾。將一塊青布中間剪一領口即成。下穿無褶的三角桶裙，外套此袍。流行於貴州安順、平霸等縣。

托恩

維吾爾語音譯。維吾爾族傳統袍服。一種對襟皮袍。一般以羊皮爲料，不加面，領口、袖口和四邊均翻出約5厘米寬的羊毛，以黑花絨滾邊，或有扣，或無扣。亦有以綢緞做面，以貂皮、狐皮做裏者，此種則甚爲貴重。流行於新疆地區。

仲白

東鄉族傳統男服。一種長袍。以灰布或黑布縫製，對襟。男子春秋穿着，尤爲中老年人所喜愛。流行於甘肅東鄉及廣河、和政等地。

杜魯瑪克

朝鮮語音譯。朝鮮族男子傳統長袍。亦稱"裕周衣""周莫衣""周遮衣"。斜襟，無紐扣，以長布帶在胸前打結。有單、棉兩種。一般外出時穿用。流行於黑龍江、吉林、遼寧等地。

【裕周衣】

即杜魯瑪克。見該文。

【周莫衣】

即杜魯瑪克。見該文。

【周遮衣】

即杜魯瑪克。見該文。

拉布錫克

蒙古族傳統服裝。一種袍子。台吉（爵位名）以錦緞製，飾文綉；宰桑（官職名）以絲綉、絲絇或氆氌爲料，内以駝毛爲絮。右衽、袖平、四周連紐。台吉、宰桑之妻，衣錦綉，兩袖、兩肩及交襟續衽，或飾金花，或刺綉。普通牧民婦女襟袖衣衽則鑲染色皮。流行於内蒙古、青海等地區。

哈日米

達斡爾語音譯。達斡爾族民間男服。一種皮袍。以春、夏、秋初獵獲的狍皮縫製而成，故有"克熱哈日米"（八月狍皮製的皮袍）和"卦蘭哈日米"（伏天狍皮製的皮袍）之別。右衽長，前後開衩。春、秋季穿用。流行於内蒙古莫力達瓦地區。

郭修

門巴語音譯，意爲"長袍衫"。門巴族婦女長袍。以棉麻纖維紡織的一長幅窄面土布摺叠縫合成口袋狀，摺綫中央開一圓口套頭，摺綫兩端留八寸至一尺口不縫合以代袖口，無袖、領、扣和袋。本色，或紅、白相間。長至小腿，以彩帶束腰。流行於西藏墨脱地區。

裕袢

維吾爾、哈薩克、烏孜別克、柯爾克孜等族傳統男服。一種男子長袍。多用條紋布料製作。斜領，或直領，無旁衩，右衽，或爲對襟，衣長至膝，腰身肥大，無紐扣，用長方巾束腰。夏季多着白色單袍，冬季多着黑色棉袍。流行於新疆。徐珂《清稗類鈔·服飾》："新疆纏回謂衣曰裕袢，圓紣而窄袴。"聞捷《哈薩克牧人夜送千里駒》："我披上裕袢，跑出帳篷，透過薄霧，向四面看去。"

開衩長袍

拉祜族婦女服裝。衣襟嚮右掩，開衩很高，幾至腰際。領邊、袖口、衩邊鑲彩色布條或幾何圖案的布塊，胸前綴飾銀泡。穿時裏套長裙，戴黑色長頭巾。流行於雲南瀾滄和孟連等地。

巴倉

藏語音譯。藏族牧民傳統服裝。一種羊皮袍，形制與楚巴（氆氌袍）相同。流行於西藏、青海等牧區。

楚巴

藏語音譯。亦作"楮巴""秋巴"。意謂"氆氌袍"。藏族民間傳統服裝。一種寬大的長袍。多以氆氌羊毛毡子或毛料及布製作，牧區則用羊皮縫製。形似漢族舊時長大褂，多爲大領或圓領，右開襟，一扣或無扣，衣邊或袖口多鑲彩布或豹皮。穿時用頭頂住衣領部，繫腰帶，衣内部可放小生活用品。袖口挽至手背以上，右袒臂，空袖插於腰帶。下襬與膝平。腰帶處男子多插腰刀、吊刀。勞動時雙袖脱出，繫於腰間。

【楮巴】

同"楚巴"。見該文。

【秋巴】

同"楚巴"。見該文。

蒙古袍

蒙古族民間傳統服裝。一種長袍。早在13世紀蒙古汗國時代，中外旅行家對其式樣和質料均有記述。據宋彭大雅《黑韃事略》載，其服右衽，道服領，少數爲方領，以氈、皮、革、帛製作，衣肥大，長拖地，冬服二裘，一裘毛向内，一裘毛嚮外，男女式樣相似。後稍加改革，沿用至今。今制，長而寬大，長袖高領，右開襟，紐扣在右側。下端左右一般不開衩，領口、袖口和衣襟多鑲花邊。男袍多爲藍色、棕色，女袍多爲紅色、綠色、紫色。有單、夾、棉之别，單、夾袍以布、綢緞製，棉袍以羊皮製。束布或綢緞腰帶。流行於内蒙古等地牧區。

蘇恩

鄂倫春語音譯。鄂倫春族傳統冬袍。以狍皮製成。有尼羅蘇恩（男皮袍）、阿西蘇恩（女皮袍）兩種。男式有大襟，邊和袖口鑲染色薄皮邊，前後襟開衩，以獸骨或角做紐扣，繫黑色腰帶；女式大襟稍長，可覆蓋脚面，前後襟不開衩，青年女子袍邊和袖口鑲黄色花紋，老婦和幼女衹鑲邊。穿用時，青年女子繫黄、紫、藍色腰帶，老婦和幼女多繫素色腰帶。

襖　類

襖

有襯裏的上衣。短於袍而長於襦。有夾、棉之別。始見於南北朝時期。男女皆穿用。《宋書·徐湛之傳》:"高祖微時,貧陋過甚,嘗自新洲伐荻,有納布衫襖等衣,皆敬皇后手自做。"時北方少數民族着小襖,北魏孝文帝提倡穿漢服,仍不能禁。《資治通鑑·齊東昏侯永元元年》:"朕入城,見車上婦人猶戴帽、著小襖。"胡三省注:"襖,烏浩翻,袷衣也。"唐代沿用。唐韓愈《崔十六少府以詩及書見投因酬三十韵》:"蔬飱要同喫,破襖請來綻。"唐以後歷代沿用,明清時期婦女穿襖者十分普遍,當時的筆記、小說中有大量記述。《紅樓夢》第三回:"〔王熙鳳〕身上穿着縷金百蝶穿花大紅雲緞窄褙襖。"

【襖子】

即襖。北齊始見。《舊唐書·輿服志》:"爰至北齊,有長帽短靴,合袴襖子,朱紫玄黃,各任所好。"宋高承《事物紀原·衣裘帶服》:"今代襖子之始,自北齊起也。"唐代沿用,始

襖子(東宮妃冠服·四襈襖子)
(《明宮冠服儀仗圖》)

服於内,後亦穿於外。《唐會要》:"咸亨五年五月十日敕,如聞在外官人百姓,有不依令式,遂於袍衫之内,著朱、紫、青、綠等色短衫襖子,或於閭野,公然露服,貴賤莫辨,有斁彝倫。"唐以後歷代皆見。元無名氏《殺狗勸夫》第三折:"小叔叔,辛苦了也,將一個襖子來與小叔叔穿。"《紅樓夢》第四〇回:"鳳姐忙把自己身上穿的一件大紅棉紗襖子襟兒拉了出來。"

【披襖子】

即襖。本袍類長衣,後充以絮。其名相傳始見於漢代,隋唐沿用。五代馬縞《中華古今注·宮人披襖子》:"蓋袍之遺象也。漢文帝以立冬日賜宮侍承恩者及百官披襖子,多以五色綉羅爲之,或以錦爲之,始有其名。煬帝宮中雲鶴金銀泥披襖子,則天以赭黃羅上銀泥襖子以燕居。"後代演變爲披風之類的衣服,明清多見。《金瓶梅詞話》第四六回:"你身上穿的不單薄? 我倒帶了個披襖子來了。"

貉袖

古代一種短襖。袖長至肘,身長至腰。由唐代半臂發展而來。流行於北宋末。始爲圉人所着,後士大夫亦服,襲於衣上。宋曾三昇《同話録·衣制》:"近歲衣制:有一種如旋襖,長不過腰,兩袖僅掩肘,以最厚之帛爲之,仍用夾裏,或其中用綿者,以紫皂緣之,名曰貉袖。聞之起於御馬院圉人。短前後襟者,坐鞍上不妨脱著;短袖者,以其便於控御耳。"

旋襖

宋代流行的一種短襖。長不過腰,袖僅掩肘。貉袖與之同制。參見本卷上條"貉袖"文。

衲襖

細針密綫縫製的長襖。宋代始見。宋石茂良《避戎嘉話》："初縛虛棚時，友仲使多備濕麻刀舊氈衲襖，蓋防賊人有火箭、火炮也。"宋以後多見。元康進之《李逵負荊》第四折："袒下我這紅衲襖，趺綻我這舊皮鞋。"《金瓶梅詞話》第一回："隨即解了纏帶，脱了身上鸚哥緑紗絲衲襖，入房内。"亦作"納襖"。元佚名《三國志平話》卷下："軍行衣甲，納襖不離身。"

【納襖】

同"衲襖"。此稱始見於元代。見該文。

辮綫襖

古代一種腰作辮綫細摺的襖。圓領，窄袖，腰部密密打襇，又用紅紫帛拈成綫，橫腰間，腰部以下寬大，如裙狀。金代始見。河南焦作金墓出土陶俑可見其形制。元代盛行。始爲身份低卑的侍從和儀衛之服，後武官亦着之。《元史·輿服志一》："儀衛服色……辮綫襖，制如窄袖衫，腰作辮綫細摺。"元刻本《事林廣記》插圖中的武官着此服。明代亦見，爲刻期冠服，即宋代快行親從官之服。亦稱"腰綫襖子"。《明史·輿服志三》："刻期冠服……冠方頂巾，衣胸背鷹鸇花腰綫襖子。"明王圻、王思義《三才圖會·衣服》："刻期冠服。國朝謂之刻期，冠方頂巾，衣胸背鷹鸇花腰綫襖子。"

【腰綫襖子】

即辮綫襖。此稱始見於明代。見該文。

控鶴襖

元代儀衛所服的一種襖。《元史·輿服志一》："〔儀衛服色〕控鶴襖，制以青緋二色錦，圓答寶相花。"

窄袖襖

元代儀衛所服的一種襖。《元史·輿服志一》："〔儀衛服色〕窄袖襖，長行輿士所服，紺緅色。"

樂工襖

元代儀衛所服的一種襖。《元史·輿服志一》："〔儀衛服色〕樂工襖，制以緋錦，明珠琵琶窄袖，辮綫細摺。"

鴛鴦戰襖

正反皆可服用的戰襖。始創於明太祖朱元璋。《淵鑒類函》卷二二八引《典故紀聞》曰："明太祖嘗命製軍士戰衣，表裏異色，令各變更服之以新軍，號謂之'鴛鴦戰襖'。"

袷襖

有面有裏的雙層上衣。此稱始見於清代。《兒女英雄傳》第八回："〔安公子〕拉起襯衣裳的袷襖來擦了擦手，跳下炕來。"現代多見。亦作"裌襖"。柳青《銅墻鐵壁》第一〇章："銀鳳看見石得富用老王的裌襖揩着汗，把他的手巾悄悄填到蘭英手裏，蘭英遞給石得富。"此種裌襖常在春秋季穿用，農民穿者較多。隨着羊毛衫的普及，袷襖在城市中已罕見，在農村亦漸少。

【裌襖】

同"袷襖"。此體始見於現代。見該文。

白茬襖

民間傳統冬服。一種冬季常用的防寒皮襖。多用山羊皮縫製，不加布面，毛朝裏，皮朝外，故稱。防寒、防潮，經久耐用。流行於北方地區，牧羊人、車老板多着之。

皮襖

民間傳統服裝。一種冬季常用的防寒皮襖。

多以綿羊皮或二毛剪荏、羔羊皮縫製，毛朝裏，外加面，以絨、狗皮或狐狸皮爲衣領。具有美觀、大方、輕便、保暖的特點，我國北方地區牧民冬季多着之，農民年長者亦穿。有長、短兩種，長者過膝，短者僅及臀。

中式棉襖

民間傳統冬服。有表有裏、內裝棉絮的襖。其裁剪、縫製，一般是把前後身連在一起，肩袖連在一起，整件衣服，祇有袖底縫和下襬相連的一條結構縫，小立領，對襟式或大襟式。門襟以盤花扣或一字式盤扣連結。衣之下襬兩側開衩。以布或綢緞爲面料。《兒女英雄傳》第一四回："莊門開處，走出一個人來，約有四十餘歲年紀，頭戴窄沿秋帽，穿一件元青縐綢棉襖。"

中西式棉襖

采用西式製作方法做成的對襟中式棉衣。中式小立領，插袋，亦有明袋。肩和袖籠處有結構縫，袖子有大小袖片之分，綳袖縫製。下擺兩側不開衩。穿着舒適合身，中老年人多着之。

可脫卸棉襖

現代一種活面的棉襖。把夾裏和絲綿縫成一個膽，再將單獨裁成的上衣與衣膽用鈕扣或拉鏈連在一起。洗滌時可拆卸，單洗面衣，不洗衣膽，方便實用，深受人民喜愛。20世紀80年代以後較流行。

緊身棉襖

現代一種腰間可收緊的襖。立領，面料多用有色細布，內充以絲綿，腰間縫袢可收緊，穿在身上顯得緊身利索。可罩外衣。20世紀50年代較流行。

羽絨服

以羽絨爲芯做成的防寒服。以各種優質薄細布做裏襯料，用經過精選、消毒、烘乾的鵝或鴨絨毛作芯，按照預先設計的服裝式樣，製出衣坯，再用各色尼龍布做內裏，用高密度防絨、防水的真絲塔夫綢、錦綸塔夫綢或其他面料縫合而成。品種多樣，輕便、柔軟、暖和，20世紀80年代以後極爲盛行。

近現代少數民族傳統襖服

尼克

土族語音譯，意爲"皮襖"。漢語亦稱"白板皮襖"。土族傳統男服。其制，以熟製羊皮縫製小圓領，大襟，不加布面，有半長和長兩種。冬季禦寒穿着，流行於青海等地。現在已少見。

【白板皮襖】

即尼克。漢語對"尼克"之稱。見該文。

褐　類

褐

用粗毛或粗麻織成的粗劣衣服。貧賤者所穿。先秦始見。《詩·豳風·七月》："無衣無褐，何以卒歲？"鄭玄注："褐，毛布也。"《孟子·滕文公上》："許子必織布然後衣乎？曰：'否。許子衣褐。'"趙岐注："許子衣褐，以毳織之，若今馬衣者也。或曰，褐，枲衣也。一曰，粗布衣也。"漢代亦見。《漢書·張良傳》："有一老父衣褐至良所。"顏師古注："褐制若裘，今道士所服者是也。"《後漢書·黃瓊傳》："拂巾衽褐，以企旌車之招矣。"亦稱"褐衣"。《史記·游俠列傳序》："故季次、原憲終身空室蓬房，褐衣疏食不厭。"後世沿用。《舊唐書·德宗本紀》："〔貞元四年〕徵夏縣處士，先除著作郎，陽城爲諫議大夫，城以褐衣詣闕，上賜之章服而後召。"

【褐衣】

即褐。此稱始見於漢代。見該文。

紵衣

用粗麻所製之衣。始見於先秦。《左傳·襄公二十九年》："聘於鄭，見子產，如舊相識，與之縞帶，子產獻紵衣焉。"杜預注："吳地貴縞，鄭地貴紵，故各獻己所貴，示損己而不爲彼貨利。"漢以後亦見。晉左思《吳都賦》："紵衣絺服，雜沓從萃。"唐韋應物《題從姪成緒西林精舍書齋》詩："紵衣豈寒禦，疏食非飢療。"

裋

粗布長衣。豎裁而成，爲古代貧民所穿。《説文·衣部》："裋，豎使布長襦。"漢代已見，常裋、褐連用。漢賈誼《過秦論》："今秦二世立，天下莫不引領而觀其政。夫寒者利裋褐而饑者甘糟糠，天下之嗸嗸，新主之資也。"後亦爲僮豎之衣。《漢書·貢禹傳》："妻子糠豆不贍，裋褐不完。"顏師古注："裋者，謂僮豎所著布長襦也。"

短褐

粗麻布短衣。爲古代貧賤者之服。先秦始見。《墨子·公輸》："今有人……舍其錦綉，鄰有短褐，而欲竊之。"漢以後歷代皆見。晉陶淵明《五柳先生傳》："短褐穿結，簞瓢屢空，晏如也。"宋陸游《五月十五曉寒甚聞布穀鳥有感》詩："弊褲久當脱，短褐竟未送。"明楊士奇《漢江夜泛》詩："短褐不掩脛，歲暮多苦寒。"

布褐

布製粗劣之衣。古代貧賤者所服。漢代始見其稱。漢桓寬《鹽鐵論·通有》："古者采椽不斲，茅屋不翦，衣布褐，飯土硎，鑄金爲鉏，埏埴爲器。"漢以後亦見。《晉書·何琦傳》："琦善養性，老而不衰，布褐蔬食，恒以述作爲事。"唐王維《獻始興公》詩："鄙哉匹夫節，布褐將白頭。"宋蘇洵《上余青州書》："窮者，藜藿不飽，布褐不暖。"

縕褐

以亂麻舊絮做成的敝劣粗陋之衣。古代貧賤者冬季所服。晉代始見其稱。晉陶淵明《祭從弟敬遠文》："冬無縕褐，夏渴瓢簞。"

山谷褐

仿宋代黃庭堅服式製的一種服裝。類道服。宋代一度流行。宋王明清《揮麈後録》卷一一："明清兄弟兒時，先妣製道服。先人云：'須異於俗人者乃佳。舊見黃太史魯直所服絶勝。'時在臨安，呼匠者教令染之，久之始就，名之曰'山谷褐'。數十年來則人人敎之，幾遍國中矣。"

近現代少數民族傳統褐服

褐褂

土族男子傳統服裝。一種褐料短上衣。小圓領，大襟，黑、白褐褂配藍布、黑布緣邊。男子勞動時穿着。流行於青海互助、大通等地。

現在，隨着土族人民生活的不斷提高，這種褐料服裝基本不再穿用，代之以華達呢、縧卡、的確良、條絨等布料做成的衣服。

皮衣、羽衣

裘

毛皮大衣。其制，毛在外而皮在裏。相傳黃帝時已有。甲骨文、金文皆有其字，象毳毛在外而皮革在內之衣形。《説文·裘部》："裘，皮衣也。"段玉裁注："裘之制，毛在外，故象毛文。"周代冕服中最高貴者爲大裘，大裘即黑羔皮製成的皮衣。因其毛在外，故在上又加錦衣等。裘之中以狐裘爲貴，白狐之裘尤爲珍貴。《詩·豳風·七月》："取彼狐狸，爲公子裘。"《詩·小雅·都人士》："彼都人士，狐裘黃黃。"其次有狐青裘、虎裘、貉裘，再次爲狼裘、犬裘、羊裘等。《初學記》卷二六引漢班固《白虎通》："古者緇衣羔裘，黃衣狐裘，禽獸衆多，獨以狐羔，取其輕暖。"《論語·鄉黨》："緇衣，羔裘；素衣，麑裘；黃衣，狐裘。"裘歷代沿用，直至現代，并曾出現雉頭裘、孔雀裘、集羽裘等珍異之裘。

貂裘

以貂皮所製之裘。爲裘服中名貴者。先秦始見。有黑貂、紫貂等類。《戰國策·秦策一》："〔蘇秦〕説秦王書十上而説不行。黑貂之裘弊，黃金百斤盡，資用乏絕，去秦而歸。"後世歷代皆見。北齊劉晝《劉子·適才》："紫貂白狐，

製以爲裘，鬱若慶雲，皎如荆玉，此毳衣之美也。"宋蘇軾《江城子·密州出獵》詞："錦帽貂裘，千騎捲平岡。"遼代，臣僚常服貂裘。《遼史·儀衞志二》："貴者披貂裘，以紫黑色爲貴，青次之。"清代，貴族之裘亦多貂皮爲之。貂裘，在現代仍爲珍貴之裘。

虎裘

以虎皮所製之裘。先秦始見。爲國君衞士所服。《禮記·玉藻》："君衣狐白裘，錦衣以裼之。君之右虎裘，厥左狼裘。"鄭玄注："衞尊者宜武猛。"

狼裘

以狼皮所製之裘。先秦始見。爲國君衞士所服。參見本卷上條"虎裘"文。參閱《禮記·玉藻》。

豹裘

以豹皮所製之裘。先秦時期，多以豹皮爲裘服之飾。《禮記·玉藻》："君子狐青裘豹褎……羔裘豹飾，緇衣以裼之。"亦有以豹皮爲裘者。《淮南子·説林訓》："豹裘而雜，不若狐裘而粹。"漢劉向《説苑·正諫》："有綉衣而豹裘者。"後代亦見。唐李咸用《和殷衞推春霖即事》詩："腥覺聞龍氣，寒宜擁豹裘。"

羊裘

以羊皮所製之裘。裘服之粗品，爲寒士所服。先秦始見。《禮記·玉藻》："犬羊之裘不裼。"鄭玄注："質略，亦庶人無文飾。"漢代亦見。《後漢書·逸民傳·嚴光》："帝思其賢，乃令以物色訪之。後齊國上言：'有一男子披羊裘，釣澤中。'"歷代皆見。明宋應星《天工開物·乃服》："羊皮裘，母賤子貴。"

犬裘

以犬皮所製之裘。爲裘服中之粗品。先秦始見。爲庶人所服。《禮記·玉藻》："犬羊之裘不裼。"鄭玄注："質略，亦庶人無文飾。"亦稱"狗裘"。漢劉向《説苑·善説》："衣狗裘者當犬吠，衣羊裘者當羊鳴。"

【狗裘】

即犬裘。此稱始見於漢代。見該文。

翠雲裘

緝翠羽所製之裘。文采如雲，故名。先秦始見。《古文苑·宋玉〈諷賦〉》："主人之女，翳承日之華，披翠雲之裘。"章樵注："輯翠羽爲裘。"後代亦見。唐李白《江夏送友人》詩："雪點翠雲裘，送君黃鶴樓。"宋李彌遜《水調歌頭》詞："曉殿催班同到，高拱翠雲裘。"亦省稱"翠裘"。明夏完淳《大哀賦》："聖人勵玉衣而靡替，垂翠裘而獨悶。"

【翠裘】

"翠雲裘"之省稱。此稱始見於明代。見該文。

鷫鸘裘

以鷫鸘羽毛所製之裘。鷫鸘爲雁類水鳥，以其羽製裘，既可保暖，亦可防濡。漢代始見。《西京雜記》卷二："司馬相如初與卓文君還成都，居貧愁懑，以所著鷫鸘裘就市人陽昌貰酒與文君爲歡。"

氈裘

以獸毛爲氈又以爲裘。始見於先秦時期北方少數民族居住地區。《戰國策·趙策二》："大王誠能聽臣，燕必致氈裘狗馬之地。"此借指北方少數民族。亦作"旃裘"。《史記·匈奴列傳》："自君王以下，咸食畜肉，衣其皮革，被旃裘。"

【旃裘】

同"氈裘"。此體始見於漢代。見該文。

五雲裘

飾有五彩雲紋之裘。唐代始見。唐李白《酬殷明佐見贈五雲裘歌》："粉圖珍裘五雲色，暉如晴天散綵紅。"王琦注引楊齊賢曰："五雲裘者，五色絢爛如雲，故以五雲名之。"

白罽裘

以白色毛織物作面料的皮衣。唐代始見。唐杜牧《偶見黃州作》詩："朔風高緊掠河樓，白鼻騧郎白罽裘。"

毛衫

毛翻在外的皮衣。古稱"毳衣"。宋代始稱"毛衫"。宋無名氏《愛日齋叢鈔》卷五："徐鉉隨後主歸朝，見士大夫寒日多披毛衫，大笑之。"亦稱"蒙衫"。俗作"氀"。宋俞琰《席上腐談》卷上："今之蒙衫，即古之毳衣。蒙，謂毛之細軟貌，如《詩》所謂'狐裘蒙茸'之蒙。俗作氀，音模。其實即是毛衫。毛訛爲蒙，蒙又轉而爲氀。"

【蒙衫】

即毛衫。此稱始見於宋代。見該文。

【氀】

即毛衫。此稱始見於宋代。見該文。

天鵝絨

以飛禽腹脅氄毛所製之裘。極爲難得，故甚珍重。明代始見。明宋應星《天工開物·乃服》："飛禽之中有取鷹腹、雁脅氄毛，殺生盈萬乃得一裘，名'天鵝絨'者，將焉用之？"

人造裘皮大衣

現代以人造毛皮所製長外套。毛皮嚮外，內有襯裏。毛色多種，上或有虎皮、豹皮形紋樣，幾可亂真。保暖性能好，冬季穿於毛衣之外，顯得雍容華貴，深得中青年女性喜愛。20世紀80年代以後較流行。

近現代少數民族傳統皮衣

卡什刻

赫哲語音譯，意爲"狍皮大衣"。赫哲族傳統男服。衣長過膝，前後有開襟，袖口、領口、衣邊鑲嵌兩條黑色條紋或以黑染料染成的雲紋，以皮縫繩，繫結爲扣。流行於黑龍江、松花江、烏蘇里江流域。

德力

達斡爾語音譯，意爲"冬狍皮大衣"。達斡爾族民間男服。一種冬季穿的男皮大衣。以秋末或冬季獵取的狍皮縫製，右衽，衣身長，常前後開衩，以便騎馬。扣子或用銅鈕，或用皮條。此袍保暖性强，但毛脆易斷。流行於內蒙古莫力達瓦地區。

第七節　內衣考

內衣，即貼身穿的衣服。因此類衣服平時不輕易示人，故有"褻衣"之稱。先秦時期，人們已着之。《禮記·檀弓下》："季康子之母死，陳褻衣。敬姜曰：'婦人不飾，不敢見舅姑，將有四方之賓來，褻之何爲陳於斯？'命徹之。"可見，當時婦女已着褻衣，死後還以之入殮。西周時，還有一種內衣，稱"澤"。《詩·秦風·無衣》："豈曰無衣，與子同澤。"鄭玄箋："澤，褻衣，近污垢。"因其貼身穿着，能受汗澤，故稱。到漢代，就徑直稱之爲"汗衣""汗衫"。相傳漢高祖與項羽交戰，汗水濕透內衣，遂戲稱"汗衫"，後流傳開來。（見宋高承《事物紀原·衣裘帶服》）春秋時期，貼身內衣還有"衵服"之稱。《左傳·宣公九年》："陳靈公與孔寧、儀行父通於夏姬，皆衷其衵服，以戲於朝。"杜預注："衵服，近身衣。"

漢代，內衣除汗衫之外，還有帕腹、抱腹和心衣。《釋名·釋衣服》："帕腹，橫帕其腹也。抱腹，上下有帶，抱裹其腹，上無襠者也……心衣，抱腹而施鈎肩，鈎肩之間施一襠，以奄心也。”這三種内衣都是包裹腹部的，雖有繁簡之别，但都是有前片無後片，這是後世兜肚的最早形式。還有一種内衣，有前後兩片，肩部以帶襻相連，既可擋胸，又可擋背，因稱“兩當”，亦寫作“裲襠”。這種内衣，在魏晉之時，開始穿在外面，特别是晉元康末年，婦人多將其穿出在外。（見《宋書·五行志》）兩當爲後世背心的最早形式。有的兩當還可納入絲綿，這種綿兩當開後世棉背心之先河，在新疆等地曾有實物出土。在南朝時，還有一種内衣，形似兩當，亦爲方形，但衹有前片而無後片，稱“假兩”。《南史·齊本紀》有記載，認爲是“服妖”。而“反閉”這種内衣，雖也是前後兩片，但肩部不以帶襻相聯，而是前後兩片縫綴，在背後開襟，穿時在背後紐結。

唐代，在婦女中流行一種掩胸的内衣，稱“訶子”。相傳楊貴妃所創，后宫嬪妃群起效之，遂成風俗。實則南北朝時期已見，時稱“襪”。《事物異名録·服飾》引明楊慎《丹鉛總録》：“襪，女人脅衣也。”宋代婦女的内衣稱“抹胸”，可視爲唐代訶子的發展。這種抹胸可將胸和腹全部遮住。明清時期婦女多用，在小説中多有描繪。後發展爲兜肚。男子亦着之。兜肚一般呈菱形，用帶繫縛，用以護腹。婦女所用兜肚，多爲紅色，上綉花紋。秋冬所用兜肚，還納入棉絮以保暖。有的老年人還用裝入藥物的兜肚，以治腹疾。（見清曹庭棟《養生隨筆》）從元代開始，還出現一種背心式婦女内衣，稱“主腰”。明代多見，小説中多有描繪。如《醒世姻緣傳》第九回：“〔許氏〕下穿了新做的銀紅綿褲，兩腰白綉綾裙，着肉穿了一件月白綾機主腰。”

民國初年，婦女内衣又流行一種小馬甲，前面綴有一排密紐。隨着傳統觀念的轉變，婦女開始穿旗袍、小襖，小馬甲的紐扣也逐漸鬆開，後被胸罩代替。現代婦女胸罩，有中國式和外國式。中國式胸罩是古代抹胸演變而來，有背心型、硬襯型等；外國式胸罩，有美國式、日本式等。

内衣總類

褻衣

貼身内衣。先秦始見，婦女着之。《禮記·檀弓下》：“季康子之母死，陳褻衣。”《荀子·禮論篇》：“説褻衣，襲三稱，縉紳而無鈎帶矣。”楊倞注：“褻衣，親身之衣。”漢代亦見。漢司馬相如《美人賦》：“女乃弛其上服，表其褻衣。”歷代沿用，直至現代。《金瓶梅詞話》第六九回：“文嫂怎不早説，我褻衣在此。”茅盾《子夜》三："她的緊裹着臀部的淡紅印度綢的褻衣，全都露出來了。"

澤

一種貼身內衣。因受汗澤，故名。先秦時期始見。《詩·秦風·無衣》："豈曰無衣，與子同澤。"鄭玄箋："澤，褻衣，近污垢。"漢代亦稱"汗衣""鄙袒""羞袒"。《釋名·釋衣服》："汗衣，近身受汗垢之衣也。《詩》謂之澤，受汗澤也。或曰鄙袒，或曰羞袒。作之，用六尺裁，只覆胸背。言羞鄙於袒而衣此耳。"後世演變爲貼身背心。《通雅·衣服》："〔澤〕即今貼身小背心。"亦稱"裏衣"。《詩·秦風·無衣》："豈曰無衣，與子同澤。"宋朱熹注："澤，裏衣也。以其親膚，近於垢澤，故謂之澤。"後世亦有此稱。清葉夢珠《閱世編·內裝》："寢淫至於明末，擔石之家非繡衣大紅不服，婢女出使非大紅裏衣不華。"

【汗衣】

即澤。此稱始見於漢代。見該文。

【鄙袒】

即澤。此稱始見於漢代。見該文。

【羞袒】

即澤。此稱始見於漢代。見該文。

【裏衣】[1]

即澤。此稱始見於宋代。見該文。

袡[2]

貼身內衣。白色，能吸汗。先秦始見。夏日貴族服之。《詩·鄘風·君子偕老》："蒙彼縐絺，是紲袢也。"毛傳："絺之靡者爲縐，是當暑袢延之服也。"孔穎達疏："言是當暑袢延之服者，謂縐絺是紲袢之服……紲袢者，去熱之名，故言袢延之服，袢延是熱之氣也。"《說文·衣部》："袢，衣無色也……《詩》曰：'是紲袢也。'"段玉裁注："紲當同褻……中國緦絺爲衣，可以揩摩汗澤，故曰褻袢。褻袢專謂緦絺也。暑天近汗之衣必無色。"

汗衫

貼身內衣。因受汗，故名。周代稱中單。楚漢之際始有此稱。五代馬縞《中華古今注·汗衫》："蓋三代之襯衣也。《禮》曰'中單'。漢高祖與楚交戰，歸帳中，汗透，遂改名汗衫。"宋高承《事物紀原·衣裘帶服》："汗衫。《實錄》曰：'古者朝燕之服有中單，郊饗之服又有明衣；漢高祖與項羽戰爭之際，汗透中單，遂有汗衫之名也。'"後歷代沿用，直至現代。晉束皙《近郊賦》："設繫襦以禦冬，脅汗衫以當熱。"《朱子語類》卷二九："聖人則和那裏面貼肉底汗衫都脫得赤骨立了。"曹禺《雷雨》第三幕："他光着腳，穿着一件白汗衫。"

【汗揭】

即汗衫。此稱始見於元代。元歐陽玄《漁家傲·南詞》之五："血色金羅輕汗揭，宮中畫扇傳油法。"後世亦作"汗韝"。清蒲松齡《日用俗字裁縫章》："馬夫汗韝真鄙俚，家丁坎肩稱粗豪。"亦作"汗塌"。《兒女英雄傳》第三八回："〔長姐兒〕一眼看見大奶奶的汗塌兒袖子上頭，蹭了塊胭脂。"現代亦作"汗褟"。高雲覽《小城春秋》第十七章："劍平連忙替他擦汗，換了濕透的汗褟，又讓他服藥。"

【汗韝】

同"汗揭"。此體始見於清代。見該文。

【汗塌】

同"汗揭"。此體始見於清代。見該文。

【汗襬】

同“汗搨”。此體始見於現代。見該文。

【汗掛】

即汗衫。此稱始見於明代。明沈榜《宛署雜記·宮禁》：“紅絹彩畫衣一，綠絹彩畫汗掛一。”現代亦作“汗褂”。吉學霈《田野裏的追逐》：“那老漢穿了件白布汗褂，一個人正悠閑自在地抽烟。”

【汗褂】

同“汗掛”。此體見於現代。見該文。

汗襦

短單衣。常貼身穿用，故稱。漢代始有此稱。方言或稱“襗”“衹裯”“甲襦”“襜襦”，或稱“禪襦”。《方言》第四：“汗襦，江淮、南楚之間謂之襗，自關而西或謂之衹裯，自關而東謂之甲襦，陳魏、宋楚之間謂之襜襦，或謂之禪襦。”郭璞注：“今或呼衫爲禪襦。”《後漢書·羊續傳》：“其資藏唯有布衾、敝衹裯，鹽、麥數斛而已。”《釋名·釋衣服》：“禪襦，如襦而無絮也。”

【襗】

即汗襦。此稱始見於漢代，江淮、南楚之間方言。見該文。

【衹裯】

即汗襦。此稱始見於漢代，關西方言。見該文。

【甲襦】

即汗襦。此稱始見於漢代，關東方言。見該文。

【襜襦】

即汗襦。此稱始見於漢代，陳魏、宋楚之間方言。見該文。

【禪襦】

即汗襦。此稱始見於漢代。見該文。

芙蓉汗衫

以木芙蓉皮纖維經浸漚杵搗紡織而成的汗衫。輕盈潔白，質地柔韌，耐水耐污。清代產於揚州興化。清孔尚任《客貽芙蓉衫》詩自注：“木芙蓉皮織成者。”詩云：“汗衫潔如銀，輕疊五銖重。細看疑蜀絲，壓枲難伯仲。客笑指向余，此製堪入貢……乍披香馥鬱，微風時飄動。勞軀積汗塵，灑然忽空洞。得此芰荷衣，引我舊山夢。”

衵服

近身衣。先秦時期始見。《左傳·宣公九年》：“陳靈公與孔寧、儀行父通於夏姬，皆衷其衵服，以戲於朝。”杜預注：“衵服，近身衣。”後世亦見。《南齊書·鬱林王本紀》：“居嘗裸袒，著紅縠褌雜采衵服，好鬥雞。”宋葉廷珪《海錄碎事·衣冠服用》：“王宏遣吏科檢婦人衵服。女秩反，蓋近身衣也。”亦稱“衵衣”。《後漢書·文苑傳·禰衡》：“於是先解衵衣，次釋餘服，裸身而立。”亦單稱“衵”。《説文·衣部》：“衵，日日所常衣。”《世説新語·汰侈》：“王君夫嘗責一人無服餘衵，因直內箸曲閣重閨裏，不聽人將出。”

【衵衣】

即衵服。此稱始見於漢代。見該文。

【衵】

“衵服”之單稱。此稱始見於漢代。見該文。

衷

貼身內衣。漢代始見。《説文·衣部》：“衷，裏褻衣也。”段玉裁注：“褻衣有在外者，衷則在內者也。”後世亦稱“衷裏衣”。明夏完淳

《送別》詩："佩君衷裏衣，明我長相憶。"亦稱"衷衣"。清宣鼎《夜雨秋燈録·銀雁》："其母嗔其歸晚，具告所以，嫗心德女，視紫布果爲女之衷衣，疑有染，叱責之。"

【衷裏衣】

即衷。此稱始見於明代。見該文。

【衷衣】

即衷。此稱始見於清代。見該文。

兜肚類内衣

兜肚

遮胸護腹的貼身内衣。以綢、綾、布等料做成，有的還繡有各種圖案，婦女、兒童常着之。徐珂《清稗類鈔·服飾》："以方尺之布爲之，緊束胸前，以防風之内侵者，俗謂之兜肚。"先秦時期始見，稱"膺"。《楚辭·九章·悲回風》："糾思心以爲纕兮，編愁苦以爲膺。"王逸注："膺，絡胸者也。"《釋名·釋衣服》："膺，心衣。抱腹而施鈎肩，鈎肩之間施一襠，以奄心也。"王先謙疏證補："奄、掩同。案此製蓋即今俗之兜肚。"漢代亦見，稱"帕腹"。《釋名·釋衣服》："帕腹，橫帕其腹也。"黄侃《論學雜著·蘄春語》："帕腹，橫陌腹而上有襠親膚者，俗謂之兜肚。"兩晋南北朝時期盛行。亦作"袹腹""袹複"。《晋書·齊王冏傳》："時又謡曰：'著布袹腹，爲齊持服。'"南朝梁王筠《行路難》詩："褯襠雙心共一襪，袹複兩邊作八撮。"亦稱"襪腹"。《南史·周迪傳》："性質樸，不事威儀，冬則短身布袍，夏則紫紗襪腹。"歷代形制有别，有單，有夾，亦有内裝藥物者。清曹庭棟《養生隨筆》卷一："腹爲五臟之總，故腹本喜暖，老人下元虛弱，更宜加意暖之。辦兜肚，將蘄艾捶軟鋪勻，蒙以絲綿，細針密行，勿令散亂成塊，夜卧必需，居常亦不可輕脱；又有以薑桂及麝諸藥裝入，可治腹作冷痛。

段成式詩云：'見説自能裁袹肚，不知誰更著帩頭。'注：'袹肚，即今之兜肚。'"是唐代亦稱"袹肚"。亦稱"裏肚"。《格致鏡原·冠服》引胡侍《墅談》云："建炎以來，臨安府浙漕司所進成恭后御衣之物，有粉紅紗抹胸，真紅羅裏肚。"明清兩代皆見，小説中多有描繪。《醒世恒言·陸五漢硬留合色鞋》："這兜肚，你是地下檢的，料非己物。"《紅樓夢》第三六回："原來是個白綾紅裏的兜肚，上面扎着鴛鴦戲蓮的花樣，紅蓮緑葉，五色鴛鴦。"現代亦見。孫犁《白洋淀紀事·看護》："她的上身衹穿着一件紅色的兜肚。"

【膺】

即兜肚。此稱始見於先秦時期。見該文。

【帕腹】

即兜肚。此稱始見於漢代。見該文。

【袹腹】

同"帕腹"。即兜肚。此體始見於晋代。見"兜肚"文。

【袹複】

同"帕腹"。即兜肚。此體始見於南北朝時期。見"兜肚"文。

【襪腹】

即兜肚。此稱始見於南北朝時期。見該文。

【袙肚】

即兜肚。此稱始見於唐代。見該文。

【裹肚】[2]

即兜肚。此稱始見於宋代。見該文。

抱腹

一種貼身內衣。緊抱其腹，故稱。抱腹與帕腹相比，有繁簡之別。帕腹僅是橫裹在腹部的一塊布帕，而抱腹則是在帕腹上下綴以帶子，緊抱其腹。漢代始見。《釋名·釋衣服》："抱腹，上下有帶，抱裹其腹，上下無檔者也。"

襪肚

裹腹內衣。相傳周文王創製，稱"腰巾"，亦稱"腰綵"。漢代始稱"襪肚"，亦稱"齊襠"。五代馬縞《中華古今注·襪肚》："蓋文王所製也，謂之腰巾，但以繒爲之。宮女以綵爲之，名曰腰綵。至漢武帝以四帶，名曰襪肚。至靈帝賜宮人蹙金絲合勝襪肚，亦名齊襠。"

【腰巾】

即襪肚。此稱始見於先秦時期。見該文。

【腰綵】

即襪肚。此稱始見於先秦時期。見該文。

【齊襠】

即襪肚。此稱始見於漢代。見該文。

裲襠類內衣

裲襠

古代一種無領無袖的短衣。長僅及腰，衹蔽胸背，形如今之背心。製以羅絹、織錦，有單、夾、棉之別。先秦時期始見，稱"當"，以皮爲之。形制簡單，一般做成兩片，前片遮胸，後片擋背，肩部另以織物或皮革搭攀相連，腰間用革帶。《儀禮·鄉射禮》："其中蛇交韋當。"鄭玄注："直心背之衣曰當，以丹韋爲之。"漢稱"裲襠"，亦作"襠"。《西京雜記》卷一記趙昭儀贈趙飛燕禮物中有"金錯繡襠"。《釋名·釋衣服》："裲襠，其一當胸、其一當背也。"王先謙疏證補："案即唐宋時之半背，今俗謂之背心，當背、當心，亦兩當之義也。"是唐代亦稱"半背"。《玉臺新咏·吳歌》："新衫繡裲襠，迮置羅裙裏。"二字原應作"兩當"。《廣雅·釋器》："裲襠，謂之袙腹。"王念孫疏證："裲襠蓋本作兩當。鄭注《鄉射禮》云：'直心背之衣曰當。'"後亦有稱"兩當衫"者。《南史·柳元景傳》："安都怒甚，乃脫兜鍪，解所帶鎧，唯著絳衲兩當衫，馬亦去具裝，馳入賊陣。"兩漢時期，裲襠通常作婦女內衣穿用。魏晉以後，逐漸穿出在外，成爲一種便服，男子亦穿。亦作"兩襠"。《宋書·五行志》："至元康末，婦人出兩襠，加乎脛之上，此內出外也。"《南史·沈攸之傳》："攸之有素書十數行，常韜在兩襠角，云是宋明帝與己約誓。"後代亦見。《新唐書·憲宗十八女傳》："群臣請以主左右上膝戴鬓帛承拜，兩襠持命。"隋唐以後，演變成爲背心，裲襠雖仍存，但多用於儀衞，民間男女少見穿者。宋郭彖《睽車志》卷三："有一婦人，青衫素裲襠，日以二錢市粥。"

【當】

即裲襠。此稱始見於先秦時期。見該文。

【襠】

同"當"。即裲襠。此體始見於漢代。見
"裲襠"文。

【半背】

即裲襠。此稱始見於唐代。見該文。

【兩當衫】

即裲襠。此稱始見於南北朝時期。見該文。

【兩襠】

同"裲襠"。此體始見於南北朝時期。見
該文。

反閉

領襟反背於身後閉合的小襦。内衣。《釋
名·釋衣服》："反閉,襦之小者也,却向著之,
領合於項,反於背,後閉其襟也。"先秦始見,
稱"閉"。《吕氏春秋·君守》:"魯鄙人遺宋元

王閉。"後代亦稱"侯榆"。《史記·萬石張叔列
傳》:"取親中裙厠榆,身自浣滌。"司馬貞索隱
引晋晋灼曰:"今世謂反開小袖衫爲侯榆,此最
厠近身之衣。"

【閉】

即反閉。此稱始見於先秦時期。見該文。

【侯榆】

即反閉。此稱始見於晋代。見該文。

假兩

古代一種形似裲襠的内衣。方形,可遮覆胸
前,但有前片而無後片,故稱,意謂假的兩襠。
南朝始見。《南史·齊本紀下》:"先是,百姓及朝
士,皆以方帛填胸,名曰'假兩',此又服襖。
假,非正名也,儲兩而假之,明不得真也。"

護胸内衣

襪胸

古代婦女護胸小衣。有前片無後片,上可
覆乳,下可遮肚,故稱。南北朝時期始見,亦
稱"襪"。南朝梁劉緩《敬酬劉長史咏名士悦
傾城》詩:"釵長逐鬢髮,襪小稱腰身。"後代
亦見。《事物異名錄·服飾》引明楊慎《丹鉛總
錄》:"襪,女人脅衣也。"亦作"抹胸"。五代
李煜《謝新恩》詞之三:"雙鬟不整雲憔悴,淚
沾紅抹胸。"《格致鏡原·冠服》引胡侍《墅談》
云:"建炎以來,臨安府浙漕司所進成恭后御衣
之物,有粉紅紗抹胸,真紅羅裹肚。"宋王平
子《謁金門·春恨》詞:"怕落旁人眼底,揾向
抹胸兒裹。"宋代以後,或用紐扣,或用帶繫。
《金瓶梅詞話》第二回:"抹胸兒重重紐扣。"徐

珂《清稗類鈔·服飾類》:"抹胸,胸間小衣也。"
清代,抹胸有兩種:一種貼身短小的,夏用紗,
冬用縐,緣以錦或以綉花,縛於胸之間;一種
束於外繫於腰腹間,用紐扣或用橫帶束之。

【襪】

即襪胸。此稱始見於南北朝時期。見該文。

【抹胸】

同"襪胸"。此體始見於五代時期。見該文。

訶子

以較寬長巾做的護胸小衣。唐代楊貴妃
始創,後宫妃嬪群起效之。宋高承《事物紀
原·衣裘帶服》:"訶子。本自唐明皇楊貴妃作
之,以爲飾物。貴妃私安禄山,以後頗無禮,
因狂悖,指爪傷貴妃胸乳間,遂作訶子之飾以

蔽之。事見《唐宋遺史》。"

主腰

古代婦女束於腋下臍上的内衣。無肩袖，前身有細密的排扣。元代始見。元賈仲名《對玉梳》第四折："白日裏墊鬆髻兒權襯着青絲，到晚來貼主腰兒緊摟在胸前。"明清時多見。明馮夢龍《山歌·騷》："青滴滴箇汗衫紅主腰，跳板上欄杆耍樣橋。"《醒世姻緣傳》第九回："〔計氏〕着肉穿了一件月白綾機主腰。"亦稱"挂腰子"。清石玉昆《忠烈俠義傳》第五二回："三公子將書信遞與他，他仿佛奉聖旨的一般，打開衫子，揣在貼身胸前挂腰子裏。"

【挂腰子】

即主腰。此稱始見於清代。見該文。

其他内衣

肚兜

貼身遮胸護腹的布片。菱形，有的有袋，可裝物。明代始見。明劉若愚《酌中志·大内規制紀略》："像金鑄者，曾經盜去鎔使，惟像首屢銷不化。盜藏之肚兜，日夜隨身。"現代亦見。茅盾《林家鋪子》四："壽生一面説，一面撩起衣服，從肚兜裏掏出一個手巾包來遞給了林先生。"

蛤蟆蛙裏肚兒

一種民間流行的傳統肚兜。見於陝西臨潼一帶。大體爲菱形，上方下圓，左右稍尖，正面繪有以女媧圖騰爲中心的圖案，用帶子繫在脖項，護住腹部、肚臍。幼兒從滿月開始繫用，直至十二歲前，每年端午節由舅家送之，以後則自家縫製。結婚時，男女雙方都戴。死後入殮亦用。相傳此爲遠古時代女媧圖騰保護神在民間服飾上實用化的遺風。

小馬甲

近代婦女束胸内衣。形似馬甲，但短而小，前片綴有一組密紐。爲胸罩之前身。流行於民國初年。近代天笑《六十年來妝服志》："抹胸倒也寬緊隨意，並不束縛雙乳，自流行了小馬甲……足以戕害人體天然生理。小馬甲多半以絲織品爲主，小家則用布，對胸有密密的鈕扣，把人捆住。因從前的年輕女子，以胸前雙峰高聳爲羞，故百計掩護之。"隨着傳統觀念的轉變，始將小馬甲上的紐扣鬆開，後弃而不用，而代之以胸罩。

胸罩

現代婦女緊胸托乳的小衣。亦稱"乳罩""奶罩"。由古代的抹胸演變而來，亦有采用外國式樣製造者。中國式胸罩，有背心型胸罩、硬襯胸罩等。國外傳入的式樣，有美國式聳尖頭形胸罩，有蘇聯式高而圓形的胸罩，有日本式的彈性胸罩等。

【乳罩】

即胸罩。此稱始見於現代。見該文。

【奶罩】

即胸罩。此稱始見於現代。見該文。

近現代少數民族傳統內衣

不布熱

門巴族音譯，意謂"內衣"。門巴族婦女內衣。由棉麻紡織的土布製成。有白、紅白、花幾種顏色。分長、短兩種。短者有袖，斜襟右衽，無領、扣、衣袋，以彩色腰帶束腰，夏秋季節穿着；長者以一長幅土布摺叠縫成袋狀，摺邊中央開一比頭大的圓孔套頭，兩端留八寸至一尺不縫合以代袖口，無開襟，亦無領、袖、袋，長至小腿，用彩帶束腰，春冬季或勞作時穿着。流行於西藏門隅一帶。

第八節　雨衣、風衣考

雨衣，是穿在身上的用以防雨之衣。早在周代，人們已經使用草製的雨衣。頭上戴的稱"笠"，身上披的稱"蓑"。《詩·小雅·無羊》："爾牧來思，何蓑何笠。"毛傳："蓑，所以備雨；笠，所以禦暑。"《玉篇·草部》："蓑……草衣也。"可見，蓑是用草製成的雨衣。後世亦稱"蓑衣"。其製作材料主要爲莎草，這種草表面光滑，又是空心，是製造雨衣比較理想的天然材料，故歷代沿用不衰。早期尊卑皆用，唐代以後，使用者多爲農民、漁夫，文學作品中多有描繪。唐崔道融《田上》詩："兩足高田白，披蓑半夜耕。"五代江爲《江行》詩："何時洞庭上，春雨滿蓑衣。"宋陸游《重九後風雨不止》詩："射虎南山不復夢，雨蓑烟艇伴漁翁。"以竹篾編製者稱"簑衣"。《水滸傳》第一九回："船頭上立着一個人，頭戴青箬笠，身披綠簑衣。"直到現代，江南水鄉的農民仍披蓑衣，多以稻草編織而成。

兩晉南北朝時期，出現了用油絹做成的雨衣，稱"油衣""油帔"。《晉書·桓玄傳》《隋書·煬帝紀上》都曾提到這種雨衣。油絹是在絲絹上塗以黃油，即桐油，浸塗之後，色如琥珀，故有"琥珀衫"之稱。這種雨衣，始爲帝王貴族使用，後平民在布帛上塗以黃油製成雨衣亦有同樣效果。這種雨衣也一直沿用到現代。

隨着社會的發展，人們製造雨衣的材料也不斷發生變化，形制也有新的發展。南北朝時期，有用粗麻布製成的雨衣，稱"緼褐"。(見《北齊書·文苑傳·祖鴻勳》) 唐代，有用棕絲編織成的雨衣，稱"棕衣"。唐韋應物《寄廬山棕衣居士》詩中曾提到。明代亦見。唐代還有用竹篾編織者，形如龜殼，覆於肩背，既可防日曬，亦可防雨淋，稱"背篷"，

亦名"鶴翅""覆殻"。元代亦見。（見元王楨《農書》）

　　明清時期，貴族男女穿的雨衣，用料考究，形式多樣。明劉若愚《明宫史》記明宫廷内臣雨衣，云："用玉色深藍官緑杭紬或好絹，油爲之，先年亦有鼉繭紙爲之，今無矣。有斗鉢式者，有道袍式加裌者。御前大臣值穿紅之日，有紅雨衣、彩畫蟒龍方補爲貼裏式者。"清代貴族中有的穿用一種以高級玉草製成的雨衣，柔軟而不滲水，稱"玉針蓑"。《紅樓夢》第四五回中，寫賈寶玉穿了一件這樣的雨衣。清代還有一種用多羅樹葉編織成的雨衣，輕巧便捷，入水不濡。（見徐珂《清稗類鈔》）另有用油葵葉製成的雨衣，稱"油葵蓑"，禦雨耐久。（見清李調元《南越筆記》）

　　清代，帝王百官所穿的雨衣，有嚴格的制度規定。皇帝用明黄色。皇子以下，包括民公、侯、伯、子，文武一品官，御前侍衛，各省督撫，皆用紅色。二品以下文武官，皆用青色。雨衣上下分製，上身穿的稱"雨衣"，下身穿的稱"雨裳"。皇帝之雨衣，其制有六；雨裳，其制有二。所用材料，冬夏有别。冬用毡，主要用以遮擋風雪，兼有禦寒功能。春、秋用油綢、羽紗、羽緞。油綢，即塗上桐油的絲綢。羽紗、羽緞，從荷蘭、日本等國傳入，是一種毛紡織物，組織細密，外表堅挺滑爽。還有嗶嘰緞、哆囉呢等，亦從海外傳入，用以作雨衣。

　　現代，製作雨衣的材料有了進一步發展，除傳統的油布之外，還有帆布、塑料、尼龍、防雨綢等，顔色有紅、黄、緑、青、藍、紫、白、灰等多種。形式亦不斷創新，有帶袖對襟式，有無袖斗篷式，有便於騎自行車帶小孩的母子式等。

　　風衣，是穿在身上用以防風雪之衣。根據文獻記載，風衣的出現，是在春秋時期，略晚於雨衣。《左傳·昭公十二年》："雨雪，王皮冠，秦復陶，翠被，豹舄，執鞭以出。"這裏的"復陶""翠被"，歷代學者雖有不同的解釋，但可以肯定是披在身上防禦風雪的一種外衣，後世的斗篷或披風爲其遺制。

　　魏晋南北朝時期，文人喜穿鳥羽做成的風衣，其制如披風，時稱"氅衣"。所用白色鳥羽多爲鶴羽，故亦稱"鶴氅"或"鶴氅裘"。晋代名士王恭曾在雨雪天披着一件這樣的風衣，乘着高輿，瀟灑飄逸，人們看到後無不贊嘆，後來便產生了"王恭氅"這一典故。（見《世說新語·企羡》）這種鶴氅曾長期流傳，上至帝王，下至儒士，皆喜着之，以至鶴羽告缺，祇得用其他鳥羽代替。至明清時期，出現了以布帛製成的這類服裝，習慣上仍稱"鶴氅"，或"氅衣"。《金瓶梅詞話》第四五回："西門慶戴忠靖冠，絲絨鶴氅，白綾襪子。"

《醒世姻緣傳》第六九回："内中有一個四十多年紀，穿着油綠還復過的絲紬夾襖紫花布氅衣。"後亦稱"一口總""羅漢衣"。清曹庭棟《養生隨筆》卷三："式如披幅，無兩袖，而總摺其上以爲領，俗名'一口總'，亦曰'羅漢衣'。天寒氣肅時，出戶披之，可禦風；静坐亦可披以禦寒。《世説》：'王恭披鶴氅行雪中。'今制蓋本此，故又名氅衣。"還有一種名叫"斗篷"的風衣，與之同類。《花月痕》第一八回："遠遠的聽得屨聲轉西廊，望下一瞧，却是紅豆披著天青油綢斗篷，裊裊而來。"現代，斗篷多用作兒童服裝。

當代，風衣的製作日漸講究，形制一般爲對襟、長袖，有的腰部有帶可以束緊。身長一般至膝部，亦有短至臀部的。顔色有軍綠、米黄、大紅、淺綠等色。用料一般爲防雨布、綢。男女皆穿。女式風衣花色品種更多。

雨　衣

雨衣

防雨之衣。先秦已見。如草編之蓑衣，即防雨之衣。至南北朝時期，已有塗油布所製防雨衣。宋高承《事物紀原·衣裘帶服》："雨衣。《事始》曰：凡雨具，周已有。《左傳》云：陳成子衣製仗戈。杜預注曰'製，雨衣也'是矣。《炙轂子》曰：惟絹油製之，及油帽，陳始有之也。"歷代皆見。唐許渾《村舍》詩："自翦青莎織雨衣，南村烟火是柴扉。"《元史·兵志》："凡鋪卒皆腰革帶懸鈴，持槍挾雨衣，齎文書以行。"清代，帝王、品官所穿雨衣，皆有定制。如皇帝雨衣，其制有六。《清史稿·輿服志二》："雨衣之制六，皆明黄色：一，如常服褂，而長與袍稱。自衽以下加博。上襲重衣。領下爲襞積。無袖。斜幀［幅］相比，上斂，下遞豐。兩重俱加掩襟，領及鈕約皆青色。一，以氈及羽緞爲之，月白緞裏。不襲重衣。餘制同。領及鈕約如衣色，油綢爲之，不加裏。鈕約青色。一，如常服褂而加領，長與袍稱。氈、羽緞爲之，月白緞裏。領及鈕約如衣色。一，如常服袍而袖端平，前施掩襠，油綢不加裏。領用青羽緞，鈕約青色。外加袍袖如衣色。一，如常服褂，長與坐齊。氈、羽緞爲之，月白緞裏。領及鈕約如衣色。一，如常服袍而加領，長與坐齊。油綢爲之，不加裏。袖端平，前加掩襠，領用青羽緞，鈕約青色。"此外，還有下身穿的雨裳。至現代，雨衣品種繁多，形制多樣，不斷更新。亦稱"雨披"。當代騎自行車穿用，連同車把一齊披覆，材質橡膠或塑膠，顔色紅、藍、綠諸色。

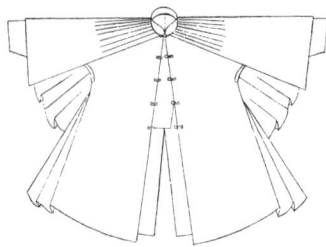

雨衣(皇帝雨衣圖一)
(清伊桑阿《欽定大清會典》)

【雨披】

即雨衣。此稱始見於現代。見該文。

蓑

用莎草編織成的雨衣。似風衣，可披於身上以避雨。《玉篇·草部》：“蓑……草衣也。”明王圻、王思義《三才圖會·衣服》：“蓑，雨衣。”先秦時期始見，常與笠連用。《詩·小雅·無羊》：“爾牧來思，何蓑何笠。”毛傳：“蓑，所以備雨；笠，所以禦暑。”後歷代皆見，經唐、宋、明、清，沿用至現代，其製作材料或形制有所變化。唐孟郊《送淡公》詩：“脚踏小船頭，獨速舞短蓑。”唐柳宗元《江雪》詩：“孤舟蓑笠翁，獨釣寒江雪。”宋陸游《重九後風雨不止》詩：“射虎南山不復夢，雨蓑烟艇伴漁翁。”蓑字本作“衰”。《説文·衣部》：“衰，艸雨衣。”

【衰】

同“蓑”，“蓑”之本字。此體始見於漢代。見該文。

【萆】

即蓑。《説文·艸部》：“萆，雨衣。一曰衰衣。”此稱始見於秦代。《説文·衣部》：“衰，艸雨衣。秦謂之萆。”《廣雅·釋器》：“萆謂之衰。”

【蓑衣】

即蓑。以莎草編織成的雨衣。此稱始見於五代時期。五代江爲《江行》詩：“何時洞庭上，春雨滿蓑衣。”宋、元時亦見此稱。宋林逋《秋日湖西晚歸舟中書事》詩：“却憶春溪謝太傅，當時未解惜蓑衣。”《元史·兵志四》載，每名鋪兵需備之物中有“蓑衣一領”。

蓑　衣

（[日] 中川忠英《清俗紀聞》）

【莎衣】

同“蓑衣”。此體始見於唐代。唐司空圖《雜題》詩：“樵香燒桂子，苔濕挂莎衣。”

【襏襫】

即蓑衣。元王楨《農書》卷一五：“蓑，雨衣……《唐韵》云：草名，可爲雨衣。又名襏襫。”先秦始見。《國語·齊語》：“首戴茅蒲，身衣襏襫。”韋昭注：“襏襫，蓑襞衣也。”後歷代皆見。唐陸龜蒙《蓑衣》詩：“上有青襏襫，下有新腒疏。”宋陸游《柴門》詩：“病已廢耕抛襏襫，閑猶持釣愛笭箵。”清金農《題郭外人家種莎》詩：“觀君牽犢扶犂去，好織青青襏襫衣。”

【簑衣】

同“蓑衣”。竹篾所製，故從竹。此體始見於明代。《水滸傳》第一九回：“船頭上立着一個人，頭戴青箬笠，身披緑簑衣。”現代亦見。碧野《没有花的春天》第十章：“他身上衹披了一件竹葉簑衣，却没有戴竹笠。”

油衣

塗以桐油用以防雨之衣。南北朝時期始見。北魏賈思勰《齊民要術·雜説》：“以竿挂油衣，勿辟藏。”隋唐沿用。《隋書·煬帝紀上》：“嘗觀獵遇雨，左右進油衣。”《舊唐書·儒學傳·谷那律》：“嘗從太宗出獵，在塗遇雨，因問：‘油衣若爲得不漏？’”唐以後亦見。宋吴曾《能改齋漫録·逸文》：“孔公借油衣，叟曰：‘某寒不出，熱不出，風不出，雨不出，未嘗置油衣也。’孔公不覺頓忘宦情。”清納蘭性德《雨霽賦》：“塗泥静滌，平原曠邈，油衣乍脱，輕軒載道。”這種油布雨衣一直流行到現代。

【琥珀衫】

即油衣。古以黃油（即桐油）浸塗後的絲絹爲雨衣，呈黃色，宛如琥珀之色，故稱。此稱始見於宋代。宋陶穀《清異錄·衣服》："張崇帥廬，在鎮不法，酷於聚斂，從者數千人，出遇雨雪，衆頂蓮花帽、琥珀衫。所費油絹不知紀極，市人稱曰'雨仙'。"

【油衫】

即油衣。此稱始見於明代。明宋濂《忠肅星吉公神道碑銘》："帝幸太府，見公所爲，條法精密，諸藏皆盈，有黃金束帶之賜。時微雨，公立階下，命侍臣取御服油衫加公身。"

油帔

油布製防雨披肩。晋代始見。《晋書·桓玄傳》："〔劉〕裕至蔣山，使羸弱貫油帔登山，分張旗幟，數道並前。"

緼褐

以粗麻布製成的雨衣。南北朝時期始見。《北齊書·文苑傳·祖鴻勳》："首戴萌蒲，身衣緼褐，出藝粱稻，歸奉慈親。"

棕衣

以棕絲所製雨衣。棕絲，即棕櫚樹皮上的一種纖維，經過加工，可製雨衣。唐代始見。唐韋應物《寄廬山棕衣居士》詩："兀兀山行無處歸，山中猛虎識棕衣。"亦稱"棕蓑衣"。《明會典·計臟時估》："棕蓑衣一件，三十貫。"

【棕蓑衣】

即棕衣。此稱始見於明代。見該文。

覆殼

覆於肩背用以遮日禦雨之物。用竹篾編成，內襯笋殼、竹葉，外形如龜殼，故名。用者多爲農夫、漁民。唐代始見，稱"背篷"。唐皮日休《添漁具詩·序》："江漢間時候率多雨，唯以篕笠自庇。每伺魚必多俯，篕笠不能庇其上，由是織篷以障之，上抱而下仰，字之曰背篷。"又其《背篷》詩："儂家背篷樣，似個大龜甲。雨中踘蹭時，一向聽霎霎。"亦稱"鶴翅"。元王楨《農書》卷一五："覆殼（一名鶴翅，一名背篷），筬竹編如龜殼，裏以籜箬。覆於人背，綰繫肩下。耘蓐之際，以禦畏日，兼作雨具。下有卷口，可通風氣，又分雨溜。適當盛暑，田夫得此以免曝烈之苦。"

【背篷】

即覆殼。此稱始見於唐代。見該文。

【鶴翅】

即覆殼。此稱始見於元代。見該文。

玉針蓑

以玉草編織的雨衣。質地柔軟而不滲水。清代始見，披者爲貴族。《紅樓夢》第四九回："〔賈寶玉〕只穿一件茄色哆囉呢狐狸皮襖，罩一件海龍小鷹膀褂子，束了腰，披上玉針蓑，帶了金藤笠，登上沙棠屐，忙忙的往蘆雪庭來。"

油葵蓑

以油葵葉製成的雨衣。清代見於南方。清李調元《南越筆記·油葵》："油葵生陽江恩平大山中，樹如蒲葵，葉稍柔，亦曰柔葵，取以作蓑，禦雨耐久。諺曰：'蒲葵爲扇油葵蓑，家種二葵得利多。'"

披風、斗篷

復陶

古代用毛羽製成的禦風雪外衣。先秦時期始見。《左傳·昭公十二年》："雨雪，王皮冠，秦復陶，翠被，豹舄，執鞭以出。"杜預注："秦所遺羽衣也。"孔穎達疏："冒雪服之，知是毛羽之衣，可以禦風雪也。"楊伯峻注："疑復陶乃以禽獸毛絨爲之，衣以禦寒者。"亦稱"復陶裘"。明王世貞《弇州四部稿》："復陶裘也，衣製雨衣也。"

【復陶裘】

即復陶。此稱始見於明代。見該文。

翠被

以翠羽爲飾的披風。先秦時期始見。《左傳·昭公十二年》："雨雪，王皮冠，秦復陶，翠被，豹舄，執鞭以出。"楊伯峻注："杜注：'以翠羽飾被。'被當讀爲帔。《釋名·釋衣服》云：'帔，披也，披之肩背不及下也。'蓋以翠毛爲之，所以禦風雪，若今之斗篷或清時婦女所著之披風。"漢代亦見。漢張衡《西京賦》："大駕幸乎平樂，張甲乙而襲翠被。"後世道服羽帔承其遺制。

貍製

以貍之毛皮所製之斗篷。貍，獸名，猫屬，其皮毛柔軟保溫。春秋時期始見。《左傳·定公九年》："有先登者，臣從之，皆幘而衣貍製。"楊伯峻注："製，今之斗篷，以貍爲之，故曰貍製。"後世亦見。唐雍陶《千金裘賦》："極貍製之狀，殊豹飾之迹。"

氅

一種無袖、披肩的外衣。春秋時期始有以翠羽所製披風，稱"翠被"；還有以貍毛所製斗篷，稱"貍製"。至晉代，始有以鶴羽爲之者，稱"鶴氅"。歷代形制略异，後通稱"氅衣"。無袖者演變爲披風、斗篷；另一種演變爲帶袖者，俗稱"大氅"，即當今之大衣。罩於衣外，以避風寒。明劉若愚《酌中志·内臣佩服紀略》："氅衣，有如道袍袖者，近年陋制也。舊制原不縫袖，故名曰氅也，采素不拘。"《紅樓夢》第五二回："〔賈母曰〕把昨兒那一件孔雀毛的氅衣給他罷。"亦稱"一口總""羅漢衣"。清曹庭棟《養生隨筆》卷三："式如被服，無兩袖，而總摺其上以爲領，俗名'一口總'，亦曰'羅漢衣'。天寒氣肅時，出户披之，可禦風，静坐亦可披以禦寒。《世説》：王恭披鶴氅行雪中。今制蓋本此，故又名氅衣。"

【氅衣】

即氅。此稱始見於明代。見該文。

【一口總】

即氅。此稱始見於清代。見該文。

【羅漢衣】

即氅。此稱始見於清代。見該文。

鶴氅

以鶴羽所製的無袖披風。晉代始見。原爲道士服裝，後文人亦服。形制爲直領、大袖、寬衣。披之可避風雪，又有飄逸之感。南朝宋劉義慶《世説新語·企羨》："〔孟昶〕嘗見王恭乘高輿，被鶴氅裘。"南北朝時期，帝王亦服之。唐閻立本所繪《陳文帝像》即披鶴氅。後世亦見。《新五代史·盧程傳》："程戴華陽巾，衣鶴氅，據几決事。"宋代甚流行，但已不再用鳥羽製作，而在衣襟或後背等處綉畫白鶴，衣袖寬大，衣長及地，領襟加一道深色闊邊。宋王禹偁《黃州新建小竹樓記》："公退之暇，披鶴氅，戴華陽巾，手執《周易》一卷，焚香默坐，消遣世慮。"宋徽宗趙佶所畫《聽琴圖》中撫琴者即披綉畫白鶴的服裝。清代，亦有用狐狸皮所製者。《紅樓夢》第四九回："黛玉換上掐金挖雲紅香羊皮小靴，罩了一件大紅羽紗面白狐狸皮的鶴氅……〔和寶玉〕二人一齊踏雪行來。"亦作"鶴襂"。《說郛》卷八八引宋司馬光《司馬溫公詩話》："〔韓退處士〕好著寬袖鶴襂，醉則鶴舞。"

【鶴襂】

同"鶴氅"。此體始見於宋代。見該文。

白鷺縗

用白鷺的長翰毛編製的白外衣。始見於南朝。《資治通鑑・齊東昏侯永元二年》："又訂出雉頭、鶴氅、白鷺縗。"胡三省注："白鷺縗，鷺頭上眊也。鶴氅、鷺縗，皆取其潔白。"

披袍

披在身上的外衣。可防風禦寒。唐代見之。《舊唐書・安祿山傳》："每見林甫，雖盛冬亦汗洽。林甫接以溫言，中書廳引坐，以己披袍覆之。"五代時期亦見。五代孟昶《臨江仙》詞："披袍窣地紅宮錦，鶯語時囀輕音。"

披風

披在肩背沒有袖子的外衣。明代始見。明馬佶人《十錦堂》傳奇四："隨分什麼縐紗綿襖、白綾背褡、青羊羢襪子、潞油披風，一總拏出來，任憑和相公揀中意的穿。"清代爲普通婦女禮服。其制帶袖。周汛、高春明《中國歷代服飾・清》："披風是清代婦女的外套，作用與男褂相似。顏色有嚴格規定。吉服用天青，素服用元青。其制：對襟大袖，長可及膝，上綉五彩夾金綫花紋。晚清時，還有用平金的團花及波浪形的'水脚'作爲裝飾。披風上有短領，往往點綴着各式珠寶。披風之內穿大襖，有單襖、夾襖、棉襖、皮襖之別；大襖之內還有貼身小襖，這種小襖多用紅色，如粉紅、桃紅和水紅之類。"《紅樓夢》第二〇回："就拿今日天氣比，分明冷些，怎麼你倒脫了青肷披風呢！"近代，披風爲時髦婦女的服飾，有單、棉、皮等，多以綢緞爲之，有綠、大紅、粉紅、咖啡和灰等色，長至膝。亦有短僅遮背一式。

披 風
（〔日〕中川忠英《清俗紀聞》）

裧袯

一種披在身上以避風雪的短外衣。清代見之，俗稱"裧朋"。清郝懿行《證俗文》："裧袯者，狀如袍而無襟袖，披之以禦雨雪。今禮部會試有散裧袯官四員。俗謂之裧朋。"

【裧朋】

"裧袯"之俗稱。此稱始見於清代。見該文。

斗篷

一種披裹於衣服外面的長外衣。有領無袖，領口用扣或絲帶繫結。從古代氅衣演變而來，最初用棕麻編成，以禦風雪，較短，稱"衺被"。後多用絲織物製作，并不限風雪天。清代盛行，冬季外出，不論男女官庶皆喜披之，但不能着之行禮。清代中葉以後，婦女披者甚多，其製作也日益精巧，多用鮮艷綢緞爲面料，上綉花紋，亦有襯以皮毛者。《紅樓夢》第三一回："老太太的一件新大紅猩猩氈的斗篷放在那裏，誰知眼不見他就披上了，又大又長。"近代以來，一直流行，如騎士多披斗蓬。現多用於兒童。

一口鐘

一種無袖不開衩的長寬外衣。多爲婦女所披，男子亦有披者。其形如鐘，故名。亦稱"假鐘"。明代始見。《通雅·衣服》："假鐘，今之一口鐘也。周弘正著綉假鐘，若今之一口鐘也。凡衣掖下安襴，襞積殺縫，兩後裾加之。世有取暖者，或取冰紗映素者，皆略去安襴之上襞，直令四圍衣邊與後裾之縫相連，如鐘然。"清代中期以後漸流行，光緒末滬地富有者始見着之。宣統初滬上妓女喜用鮮艷的花緞或縐紗爲表，内以洋灰鼠或洋狐狀爲裏。參閱周錫保《中國古代服飾史》第十四章《清代服飾》。近現代皆見用。《官場現形記》第四三回："不知從哪裏拖到一件又破又舊的一口鐘，圍在身上，擁抱而卧。"李劼人《大波》第一部第一章："袍子的款式裁縫得很好，腰肢上扎了兩道寬褶，一下子就顯得細腰之下襬衩撒開，很像一把剛收起的統傘，所以這種袍子又叫做一口鐘。"亦作"一口中"。《清平山堂話本·錯認

屍》："我丈夫頭戴萬字頭巾，身穿着青絹一口中，一月前説來皮市裏買皮，至今不見信息，不知何處去了！"

【假鐘】

即一口鐘。此稱始見於明代。見該文。

【一口中】

同"一口鐘"。此體始見於明代。見該文。

【一裏圓】

"一口鐘"的別稱。因其下襬無衩，裏如圓形，故名。清代始見此稱。清西清《黑龍江外記》卷六："官員公服，亦用一口鐘，朔望間以襲補褂。惟蟒袍中不用。一口鐘，滿洲謂之呼呼巴，無開襖之袍也。亦名一裏圓。"《紅樓夢》第九四回："且説那日寶玉本來穿着一裏圓的皮襖在家裏歇息。"

雪褂子

用以禦雪的對襟大褂。清代見之。《紅樓夢》第四九回："他一般的拿着雪褂子，故意妝出個小騷達子樣兒來。"

粗二馬裾

民間傳統女服。以黑色粗布製成，樣式類似現代的女式大衣，長至膝蓋。清代、民國初流行於四川一帶。

氈褂

民間傳統服裝。一種毛製長外衣。衣身寬大，長至臀下。可用作雨衣、風雪衣，野外勞動時穿用。流行於青海河湟地區，漢、藏、土等族民間皆見。

現代風衣

風衣

現代用以防風遮塵的外衣。形如中長大衣或雨衣，但造型更輕巧、明快，變化亦多。既可擋風、防塵，亦可用於保暖。製作材料一般有咔嘰布、滌棉華達呢、防雨尼龍以及各類化纖織物等。一般爲單層，或做成半夾裏。一般爲反駁領、斜插袋、繫腰帶，亦有創新式樣。如在前後衣片上端加過肩，肩部、袖口飾以肩袢、袖袢，插袋改爲貼袋，圓裝袖改爲套肩袖等。女式風衣的衣片結構更爲多樣。風衣顏色多爲米黃，後又有海藍、紫紅、橄欖綠、棕等色。長者在膝部以下，短者在膝以上。

風雨衣

現代用以防風遮雨的外衣。其制如風衣，但用防雨咔嘰或防雨府綢等衣料製作，有防風、防雨、防雪功能，身長至膝，領部可連接雨帽，以遮護頭部。顏色有黃、綠、紅、淺灰等多種。

遮塵罩衣

裼

古代麻布單罩衣。形似後代的斗篷，寬大，無裏，女子出嫁時罩於錦衣外以遮塵，且含有歸真返樸之意。《說文·衣部》：“裼，檾衣也。”段玉裁注：“檾者，枲屬。績檾爲衣，是爲裼也……古者麻絲之作，蓋先麻而後絲。故衣錦尚裼，歸真返樸之意。”先秦始見。亦稱“裼衣”。《詩·衛風·碩人》：“碩人其頎，衣錦裼衣。”鄭玄箋：“裼，襌衣也。”亦作“穎”。《儀禮·士昏禮》：“女從者畢袗玄，纚笄被穎黼，在其後。”鄭玄注：“穎，襌也……士妻始嫁，施襌黼於領上，假盛飾耳。言被，明非常服。”亦作“絅”。《禮記·玉藻》：“襌爲絅。”鄭玄注：“有衣裳而無裏。”後世承古代婚俗，亦有服之者。唐張說闕題詩：“溫席開華扇，梁門換裼衣。”

【裼衣】

即裼。此稱始見於先秦時期。見該文。

【穎】

同“裼”。此體始見於先秦時期。見該文。

【絅】

同“裼”。此體始見於先秦時期。見該文。

景

帛製單外衣。古代女子出嫁着於外以避塵。其制和作用與衣相似。先秦始見。亦作“憬”。《儀禮·士昏禮》：“婦乘以几，姆加景，乃驅，御者代。”漢鄭玄注：“景之制，蓋如明衣，加之以爲行道禦塵，令衣鮮明也……今文景作憬。”後世女子出嫁亦備之，主要爲貴族婦女所用。《隋書·禮儀志四》：“後齊皇帝納后之禮……皇后服大嚴綉衣，帶綬佩，加憬。”

【憬】

同“景”。此體始見於漢代。見該文。

小兒涎衣

褗

小兒涎衣。繫於小兒頸以防口水沾濕衣服。漢代始見。亦稱"繫袼"。《方言》第四："繫袼謂之褗。"郭璞注："即小兒涎衣也。"亦稱"涎裏衣"，俗亦稱"圍瀺"。《説文·衣部》："褗……一曰涎裏衣。"清朱駿聲《説文通訓定聲》："蘇俗謂之圍瀺，著小兒頸肩以受涎者。其制圓。"延及現代，其物仍存，俗稱"圍嘴"，民間多見。

【繫袼】

即褗。此稱始見於漢代。見該文。

【涎裏衣】

即褗。此稱始見於漢代。見該文。

【圍瀺】

即褗。此稱始見於清代，吳語方言。見該文。

【圍嘴】

"褗"之俗稱。此稱始見於現代。見該文。

裺

小兒涎衣。《方言》第四："裺謂之襦。"戴震疏證："蓋以裺爲小兒涎衣，掩頸下者。"錢繹箋疏："裺之言淹也……鄭注《儒行》云'淹謂浸漬之'。襦之言濡也，《廣雅》：'濡，漬也。'《邶風·匏有苦葉》篇毛傳同。裺，所以承涎液，故裺亦名襦也。"

罩衣

現代使用於幼兒罩於上服之外單衣。無領、長袖，或作鬆緊口，背後開縫，用絆帶或紐扣結繫於身，用以保護上服不被污漬。民間流行。

第九節　僧服、道服考

佛教自東漢明帝永平十年（67）傳入中國，魏晉南北朝時期極爲盛行。道教是中國固有的宗教，東漢順帝漢安元年（142）張道陵倡導於鶴鳴山（今四川大邑境内），魏晉南北朝時期亦在社會上廣爲流傳。唐代，佛、道二教勢均力敵，宋代則又抬高道教。由於封建統治者鞏固統治的需要，佛、道二教歷代流傳不絶。其徒衆之服飾亦各具特色。

僧服，即佛教僧侣的服裝。隨着佛教的東漸，僧侣亦成批來到東土，遂帶來了他們的服飾。根據佛教制度，佛教僧侣的衣服，有"三衣"或"五衣"。三衣，即安陀會、鬱多羅僧和僧伽梨。安陀會由五條布縫成，爲衷衣；鬱多羅僧由七條布縫成，爲外衣；僧伽梨由九至二十五條布縫成，爲大衣。這是律中按規定准許僧人個人擁有的三種衣服。三衣製法，先將衣料裁成矩形布片，然後按兩長一短搭配縫合，縱嚮縫合成豎條，橫嚮縫合成橫堤。日常宗教生活則穿安陀會，在寺院内正規活動穿鬱多羅僧，外出或正式場合穿僧伽梨。五衣，即三衣之外加僧却崎和涅槃僧。僧却崎是覆肩衣，用以襯三衣，涅槃僧是裙子。（見周叔迦《漢族僧服考略》，《現代佛學》1956 年第 4 期）本爲比丘尼所着，但因我國大部分地區冬季較寒冷，故比丘於三衣之外，亦可着僧却崎，還可在制衣内着聽衣常服，即聽任自便之衣。佛教制度還規定，僧尼避青、黄、紅、白、黑五種正色，而以其他不正色將衣染壞，或在新做的衣服上綴一塊另一種顔色的布以破壞衣色的整齊，故僧衣亦稱壞色衣、間色衣。用漢語音譯，僧衣譯作袈裟。袈裟爲寬袖，衣亦寬作方形，故亦稱"方袍"。袈裟還有多種名稱，如條衣、離塵服、田相衣、衲衣等。因其用多條布片縫綴而成，故稱"條衣"；因其名含有緣斷絶六塵之義，故稱"離塵服"；因其上飾許多方形圖案，形似田畦，故稱"田相衣"；因其用廢弃的破舊布片拼連而成，故稱"衲衣""糞掃衣"。袈裟的右肩下用一大環作爲扣搭之用，名曰"哲那環"，亦稱"跋遮那"。佛教初入中國，僧侶披紅色袈裟。後根據中國的氣候及漢人的習慣，三衣之外，又增添其他衣服，即在漢族服裝中稍微改變其式樣以爲僧服，如緇衣成爲僧侶日常穿的一種服色。緇衣是紫而淺黑色之衣。唐代，由於品官服有紫、緋、緑等色的規定，故最高統治者亦賜給個别的高僧以紫色袈裟。僧衣中還有用兩幅整布縫製者，稱"縵條衣"，梵文音譯爲"鉢吒"，依律應爲僧尼内衣，但我國通爲沙彌、沙彌尼之常服，比丘、比丘尼在非正式場合亦穿着。

僧侶一般爲光頭不戴帽，但亦有戴帽時。明黄一正《事物紺珠》言釋冠有八種，即毗羅帽、寶公帽、僧迦帽、山子帽、班吒帽、瓢帽、六和巾、頂包。毗羅帽亦稱"毗盧帽"，上繪毗盧佛形象，《西游記》中唐僧即戴此帽。其餘形制，難言其詳。明王圻等《三才圖會·衣服》有"芙蓉帽"，亦僧帽，因形似芙蓉而得名，後世有作濟公活佛像者，其所戴之帽如芙蓉帽。

道服，即道教中道士的服裝。主要有法衣、褐被和常服。法衣，即法師執行拜表、戒期、齋壇時穿的。如全真派中的霞衣、净衣、信衣、鶴氅等，以及正一派中的行衣、罡衣、混元衣、班衣、懺衣之類。法衣兩袖格外寬大，襟袖相連，袖襴與衣身下襴齊，伸展雙臂時，肩、袖與衣身構成方形，通常飾以九宫八卦等圖形，製作精良，色彩華麗。褐被，即披在身上的外衣。其服色有褐、青、緋，也有受皇帝賜紫色者，如唐代李泌、宋代林靈素。常服，即平常所穿的衣服，有道袍和大小衫。這和普通人所穿無多少差别，而其特點在頭上戴的冠、巾。道士簪冠，其冠有黄冠、金冠、芙蓉冠、五嶽靈圖冠、二儀冠等；戴巾，有純陽巾、紫陽巾、幅巾、混元巾等。道士巾帽，統稱"道冠"，種類頗多，多承漢唐遺制。如正一派道士的九梁巾，亦稱"華陽巾"，即源於漢代的進賢冠。又如純陽巾，一名樂天巾，頗類漢唐之巾。

道家的足服是平時穿履，法事時穿舄，皆朱色。可見，道士保持着古代的衣冠制度。女道士的冠服，大體與男道士相同。

道家者衣，先穿道袍之類，然後外束以環裙，再罩以鶴氅、罢衣等。歷代變化不大。

三衣、五衣

僧服

佛教僧侶的服裝。佛教自東漢從印度傳入我國，衣制有所謂"三衣""五衣"。普通僧侶的内衣由五條布縫成，外衣由七條布縫成，較正式的大衣由九至二十五條布縫成，稱"僧伽黎"或"袈裟"。此三者爲"三衣"，再加上覆肩的"僧祇支"（僧却崎）、裙子"涅槃僧"，即爲"五衣"。周叔迦《漢族僧服考略》："佛教僧侶的衣服，根據佛教的制度，限於三衣或五衣。三衣是安陀會、鬱多羅僧和僧伽梨。安陀會是五條布縫成的内衣；鬱多羅僧是七條布縫成的上衣；僧伽梨是九條乃至二十五條布縫成的大衣。五衣是於三衣之外加上僧祇支和涅槃僧。僧祇支是覆肩衣，用以襯三衣穿着的，涅槃僧是裙子。"佛教制度規定，僧衆之衣不得用五種正色和五種間色，祇能用不正色、染色，故亦稱"壞色衣"。其衣用廢弃的破舊布片拚綴而成，故又稱"衲衣""百衲衣"。我國歷代僧人的袈裟多爲紅、黑色，唐代武則天時始賜高級僧侶服紫。其穿法爲蓋住左肩膀，露出右肩而掩右腋，於右腋下用一大環繫扣。

【法衣】[1]

即僧服。因依佛法製作，在舉行宗教儀式時穿用，故稱。《釋氏要覽上·法衣》："西天出家者衣，律有制度，應法而作，故曰法衣。"原釋迦牟尼規定，"三衣""五衣"爲法衣，佛教傳入中國以後，有所變通，凡僧尼所穿而被認爲不違背戒律、佛法的衣服，皆可稱法衣。亦稱"法服"。北齊顏之推《顏氏家訓·歸心》："一披法服，已墮僧數。"以上係就廣義而言。狹義則指九條以上袈裟，即大衣、僧伽梨。或專指說法時所披金襴袈裟。參見本書《宗教卷·道具説·用物考》"法衣[1]"文。

【法服】[2]

即法衣。此稱始見於南北朝時期。見該文。

【支伐羅】

梵語音譯。意譯爲衣。即僧服。唐釋義净《南海寄歸内法傳》卷一："袈裟乃事梵言，即是乾陀之色，元來不干東語，何勞下底置衣。若依律文典語，三衣並名支伐羅。"唐釋定賓《飾宗記》卷五："支伐羅譯之爲衣。"

佛衣

佛教法衣。本指中國禪宗師徒傳法的信物。

禪宗六祖慧能後不再傳衣，便作爲僧尼常服。唐劉禹錫《大唐曹溪第六組大鑒禪師第二碑》："初達摩與佛衣俱來，得道傳付，以爲真印。"又《佛衣銘》："佛言不行，佛衣乃争。"

二衣

佛教僧尼的衣服可分兩類，一類爲"制衣"，即佛門所規定的僧衆三衣、尼衆五衣，是僧尼依制必須具有者；另一類爲"聽衣"，即制衣以外可有可無悉聽自便的其他衣物。《釋氏要覽上·法衣》："二衣，謂聽制二衣也。"按：佛教所謂"聽制"二衣，蓋源自唐代律師道宣所著《四分律含注戒本疏》，道宣明確提出"制聽二衣"之説，以佛所制定之教法爲制教，以可通融聽便者爲聽教。至衣物則僧衆三衣、尼衆五衣等制門制法，此外所增之常服則不在制衣之內。

三衣

佛教僧侶穿的三種衣服。即：僧伽梨、鬱多羅僧、安陀會。《釋氏要覽上·法衣》："蓋法衣有三也，一僧伽梨，二鬱多羅僧，三安陀會。"隋釋慧遠《大乘義章》卷一五："言三衣者，謂五條衣、七條衣、大衣。上行之流唯受此三，不蓄餘衣。"僧伽梨用九幅以上布條縫製，套在最外面，在進入王宮村鎮等場合穿着；鬱多羅僧用七幅布條縫製，穿在安陀會外面，在聚會、誦經、聽講時穿着；安陀會用五幅布條縫製，作爲內衣，日常作業和就寢時穿用。《行事日鈔》下一："《四分》云：沙門衣不爲怨賊劫，應作安陀會，襯體著；鬱多羅僧、僧伽梨，入聚落著。"佛教傳入中國以後，三衣之形制發生了較大變化。參見本書《宗教卷·道具説·用物考》"三衣"文。

五衣

佛教僧侶衣服。即在三衣之外，加上僧祇支、涅槃僧。僧祇支是一塊長形衣片，從左肩穿至腰下。比丘、比丘尼皆可穿用。涅槃僧爲下裙，將長方形布縫其兩邊，成筒形，伸入兩腿，腰繫紐帶。唯比丘尼用。周叔迦《漢族僧服考略》："佛教僧侶的衣服，根據佛教的制度，限於三衣或五衣。三衣是安陀會、鬱多羅和僧伽梨……五衣是於三衣之外加上僧祇支和涅槃僧。僧祇支是覆肩衣，用以襯三衣穿着的，涅槃僧是裙子。"或説下裙音譯爲"闕修羅""俱蘇羅"等。參見本書《宗教卷·道具説·用物考》"五衣"文。

安陀會

梵語音譯。僧徒三衣之一。亦譯作"安多會""安多衞""安多婆娑""安陀羅跋薩""安呾婆娑""安怛羅婆沙"。意譯作"中宿衣""裏衣""下衣""院內行道雜作衣"。爲僧侶日常作業及安寢時所服。唐釋玄應《一切經音義》卷一四："安多會或作安多衞，或作安多婆娑，或作安陀羅跋薩。此譯云中宿衣，謂近身住也。或云裏衣也。"宋釋道誠《釋氏要覽上·法衣》："《毗奈耶》云：……若安呾婆娑，任於何處隨意着用無犯。"宋釋法雲《翻譯名義集七·沙門服相》："安陀會，或安怛羅婆沙，此云中宿衣，謂近身住也。《南山》云：五條名下衣，從用云院內行道雜作衣。"唐釋道宣《四分律行事鈔》下一："《四分》云：沙門衣不爲怨賊劫，應作安陀會，襯體著；鬱多羅僧、僧伽梨，入聚落著。"

【安多會】

同"安陀會"。此譯稱始見於唐代。見該文。

【安多衛】

同"安陀會"。此譯稱始見於唐代。見該文。

【安多婆娑】

同"安陀會"。此譯稱始見於唐代。見該文。

【安陀羅跋薩】

同"安陀會"。此譯稱始見於唐代。見該文。

【安呾婆娑】

同"安陀會"。此譯稱始見於宋代。見該文。

【安怛羅婆沙】

同"安陀會"。此譯稱始見於宋代。見該文。

【中宿衣】

即安陀會。此稱始見於唐代。見該文。

【裏衣】²

即安陀會。此稱始見於唐代。見該文。

【下衣】

即安陀會。此稱始見於宋代。見該文。

【院内行道雜作衣】

即安陀會。此稱始見於宋代。見該文。

【五條衣】

即安陀會。因由五條布片綴縫而成，故稱
"五條衣"。隋釋慧遠《大乘義章》卷一五："言
三衣者，謂五條衣、七條衣、大衣。上行之流
唯受此三，不蓄餘衣。"

鬱多羅僧

梵語音譯。僧徒三衣之一。亦釋作"鬱
多羅僧伽""優多羅僧""漚多羅僧""喔多羅
僧"。意譯作"上著衣""上衣"，亦稱"覆左
肩衣""七條袈裟""中價衣""入衆時衣"。著
於安陀會上，爲禮拜、齋食、講經時所服。唐
釋玄應《一切經音義》卷一四："鬱多羅僧，或
云鬱多羅僧伽，或云優多羅僧，或作漚多羅
僧。亦猶梵言訛轉耳。此譯云上著衣也。若謂

與身相合，言於常所服中最在其上，故以名焉。
或云覆左肩衣。"唐釋慧琳《一切經音義》卷
一五："鬱多羅僧伽，梵語僧衣名也，即七條袈
裟。是三衣中常服衣也。亦名上衣。"宋釋道
誠《釋氏要覽上·法衣》："若喔多羅僧，應於净
處著。"宋釋法雲《翻譯名義集七·沙門服相》：
"鬱多羅僧……《南山》云：七條名中價衣，從
用云入衆時衣，禮誦齋講時著。"

【鬱多羅僧伽】

同"鬱多羅僧"。此譯稱始見於唐代。見
該文。

【優多羅僧】

同"鬱多羅僧"。此譯稱始見於唐代。見
該文。

【漚多羅僧】

同"鬱多羅僧"。此譯稱始見於唐代。見
該文。

【喔多羅僧】

同"鬱多羅僧"。此譯稱始見於宋代。見
該文。

【上著衣】

即鬱多羅僧。此稱始見於唐代。見該文。

【上衣】

即鬱多羅僧。此稱始見於唐代。見該文。

【覆左肩衣】

即鬱多羅僧。此稱始見於唐代。見該文。

【七條袈裟】

即鬱多羅僧。此稱始見於唐代。見該文。

【中價衣】

即鬱多羅僧。此稱始見於宋代。見該文。

【入衆時衣】

即鬱多羅僧。此稱始見於宋代。見該文。

【七條衣】

即鬱多羅僧。因由七條布片縫綴而成，故稱"七條衣"。隋釋慧遠《大乘義章》卷一五："言三衣者，謂五條衣、七條衣、大衣。上行之流唯受此三，不蓄餘衣。"

僧伽梨

梵語音譯。亦譯作"僧迦梨""僧伽黎""僧伽胝""僧迦胝""僧伽致""僧伽黎"。意譯作"重複衣""大衣""雜碎衣""入王宮聚落時衣"。僧徒三衣之一，即僧侶外着之大衣，用九幅以上布條縫製，在進入王宮村鎮乞食説法時穿着。《長阿含經·游行經中》："爾時世尊自四褋僧伽梨偃右脅，如師子王纍足而卧。"北魏楊衒之《洛陽伽藍記·宋雲惠生使西域》："初，如來在烏塲國行化，龍王嗔怒，興大風雨，佛僧迦梨表裏通濕。"唐釋玄應《一切經音義》卷一四："僧伽梨，此音訛也，應云僧伽胝，譯云合，或云重作也。"宋釋法雲《翻譯名義集七·沙門服相》："義净云僧迦胝，唐言重複衣。《靈感傳》云：每轉法輪，披僧伽梨。《南山》云：此三衣名，諸部無正翻，今義譯大衣。名雜碎衣，以條數多故。若從用爲名，則曰入王宮聚落時衣，乞食説法時著。"宋釋普濟《五燈會元·七佛·釋迦牟尼》："復告迦葉，吾將金縷僧伽黎衣傳付於汝。"有上、中、下三品。宋釋道誠《釋氏要覽上·法衣》："《薩婆多論》云：僧伽梨有三品：自九條、十一條、十三條名下品衣，皆兩長一短作；十五條、十七條、十九條名中品衣，皆三長一短作；二十一條、二十三條、二十五條名上品衣，皆四長一短作。"

【僧迦梨】

同"僧伽梨"。此譯稱始見於南北朝時期。

見該文。

【僧伽黎】

同"僧伽梨"。此譯稱始見於唐代。見該文。

【僧伽胝】

同"僧伽梨"。此譯稱始見於唐代。見該文。

【僧迦胝】

同"僧伽梨"。此譯稱始見於唐代。見該文。

【僧伽致】

同"僧伽梨"。此譯稱始見於唐代。見該文。

【僧伽黎】

同"僧伽梨"。此譯稱始見於宋代。見該文。

【重複衣】

即僧伽梨。此稱始見於唐代。見該文。

【大衣】[2]

即僧伽梨。此稱始見於唐代。見該文。

【雜碎衣】

即僧伽梨。此稱始見於宋代。見該文。

【入王宮聚落時衣】

即僧伽梨。此稱始見於宋代。見該文。

【伽梨】

"僧伽梨"之省稱。宋代見之。宋黄庭堅《元豐癸亥經行石潭寺別和一章》："空餘祇夜數行墨，不見伽梨一臂風。"亦作"伽黎"。明屠隆《曇花記·菩薩降凡》："晃晃莊嚴，花冠瓔珞明明現，如來大士擁伽黎。"

【伽黎】

同"伽梨"。此譯稱始見於明代。見該文。

僧却崎

梵語音譯。一種斜披左肩偏袒右臂的服裝。形狀爲一長方形布片，左邊披在肩上，右邊掩在腋下，長度剛過腰部。僧徒五衣之一。舊譯作"僧祇支"，唐代意譯爲"掩腋"。唐釋玄奘

《大唐西域記·印度總述》："僧却崎，覆左肩，掩兩腋，左開右合，長裁過腰。"原注："唐言掩腋。舊曰僧祇支，訛也。"亦譯作"僧祇枝"。南朝宋佛陀什等《五分律·衣法》："時六群比丘作襯身衣，大小如僧祇枝，或如泥洹僧。"亦名"覆膊""掩腋衣"。宋釋道誠《釋氏要覽上·法衣》："古僧依律，只有僧祇支，此名覆膊，亦名掩腋衣。此長覆左膊，及掩右腋，蓋襯三衣故，即天竺之儀也。"

【僧祇支】

同"僧却崎"。此譯稱始見於唐代以前。見該文。

【掩腋】

即僧却崎。此稱始見於唐代。見該文。

【僧祇枝】

同"僧却崎"。此譯稱始見於南北朝時期。見該文。

【覆膊】

即僧却崎。此稱始見於宋代。見該文。

【掩腋衣】

即僧却崎。此稱始見於宋代。見該文。

【袒服】

即僧却崎。覆肩掩腋衣。晋代已見此稱。晋釋慧遠《沙門袒服論》："中國之所無，或得之於異俗，其民不移，故其道未亡，是以天竺國法，盡敬於所尊，表誠於神明，率皆袒服，所謂去飾之基者也。"後代亦見此稱。宋無名氏《異聞總錄》卷一："〔董秀才〕曰：'但嘗遺一袒服。'取視之，穢而無縫。"

覆肩衣

一種僧衣。披於身上，覆蓋一肩，故稱。《智度論》三："阿難端正清净如好明鏡……女人見之，欲心即動，是故佛聽阿難著覆肩衣。"唐釋道宣《四分律行事鈔》下一："是衣覆肩衣，長四肘，廣二肘。"參見本書《宗教卷·道具説·用物考》"覆肩衣"文。

偏衫

一種僧衣。僧却崎袒露左臂，與中國風俗不合，特別是僧侣出入宫禁，尤爲不雅。北魏時便在右肩上加袖，縫在一起，稱爲偏衫。實爲僧却崎和覆肩衣二者合一演變而成。宋元照《六物圖》："此方往右並服祇支，至後魏時始加右袖，兩邊縫合，謂之偏衫，截領開裾，猶存本相，故知偏衫左肩即本祇支，右邊即覆肩也。"宋釋贊寧《大宋僧史略·服章法式》："又後魏宫人見僧自恣，偏袒右肩，乃施一肩衣，號曰偏衫。全其兩肩兩袖，失祇支之體，自魏始也。"後世亦見此稱。《西游記》第三六回："那眾和尚，真個齊齊整整，擺班出門迎接。有的披了袈裟，有的著了偏衫。"亦稱"褊衫"。元吴昌齡《東坡夢》第一折："向年間爲師父娘做滿月，賒了一副猪臟没錢還他，把我褊衫都當了。"《警世通言·白娘子永鎮雷峰塔》："禪師將二物置於鉢盂之内，扯下褊衫一幅，封了鉢盂口，拿到雷峰寺前。"

【褊衫】

同"偏衫"。此體始見於元代。見該文。

涅槃僧

梵文音譯。亦譯作"泥縛些那""泥嚩些那""泥婆珊那""泥伐散那""泥婆娑""泥洹僧"。意爲裙、内衣、圍衣。佛教僧徒五衣之一。爲一長方形布片，圍在腰上用紐帶繫緊。唐釋玄奘《大唐西域記·印度總述》："泥縛些那（原注：唐言裙，舊曰涅槃僧，訛也），既無帶襻，其將服也，集衣爲褊，束帶以條。褊則諸部各異，色乃黃赤不同。”唐釋慧琳《一切經音義》卷八二："泥嚩些那，梵語僧方裙也。古譯曰涅槃僧也。”唐釋道宣《四分律行事鈔》下一："涅槃僧法，僧祇於佛前自著内衣。又泥婆珊那、泥伐散那、泥婆娑。舊稱涅槃僧，教諸比丘，因制式。”宋釋道誠《釋氏要覽上·法衣》："裙，此方之名……《根本百一羯磨》云：梵語泥伐散那，唐言裙。諸律舊譯，或云涅槃僧，或云泥洹僧，或譯爲内衣，或云圖衣。”

【泥嚩些那】

同 "涅槃僧"。此譯稱始見於唐代。見該文。

【泥嚩些那】

同 "涅槃僧"。此譯稱始見於唐代。見該文。

【泥婆珊那】

同 "涅槃僧"。此譯稱始見於唐代。見該文。

【泥伐散那】

同 "涅槃僧"。此譯稱始見於唐代。見該文。

【泥婆娑】

同 "涅槃僧"。此譯稱始見於唐代。見該文。

【裙】[1]

即涅槃僧。此稱始見於唐代。見該文。

【泥洹僧】

同 "涅槃僧"。此譯稱始見於宋代。見該文。

【内衣】

即涅槃僧。此稱始見於宋代。見該文。

【圖衣】

即涅槃僧。形象稱謂。因其圓筒狀如盛穀物的糧囤，故稱。此稱始見於宋代。見該文。

厥修羅

梵文音譯。又譯作 "厥蘇洛迦" "瞿修羅" "俱蘇洛迦" 等。僧服 "五衣" 之一，是比丘尼專用的裙服。把長方形布片兩邊縫在一起，成爲筒狀，伸入兩腿，腰間用帶子繫住。形似用竹、草編成圈起來盛穀物的篅，故亦稱篅衣。唐釋定賓《飾宗記》五："厥修羅者，正言厥蘇洛迦，此是圖義，像其形也。”唐釋玄應《一切經音義》卷四："瞿修羅者，此云圖也。像其衣形而立名也。”唐釋義净《南海寄歸内法傳》卷二："梵云俱蘇洛迦，譯爲篅衣，以其兩頭縫合，形如小篅也。長四肘，寬二肘，上可蓋臍，下至踝上四指。”

【厥蘇洛迦】

同 "厥修羅"。此譯稱始見於唐代。見該文。

【瞿修羅】

同 "厥修羅"。此譯稱始見於唐代。見該文。

【俱蘇洛迦】

同 "厥修羅"。此譯稱始見於唐代。見該文。

【篅衣】

即厥修羅。此稱始見於唐代。見該文。

袈　裟

袈裟

梵語音譯。本名 "迦沙曳"，省稱 "迦沙"。始譯作 "毠㲚"，晋葛洪作《字苑》改從衣作 "袈裟"。謂僧衣。義爲不正色、壞色、濁色、染色等。佛制，僧衣必須避用五種正色和五種間色，故名 "壞色衣"。其色多濁，故名"緇衣"。唐釋玄應《一切經音義》卷一四："袈裟……音加沙，字本從毛，作'氎氎'二形。葛洪後作《字苑》，始改從衣。案外國通稱袈裟，此云不正色也。諸草木中，若皮、若葉、若花等，不成五味，難以爲食者，則名迦沙。此物染衣，其色濁赤，故梵本五濁之濁，亦名迦沙。天竺比丘多用此色。或言緇衣者，當是初譯之時，見其色濁，因以名也。"又根據皈依之意義呼有多種名稱。宋釋法雲《翻譯名義集七·沙門服相》:"《大净法門經》云：袈裟者，晋名去穢;《大集經》名離染服;《賢愚經》名出世服。《真諦雜記》云：袈裟是外國三衣之名，名含多義，或名離塵服，緣斷絶六塵。或名消瘦服，緣割除煩惱。"從東漢始，佛教經西域傳入中國，袈裟亦隨僧侶東來，本土僧人亦着之。南朝梁釋慧皎《高僧傳·竺僧度》:"且披袈裟，振錫杖，飲清流，咏波若，雖王公之服，八珍之膳，鏗鏘之聲，曄曄之色，不與易也。"歷代沿用，亦有變化。據宋釋道誠《釋氏要覽上·法衣》載，袈裟有十二種名稱，即：離染服、出世服、無垢衣、忍辱鎧、蓮花衣、幢相、田相衣、消瘦衣、離塵服、去穢衣、振起、袈裟。此外，還有多種名稱。

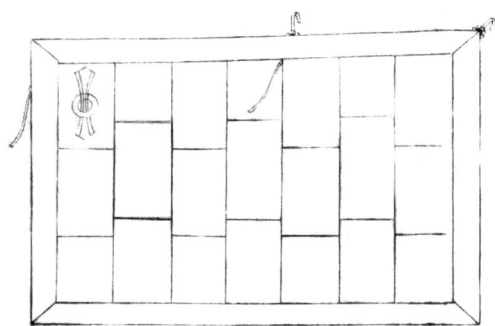

袈　裟
（［日］中川忠英《清俗紀聞》）

【氎氎】

同"袈裟"。此譯稱晋代以前已行用。見該文。

【離染服】

即袈裟。亦稱"出世服""無垢衣"。宋釋道誠《釋氏要覽上·法衣》:"《大集經》云：'袈裟名離染服'。《賢愚經》云出世服。《如幻三昧經》云無垢衣。"又名"去穢衣""離塵服"。宋釋法雲《翻譯名義集七·沙門服相》:"《大净法門經》云：袈裟者，晋名去穢衣;《大集》名離塵服;《賢愚》名出世服。"

【出世服】

即離染服。此稱始見於南北朝時期。見該文。

【無垢衣】

即離染服。此稱始見於晋代。見該文。

【去穢衣】

即離染服。此稱始見於晋代。見該文。

【離塵服】

即離染服。此稱始見於晋代。見該文。

【蓮花衣】

即袈裟。喻着此衣者如蓮花出污泥而不染，此稱多見於宋代以後。宋釋道誠《釋氏要覽上·法衣》:"〔袈裟〕又名蓮花衣，謂不爲欲泥染故。"亦稱"蓮花服"。宋釋元照《六物圖》:"或曰蓮花服，離塵著故。"清錢謙益《爲陳伯璣題浣花君小影》詩之一："薄裝自製蓮花服，禮罷金經伴讀書。"

【蓮花服】

即蓮花衣。此稱始見於宋代。見該文。

【忍辱鎧】

即袈裟。佛教徒以袈裟能防一切外界灾難，

故以忍辱爲喻。《法華經·勸持品》："濁劫惡世中，多有諸恐怖……我等敬信佛，當著忍辱鎧。"唐段公路《北戶録·米辦》"袈裟爲緣"注引南朝梁簡文帝《謝賚納袈裟啓》之四："蒙賚鬱金泥細納袈裟一緣，忍辱之鎧，安施九種？"亦稱"忍辱衣"。南朝陳江總《攝山栖霞寺碑》："整忍辱之衣，入安禪之室。"

【忍辱衣】

即忍辱鎧。此稱始見於南北朝時期。見該文。

【消瘦衣】

即袈裟。亦作"痟瘦衣"，亦稱"消瘦服"。因可消損煩惱，故名。參見本書《宗教卷·道具説·用物考》"消瘦衣"文。

【痟瘦衣】

同"消瘦衣"。此體始見於唐代。見該文。

【消瘦服】

即消瘦衣。此稱始見於宋代。見該文。

【痟瘦服】

同"消瘦服"。此體始見於宋代。見該文。

【田相衣】

即袈裟。因僧衣上飾許多方形圖案，形似田畦，故稱。宋釋道誠《釋氏要覽上·法衣》："《僧祇律》云：佛住王舍城，帝釋石窟前經行，見稻田畦畔分明，語阿難言：'過去諸佛衣相如是，從今依此作衣相。'"亦稱"田衣"。宋釋志磐《佛祖統紀》卷三七："梁武帝服田衣，北面敬禮，受具足戒。"亦稱"福田衣"。佛教謂世間福田能生功德，袈裟圖案似田畦，故稱。唐姚合《送清敬闍梨歸浙西》詩："自翻貝葉偈，人施福田衣。"亦稱"水田衣"。清錢大昕《十駕齋養新録》卷一六："釋子以袈裟爲水田衣。今杭州神尼塔下，有唐代杭州刺史盧元輔磨厓

刻七言詩，首句云：'水田十里學袈裟。'"亦稱"稻畦帔"。《事物異名録·佛釋·僧衣》引明楊慎《丹鉛録》："袈裟名水田衣，又名稻畦帔，内典作毾㲪，蓋西域以毛爲之。"

【田衣】

即田相衣。此稱始見於宋代。見該文。

【福田衣】

即田相衣。此稱始見於唐代。見該文。

【水田衣】[2]

即田相衣。此稱始見於唐代。見該文。

【稻畦帔】

即田相衣。此稱始見於明代。見該文。

【壞色衣】

梵語"袈裟"的意譯。因僧衣避用五種正色和五種間色染製，而以"不正色"布製成，故稱。佛教戒律規定，僧服不准用青、黃、赤、白、黑五正色及緋、紅、紫、綠、碧五間色，衹許用青（銅青）、泥（皂）、木蘭（赤而帶黑）三色。宋釋法雲《翻譯名義集七·沙門服相》："梵云袈裟，此云壞色衣，言非五方正色。"《遺教經》："汝等比丘，當自摩頭以捨飾好，著壞色衣，執持應器，以乞自活。"亦稱"壞衣"。唐李端《送惟良上人歸潤州》詩："寄世同高鶴，尋仙稱壞衣。"宋代亦見此稱。宋梅堯臣《乾明院碧鮮亭》詩："壞衣削髮遠塵垢，蛇祖龍孫生屋後。"按：實際上，印度佛教各部派的服色亦不一致。佛教傳入中國後，受官府或常服影響，僧服顏色亦有變化，如唐朝武則天賜僧法朗等紫色袈裟，始僧衣之壞色亦漸變爲間色。亦稱"間色衣"。唐釋玄應《一切經音義》卷一四："《如幻三昧經》云：〔袈裟〕或言間色衣。"亦稱"間色服"。宋釋元照《六物

圖》:"〔袈裟〕或名間色服。"

【壞衣】

即壞色衣。此稱始見於唐代。見該文。

【間色衣】

即袈裟。此稱始見於晋代。見該文。

【間色服】

即袈裟。此稱始見於宋代。見該文。

【方袍】

即袈裟。因其式袖寬而衣亦寬，平攤爲方形，故稱。此稱始見於唐代。唐許渾《泊蒜山津聞東林寺光儀上人物故》詩:"雲齋曾宿借方袍，因説浮生大夢勞。"宋元時亦見此稱。宋王讜《唐語林·補遺三》:"〔僧從誨〕累年供奉，望方袍之賜，以耀法門。"元辛文房《唐才子傳·道人靈一》:"一食自甘，方袍便足；靈臺澄皎，無事相干。"

【臥具】

即袈裟。本指佛家三衣，後亦指袈裟。因袈裟如同被褥，可供坐臥，故稱。唐釋道宣《四分律行事鈔中》:"言臥具者，是三衣也。即三衣總名臥具，猶如此方被之相，故取通號。"亦稱"敷具"。後秦鳩摩羅什等《十誦律》卷七:"六群比丘以純黑羺羊毛作敷具。"宋釋元照《六物圖》:"通名者，總括經律，名袈裟……或名臥具，或云敷具。"

【敷具】

即臥具。此稱始見於晋代。見該文。

【緇衣】

即袈裟。因其色紫而淺黑，故稱。唐釋玄應《一切經音義》卷一四:"袈裟……或言緇衣者，當是初譯之時，見其色濁，因以名也。"宋釋贊寧《大宋僧史略·服章法式》:"問:'緇

衣者，色何狀貌？'答:'紫而淺黑，非正色也。'"亦稱"黑衣"。宋釋志磐《佛祖統紀》卷三六:"〔齊〕武帝永明元年……敕長干寺玄暢同法獻爲僧主，分任江南北事，時號黑衣二傑。"亦稱"墨衣"。宋趙與時《賓退錄》卷六:"至奔牛埭，浮屠出腰間金，市斗酒，夜醉五百而髡其首，解墨衣衣之，且加之械而繫焉。"單稱"緇"。唐蔣防《霍小玉傳》:"妾便捨棄人事，剪髮披緇，夙昔之願，於此足矣。"參見本書《宗教卷·道具説·用物考》"緇衣"文。

【墨衣】

即緇衣。此稱始見於宋代。見該文。

【黑衣】

即緇衣。此稱始見於南北朝時期。見該文。

【緇】

"緇衣"之單稱。此稱始見於唐代。見該文。

【解脱幢相衣】

即袈裟。因其爲解脱塵世之苦的僧人所服，又因其條紋如同經幢，故稱。《地藏十輪經》四:"被殑伽沙佛，解脱幢相衣，於此起惡心，定墮無間獄。"亦稱"解脱服"。唐釋道世《法苑珠林·敬佛篇·觀佛部之餘》:"大哉解脱服，無相福田衣。"亦省稱"幢相"。宋釋元照《釋門章服應法記》:"條相四圍有同佛塔，故云幢相。"宋釋道誠《釋氏要覽上·法衣》:"〔袈裟〕又名幢相，謂不爲邪所傾故。"

【幢相】

"解脱幢相衣"之省稱。此稱始見於宋代。見該文。

【解脱服】

即解脱幢相衣。此稱始見於唐代。見該文。

赤袈裟

絳色（或稱茜色、木蘭色）袈裟。佛教傳入中國之初，天竺曇無德僧先到漢土，着此色袈裟，故漢、魏之世出家者多着赤布僧伽梨。參閱宋釋贊寧《大宋僧史略》上。

火浣布袈裟

紡織火鼠之毛所製的袈裟。火不能燃，有垢則投於火而浣之，故名。魏明帝時西國獻之。參閱《法苑珠林》卷三五。

金襴袈裟

金縷織成的袈裟。印度早已行之，我國自宋代始見。宋真宗景德四年（1007），詔使送金襴袈裟於惠州羅浮山中閣寺，奉釋迦瑞像，爲國建祈福道場。參閱《佛祖統紀》卷四四。金代亦見。《佛祖歷代通載》第三："金皇統六年，賜清慧金襴僧伽梨大衣。"元代亦見。《廬山蓮宗寶鑑序》："元元貞二年正月，以金襴袈裟賜大德。"

紫衣

紫色袈裟。紫色爲五正色之一，故紫衣非佛制之色。贈僧以紫衣，始於唐代武則天朝。宋釋贊寧《大宋僧史略》下："案《唐書》，則天朝有僧法朗等，重譯《大雲經》，陳符命言，則天是彌勒下生，爲閻浮提主，唐氏合微，故由之革命稱周。法朗、薛懷義九人並封縣公，賜物有差，皆賜紫袈裟銀龜袋。其《大雲經》頒於天下寺，各藏一本，令高座講説。賜紫自此始也。"後代承襲，亦賜沙門紫衣。《釋氏要覽上·法衣》："紫衣，此非五部衣色。乃是國朝賜沙門，故今尚之。"

挂絡

亦稱"絡子""挂子"。小袈裟一種非正規的僧衣。形制近於安陀會，中國禪僧爲穿着方便而創製。宋代南方禪僧曾服之。宋釋道誠《釋氏要覽上·法衣》："絡子，俗呼挂子。蓋此先輩僧創之，後僧效之，又亡衣名，見挂絡在身，故因之稱也。今南方禪僧，一切作務皆服。"

【絡子】

即挂絡。此稱始見於宋代。見該文。

【挂子】

即挂絡。此稱始見於宋代。見該文。

衲　衣

衲衣

僧衣。因其用廢弃的破舊布片拼綴補衲而成，故稱。《大智度論》："比丘曰：'佛當著何等衣？'佛言：'應著衲衣。'"南北朝時期始見此稱。《南齊書·張欣泰傳》："欣泰通涉雅俗，交結多是名素。下直輒游園池，著鹿皮冠，衲衣錫杖。"唐代亦見。唐貫休《深山逢老僧》詩之一："衲衣綫粗心似月，自把短鋤鋤榾柮。"亦作"納衣"。南朝梁釋慧皎《高僧傳·釋慧持》："持形長八尺，風神俊爽，常躡草屩，納衣半脛。"隋釋慧遠《大乘義章》一五："言納衣者，朽故破弊，縫納供身。"

【納衣】

同"衲衣"。此體始見於南北朝時期。見該文。

【衲】

"衲衣"的單稱。衲，即補綴。僧衣以廢弃的破舊布片拼綴而成，故稱。此稱始見於唐代。唐白居易《贈僧自遠禪師》詩："自出家來長自在，緣身一衲一繩牀。"

【百衲衣】

即衲衣。僧衣以衆多布片拼縫而成，百衲，極言其補綴之多。《敦煌變文集·維摩詰經講經文》："巧裁縫，能綉補，刺成盤龍須甘雨。個個能裝百衲衣，師兄收取天宮女。"宋、元、明等歷代沿用。宋陸游《懷昔》詩："朝冠挂了方無事，却愛山僧百衲衣。"元范康《竹葉舟》第四折："我吃的是千家飯化半瓢，我穿的是百衲衣化一套，似這等粗衣澹飯且淹消。"《西游記》第七〇回："〔行者〕摇身一變，又變做一個道童：頭挽雙抓髻，身穿百衲衣。"

【百衲】

即衲衣。此稱始見於唐代。唐皇甫冉《題昭上人房》詩："沃州傳教後，百衲老空林。"後代亦見此稱。宋蘇軾《石塔戒衣銘》："云何此法衣，補緝成百衲。"《金瓶梅詞話》第五九回："感得觀世音菩薩，遂化作一僧，身被百衲，直到江邊。"亦作"百納"。唐白居易《戲贈蕭處士清禪師》詩："三盃兀峨忘機客，百納頭陀任運僧。"亦稱"壞衲"。宋釋重顯《祖英集》上："壞衲之外皆清墮。"

【百納】

同"百衲"。此體始見於唐代。見該文。

【壞衲】

即百衲。亦即衲衣。此稱始見於宋代。見該文。

【糞掃衣】

即衲衣。因僧衣爲拾取人間所弃糞掃中破帛補衲而成，故稱。參見本書《宗教卷·道具説·用物考》"糞掃衣"文。

迦絺那

梵語音譯。亦譯作"羯絺那"。意譯爲"功德衣""堅實衣"。僧徒安居之後所受的僧衣。用粗棉布縫製，四周鑲邊，衣用五條，條每一長一短相續。後秦佛陀耶舍《四分律》卷四三中已有"應受功德衣"之語。唐釋義净《南海寄歸内法傳》卷二："八月十六日，即是張羯絺那衣日。"唐釋道宣《四分律含注戒本疏》下："迦絺那，此云堅實衣。此衣以是堅財成，又令施主受堅實報，復令衆僧生得五利堅實功德……亦名功德衣也。"省稱"迦提"。唐釋道宣《四分律行事鈔》上之四："《明了論》云：本言迦絺那，爲存略故，但云迦提。此翻爲功德，以坐夏有功，五利賞德也。"參見本書《宗教卷·道具説·用物考》"功德衣"文。

【羯絺那】

同"迦絺那"。此譯稱始見於唐代。見該文。

【迦提】

"迦絺那"之省稱。此稱始見於唐代。見該文。

【功德衣】

即迦絺那。此稱始見於十六國時期。見該文。

【堅實衣】

即迦絺那。"迦絺那"之意譯兼音譯。此稱始見於唐代。見該文。

山水衲

亦作"山水納"。裁剪繒綵、刺綴花紋製

成的衲衣。因其衣色美如山水，故稱。然有悖於佛家節儉之風。隋代江總有《山水納袍賦》。參閱《藝文類聚》卷六七。宋代禪僧服之。宋釋元照《行事鈔資持記》卷下三之一："然此糞衣，並是世人所棄破碎布帛，收拾鬥綴，以爲法衣，欲令節儉，少欲省事。一衲之外，更無餘物。今時禪衆多作衲衫，而非法服。裁剪繒綵，刺綴花紋，號山水納，價直數千，更乃各鬥新奇，全乖節儉。"

【山水納】

同"山水衲"。此體始見於隋代。見該文。

山衲

僧衣。此稱始見於唐代。唐馬戴《霽後寄白閣僧》詩："久披山衲壞，孤坐石牀寒。"後代亦見此稱。宋梅堯臣《題松林院》詩："木魚傳飯鼓，山衲見歸僧。"明高啓《送恩禪師弟子勤歸開元寺》詩："山衲經寒補雜繒，白雲高寺遍尋登。"

雲衲

僧衣。喻着此衣超脱塵世，到處漂蕩。此稱始見於唐代。唐杜荀鶴《贈休糧僧》詩："爭似吾師無一事，穩披雲衲坐藤牀。"後代亦見此稱。宋蘇軾《次韵僧潛見贈》詩："雲衲新磨山水出，霜髭不剪兒童驚。"元明本《船居》詩："烟蓑帶雨和船重，雲衲衝寒似紙輕。"

觀音衲

黃色衲衣。因唐末豫章之觀音禪師勸人所染，故稱。其色黃，亦稱"黃衲"。宋釋贊寧《大宋僧史略》上："昔唐末豫章有觀音禪師，見南方禪客多搭白衲，常以瓴器盛染色，勸令染之。今天下皆謂黃衲爲觀音衲也。"

【黃衲】

即觀音衲。此稱始見於唐代。見該文。

青衲

青色衲衣。唐末五代時僧人常着之。參見本書《宗教卷·道具説·用物考》"青衲衣"文。

白衲

白色衲衣。白爲五正色之一，故爲非法之服。參見本書《宗教卷·道具説·用物考》"白衲"文。

薜蘿衣

用薜荔和女蘿等野生植物製成之衣。戰國時，楚國詩人屈原描述的山鬼即披薜荔之衣。後以之稱隱者之衣飾或僧衣，亦稱"薜服""薜衣""蘿衣"。參見本書《宗教卷·道具説·用物考》"薜蘿衣"文。

【薜荔衣】

即薜蘿衣。此稱始見於唐代。見該文。

【薜服】

即薜蘿衣。此稱始見於唐代。見該文。

【薜衣】

即薜蘿衣。此稱始見於元代。見該文。

【蘿衣】

即薜蘿衣。見該文。

蒭摩

梵文音譯。亦譯作"芻摩""蒭摩""蘇摩""讖摩"。意譯爲"麻衣"。即用麻織成的僧衣。南朝陳徐陵《諫仁山深法師罷道書》："心不妻妾之務，身飾芻摩之衣。"唐釋玄奘《大唐西域記·印度總述》："蒭摩衣，麻之類也。"季羨林校注："意爲麻。蒭摩衣即麻製的衣服。"唐釋玄應《一切經音義》卷三："蒭摩，古文蒭同……此譯云麻衣，舊云草木。"又卷一四："芻摩，測俱反。或云蘇摩，或言識摩，此云粗布衣，應言粗草衣。”唐釋慧琳《一切經音義》卷三一：“芻摩衣……唐云麻衣也。”唐釋義净《有部毘奈耶·七種衣》：“二者芻摩迦，紵麻作衣也。”

【芻摩】

同“蒭摩”。此譯稱始見於南北朝時期。見該文。

【蒭摩】

同“芻摩”。即蒭摩。此譯稱始見於唐代。見“蒭摩”文。

【蘇摩】

即蒭摩。此譯稱始見於唐代。見該文。

【識摩】

即蒭摩。此譯稱始見於唐代。見該文。

【芻摩迦】

即蒭摩。此稱始見於唐代。見該文。

【麻衣】[2]

即蒭摩。以麻製成之衣，故稱。此稱始見於唐代。見該文。

【粗草衣】

“蒭摩”的意譯。此稱始見於唐代。見該文。

憍奢耶

梵文音譯。亦譯作“俱舍”“高世耶”。意譯爲“蟲衣”。即野蠶或野蠶絲。指用野蠶絲織成的僧衣。唐釋玄奘《大唐西域記·印度總述·衣飾》：“其所服者，謂憍奢耶衣及氎布等，憍奢耶者，野蠶絲也。”唐釋玄應《一切經音義》卷一：“憍奢耶，此譯云蟲衣，謂用野蠶絲綿作衣也。應云俱舍，此云藏，謂蠶藏在繭中，此即野蠶也。”唐釋慧琳《一切經音義》卷二五：“憍奢耶，《五分律》云：野蠶所作綿，

撚織爲衣。”唐釋義净《南海寄歸内法傳》二：“高世耶乃是蠶名，作絹還受斯號。”

【俱舍】

即憍奢耶。此譯稱始見於唐代。見該文。

【高世耶】

同“憍奢耶”。此譯稱始見於唐代。見該文。

【蟲衣】

即憍奢耶。此稱始見於唐代。見該文。

欽婆羅

梵文音譯。亦譯作“頗鉢羅”。意爲羊毛，指用細羊毛織的衣服，原是印度佛教非正統教派的衣着。《三德指歸》二：“欽婆羅，此云粗衣。善見云，此衣有二種：一髮欽婆羅，織人髮作；二毛欽婆羅，織犀牛尾作。”唐釋慧琳《一切經音義》卷二五：“欽婆羅衣，毛絲雜織，是外道所服也。”唐釋玄奘《大唐西域記·印度總述·衣飾》：“頗鉢羅衣，織細羊毛也。”季羨林校注：“又譯作欽婆羅……義爲羊毛，頗鉢羅衣指細羊毛織的衣服。”

【頗鉢羅】

同“欽婆羅”。此譯稱始見於唐代。見該文。

【氎】

本指細羊毛。佛教傳入中國後，亦指爲僧人做衣衫的棉布，亦代指此棉布製的衣服。南北朝時期已見。參見本書《宗教卷·身服説（上）·僧服道服考》“氎”文。

【疊】

同“氎”。此體始見於唐代。見該文。

【白氎】

即氎。此稱始見於唐代。見該文。

【白毷】

同“白氎”。即氎。此體始見於明代。見

"氍"文。

氆衲

毛織衲衣。宋陸游《贈楓橋化城院老僧》詩："氆衲年年補，紗燈夜夜明。"

氆袍

本爲毛製長衣，宋代常指僧衣。宋尤袤《全唐詩話》卷六引唐釋齊己詩："豈知物外金僊子，甘露天香滴氆袍。"

氆裘

毛皮所製大衣，亦指僧衣。元代始見。元薩都剌《閩中苦雨》詩："病客如僧懶，多寒擁氆裘。"

鉢吒

梵語音譯。僧人誦經做法時用以裹身的獨幅氈。沒有條相，故意譯作"縵條"，亦作"縵衣""縵條衣""漫衣"。參見本書《宗教卷・道具説・用物考》"鉢吒"文。

【縵條衣】

即鉢吒。此稱始見於十六國時期。見該文。

【縵條】

即鉢吒。此稱始見於唐代。見該文。

【縵衣】

即鉢吒。此稱始見於宋代。見該文。

【漫衣】

即鉢吒。此稱始見於宋代。見該文。

衣裓

僧侶披於肩上用以拭手或盛物的長方布帛。引申而指僧衣。又説爲佛教盛花的器具。參見本書《宗教卷・道具説・用物考》"衣裓"文。

華鬘

華鬘

本古代天竺人繞在頭上或挂在身上的花串形飾物。後隨佛教傳入中國。唐代始見。唐白居易《游悟真寺》詩："疊霜爲袈裟，貫電爲華鬘。"亦作"花鬘"。唐釋玄應《一切經音義・雜阿毗曇心論・華鬘》："梵言磨羅，此云鬘，音蠻。案西域結鬘師多用蘇摩那花行列結之，以爲條貫，無問男女貴賤皆此莊嚴，或首或身，以爲飾好。諸經中天鬘、寶鬘、花鬘、市鬘師皆是也。"亦作"花縵"。宋蘇軾《歐陽晦夫遺接羅琴枕戲作詩謝之》："白頭穿林要藤帽，赤脚渡水愁花縵。"

【花鬘】

同"華鬘"。此體始見於唐代。見該文。

【花縵】

同"華鬘"。此體始見於宋代。見該文。

道士服

道服

道教中道士的服裝。有法衣、褐被、道袍、大衫等。周錫保《中國古代服飾史》第九章《宋代服飾》第五節："道服。道教中道士的服飾有法衣、褐被和常服的道袍、大衫……至於女道士的冠服，大體也同男者相似，也是束髮戴冠巾而衣道服的。"按：道服本爲"袈裟"的別稱。參見本書《宗教卷·道具説·用物考》"道服"文。

黃衣[2]

道士穿的衣服。相傳黃帝服黃衣戴黃冕，東漢初道教推崇黃老，冠服尚黃，遂相沿成習。晋王嘉《拾遺記·後漢》："劉向於成帝之末，校書天禄閣，專精覃思。夜有老人，著黃衣，植青藜杖，登閣而進……向請問姓名。云：'我是太乙之精，天帝聞金卯之子有博學者，下而觀焉。'"一説漢末道教傳説"黃衣當王"，張角等始服黃衣戴黃巾。唐韓愈《華山女》詩："黃衣道士亦講説，座下寥落如明星。"參閲唐釋道宣《集古今佛道論衡》卷一。

道衣

道士所穿的大袖衣。明陶宗儀《輟耕録·夫婦入道》："丁卯進士薩都剌天錫贈之詩曰：'洞門花落無人迹，獨坐蒼苔補道衣。'"明王圻、王思義《三才圖會·衣服》："道衣。《援神契》曰：'《禮記》有袗袺，大袖衣也，道衣其類也。唐李泌爲道士，賜紫，後人因以爲常。直領者，取蕭散之意。'《大明會典》云：'道士

道　衣
（明王圻等《三才圖會》）

常服青，法服、朝服皆用赤色，道官亦如之，惟道録司官法服、朝服皆緑，紋飾以金。'"

華陽服

指道衣。參見本書《宗教卷·道具説·用物考》"華陽服"文。

法衣[2]

亦稱"法服"。道士拜表、戒期、齋壇時所穿的服裝。前後身見方，無袖，身長至足，中間開縫，挖領，鑲邊，中綉八卦、松鶴等花紋。周錫保《中國古代服飾史》第九章《宋代服飾》第五節："法衣是法師執行拜表、戒期、齋壇時穿的，指的如全真派中的霞衣、净衣、信衣、鶴氅（又名羽衣）等，以及正一派中的行衣、罡衣、混元衣、班衣、懺衣之類。其中法衣、鶴氅等一般以直領對襟爲多。"北周武帝敕輯《無上秘要·件各罰禮五十拜》："若法服巾冠不正"，"若反著法服"。《西游記》第六七回："那道士頭戴金冠，身穿法衣。令牌敲響，符水施爲。驅神使將，拘到妖魔。"清陸以湉《冷廬雜識·姚明府》："明府披上清之法服，駕逍遥之雲車。"

【法服】[3]

即法衣。此稱始見於南北朝時期。見該文。

羽衣

以鳥的羽毛織成的衣服。道教指神仙、道士所服之衣。漢代始見。漢武帝時方士欒大曾着之。《漢書·郊祀志上》："五利將軍亦衣羽衣，立白茅上受印。"顔師古注："羽衣，以鳥羽爲衣，取其神仙飛翔之意也。"後歷代皆指道士之服。三國魏曹植《平陵東行》："閶闔開，天衢通，被我羽衣乘飛龍。"唐白居易《夢仙》詩："坐乘一白鶴，前引雙紅旌。羽衣忽飄飄，玉鸞

俄鉾鉾。"宋蘇軾《後赤壁賦》:"夢一道士,羽衣翩仙,過臨皋之下。"《西游記》第二四回:"道服自然襟繞霧,羽衣偏是袖飄風。"

雲袍

道士袍服。此稱始見於南北朝時期。參見本書《宗教卷·道具説·用物考》"雲袍"文。參閲北周庾信《入道士館》詩。

道袍 [2]

道士常服。多爲茶褐色,其式寬大,通常爲大襟、交領。宋徐度《却埽編》上:"吕申公素喜釋氏之學,及爲相,務簡静,罕與士大夫接,惟能談禪者,多得從容。於是好進之徒,往往幅巾道袍,日游禪寺,隨僧齋粥,談説理情。"元明時稱"直裰",士庶男子多着之。

道氅

道士穿的外衣。參見本書《宗教卷·道具説·用物考》"道氅"文。

烏納裘

道士一種袍服。唐皮日休《江南道中懷茅山廣文南陽博士》詩之二:"不知何事迎新歲,烏納裘中一覺眠。"原注:"烏納裘出《王筠集》。"

月衣

道士所服的一種斗篷。始見於明代文獻。明文震亨《長物志》卷八:"〔道服〕有月衣,鋪地如月,披之則如鶴氅。"

羽帔

以羽毛製的披肩。道士用之。唐代始見。唐許渾《聞釋子栖玄欲奉道因寄》詩:"欲求真訣戀禪扃,羽帔方袍盡有情。"後代亦見用。《雲笈七籤》卷九七:"羽帔扇翠暉,玉珮何鏗零。"

霞帔 [1]

綉有雲霞花紋的披肩。原爲世俗服飾,後多爲道士穿着,或用以指一般道服。參見本書《宗教卷·道具説·用物考》"霞帔"文。

第十節 手套、袖套考

手套

套在手上起防寒和保護作用的服飾用品。按手之大小裁製,或五指分開,或拇指分出而其餘四指合一。有口,將手從口伸入,一般可掩至手腕。有全護手指者,亦有僅護手背者。始見於西漢,時稱之爲"尉"。湖南馬王堆一號西漢墓曾出土三副,以絹綺縫成,做工精細。其形制爲直筒露指式,大拇指套分做單縫。全長約25厘米,寬約10厘米。以竹簡記録的隨葬品清單上寫作"尉"或"緷"。沈從文《中國古代服飾研究》三十一《長沙馬王堆一號漢墓中幾件衣服》:"又有露指手套三副,製作十分精巧,一爲花綺加綉雲紋作成,一爲花羅作成,上部均附有極窄薄絲緵縫上加固,緵上還織有'千金緱'三隸書,見出當時使用並不全在禦寒,實較多具裝飾作用,可補歷史文獻所不足。"東漢手套亦有發現。1959年新疆民豐大沙漠一號墓曾出土東漢手套珍品,爲長筒形,長24厘米,寬12厘米,戴大拇指,外露其他四指。以平紋經錦製作,底色爲絳色,上用淺駝、白、寶藍等色織成鳥獸雲紋和“延年益壽大宜子孫”銘文。至清代，手套已廣爲流行，仍有露指和不露指兩種，以棉織品爲之，或用皮製，男女皆用。現代，手套的製作材料更多，除棉綫、毛絨、毛綫外，還有人造革、真皮等。有機器製造的，亦有手工編織的。或用於勞動保護，或用於冬季防寒，或用於禮儀和裝飾。男女皆戴用。如摩托車駕駛員冬季戴的長袖棉套或皮手套，可掩住小臂；有的小學生冬季戴的手套，五指皆可露出，不影響寫字。間有將拇指、食指各自與其他三指分開縫製者，爲便於操作兼保暖。

【尉】

即手套。此稱始見於漢代。見該文。

【綸】

同“尉”。即手套。此體始見於漢代。見“手套”文。

手籠

一種護手用品。俗稱“臂籠子”。圓筒狀。清末流行於上海一帶。周錫保《中國古代服飾史》第十四章《清代服飾》：“手籠。清末光緒至宣統間，滬地流行短袖，手腕常露外。爲防寒時冷風吹侵，製作一種像圓筒般的手籠，兩手可納置其中，俗稱‘臂籠子’。一般用棉實其中，表以錦緞花綉，考究的用貂、狐皮毛爲之。”

【臂籠子】

“手籠”之俗稱。此稱始見於現代。見該文。

手筒

一種護手用品。左右兩邊開口，可以插手取暖，中間裝縫拉鏈，可盛放錢幣等小件物品。所用衣料應和大衣相同以配套穿着，多爲裘皮

或長毛絨等。20世紀四五十年代最爲流行。

扞

古代射箭時所用袖套，革製，着於左臂以放弦。先秦始見。亦稱“拾”“遂”。《韓非子·説林下》：“羿執鞅持扞。”王先慎集解引王引之曰：“扞謂韝也，或謂之拾，或謂之遂，著於左臂，所以扞弦也。”《詩·小雅·車攻》：“決拾既佽，弓矢既調。”毛傳：“拾，遂也。”《儀禮·鄉射禮》：“司射適堂西，袒決遂，取弓於階西。”鄭玄注：“遂，射韝也，以韋爲之，所以遂弦者也。其非射時則謂之拾，拾，斂也，所以蔽膚斂衣也。”亦作“捍”。《禮記·内則》：“右佩玦、捍、管、遰、大觿、木燧。”鄭玄注：“捍謂拾也，言可以捍弦也。”亦作“釬”。《管子·戒》：“管仲、隰朋朝，公望二子，弛弓脱釬而迎之。”尹知章注：“釬，所以扞弦。”秦以後，多稱“韝”，亦有仍稱“扞”者。《漢書·酷吏傳·尹賞》：“雜舉長安中輕薄少年惡子，無市籍商販作務，而鮮衣凶服被鎧扞持刀兵者，悉籍記之，得數百人。”顏師古注：“扞，臂衣也。”

【拾】

即扞。此稱始見於先秦時期。見該文。

【遂】

即扞。此稱始見於先秦時期。見該文。

【捍】

同“扞”。此體始見於先秦時期。見該文。

【釬】

同“扞”。此體始見於先秦時期。見該文。

韝

袖套。用以束衣袖，似後世套袖之類。《説文·韋部》：“韝，臂衣也。”武士射箭時用，皮

製，故字從韋。《史記·張耳陳餘列傳》：“趙王朝夕袒韝蔽，自上食。”裴駰集解引徐廣曰：“韝，臂捍也。”漢代用途漸廣，多爲執役者所服。《漢書·東方朔傳》“董君綠幘傅韝”顏師古注：“韝，即今之臂韝也。”是唐代亦稱“臂韝”。唐杜甫《即事》詩：“百寶裝腰帶，真珠絡臂韝。”後代亦見。宋王闢之《澠水燕談錄·帝德》：“魯人李廷臣，頃官瓊管，一日過市，有獠子持錦臂韝鬻於市者，織成詩。取而視之，仁廟景祐五年賜進士詩也。”河北宣化遼墓壁畫有戴臂韝的人物形象。亦作“褠”。《後漢書·皇后紀·明德馬皇后》：“倉頭衣綠褠，領袖正白。”李賢注：“褠，臂衣，今之臂韝，以縛左右手，於事便也。”亦作“韝”。《文選·李陵〈答蘇武書〉》：“韋韝毳幕，以禦風雨。”張銑注：“韋，皮也；韝，衣袖也。”

【臂韝】

即韝。此稱始見於唐代。見該文。

【褠】[2]

同“韝”。此體始見於漢代。見該文。

【韝】

同“韝”。此體始見於漢代。見該文。

襻膊兒

古代勞動人民在勞作時用以縛定衣袖的繩帶。將袖子摟起，挂於頸項間。始見於宋代。宋人繪《百馬圖》中鍘草料的馬夫即戴此物。沈從文《中國古代服飾研究·宋百馬圖中馬伕》：“二鍘草人衣袖都用繩索縛定挂於頸項間，把袖子高高摟起，實宋代發明，專名宜爲‘襻膊兒’。宋人記厨娘事，就提及當時見過大場面的厨娘，用銀索襻膊進行烹調。可知它是宋代勞動人民爲便於操作而發明的通用工具。特種的纙用銀練索，一般大致不外絲麻作成。《武林舊事》卷六記南宋杭州小經紀約百八十種，包括各種小商販和雜手藝工人，內中即有‘襻膊兒’一種，指沿街專賣這種用具並兼修理的手藝人而言。從社會上有出賣或修理這種工具的專業手藝人，可知襻膊的應用必已相當普遍。”

臂篝

臂韝的一種。竹編袖套。形如魚笱，農夫用。元代始見，亦稱“臂籠”。元王楨《農書》卷一五：“臂篝，籠笿也。狀如魚笱，篾竹編之。又名臂籠。江淮之間農夫耘苗或刈禾穿臂於內，以卷衣袖，猶北俗芟刈草禾以皮爲袖套，皆農家所必用者。”

【臂籠】

即臂篝。此稱始見於元代。見該文。

第四章　身服説（下）

第一節　裳、裙考

　　裳、裙皆我國自古有之的下體服裝。遠古之人以獸皮或樹葉遮體，無衣裳之分。相傳黃帝、堯、舜垂衣裳而天下治，黃帝之臣伯余製衣裳。（見《周易·繫辭下》《禮記·禮運》《世本·作篇》）此後，遂有衣裳之分。上曰衣，下曰裳。最早的裳，祇是將蔽體的前後兩片連在一起，圍於腰部，以遮下體。其製作材料，"去皮服布"，改用當時已能生產的粗麻布、絲絹代替皮、羽；并寓"取之乾坤"之義：天在上爲乾，未明時爲玄色，地在下爲坤，黃色，故上衣象天，玄色，下裳象地，黃色。祭服必遵此制，可以視爲其後將服色列入禮制内容之濫觴。具體製作方法是將布帛裁成等長的多幅，連縫在一起，腰部加繫帶。形似帷帳，稱作"帷裳"。

　　自虞舜至周以前，又另製有衣裳相連的深衣。其制，下裳右側開縫，兩旁幅裁作上窄下寬，右衽出斜幅繞掩裳縫。爲士、民作吉服穿用。周代尚有爲后、妃、貴婦作吉服穿用的褘衣、翟衣、鞠衣等衣裳相連的服式。虞舜并始令其臣以五彩彰施於五色以作服，開衣裳加各色繪、綉飾之先河。除麻、絲織物製作的裳外，尚有以草編製的稱作"卉裳"和以皮縫製的稱爲“韋裳”者，均爲普通勞動者或少數民族穿用物。

以上幾種裳的基本形制，除深衣在南北朝後漸被淘汰，爲下裙和袍所代替外，另兩種則延續使用到清代，主要見之於官定服制中。周代服制，其君臣有冕服、弁服、玄端及深衣等，對所着服的裳色及繡飾均有規定。冕服用繡裳，加繡藻、粉米、黼、黻彩色圖案；爵弁服繡裳無飾；皮弁服素裳；韋弁服赤裳；冠弁服素裳。玄端服之裳，諸侯、上士素裳，中士黃裳，下士雜裳。深衣白色。（見《周禮·春官·司服》）至東漢明帝重定服制，大體沿用周制，規定：天子、三公、九卿、特進侯、侍祠侯，祀天地明堂，皆冠旒冕，衣裳玄上繡下；行大射禮於辟雍，公卿、大夫行禮者，冠委貌，衣玄端素裳。執事者冠皮弁，衣緇麻衣，皂領袖，下素裳。（見《後漢書·輿服志下》）漢代以後，在歷朝的官定服制中，上衣配下裳，一直是禮服的主要形式。祭服采用紅色，稱“繡裳”或“紅羅裳”等；喪服則用麻的本色，即白中含黃的顏色。如唐代，天子服袞冕，深青衣繡裳；戴通天冠，朱裏紅羅裳；服弁服，用素裳。皇太子服袞冕，黑衣繡裳；戴遠游冠，用紅裳；服弁服，用素裳。群臣服袞冕，青衣繡裳，服爵弁同；服弁服，朱衣素裳。（見《新唐書·車服志》）明代，皇帝冕服，始用玄衣黃裳，後改爲玄衣繡裳；服弁服，用紅裳；武弁服，韎裳，赤色。皇太子服袞冕，玄衣繡裳；服皮弁，用紅裳。文武官朝服用赤羅裳，祭服同。（見《明史·輿服志》二、三）清代雖廢弃中原傳統服制，但帝王百官出行時所穿之行裝仍保留裳的遺制，衹是將裳改爲兩片，遮覆於左右兩膝，上用裳腰聯綴；視季節不同，所用材料有布、毡、裘等。平民百姓衹有在着喪服時用裳。

裙是由裳演變而來的一種下身服飾。裙、群二字同源。因由多幅布帛拼製，故稱。《釋名·釋衣服》：“裙，群也，連接群幅也。”亦作“裠”。或從巾，作“帬”，兼指帷裙。漢代已將圍遮下體、無襠、無脛筒的下服稱“裙”，但上下身服之統稱仍爲“衣裳”，沿用至今。

早期裙之形制爲幅裁爲上窄下寬，數幅連縫，上縫有裙腰，裙腰兩端有繫帶，長襬。穿時自腰際圍身，在身後結繫；與帷裳制無大異。自腰而下，長至曳地，見之於戰國時中山國及漢墓出土的玉俑及絹裙實物。

漢代時，人們下體穿裙開始形成風氣。漢辛延年《羽林郎》詩：“長裙連理帶，廣袖合歡襦。”河南新密打虎亭漢墓出土壁畫，上繪許多穿裙的婦女形象。湖南長沙馬王堆漢墓有實物發現。穿者多爲婦女，一般上着短衣，下着長裙，合稱“襦裙”。裙之形制，有無緣裙、緣裙、細褶裙等，還有裌裙和作爲内衣貼身穿的中裙等，裙或加綉飾。

　　魏晋南北朝時期，裙之花色、款式更多，更講究裝飾，除長裙外，有絳色紗複裙、丹碧紗紋雙裙、紫碧紗紋雙裙、丹紗杯紋羅裙等。此外，間色裙也已流行，甘肅酒泉丁家閘古墓壁畫上的婦女穿間色裙。

　　隋唐時期，裙式承襲南北朝的風格，其長曳地的長裙受到婦女的歡迎。間色裙仍然流行，且道數更多，間道更狹。隋煬帝時有"十二破"，即整條裙被剖成十二間道，上綴五色翠花，名曰"仙裙"。（見唐劉存《事始》）唐代婦女的裙比隋代更長，着裙時多將裙腰束於胸部，甚至束於腋下，裙之下襬不僅掩住脚面，而且還拖曳一截。《簪花仕女圖》《紈扇仕女圖》中，皆有穿曳地長裙的婦女形象。唐代女裙還以廣博爲尚，一般用六幅，還有用七幅、八幅者。此外，裙的色彩鮮艷，有紅色的"石榴裙"、白色的"柳花裙"、碧綠色的"翠裙"，還有色彩相間的"暈裙"、鑲嵌珍珠的"真珠裙"等。最爲珍貴精美的，則是唐中宗之女安樂公主的"百鳥裙"，以百鳥之羽織成百鳥之狀。（見《新唐書·五行志》）

　　宋代，女裙尚素雅，但仍很寬大，一般都在六幅以下，亦有十二幅者，故摺襇增多，并且加細，有"百叠""千褶"的形容。遼、金、元時期，漢族婦女基本沿襲宋代遺制，少數民族女裙則仍保存本民族的特點，如契丹、女真族婦女穿的襜裙。

　　明代，女裙仍保存唐宋的特色。紅裙再度流行，百褶裙亦多見。明初喜淺淡，後期追求華麗，有造型似鳳尾的"鳳尾裙"，有風動色如月華的"月華裙"，有綉飾形態各異花朵的"百花裙"等。清初，女裙仍保存明代習俗，後期出現許多新款式，如以彈墨工藝染製的"彈墨裙"，以絲綫交叉串聯細襇的"魚鱗百褶裙"。清代，皇太后、皇后及内外命婦，遇有朝賀、祭祀等重大禮節，需着朝裙，通常穿在外褂之内。有冬、夏兩種形制。

　　近代，西式裙引進以後，最先普及的當屬青年女學生穿的短裙，作套穿形式的喇叭裙，單色，長至膝，上穿右衽外衣，遮住裙腰。自此，一改傳統的帷式後繫的形式，而取僅在裙腰部開衩、自頭至足部套穿的形式。至20世紀40年代，婦女着裙以套裙爲主，上衣下裙，裙或長或短。五六十年代，連衣裙開始普及。70年代末以後，各式各色的現代款式裙裝成爲婦女的流行裙式，如一步裙、太陽裙、西服裙、背帶裙、直裙、斜裙、超短裙等，色彩各异，用料也日益考究。

　　少數民族的婦女穿裙相當普遍。如桶裙是西南許多少數民族婦女穿的服裝，呈圓桶形，故名。今雲南傣、景頗、德昂、哈尼、阿昌、布朗等族婦女皆着桶裙。此外，納西、苗等族婦女穿的百褶長裙，彝、傈僳、普米等族婦女穿的百褶彩裙，俄羅斯、烏孜別克、塔吉克、塔塔爾等族婦女穿的連衣裙，皆別具特色。

裳　類

裳

古代男女皆用的一種遮護下體的服裝。爲最早的下服之一。《釋名·釋衣服》："凡服，上曰衣……下曰裳，裳，障也，所以自障蔽也。"上古之人未有衣裳，用草、葉、鳥羽、獸皮等編連披繫於身，前蔽後遮以護體，至有麻、絲織物後，方製衣裳。傳說黃帝時始定制。《禮記·禮運》："昔者先王……食草木之實，鳥獸之肉，飲其血，茹其毛，未有麻絲，衣其羽皮。後聖有作……治其麻絲，以爲布帛，以養生送死，以事鬼神上帝，皆從其朔。"孔穎達疏："'後聖'至'其朔'，此一節論中古神農及五帝並三王之事。"宋高承《事物紀原·衣裳帶服》："衣裳。《通典》曰：上古衣毛，後代以麻易之，先知爲上以制衣，後知爲下以制裳。《易》曰：黃帝垂衣裳而天下治。《世本》曰：胡曹作衣。

裳
（明王圻等《三才圖會》）

宋衷曰：黃帝臣。《呂氏春秋》亦云。《淮南子》曰：伯余初作衣。許慎注云：黃帝臣也；一云，伯余，黃帝也。《世本》又云：伯余制衣裳。"其基本形制有三種，一種是用整幅布裁爲等長，相連縫成一件，似帷，或加繡飾，特稱"帷裳"。周代服制規定作爲朝祭禮服穿着。《詩·豳風·七月》："我朱孔陽，爲公子裳。"孔穎達疏："以此朱爲公子之裳也。績麻爲布，民自衣之。玄黃之色施於祭服，朱則爲公子裳。"此種裳制，一直延續至明代。《明史·輿服志二》："〔帝〕云：衣裳分上下服，而今衣恒掩裳。裳制如帷，而今兩幅。朕意衣但當與裳要下齊，而露裳之六章。何如？……於是楊一清等詳議：袞冕之服，自黃、虞以來，玄衣黃裳，爲十二章……宗彝、藻、火、粉米、黼、黻，其序自下而上，爲裳之六章。自周以後寖變其制，或八章，或九章，已戾於古矣。我太祖皇帝復定爲十二章之制，司造之官仍習舛訛，非制作之初意。"帷裳之無繡飾者又稱"素裳"。另有一種是將布帛裁成多幅縫製，兩側或右側開縫，分爲前後身，一片蔽前，一片蔽後；前片以三幅布聯綴，後片以四幅布聯綴。抑或加繡飾。周代作爲君侯命官常服穿用。《格致鏡原》卷一八引《身章撮要》："裳，下飾，以羅爲衣，絹爲裏。其色，天子諸侯朱，大夫素，士玄黃……凡七幅，殊其前後，前三幅，後四幅。繡四章：藻、粉米、黼、黻於其上。"再有一種是名爲"深衣"的連上衣之裳。衼在右側開縫，并用綴於後身的曲裾遮蓋裳縫。《禮記·深衣》："古者深衣，蓋有制度……制十有二幅，以應十二月。"鄭玄注："裳六幅。幅分之，以爲上下之殺。"孔穎達疏："此據裳之一幅分爲二幅。凡布，廣二尺二寸，四寸爲縫，一尺八寸；在三分之一分爲六寸，減此六寸以益於下。是下二幅有二尺四寸，上二幅有一尺二寸。""凡深衣之裳上二幅皆寬頭在下，狹頭在上……若其喪服，其裳前三幅，後四幅，各自爲之，不相連也。今深衣裳一旁則連之相著，一旁則有曲裾掩之，與相連無異。"古代日常服飾中，裳或與裙混稱，因二者形制初無大异，均用於遮護下體。宋高承《事物紀原》引《實錄》稱："古所貴衣裳連下有裙，隨衣色而有緣。"五代馬縞《中華古今注·裙襯裙》稱："古之前制，衣裳相連，至周文王令女人服裙，裙上加翟衣。"《説文》稱："常，下裙也。裳，常或从衣。"深衣曲裾之裳，《方言》稱作"繞衿"，"繞衿謂之裙。"隨着時代演進，深衣制的轉化，"裳"遂被"裙"稱代替。

帷裳

裳的一種。用等長的布幅相縫連，不留裳縫，腰部打褶皺，形如帷幕，故名。穿時圍住下體，在腰間扎繫。自周代以來列爲朝祭服。《論語·鄉黨》："非帷裳，必殺之。"何宴集解："衣必有殺縫，唯帷裳無殺也。"邢昺疏："正義曰：謂朝祭之服，上衣必有殺縫，在下之裳其制正幅如帷，名曰帷裳，則無殺縫。其餘服之裳則亦有殺縫。"《晋書·輿服志》："大使車，立乘，駕四，赤帷裳，驪騎導從。"原注："舊公

卿二千石郊廟上陵從駕，乘大使車。"又有加綉飾與無綉飾之分，無綉飾的稱素裳。《禮記·喪服小記》"朝服縞冠"孔穎達疏："大夫朝服而祭。朝服者，玄冠、緇衣、素裳，是純吉之祭服也。"《明史·輿服志二》："〔帝云〕'裳制如帷。'……楊一清等詳議：'袞冕之服，自黃、虞以來，玄衣黃裳，爲十二章……宗彝、藻、火、粉米、黼、黻，其序自下而上，爲裳之六章。'"又："洪武間舊制……裳前後連屬如帷，六章用綉。"

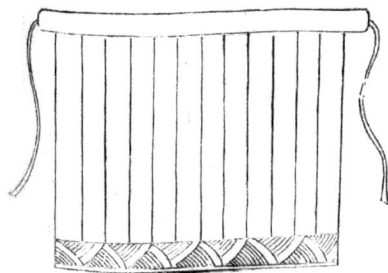

帷　裳
（明王圻等《三才圖會》）

【腰裙】

即帷裳。明代已見此稱。明王圻、王思義《三才圖會·衣服》："帷裳是禮服，取其方正，故用正幅如帷帳，即今之腰裙也。"周汛、高春明《中國歷代服飾·明》："明代婦女的襦裙，與宋代無甚差別，衼是在年輕婦女中間，常加一條短小的腰裙（有些侍女丫環也喜這種裝束），以便活動。"蒙古族男子亦有着腰裙以代褲者。清末民初胡樸安《中華全國風俗志》卷九："蒙古人之衣服……〔男服〕間有不著褲僅圍腰裙一襲者。"

素裳

帷裳之無綉飾者。《禮記·王制》："周人冕

而祭，玄衣而養老。"鄭玄注："凡養老之服皆其時與群臣燕之服。有虞氏質，深衣而已。夏而改之，尚黑而黑衣裳，殷尚白而縞衣裳，周則兼用之，玄衣素裳……諸侯以天子之燕服爲朝服。"又，《玉藻》："無君者不貳采。"孔穎達疏："大夫、士去國三月之内服素衣素裳。"亦稱"素積"。《儀禮·士冠禮》："皮弁，素積。"鄭玄注："積猶辟也。以素爲裳，辟蹙其要中。"《釋名·釋衣服》："素積，素裳也。辟積其要中使蹙，因以名之也。"亦稱"素績"。《漢書·外戚傳·孝平王皇后》："遣長樂少府夏侯藩……賜皮弁素績。"顏師古注："素績，謂素裳也……績字或作積，積謂襞積之，若今之襇爲也。"

【素積】

即素裳。此稱始見於先秦時期。見該文。

【素績】

同"素積"。即素裳。此體始見於漢代。見"素裳"文。

黃裳

用黃色布料縫製的帷裳。始見於先秦。古時認爲天色玄，地色黃。《千字文》："天地玄黃。"故定官制凡祭祀時穿玄衣黃裳，以象天地。玄、黃皆爲正色。《詩·豳風·七月》："八月載績，載玄載黃。我朱孔陽，爲公子裳。"孔穎達疏："玄黃之色，施於祭服……《易·下繫》云'黃帝堯舜垂衣裳'，'蓋取諸乾坤'。注云：乾爲天，坤爲地，天色玄，地色黃。故玄以爲衣，黃以爲裳，象天在上，地在下。"又《邶風·綠衣》："綠兮衣兮，綠衣黃裳。"鄭玄箋："婦人之服，不殊衣裳，上下同色。今衣黑而裳黃，喻亂嫡妾之禮。"孔穎達疏："褖衣當以黑爲裳，今反以黃爲裳，非其制。"參見本卷《身服說（下）·裳、裙考》"帷裳"文。

纁裳

黃朱色的帷裳。周代服制，冕服、爵弁均着纁裳。《詩·豳風·七月》："我朱孔陽，爲君子裳。"毛傳："祭服玄衣纁裳。"孔穎達疏："凡染絳……三（入）則爲纁，四入乃成朱色，深於纁。""玄以爲衣，黃以爲裳，象天在上，地在下。士記位於南方，南方故云用纁。是祭服用玄衣纁裳之義。"《禮記·玉藻》："衣正色，裳間色。"鄭玄注："謂冕服玄上纁下。"孔穎達疏："纁是地色，赤黃之雜。"《儀禮·士冠禮》："爵弁服纁裳，純衣，緇帶、韎韐。"鄭玄注："此與君祭之服……纁裳，淺絳裳。"參見本卷《身服說（下）·裳、裙考》"帷裳"文。

纁裳（御用冠服·纁裳）
（明王圻等《三才圖會》）

蟻裳

黑色的裳。周代禮制，君王去世後，舉行宣布册命的禮儀，參與此禮又未任執事的卿士邦君等着之。因蟻多黑色，與此裳色同，故名。《書·顧命》："卿士邦君，麻冕蟻裳。"孔傳："蟻，裳名。色玄。"孔穎達疏："蟻者，蚍蜉蟲也。此蟲黑色，知蟻裳色玄。以色玄如蟻，故以蟻名之。禮，祭服皆玄衣纁裳，此獨云玄裳者，卿士邦君於此無事，不可全與祭同；改其裳以示變於常也。"

卉裳

用草編製的裳。爲貧寒者所着。自有裳制以來當即有此。《三國志·魏書·焦先傳》:"〔先〕飢不苟食，寒不苟衣，結草以爲裳，科頭徒跣。"《晋書·孫登傳》:"〔登〕無家屬，於郡北山爲土窟居之，夏則編草爲裳，冬則被髮自覆。"唐代稱之爲"卉裳"。唐柳宗元《柳州文宣王新修廟碑》文:"惟柳州古爲南夷，椎髻卉裳。"又《嶺南節度使饗軍堂記》:"將校士吏，咸次於位；卉裳闋衣，胡夷蜑蠻，睢盱就列者，千人以上。"

襈

古代深衣的下裳。深衣，是衣裳相連的一種服制。始見於先秦。《爾雅·釋器》:"裳削幅，謂之襈。"郭璞注:"削殺其幅，深衣之裳。"周錫保《中國古代服飾史》第三章《弁服及其他服飾》:"深衣之制，下裳用六幅，每幅又交解裁之爲二，故計有十二幅。有上下之殺（殺謂削幅），裳旁有續衽鉤邊，鄭注爲若今曲裾也（指漢時之裳有曲裾在衽旁，而連屬之）。深衣之裳，上（旁）二幅皆寬頭在下，狹頭在上（謂非用正幅）。《深衣考誤》謂鉤邊者是在裳之右旁，別用一幅布斜裁之，綴於右後衽之上，使之鉤而向前。漢時曲裾（裾謂裳之後）似亦以此斜裁之一幅綴於後裾而曲向於前或旁。"

雨裳

清代用作與雨冠、雨衣配着之裳。爲皇帝、皇子、親王及公、侯、伯爵臣子所服。有兩種形制：一種爲左右幅相交，上窄下寬，前上方加帶褶襉的帷，腰部兩端有繫帶，另一種爲整幅不加帷，繫穿於正前方。皇帝的雨裳明黃色，皇太子以下的雨裳用紅色。據時令不同分別用毡、羽紗、油綢等縫製。《清史稿·輿服志二》:"〔皇帝〕雨裳之制二，皆明黃色：一，左右幅相交，上斂下遞博。上前加淺帷爲襞積。兩旁綴以紐約，青色。腰爲橫幅，用石青布，兩末削爲帶繫之。一，前爲完幅，不加淺帷，餘制同。"又:"〔皇子〕雨冠、雨衣、雨裳，均用紅色，毡、羽紗、油綢，各惟其時。"親王、民公、侯、伯同皇子。

古代裙裝

裙[2]

一種下體服飾。相傳自黃帝堯舜垂衣裳而治時製裳，男女均着用；至周文王時令女子服裙。亦作"帬""裠"。《説文·巾部》:"帬，下裳也。"又:"裠同帬。"《方言》第四:"繞衿謂之帬。"五代馮鑑《續事始》:"《二儀實録》曰:古之所貴衣與裳連，下有裙，隨衣色而下有緣。自堯舜以降或有六破及著直縫，皆去緣。殷周以女人服太質，稍加之花綉，今〔令〕裙上綴五色花，以羅縠爲之。梁天監中武帝造五色綉裙，加朱繩真珠爲飾。至煬帝作長裙十二破，名曰仙裙，上綴五色翠花。唐初馬周上疏:女人裙請交界裁之而去朱繩，其餘仍舊。"裙的製作質料多用布帛，如絹裙、羅裙、練裙、紗裙、布裙等，均爲裁幅圍垂腰下而無襠。冬季亦有用毛皮製裙者。五代馬縞《中華古今注·裙襦裙》:"古之前制，衣裳相連，至周文王令女人服裙，裙上加翟衣，皆以絹爲之。始皇元年宫人令服五色花羅裙。至今禮席有短裙焉襯裙焉。"《南史·任昉傳》:"西華冬月著葛帔練裙,道逢平原劉孝標,泫然矜之。"裙有長短之分,長裙曳地,上可及胸,短裙僅自腰至膝。裙幅最初定制爲六幅,後不遵古制,并以幅多爲尚。唐劉存《事始》:"古人已有裙,八幅直縫乘騎。至唐初馬周以五幅爲之,交解裁之,寬於八幅也。"《新唐書·車服志》:"婦人裙不過五幅,曳地不過三寸。"又:"淮南觀察使李德裕令管内婦人……裙曳地四五寸者減三寸。"唐李群玉《同鄭相並歌姬小飲戲贈》詩:"裙拖六幅湘江水,髻聳巫山一段雲。"唐曹唐《小游仙》詩:"不知昨夜誰先醉,書破明霞八幅裙。"宋高承《事物紀原·衣裘帶服》:"《實錄》曰:隋煬帝作長裙十二破,名仙裙。今大衣中有之,隋制也。"不同季節穿着的又分單裙、雙裙、複裙、袷裙、綿裙、皮裙等。《三國志·魏書·管寧傳》:"寧常著皂帽,布裙,隨時單複。"《樂府詩集·雜曲·焦仲卿妻》:"朝成繡袷裙,晚成單羅衫。"晋張敞《東宮舊事》:"皇太子納妃有絳紗複裙,絳碧結綾複裙,丹碧紗紋雙裙,紫碧紗紋雙裙。"《紅樓夢》第八回:"只見寶釵坐在炕上……葱黄綾子棉裙。"同書第六回:"〔鳳姐〕穿着……大紅洋縐銀鼠皮裙。"貼身穿着的稱"中裙",有褶裥、加綉飾的稱"襜裙"。傳統形制上又有連幅裙、散幅裙、桶(筒)裙等。宋陶岳《荆州近事》:"〔五代〕周行逢爲武安節度使,婦人所著裙皆不縫,謂之散幅裙。"宋朱輔《溪蠻叢笑》:"〔仡佬〕裙幅兩頭縫斷,自足而入。"即桶裙。流傳演變至今,以及國外引進品種,又有多種形制及特定名稱,如百褶裙、斜裙、一步裙、超短裙等。

【帬】

同"裙"。此體始見於漢代。見該文。

【裠】

同"裙"。此體始見於漢代。見該文。

【下裙】

即裙。裙本義爲多幅布帛相連接。《釋名·釋衣服》:"裙,群也。聯接群幅也。"古代服裝中,成連接布幅的服式,上有披於肩周的"帔",下有遮掩下體的裳;其或在帽周所加的帷幕,亦稱作裙。《説文·巾部》:"裙,繞領也。"段玉裁注:"《方言》:'繞衿謂之裙。'《廣雅》本之,曰:'繞領,帔、裙也。'衿、領今古字……然則繞領者,圍遶於領,今男女披肩。"《舊唐書·輿服志》:"永徽之後,皆用帷帽,拖裙到頸,漸爲淺露。"爲加區別,遂稱如裳制的下服爲"下裙",此稱始見於漢代。《説文·巾部》:"常,下裙也。"又:"裳,常或從衣。"段玉裁注"裙"時并稱:"若裳,則曰下裙,言裙之在下者,亦集衆幅爲之,如裙之集衆幅被身也。"馬叙倫《説文解字六書疏證》:"裙,下裳也。從巾,君聲。王筠曰:'下裳乃裙之別名。'……段玉裁改'下裳'爲'繞領',不思古不名裙。"又:"裙爲後人之名,蓋兼上下,而裳不兼上,是云下以別之。裳之居下,經典灼然。"又:"常,下裙也。"又:"裳,同常,或從衣。"《宋史·陶穀傳》:"河南尹張全義獻人甲三百幅……紅錦綠青紬爲下裙,絳韋爲絡。"

【下裳】

即裙。此稱始見於漢代。馬叙倫《説文解字六書疏證》卷一四:"裙。〔《説文》〕'裙,下裳也。從巾,君聲。'王筠曰:'下裳乃裙之別名。'……顏注《急就篇》:裙即裳也。"又:

"裙，下裳也。从巾，君聲。王筠曰：'下裳乃裙之別名。'"清末民初胡樸安《中華全國風俗志》卷六："金川夷人之裝式二……近日蠻女下裳，多用白布，或藏紬製成。邊幅鑲紅布襞積，細緻如百叠裙。"

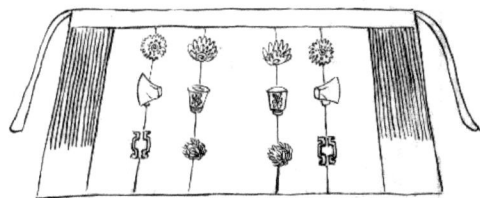

下　裳
（明李東陽等《大明會典》）

【繞衿】

即裙。此稱始見於漢代。《方言》第四："繞衿謂之裙。"郭璞注："俗人呼接下，江東通言下裳。""繞衿"，段玉裁注《説文解字》"裙"，引作"繞衿（領）"，馬叙倫《説文解字六書疏證》中曾爲之辨訛。參見本卷《身服説（下）·裳、裙考》"下裙"文。

【接下】

"繞衿"之俗稱。此稱始見於晋代。見該文。

長裙

女裙之長者。裙幅長至足下甚至曳地。傳説自周代已有穿着。戰國時代白狄族建立的中山國婦女有上短衣下長裙的服制，從河北平山三汲出土的中山國玉人服飾可見其形制。後人合稱爲"襦裙"，漢代與深衣制并行。《後漢書·五行志一》："獻帝建安中……女子好爲長裙而上甚短。"長沙馬王堆漢墓有出土實物。裙長有曳地至四五寸者。《新唐書·車服志》："淮南觀察使李德裕令管内婦人……裙曳地四五寸者減三寸。"延續至今，婦女仍有穿幅長至足下的裙子。

襦裙

一種上襦下裙的女服式。戰國時期已經出現。從出土的戰國中山國玉人、漢墓出土實物及明清仕女圖中均可見其形制。周汛、高春明《中國歷代服飾·秦漢》："上襦下裙的女服樣式，早在戰國時代已經出現……在漢樂府詩中就有不少描寫。這個時期的襦裙樣式，一般上襦極短，衹到腰間，而裙子很長，下垂至地。1957年，在甘肅武威磨咀子漢墓中發現了襦裙實物，襦以淺藍色絹爲面，中納絲棉，袖端接一段白色絲絹。裙子也納有絲棉，質用黃絹。"又："襦裙是中國婦女服裝中最主要的形式之一。自戰國直到清代，前後二千多年，儘管長短寬窄時有變化，但基本形制始終保持着最初時期的樣式。"又，該書《明》："襦裙。明代婦女的襦裙，與宋代無甚差別，衹是在年輕婦女中間，常加一條短小的腰裙（有些侍女丫環也喜這種裝束），以便活動。"

襌裙

一種上衣下裳相連的服制。先秦已有初制，黑色。漢代稱爲"襌"。《釋名·釋衣服》："襌，屬也，衣裳上下相連屬也。"《禮記·雜記上》："繭衣裳，與稅衣、纁袡爲一。"鄭玄注："繭衣裳者，若今大襌也。纊爲繭，緼爲袍，表之以稅衣，乃爲一稱耳。稅衣，若玄端而連衣裳者也。"孔穎達疏："稅謂黑衣也。若玄端而連衣裳也。"現蘇南地區婦女傳統服式中有其遺制，稱"襌裙"。林新乃《中華風俗大觀·服飾篇》："〔腰頭〕是束在襌裙外面的圍裙。"

羅裙

綾羅縫製的裙。傳説秦始皇令宮人服五色

花羅裙。參閱五代馬縞《中華古今注》。其後各朝，或將其列入官定服制。《隋書·禮儀志七》："乘輿鹿皮弁服，緋大襦，白羅裙，金烏皮履。"《明史·輿服志二》："皇后常服……〔洪武〕四年更定，龍鳳珠翠冠，真紅大袖衣霞帔，紅羅長裙，紅褙子。"其嬪妃及内命婦冠服亦着紅羅裙。亦用以泛指裙。晋《上聲歌》："新衫繡裲襠，迮著羅裙裏。"南朝梁江淹《別賦》："舉桃李兮不忍別，送愛子兮霑羅裙。"唐杜甫《琴童》詩："野花留寶靨，蔓草見羅裙。"清吳偉業《閬州行》："將書封斷指，血淚染羅裙。"

練裙

白色的絹裙。古稱白色熟絹爲練。始見於漢代。《後漢書·馬皇后紀》："〔后〕常衣大練裙，不加緣。"《南史·任昉傳》："西華冬月著葛帔練裙。"

緣裙

下邊加縫緣邊的裙。古制，裙分加緣邊和無緣邊的兩種，以加緣者爲貴。緣邊顏色同外衣色。漢代已見。《釋名·釋衣服》："緣裙，裙施緣也。"《後漢書·馬皇后紀》："〔后〕常衣大練裙，不加緣，朔望諸姬主朝請，望見后袍衣疏粗，反以爲綺縠，就視乃笑。"宋高承《事物紀原·衣裘帶服》："《實錄》曰：古所貴衣裳連下有裙，隨衣色而有緣。"

布裙

麻、棉等布料縫製的裙。通常是庶民日常穿用物。漢魏已見。《三國志·魏書·管寧傳》："寧常著皂帽，布襦袴，布裙。"《淵鑒類函·服飾》引《荆州記》："劉盛公著練帽布裙，以杖荷屐與桓司空語。"元薩都剌《織女圖》詩："田家婦，日掃春蠶宵織布。催租縣吏夜打門，荆釵布裙夫短袴。"

中裙

貼身穿着的裙。此稱始見於漢代。後人或衍爲内褲。《史記·萬石張叔列傳》："〔石建〕爲郎中令，每五日洗沐歸謁親……取親中裙厠牏，身自浣滌。"司馬貞索隱："中裙，近身衣也。"後世亦見。清劉大櫆《胡孝子傳》："至夜必歸。歸則取母中裙穢污，自浣滌之。"亦作"中帬"。《漢書·石奮傳》："〔石建〕取親中帬厠牏，身自澣洒。"顏師古注："中帬，若今言中衣也。"王先謙補注："中帬者，近身下裳，今有襠之袴，俗謂小衣是也。"

【中帬】

同"中裙"。此體始見於漢代。見該文。

袷裙

裏外兩層縫連的裙。漢代始見。《樂府詩集·雜曲·焦仲卿妻》："朝成繡袷裙，晚成單羅衫。"南朝梁《幽州馬客歌》："郎著紫袴褶，妾被彩袷裙。"亦稱"複裙"。《淵鑒類函·服飾》引《晋宋舊事》："崇進皇太后爲太皇太后，有……緗絳紗複裙，白絹裙。"南朝陳蕭鄰有《咏複裙》詩："晶晶金紗净，離離寶縫分。纖腰非學楚，寬帶爲思君。"《宋史·陶穀傳》："河南尹張全義獻人甲，以布爲裏，黄絁表之，青綠畫爲甲文，紅錦綠青絁爲下裙，絳韋爲絡。"

【複裙】

即袷裙。此稱始見於晋代。見該文。

孝裙

喪服之裙。先秦典籍記載，堯、舜、禹三代時定喪服制，爲白布冠白布衣。《儀禮·喪服》賈公彥疏："三王用唐虞白布冠白布衣爲喪服。"當時的布是以麻纖維織成。後世沿用。《水滸傳》

第二六回："〔潘金蓮〕脱去了紅裙綉襖，旋穿上孝裙孝衫，便從樓上哽哽咽咽假哭下來。"服喪穿白色麻布裙，故亦稱"麻裙"。明高明《琵琶記·副末開場》："把麻裙包土，築成墳墓。"

【麻裙】

即孝裙。此稱始見於明代。見該文。

留仙裙

一種帶褶縐的女裙。始在漢代宮中風行。傳説漢成帝皇后趙飛燕體態纖弱輕盈，一次與皇帝同在太液池巨舟上宴樂，正當她歌舞時颳起大風，吹得她飄飄欲仙，幾乎隨風飛走。皇帝急令人緊緊抓住她的衣裙，方得留住。此後，宮女們仿照其被抓攥出許多縐痕的裙子，製成此種裙式，故名。事見漢伶玄《飛燕外傳》。

石榴裙

"大紅裙"的美稱。因裙色似石榴花般紅，故名。南朝時已見稱。南朝梁何思澄《南苑逢美人》："風捲蒲萄帶，日照石榴裙。"唐代甚流行，唐詩中多有描寫。唐李賀《謠俗》詩："上林胡蝶小，試伴漢家君。飛向南城去，誤落石榴裙。"至明清時期，仍受到婦女歡迎。《紅樓夢》第六二回回目："憨湘雲醉眠芍藥裀，呆香菱情解石榴裙。"

籠裙

古代一種加綉飾的女短裙。始見於隋代。用細薄透明的單絲羅製，穿於它裙之外。五代馬縞《中華古今注·裙襯裙》："隋大業中，煬帝……又制單絲羅以爲花籠裙，常侍宴供奉宮人所服。"唐代亦見。《蜀中廣記》卷六七《方物記》："〔唐〕安樂公主出降武延秀，蜀川獻單絲碧羅籠裙，縷金爲花鳥，細如絲髮，鳥子大僅黍米，眼鼻嘴甲俱成，明目者方見之。"唐于

鵠《贈碧玉》詩："新綉籠裙荳蔻花，路人笑上返金車。"

襯裙

襯在裙內的一層裙子。短於外裙，用素色柔軟布帛縫製，使外裙與肌膚隔開，不致汗污和磨擦。始見於隋代。五代馬縞《中華古今注·裙襯裙》："周文王令女人服裙，裙上加翟衣，皆以絹爲之……至今禮席有短裙焉。襯裙，隋大業中，煬帝制五色夾纈花羅裙以賜宮人及百僚母妻。"現代婦女穿着透明紗一類質料的薄裙時，裏面也加穿襯裙，起遮掩作用。襯裙有的上至腰，有的則連背心，可作睡衣用。

短裙

女裙之較短者。裙長至膝，相對長裙而言。短裙的穿着，始見於對少數民族婦女服飾的記載。《舊唐書·南蠻西南蠻傳·林邑國》："〔林邑國〕夫人服朝霞古貝以爲短裙。"五代時已在中土流行。五代馬縞《中華古今注·裙襯裙》："至今禮席有短裙焉。"流傳至今，已成爲婦女普遍穿用的裙式。畬族、朝鮮族等少數民族婦女皆習慣穿短裙。

茜裙

紅色女裙。因是用茜草染色，故名。唐代已流行。唐李群玉《黃陵廟》詩之二："黃陵廟前莎草春，黃陵女兒茜裙新。"亦作"蒨裙"。唐杜牧《村行》詩："蓑唱牧牛兒，籬窺蒨裙女。"

【蒨裙】

同"茜裙"。此體始見於唐代。見該文。

罨畫裙

用彩繪方法作畫飾的裙。唐代已見。《唐會要》卷三一《內外官章服雜録》："其女人不得

服黄紫爲裙及銀泥罨畫錦繡等。"亦稱"畫裙"。周錫保《中國古代服飾史》第十三章《明代服飾》:"〔明代婦女〕裙尚畫裙,或插繡,或堆紗,後又尚大紅綠繡花。"

【畫裙】

即罨畫裙。此稱始見於現代。見該文。

間裙

古代的一種以色彩相間布料拼成的裙。始見稱於唐代。《舊唐書・高宗本紀》:"其異色綾錦,並花間裙衣等,糜費既廣,俱害女工。天后,我之匹敵,常著七破間裙。"其基本形制爲以不同顏色的布帛縱嚮相間隔拼縫,或整幅相間,或破成窄幅相間縫連。周汛、高春明《中國歷代婦女妝飾・服飾篇》:"另有一種間裙,以兩種或兩種以上顏色的料子拼成,色彩相間,別有情趣,因而得名。"整件裙子,其上所破幅條越多,間色的幅便越窄,最多不過十二破。所謂"破",即剖。"十二破",指裙上被剖成十二道,以間他色。《新唐書・車服志》:"凡襴色衣不過十二破,渾色衣不過六破。"陝西三原唐代李壽墓出土壁畫中可見婦女穿間裙的形象,長裙至跌,紅綠相間,上窄下寬,色彩對比鮮明。

百鳥裙

用多種鳥的羽毛綴織成的裙。唐中宗時創製,一時風行於官宦之家。《舊唐書・五行志》:"中宗女安樂公主有尚方織成毛裙,合百鳥毛,正看爲一色,旁看爲一色,日中爲一色,影中爲一色,百鳥之狀並見裙中……百官之家多效之。"

銀泥裙

帶銀飾的裙。此稱始見於唐代。唐白居易

《武皇寺路宴留別諸伎》詩:"銀泥裙映錦障泥,畫舸停橈馬簇蹄。"亦用"銀泥"代稱此種裙。唐李賀《月漉漉篇》:"挽菱隔歌袖,綠刺胃銀泥。"王琦等注:"銀泥謂衣裙……《仙傳拾遺》:有黃羅銀泥裙,五暈羅銀泥衫子,單絲羅紅地銀泥帔子。"

【銀泥】

即銀泥裙。此稱始見於唐代。見該文。

散幅裙

一種自腰以下互不連幅的女裙。五代時期一度出現。傳說五代時楚周行逢任武安節度使時,婦人皆穿散幅裙。《淵鑒類函・服飾》引宋陶岳《荊湖近事》:"周行逢爲武安節度使,婦人所著裙皆不縫,謂之散幅裙。或曰:裙之於身,以幅多爲尚,周匝於身,今乃散開是不周也。不周不縫,是姓與名俱去矣。夫幅者福也。福已破散,其能久乎? 未幾行逢卒。"

千褶裙

上緣摺叠出多個褶襇、收縫於腰部的連幅女裙。相傳五代時後唐始製。參閱宋陶穀《清異錄・衣服》。

拂拂嬌

一種彩色的千褶裙。五代時期始見。相傳五代後唐皇帝李存勗登興平閣,愛晚霞之美,遂命染院染製霞樣紗,以之縫製成千褶裙,分賜宮嬪穿着。後民間仿效,競作此種彩裙,稱爲"拂拂嬌"。參閱宋陶穀《清異錄・衣服》。

旋裙

一種前後開縫至股的女裙,便於跨騎。流行於宋代。宋江休復《雜志》:"婦人……制旋裙必前後開胯(股間),以便乘驢。其風開於都下妓女,而士人家反慕效之,曾不知恥辱如此。

又涼衫以褐綢爲之，以代毳袍。”

趕上裙

宋代的一種女長裙。裙長曳地，前後相掩，宋理宗時宮妃所穿着。因不合當時服制，且名稱犯忌，被視爲不祥。《宋史·五行志三》：“理宗朝，宮妃繫前後掩裙而長窄地，名‘趕上裙’。”

暈裙

一種間色帶褶的多幅女裙。裙幅用淡色，每褶各一色相間加以淺繪，收縫裙腰，自然下垂，擺動時裙褶間色彩閃爍，似柔和的月暈，因名。始見於宋代。《宋史·樂志十七》：“〔隊舞之制〕女弟子隊……六曰采蓮隊，衣紅羅生色綽子，繫暈裙，戴雲鬟髻，乘彩船，執蓮花。”亦稱“月華裙”。周汛、高春明《中國歷代服飾·明》：“到了明代末年，裙幅始用八幅，腰間細褶數十，行動輒如水紋。裙上的紋樣，也更講究。據説有一種淺色畫裙，名叫‘月華裙’，裙幅共有十幅，腰間每褶各用一色，輕描淡繪，色極淡雅，風動色如月華，因此得名。”

【月華裙】

即暈裙。此稱始見於明代。見該文。

百褶裙[1]

一種有許多褶襉的裙。其特點是以整緞作裙幅，折出細褶多個，收縫於裙腰。甘肅瓜州榆林窟壁畫有西夏貴族婦女供養人着此種裙之形象。宋代婦女多喜愛穿着。沈從文《中國古代服飾研究·西夏敦煌壁畫男女進香人》：“衣交領長褙子，下露細褶百摺裙。”亦稱“百襉裙”。周錫保《中國古代服飾史》第十四章《清代服飾》：“在清初，蘇州婦女崇尚‘百褶裙’，裙子是用整幅緞子摺折成百褶的。曾見有三條百褶

裙實物，前面裙門綉花加花邊欄杆，左右打細襉，相合恰好是一百襉；另一條半爿爲八十摺，整裙即有一六〇摺。”少數民族中，藏族男子亦有穿百褶裙者。清末民初胡樸安《中華全國風俗志》卷一〇：“藏民男子服裝……身着大領窄袖之綠錦短衣，下着黑褐之百褶裙，足着皮鞾。”傈傈族婦女穿長至腳踝的百褶裙，裙下部一般飾有一圈繸條或窄花邊。

【百襉裙】

即百褶裙。此稱始見於清代。見該文。

魚鱗百褶裙

外觀形似鯉魚鱗片的百褶女裙。工藝精細，將裙的每道褶襉，在内側相隔幾分綴縫一次，相鄰的褶襉綴縫點互相交錯。爲清代所製，風行於咸豐、同治年間。周汛、高春明《中國歷代服飾·清》：“還有一種裙子，上面打滿細襉，粗看與百褶裙無甚差別，但若將其輕輕掰開，就能看到每道細襉中間，都用絲綫交叉串聯，形似鯉魚鱗甲，故稱‘魚鱗百褶裙’。有詩爲證：‘鳳尾如何久不聞，皮綿單袷弗紛紜，而今無論何時節，都著魚鱗百褶裙。’”

襜裙

一種有綉飾的女短裙。係由古代的“襜”演化而來。始見於金代。《金史·輿服志下》：“婦人服襜裙，多以黑紫，上編綉全枝花，周身六襞積。”

馬尾裙

一種下部張大的裙。裙式下折，兩側裙幅多褶襉，自裙腰而下蓬鬆張大。明代一度盛行。周錫保《中國古代服飾史》第十三章《明代服飾》：“裙子，爲男女都束。除冕服、朝服外，男子在其外衣之内亦有束裙子的。後袍衫短的

時候，也會露出内裙。其中尤以馬尾裙獨盛行
於成化年間（1465—1487年）。其式説是來自
朝鮮，裙式作下折，蓬蓬張大。弘武初（1488
年起），在京人士都愛着此裙。"明佚名《憲宗
元宵行樂圖卷》中有着藍色馬尾裙的婦女圖像。

鳳尾裙

一種散幅女緞裙。裁緞成條狀，繡以花紋，
綴以金綫，下配彩色流蘇。連其上端成裙腰結
繫，下襬飄動時金碧交輝，閃爍掩映，很像傳
説中的鳳鳥尾巴，故名。明清時代風行於南方。
周汛、高春明《中國歷代服飾・明》："用綢緞裁
剪成大小規則的條子，每條繡以花鳥圖紋，另
在兩畔鑲以金綫，碎逗成裙，稱'鳳尾裙'。"
周錫保《中國古代服飾史》第十四章《清代服
飾》："在康熙、乾隆年間又有'鳳尾裙'，用緞
子裁剪成條，條上繡花，二邊鑲以金綫，然後
再拼合而成。"

朝裙

清代皇后、妃嬪及命婦的一種裙服。官定
服制在朝賀、祭祀等場合穿用，因以爲名。冬
裙用緞製，夏裙用紗製。穿於朝褂之内，朝袍
之外。《清史稿・輿服志二》："〔皇后〕朝裙，冬
用片金加海龍緣，上用紅織金壽字緞，下石青
行龍粧緞，皆正幅。有襞積。夏以紗爲之。"皇

朝裙（皇太后、皇后冬朝裙圖）
（清伊桑阿《欽定大清會典》）

貴妃、妃、嬪朝裙亦同。又："〔皇子福晋〕朝
裙片金緣，冬加海龍緣，上用紅緞，下石青行
龍妝緞，皆正幅，有襞積。夏以紗爲之。"又：
"〔民公夫人〕朝裙，夏片金緣，冬加海龍緣，
上用紅緞，下石青行蟒、妝緞，皆正幅，有襞
積。"侯、伯、子、男夫人與民公夫人同。

縐裙

一種有縐縮紋的女裙。用作製裙質料的絲
織物以拈絲爲經緯，用兩種相反拈嚮的拈絲間
錯作緯，以平紋織法織成帛，作裙質薄而縐，
因名。始見於清代。《紅樓夢》第三回："只見一
群媳婦丫鬟擁着一個麗人……身上穿着縷金百
蝶穿花大紅雲緞窄褙襖，外罩五彩刻絲石青銀
鼠褂，下着翡翠撒花洋縐裙。"

銀鼠皮裙

内層爲銀鼠毛皮的裙。銀鼠，古稱鼬鼠，
小於鼬，毛短色白，產於吉林野山中。用其毛
皮製衣服，可禦輕寒，極爲貴重。始見於清代。
《紅樓夢》第六回："那鳳姐家常帶着紫貂昭君
套，圍着那攢珠勒子，穿着……大紅洋縐銀鼠
皮裙。"

彈墨裙

用墨彈色工藝染製的女裙。裙色淡雅別致。
始見於清代。亦稱"墨花裙"。周錫保《中國古
代服飾史》第十四章《清代服飾》："清初，蘇
州婦女崇尚'百襉裙'……其後又有'彈墨裙'，
或叫做'墨花裙'，是用墨彈色而成，雅淡得別
具風致。"

【墨花裙】

即彈墨裙。此稱始見於清代。見該文。

綿裙

表裏兩層，中間絮以絲綿以禦寒的女裙。

清代已見。《紅樓夢》第五一回："〔襲人〕身上穿着桃紅百花刻絲銀鼠襖，葱緑盤金彩綉綿裙，外面穿着青緞灰鼠褂。"

棉裙

表裏間絮棉花的裙。見於清代。《紅樓夢》第八回："只見寶釵坐在炕上……葱黄綾子棉裙，一色半新不舊的。"

馬面裙

一種有寬褶裥的長袴女裙。用綾綢縫製，裙幅相連，下有寬緣邊，裙腰兩側開縫，收繫於腰。有幾種不同樣式，有的全裙爲等寬的大褶裥收縫於裙腰；有的用全幅帛綢幅幅相連，正前方一幅四邊加緣，中間綉大枝花卉圖案，狀若立屏，俗呼"馬面"，側幅綉碎花、在腰下處削幅，至裙腰收縫；另一種則除正幅之外，兩側裙幅各打褶裥數個，收縫在裙腰。均稱爲"馬面裙"。宋代繪畫及陶俑中已見此形制，清末民初見此稱。按：古代戰具中有戰棚，立於城墙上作防護用，名"馬面"。或即因形似而用以況裙之正幅。今有實物傳世。西式裙類中稱此種裙爲"間隔裥裙"。

【間隔裥裙】

即馬面裙。此稱始見於現代。見該文。

現代裙裝

直身裙

現代一種女裙。其形制特點爲胸圍、腰圍和裙圍三者基本等粗，形成直筒形狀，故亦稱"直統裙"。衣片上下相連，腰間不作剪斷；爲跨步方便，或在近裙襬處接上一段有褶裥的接邊。女孩及成年婦女均可穿用。

【直統裙】

即直身裙。此稱始見於現代。見該文。

開襟裙

現代的一種女裙。自裙腰沿裙前面中間開縫到底，穿着時用鈕扣或綴用拷鈕扣襟。故又稱"拷鈕裙"。是在筒裙基礎上的一種演進，穿用方便。多用燈芯絨、卡其或化纖衣料裁製。

【拷鈕裙】

即開襟裙。此稱始見於現代。見該文。

順風裥裙

現代流行的一種女裙。將裙幅嚮一個方嚮摺叠出若干均匀整齊的褶裥，收縫在裙腰的直裙。一般用不易變形的人造纖維織物縫製。因褶裥多而匀密，又稱"百褶裙"。中老年婦女多穿用。

【百褶裙】[2]

即順風裥裙。此稱始見於現代。見該文。

喇叭裙[1]

現代的一種女裙。自20世紀30年代開始在我國流行，以至於今。裙幅縫連後在腰口下對折出褶裥多個，自然下垂後，下襬展開形似喇叭，故名。

斜裙

現代的一種女裙。將橫幅布料斜裁成上窄下寬的扇面形，兩端縫連，加裙腰，不折裥，形成腰口小，下襬大，狀似喇叭口樣式，抑或被稱爲"喇叭裙"。適合青少年女子穿着。

【喇叭裙】[2]

即斜裙。此稱始見於現代。見該文。

套裙

現行的以襯衫或上衣與短裙配套穿用的裙裝通稱。上衣下裙面料及色彩具有統一性，給人以整體感。按年齡不同又可分爲少女套裙、中青年婦女套裙和老年婦女套裙，各體現出適合年齡、身份的特點。少女套裙基本形制采用寬鬆舒展上衣，平肩，一字領，下配同色的筒裙，形成上寬下窄的外觀特點。成年婦女的套裙形制多樣，日常穿用的，如以寬下襬、大翻領、短袖口緊的西裝上衣與窄裙相配的寬下擺西裝套裙；小西裝式翻領、圓下襬，衣長至腰，領口、袋口、裙子均鑲同型暖色，左上角貼一圓角手巾袋，右前肩覆一圓角斜複勢，下裙以喇叭裙爲基礎的格呢面料製的格呢香檳套裙；緊身式，中式大立領，且可翻成V字領、一字領，肩寬而平，長袖，袖口適中，上衣長至腰部，夾腰，下配臀部略收的同色、長至膝的裙子；還有多變高領式套裙，等等。均以衣型款式特點定稱。套裙爲婦女常用服式。

連衣裙

現代流行的一種女裙。亦稱"連衫裙"。其特點是上衫、下裙，二者連爲一體，因名。此種服式之來源有二：一爲古代深衣遺制。周錫保《中國古代服飾史》第三章《弁服及其他服飾》："由於深衣這一形制，即衣裳相連的衣式，對後來服飾產生了極大的影響……甚至現今的連衣裙，都是古代深衣制的沿革。"二是由外國引進的款式。如20世紀四五十年代自蘇聯傳入我國的連衣裙，音譯爲"布拉吉"。造型上分爲腰圍間有上衣與下裙縫連綫的繼腰式和衣裙料

片連裁，腰圍無縫連綫的連腰式兩類。連衣裙的樣式很多，上衣有帶領、無領，長袖、半袖、短袖，馬甲式、背心式、蝙蝠式；下裙有直裙、斜裙、褶裙、波浪式裙等。製作材料亦有多種，常見者如布、紗、綢、呢等。各種年齡婦女、各種季節均可選擇穿着。聚居在新疆的一些少數民族如俄羅斯、烏孜別克、柯爾克孜、塔塔爾等族婦女均穿具民族特色的連衣裙。

【連衫裙】

即連衣裙。此稱始見於現代。見該文。

【布拉吉】

即連衣裙。俄語音譯。我國東北、西北地區有此稱。此稱始見於現代。見該文。

襯衫裙

連衣裙的一種。1893年設計於美國紐約，後不斷演進，流傳至世界各國。其基本形制爲襯衫領型，上身造型細長，肩袖處可襯托出身體輪廓，袖口處打褶，并有袖口條布。面料可按季節或用途自由選擇。適合於中青年婦女在多種場合穿着。

寬腰式連腰裙

連衣裙的一種。采用直身束腰造型，前領，前襟連裙身，胸部兩側各打三條折褶，腰帶前部藏於褶底，在裙後扎一大蝴蝶結。用料省，縫製易，穿着方便，適合青少年女孩穿着。

寬鬆式連衣裙

領子、袖口用白色面料，配紅色領結，裙子壓褶。以軟薄的紗絲綢或仿絲綢面料縫製者爲佳。色彩淡雅，質地柔軟，穿着起來給人以修長的美感。

海鷗式連衣裙

連衣裙的一種。在連衣裙胸前與裙子上下

角綴有兩隻展翅飛翔的海鷗造型，領口、袖口、下襬用海浪圖案相配，裙爲斜裙式。格調簡潔明快，給人以富有青春活力的感覺，爲女青年所喜愛。

背心裙

連衣裙的一種。其形制特點是上部爲一背心式，上衣直接與下裙相連。亦稱"馬甲裙"。長腰身，有直身式和梯形式兩種造型。面料選用質地較厚挺的呢絨、化纖織物。常與襯衫、毛衣等組合穿用。是現代流行的婦女春秋季節穿用的一種裙裝。

【馬甲裙】

即背心裙。此稱始見於現代。見該文。

Ｖ字領無袖連衣裙

連衣裙的一種。呈Ｖ字型翻駁領，無袖，裙衣後面開襟，前衣片胸前兩側各有四道間隔相等的垂直形細褶；裙前幅以較寬的中片和較窄的左、右側片組成，并縫有斜插袋，裙後爲獨幅式，在腰部的緔褶中間剪開與上衣開口相連。裙料可任選厚、薄、軟、硬。爲現行較受婦女喜用的裙式之一。

蝙蝠袖連衣裙

連衣裙的一種。基本式樣爲圓領口，裙衣後背裝拉鏈，蝙蝠袖，肩、袖配亮色女衣呢，袖口及肩袖縫處鑲寬1厘米半的另色條紋，寬腰身，衣裙相連，在腰部有一褶縫，下裙爲斜裙式，腰間配腰帶一根。面料以法蘭絨爲主，采用世界流行的對比色彩。色澤鮮艷，款式新穎，適合中、青年婦女春、秋兩季穿用。

露肩捲筒領抽褶連衣裙

連衣裙的一種。以紅地、白點絲綢面料製成。基本形制爲捲筒領，抽褶，無袖旗袍身，

裙長至膝，裙襬爲紅色硬紗製的三層褶裙。是當代的一種流行裙式，日常生活穿着之外，亦適用於重要社交場合中穿用。

綉花中袖連衣裙

連衣裙的一種。根據中國歷史、文化、習慣、風格設計，并采用傳統綉花工藝加綴花飾。其式，圓領圈，前胸兩塊月牙形綉花裝飾巾，似古代婦女披肩，袖山收細褶，袖長至肘部，袖口爲襯衫式；下裙爲斜裙式。腰部裝鬆緊帶，外加腰帶。裙式美觀大方，穿着舒適，適合中、青年婦女穿用。

寬鬆式半袖連衣裙

連衣裙的一種。衣袖略長於一般短袖，肩部用插肩袖形式。西式小翻領，胸前處裝有兩明袋，雙排扣。裙腰收縫碎褶，裙襬肥大，裙長至膝下一二寸間。面料用水洗滌棉布等質地較厚的布。爲春末至秋初季節穿着的服裝，整體造型莊重、大方美觀，適合知識階層的中青年女性穿着。

鑲色連衫裙

連衣裙的一種。爲無領、連袖式。胸前正中自上而下裝45~50厘米拉鏈開合。胸部和貼袋口用紋格條鑲製。下身爲短裙。美觀舒適，夏季女子喜穿着。當代流行。

長袖連衣裙

連衣裙的一種。長袖可視氣候暖寒捲起或放下。有方領口、Ｖ型領口、圓領口及各種花邊領口等不同型式。腰部有鬆緊，并配有腰帶。現時中年婦女喜穿用。有一種立體領型式，用環領工藝製成立體型的領圈，兩肩處各綴一蝴蝶結；袖山處有工字褶二，袖口爲假袖叉，并折一陰褶，使全袖呈波浪形。上衣前後片下口

與裙片拼成斜三角形；裙片前後身各打三個順風裥，腰間配束飄帶。衣料采用蟹青色滌綸印花喬其紗。穿着輕爽飄灑。另有一連領型式，衣領從前衣片中連出成對襟式；前後衣身上部縫有相連的覆勢，下面的衣片收有縐裥，後片縐裥略大。衣袖是獨片式的蓬袖，袖山、袖口均縫有縐裥和折褶。裙襬稍大，腰部繫帶或釘鬆緊帶。袖長及裙長視身材而定，所用面料不拘。

泡花式連衣裙

連衣裙的一種。結合中國的斜襟傳統形式與世界流行款式而設計，上身隨體合身，裙的下襬寬大成波浪形，衣領、袖口鑲花邊，做成泡花形，袖籠爲泡泡袖。衣裙前開襟相叠，腰束色彩鮮麗的腰帶。穿着舒適大方，可作表演服、舞會服和日常服穿用。

披肩連衣裙

連衣裙的一種。特點是在衣肩部配有活絡披肩。鷄心形領，領口鑲條，連一飄帶，長袖，圓袖籠，袖口細裥收攏。披肩前配蝴蝶結。裙長至膝，斜料呈喇叭形，內有襯布，兩側配有貼袋，上口外釘一裝飾扣。適合在春末至秋初季節穿着，用料隨季節選定。爲現行較受婦女喜愛的一種裙式。

旗袍裙

現代流行的一種女裙。因裙的造型與我國20世紀初開始流行的旗袍下半段相同，故名。裙腰緊窄，臀圍部位寬出，下襬又收窄，與人體型相符，顯得優美流暢。裙的兩側開衩，便於行走。亦有與上衣相連成連衣裙式者。很受婦女歡迎，特別適合於中老年婦女穿用。在國際市場上享有美譽。

一步裙

現代的一種女裙。裙長至膝，下襬部略收幅，後面正中開縫至股下。因下緣收攏，邁步以一步爲限，故名。適合從事腦力勞動的職業婦女穿用。

背帶裙

一種裝有背帶的短裙。用兩條或寬或窄的布帶分釘於後裙腰左右兩側，交叉過肩，自胸前兩側垂直繫於前裙腰扣眼內，用肩吊方式代替腰帶。短裙形制可任意選定。穿着方便，最適用於女孩或中、小學生穿用。是自近代至今的一種流行裙式。

球形裙

現代流行的一種女裙。基本形制爲整件裙子用碎褶定型，裙長在膝蓋以上，在裙腰與下襬處用鬆緊收縮，使裙身膨脹如球形，因以爲名。用料選質地較挺的化纖織品。穿着起來立體感強，爲青年女子喜愛的裙式之一。

接裙

現代的一種女裙。其形制特點是將整件裙身用兩幅或多幅裙料橫嚮拼接縫製，自上而下由小到大一節一節擴展。外觀頗似竹子的節段，因又稱"節裙"或"竹節裙"。造型別致，給人以自然舒展感。

【節裙】

即接裙。此稱始見於現代。見該文。

【竹節裙】

即接裙。此稱始見於現代。見該文。

三節裙

接裙的一種。爲當代流行的一種裙式。用三幅大小不同的裙料橫嚮拼接成裙。裙料或用一色，或用三種顏色。最上一幅裙料最小，中間一幅次之，最下一幅裙料最大。在兩幅相接縫沿邊處收有皺褶，或在接縫中鑲嵌寬花邊爲飾。外觀裙成三節，因名。又因其逐節上小下大形如寶塔，亦稱"塔式裙"。

【塔式裙】

即三接裙。此稱始見於現代。見該文。

西服裙

現代與西服上衣配穿的一種女裙。近代由西方傳入。裙長到膝，直式，裙正前方由胯下至下緣有一嚮內對折的褶襇。用質地較好的裙料縫製，莊重大方。

超短裙

一種現代流行的西式女短裙。又據英文"mini"譯音稱"迷你裙"。20世紀80年代傳入中國大陸并在女青年中風行。此裙式由英國時裝設計師瑪麗·奎特在1965年創製（一説由美國服裝設計師魯道夫·格恩萊希在20世紀60年代首先推出）。初期流行的超短裙用料較硬挺，裙襬甚短，在膝蓋上10厘米，甚或長僅遮臀，女青年喜用作網球服穿着；現流行的一般用料較輕軟，裙襬在膝蓋上3~6厘米，或10~15厘米。用料省，造型簡潔，穿着行動方便，適用於青年婦女。

【迷你裙】

即超短裙。英語"mini"的漢語音譯。此稱始見於現代。見該文。

牛仔裙

一種西式短女裙。因是仿用牛仔褲的質料及特點製作，故名。爲現今青少年女子的一種服飾。

近現代少數民族傳統裙裝

白鷄毛裙

苗族民間傳統女裙。爲青布條裙。上繡動物、花卉圖案，或用蠟染花，或全幅挑花。其突出特點是裙下沿必垂吊白鷄毛。流行於貴州三都和榕江等地。

半邊褶裙

苗族民間傳統女裙。用藏青色布縫製。右前半邊裙幅多褶，左前及後幅均無褶，故稱。爲已婚婦女穿用。流行於貴州普定、安順、平壩等地。

百褶圍裙

納西族的一種傳統女裙。元李京《雲南志略》中已見記載。寧蒗一帶女孩滿十三歲時，行成年禮，始穿此裙。布製，分内、外層，外層淺藍色或白色，内襯層爲白色。裙長至足。裙圍由腰始作豎條叠層，故名。流行於雲南麗江、寧蒗、中甸等地。

吊襜裙

黎族民間男子下服。該族男子傳統服飾下身無褲，前後各挂一塊寬約5~6厘米的麻布遮體，上寬、下窄、有綫。亦有在下身左右各挂一塊藍布者。流行於海南保亭、陵水、瓊中、臨高等地。

契瑪

朝鮮語音譯。朝鮮族婦女穿的一種裙。朝鮮族女裙有三種：筒裙、纏裙和契瑪。契瑪即多褶裙，有長短之分，長裙下達脚面，短裙下至膝下，以長裙爲多見。年輕姑娘穿短裙，中年婦女穿長裙。流行於遼寧、吉林、黑龍江三省朝鮮族聚居地區。

胡爾美

土族語音譯。意爲"裙子"。爲土族民間傳統女裙。布製，紅色，分左右兩扇，均有褶皺，上連於裙腰，下有白布緣邊。形似蝴蝶的兩扇紅翅膀，故亦稱"蝴蝶裙"。青壯年婦女穿用。流行於青海互助、民利等地。

【蝴蝶裙】

即胡爾美。見該文。

條紋裙

佤族民間傳統女裙。有長短二式，長裙下至足面，短裙不過膝。用彩色棉綫或麻綫編織而成。一般以紅色爲主，間以另色的粗細不等橫嚮條紋，或以紅、黑爲主，間以藍、白、紫等條紋。爲佤族青年婦女所喜着。流行於雲南南部。

細摺裙

苗族婦女穿用的一種短裙。裙多細摺，因名。始見於近代。清末民初胡樸安《中華全國風俗志》卷一〇："東苗……婦著花裳，無袖，遮護前後而已。細摺裙，僅蔽其膝。""八番苗衣青衣，婦女被細摺裙，摺如蝶版，古致可觀。""滇黔之間，有宋家、蔡家、羅家、龍家土司……女子尚短衣，衣齊腰。長裙，裙百摺或二百摺，富者穿五重，貧者亦兩三重。"

桶裙

一種形似圓桶的裙。最初見於唐代西南少數民族地區。亦稱"通裙"。《新唐書·南蠻傳下》："〔南平僚〕婦人橫布二幅，穿中貫其首，號曰通裙。"亦稱"青娑裙"。又："〔驃〕婦人……衣青娑裙，披羅段。"亦稱"娑羅籠段"。宋李石《續博物志》卷七："驃國諸蠻並不養蠶，收娑羅木子，破其殼，中如柳絮，細織爲幅而服之，謂之娑羅籠段。"亦稱"仡佬裙""獨力衣"。宋朱輔《蠻溪叢笑》："〔仡佬〕裙兩頭縫斷，自足而入，闌斑厚重，下一段純以紅，范史所謂獨力衣恐是也。"明代始稱"桶裙"。明田汝成《炎徼紀聞》："〔仡佬〕以布一幅橫圍腰間，旁無襞績，謂之桶裙，男女同制。"明《景泰雲南圖經》："〔傣族婦女〕衣白布窄袖短衫，黑布桶裙。"明李思聰《百夷傳》："婦人身穿窄袖白布衫，皂布桶裙……貴者以錦綉爲桶裙，其製作甚陋。"早期的製作是將土布織成方幅，略作剪裁後縫連兩端成直筒形。長者自腰下至足，短者僅及膝。穿着時照腰圍扯緊，寬餘部分折起，擰成結後掖入腰間；前方自然形成一縱嚮大褶。亦有用多褶者。近代以來，桶裙的製作材料、花色品種日見繁多，佤、景頗、德昂、哈尼、阿昌、布朗、黎族等婦女均有桶裙服飾，隨其民俗而异。如黎族婦女所穿稱"黎桶"。清末民初胡樸安《中華全國風俗志》卷一〇："黎人居黎母山，有生熟兩種……婦女率著黎桶，其裙百褶。"又分爲以各色絲綫織成花紋的，長至膝的短桶裙和黑色或染有白色花紋，長至腳踝的長桶裙兩種。現代亦作"筒裙""統裙"，沈從文《皇清職貢圖》中記述傣族婦女所着筒裙爲多褶間有橫嚮襞績的直筒形長裙。該族中"水傣"着者，下半部爲紅黑相交的條形花紋圖案；"旱傣"着者，以黑色爲主，配紅、黃、綠絲綫織的圖案；"花腰傣"着者，用綉成各種圖案的小布條縫合在下部。德昂族婦女筒裙有三種，紅崩龍統裙以紅白相間的色彩爲特徵；花崩龍則鑲四條白帶，中插

五寸寬的紅布爲飾；黑崩龍爲黑底上織九條深
紅色布帶，其間襯夾小白帶數條。西雙版納布
朗族婦女有内、外筒裙，日常生活中衹着一色
黑或一色白的内筒裙，外出時再套外筒裙，稱
"尹甲"，臀部以上爲紅色橫條花紋，腿部以下
爲綠色或黑色，亦有加鑲花邊者。珞巴族稱爲
"階邦"，爲長及膝的花格羊毛緊身統裙。此外，
尚有壯族婦女穿着的蠟染統裙、僜人女子穿着
的内長至膝、外長僅及臀、裙邊鑲幾何圖形之
兩層筒裙，以及仡佬族婦女上、下兩段用細麻
布織、間雜有青白色條紋，中段用染成紅色的
羊毛織的桶裙等。由於此種裙式製作簡單，穿
着在身給人以樸秀、莊重感，現已成爲全國流
行的一種女裙樣式。質料有棉麻布、紗、尼龍、
的確良、毛呢等。

【通裙】

即桶裙。此稱始見於唐代。爲唐代西南少
數民族婦人所着。見該文。

【青娑裙】

即桶裙。此稱始見於唐代。爲唐代西南少
數民族婦人所着。見該文。

【娑羅籠段】

即桶裙。此稱始見於宋代。爲宋代時南方
驃國人所着。見該文。

【仡佬裙】

即桶裙。此稱始見於宋代。爲宋代仡佬族
人民所着。見該文。

【獨立衣】

即桶裙。宋代對"仡佬裙"之稱。見該文。

【黎桶】

即桶裙。爲黎族婦女穿用的桶裙。此稱始
見於近代。見該文。

【筒裙】

同"桶裙"。此體始見於現代。見該文。

【統裙】

同"桶裙"。此體始見於現代。見該文。

【尹甲】

即桶裙。布朗族語音譯。布朗族婦女穿的
外桶裙。見該文。

【階邦】

即桶裙。珞巴族語音譯。珞巴族婦女穿的
緊身桶裙。見該文。

雌雄裙

景頗族祭祀用裙。分爲雌、雄兩種：男着
雄裙，以白色爲底，上下織深駝色和黑色圖案；
女着雌裙，爲條紋底，上下織各種圖案。一般
用前幾代人以前的遺物。

魁納克

烏孜別克語音譯。意謂"連衣裙"。烏孜別
克族傳統女裙。絲綢製。上衣爲直筒、長袖，
下縫連寬大多褶的裙身。年輕婦女多用紅、黄、
白色，老年婦女多用黑色，四季穿用。流行於
新疆地區。

墨約

門巴語音譯。意爲"裙"。門巴族婦女的一
種傳統裙服。用棉麻紡織的紅白相間的彩條布
縫製。直筒形，上部無褶，長及於踝。下緣或
綴寸許長的纓鬚。從頭部套穿，腰束五色彩帶。
流行於西藏墨脱地區，當地門巴族婦女四季穿
用。

闊依諾克

柯爾克孜語音譯。意爲"連衣裙"。柯爾克
孜族婦女傳統服裝。布、綢或白紗布等縫製。
較寬大，長及膝下，下端鑲皮毛及銀鈕扣，或

多褶皺。袖、領口綉花。姑娘多用紅、綠或花色布料，少婦多用白、綠、黃色，老年婦女多用藍色，寡居則用黑色，該族牧民普遍穿用。

纏裙

朝鮮民族服飾中的一種女裙。其形制是以整片裙幅圍繞於身，長及腳面，側邊自然開縫，便於舉步，穿時裏面加素白色襯裙，腰繫寬腰帶。中年婦女多着此裙。流行於遼寧、吉林、黑龍江三省朝鮮族聚居地區。

第二節　褌、褲考

褌、褲皆下體服裝。褌，亦作"幝""褌"。其基本形制爲：自腰而下，筒長至膝，襠部縫合，類似後世之半褲。近身穿着。相傳爲古西戎人之下服，皮製。夏代始用絹製。（見《說文·巾部》"幝"段玉裁注，宋高承《事物紀原·衣裘帶服》）至漢代，又有襠下無筒、長僅遮股者，形似牛鼻，稱"犢鼻褌"或"褌"。還有形似圍裙而無襠者，古人受杖刑前又有脫褲、纏褌至腰者。（見《漢書·司馬相如傳》王先謙補注、《三國志·魏書·裴潛傳》裴松之注引《魏略·韓宣列傳》）

褌爲内衣，衹有奴僕等勞動者纔露穿在外，故漢代司馬相如在成都衹穿犢鼻褌於市中酒肆從事洗滌酒具等雜作，使其岳父卓王孫非常尷尬。褌不能遮護膝下至踝上部分的肌膚，能遮脛的下服，最初便稱之爲絝。

絝，亦作"袴"，漢代釋爲脛衣，後世稱"套袴"。《說文·糸部》："絝，脛衣也。"段玉裁注："今所謂套袴也。左右各一，分衣兩脛。"這種脛衣，衹有兩脛筒，分套在左右兩脛。傳說爲夏禹時始製。初用皮，後漸以布帛代替；周代已有以繒縫製的袴。春秋時又有"褰"稱，分爲下長至踝的左、右兩筒，上端爲斜口，斜頭至髖；或平口至膝。均綴絆帶，繫於腰部。今之叉褲爲其遺制。穿這種袴，外面需加裳。衣、裳、袴三者合用，可將身體全部遮覆。

滿襠長褲源於游牧民族。對於北方少數民族來說，穿裳不便於騎馬，故其下服較漢族完善得早。在陝西西安匈奴墓中曾出土帶飾，上有穿合襠長褲的形象。居住在中原地區的漢族人民，則從趙武靈王實行胡服騎射以後，纔開始穿這種長褲，且始用於軍旅，後纔傳到民間。

　　秦漢之際的長褲，褲襠往往不加縫綴，以便於私溺，外仍加裳遮覆。漢代宮廷中有窮袴，其制，上達於股，下覆於脛，襠不縫合，前襠下綴方布條，以帶上繫於腰，在需便溺時解開繫帶使其垂下，故亦稱“溺袴”。漢代，百姓已穿北方民族的滿襠褲，時稱“褌”，亦作“幝”，以區別於開襠之“袴”。至南北朝時期，合襠之褌，亦可稱“袴”，褌、袴二字遂混同。宋代以後，“褲”稱逐漸代替“褌”稱。至明代，始用“褲”字取代“褌”字，沿用至今。

　　褲之大行，在魏晉南北朝時期。因受异域生活方式的影響，這一時期的士庶百姓下體之服，多以着褲爲尚。北方的大口袴亦傳到南方，在南方流行開來。這種褲的褲管肥大鬆散，需以絲帶繫縛，故亦稱“縛袴”。唐代，男子常服爲袍衫，袍衫之內亦着褲。縛褲多用於軍將、儀衛。唐代流行胡服，婦女亦着，着胡服時則穿褲。唐代的褲，褲管開始收斂，尤其是女褲比較緊窄。經過長期演變，宋代又恢復到脛衣的形式上來，膝褲即爲一種脛衣，但這種膝褲不貼體穿，而是加罩於長褲之外。兩宋時期，無論男女，不分尊卑，皆穿膝褲。明代亦流行膝褲，一般爲平口，上達於膝，下及於踝，着時以帶縛於脛，男女皆穿。清代又稱膝褲爲“套褲”，其長度可遮覆股部，質料有紗、緞、綢、呢等，并有夾、棉之別。褲管造型，清初呈直筒狀，中葉上寬下窄，晚期崇尚寬大。

　　除套褲之外，明清時期仍流行普通長褲，既可穿於袍衫之內，亦可與襦襖配穿於外。所用質料，視季節不同而异。明清小説中有大量描繪。除膝褲之外，脛衣還有“偪”“邪幅”“行縢”“行纏”等，其特點是裹纏於脛。漢代以來叙及其形制時又間或有异。今考，此等脛衣有兩種形制：一種是用一幅布帛裁縫成相同的長方形兩扇，每扇上、下端各綴繫帶，用時兩脛各裹一扇，在膝下、踝上用繫帶扎束。古稱“偪”。（見《禮記·內則》）在蘇南地區婦女傳統服飾中，有與裙配穿，裹繫於脛的“卷膀”，當是“偪”的遺制。《水滸傳》中有“護膝”的記述，爲可以方便解脱的下服，或即偪的變制。另一種是兩條寬約寸半，長數尺的布條，單色或雙色，使用方法是先將布條捲成卷，自踝或足開始向脛部裹纏，一圈圈斜繞似螺旋狀緊匝至膝下，在終端以綴帶繫住或掖塞。漢代稱爲“行縢”，至隋代始，稱爲“行纏”。“邪幅”之稱，亦始見於先秦，《詩·小雅·采菽》有“邪幅在下”句。後人釋其形制不盡一致。漢代毛亨但釋“幅”義爲“偪”，鄭玄釋爲“如今行縢”，唐代孔穎達釋“邪纏於足”，明王圻等《三才圖會》則繪爲“偪”之形制。今據文物辨識，西漢彩繪陶俑之脛衣，自膝下至踝上外露一斜緣，似以長方形之偪裹脛時，因脛形上粗下細而致外緣斜出；宋代磚雕中有着斜纏行縢之形象；明代琉璃俑有自足前上裹至脛的行纏着法。相較之下，以邪幅同偪説爲是。一則偪着用於脛確有斜緣（“邪”通“斜”），二則先秦之時尚未見行縢之制而已有“邪幅”之名；後人以其所在時代的脛衣况釋爲“行縢”，本非原制。

偪及行縢這兩種脛衣形制，流傳演變至今，仍可見到。如佤族婦女脛部縛裹之裹腿布，形同偪制，平日多見的各種護膝和婦女冬季穿用的護腿套，亦係其變制；近代步兵部隊制式服裝中的綁腿（亦稱“裹腿”），部分少數民族服飾中的綁腿，即行縢之遺制。

在西式褲制傳入之前，我國手工縫製之褲，基本形制爲合襠，直脛筒，單色，加縫另色褲腰，男女均作外衣穿，女褲或在褲脚綉、鑲彩色花邊爲飾。穿時自足套上，自襠上至腰折緊用布帶扎住。由於褲脚肥大，爲行動方便，或亦將褲脚折緊，外加寬布帶扎繫。老人在夏季以及南方炎熱地區習慣穿筒及膝下的半褲。又有似褲的内褲。分單褲、夾褲、棉褲、皮褲等，在不同季節擇穿。現代流行的常用褲，是自孫中山參照西服褲式設計的中山裝的褲制發展演變而來，男褲自腰部前正中開縫至襠，女褲在腰部右側開縫至髖部，均綴暗扣開合，亦有用拉鏈者。有長褲、短褲、襯褲、褲衩之分。作外服用的用布帛、毛呢、化纖等材料縫製或絲、紗、綫等針織，作内服用的一般爲布縫、針織，以棉纖維織物製者爲上。

少數民族的傳統褲服，各具特色。如彝族男子穿的大脚褲，褲脚寬大如裙；土家族男子穿的統統褲，大脚大腰；赫哲族的魚皮褲，男女皆穿，男褲上口爲斜口，女褲上口爲齊口；布依、哈尼、傈僳、塔吉克、塔塔爾等族男子皆穿長褲；水、東鄉、哈尼、高山等族女子也穿長褲；怒、畬族男子穿短褲；基諾族男子穿寬褲；傣族男子穿窄褲；佤族男子的褲短而肥；苗族男子的褲短而大；水、蒙古等族男子皆穿套褲。如此等等，難以盡述。

短褲類

褌

貼身短褲。《釋名·釋衣服》：“褌，貫也，貫兩脚，上繫腰巾也。”亦作“幝”。《説文·巾部》：“幝，幒也，从巾軍聲。幝或从衣。”段玉裁注：“今之滿襠褲，古之褌也。自其渾合近身言曰幝。自其兩襱孔穴言曰幒。”《廣韻》：“幝，褻衣也。”用熟皮、布帛製作，夏代已見。宋高承《事物紀原·衣裘帶服》：“〔褌〕《實録》曰：西戎以皮爲之，夏后氏以來用絹，長至於膝。”亦作“裩”。《類篇》：“幝，一作裩。”

五代馬縞《中華古今注·裩》："周文王所製裩，
長至膝，謂之弊衣。賤人不下服，曰良衣，蓋
良人之服也。至魏文帝賜宮人緋交襠，即今之
裩也。"最短的褌稱"犢鼻褌"。流傳演變至漢
代以後，漸被用"袴（絝）"稱代替。五代馮鑑
《續事始》："褌……漢晉名曰犢鼻。北齊則袴長
短相似而省犢鼻之名。"後代亦用褌稱褲，但已
不是褌的原來形制。宋陸游《連日大寒，夜坐
復苦飢，戲作短歌》："翁飢不能具小飱，兒凍
何由成複褌。"

【幝】

　　同"褌"。此體始見於漢代。見該文。

【裩】

　　同"褌"。此體始見於五代時期。見該文。

【裞】

　　即褌。方言對褌之稱。始見於漢代。《方
言》第四："褌，陳、楚、江、淮之間謂之裞。"
清戴震疏證："《廣雅》作裞，並云幝也。"顏師
古注《急就篇》云：'袴合襠謂之褌，最親身
者也。'"亦作"幒"。《説文·巾部》："幒，幝
也……裞，幒或从松。"

【幒】

　　同"裞"。此體始見於漢代。見該文。

【弊衣】

　　即褌。此稱始見於北齊。北齊顏之推《顏
氏家訓·治家》："鄴下一領軍，貪積已甚……
後坐事伏法，籍其家產，麻鞋一屋，弊衣數庫，
其餘財寶，不可勝言。"五代馬縞《中華古今
注·裩》："周文王所製裩，長至膝，謂之弊衣。"
參見本卷《身服説（下）·褌、褲考》"褌"文。

犢鼻褌

　　褌之最短者，褲衩的古稱。因張開後形似
牛鼻，故名。其物先秦已見，其名始見稱於漢
代。《史記·司馬相如列傳》："買一酒舍酤酒，
而令文君當鑪，相如身自著犢鼻褌與保庸雜作，
滌器於市中。"裴駰集解引韋昭曰："〔犢鼻褌〕
今三尺布作，形如犢鼻。"古時的褌一般為貼身
穿着的合襠短褲，其中，犢鼻褌襠下無筒，別
稱"裞"。《方言》第四："無裥之袴謂之裞。"郭
璞注："袴無踦者，即今犢鼻褌也。"《玉篇·衣
部》："裞，犢鼻褌，以全三尺布作，形如牛鼻，
相如所著也。"因是貼身下服，露穿在外被認
為是失禮或屬市井貧賤一類。韋昭即注評司馬
相如著犢鼻褌為"言其無禮也"。《梁書·文學
傳·謝幾卿》："〔謝〕累遷尚書右丞，以在省署
夜著犢鼻褌與門生登閣道飲酒酣呼，為有司糾
奏坐免官。"亦省稱"犢鼻"。漢趙曄《吳越春
秋·句踐入臣外傳》："越王、范蠡趨入石室，越
王服犢鼻，著樵頭，夫人衣無緣之裳，施左關
之襦。"按：樵頭，一作"綃頭"，當是；犢鼻，
一作獨鼻，當誤。明李時珍《本草綱目·服
器·褌襠》："褌，犢鼻，獨衣，小衣。時珍曰：
褌亦作裩，褻衣也，短者為犢鼻。"一說犢鼻
褌或無襠。《漢書·司馬相如傳》："相如身自
著犢鼻褌。"王先謙補注："據此形制，但以蔽
前，反繫於後，而無袴襠，即吾楚俗所謂圍裙
是也。"《三國志·魏書·裴潛傳》引《魏略·韓
宣列傳》："宣前以當受杖，豫脫袴，纏褌面縛。
及其原，褌腰不下，乃趨而去。"參閱清錢大昕
《十駕齋養新錄·犢鼻褌》。

【裞】

　　即犢鼻褌。此稱始見於漢代。見該文。

【犢鼻】

　　"犢鼻褌"之省稱。此稱始見於漢代。見

該文。

【袂】

即犢鼻。即犢鼻褌。《廣雅·釋器》："幝無襠者謂之袂。"清錢大昕《十駕齋養新錄·犢鼻褌》："《說文》無袂字，當爲突，即犢鼻也。突、犢聲相近，重言爲犢鼻，單言爲突，後人又加衣旁耳。"

【梢子】

即犢鼻褌。明田藝蘅《留青日札·褌袴松》："漢司馬相如著犢鼻褌，晋阮咸曬犢鼻袴，以三尺布爲之，形如牛鼻，蓋前後各一幅，中裁兩尖襠交輳，即今之牛頭之褌，一名梢子。"

皮褌

用熟皮製的短褌。源於古西戎。宋高承《事物紀原·衣裘帶服》引《實錄》："〔褌〕西戎以皮爲之。"後代亦見。宋張舜民《畫墁錄》："嘉祐中，中人出城看夜叉，狀如圖畫，髮朱，皮如螺蚌，著豹皮褌，常以大樹庇身。"

布母縛

貼身短褌。漢代始見。《急就篇》卷二："襌衣蔽膝布母縛。"宋王應麟補注："布母縛，小衣也，猶犢鼻耳。"《通雅》引黃山谷曰："江東謂鷦鷯爲布母，布母縛，小衣也，猶犢鼻耳。"

短袴

筒不遮脛的短褲。上古稱之爲"褌""幝""裩"或"弊衣"。五代馬縞《中華古今注·裩》："三代不見所述。周文王所製裩長至膝，謂之弊衣。"唐代以後始作此稱。又稱"不及秋"。宋吳處厚《青箱雜記》卷七："天祐末，廣陵人競服短袴，謂之'不及秋'。"元薩都剌《織女圖》詩："田家婦，日掃春蠶宵織布，催租縣吏夜打門，荊釵布裙夫短袴。"現行的短褲男式爲正前方自腰至下腹開縫，綴繫扣或拉鏈，女式在腰右方開縫至臗，亦加繫件，有的褲筒加肥，外觀似短裙。

【不及秋】

即短袴。此稱始見於宋代。見該文。

小衣

貼身穿着的褲衩。此稱宋代已見用。《急就篇》卷二："襌衣蔽膝布母縛。"宋王應麟補注："布母縛，小衣也，猶犢鼻耳。"後代亦見。《今古奇觀·喬太守亂點鴛鴦譜》："玉郎鑽下被裏，卸了上身衣服，下體小衣却穿着。"《紅樓夢》第三三回："底下穿着一條綠紗小衣，一片皆是血漬。"

古代各種長褲

褲

原作"袴（絝）"。古時的袴爲左右各一脛筒，無襠，互不相連，今稱爲套褲；漢代將其與合襠無筒的短褌合一，製成連襠帶筒樣式，稱爲窮袴。後漸習慣用"褲"字代"袴（絝）"字，宋代人著作中已見。宋陶穀《清異錄·衣服》："佛光褲者，以雜色橫罽爲褲。"褲有單褲、夾褲、棉褲之分。男女均可穿用。山曼等《山東民俗·服飾民俗》："單褲、夾褲。從前鄉間流行皆爲寬襠、鑲腰的一種，俗稱'大襠褲子''寬襠褲子'。腰與褲常異色，膠東一帶男褲多爲青褲白腰，魯西、魯南，慣用花格土布爲褲，腰則或白或黑。穿褲之後，自褲腰處豎打一摺，以帶扎褲腰，帶曰‘褲腰帶’。”“棉褲。從前鄉村生活貧苦，衣着無多，做棉褲時，高其腰，多絮棉花，用以護圍胸前胸後，有利防寒，但十分笨重。”清末民初胡樸安《中華全國風俗志·下篇》卷七：“廣東之蛋婦……着黑綢之褲，短及於脛。”現今根據褲筒的長短分別稱爲長褲、短褲及褲衩。襠以上至腰開縫處（男褲多在正前，女褲多在右側）綴暗鈕或拉鏈，便於開合。

袷褲

有表有裏的褲。其形制同單褲。寒暑換季間穿用。漢代始見其形制。《急就篇》卷二：“襜褕、袷、複、褶袴、禪。”顏師古注：“衣裳施裏曰袷。”後代亦見，直至現代。《金瓶梅詞話》第九三回：“又與了他一條袷褲。”亦作“夾褲”。清初西周生《醒世姻緣傳》第六八回：“我把那匹藍絲紬替你做個夾襖，剩下的替你做條夾褲。”

【夾褲】

同“袷褲”。此體始見於清代。見該文。

【複幝】

即夾褲。三國時已見此制。《三國志·魏書·管寧傳》：“寧常著皂帽，布襦袴、布裙，隨時單複，出入閨庭。”《釋名·釋衣服》：“有裏曰複，無裏曰禪。”宋陸游《連日大寒，夜坐復苦飢，戲作短歌》：“翁飢不能具小飱，兒凍何由成複褌？”亦作“復褌”。《佩文韻府》引《世説》：“韓康伯數歲家酷貧，至大寒止得襦……母曰：‘且著襦，尋作復幝。’兒云：‘已足，不須復幝也。’”

【復褌】

同“複幝”。此體始見於南北朝時期。見該文。

棉褲

有表有裏、中加棉絮的褲。其形制與單、夾褲同，唯更肥大。冬季禦寒穿用。傳統棉褲，以黑或藍布爲表，以白布爲裏，內加棉絮。褲腰單上，多用白布。褲襠肥大，摺叠後用布帶繫腰。北方農村多見。參見本卷《身服説（下）·褌、褲考》“褲”文。

大袑

古代的一種大襠褲。襠部肥大寬鬆，多見於官員穿着。漢代已見。《漢書·朱博傳》：“又敕功曹：‘官屬多褒衣大袑，不中節度，自今掾史衣，皆令去地三寸。’”顏師古注：“袑音紹，謂大袴也。”王先謙補注據官本考證引蕭該音義：“按韋昭曰，袴上曰袑。”朱駿聲《説文通訓定聲·小部》：“〔袑〕蘇俗謂之褲，當是也。”《説文·巾部》：“袑，袴上也。”段玉裁注：“綺上對綺跨言，股所居也。大之則寬緩。”沈從文《中國古代服飾研究·西漢畫像磚》：“〔右側一人〕……袍服下應爲大袑（即下部肥大而末端縮小之袴）。”

窮綺

古時合襠褲之稱。參照有襠的褌和衹有兩脛筒的綺制，將二者合製而成。褲前開襠，用帶結繫。綺亦作“袴”。亦稱“緄襠袴”。始見於漢代。《漢書·外戚傳上·孝昭上官皇后》：“〔霍〕光欲皇后擅寵有子，帝時體不安，左右及醫皆阿意，言宜禁內，雖宮人使令皆爲窮綺，多其帶，後宮莫有進者。”顏師古注：“服虔曰：‘窮袴有前後襠，不得交通也。’……綺，古袴

字也。窮袴即今之緄襠袴也。"周汛、高春明
《中國歷代婦女妝飾·服飾篇》:"〔窮袴〕不僅
上達於股(大腿),且在兩股之間各施一襠,襠
不縫綴,用帶繫縛,以便私溺。"明董斯張《廣
博物志·服飾》引《南齊書》:"永明中,高麗使
至,服窮袴,冠拒風,曰:'此古之遺像也。'"
清趙翼《新晴民皆跨街曬衣》詩:"積雨初晴衣
共曬,街懸窮袴裲襠多。"山東鄒城出土元代李
裕庵墓衣物中有實物。其開襠特點是正前方自
腰至小腹下開一長方形豁口,再加蓋一大小相
當的布,上端兩邊各綴帶,可與腰口部的綴帶
互繫,下端縫連在豁口下方。

【窮袴】

同"窮絝"。此體始見於漢代。見該文。

【緄襠袴】

即窮絝。此稱始見於唐代。見該文。

紈絝

用質地細密的素絹縫製的褲。為古代權
貴人家子弟時尚之服。此稱始見於漢代。《漢
書·敘傳上》:"〔班伯〕出與王、許子弟為群,
在於綺襦紈絝之間,非其好也。"晉灼注:"白
綺之襦,冰紈之絝也。"顏師古注:"紈,素也;
綺,今細綾也。並貴戚子弟之服。"亦作"紈
袴"。南朝梁蕭統《文選·任昉〈奏彈劉整〉》:
"直以前代外戚,仕因紈袴。"李周翰注:"綺襦
紈袴,謂外戚驕奢之服也。"因此,通常用指
富貴人家不務正業,游手好閑的子弟。唐杜甫
《奉贈韋左丞丈二十二韵》:"紈袴不餓死,儒冠
多誤身。"宋陸游《書嘆》詩:"布衣儒生例骨
立,紈袴市兒皆瓠肥。"

【紈袴】

同"紈絝"。此體始見於南北朝時期。見該
文。

縛衣

婦女穿用的貼身內褲。漢代始見於東夷少
數民族。《説文·糸部》:"縛,薉貉中女子無絝,
以帛為脛空,用絮補核,名曰縛衣,狀如襜
褕。"薉貉,亦作濊貊,漢時稱之為東夷的民族
之一。

大口袴

古代的一種褲筒肥大、較為寬鬆的褲。漢
代末年開始流行。周汛、高春明《中國歷代婦
女妝飾·服飾篇》:"東漢末年,一種新款式的
褲子在社會上流行。這種褲子非常寬鬆,尤其
是兩隻褲管,造得十分肥大,因形得名,人稱
大口褲。"《魏書·蠕蠕傳》:"〔肅宗〕詔賜阿那
瓌細明光人馬鎧二具……大口袴褶一具。"《周
書·異域傳·高麗》:"丈夫衣同袖衫,大口袴,
白韋帶,黃革履。"南北朝時期以後多見於歌舞
人之服制中。《隋書·音樂志中》:"大角工人平
巾幘,緋衫,白布大口袴。"《舊唐書·音樂志
二》:"高麗樂工人紫羅帽,飾以鳥羽,黃大袖,
紫羅帶,大口袴,赤皮靴,五色絛繩。"《新唐
書·車服志》:"武舞緋絲布大袖……豹紋大口
袴,烏皮靴。"〔文舞郎〕黑絲布大褎,白練
領,標絳布大口袴,革帶,烏皮履。"

開襠褲

前襠或後襠開口的褲。此形制漢代已見,
近代始作此稱。史載漢大將軍霍光欲使其為皇
后的外孫女專寵於內宮,令宮人皆着繫帶多
的窮袴,以使皇帝難與宮人交媾,即為前開
襠形制。參閱《漢書·外戚傳上·孝昭上官皇
后》。從宋元代墓葬出土的實物對照,亦有此形
制:褲筒寬肥,正前方自腰至下腹部開長方形

口，下緣綴一與口同大的布塊，平時將布塊掀起遮住開口，用所綴的帶在口緣兩邊結繫於腰部，便溺時解帶、放下布塊露出口縫。穿於裙內。也有在右邊自腰至髖部開縫者。爲婦女穿用。五代時期至宋代又有男子開襠褲式。參閱南宋周瑀墓出土實物及《盤車圖》中所繪形象。其制爲自前襠下腹部開縫至後部無襠露臀，穿着時內加短褲（小衣）或在股間前後裹以貼身窄布。即現在通用的幼兒開襠褲樣式。

小口袴

兩脛筒較爲窄瘦的褲。相對大口袴而作此稱。流行於南北朝時期，多見於少數民族地區。《宋書·諸夷傳·武興國》："著烏皁突騎帽，長身小袖袍，小口袴，皮靴。"又《芮芮國》："以穹廬爲居，辮髮，衣錦小袖袍，小口袴，深雍靴。"

縵襠袴

古代回紇族人穿着的合襠褲。見稱於南朝梁代。《梁書·諸夷傳·高昌國》："國人言語與中國略同……著長身小袖袍，縵襠袴。"

佛光褲

用各色布條混雜橫嚮縫連製成的褲。此稱見於宋代。宋陶穀《清異録·衣服》："潞王從珂出馳獵，從者皆輕零衫、佛光褲。佛光褲者，以雜色橫合爲褲。"

滿襠褲

襠前後縫合不開縫的褲。舊時無論長褲短褲，均有此形制。始見稱於清代。《說文·巾部》："褌，幒也。"段玉裁注："按今之套褲，古之絝也；今之滿襠褲，古之褌也。"

燈籠褲

脛筒肥大，下口窄束的褲。舊時常爲江湖賣藝人（習稱賣解）或樂舞者穿用。多用薄而輕的絹綢縫製，褲腳縫進條帶，穿後扎束。舞動起來褲筒膨鼓似燈籠，因名。後一度成爲流行式樣，褲腳改用彈力帶收攏。現已不多見。

草裙草袴

古代苗族人民的民族服裝名。見於明代典籍。《佩文韻府》卷六六下引《輟耕録》："〔苗人〕喜著斑斕衣。製衣袖廣狹修短與臂同，衣幅長不過膝，袴如袖，裙如衣，總名曰草裙草袴。"

僰人褲

古代僰族人穿着的一種褲。1974年四川珙縣清理僰人懸棺葬中發現。共三十件，形制相同。褲用麻布製，以提花方式編織有幾何形白色暗花，褲形呈等邊三角狀，襠寬88厘米，褲管長64~65厘米，上飾有黄色或藍色的九個長方形刺繡。右褲管外側開口，開口處的兩邊各用三塊綉有幾何形圖案的長方形布塊爲飾。小褲腰，呈倒三角形，底邊嚮上，繫帶。具有明顯民族特色。

裙褲

一種寬鬆，脛筒肥大，穿着時外觀似裙的女褲。多用花色布帛裁製。從古代大口袴形制演變而來，爲福建惠安"惠安女"沿襲數百年的特色服式，因用料多，當地民謡中或稱爲"浪費褲"。林新乃《中華風俗大觀·服飾篇》："〔惠安女〕下身穿的寬腳長褲，褲腳又長又大，走起路來，像裙子似的不停飄動……幾百年來已相沿成習。"後被摹改爲現代流行的一種女褲。穿着時既有着長裙的美感，行動和騎車時又無被纏束的不便，爲女青年喜愛的服式。

【浪費褲】

即裙褲。對福建惠安女所穿着的寬脚長褲的謔稱。見該文。

籠褲

舟山群島漁民穿着的一種單褲。清代流行，現尚存其遺制。用厚實耐穿的土布縫製，直筒大褲脚，褲腰寬鬆，右開衩，前後叠皺成紋。衩口兩旁或加綉飾，并縫有四條繫帶。一般爲深藍、玄青、醬黄色。海上捕撈作業時束住四條褲帶，扎緊褲脚，擋風保暖。當地民謠："青浜廟子湖，菩薩穿籠褲。"

喇叭褲

一種下口十分寬大的大口褲。敦煌石窟壁畫樂伎形象中已見此種服飾，後鮮有記載。現代一度流行的喇叭褲引自國外。其形制爲褲脚口的尺寸超過中襠尺寸，從中襠開始嚮下斜出至踝，形成上窄下寬樣式。青年男女穿着給人以飄灑感。其古代形制見大型歌舞劇《絲路花雨》服飾。

現代各種褲

半褲

現時夏季穿用的一種褲。褲筒較長褲短，較短褲長，衹遮半脛，因名。用細布或薄綢縫製，褲式寬鬆，合襠。一般爲老年人度夏時穿着，凉爽，利落。粤語謂之"三股褲"。

【三股褲】

即半褲。粤語對半褲之稱。此稱始見於現代。見該文。

襯褲

襯於其他下服之内的褲。用以減少外面的下服對下肢的摩擦和被汗漬弄污。爲現時通用語。古代穿於裳、裙、套褲之内的褲均可視爲襯褲。現代穿用的多用細棉布、薄絨布、棉紗、絹綢等輕軟質料縫製或針織而成。針織者或稱"衛生褲"。前開襠或合襠，腰部穿繫帶或綴扣。長褲褲脚有散口、羅紋口、鬆緊口等。婦女穿在裙内的短襯褲大多不束下口。襯褲之内一般還穿貼身褲衩。

【衛生褲】

襯褲的一種。針織褲工藝被引進中國後，最初作爲襯褲穿用的形制單一，長筒，前開襠加扣，腰部亦用扣繫，褲脚用羅紋口。因其輕軟貼體，又便於洗滌保潔，遂有此稱。一時風行於都市。其後形制漸多，一般不再用此稱。

馬褲

一種瘦腿褲。以布或呢料裁縫製成。其形制爲襠上部分寬肥，襠下脛筒瘦僅裹腿，縱嚮開縫，綴扣多個便於解繫。通常配穿皮靴，適合騎馬穿用，故名。近代由西方引入，騎兵、裝甲兵等特種兵部隊官兵穿用。

制服褲

現代褲之一種。源於歐美國家西裝制式，故又稱"西裝褲"。民國初年引進，初時規定以西式禮服爲大禮服，1923年孫中山定中山裝服制，因定稱。其形制爲直筒至踝，前開襠（女褲爲右腰至髖部開縫），綴暗扣，兩側有内袋，腰右前部設一小暗袋，俗稱錶袋；臀右側有一帶蓋布的暗袋。褲脚外翻摺出寸許。多用呢絨布或化纖織物裁縫。講究自腰股至褲脚前後熨壓出縱嚮褲折綫，以增加筆挺感。

【西裝褲】

即制服褲。此稱始見於近代。見該文。

工裝褲

一種帶護胸和背帶的單褲。本爲現代産業工人在操作中穿用的防護服，故名。用質地較粗厚但抗拉力差的勞動布縫製。合襠直筒，自腰前至胸部加縫似背心前片樣式的護胸，上有明袋，可裝小工具或護目鏡、紙、筆等。腰後釘兩條背帶，交叉搭至肩前與護胸上端以扣結繫。穿時套在上衣外面，以防上衣下襟被機器捲扯，致出傷害人身事故（褲布受挂扯即破，無傷人之虞）。由於這種褲式穿着起來給人以簡潔便利感，在日常生活中亦被人以其他棉布仿製穿用。

牛仔褲

現代由國外傳入的一種褲。因源自美國西部地區牧人的服式而得名。用厚挺耐磨的砂洗布縫製，腰身短，襠瘦筒窄，前開襠帶扣，臀、股部綴有口袋。一般爲藍白色或灰白色斑駁相間。結實耐磨抗污，穿着於身，頗具粗獷質樸及美國西部的鄉土格調。特別適合於活動量大的青少年穿用；又崇尚有磨損痕迹者，以爲更富情調。20 世紀 80 年代始流行。

休閑褲

一種形制簡單，穿脱方便的長筒褲。20 世紀 90 年代由西方引進。用軟布或針織面料製成，腰部及褲脚均縫進彈力帶作繫。右後股處綴一明袋，合襠。男女均可穿用。

彈力褲

用氨綸機製成的善伸縮之褲。褲脚下部常帶環形帶套，穿着時將帶套套在脚心底部，使褲保持伸展狀態，繫裹下體，故亦稱"緊身褲"。係由芭蕾舞服演化而來的褲式，20 世紀 80 年代開始在中國流行。適合於體形匀稱、綫條優美的中青年穿着，尤適於女子。

【緊身褲】

"彈力褲"之俗稱，此稱始見於現代。見該文。

踩蹬褲

現代的一種緊身女褲。亦稱"脚蹬褲"。多用有彈力的尼龍絲或紗綫針織製成。褲管緊裹雙腿，褲脚下織連有 U 形帶，穿着時該帶貼箍於脚心下，借脚的蹬力使褲貼附於身，因名。穿着後下肢曲綫輪廓顯露，給人以健美感。爲女青年喜愛穿用的一種褲式。

【脚蹬褲】

即踩蹬褲。此稱始見於現代。見該文。

連襪褲

現代一種襪褲相連的服裝。多用有高彈力的尼龍絲針織製成。分作成人型和兒童型，適合春夏之交穿用。因芭蕾舞演員穿用此種服裝演出，故又稱"芭蕾舞褲"。參見本卷《足服説·襪考》。

【芭蕾舞褲】

即連襪褲。此稱始見於現代。見該文。

連衣褲

現代一種衣褲相連的服裝。特點是上衣和褲子連縫爲一體。亦稱"連衫褲"。主要用於兒童穿用。在後背處開縫，易於穿脱，結構簡單。其中有短袖短褲一種，造型似青蛙，適合兒童夏季穿用的，又稱"田鷄褲"。

【連衫褲】

　　即連衣褲。此稱始見於現代。見該文。

【田鷄褲】

　　特指短衫短褲之連衣褲。此稱始見於現代。見該文。

太陽褲

　　現代的一種童褲。三角短褲上連護胸和背帶，夏季兒童穿着，能使較多的皮膚沐浴陽光，有利於健康。亦稱"日光褲"。護胸部分可設計成多種圖案形狀，表現孩子的活潑美麗。

【日光褲】

　　即太陽褲。此稱始見於現代。見該文。

近現代少數民族傳統褲

大脚褲

　　彝族民間傳統男子長褲。褲脚寬大如裙，寬約兩尺，需用寬八寸、長兩丈八尺的青色或藍色布縫製，無腰。脚口或鑲花邊。平時穿上此褲，兩側垂地如百褶裙，跑跳時必須將兩個褲脚向上挽捲，并將多餘的布壓在褲帶之上。流行於四川雷波、馬邊、屏山及雲南峨山等地區。

大襠褲

　　土族民間傳統下服。以襠大而得名。以窄幅毛藍粗布縫製。褲長三尺、腰圍三尺、立襠兩尺五寸，褲脚五寸。流行於青海地區。

巴基

　　朝鮮語音譯。意爲"褲子"。爲朝鮮族男子傳統長褲。褲襠寬大，一般有 45 厘米，褲脚爲 22 厘米。一般用白色布料縫製，亦用深色衣料。穿時扎住褲脚，利於盤膝而坐。流行於東北朝鮮族聚居地區。現已少見。

白褲

　　瑶族民間傳統男褲，用白布縫製，褲長至膝。褲脚用黑色布條包邊，用紅絲綫綉花或在膝蓋以上褲側綉五根縱綫爲飾。流行於廣西南丹等瑶族聚居地區，該地瑶人即被稱作"白褲瑶"。

托魯瑪

　　門巴語音譯。爲門巴族的一種傳統男褲。用白色氆氇呢作料，褲筒與腰圍、褲襠均寬大。前襠正中開襠四寸，外用呢料搭蓋。穿着時扎緊褲腰，加褲腰帶束繫。流行於西藏門隅地區門巴族聚居處。

阿熱斯哈庫如

　　達斡爾語音譯。達斡爾族民間男褲。用狍皮縫製。冬季穿毛厚柔軟者，春秋穿夏季毛稀短的狍皮做成者。流行於內蒙古莫力達瓦地區。

統統褲

　　土家族男褲。一般用青、藍布縫製褲身，用白布上褲腰，褲脚褲筒肥大，穿時在腹前打摺，用褲帶繫扎。這種褲子也流行於廣大漢族農民中，甚至婦女亦穿，直至 20 世紀 50 年代仍然盛行，現已少見，城市中已絕迹。

寬脚褲

　　納西族男子傳統下服。褲長至膝，褲脚口寬一尺多，拼襠。舊時多用麻布縫製，現已改用棉布。流行於雲南寧蒗、中甸及麗江等邊遠地區。

獸皮褲

　　鄂倫春、鄂溫克、赫哲等居住北方地區的少數民族的一種傳統冬用褲。多用狍皮、鹿皮、犴皮等獸皮縫製，故稱。形制不一。鄂倫春語音譯爲"阿拉木蘇"，男褲短及膝。女褲長至足背，較瘦，褲腰襟爲橢圓形，上可覆蓋至胸，并縫有兩條帶子套在頸部，後腰有開口。鄂溫克語音譯爲"阿拉木什"，褲式較多，長短不

一，用鹿皮、犴皮製作；春秋季節穿用無毛的皮褲，冬季穿用有毛的、毛在外的，夏季穿用短褲。赫哲語音譯"那斯黑刻"，其褲腰以棉布縫製，褲襠褲腿部分用狍皮。

【阿拉木蘇】
　　即獸皮褲。鄂倫春語音譯。見該文。

【阿拉木什】
　　即獸皮褲。鄂溫克語音譯。見該文。

【那斯黑刻】
　　即獸皮褲。赫哲語音譯。見該文。

脛衣、套褲

絝

　　古代脛衣的一種。用皮革或布帛縫製成兩隻脛筒，互不相連，上端或平口，或外側斜上至股，穿着時左右腿各一，護套於小腿，上繫於腰。《釋名·釋衣服》："絝，跨也，兩股各跨別也。"《説文·糸部》："絝，脛衣也。"段玉裁注："今所謂套袴也。左右各一，分衣兩脛。"傳説始製於夏代以前，周代定稱。亦作"袴"。明董斯張《廣博物志·服飾》引《物原》："禹作襦袴。"《佩文韻府》釋爲"褶"，并注"黃帝講武之臣朱韋袴褶。"五代馬縞《中華古今注·袴》："蓋古之裳也。周武王以布爲之，名曰褶，敬王以繒爲之，名曰袴，但不縫口而已，庶人衣服也。至漢章帝以綾爲之。"最早記述見之於先秦典籍。歷代名稱稍有變异。《禮記·內則》："衣不帛襦袴。"常與褌（幝）同穿，共遮下體。《北史·斛律光傳》："光嘗謂人曰：'今軍人皆無褌絝，後宮內參一賜數萬匹，府藏稍

空，此是何理？'"《三國志·魏書·裴潛傳》裴松之注引《魏略》："〔韓宣〕嘗以職事當受罰於殿前，已縛，束杖未行。文帝輦過……特原之，遂解其縛。時天大寒，宣前以當受杖，豫脱袴，纏褌面縛；及其原，褌腰不下，乃趨而去。"現今尚可見的套褲，俗稱"叉褲"者，是其遺制。又，"絝""褲"音同，著述中時或混用。在少數民族中，如水族、東鄉族亦穿。

【袴】
　　同"絝"。此體始見於先秦。見該文。

【襃】
　　先秦齊魯之間對絝之稱。《左傳·昭公二十五年》："鸜鵒跦跦，公在乾侯，徵襃與襦。"杜預注："襃，袴。"亦作"襣"。《説文·衣部》："襃，絝也。"段玉裁注："《方言》曰：'絝，齊魯之間謂之襣。'按今《方言》作襣，俗字也。"

【褌】

同"褰"。此體始見於漢代。見該文。

【觸衣】

即袴。《正字通·衣部》："袴,一名觸衣,俗呼小衣。"明代始見此稱。特指内褲。明李時珍《本草綱目·服器·褌襠》："袴,犢鼻、觸衣、小衣。"

【套袴】

即絝。唯形制或略加改變即有兩脛筒前上端較長或相縫連者。此稱始見於清。清代段玉裁注《説文》"絝"稱:"今所謂套袴也。"亦作"套褲",又稱"叉褲"。山曼等《山東民俗·服飾民俗》:"套褲,又稱叉褲。上口尖而下褲管齊平,穿時露出臀部及上腿後半部,多爲夾與棉兩種,男女皆用。"參見本卷《身服説(下)·褌、褲考》"絝"文。

【套褲】

同"套袴"。此體始見於現代。見該文。

【叉褲】

即套袴。此稱始見於現代。見該文。

倒頓

寬大的套褲。古楚地方言有此稱。始見於漢代記述。《方言》第四:"大袴謂之倒頓,小袴謂之 佼衭,楚通語也。"《急就篇》卷二"襜褕袷複褶袴褌",顏師古注:"袴謂脛衣也,大者謂之倒頓。"

佼衭

緊小的套褲。古楚地方言有此稱。始見於漢代記述。一説爲漁服。唐劉肅《大唐新語》:"漁服總曰佼衭。"唐皮日休《憶洞庭觀步十韵》:"佼衭漁人服,符簏野店窗。"

近現代少數民族傳統套褲

魚皮套褲

赫哲族人穿用的一種用魚皮縫製的套褲。過去赫哲族以漁獵爲生,多用魚皮製衣服,名"烏提庫"。其大致加工過程是,將槐頭魚或哲羅魚、狗魚的皮剥下晾乾去鱗,用木錘錘軟如布,再拼接縫連成大張,裁剪後用鱘魚皮製成的綫縫製成服,以色布或獸皮鑲邊爲飾。魚皮套褲男女形制有别,赫哲語分別稱之爲"敖約刻"和"嘎榮"。於春、秋、冬季穿着,防水、抗寒。林新乃《中華風俗大觀·服飾篇》:"魚皮套褲,有男女兩種。男人穿的一種上端齊口的,褲腳下沿鑲黑邊。女人穿的一種斜口,褲腳上繡有花紋。……這種魚皮套褲,春、秋、冬季都可以穿用。冬天穿它狩獵抗寒耐磨,春秋兩季穿它捕魚,可以防水護膝。"

【敖約刻】

即魚皮套褲。赫哲語音譯,意爲"男魚皮套褲"。見該文。

【嘎榮】

即魚皮套褲。赫哲語音譯,意爲"女魚皮套褲"。見該文。

蘇畢

達斡爾語音譯。達斡爾族民間男褲。一種皮套褲。多用狍皮製成,亦有用麃皮製者。有兩褲管,無上腰及立襠橫襠,上褲口自前嚮後成斜裁形,上端各有帶,可繫於内褲腰帶。行獵時穿用有護腿作用。流行於內蒙古莫力達瓦。

轟罷

水族語音譯。亦譯作"轟惱"。即套褲。無襠、無腰，兩隻褲管不相連。以質地較好的深色土布製作，褲管的外側斜至腰部，并在頂端縫上帶子。穿時套在便褲之上，用帶子繫於腰間，上身穿長衫遮住襠、腰部分。

【轟惱】

同"轟罷"。水族語音譯。見該文。

膝　褲

護膝

類似套褲的一種下服。用布或皮縫製，分爲左、右兩扇，互不相連，端邊有繫帶，用時分別裹繫於兩腿、膝間，起保護膝部作用。歷代形制有所演變，亦因地而异。花樣繁多。元明之際已見。《水滸傳》第七四回："〔燕青〕解了腿繃護膝，跳將起來，把布衫脱將下來，吐個架子。"《金瓶梅詞話》第二回："〔西門慶〕腿上勒着兩扇玄色挑絲護膝兒。"至今仍有使用。

膝褲[1]

古代脛衣的一種。由兩隻互不連綴的脛筒組成，似長筒襪而無底，筒高不過膝，下達於踝或覆蓋脚面。是介於絝、襪之間的一種服式。徐珂《清稗類鈔·服飾》："膝褲，古時男子所用……後則婦女用之，在脛足之間，覆於鞋面。"周汛、高春明《中國歷代婦女妝飾·服飾篇》："膝褲的穿法，一般都束在膝蓋以下部位……下長僅至踝部。"源自三代時的角襪。清趙翼《陔餘叢考·襪膝褲》："按《炙轂子》曰：三代謂之角襪…… 古時襪之制，正與今膝褲同。"唐代或稱爲"褲襪"，宋代始有此稱。周錫保《中國古代服飾史》第七章《隋唐服飾》："膝褲。當時稱之爲褲襪。"同書第九章《宋代服飾》："膝褲，縛於膝下脚上之用，爲一般婦

女所着。但男子亦有穿着。奸臣秦檜死後，宋高宗告楊郡王云：'朕免膝褲中帶匕首矣。'"明代亦見。《金瓶梅詞話》第一四回："〔潘金蓮〕下著一尺寬海馬潮雲羊皮金沿邊挑綫裙子，大紅緞子白綾高底鞋，妝花膝褲。"膝褲之下覆脚面的，又稱"半襪"。《事物异名録·服飾部·膝袴》："唐世婦人皆著襪，今婦人纏足，其上亦有半襪罩之，謂之膝袴。"參見本卷《足服説·襪考》"袴襪""半襪"文。

【踏袜】

即膝褲。此稱始見於清代。清翟灝《通俗編·服飾》："俗呼膝褲曰踏袜，亦本古也。"

釣墪

契丹語音譯，亦作"吊敦"。古代契丹族婦人所穿着的脛衣。宋代亦稱爲"襪袴"。北宋時期一度流行，後被禁。《宋史·輿服志五》："〔政和七年〕詔敢爲契丹服若氈笠、釣墪之類者，以違御筆論。釣墪，今亦謂之襪袴，婦人之服也。"沈從文《中國古代服飾研究·引言》："〔吊敦〕北宋一時曾流行，來自契丹。上部着宋式對襟加領抹（花邊）旋襖，下身不着裙，祇着長統襪褲的'吊墪服'。"又《宋雜劇圖》："〔圖一七二〕一人穿小褲，膝以下若着網狀長襪，小小彎弓短統靴，應即宋代禁令中常提起的

'釣墪''襪袴'，來自契丹女真風俗。"

【吊敦】

同"釣墪"。契丹語音譯。此稱始見於宋代。見該文。

【襪袴】

即釣墪。此稱始見於宋代。見該文。

偪

古代用以裹脛的下服。其形制爲長方形，用皮革或布帛縫製，上下兩端均綴繫帶，着用時裹於脛部繫縛，左右各一。始見於先秦。亦稱"幅"。《禮記·內則》："偪、履，著綦。"陸德明釋文："〔偪〕本又作'幅'。"《左傳·桓公二年》："帶、裳、幅、舄。"杜預注："幅，若今行縢者。"或稱"邪幅"。《詩·小雅·采菽》"邪幅在下"毛傳："諸侯赤芾邪幅。幅，偪也，所以自偪束也。"又，因漢代鄭玄注《禮記·內則》"偪"稱："偪，行縢。"後人相因，遂將偪與行縢歸爲一物。今考，二者雖功能相似，但形制有別。行縢是長布條形，用時自足或踝嚮上作螺旋狀環纏於脛，掖繫於膝下。漢代以後，習用"行縢"概稱此二形制，"偪"不復見稱。佤、基諾、珞巴族及僜人之女子，高山族男子等服飾中均習用塊布裹腿，兩端用帶子扎繫，當係偪之遺制。

【幅】

即偪。此稱始見於先秦時期。見該文。

【邪幅】

即偪。此稱始見於先秦時期。《詩·小雅·采菽》："赤芾在股，邪幅在下。"毛傳："諸侯赤芾邪幅。幅，偪也，所以自偪束也。"鄭玄箋："邪幅，如今行縢也。"孔穎達疏："桓二年《左傳》曰'帶、裳、幅、舄'，《內則》亦單云偪，則此服名偪而已。杜（預）鄭（玄）皆云今之行縢；然則邪纏於足，謂之邪幅。故傳辨之云邪幅正是偪也，名曰偪者，所以自偪束也。""邪"，通"斜"，《廣韻》釋爲"不正"。按：偪與行縢本爲异制，邪幅與偪制同。見明王圻、王思義《三才圖會》"邪幅"圖。偪而稱"邪幅"者，當謂其裹用時因脛形上粗下細，緊裹後其邊緣外露成斜下狀。至漢代始，遂因行縢用於脛足亦斜形纏繞，而以之況邪幅。亦稱"徽"。《説文·糸部》："徽，邪幅也。"段玉裁注："即《詩》之邪幅也。"

【徽】

即邪幅。此稱始見於漢代。見該文。

護腿套

現代婦女套用的一種脛衣。用各種細毛綫編織或機織成長約一尺左右，肥瘦如小腿的兩隻脛筒。冬季套穿在雙脛，借其彈性貼束，保暖而且美觀，尤爲女青年所愛用。

卷膀

蘇南地區婦女穿用的一種脛衣。用布縫製，形制同古代的偪，當即其遺制。通常與裙配穿，左右各一，在襪外裹扎於脛，上下用帶結繫。起防禦風寒和保護下肢的作用。參閱林新乃《中華風俗大觀·服飾篇》。

近現代少數民族傳統膝褲

脚筒

茶山瑶族婦女穿用的類似膝褲的脛衣。黑布爲底，鑲以紅花邊，成筒狀，與短褲配穿，套在小腿上，膝部外露，便於山區行動。

行　縢

行縢

用以纏束兩脛的布帶。漢代始有此稱。《禮記·內則》"偪"鄭玄注："偪，行縢。"《詩·小雅·采菽》"邪幅"鄭玄箋："邪幅，如今行縢也。"然按其本來形制，"偪（邪幅）"爲方幅，與行縢異。行縢爲兩條均長數尺，寬約寸半的布帶，單色或二色相間。用時分別於左、右小腿自足踝或脚掌嚮上如螺旋狀圈圈相叠纏裹至膝下，末端綴帶結繫或掖塞住。既起護脛作用，又可在行遠路時起束縛脛肌不使擺動充血，以增加耐力。漢以後歷代皆見。《三國志·吳書·呂蒙傳》："蒙陰賒貸，爲兵作絳衣行縢。"宋陸游《夜話贈華師》詩："猶能遍參在，爲我買行縢。"清顧炎武《日知録·行縢》："古人之襪大抵以皮爲之……今之村民往往行縢而不襪者，古人之遺制也。"漢望都壁畫及宋代繪畫、磚雕中有穿着行縢的形象。其釋文"縢"作"縢"。古代男女均着用。又稱"行纏"。唐杜寶《大業雜記》："其引船人普名殿脚，一千八十人並著雜錦彩裝襖子、行纏、鞋襪等。"唐韓翃《寄哥舒僕射》詩："帳下親兵皆少年，錦衣承日繡行纏。"宋郭茂倩《樂府詩集·清商曲辭六·雙行纏曲》："新羅繡行纏，足跌如春妍。"《水滸傳》第三回："〔史進〕身穿一領白紵絲兩上領戰袍……青白間道行纏絞脚，襯着踏山透土多耳

麻鞋。"流傳至現代，改稱爲"綁腿"。先秦原稱之爲"偪"的脛衣，自漢人釋義後，并作此稱。參見本卷《身服説（下）·褌、褲考》"偪"文。

【行纏】

即行縢。此稱始見於隋代。見該文。

【綁腿】

即行縢。兩條爲一副，每條長七八尺，寬三四寸，一端綴繫繩。有草綠、灰、黑或黑白相間諸色。用時將帶的無繫繩的一端貼於踝上，然後由下而上作螺旋式纏繞聚裹至膝下繫住。或貼膚扎，或連褲筒折裹扎入。舊時習武、行遠路的人和步兵官兵常配備穿着，用來固定脛肌使其在走動時不致擺動、充血，以減緩疲勞感。近代亦稱"裹腿"。瑶、阿昌、納西、基諾、羌等少數民族服飾中，均有用綁腿的習俗。亦源自古時的"邪幅""行縢"。

【裹腿】

即綁腿。此稱始見於近代。見該文。

扎腿帶

扎長褲褲脚用的布帶。先將褲脚摺叠貼於脛下，再用此帶沿脛下繞匝其外數圈，末端掖進圈內塞住。可以防沙塵蟲虻進入，行走利便，亦便於穿靴。兩條爲一副，每條長約二尺，兩端露經綫長二三寸，寬約二寸。多爲黑色，服

喪時換用白色。近代民間穿合襠長褲時流行扎　褲脚，現農村中仍有人扎用。

近現代少數民族傳統行縢

過加

　　土族語音譯。土族傳統脛衣。意即"綁腿"。爲兩條長約五尺、寬約三寸，上黑下白各占其半的布帶，分纏於雙脛。俗稱"黑虎下山"。流行於青海互助等土族聚居區。該族青年男女常用以作定情信物。

【黑虎下山】

　　"過加"之俗稱。見該文。

第五章　足服説

第一節　鞋　考

　　鞋是對主要足服的通稱。其歷史可溯源至史前時期，遠古人類以采集、狩獵爲生，爲防護足部，遂縫連獸皮裹繫於雙足部，或用草、葛類植物莖皮編成有底、耳或幫的足服。這一時期無鞋、襪之分，亦無特定名稱記載存世。其後，到了三皇五帝時代，中國漸趨統一，進入耕獵生活階段，開始有了織物和服制，自黃帝始，垂衣裳治理天下，傳説其臣于則始作扉履，即最早的鞋。（見《世本·作篇》）至夏代，稱之爲“扉”或“菲”，用獸皮或植物纖維爲製材。商代伊尹加以改進，至周代已有較多的形制，但總稱爲“履”。周代設“屨人”一職，專掌王及后之服屨，爲赤舄、黑舄，赤繶、黃繶、青句、素屨、葛屨。（見《周禮·天官》）根據禮儀規定，不同場合穿不同的屨，飾足以爲禮。春秋戰國時期，諸侯紛爭，各霸一方，製鞋材料不同，地域不同，鞋之名稱各異，諸如蹝（亦作屣、縰）、屩（亦作蹻）、鞮、鞜靸、躧、屐（亦作屐）、屝（亦作屝）等，或异名而同物，或异物而通名，間有方言之不同。（見《釋名·釋衣服》《急就篇》《説文》《方言》等）戰國以後，“履”取代“屨”而成爲鞋之通稱。《方言》第四：“扉、屨、麤，履也……履其通語也。”秦代始有絲飾之履。漢代出現加繫帶的鞋，稱"鞵"（"鞋"之古字）。約在南北朝時期以後，"鞋"又取代"履"成爲通稱。唐代顏師古注《急就篇》曰："屩，即今之鞋也。"宋代高承《事物紀原·鞋》云："古者草謂之履，皮謂之履。《實錄》曰：鞵，夏、商皆以草爲之，周以麻；晋永嘉中以絲。或云馬周始以麻爲之，名鞋也。"可見，唐代"鞋"已成爲通稱。此稱後世沿用，清代曹庭棟在《養生隨筆》中説："鞋即履也……今通謂之鞋。"直至現代仍稱"鞋"，如有布鞋、草鞋、皮鞋、膠鞋、田徑鞋、網球鞋、旅游鞋等名稱。

古代最貴重的鞋稱"舄"，爲君王、后妃及公卿百官在禮儀場合所穿。製作材料，夏用葛布，冬用皮革，底爲兩層。出現於商周時期。據周禮，不同身份的人在不同場合，所穿之舄必須用不同的顏色，且必須和所用冠服相配。王和諸侯所用有赤、白、黑三等，以赤爲上；王后及命婦所用有玄、青、赤三等，以玄爲上。如舉行祭祀時，天子穿冕服，用赤舄；王后則穿褘衣，用玄舄。此外，王及諸侯，以白舄配韋弁、皮弁，以黑舄配冠弁服；王后以青舄配搖翟，以赤舄配闕翟。戰國、秦漢之際，其制不定，至東漢明帝時又重新恢復。魏、晋、南北朝沿用。至隋代，祭祀、朝會之服仍用舄。（見《後漢書·輿服志下》，《晋書·輿服志》，《隋書·禮儀志》六、七）唐代，天子、皇太子、侍臣穿冕服時用赤舄，皇后、妃、内外命婦參與祭祀時用青舄，而朝服改用靴。宋代沿襲唐制，祭服用朱舄，亦即赤舄，朝服始用靴，後曾改用履。遼、金、元大體同宋制。（見《舊唐書·輿服志》，《宋史·輿服志》三、四，《遼史·儀衛志二》，《金史·輿服志中》，《元史·輿服志一》）明代，祭祀、朝會皆用舄。皇帝服冕服、通天冠服，用赤舄；服皮弁服，用黑舄。皇后、妃嬪、命婦服禮服，用青舄。（見《明史·輿服志二》）清代祭祀、朝會改用靴，舄制遂廢。

古代普通百姓没有專門祭祀用的鞋。夏、商、周三代之時，鞋通稱"履"，多以葛麻爲之，冬季則用獸皮爲之。《詩·魏風·葛履》："糾糾葛履，可以履霜。"孔穎達疏："凡履，冬皮，夏葛，則無用絲之時。"唐代王叡《炙轂子雜録》云："夏、殷皆以草爲之屩，左氏謂之'菲履'也。至周以麻爲之，謂之'麻鞋'，貴賤通服之。"湖北宜昌楚墓中曾出土麻履實物。貴族男女除參加祭祀、朝會穿舄之外，普通禮見則穿履。以不同顏色的履與冠服相配，如服爵弁用纁履，服玄端用黑履，服素積用白履。（見《儀禮·士冠禮》）履之飾以絲帛爲之。

戰國之時，"履"漸取代"履"而爲鞋之通稱。當時，貧者仍穿葛履，而富者則以絲爲履，時稱"組履"，亦有飾以珍珠美玉者，俗稱"珠履""玉履"。漢代，穿絲履者已較普遍。其實物在考古中亦有發現，湖南長沙馬王堆一號漢墓出土女尸即脚着絲履。魏晋南北朝時期，絲履形制更多。履上綉花紋以爲飾；履頭花樣多變，有方頭、圓頭、歧頭、笏頭等形制；履底加厚。

唐代，絲履的特點是高翹式履頭。此時，鞋已取代"履"成爲通稱。唐朝王涯《宮詞》有"春來新插翠雲釵，尚著雲頭踏殿鞋"之句。宋代，穿絲鞋者十分普遍，皇帝貴戚皆喜着之，宮廷中設有絲鞋局，民間亦有生産絲鞋的作坊和銷售店鋪。宋代在婦女中開始出現纏足陋習，穿尖頭小鞋，俗稱"三寸金蓮"。又因鞋底内凹、彎曲如弓，俗亦稱"弓鞋"。這種鞋在福建福州宋代黄昇墓中曾有實物出土。

明清時期，男鞋多以緞製，并在鞋頭和鞋跟鑲皮革，結實美觀，時稱"鑲鞋"。女鞋亦以彩緞製成，色彩鮮艷，并綉有花樣。纏足婦女穿的弓鞋普遍采用高底，或平跟，或高跟。滿族婦女的鞋也用高底，但在中間，俗稱"花盆底"，上塗白粉，亦稱"粉底"。這種高底旗鞋有實物傳世。

還有一種木底鞋，下裝二木齒，可以踐泥，稱"屐"。這種鞋無鞋幫，而以絲麻爲繩帶。屐出現於春秋時期，相傳孔子周游列國，所穿木屐在蔡國被盗。漢魏時期，穿木屐的很多。漢代還出現了用布帛做成鞋幫以代替繩帶的屐，俗稱"帛屐"。兩晋南北朝時期，木屐盛行。不僅出行穿用，而且家居亦喜穿着。秦晋淝水之戰時，東晋宰相謝安收到前綫捷報，正與友人對弈，罷棋後，過户限還内，不覺弄斷屐齒。（見《晋書·謝安傳》）在形制上，出現了"露卯"，即屐板上鑿上小孔，讓屐齒穿過底板，再用釘子從旁銷住，這比原來用釘子固定屐齒的屐更加牢固。還出現了連齒木屐，即以整木削成，鞋幫亦用木頭爲之，不用繩索，這種木屐在湖北鄂城吴墓曾有出土，在江西南昌東吴墓亦有發現。還發明一種活齒木屐，可隨意裝拆，很適合登山，稱"登山屐"。其發明者爲詩人謝靈運，故亦稱"謝公屐"。唐代出行者多穿靴，但仍流行木屐，男女皆穿。李白《浣紗石上女》詩中有"一雙金齒屐，兩足白如霜"之句。宋代婦女纏足者已不再着屐，然男子仍穿木屐，但主要作爲雨鞋。明代仍有木屐流行，南方男女皆着之，《三才圖會》中有圖。清代木屐多無屐齒，且崇尚以束埔寨産抱木爲之者，南方甚喜着之。此種屐，後發展爲今之拖鞋。

上古時期，草是製鞋的主要材料，所製稱"屬"。其製法是，先將芒草績成綫，再搓成繩，然後編織成鞋。鞋底多盤繩而成，鞋幫則以細繩爲繫。這種屬因以芒草製成，故稱"芒屬""草屬"，亦稱"草履""草屩"。亦有以棕麻等材料爲之者，俗稱"棕屬""麻屬"。

唐代以後，則統稱"草鞋"，這一名稱一直沿用至今。商周以來，草鞋亦用於服喪。《儀禮·喪服》中提到的"繩屨"，即以草繩編成。搓繩用的爲菅草，故又稱"菅屨"。這是喪禮中最重的一種穿着，凡三年之喪皆服之。較菅屨輕一等的是疏屨，通常以藨蒯製成，專用於齊衰。喪屨形制簡單，比較粗糙，而日常所穿草鞋製作精良，編織緊密，比較牢固。所用材料，一般選用比較纖細的蒲草，故稱"蒲屨""蒲子履"。南北朝時期，南朝多見，北朝夏季亦有穿者。唐代的蒲鞋已很精緻，在新疆吐魯番阿斯塔那唐墓曾有實物出土，與絲鞋、錦履相似。五代時期，蒲鞋盛行，從五代顧閎中的《韓熙載夜宴圖》中，可以看到當時蒲鞋的具體形象。至明清時期，蒲鞋多做成寬敞的大口，時江南陳橋一帶生產的蒲鞋，底薄而輕，濕氣易透，遠近聞名，暑天爭着之，有"陳橋鞋"之稱。（見清曹庭棟《養生隨筆》）蒲草爲鞋，納入蘆花，可製成暖鞋，冬季於室內穿着，清代稱爲"蘆花鞋"。（見徐珂《清稗類鈔·服飾》）

古代製屨的材料還有棕絲、麻縷等。以棕絲所製者稱"棕鞋"，有堅固耐穿、不怕潮濕的優點，既可遠行着之，亦可用作雨鞋。以麻縷所製者，先秦已見，稱"絇履"，是以粗麻繩編製而成。漢代以後或稱"麻屩""麻履"，亦稱"麻鞋"，唐代多見。此外，唐代還出現以極細的麻綫編製的鞋，稱"綫鞋"，有似現代之凉鞋，婦女多着之，開元年間甚盛。或用本色，或染成彩色。唐代繪畫多有反映，如閻立本《步輦圖》中的宮女皆穿綫鞋；考古發現的唐墓壁畫也多有着綫鞋的婦女形象，如陝西長安唐韋頊墓出土石刻及李爽墓出土壁畫等。宋代以後，婦女纏足，麻屩衹有男子穿用，形制類草鞋，多襻，穿時以麻繩繫聯，俗稱"多耳麻鞋"。於兩側各綴四對耳襻者，俗稱"八答麻鞋"，武士、力人多着之，宋、元、明各代文學作品中多有描繪。至現代，草鞋、麻鞋除在偏遠地區尚可見到者外，已基本被淘汰。

近代以來，西方機械化製鞋設備、技術逐漸傳入中國，鞋製造業也逐漸由手工製作向機器製造過渡，西式鞋流行開來，穿者口多。辛亥革命以後，廢除了封建帝制，傳統服制被取消，人們穿鞋發生了根本的變化，至20世紀30年代以後，各種美觀大方、結實適用的皮鞋、膠鞋及有特殊用途的新式鞋首先在各大城市中流行，此後不斷更新，品種多樣，式樣新穎。在城市中，草屨、麻鞋已被淘汰，傳統的布底布鞋也已稀見，而代之以新式布鞋、皮鞋、運動鞋、旅游鞋等。布鞋的製作材料有華達呢、咔嘰、條絨、平絨、帆布等；有膠底、皮底、塑料底、塑料泡沫底等。皮鞋的製作材料有牛皮、豬皮、馬皮、羊皮、人造革等；形制有平跟、半高跟、高跟、厚底和有帶、無帶、拉鏈以及凉、單、棉、毡等。運動鞋有田徑鞋、籃球鞋、網球鞋、足球鞋、跑鞋等。二十世紀 80 年代以來，人們穿鞋講究美觀、舒適、輕便、耐用。

草　鞋

菲

　　草、麻或皮革所製鞋之古稱。或與"屨""履"連稱。鞋中最早的一種形制。價廉而實用，爲先秦時流傳最廣者。相傳夏代已見。《儀禮·喪服》："菅屨，菅菲也。""繩屨，繩菲也。"賈公彥疏："周時人謂之屨子，夏時謂之菲。"《漢書·刑法志》："所謂'象刑惟明'者，言象天道而作刑，安有菲履赭衣者哉！"顏師古注："菲，草履也。"亦作"屝"。亦稱"屝履"。傳說爲黃帝時始製。宋高承《事物紀原·衣裘帶服》："《世本》曰：於則作屝履。宋衷曰：黃帝臣。草曰屝，麻皮曰履。"《左傳·僖公四年》："若出於陳鄭之間，共其資糧屝屨，其可也。"杜預注："屝，草屨。"孔穎達疏："揚雄《方言》云：屝，粗屨也。絲作之曰履，麻作之曰屝、不借，粗者謂之屨……云'草屨'者，履屨通言耳。"《說文·尸部》："屝，履也。"段玉裁注："履之粗者曰屝也。"古齊國人亦用以指皮製的鞋。《釋名·釋衣服》："齊人謂韋履曰屝。屝，

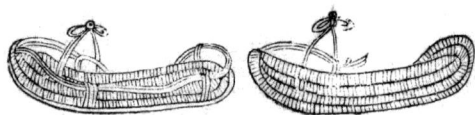

屝
（明王圻等《三才圖會》）

皮也，以皮作之。"夏代以前，鞋的材質、形制不多，統用此稱。此後漸改用別的稱謂。

【屝】

　　同"菲"。此體始見於先秦時期。見該文。

【屝履】

　　即屝。此稱始見於先秦時期。見該文。

【草履】

　　即菲之用草編製者。此稱見於漢代。《釋名·釋衣服》："草履曰屝。"後代亦見。《漢書·刑法志》："孫卿之論刑也，曰：世俗之爲說者，以爲治古者無肉刑，有象刑、墨黥之屬，菲履赭衣而不純，是不然也。"顏師古注："菲，草履也。"唐杜荀鶴《吳縣》詩："草履隨船賣，綾梭隔岸鳴。"或稱"草屨"。《左傳·僖公四年》"共其資糧屝屨"晋杜預注："屝，草屨。"《宋史·吕祖儉傳》："在謫所讀書窮理，賣藥以自給，每出必草履徒步，爲逾嶺之備。"

【草屨】

　　即草履。此稱始見於晋代。見該文。

【麤】

　　即草履。特指其材質差、製作工藝粗陋者。或作"麁"，字本義爲粗，故名。始見於漢代典籍。《說文·艸部》："麤，草履也。"段玉裁注："《方言》曰：'以絲作之者謂之履，以麻作之者謂之不借，麤者謂之屨……南楚江沔之間總謂

之龘。'"《釋名·釋衣服》:"齊人謂草履曰屝,荆州人曰麤。麤,措也,言所以安措足也。"顏師古注《急就篇》"麤"稱:"麤者,麻枲雜履之名也。南楚江淮之間通謂之麤。"

【麤】

同"麤"。此體始見於先秦時期。見該文。

屩

草鞋的古稱之一。亦或用以稱多種材質製做的鞋。或稱"蹻"。《釋名·釋衣服》:"屩,草履也。又麻曰屩,木曰屐……屩,蹻也。出行著之蹻蹻輕便,因以爲名也。"清王筠《説文句讀》卷一五:"屝,履屬也。注:《玉篇》:'草屩也。'""屩,履也。注:字又作𦂶、𩍐、蹻。《漢書·卜式傳》:'布衣中蹻而牧羊。'故諸家説屩多云'草履'。《風俗通》則曰'木屩'。臣瓚曰:'以繩爲蹻也。'屩有耳有鼻,見《宋書·劉敬宣傳》。"傳説爲商臣伊尹始製。明董斯張《廣博物志·服飾》引五代馬縞《中華古今注》:"伊尹始爲草屩。"古代庶民地位低賤,所穿的鞋均選用就地易得的材質製作,芒草之類的使用最廣,其他如用麻、棕、藤、桑皮等材料製的鞋統稱爲屩。形制至簡,用製材經緯編成前頭有鼻紐、兩側有耳絆的底,不再製幫,穿着時將繩帶穿經紐絆結繫腳上。現尚能見到的草鞋是其遺制。《佩文韻府》卷九九下:"《韓非子》:昭卯曰:'臣罷四國之兵,而王乃與臣五乘,此其稱功猶贏勝而履蹻。'注:賈者贏利倍勝。今以薄賞頒大功,猶贏勝之人履草蹻也。"《史記·孟嘗君列傳》:"馮驩聞孟嘗君好客,躡屩而見之。"又《孟子虞卿列傳》:"躡蹻擔簦,説趙孝成王。"裴駰集解:"徐廣曰:'蹻,草履也。'"兩晉南北朝皆見。《晉書·劉琰傳》:"〔琰〕家

貧織芒屩以爲養,雖篳門陋巷,晏如也。"《太平御覽》卷六九八:"〔風土記〕曰:美朱爽之輕屩……爽,藤也。赤色,緣木而長,大如箭竿,越人以爲屩,經以青芒,行山草便於用靴,故越人重之。"《齊書》曰:沈瑀爲餘姚令,初至,富吏皆鮮衣美服自彰別,瑀怒曰:'汝等下縣吏,何得自擬貴人!'悉使著芒屩粗布侍立。"唐代亦見。《新唐書·循吏傳·張志和》:"〔志和〕豹帶棕屩,每垂釣不設餌,志不在魚也。"亦稱"𦂶"。《管子·輕重戊》:"魯梁郭中之民,道路揚塵,十步不相見,綈𦂶而踵相隨。"唐以後改用"鞋(鞵)"稱。

【蹻】

即屩。此稱始見於漢代。見該文。

【𦂶】

即屩。此稱始見於先秦時期。見該文。

【草屩】

即屩。此稱始見於漢代。見該文。

【編】

即屩。此稱見於晋代。《宋書·五行志一》載:"元康末至太安間,江、淮之域,有敗編自聚於道,多者或至四五十量。"中華書局點校本校勘記:"編……殿本作'編',《晋書·五行志》作'屩'。"

芒屩

用芒草編織的屩。此稱始見於晋代。《晋書·劉琰傳》:"〔琰〕家貧織芒屩以爲養。"詳見本卷《足服説·鞋考》"屩"文。

棕屩

用棕繩編製的屩。此稱始見於唐代。詳見本卷《足服説·鞋考》"屩"文。

葛屨

用葛草編製的鞋。形制簡樸、透風散熱，適合於春夏季節穿着。始見於周。《詩·魏風·葛屨》："糾糾葛屨，可以履霜。"毛傳："夏葛屨，冬皮屨。"鄭玄箋："葛屨賤，皮屨貴，魏俗至冬猶謂葛屨可以履霜，利其賤也。"《儀禮·士冠禮》："屨，夏用葛。"又："冬，皮屨可也。"賈公彦疏："〔夏用葛，冬用皮〕則春宜從夏，秋宜從冬，故舉冬夏寒暑極時而言。《詩》魏地以葛屨履霜，刺褊也。"

蒯屨

用蒯草莖編製的鞋。蒯草，多年生茅草類植物，叢生水邊，其莖可用作製繩、編物。《史記·孟嘗君列傳》"蒯"裴駰集解："茅之類，可爲繩。"以蒯草編鞋，始自先秦。直至後世。明張居正《辛未會試録序》："顧諸士脱蒯屨而登王庭，猶未知上意之所嚮與己之趨者宜何如也。"如在服喪期間穿着，則別稱爲"疏屨""苴屨"。參見本卷《足服説·鞋考》"疏屨""苴屨"文。

居士屩

芒屩的特稱。史載唐代朱桃椎到山中隱居，全靠自力謀生，從不與人直接交往，曾經編製芒屩，放在路上，借以換取飲食物品。此稱由其人而來。《新唐書·隱逸傳·朱桃椎》："更結廬山中，夏則贏，冬緝木皮葉自蔽，贈遺無所受。嘗織十芒屩置道上，見者曰：居士屩也。爲齎米茗易之，置其處。輒取去，終不與人接。"宋方岳《山居》詩："雲黏居士屩，藤覆野人家。"

禮鞋、喪鞋等

屨

鞋的古稱。《説文·履部》："屨，足所依也。"朱駿聲通訓："古曰屨，漢以後曰履。"或指單底鞋，用以區別複底鞋。《周禮·天官·屨人》："屨人掌王及后之服屨。"鄭玄注："複下曰舄，單下曰屨。"初時用皮革或葛藤、麻皮等韌性好的植物縫編製成，後亦有布帛製品。基本形制爲方頭，鞋頭或綴有各種式樣的紐鼻飾，跟部綴帶，以繫於脚上。周代始定此稱，并將經過精緻加工、在鞋頭底幫相連處和口緣加規定色飾（分別稱爲絇、繶、純）者定入王侯貴族禮服制式。《儀禮·喪服》"菅屨""繩屨"賈公彦疏："周時謂之屨子，夏時謂之菲。"《詩·魏風·葛屨》："糾糾葛屨，可以履霜。"毛傳："夏葛屨，冬皮屨。"《儀禮·士喪禮》："夏葛屨，冬白屨，皆繶緇絇純組綦，繫于踵。"此後歷代沿襲，形飾大同小異。《康熙字典》"屨"注引《字書》："草曰扉，麻曰屨，皮曰履，黄帝臣於則造。"宋蘇軾《於潛女》詩："青裙縞袂於潛女，兩足如霜不穿屨。"宋秦觀《舊居》詩："宿潦濯芒屨，野芳簪鬢根。"

屨
（明王圻等《三才圖會》）

句履

古代一種帶有彩飾的禮鞋。"句"即"絇"，鞋頭飾物。《周禮·天官·履人》："履人掌王及后之服履，爲赤舄、黑舄，赤繶、黃繶、青句，素履、葛履。"鄭玄注："句當爲絇，聲之誤也。絇繶純者同色……言繶必有絇純，言絇亦有繶純，三者相將。"又云："絇謂之拘，著舄履之頭以爲行戒。"其形制爲在履的頭部、底與幫連接處及口緣三處畫或繡綴彩飾，分別稱絇、繶、純，顏色隨裳色而定。綴有繫帶稱纂。周代列作天子、諸侯、朝臣服制。《大戴禮記·哀公問》："然則今夫章甫、句履、紳帶而搢笏者，此皆賢乎？"《莊子·田子方》："〔儒者〕履句履者，知地形。"漢代沿用，亦作"絇履"。《後漢書·輿服志下》："凡冠衣諸服，旒冕、長冠、委貌、皮弁、爵弁、建華、方山、巧士，衣裳文繡，赤舄，服絇履，大佩，皆爲祭服。"至隋代沿襲。亦作"絇履"。《隋書·禮儀志六》："凡公及位從公五等諸侯助祭郊廟……大佩，赤舄，絇履。"唐代改爲祭服穿靴。

【絇履】

即句履。此稱始見於漢代。見該文。

【絇履】

同"句履"。此體始見於隋代。見該文。

命履

古代的一種單底鞋。爲卿大夫和士等命官和有帝王封號的夫人等穿着的等級最高的禮鞋，因名。始見於周代。按周制，命夫穿着的爲淺紅色，命婦穿着的爲黃色，以下人等或黑或白。《周禮·天官·履人》："辨外內命夫命婦之命履、功履、散履。"鄭玄注："命夫之命履繶履，命婦之命履黃履以下……女御、士妻命履而已。"

賈公彥疏："言'以下'者，兼有卿大夫妻及二十七世婦皆展衣白履，士妻與女御皆褖衣黑履。"

功履

周代官定服制中的禮鞋之一。等級次於命履。并規定履色用白或用黑，隨裳色。《周禮·天官·履人》："辨外內命夫命婦之命履，功履，散履。"鄭玄注："功履次命履，於孤卿大夫則白履、黑履，九嬪內子亦然；世婦命婦以黑履爲功履。"

黃履

黃色綴白繡飾的履。周代王后及嬪，卿妻等婦人服鞠衣時所穿。《周禮·天官·履人》："掌王及后之履。"鄭玄注："凡履之飾如繡次也，黃履白飾。"賈公彥疏："此據婦人之履。鞠衣已下之履，故有黃履、黑履也。"

黑履

黑色有青繡飾的履。古代服制，大夫、士行祭祀、冠、婚等禮時配玄端穿着。始見於周。《儀禮·士冠禮》："履，夏用葛。玄端、黑履，青絇繶純……冬，皮履可也。"《周禮·天官·履人》："掌王及后之服履。"鄭玄注："凡履舄，各象其裳之色。"賈公彥疏："大夫玄端素裳亦從玄裳黑履也。"

白履

用蜃蛤灰柎之成白色而綴黑繡的履。在古代服制中配皮弁穿着。亦作爲朝服。始見於周。《儀禮·士冠禮》："素積白履，以魁柎之，緇絇繶純，純博寸。"鄭玄注："魁，蜃蛤柎注也。"賈公彥疏："以蜃蛤灰柎之者，取其白耳。"又《士喪禮》："皮弁服……夏葛履，冬白履，皆繶緇絇純組綦，繫於踵。"賈公彥疏："案《士冠禮》云：屦夏用葛，冬用皮。今此變言白者，明夏時用葛亦白也。"《周禮·天官·屦人》賈公彦疏："鄭云'諸侯與其群臣日視朝之服也'，謂冠玄端緇帶素韠白屦也。白屦即與皮弁素積白屦同。……若朝服則素裳白屦。"

素屦

古代的一種不加彩飾的素色鞋。始見於周代。古喪制：君主、父母喪滿二十五月舉行祭祀謂之"大祥"，換喪服爲素衣素屦。《周禮·天官·屦人》："掌王及后之服屦，爲赤舄、黑舄、赤繶、黃繶、青句，素屦、葛屦。"鄭玄注："素屦者，非純吉，有凶去飾者。"賈公彦疏："大祥除衰杖後身服素縞麻衣，而著此素屦。"簡樸無華，後世多爲崇尚節儉的人家所穿用。三國魏時管寧避戰亂隱居時即常穿着。

散屦

古代的一種不加彩飾的鞋。古喪制：君主、父母喪滿二十五月舉行祭祀，稱"大祥"，換喪服爲素衣素鞋。素鞋有兩種，一爲素屦，一即散屦。始於周代。時規定外内命夫命婦大祥時穿着散屦。《周禮·天官·屦人》："辨外内命夫命婦之命屦、功屦、散屦。凡四時之祭祀，以宜服之。"鄭玄注："散屦，亦謂去飾。"又云："祭祀而有素屦、散屦者，唯大祥時。"賈公彦疏："鄭知此經四時祭祀含有素屦、散屦者，以此經四時祭祀總結上文諸屦，故知有此二屦也……大祥與小功初死同吉屦無絇。吉屦無繶純……散與素一也。"

麻屦

用麻織物製成的鞋。爲古代鞋類中輕便耐用者，穿着比較普及。傳説始製於黃帝臣於則。宋高承《事物紀原·衣裘帶服》："《世本》曰：

'於則作扉屦。'宋衷曰：黃帝臣。草曰扉，麻皮曰履。"始見於先秦。周代喪制中祇用作喪屦的一種，未成年的孫輩爲祖父母服喪，未嫁女爲父母服喪時穿着，取其輕軟。《儀禮·喪服》："不杖麻屦者，祖父母。"賈公彦疏："此妻妾女子異於男子而已。""孫爲之服喪服。"湖北宜昌楚墓出土的周代麻屦，以麻布製成，長28厘米，寬9厘米。漢代常見。《後漢書·逸民傳·梁鴻》："〔孟光〕擇對不嫁……曰：'欲得賢如梁伯鸞者。'鴻聞而娉之，女求作布衣麻屦，織作筐緝績之具。"漢墓中出土實物形制爲平口深臉高翹頭。

皮屦

用鞣製過的獸皮製成的鞋。鞋色尚白，或加彩飾。皮屦質地緻密，有保暖作用，適合秋冬季節穿着。《儀禮·士冠禮》："屦，夏用葛……冬，皮屦可也。"又《士喪禮》："夏葛屦，冬白屦，皆繶緇絇純組綦，繫于踵。"鄭玄注："冬皮屦，變言爲'白'者，夏時用葛亦白也。"又《周禮·天官·屦人》"葛屦"鄭玄注："言葛，明有用皮時。"賈公彦疏："葛屦、皮屦皆有繶也。"

絲屦

用諸色絲絛、絲繡裝飾頭、口、底幫連接處的鞋。傳説黃帝元妃嫘祖始創養蠶繅絲業。明董斯張《廣博物志·服飾》引《物原》："軒轅妃嫘祖始育蠶，緝麻以興機杼而成布帛。"先秦時蠶絲已用於衣裳刺綉和織成絹帛，爲貴重的服飾質料，故裳纀屦爲加彩飾一般是畫色。周代典籍中記述的"句屦"，即爲有彩飾的鞋。以絲綉、絲絛爲綵的即絲屦。除在官定服制場合中穿着外，亦爲權貴人士平時穿用。《禮記·少儀》："國家靡敝，則車不雕幾，甲不組縢，食器不刻鏤，君子不履絲屨。"孔穎達疏："絲屨謂絇、繶、純之屬，不以絲爲之，故云不履絲屨。"《詩·魏風·葛屨》孔穎達疏：《少儀》云國家靡敝，君子不履絲屨者，謂皮屨以絲爲飾也。"

紃屨

用質地較粗的麻繩編製的鞋。爲古代平民所穿着。始見於先秦。《荀子·富國篇》："布衣紃屨之士誠是，則雖在窮閻漏屋，而王公不能與之爭名。"楊倞注："紃，條也。謂編麻爲之，粗繩之屨也。"

鞮屨

古代人穿用的不加彩色裝飾的素白皮鞋。用薄皮革作爲製作材料，形制較爲簡陋。先秦時或列作凶屨一類。《禮記·曲禮下》："大夫、士去國，逾竟，爲壇位，鄉國而哭，素衣、素裳、素冠、徹緣、鞮屨、素簚，乘髦馬。"鄭玄注："鞮屨，屨無絇。"孔穎達疏："鞮屨者，謂無絇飾屨也。屨以絇爲飾，凶故無絇也。……又各隨裳色，今素裳，則屨白色也。"或稱"鞮屢"。《儀禮·士喪禮》："乃屨綦結於跗，連絇。"唐賈公彥疏："若無絇則謂之鞮屢。"

【鞮屢】

即鞮屨。此稱始見於唐代。見該文。

喪屨

古代人服喪期間所穿的鞋。又據質料、形制及穿着規定而有繶屨、麻屨、菅屨、繩屨、疏屨、苞屨之分。鞋上均去彩飾。始見於周代喪服規定。《禮記·雜記上》："有司麻衣布衰布帶，因喪屨。"《儀禮·士冠禮》："不屨繶屨（屨）。"鄭玄注："繶屨，喪屨也。不灰治曰

繶。"又《喪服》："不杖、麻屨者，祖父母。"賈公彥疏："孫爲之服喪服。"《周禮·天官·屨人》："屨人掌王及后之服屨，爲赤舄、黑舄、赤繶、黃繶、青句，素屨、葛屨；辨外内命夫命婦之命屨、功屨、散屨。"鄭玄注："祭祀而有素屨、散屨者，唯大祥時。"陸德明釋文："云'唯大祥時'者，此據外内命夫爲王斬衰而言。初死者菅屨；卒哭與齊衰初死同，疏屨；既練與大功初死同，繩屨；大祥與小功初死同，吉屨無絇，吉屨無繶純。"《禮記·曲禮下》："苞屨，扱衽，厭冠，不入公門。"孔穎達疏："凡喪屨，案《喪服》：斬衰用菅屨，杖齊衰用苞，不杖齊衰用麻，大功用繩……鄭引舊說云：小功以下吉屨無絇。"

菅屨

喪屨的一種。用漚製過的菅草莖編製，鞋體較其他喪屨重。始見於周代。傳說黃帝之時樸略尚質，行心喪之禮，終身不變；堯舜之日淳樸漸虧，心喪以三年爲限；此後漸生澆訛，至周代遂定喪服之制。仍以三年爲限，凡斬衰穿着菅屨。《周禮·天官·屨人》："凡四時之祭祀，以宜服之。"鄭玄注："祭祀而有素屨、散屨者，唯大祥時。"賈公彥疏："云'唯大祥時'者，此據外内命夫爲王斬衰而言。初死者菅屨。"《禮記·喪服四制》："父母之喪，衰冠，繩緌，菅屨。"亦稱"菅菲"。《儀禮·喪服》："斬衰裳，苴絰，杖，絞帶，冠繩緌，菅屨者。傳曰……菅屨者，菅菲也。"賈公彥疏："云'菅屨者'，

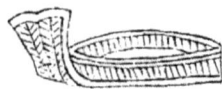

菅 屨
（宋聶崇義《三禮圖集注》）

謂以菅草爲屨。《詩》云：‘白華菅兮，白茅束兮’，鄭云：‘白華已漚名之爲菅。濡刃中用。’則此菅亦是已漚者也。”亦作“蒉屨”。《大戴禮記·哀公問》：“斬衰，蒉屨，杖而歠者，志不在於飲食。”

【菅菲】

即菅屨。此稱始見於先秦時期。見該文。

【蒉屨】

同“菅屨”。此體始見於先秦時期。見該文。

繩屨

喪屨的一種。用麻繩編製。始見於周代。周代喪制，齊衰（子女爲母服喪）、大功之喪（服喪期爲九個月者）、既練（喪期滿十三個月的祭禮）之時，穿着繩屨。《周禮·天官·屨人》：

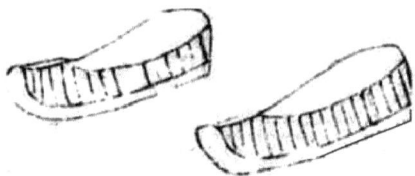

繩屨（緦麻服圖·繩屨）
（明王圻等《三才圖會》）

“凡四時之祭祀，以宜服之。”鄭玄注：“祭祀而有素屨、散屨者，唯大祥時。”賈公彥疏：“〔爲王斬衰〕既練與大功初死同，繩屨。”《禮記·喪服小紀》：“齊衰三月與大功同者繩屨。練筮日，筮尸，視濯皆要絰杖繩屨。”孔穎達疏：“繩屨，謂以麻繩爲屨。”亦稱“繩菲”。《儀禮·喪服》：“公士大夫之衆臣爲其君布帶繩屨。”“繩屨者，繩菲也。”

【繩菲】

即繩屨。此稱始見於漢代。見該文。

疏屨

喪屨的一種。用蒯草類的莖編製，較菅屨爲輕。始見於周代。周代喪制，齊衰期内（爲母服喪三年，爲祖父母、爲妻服喪一年，爲曾祖父母服喪五個月，爲高祖父母服喪三個月）穿着疏屨。《周禮·天官·屨人》：“凡四時之祭祀，以宜服之。”鄭玄注：“祭祀而有素屨、散屨者，唯大祥時。”賈公彥疏：

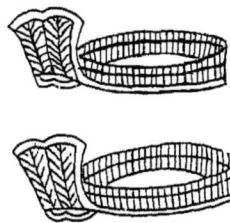

疏　屨
（宋聶崇義《三禮圖集注》）

“〔爲王〕卒哭與齊衰初死同，疏屨。”《儀禮·喪服》：“疏衰裳，齊牡麻絰，冠布纓，削杖，布帶，疏屨，三年者。”賈公彥疏：“疏，取用草之意。即《爾雅》云：疏，不熟之疏……斬衰章言菅屨見草體者，以其重，故見草體，舉其惡貌。此言疏，以其稍輕，故舉草之總稱。”

苞屨

喪屨的一種。以蒯草類莖編製。古代喪制服齊衰喪時穿着。始見於先秦。《禮記·曲禮上》：“苞屨，扱袵，厭冠，不入公門。”鄭玄注：“此皆凶服也。苞，藨也。齊衰藨蒯之菲也。”孔穎達疏：“苞屨謂藨蒯之草，爲齊衰喪屨。”按《周禮》注文及《儀禮》稱齊衰着疏屨，與苞屨類同，製作材料亦同，當係同物異稱。

繐屨

用未經染過的麻織細疏布料製成的鞋。周代已見，作喪屨用。《儀禮·士冠禮》：“不屨繐屨。”鄭玄注：“繐屨，喪屨也。繐不灰治曰繐。”又《喪服》：“繐衰者何？以小功之繐也。”鄭玄注：“凡布細而疏者謂之繐。”

複底鞋

舄

古代的一種複底鞋。以皮革、麻布或絲絹等爲面料，鞋內加防潮氣的木底。先秦始見。《詩·豳風·狼跋》："公孫碩膚，赤舄几几。"毛傳："赤舄，人君之盛履也。"其制，方頭，淺幫，頭前聳起飾作笏形、歧形、雲頭形等多種形狀；在頭部、底幫連接處、口緣一般加飾與鞋體异色的絲條或綉、畫色，分別稱作絢、繶、純；也有舄頭

舄
（宋聶崇義《三禮圖集注》）

加明珠或金飾者。後跟口緣處綴有繫帶，稱爲綦。《釋名·釋衣服》："複其下曰舄。舄，腊也。行禮久立地或泥濕，故複其下，使乾腊也。"晋崔豹《古今注·輿服》："舄，以木置履下，乾腊不畏泥也。"亦稱"複舄"。《方言》第四："〔履〕中有木者謂之複舄。"在我國封建社會官定服制中，舄爲諸種鞋子中之品級最高者，在重大典禮中，帝王官員穿着，又以舄的色彩區分等次和穿用場合。始見於周代。《周禮·天官·履人》："履人掌王及后之服履，爲赤舄、黑舄。"鄭玄注："王吉服有九，舄有三等，赤舄爲上，冕服之舄……下有黑舄、白舄。王后吉服六，唯祭服有舄，玄舄爲上，褘衣之舄也……下有青舄、赤舄。"孔穎達疏："諸侯得與王同，有三等之舄。"東漢明帝恢復冕服制度，祭服用舄。《後漢書·輿服志下》："凡冠衣諸服……衣裳文綉，赤舄，服絢履，大佩，皆爲祭服。"漢以後歷代

沿用。《晋書·輿服志》："及晋受命，遵而無改。天子郊祀天地、明堂、宗廟，元會臨軒，黑介幘，通天冠，平冕……赤皮爲韍，絳袴襪，赤舄。"《隋書·禮儀志七》："〔隋〕於是定令，采用東齊之法。乘輿袞冕……朱韍，赤舄，舄加金飾。"《舊唐書·輿服志》："〔天子衣服〕大裘冕……朱襪，赤舄……袞冕，舄加金飾。"《宋史·輿服志五》："古者，舄履皆隨裳之色，有赤舄、白舄、黑舄。"《明史·輿服志二》："〔嘉靖八年定袞冕服制〕朱韍，赤舄，黄條緣玄纓結。"舄亦爲古代權貴人家日常穿用，多見於貴婦，如齊威王家臣淳于髡談及縱情飲酒的場景："男女同席，履舄交錯，杯盤狼藉，堂上燭滅。"參閱《史記·滑稽列傳》。宋周邦彦《荔枝香近》："夜來寒侵酒席，露微泫。舄履初會，香澤方熏。"宋柳永《夏雲峰》詞："逞妖艷，昵歡邀，寵難禁。筵上笑歌間發，舄履交侵。"又有"丹鳳舄""凌雲舄""仙人舄"等彩飾式樣有异的別稱；其色彩、綴飾以不觸犯官定服制規定的式樣爲原則。

【複舄】

即舄。此稱始見於漢代。見該文。

赤舄

舄的一種。赤紅色，舄頭、底幫連接處、口緣綴黑紅色條、綉飾或畫飾。自周至明官定服制中，爲以色彩分等級，赤舄爲男性貴族穿着的等級最高者，天子、諸侯以及官員參加祭祀等隆重典禮時穿用。《詩·豳風·狼跋》："公孫碩膚，赤舄几几。"毛傳："赤舄，人君之盛履也。"孔穎達疏："〔鄭玄〕注云：'赤舄爲上，

冕服之舃。下有白舃、黑舃。’然則赤舃是舃之最上，故云‘人君之盛屨也’。色赤，則絇赤黑也。”“赤舃者，男子冕服，婦人闕翟之舃也。”參見本卷《足服説·鞋考》“舃”文。

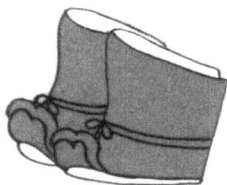

赤舃(郡王冠服·赤舃)
(《明宫冠服儀仗圖》)

金舃

加金飾的赤舃。此稱始見於先秦時期。《詩·小雅·車攻》：“赤芾金舃，會同有繹。”鄭玄箋：“金舃，黃朱色也。”孔穎達疏：“此云金舃者，即《禮》之赤舃也。故箋云‘金舃黃朱色’，加金爲飾，故謂之金舃。”漢至明代皇帝冕服之制，赤舃皆加金飾。參見本卷《足服説·鞋考》“赤舃”文。

黑舃

舃的一種。黑色加赤色彩飾。周代服制規定帝王、諸侯等權貴配冠弁服穿着。《周禮·天官·屨人》：“掌王及后之服屨，爲赤舃、黑舃。赤繶、黃繶、青句，素屨、葛屨。”鄭玄注：“王吉服有九，舃有三等，赤舃爲上……諸侯與王同，下有白舃、黑舃。”“赤繶者，王黑舃之飾。”孔穎達疏：“黑舃配冠弁服。”歷代相因，至於明代。《宋史·輿服志三》：“〔皇帝〕服通天冠，絳紗袍則用黑舃……大祭祀致齋、正旦冬至五月朔大朝會、大册命、親耕籍田皆服之。”《明史·輿服志二》：“其制自洪武二十六年定。皮弁用烏紗冒之……白韈，

黑舃(皇太子冠服·黑舃)
(《明宫冠服儀仗圖》)

黑舃。”

白舃

舃的一種。白色加青色彩飾。周代服制中規定王及諸侯有舃三等，白舃爲其中之一，與皮弁、韋弁服配穿。參見本卷《足服説·鞋考》“黑舃”文。參閱《周禮·天官·屨人》鄭玄注及孔穎達疏。後代沿用。《宋史·輿服志三》：“〔皇帝〕常服則用白舃，以絲爲之。”

玄舃

舃的一種。天青色加黃色彩飾。周代服制規定舃之色隨其所服裳色。《周禮·天官·屨人》：“掌王及后之服屨，爲赤舃、黑舃。”鄭玄注：“凡屨舃各象其裳之色。”“王后吉服六，唯祭服有舃，玄舃爲上，褘衣之舃也。”後代沿用。《隋書·禮儀志六》：“〔皇太子〕若釋奠，則遠游冠，玄朝服，絳緣中單，絳袴袜，玄舃。”

青舃

舃的一種。青色加白色彩飾。周代列入官定服制，爲后妃在着祭服時服用。《周禮·天官·屨人》鄭玄注：“王后吉服六，唯祭服有舃，玄舃爲上……下有青舃、赤舃。”“后之青舃白飾。”孔穎達疏：“青舃配摇翟。”後代因襲。宋代規定，后妃在受册、朝謁景靈宫，命婦在受册、從蠶等禮儀場合穿青舃。明代并規定皇后配翟衣穿的青舃頭部加珠五顆，以示尊貴。參閱《宋史·輿服志三》《明史·輿服志二》。

素舃

舃的一種。不加彩飾的單色舃。自周代始，官定服制舃均加彩飾，在各種規定場合中穿着；而在日常生活中穿舃，無須按服制規定加飾。當時已有“素屨”之稱，唯不及舃，此稱見於

唐。唐柳宗元《南嶽大明寺律和尚碑》："師始爲童時，夢大人縞冠素舄，來告曰：'居南嶽大吾道者，必爾也已。'"

緗舄

舄的一種。緗，淺黃色。古代禮制規定，在春分、秋分兩天，晝夜平分，開始寒暖轉換，天子均要行覲禮，春分拜朝日，秋分拜夕月，祈上天保佑生民。行覲禮例着朝服，裳、舄均有定制。如隋代服制規定，天子在秋分行覲禮時着緗舄。《隋書·禮儀志六》："〔皇帝〕秋分夕月，則白紗朝服，緗舄……冠五梁進賢冠。"參見本卷《足服說·鞋考》"舄"文。

豹舄

用豹皮製成的複底鞋。可以冒雪禦寒。始見於先秦。《左傳·昭公十二年》："（冬）雨雪，王皮冠，秦復陶，翠被，豹舄。"杜預注："以豹皮爲履。"

安期舄

傳說中仙人所持有的赤玉舄。始見於秦始皇見仙人安期生的故事。相傳，秦始皇曾見一仙人名安期生，賜以金璧等物，安期生以赤玉舄一雙爲報。後世因稱爲"安期舄"，并作爲舄的美稱。唐李白《贈張相鎬》詩之二："唯有安期舄，留之滄海隅。"

革舄

用未經鞣製的牛獸皮製成的複底鞋。古代稱生獸皮爲革。複底謂在鞋底加襯木底，用以防潮。生皮價廉，用以製鞋質地則較粗硬，爲舄中的下品。漢孝文帝劉恒尚儉樸，平時但穿粗絲黑衣和革舄。《漢書·東方朔傳》："〔孝文皇帝〕身衣弋綈，足履革舄。"顏師古注："革，生皮也。不用柔韋，言儉率也。"《後漢書·郎顗傳》："故孝文皇帝綈袍革舄，木器無文，約身薄賦，時致升平。"

王喬舄

傳說中可化爲飛鳧的舄。始見於晉人記述的王喬故事，因以爲稱。晉干寶《搜神記》卷一："漢明帝時，尚書郎王喬爲鄴令。喬有神術，每月朔，嘗自縣詣臺。帝怪其來數而不見車騎，密令太史候望之。言其臨至，輒有雙鳧自東南飛來。因伏伺，見鳧，舉羅張之，但得一雙舄……四年中所賜尚書官屬履也。"亦稱"鳧舄"。北周王褒《靈壇碑銘》："鸞履宵去，鳧舄晨歸。"南朝梁沈約《酬謝朓》詩："王喬飛鳧舄，東方金馬門。"宋梅堯臣《雙野鳧》詩："王喬如可挹，雙鳧此徘徊。"

【鳧舄】

即玉喬舄。此稱始見於南北朝時期。見該文。

韋舄

用鞣製過的獸皮製成的複底鞋。古代稱經過鞣製的熟皮爲韋。鞋底加一層木底，用以防潮。《宋書·禮志五》："主簿祭酒，中單韋舄並備，令史以下，唯著玄衣。"

丹鳳舄

幫面上加繡鳳凰圖形以爲裝飾的複底鞋。此稱始見於唐。唐韋渠牟《步虛詞》："月邀丹鳳舄，風送紫鸞車。"後代亦見稱。元郭翼《行路難》詩之五："願借飄飄丹鳳舄，與子煉形入雲墟。"亦稱"鳳舄"。宋楊萬里《譙國公迎請太后圖》詩："輦中似是瑤池母，鳳舄霞裳剪雲霧。"

【鳳舄】

即丹鳳舄。此稱始見於宋代。見該文。

黄舄

黄色之舄。明代曾定制：皇帝衮冕服着黄舄加金飾，因衮服爲黄裳，舄隨裳色。《明史・輿服志二》："〔洪武〕十六年定衮冕之制……衮，玄衣黄裳……黄韠，黄舄，金飾。"

拖鞋類

蹻

草編或皮、帛製的深臉、無帶、無後幫的平底鞋。將前脚掌套入即可穿着行走。始於先秦，流傳演化至今，演變爲拖鞋。《孟子・盡心上》："舜視棄天下如棄敝蹻也。"趙岐注："蹻，草履也。"亦作"屣"。《太平御覽》卷六九八："《淮南子》曰：堯之有天下也，年衰志憫，舉天下而傳之舜，猶却行而脫屣。"又作"跣"。唐釋慧琳《一切經音義》："屣，古文韄、鞭、跣三形。"在詩文中抑或將拖拉着的鞋借稱屣。唐李白《留別金陵崔侍御十九韵》詩："金陵遇太守，倒屣欣逢迎。"豐子愷《兩場鬧》："我不由地抛却我的書，離開我的沙發，倒屣往窗前探看。"又作"躧"。《漢書・地理志下》："女子彈弦跕躧，游媚富貴，遍諸侯之後宫。"顏師古注："躧字與屣同，屣謂小履之無跟者也。跕謂輕躧之也。"

【屣】

同"蹻"。此體始見於先秦時期。見該文。

【跣】

同"蹻"。此體始見於唐以前。見該文。

【躧】

同"蹻"。此體始見於漢代。見該文。

鞭

革製之蹻。後泛指蹻。《説文・革部》："鞭，鞮屬。从革，徙聲。"徐鍇繫傳："此字今俗作屣。"亦作"韄"。唐釋惠琳《一切經音義》卷一四："屣，古文韄、鞭、跣三形。"

【韄】

同"鞭"。此體始見於唐以前。見該文。

縰

絲帛製之蹻。"縰"本義爲黑色的帛。後泛指蹻。傳説爲周公所製。明董斯張《廣博物志・服飾》引明羅頎《物原》："周公作縰。"始亦稱"縰履"。《莊子・讓王》："〔子貢〕往見原憲，原憲華冠、縰履，杖藜而應門。"郭慶藩集釋引明李頤曰："縰履，謂履無跟也。"張默生集注："縰，《聲類》或作'屣'。《通俗文》云：'履不著跟曰屣。'"王筠《説文句讀》卷六："鞭，鞮屬也。注：字又作屣、縰、躧。"

【縰履】

即縰。此稱始見於先秦時期。見該文。

靸

拖鞋的古稱。最初用鞣製過的獸皮製作，先秦稱鞣皮爲韋，故亦稱"韋履"。至秦代開始亦用蒲草編製。南朝梁宫中又用絲織品製作。唐代俗稱爲"靸子"。先秦時期祭祀中配禮服穿着，因穿脫方便，但不宜急行，後遂成爲日常生活中特别是家居時穿着物。《急就篇》卷二："靸、鞮、卬角、褐、襪、巾。"唐顏師古注："靸謂韋履，頭深而兑，平底者也。今俗呼謂之靸子。"亦稱"靸鞋""靸鞵""解脱履"。唐王叡《炙轂子雜録·靸鞋舄》："靸鞵，舄，三代皆以皮爲之，朝祭之服也。始皇二年，遂以蒲爲之，名曰靸鞋，二世加鳳首，仍用蒲。梁天監中，武帝易以絲，名解脱履。"宋蘇軾《謝人惠雲巾方舄》之二："擬學梁家名'解脱履'，便於禪坐跏趺。"亦多用草編製。明陶宗儀《輟耕録·靸鞵》："西浙之人，以草爲履而無跟，名曰靸鞵。婦女非纏足者，通曳之。"唐杜荀鶴《山寺老僧》詩："草靸無塵心地閑，静隨猿鳥過寒暄。"宋張君房《雲笈七籤》卷一一三下："〔譚峭〕舟行吟曰：'綫作長江扇作天，靸鞋拋向海東邊。蓬萊信道無多路，只在譚生柱杖前。'""靸"亦作"扱"。《老殘游記》第一一回："露出那六寸金蓮，著一雙靈芝頭扱鞋，愈顯得聰明俊俏。"沿襲至今，稱"拖鞋"。爲家居不可缺少之物。製作材料有塑料、人造革、皮、草、竹、布、絨、棉等。

【靸鞋】

即靸。此稱始見於秦代。見該文。

【靸鞵】

同"靸鞋"。即靸。此體始見於唐代。見"靸"文。

【解脱履】

即靸。此稱始見於南北朝時期。見該文。

【跣子】

"靸"之俗稱。此稱始見於唐代。見該文。

【扱鞋】

同"靸鞋"。即靸。此體始見於清代。見"靸"文。

韋履

古代指"屝""靸"之用熟皮製作者。古稱經鞣製的獸皮爲"韋"。始於先秦，漢代見此稱。《釋名·釋衣服》："齊人謂韋履曰屝。屝，皮也，以皮作之。"《急就篇》卷二："靸、鞮、卬角、褐、襪、巾。"顔師古注："靸謂韋履，頭深而兑，平底者也。"《淵鑒類函》卷三七五："崔寔《四民月令》曰：八月製韋履，十月作帛履。"《佩文韵府》引稱："〔八月〕韋履賤，好預買以備冬寒。"參見本卷《足服説·鞋考》"屝""靸"文。

利屣

古代女用舞鞋。皮製，頭小而尖，高跟。始見於漢代史籍記載。《史記·貨殖列傳》："今夫趙女鄭姬，設形容，揳鳴琴，揄長袂，躡利屣。"裴駰集解："舞屣也。"魯迅《由中國人的脚，推定中國人之非中庸，又由此推定孔夫子有胃病（"學匪派"考古學之一）》："漢朝就確已有一種'利屣'，頭是尖尖的，平常大約未必穿罷，舞的時候，却非此不可。不但走着爽利，'潭腿'似的踢開去之際，也不至於爲裙子所礙……倡伎就大抵穿着'利屣'。""常穿利屣，即等於現在之穿高跟皮鞋。"

拖鞋

衹有深前臉、無帶、無後幫的平底鞋。有草、布、皮革或橡膠、塑料和一次性使用的紙製品等多種材料製者和不同類型。是現時人們在日常生活中常穿用的便鞋。易穿易脱，但不適宜遠行、急步。基本形制自先秦的蹻、靸代傳而來。豐子愷《隨感十三則》之六："〔孩子〕拔脚便走，常常把一隻拖鞋遺剩在我面前的地上而去。"參見本卷《足服説·鞋考》"蹻""鞾""縰""靸"文。

木屐類

屐

有底無幫，趾根部位釘帶箍以納足的便鞋。先秦已見，稱"跂"。《莊子·天下》："以跂蹻爲服。"成玄英疏："木曰跂，草曰蹻也。"自漢代以後稱"屐"。《釋名·釋衣服》："屐，榰也，爲兩足榰以踐泥地也。"最常見的爲木底，稱"木屐"。《後漢書·五行志一》："延熹中，京都長者皆著木屐。婦女始嫁，至作漆畫五采爲系。"其最初的形制是刳木爲底，有的并加髤漆彩飾畫；底的前後部加木齒，木齒上端露於底板之上的謂"露卯"，露卯的屐又稱艸（卬）角；齒在底板下的稱"陰卯"。《宋書·五行志一》："舊爲屐者，齒皆達楄上，名曰'露卯'。太元中，忽不徹，名曰'陰卯'。"加齒之屐利於雨雪後在泥濕之地或苔滑小路行走，防潮防滑。亦有平底不加齒的，便於踐踏。《晉書·宣帝紀》："關中多蒺藜，帝使軍士二千人著軟材平底木屐前行，蒺藜悉著屐。"早期的屐，男女有別，男屐頭方，因穿於腳下，取"天圓地方"之説；女屐頭圓，取和順之意。至晉代均作方頭；後世漸不遵古制。《晉書·五行志上》："初作屐者，婦人頭圓，男子頭方。圓者順之義，所以別男女也。至太康初，婦人屐乃頭方，與男無別。"在晉代，木屐已開始作爲日常着用物而流行。宋高承《事物紀原·衣裘帶服》："屐。《異苑》：介子推抱木燒死，晉文公伐以製屐。蕭子顯《齊書》曰：襄陽有發楚王墓獲王屐。《論語隱義》曰：孔子至蔡，有取孔子屐者……則是屐之爲物，春秋之間已見於世也。至司馬晉始爲常服也。"亦稱"木履"。《宋書·謝靈運傳》："登蹑常著木履，上山則去前齒，下山去其後齒。"除這種活絡齒外，又有用鐵釘代木齒者。《太平御覽》卷六九八："〔《晉書》〕又曰：石勒擊劉曜，使人著鐵屐施釘登城。"唐李白《浣紗石上女》詩："一雙金齒屐，兩足白如霜。"蘇北地區多濕窪地，現當地居民所穿的木屐仍多加用鋼筋彎製的齒。又有以布帛或皮革製的"帛屐"和"皮屐子"。《釋名·釋衣服》："帛屐以帛作之如蹻者。不曰帛蹻者，蹻不可踐泥也。屐，踐泥者也。此亦可以步泥而浣之，故謂之屐也。"唐崔涯《嘲妓》："更著一雙皮屐子，紇梯紇榻出門前。"又，屐或作爲鞋的代稱。元李俊民《苴履》詩："一生能著屐幾兩，用心猶在阮孚上。"梁實秋《談聞一多》："他又和光旦偕游杭州，六橋天竺留下了他的屐痕。"

【跂】

即屐。此稱始見於先秦時期。見該文。

【木屐】

即屐。以木製，故稱。此稱始見於漢代。見該文。

木　屐
（明王圻等《三才圖會》）

【木履】

即屐。此稱始見於南北朝時期。見該文。

【屩】

即木屐。先秦已見。清王筠《説文句讀》

卷一五："屐。注:《衆經音義》云:'屐,鑿腹令空,鷰足者也。吳宮有響屐廊。'然則屐以木爲之而空其中也。"《南齊書・孝義傳・江泌》:"泌少貧,晝則斫屐,夜讀書,隨月光握卷升屋。"亦作"屐"。《南史・袁湛傳》:"〔袁粲〕又嘗步屐白楊郊野間。"《太平御覽》卷六九八:"《梁書》曰:臨川王宏奢侈過度……所幸江無畏,服玩侔於齊東昏潘妃,寶屐值千萬。"宋范成大《吳郡志八》:"響屐廊在靈巖山寺。相傳吳王令西施輩步屐,廊虛而響,故名。"清龔自珍《紀游》詩:"祗愁洞房中,餘寒在駕屐。"

【屐】

同"屐"。此體始見於南北朝時期。見該文。

帛屐

帛製之屐。可以踐泥而後洗滌乾净。此稱始見於漢代。詳見本卷《足服説・鞋考》"屐"文。

皮屐子

用皮革製作的屐。此稱始見於唐代。見"屐"文。

孔子屐

傳説爲孔丘所着的屐。較一般的屐長。出自孔子在蔡被盗屐的故事。《太平御覽》卷六九八引《論語隱義注》:"孔子至蔡,解於客舍。人夜有取孔子一隻屐去,盗者置屐於受盗家。孔子屐長一尺四寸,與凡人屐異。"

謝安屐

一種木屐。此稱源自晋朝謝安故事:謝安侄謝玄等戰勝苻堅,寄書向謝安報捷。謝安正與人下棋,看書信後强自鎮定,繼續將棋下完,去内室時由於心情激動,將屐齒在門檻上撞斷。

後世遂據此典爲稱。參閲《晋書・謝安傳》。唐李白《贈族侄高座寺僧中孚》詩:"吳風謝安屐,白足傲履襪。"

鞧角

裝有齒的木屐。木屐的最初形制是前後的屐齒上端露出底板之上,至晋代以後始改製爲加屐齒於底板之下,不復露出。亦有不再加屐齒的,至今猶可見。穿帶齒的木屐,行路時必須高抬脚使屐齒仰起以避免絆跤,因名。"鞧角"之稱見於漢。亦作"卬角"。晋以後不見用此稱,故稱用時指木屐的最初形制者。《急就篇》卷二:"靸、鞮、卬角、褐、韤、巾。"顔師古注:"卬角,屐上施也。形若今之木履而下有齒焉。欲其下不蹶,當卬其角,舉足乃行,因爲名也。"《佩文韻府》卷九二"角履":"《釋名》仰角展上施履之名也。行不得蹶,當仰角履舉足乃行也。"《晋書・五行志上》:"舊爲屐者,齒皆達褊上,名曰'露卬'。太元中,忽不徹,名曰'陰卬'。"《佩文韻府》引《方言》第四稱:"'徐土邳圻之間大粗謂之鞧角'注:'今漆履有齒者。'鞧音卬,又卬同。"《方言》第四并稱:"絲之作者謂之履,麻之作者謂之不借,粗者爲之屐,東北朝鮮洌水之間謂之鞧角。"

【卬角】

同"鞧角"。此體始見於漢代。見該文。

謝公屐

一種便於登山時穿着的木屐。前後屐齒可裝可卸。爲南朝宋謝靈運創製。因稱。上山時卸去前屐齒,下山時則卸去後屐齒,以減少屐底在山坡的傾斜度,易於維持人體平衡。《南史・謝靈運傳》:"登躡常著木屐,上山則去其前齒,下山去其後齒。"唐李白《夢游天姥吟

留別》詩："脚著謝公屐，身登青雲梯。"亦稱
"靈運屐"。宋佚名《送金華黄晋卿之諸暨州
判官》詩："晚陪靈運屐，早訪董生帷。"亦稱
"登山屐"。唐釋貫休《古意詩》之七："一種
爲枯槁，得作登山屐。"亦稱"山屐"。唐馬戴
《寄西嶽白石僧》詩："年年著山屐，曾得到招
提。"亦稱"野屐"。宋蘇軾《和周邠泛湖》詩：
"不知野屐穿山翠，惟見輕橈破浪紋。"

【靈運屐】

　　即謝公屐。此稱始見於宋代。見該文。

【登山屐】

　　即謝公屐。此稱始見於唐代。見該文。

【山屐】

　　即謝公屐。此稱始見於唐代。見該文。

【野屐】

　　即謝公屐。此稱始見於宋代。見該文。

桑屐

　　用桑木作底的木屐。始見於南朝。《南齊
書·祥瑞志》："〔世祖〕在襄陽夢著桑屐，行度
太極殿階。"唐盧綸《郊居對雨寄趙涓給事包佶
郎中》詩："桑屐時登望，荷衣自卷舒。"南朝
梁《捉搦歌》："黄桑柘屐蒲子履，中央有絲兩
頭繫。"

高齒屐

　　底板頭部之齒高出於底板之上的屐。即
《宋書·五行志一》所稱"齒皆達楄上，名曰
'露卯'"的形制。此稱見於北齊。北齊顏之推
《顏氏家訓·勉學篇》："梁朝全盛之時，貴游子
弟多無學術……跟高齒屐，坐棋子方褥，憑斑
絲隱囊。"沈從文《中國古代服飾研究·南朝斲
琴圖部分》："〔高齒屐〕指的應是屐前上聳齒狀
物，從漢代雙歧履發展而出，不是高底下加齒。
在大量南北朝畫刻上，還從未見有高底加齒的
木屐出現。"

丁屐

　　底部下釘鐵釘以代齒的木屐。用於雨雪天
時穿着，防滑防濕。見於宋人記載。宋葉紹翁
《四朝見聞録·天子獄》："公爲從官時，天夜大
雪，某醉歸，見公以鐵柱杖撥雪，戴溫公帽，
丁屐微有聲。"參見本卷《足服説·鞋考》"屐"
文。

生香屧

　　幫內加襯沉香，可以散發香味的女屧。見
於元代。元龍輔《女紅餘志·生香屧》："無瑕屧
墻之內，皆襯沈香，謂之生香屧。"

以"履"爲名的各類鞋

履

　　古代對鞋之通稱。夏、商、周三代之時，
稱鞋爲"屨"。履之本義爲踐，自戰國時期開始
漸以履代屨，漢代後成爲鞋之通稱。《説文·履
部》："履，足所依也。"段玉裁注："古曰屨，今
曰履；古曰履，今曰鞋。名之隨時不同者也。"
徐灝注："履，踐也，行也。此古義也。"朱駿
聲通訓："此字本訓踐，轉注爲所以踐之足也。"
又："屨，履也。"段玉裁注："晋蔡謨曰：今時
所謂履者，自漢以前皆名屨。《左傳》'踊貴屨

賤’，不言‘履賤’；《禮記》‘戶外有二屨’，不言‘二履’。賈誼曰‘冠雖敝，不以苴履’，亦不言‘苴屨’。《詩》曰‘糾糾葛屨，可以履霜’。屨、舄者，一物之別名；履者，足踐之通稱。按蔡説極精。《易》《詩》《三禮》《春秋傳》《孟子》皆言屨，不言履；周末諸子、漢人書乃言履。”以“履”稱者，如芒履、絲履、繩履、革履、錦履、蒲履、方履、圓頭履等。南北朝以後至隋唐時期，“鞋”又取代“履”成爲通稱。然後世仍見以“履”稱鞋者。宋蘇軾《送周朝議守漢州》詩：“謂當收桑榆，華髮看劍履。”

方履

前頭爲方形的鞋。古時的鞋式頭部爲方形，因當時認爲天圓地方，頭上戴的冠象天，用圓形，脚上穿的鞋象地，用方形。至漢代始興圓頭履，一般爲婦女穿用。明董斯張《廣博物志・服飾》：“漢履，婦人員頭，男子方頭。晋太康後婦人皆方頭。”爲加區別，遂稱前者爲方履。唐代舞者亦着之。《新唐書・禮樂志十二》：“宣宗每宴群臣，備百戲……舞者高冠方履，褒衣博帶。”亦稱“方屨”。《佩文韻府》引唐符載《黄仙師瞿童記》：“今人圓冠方屨，以詐相尚，以利相市。”

【方屨】

即方履。此稱始見於唐代。見該文。

芒履

用芒草編製的鞋。其名稱及形制，因時代、地區和習慣不同，而有差异。自先秦以來，嚮爲平民穿着。唐代多用此稱。唐孟浩然《白雲先生見訪》詩：“手持白羽扇，脚步青芒履。”五代時期沿用。又作“芒屩”。《新五代史・閩世家》：“〔王昶〕遣中書舍人劉乙勞損於館，乙

衣冠偉然，騶僕甚盛。佗日損遇乙於塗，布衣芒屩而已。”宋代習稱爲“芒鞋”。宋蘇軾《定風波》詞：“竹杖芒鞋輕勝馬。誰怕，一簑烟雨任平生。”宋辛弃疾《鷓鴣天・鵝湖歸病起作》詞：“携竹杖，更芒鞋，朱朱粉粉野蒿開。”亦作“芒鞵”。宋張元幹《寶鼎現》詞：“雙芒鞵，雨後常著。”現代亦或用此稱。阿英《鹽鄉雜信・四》：“假使我們那時即帶有淺黄色袈裟，穿着芒鞋，用Camera來它幾個鏡頭，倒真有趣得很。”或稱“芒屨”。宋秦觀《舊居》詩：“宿潦濯芒屨，野芳簪鬢根。”

【芒鞋】

即芒履。此稱始見於宋代。見該文。

【芒鞵】

同“芒鞋”。即芒履。此體始見於宋代。見“芒履”文。

【芒屨】

即芒履。此稱始見於宋代。見該文。

鳳頭履

全稱爲“蹲鳳頭履”。飾成彩色蹲鳳狀的女鞋。鞋前臉上，扎飾出昂立鳳頭，面喙或朝後或嚮前，鞋體爲身。傳説始自秦代，爲嬪妃穿着物。五代馬縞《中華古今注・冠子朵子扇子》：“〔秦始皇〕令三妃九嬪……靸蹲鳳頭履。”又《鞋子》：“〔古履〕絢繶皆畫五色，至漢……始以錦爲飾。至東晋以草木織成，即有鳳頭之履。”亦稱“鳳頭鞋”。唐宋甚流行。宋蘇軾《謝人惠雲巾方舄》詩：“妙手不勞盤作鳳。”自注：“晋永嘉中有鳳頭鞋。”明代仍爲婦女鞋式。唐温庭筠《錦鞋賦》：“碧繶緗鈎，鸞尾鳳頭。”今甘肅岷縣一帶流行的鳳頭鞋，相傳爲明初蘇皖地區移民所帶來。

【蹲鳳頭履】

"鳳頭履"之全稱。此稱始見於秦代。見該文。

【鳳頭鞋】

即鳳頭履。此稱始見於東晋。見該文。

絲履

用各種顏色的絲綾織作面料的鞋。《方言》第四："絲作之者謂之履。"漢代始見，并流行。《漢書·賈誼傳》："今民賣僮者，爲之綉衣絲履偏諸緣，内之閑中。"《樂府詩集·雜曲·焦仲卿妻》："足下躡絲履，頭上玳瑁光。""攬裙脱絲履，舉身赴清池。"晋亦以絲爲履。晋陶潛《閑情賦》："願在絲而爲履，附素足以周旋。"隋代以後，官定服制中改稱爲絲鞋。參見本卷《足服説·鞋考》"絲鞋"文。現存實物有湖南馬王堆一號漢墓出土的女用絲履，履面用青絲製成，平紋，緯綫呈橄欖綠色；絳紫色絲襯裏；底用麻絲編織。中國國家博物館收藏。參閱周汛、高春明《中國歷代服飾·秦漢》。

文履

用絲綾製作有彩紋爲飾的鞋。爲古代貴族的穿用物。是絲綉鞋的雅稱。文，同"紋"。因鞋有彩綉花紋而得名。見之於漢魏。漢李尤《文履銘》："乃製兹履，文質斌斌。"三國魏曹植《洛神賦》："踐遠游之文履，曳霧綃之輕裾。"又《冬至獻襪履表》："並獻文履七量，襪若干副。"

珠履

綴珍珠爲飾的鞋。古代爲王公貴族的穿着物。始見於漢代。《史記·春申君列傳》："春申君客三千餘人，其上客皆躡珠履以見趙使，趙使大慚。"後代沿用。宋范周《寶鼎現》詞：

"宴閣多才，環艷粉、瑶簪珠履。"《水滸傳》第七四回："左侍下玉簪珠履，右侍下紫綬金章。"

繩履

用麻繩編製的鞋。價廉易製，多爲古代平民穿用。此稱始見於漢代。其時已興以履代屨稱，因此，與先秦所稱的繩屨實爲同制而异名。《後漢書·劉虞傳》："虞雖爲上公，天性節約，敝衣繩履，食無兼肉。"參見本卷《足服説·鞋考》"繩屨"文。

革履

皮鞋。原義爲用未經鞣製的生皮革縫製的鞋。源於上古之人狩獵時期所穿着的形制至爲粗陋的革製足服。隨着製鞋工藝水平的逐漸提高，形制也不斷改進和多樣化。傳説黃帝時代已有定型的皮製鞋。清王筠《説文句讀》卷一五"革"："屝，履屬也……《字書》：'草曰屝，麻曰屨，皮曰履，黃帝臣於則所造。'"其後漸發展有"鞮""靪""鞜"等等多種稱謂的革製鞋，用鞣製過的獸皮所製者又稱"韋履（靸）"，漢代習尚以"履"作爲鞋的泛稱，遂將革製鞋稱作"革履"。漢桓寬《鹽鐵論·散不足》："古者，庶人賤騎繩控，革鞮皮薦而已。"《戰國策·韓策一》："甲、盾、鞮、鍪、鐵幕、革抉、吠芮，無不畢具。"鮑彪注："鞮，革履，履。"《説文·革部》段玉裁注："靪，革履也。"漢揚雄《長楊賦》："綈衣不蔽，革鞜不穿。"《漢書·鄭崇傳》："每見，曳革履，上笑曰：'我識鄭尚書履聲。'"顏師古注："熟曰韋，生曰革。"至清末，西方服飾漸入中國，遂并稱生、熟皮製鞋爲"革履"。俗稱"皮鞋"。

【鞜】

即革履。漢代始見。《漢書·揚雄傳下》："綈衣不蔽，革鞜不穿。"顔師古注："鞜，革履。"
亦見於三國時東夷少數民族。《三國志·魏書·東
夷傳》："〔夫餘〕衣尚白，白布大袂袍、褲，履
革鞜。"

【鞜】

即革履。《説文·革部》："鞜，革履也。"先
秦時，庶民即穿用，漢代典籍始有記載。漢桓
寬《鹽鐵論·散不足》："古者庶人賤，騎繩控，
革鞜皮薦而已。"

【䩞】

即鞜。即革履。《説文·革部》："䩞，鞜也。"
䩞本繫鞜之革，後遂以之代稱鞜。參閱清王筠
《説文句讀》卷六。

圓頭履

頭部爲圓形的鞋。古代冠形尚圓，鞋形尚
方，取"天圓地方"之義。至漢代婦女始着圓
頭履，在服制上，天子、諸侯之下，大夫亦盛
着素圓履。晋太康後，婦女改穿方履。明董斯
張《廣博物志·服飾》："漢履，婦人員頭，男子
方頭。晋太康後婦人皆方頭。"至南朝宋，又製
圓頭履，并開始流行。現今所穿的鞋多爲圓頭，
是其遺制。《宋書·五行志一》："孝武世，倖臣
戴法興權亞人主，造圓頭履，世人莫不效之。"
亦稱"圓履"。參閱賈誼《新書》。

【圓履】

即圓頭履。此稱始見於漢代。見該文。

鴛鴦履

一種綉有鴛鴦形飾的鞋。始見於漢代。五
代馬縞《中華古今注·鞋子》："漢有綉鴛鴦履，
昭帝令冬至日上舅姑。"後代沿用。唐令狐楚
《遠別離》詩："玳織鴛鴦履，金裝翡翠簾。"

錦履

用帶有彩色花紋的絲織物作面料製成的鞋。
南朝梁沈約有"錦履并花紋"詩句。流行於魏
晋南北朝時期，乃至後世。新疆民豐出土有魏
晋南北朝時期的織紋錦履實物：方頭，淺臉，
薄平底，口緣、幫底連接處加彩飾。亦稱"綺
履"。江蘇常州金壇出土有南宋太學生周瑀墓葬
實物，定名爲"菱紋綺履"：尖翹頭，薄平底，
深臉單縫，有襯裏，前有縚帶，口緣、幫底連
接處有彩飾。參閱周汛、高春明《中國歷代服
飾》中的《魏晋南北朝》和《宋》。

【綺履】

即錦履。江蘇常州金壇南宋周瑀墓出土有
"菱紋綺履"。見該文。

抱香履

用抱木製成的鞋。抱木生於柬埔寨，用以
製鞋，木質柔韌而香，故稱。有防潮氣性能，
適於夏季穿着。晋太康年間扶南國曾將其作爲
貢品獻晋武帝。晋嵇含《南方草木狀·木類·抱
香履》："抱木生於水松之旁，若寄生然，極柔
弱，不勝刀鋸。乘濕時剒而爲履，易於削；瓜
乾則韌不可理也。""夏月納之可禦蒸濕之氣。
太康六年扶南貢百雙。"參閲明董斯張《廣博物
志》卷三八。

燕履

仙人之履。相傳晋代鮑靚有仙術，其履可
化爲飛燕，因名。此稱見於明代。《淵鑒類函》
卷三七五："《一統志》曰：相傳南海太守鮑靚
嘗訪葛洪，與語達旦乃去。人訝其往來之頻，
使人往密伺之，但見有雙燕飛至，網之得雙履
焉。"明王褒《靈壇碑銘》："燕履宵去，鳧舄晨
歸。"

朱履

以朱紅色面料製成的鞋。爲古代權貴人物所穿用。始見稱於南北朝時期。南朝梁江淹《無爲論》：“有奕葉公子者，乃動朱履而馳寶馬。”唐代沿用，至元代尚有此稱。《新唐書·車服志》：“皇太子之服六，袞冕者從祀謁廟，加元服，納妃之服也……白韈赤舄朱履。”元樂府中有《朱履曲》。

雲霞履

綉履的一種。鞋面綉有五色雲朵圖案爲飾，故名。相傳在南朝梁時風行。五代馬縞《中華古今注·鞋子》：“梁有五色雲霞履。”

穿角履

頭前邊角磨穿了的破舊鞋。古時男子穿方履，頭部呈方形，頭前垂直聳起片狀的履角。《佩文韵府》卷九二：“履角。《釋名》仰角展上施履之名也。行不得蹶，當仰角履舉足乃行也。”穿久角被磨穿，因稱。見於北朝魏王遵業故事：王官至司徒左長史、黃門郎，當時稱之爲“小宰相”之位，但平易儉素，穿破舊的鞋而從容自如，爲人所效仿。《魏書·王慧龍傳》：“〔慧龍長子〕遵業從容恬素，若處丘園，嘗著穿角履，好事者多毀新履以學之。”

赤履

以赤紅色面料製成的鞋。隋唐時將其列入官定服制，等級次於朱履。《隋書·禮儀志七》：“爵弁，玄纓無旒，從九品以上，助祭，則服之。其制服簪導……爵韠，韈，赤履。”《新唐書·車服志》：“爵弁者，六品以下九品以上從祀之服也……爵韠，白韈，赤履。五品以上，私祭皆服之。”

黃履

幫面爲黃色的鞋。或加金飾。始見於隋代。《隋書·禮儀志二》：“有綠襜襦、褠衣、黃履，以供蠶母。”元夏文彥《圖繪寶鑒》：“戰惠淳，畫院人，能著色山水人物甚小，青衫、白袴、烏巾、黃履，不遺毫髮。”亦稱“金履”。《宋史·大食國傳》：“其王錦衣玉帶，躡金履。”

【金履】

即黃履。此稱始見於宋代。見該文。

烏皮履

用染成黑色的皮革製成的鞋。自隋至唐，將其列入官定服制之中。現尚能見到敦煌壁畫第八十七窟晚唐供養人像中足着烏皮履的形象。《隋書·禮儀志七》載：皇帝拜陵、視朝、聽訟、宴見賓客、舉哀均着烏皮履。又載皇太子服制：“白帢，單衣，烏皮履，爲宮臣舉哀，則服之。”《新唐書·禮樂志七》：“〔嘉禮〕皇太子空頂黑介幘，雙童髻，綵衣，紫袴褶，織成褾領綠紳，烏皮履，乘輿以出。”五代時期，文舞郎服之。《舊五代史·樂志上》：“文舞郎六十四人，分爲八佾……舞人冠進賢冠，服黃紗中單，皂領褾，白練襠襦，白布大口袴，革帶，烏皮履，白皮襪。”宋代爲儀衛足服。《宋史·儀衛志一》：“黃麾半仗者，大慶殿正旦受朝、兩宮上册寶之所設也……弓脚幞頭，碧襴衫，塗金銅革帶，烏皮履。”亦稱“皂皮履”。《宋史·輿服志四》：“宋初之制，進賢五梁冠……二玉環，白綾韈，皂皮履。”

【皂皮履】

即烏皮履。此稱始見於宋代。見該文。

金烏皮履

加金飾的烏皮履，以示尊貴。見於隋代服

制，皇帝鹿皮弁服配着。《隋書·禮儀志七》："乘輿鹿皮弁服，緋大襦，白羅裙，金烏皮履，革帶……視朝聽訟則服之。"

紫皮履

用染成紫色皮革所製的鞋。史載，南朝齊蕭道成登基爲帝後，倡節儉，杜宮内奢靡之風，使宮人穿紫皮履。《南史·齊高帝紀》："後宮器物欄檻以銅爲飾者皆改用鐵，内殿施黃紗帳，宮人著紫皮履……欲以身率下，移風易俗。"

蒲履

用蒲草編製的鞋。蒲草是水草類植物中較粗大者，其莖葉曬乾後柔韌適中，又取材方便，自古即爲民間編製鞋之材料，爲庶民日常穿用鞋的一種。《南史·張孝秀傳》："孝秀性通率，不好浮華，常冠穀皮巾，躡蒲履。"亦稱"蒲子履"。南朝梁《捉搦歌》："黃桑柘屐蒲子履，中央有絲兩頭繫。"唐及五代時期盛行。新疆吐魯番阿斯塔那出土有唐代蒲履實物，編製精緻。或稱"蒲靸"。明胡應麟《少室山房筆叢》卷一二："至五代蒲履盛行。《九國志》云'江南李昇常履蒲靸'是也。然當時婦人履亦用蒲。"清及其後通稱爲"蒲鞋"。清于敏中《日下舊聞考·風俗》："京城端午，貴賤人等必買新蒲鞋穿之過節，歲以爲常。"至今農村中仍有穿着者。

【蒲子履】

即蒲履。此稱始見於南北朝時期。見該文。

【蒲靸】

即蒲履。此稱始見於五代時期。見該文。

【蒲鞋】

即蒲履。此稱始見於清代。見該文。

飛雲履

用黑綾爲面料，四周綴以朵雲狀白絹飾并用香熏過的鞋。傳説是唐代白居易學道期間自製并命名。唐馮贄《雲仙雜記》卷一："白樂天燒丹於廬山草堂，作飛雲履，玄綾爲質，四面以素絹作雲朵，染以四選香，振履則如烟霧。樂天著示山中道友，曰：'吾足下生雲，計不久上升朱府矣。'"

重臺履

一種有彩飾并在底部加墊有木塊的女鞋。因鞋上翹有重疊心形，故有"重臺"之稱。始見於南朝宋。五代馬縞《中華古今注·鞋子》："〔南朝〕宋有重臺履。"唐元稹《夢游春》詩："叢梳百葉髻，金蹙重臺履。"

無憂履

特指帝王穿的鞋。鞋頭成雲朵狀，口緣加繡飾。此稱見於元明。《水滸傳》第一一九回："却説阮小七殺入内苑深宮裏面。搜出一箱，却是方臘僞造的平天冠、袞龍袍、碧玉帶、白玉珪、無憂履。"《西游記》第三七回："〔烏鷄國王〕足踏一雙雲頭繡口無憂履。"同書第三八回："原來是個死皇帝，穿着赭黃袍，踏着無憂履，繫着藍田帶，直挺挺睡在那厢。"

蒲窩子

用蒲草、麻棕編製的鞋。傳統的手工藝品。深臉圓頭，間或用染色的蒲草夾編其間爲彩飾，鞋殼内絮毡絨、蘆花或鷄毛等保暖物，與鳥窩相似，因有此名。編成之後，下或加綴猪皮或布衲底以增加其耐磨性。山曼等《山東民俗·服飾民俗》："蒲窩。用蒲草夾麻棕編成，男式、女式、童式具備，以染色蒲草編出各樣花紋，煞是好看。農民於集市買得後，於底和幫下縫包以鮮猪皮，冬季穿着暖和又可踏雪踏泥水。"據記載，早在南北朝時期，即有以蒲草製的鞋，稱爲“蒲履”，後亦稱“蒲鞋”。在形制上演變至於明清，遂有此稱。《儒林外史》第四回：“那時在這裏住，鞋也没有一雙，夏天靸着個蒲窩子，歪腿爛脚的。”至20世紀50年代仍在我國部分農村中流行。車吉心等《齊魯文化大辭典·工藝美術》：“〔蒲窩子〕歷史上魯北惠民、博興一帶民間以蒲草及蒲絨用手工編製成蒲鞋的俗稱。穿着舒適，輕便柔軟，既特别保暖又有良好的透氣性，直到五十年代仍廣泛流傳於我國北方各省農村。”現仍是我國的一種工藝品。

毡窩

用毛毡模製的鞋。先用木製鞋型模，再嚮上黏壓毡片，至一定厚度，最外面套一層粗毛呢爲鞋面，一般用黑色或棕色。乾後定型脱模製成爲無縫，底與幫成一體，深臉至踝的鞋胚，加以沿口，鑲底，内墊鞋墊。或在鞋頭、鞋跟包以薄軟皮革。外觀厚實拙笨，但保温性能强，適合於冬天居家穿着，不宜遠行；因材質太軟，易走形損壞。爲北方寒冷地區居民冬日常穿用物。毡窩或稱“毛窩子”，爲民間俗稱。《負曝閑談》第二九回：“回頭再看王霸丹，身上一切着實鮮明，就是底下趿着雙毛窩子。”近代以來各地多有專門製作的作坊，亦稱“大毡靴子”。山曼等《山東民俗·服飾民俗》：“毡窩，又名‘大毡靴子’。厚氈依模做成，沿口，鑲底，且常以黑軟皮革包裹鞋頭鞋尾。冬日居家，穿來很是暖和，唯笨重不宜行遠。以掖縣作坊所産者爲佳。”現仍有穿用。

【毛窩子】

“毡窩”之俗稱。此稱始見於現代。見該文。

【大毡靴子】

即毡窩。此稱始見於現代，山東等地有此稱。見該文。

古代各式鞋

鞋

原作“鞵”，爲足服的一種。《説文·革部》：“鞵，生革鞮也，从革，奚聲。”五代徐鍇繫傳：“今俗作鞋。”《釋名·釋衣服》：“鞵，解也。著時縮其上如履然，解其上則舒解也。”因最初用皮革製成，故字從革，取“解”音。其基本形制較履小而淺。其製作質料，大致可分爲布帛、草葛、皮革（包括人造代用品）等三種。後此稱被廣義泛用，舉凡屝（菲）、屨、履、舄、屩（蹻、繑）、蹝（屣、韃、縰）、靸、鞮、鞜等，皆以鞋爲總稱，沿用至今。五代馬縞《中華古今注·鞋子》：“自古即皆有，謂之履，絇繶皆畫五色。至漢有伏虎頭，始以布鞔，繶上脱下，加以錦爲飾。至東晋以草木織成，即有鳳頭之履、聚雲履、五朵履。宋有重臺履，梁有笏頭履、分捎履、立鳳履，又有五色雲霞履。漢有綉鴛鴦履，昭帝令冬至日上舅姑。”又《麻鞋》：“起自伊尹，以草爲之，曰草屩。周文王以麻爲之，名曰麻鞋。至秦以絲爲之，令宫人、侍從著之，庶人不可。至東晋又加其好，公主及宫貴皆絲爲之，凡娶婦之家先下絲麻鞋一緉，取其和鞋［偕］之義。”宋高承《事物紀原·衣裘帶服》：“鞋。古者草謂之屨，皮謂之履。《實録》曰：鞵，夏商皆以草爲之，周以麻，晋永嘉中以絲。或云馬周始以麻爲之，名鞋也。"《水滸傳》第一一七回："〔方臘〕脫了赭黄袍，丟去金花幞頭，脫下朝靴，穿上草履麻鞋，爬山奔走，要逃性命。"現今將無勒、有底履地的足服均統以鞋稱。

【鞵】

同"鞋"。此體始見於漢代。見該文。

麻鞋

用麻縷編製的鞋。麻莖纖維是最早被用作服飾的材料之一，用於製鞋，比較耐穿，製材又易得，故始自商周以來，一直流傳，形制上則有所發展。五代馬縞《中華古今注·鞋子》："麻鞋。起自伊尹，以草爲之，曰草屩。周文王以麻爲之，名曰麻鞋。至秦，以絲爲之。"北齊顏之推《顏氏家訓·治家》："鄴下一領軍，貪積已甚……後坐事伏法，籍其家產，麻鞋一屋，弊衣數庫，其餘財寶不可勝言。"一說，至唐代始用鞋稱。宋高承《事物紀原·衣裘帶服》引《實録》："鞵，夏商皆以草爲之，周以麻，晋永嘉中以絲。或云馬周始以麻爲之，名鞋也。"或稱"麻履"。唐姚合《送無可上人》詩："清晨相訪立門前，麻履方袍一少年。"《日下舊聞考·風俗》："西山人多做麻鞋出城貨賣，婦人束足者亦穿之，仍繫行纏，欲便於登山故也。"湖北江陵鳳凰山漢墓出土有不加耳絆紐的麻鞋實物。

【麻履】

即麻鞋。此稱始見於唐代。見該文。

多耳麻鞋

底緣有多對繫帶用的耳絆紐的鞋。宋以後始見。最初麻鞋衹具前臉、後幫及底，後又有鞋上加穿繫帶用的耳絆紐，或多或少，稱"多耳麻鞋"。《京本通俗小説·碾玉觀音》："只見一個漢子，著一雙多耳麻鞋。"《水滸傳》第一五回："白肉脚襪着多耳麻鞋，綿囊手拿着鱉殼扇子。"

三耳麻鞋

底緣有三個繫帶用的耳絆紐的麻鞋。初見於晋。晋孫位《高逸圖·竹林七賢》（殘卷）中，畫書僮着三耳麻鞋。一耳絆紐在鞋頭居中，二耳在鞋跟兩側。後代沿用，直至現代。豐子愷《中國話劇首創者李叔同先生》附肖像圖中所着，鞋頭正中及前掌兩側均有一耳絆紐。參閱周汛、高春明《中國歷代服飾》及豐一吟編《緣緣堂隨筆集》附圖。

八搭麻鞋

底緣有八個繫帶用的耳絆紐分布兩邊的麻鞋。屬多耳麻鞋中的一種。見於元代記述。《水滸傳》第二七回："看那人時，頭戴着青紗四面巾，身穿白布衫，下面腿絣護膝，八搭麻鞋，腰繫着纏帶。"亦作"八答麻鞋"。元高文秀《黑旋風》第一折："腿繃護膝，八答麻鞋。"

【八答麻鞋】

同"八搭麻鞋"。此體始見於元代。見該文。

雙耳麻鞋

底緣有一對繫帶用耳絆紐的麻鞋。見於明代。《金瓶梅詞話》第六二回："兩隻脚穿雙耳麻鞋，手執五明降鬼扇。"

不借

用麻或草編製，形制簡陋的鞋。漢代始有此稱。《方言》第四："絲作之者謂之履，麻作之者謂之不借。"關於此稱的由來，有幾種記述。有的解釋爲因其鄙陋易製，人皆宜自有，不假借他人。《釋名·釋衣服》："齊人謂草履曰屝……或曰不借,言賤而易有,宜各自蓄之,不假借人也。"有的解釋爲因爲古代作爲喪服穿着,屬不祥之物,故從不互借用。《儀禮·喪服》:"繩屨者,繩菲也。"鄭玄注:"繩菲,今時不借也。"賈公彦疏:"漢時謂之不借者,此凶荼屨,不得從人借,亦不得借人。"又有傳説因仙人故事而得名。明董斯張《廣博物志·服飾》引《致虛閣雜俎》:"昔有仙人鳳子者,欲有所度,隱於農夫之中。一日大雨,有鄰人來借草履,鳳子曰:他人草履則可借,我之草履則不借也。其人怒詈之,鳳子即以草鞋擲與,化爲鶴飛去。故後世名草履爲不借也。"不借實爲草麻鞋之俗稱。漢桓寬《鹽鐵論·散不足》:"及其後,則綦下不借。"後世沿用。晋干寶《搜神記》卷一七:"〔張漢直〕鬼物持其妹,爲之揚言曰:'我病死,喪在陌上,常苦飢寒。操二三量不借,挂屋後楮上;傅子方送我五百錢,在北塘下,皆亡取之。'"宋王安石《獨飯》詩:"窗明兩不借,榻净一籧篨。"

平頭鞋子

鞋頭與鞋臉持平的鞋,或加绣飾。古代鞋子頭部多爲翹起狀,或加以高飾,如笏狀、歧狀、雲頭狀、叢頭狀等。漢代以來陸續出現平頭麻鞋、絲鞋、皮鞋等。宋代以後鞋用平頭的漸多,至於現代,一般單鞋均用平頭。宋王觀《慶清朝》詞:"結伴踏青去好,平頭鞋子小雙鸞。"自漢代以來的出土實物中多見此種形制。參閲周錫保《中國古代服飾史》中自漢代以來多種平頭鞋式附圖。

絲鞋

用絲織物製成的鞋。質地細密,做工精巧。漢代已見。湖南馬王堆漢墓出土有實物,現藏於湖南省博物館。隋代曾列入官定服制。《隋書·禮儀志七》:"天子畋獵御戎……其乘輿黑介幘之服,紫羅褶,南布袴,玉梁帶,紫絲鞋,長勒靴。"宋代宮禁中曾設"絲鞋局",專織造絲鞋供皇宮使用。參閲宋陸游《老學庵筆記》。

笋鞋

用竹笋皮殼製成的鞋。南方笋殼易得,以之製鞋可散足汗,防潮氣。唐代始見。唐張籍《贈太常王建藤杖笋鞋》詩:"蠻藤剪爲杖,楚笋結成鞋。"又《題李山人幽居》詩:"畫苔藤杖細,踏石笋鞋輕。"亦稱"笋皮鞋"。唐杜荀鶴《題宗上人院》詩:"壁上塵沾蒲,葉爛笋皮鞵。"宋徐照《贈江心寺欽上人》詩:"客至啓幽户,笋鞋行曲廊。"另,或用笋殼剪爲鞋墊,襯入鞋或屐中使用。宋釋贊寧《笋譜》:"僧家多取苦笋殼,裁爲鞋屐中屧,可隔足汗耳。"

【笋皮鞋】

即笋鞋。此稱始見於唐代。見該文。

飛仙鞋

隋代服制中宮人穿着的鞋。鞋頭飾作斑鳩頭樣,寓意穿着後似仙人可飛,故名。《佩文韻府》"飛仙鞋"注:"隋制,令宮人戴通天冠,披紫羅帔,把半月雉尾扇,靸班鳩頭鞋,又名飛仙鞋。"亦稱"仙飛履"。明楊慎《履考》:"煬帝令宮人靸瑞鳩頭履,謂之仙飛履。"

【仙飛履】

即飛仙鞋。此稱始見於明代。見該文。

綫鞋

用細絲繩織幫,細麻繩編底製成的鞋。柔軟輕便,始在唐代婦女中流行,後世沿用。《舊唐書·輿服志》:"武德來,婦人著履,規制亦重,又有綫鞾。開元來,婦人例著綫鞋,取輕妙便於事。"新疆吐魯番阿斯塔那古墓出土有實物，以麻繩編底，絲繩爲幫。甘肅敦煌莫高窟第一百四十七窟晚唐壁畫中，有女孩穿着綫鞋的圖像。

綉鞋

布帛製鞋面上刺綉有彩絲花鳥等圖案的女鞋。由古代屨、舄彩飾鞋頭、底幫間緣邊及口緣演化發展而始製，流傳至今，也是我國現代出口的手工藝品之一。唐代已見此稱。唐白居易《花綫毯》詩："美人蹋上歌舞來，羅襪綉鞋隨步没。"《紅樓夢》第四〇回："可惜你們那綉鞋，别沾髒了。"亦稱"綉履"。《日下舊聞考·風俗》引明周用《走百步病》詩："踏穿街頭雙綉履，勝飲醫方二鍾水。"俗亦稱"綉花鞋"。山東民謡："有女不嫁××村，挑水挑到南山根。去時穿着綉花鞋，回來露出脚後跟。"

【綉履】

即綉鞋。此稱始見於明代。見該文。

【綉花鞋】

"綉鞋"之俗稱。此稱始見於現代。見該文。

魯風鞋

仿照孔子鞋式樣製成的鞋。爲春秋時代魯國鞋的形制，唐宣宗李忱創意製穿并命名，一時大臣紛相模效。别稱"遵王履"。宋陶穀《清異録·衣服》："〔唐〕宣宗性儒雅，令有司倣孔子履製進，名魯風鞋。宰相、諸王倣之，而微殺其式，别呼爲遵王履。"

【遵王履】

即魯風鞋。但微殺其式。此稱始見於唐代。見該文。

釘鞋[1]

一種底下有釘的雨鞋。厚平底，下有若干立釘，下雨穿之，防濕防滑。始見於唐代。清趙翼《陔餘叢考·釘鞾》："釘鞋之名，始見於唐。《舊唐書》載：德宗入駱谷，值霖雨道滑。衞士多亡歸朱泚，惟東川節度使李叔明之子昇，及郭子儀之子曙，令狐建之子彰等六人，恐有奸人危乘輿，相與嚙臂爲盟，著釘鞋行勝，更控上馬，以至梁州。"元喬吉《水仙子·釘鞋兒》曲："底兒鑽釘紫丁香，幫則微黏蜜臘黄，宜行雲行雨陽臺上，步蒼苔磚甃兒響。"亦作"丁鞾"。宋葉適《送吕子陽》詩："火把起夜色，丁鞋明齒痕。"明代百官入朝，遇雨穿釘靴，爲同類足服。至20世紀二三十年代仍見，其鞋幫爲用綫縫納的夾層布，挺拔不變形，鞋底用木板或密納的多層布袼褙，下滿布圓頭鍛釘，故行路有聲響。亦有牛皮製鞋面，鞋底裝鐵齒者，此種鞋耐磨，不透水，重達四至五斤。師陀《行脚人》："〔那漢子〕頭戴牛毛紅氈笠，身著短褐……因爲鞋下是釘着鋼釘的，所以走動橐橐地響。"

釘　鞋
（〔日〕中川忠英《清俗紀聞》）

【丁鞋】

同"釘鞋[1]"。此體始見於宋代。見該文。

錦鞋

用錦緞作面料的鞋，或有彩飾。當與錦履爲同一物而异稱。此稱見於唐代。唐温庭筠《錦鞋賦》："碧綫緗鈎，鸞尾鳳頭。"唐段成式《嘲温庭筠》詩："知君欲作閑情賦，應願將身作錦鞋。"

青鞋

用草編織的鞋。多帶青色，故名。爲平民階層所穿。始見於唐代著述。唐杜甫《奉先劉少府新畫山川障歌》："若耶溪，雲門寺，吾獨胡爲在泥滓：青鞋布襪從此始。"後世亦見。宋陸游《跋李莊簡公家書》："請命下，布襪青鞋行矣，豈能作兒女態耶？"宋辛弃疾《點絳唇》詞："青鞋自喜，不踏長安市。"清孔尚任《桃花扇·逃難》："換布襪青鞋，一隻扁舟載。"

金縷鞋

用金絲紋樣裝飾的女鞋。多爲古代貴族婦女穿着。唐代已有"試穿金縷鳳頭鞋"詩句。唐後亦見。南唐李煜《菩薩蠻》詞："花明月暗籠輕霧，今朝好向郎邊去。刬襪步香階，手提金縷鞋。"

棕鞋

用棕櫚樹皮纖維編製的鞋。唐宋時期於民間流行。唐戴叔倫《憶原上人》詩："一兩棕鞋八尺藤，廣陵行遍又金陵。"宋蘇軾《寶山新開徑》詩："藤梢橘刺元無路，竹杖棕鞋不用扶。"周錫保《中國古代服飾史》第十三章《明代服飾》："宮中可著薄底的黑皮靴……冰雪則著棕鞋，使不致滑跌。"亦稱"棕履"。元虞集《次韻陳溪山棕履》詩："感君素履詠，幽貞可長保。"

【棕履】

即棕鞋。此稱始見於元代。見該文。

羅鞋

用輕羅爲面料的鞋。羅爲絲織物中經緯稀疏、薄而質次的一種。見於宋代著述。宋陸游《老學庵筆記》卷二："壽皇即位，惟臨朝服絲鞋，退即以羅鞋易之。"宋柳永《燕歸梁》詞："輕躡羅鞋掩絳綃。傳音耗，苦相招。"

鳳鞋

以鳳紋爲飾，頭部上翹的女鞋。宋代已見。宋元時期流行。宋辛弃疾《糖多令》詞："鳳鞋兒，微褪些根。"元岑安卿《美人行》詩："露晞香徑苔蘚肥，鳳鞋濕翠行遲遲。"

弓鞋

彎底的女鞋，泛指纏足婦女穿着的鞋。圓跟尖頭，尺寸窄小，長約三寸。一般用布帛製鞋幫，或加綉飾。鞋底有布製、皮製、木板製等，又有平底與高底之分。始自宋代婦女纏足興起時。因婦女纏足使脚底變形成弓背狀，鞋底隨脚形而彎，故有此名。宋辛弃疾《菩薩蠻》詞："淡黃弓樣鞋兒小，腰肢只怕風吹倒。"宋以後歷代皆見。元郭鈺《美人折花歌》："花刺鈎衣花落手，草跟露濕弓鞋綉。"《金瓶梅詞話》第七一回："〔李瓶兒〕素白舊衫籠雪體，淡黃軟襪襯弓鞋……立於月下。"豐子愷《四軒柱》："有一次，她的一隻弓鞋曬在門口階沿石上，不見了。"直至辛亥革命後倡行婦女天足運動，方逐漸消失。

高底鞋

後跟墊有香樟木塊的小脚女鞋。有外墊和內墊兩種。宋代起興起婦女纏足陋習，穿此種鞋顯得挺拔纖小。明清多見。清李斗《揚州畫舫録》卷九："女鞋以香樟木爲高底。在外爲外高底，有杏葉、蓮子、荷花諸式。在裹者爲裹高底，謂之道士冠。"《金瓶梅詞話》第一六回："〔潘金蓮〕下著一尺寬海馬潮雲羊皮金沿邊挑綫裙子，大紅段子白綾高底鞋。"《醒世姻緣傳》第五九回："〔素姐〕一脚蹬在尿盆子裏頭，把一隻大紅高底鞋，一隻白紗灑綫褲腿，一根漂白布裹腳，都著臭尿泡的精濕。"

睡鞋

舊時供纏足婦女睡時換穿的軟底鞋。婦女纏足陋習，自宋代形成，後代沿襲，直至清末民初。纏足婦女夜晚臨睡前解下裹腳布洗滌，爲防被纏小的足鬆趾變形，換穿用綢、布照足形縫成底薄而軟的鞋，穿束於足，起床後即脫下重新纏足，故稱。勞動婦女爲省去起床後纏足時間，抑或在晝間穿着，外加套鞋。《金瓶梅詞話》第七二回："婦人在燈下摘去首飾，換了睡鞋。"《醒世姻緣傳》第一一回："那伍小川在外面各處搜遍……床背後，席底下，箱中，櫃中，梳匣中，連那睡鞋合那'陳媽媽'都番將出來，只沒有什麼牌夾。"

套鞋

舊時纏腳婦女套穿在軟底睡鞋外的鞋。一般居家婦女晚上睡眠前解去裹腳布，洗腳後換穿軟底睡鞋，以防被纏小的腳夜裏鬆趾變形。勞動婦女日間需要各種操作，爲省去裹腳時間，早起後直接在軟底睡鞋外再套穿此種結實耐磨的鞋，故名。其形制：鞋幫綫納硬挺，拇趾尖端處留一缺口，以防頂擠；中部左右各有一耳紐，用作穿帶繫在腳腕上；鞋底用多層布袼褙麻綫密納，厚硬耐磨。

錯到底

底尖處用兩種顏色材料拼合製作，增加裝飾效果的尖頭女鞋。宋代一度流行。宋陸游《老學庵筆記》卷三："宣和末，婦人鞋底尖以二色合成，名錯到底。"

緞鞋

用綢緞作面、幫，皮革或納布片作底的鞋。做工考究，多爲中產以上人家穿用。宋代已流行，後代沿用。周汛、高春明《中國歷代服飾・宋》："〔婦女〕多穿鞋，鞋以錦緞爲之，上繡各式圖案。按其材料、製法、裝飾分別定有'繡鞋''錦鞋''緞鞋''鳳鞋''金鏤鞋'等名稱。"《今古奇觀・陳御史巧勘金釵鈿》："梁尚賓道：'有一雙青緞子鞋，在間壁皮匠家上底。'"現代仍見。梁實秋《談徐志摩》："〔徐志摩〕足登一雙黑緞皂鞋，風神瀟洒，旁若無人。"

鞝鞋

一種配有類似護膝的高勒的鞋。穿着時用帶繫鞋及裹扎勒體，有利於保暖和保護小腿。有皮製和棉布製兩種。爲寒天常在外行走和田野間勞動的人穿用。宋代已見。《廣韻・一東》："吳人靴勒曰鞝。"《元史・輿服志》："鞝鞋，製以皮爲履，而長其勒，縛於行縢之內。"《水滸傳》第四五回："楊雄坐在牀上，迎兒去脫鞝鞋，婦人與他除頭巾，解巾幘。"明清亦見。《金瓶梅詞話》第六五回："〔打路排軍〕腳鞔腿綁鞝鞋，手執攬杆，前呼後擁。"《醒世姻緣傳》第三六回："〔喜姐〕扎括的紅絹夾襖，綠絹裙子……青布棉鞝鞋，青紬子腦搭，打扮的好不乾凈。"亦作"襻鞋"。《醒世恒言》卷一〇："這小廝倒也生得清秀，腳下穿一雙小布襻鞋。"

【襻鞋】

同"鞝鞋"。此體始見於明代。見該文。

草鞋

用稻秆等軟韌草莖、麻繩編製的鞋。形制簡陋，以麻繩或草繩爲經，用草束一綹綹緯嚮編排成底，兩邊夾竪起細麻繩耳絆紐數個，不製鞋幫，穿繩帶於紐鼻繫於腳上。由古代"屨"的形制演化而成。取材容易，製作簡單，價值低廉。自宋代即已稱用并流行，爲差役人等及民間廣泛穿用物。宋范成大《催租行》詩："牀頭慳囊大如拳，撲破正有三百錢，不堪與君成一醉，聊復償君草鞋費。"後世沿用，直至現代。《西游記》第一八回："又見一個少年……脚踏着一雙三耳草鞋，雄糾糾的，出街忙走。"

草　鞋
（［日］中川忠英《清俗紀聞》）

棉鞋

內絮棉花、木綿、絲棉或襯毡絨等保暖材料的冬用鞋的統稱。從古代流傳至今。有多種樣式，大抵用棉布、綢布、呢絨等作面料，有平頭、翹頭、二合臉等形制，鞋底用納布、皮革或橡膠、塑料等製成，一般加襯棉墊。江蘇無錫元墓出土有富紳錢裕妻陪葬綢棉鞋兩雙，一雙用回文綢，另一雙用素綢製面幫。鞋頭尖聳，鞋面綴有絲綫編成的花結。中絮絲棉，鞋底用粗棉布製作。現代棉鞋仍有手工藝品，但多是機器製作。鞋面主要有對開加繫帶、二合臉和平臉等種類，又有平底和加後跟之分。《二十年目睹之怪現狀》第一○七回："我看那人時……脚上穿了一雙露出七八處棉花的棉鞋。"

木綿鞋

棉鞋的一種。用木綿代替棉花作絮料。見於清代。清于敏中等《日下舊聞考·風俗》："市民多造茶褐木綿鞋貸於人。"

布鞋

用棉布料作面的鞋的統稱。上海寶山封溪出土有明代女用布鞋實物：布面，單縫，深臉，鞋頭微翹，布納底，後跟口緣有方布塊垂在幫外爲飾，稱作"緞"。近代以來多見其稱。《二十年目睹之怪現狀》第六回："他前面却跪了一個二十來歲的年輕小子……脚上穿的是毛布底的黑布鞋。"梁實秋《談聞一多》："我們當時都喜歡穿千層底的布鞋。"現代流行的布鞋，品種、式樣繁多，有布、呢、綢面料，深臉、淺臉、二合臉，花色、素色、方口、圓口、帶絆、無絆，布納底、橡膠底、塑料底、皮底，底又分厚、薄、軟、硬、高跟、平跟，等等，又有單鞋、夾鞋、棉鞋等類。

皮札鞳

一種由猪皮縫製的護腿和鞋兩部分配套組成的足服。穿着時在鞋內塞滿乾草，同時將護腿裹在纏了布片的小腿上，用帶綁繫。爲平民和公役差人穿用。適用於寒天防冷和踐行雨雪泥濘之地。明代即有，流傳至近代。《明史·輿服志三》："〔洪武二十五年〕詔禮部嚴禁庶人不許穿靴，止許穿皮札鞳。"亦稱"綁"。山曼等《山東民俗·服飾民俗》："綁，類乎靰鞡而較簡單，用腌鹹的鮮猪皮縫成，穿時塞滿乾草，小腿上纏布片後亦護以猪皮，用'綁帶'縛繫。穿'綁'脚不冷，行動方便，又不怕踏雪，踐泥水，從前趕大車的人冬季外出往往穿'綁'。"

【綁】

即皮札鞳。山東民間有此俗稱。見該文。

軟底皮鞋

套穿在釘靴外消除行走聲響的軟底鞋。明代官定服制中特設。朝官雨天上朝前，將其套穿在防雨釘靴外，退朝後脫去。《明史·輿服志三》："百官入朝，遇雨皆躡釘鞾，聲徹殿陛，侍儀司請禁之。太祖曰：'古者入朝有履，自唐始用鞾。其令朝官爲軟底皮鞋，冒於鞾外，出朝則釋之。'"

雙梁鞋

　　一種頭部有隆起雙牙縫，較硬挺的布鞋。結實耐穿，但不甚舒適。爲差役人等和平民穿着物，多流行於農村、山地居民中。其形制：鞋頭正中自底緣至口緣縫一寬約半寸的長條黑皮，或粗綫交叉密納，兩側縫出凸起牙綫，形似牛鼻；粗綫納布鞋幫，厚布底。明代益莊王墓出土樂俑中已見穿雙梁鞋形象（現藏中國國家博物館）。土族服飾中稱"雙楞子鞋"，鞋面加彩飾。亦稱"禪鞋""三叉子鞋""牛鼻子鞋""大鞋"。山曼等《山東民俗·服飾民俗》："禪鞋。又稱'三叉子鞋''牛鼻子鞋''大鞋'。三四十年代流行於農村，布底極厚，鞋幫亦用粗綫納過，鞋頭用黑皮子作長梯形，如牛鼻，鞋幫與'鼻子'相連處，縫出棱角，穿着不甚舒服，取其結實耐用。"現已少見。

【禪鞋】

　　即雙梁鞋。山東民間有此俗稱。見該文。

【三叉子鞋】

　　即雙梁鞋。山東民間有此俗稱。見該文。

【牛鼻子鞋】

　　即雙梁鞋。山東民間有此俗稱。見該文。

【大鞋】

　　即雙梁鞋。山東民間有此俗稱。見該文。

合色鞋

　　用多種面料拼縫製成的女鞋。色彩光鮮。流行於明清。《醒世恒言》卷一五："打開看時，却是他前夜贈與那生的這隻合色鞋。"

鷂子鞋

　　一種底平而薄、穿着方便的鞋。極爲輕便，利於快速行進，美稱"鷂子鞋"。清代作爲軍鞋供步兵穿用。清劉獻廷《廣陽雜記》卷四："打仗不可不多備鷂子鞋。鞋須穿過二三日者方妙，新恐與足不相得也。"

高底旗鞋

　　清代滿族婦女旗裝制式的鞋。鞋底正中加墊高至數寸的木底，上寬下圓，形似花盆，中間鑿成馬蹄形，稱"花盆底"或"馬蹄底"，又因清代稱滿族人爲旗人，故名。穿着時爲維持身體平衡，須平伸脚邁步，上身挺直，顯得高雅端莊，適合於青年婦女穿用。清夏仁虎《舊京瑣記》："滿制……履底高至四五寸，上寬而下圓，俗謂之花盆底鞋。"現故宮博物院藏有傳世實物。

跑凌鞋

　　滿族傳統用作冰上運動的鞋。盛行於清代。清張燾《津門雜記》卷四："又有所謂跑凌鞋者，履下包以滑鐵，游行冰上爲戲，兩足如飛，緩疾自然，縱橫如意，不致傾跌。"19世紀中葉以前，八旗士兵操練滑冰行軍，將獸骨縛於鞋下，以增加行進速度，後漸演變爲用直鐵條嵌在鞋底上，用作在冰上滑跑嬉戲，故名。乾隆皇帝在《冰嬉賦序》中將之稱爲"國俗"。亦稱"冰鞋"。林新乃《中國風俗大觀·服飾篇》："清代滿族的冰刀，有雙刀、單刀兩種。雙刀不易摔跤，是供初學者穿的。平常穿的冰鞋都是把冰刀裝在木板上，再把木板捆在鞋上。當時的冰刀比鞋短，停止和轉彎時都可以利用鞋跟。這種木板鞋一直到今天在東北的鄉間還能找到。滿族入關以後，每年農曆十月都要在北京北海冰面上檢閱八旗子弟滑冰技術，作爲訓練部隊的技術之一……參加檢閱的人背上分別按旗箭插着正白、正黃、鑲黃等小旗，膝上裹着皮護膝，脚上穿着裝有冰刀的冰鞋。"

【冰鞋】[1]

即跑凌鞋。此稱始見於清代。見該文。

近代、現代鞋

皮鞋

近代由西方傳入中國并流行至今的皮革製鞋。多用經過鞣製的牛皮、豬皮等製作。有淺口、高舌幫，有絆、帶或無絆、帶等基本形制，鞋色亦有多種。隨式樣不同而有諸多商品名稱或俗稱，如雕花、方頭、火箭式、四眼式、套式、香檳式、丁字絆式、搭絆式等。鞋底也有皮底、橡膠底、塑料底等。豐子愷《勞者自歌十三則》之十二："一個穿新皮鞋的洋裝青年從水門汀的一端走來，他的履聲尖銳強烈而均勻。"又《半篇莫干山游記》："脚上穿一雙橡皮底的大皮鞋，手中提着一隻荷包。"

雨鞋

一種機製的橡膠鞋。鞋幫鞋臉達於踝下，并與鞋底模壓爲一體，不透水，多爲黑色。用於雨雪天穿着，行路脚不被浸濕。因形似倒扣的元寶，故又俗稱"元寶靴"。由西方引進中國，20世紀三四十年代風行使用。後漸被雨靴代替。

【元寶靴】

"雨鞋"的俗稱。此稱始見於20世紀三四十年代。見該文。

涼鞋

暑天圖涼爽製穿的鞋。一般爲平底或低跟，女式鞋或有高跟，有皮底、橡膠底、塑料底、布底等。鞋幫、鞋面可用多種材質製作，形制亦有多種：有用皮革、人造革縷孔或裁作條、帶狀編結的，有用布帶、尼龍帶縫編的，有用絲、麻、棉紗綫編織的，也有連底同幫模壓成型的。有船形、草鞋形、前臉後幫以繫帶連接等各種式樣。初由西方國家引進，流行於當代。

高跟鞋

脚跟底部加高的女鞋。一般形制爲硬底，在脚跟部加數厘米高的粗細不等的木質柱狀跟，跟底箍金屬套或釘鞋釘、膠皮；淺臉，皮革、人造革、絨布等材料製幫，或加花色修飾。穿着時爲維持平衡，必須全身挺直。走直綫步，顯得苗條輕盈，有利於襯托女性美。尤其適合青年女性穿着，中年婦女一般穿用後跟高二三厘米的，稱作"半高跟鞋"。清末由西方傳入中國，流行至今。又有男式高跟皮鞋，後跟粗於女式鞋，爲多層皮革墊成。中短身材的穿着後外觀增加修長感。流行於當代。

懶漢鞋

現代的一種平底鞋。約在20世紀中葉開始流行。鞋面用棉布、絨布或軟皮革製作，深臉開縫夾寬鬆緊帶縫合。鞋底一般用橡膠、塑料或皮革製作。借鬆緊帶的張縮力穿、脫，不用帶、扣加繫，非常方便。中老年人最愛用作便鞋日常穿着。男女均適用。亦稱"頸項鞋"。

【頸項鞋】

即懶漢鞋。此稱始見於現代。見該文。

鬆糕鞋

當代時尚的一種女用涼鞋。特點是厚鞋底，用軟木製成，也有用膠皮、塑料作底的仿製品。又有平跟與高跟之分。以其底厚而輕便，踏地有鬆軟感，且增加人體高度而爲中青年女性所喜愛。20世紀70年代國外開始風行，90年代由香港傳入廣州一帶，并流行於全國。

民間傳統鞋

虎頭鞋

亦稱"老虎鞋"。民間縫製的帶有虎頭飾的童鞋。爲中國傳統手工藝品。山曼等《山東民俗·服飾民俗》："老虎鞋。又稱虎頭鞋。流行於山東各地的一種童鞋，以彩色布料作鞋面，於鞋頭繡虎頭，作虎尾，又於後口做虎尾爲'提件'。"又有連棉褲縫在一起的式樣。車吉心等編《齊魯文化大辭典·民俗》："虎頭鞋、帽……鞋有棉、夾之分，套穿連脚棉褲的，幾乎成圓形，也稱'貓頭鞋'。多認爲穿虎頭鞋的，長大走路端正，避污穢；有指責踩他人脚或髒物的，說：'打小没穿過虎頭鞋。'現仍有沿襲。"我國南北各地均甚流行，如江浙、湖北一帶有端午節給幼兒穿虎頭鞋，象徵以虎辟邪的風習。各地製作形制亦大同小异。

【老虎鞋】

即虎頭鞋。此稱始見於近現代。見該文。

貓頭鞋

頭部裝飾有獸頭圖案的鞋。爲明代崇禎年間宮人繡飾製成。又，民間亦有將嬰兒穿的連脚褲鞋頭部分繡虎頭圖案但前額無"王"字形紋者，稱爲"貓頭鞋"。參見本卷《足服説·鞋考》"虎頭鞋"文。

栽紋鞋

民間的一種傳統布鞋。其鞋頭部分自鞋口嚮前先用茜茇作檀，在檀上用黑綫密密網過，然後切開并取揮檀物，便如栽紋形制，故稱。牢固耐穿，不易磨損。流行於青海地區。

絜眼鞋

民間的一種傳統布鞋。鞋頭、鞋幫分開裁製，鞋頭略呈三角形，底邊部分檀成扇形鞋口，將兩扇鞋幫插入密加緝縫。在鞋口、兩幫結合處相對各留四個絜眼，以繩繫束。見於青海河湟等地區，風行於20世紀三四十年代。

鷄窩子

一種傳統棉鞋。鞋幫分爲左右兩片，鞋面內襯羊毛或棉絮，密密縫納，兩片縫合在一起，縫合處夾緝牛皮條楞，鞋底用多層布袼褙叠納，厚達二至三寸，下釘皮底。保暖性强，結實耐穿。流行於青海地區，該地居民以"鷄窩子"爲稱，比喻其暖軟如鷄窩。

拉纓鞋

一種傳統女鞋。用刺綉、拉纓的手工工藝製作，因稱。用布面料背面上漿褙貼內層後，剪成U形幫片，在一片內層加貼綉花紙樣於鞋頭、幫側位置，再將兩片面向裹合并一起，用彩綫照花樣刺綉後，用利刀從兩片中縫切開，使綉綫頭散成纓毛狀，再加緣邊、絢底製成。流行於青海一帶，內地舊時亦見。

兔兒鞋

手工縫製的一種童鞋。布製，鞋頭稍尖，繡以兔唇、紅兔眼圖案，鞋口爲尖形，兩側鑲綴兔耳形繡片，有的在鞋幫後緣釘綴一帶形繡悅，象徵兔尾，兼作提鞋用。舊時民俗，中秋節給一至五歲兒童穿用，認爲可使小兒腿脚利落，行步快捷。流行於全國許多地區。

搬尖鞋

民間的一種傳統女繡鞋。俗稱"翹尖繡花鞋"。布製。鞋底前端綴縫一小絆鼻，鞋幫以白布或綠布爲底色，上繡花草。幫緣鑲彩色滾邊。

兩扇合成，連縫於鞋鼻，鞋尖端翹起，綴一朵布花。過去流行於貴州安順地區。

【翹尖繡花鞋】

"搬尖鞋"的俗稱。此稱始見於近現代。見該文。

改裝鞋

一種傳統布鞋。始見於民國初年。由搬尖鞋改其形制而製，因稱。鞋頭爲半圓形，鞋正面爲圓口或鋭角形。男女均穿用，女鞋鞋面上繡花。流行於貴州省。

各種專業用鞋

翻毛鞋

亦稱"白鞋"。喪鞋。舊喪俗，長輩人去世，晚輩親屬須戴孝，穿着喪服喪鞋。山東一帶喪鞋形制爲在布鞋外蒙罩不縫邊緣的毛邊白布（表示哀痛過甚無整飾心緒），因名。直系親屬又有按輩份不同在白鞋上分別綴以紅、藍、黑布條的做法。

【白鞋】

即翻毛鞋。此稱始見於近現代。見該文。

芭蕾舞鞋

亦稱"足尖鞋"。一種舞鞋。跳芭蕾舞時穿着。芭蕾舞爲近代由國外傳入的足尖舞，女演員起舞時多用足尖站、旋，給人以苗條、輕盈感，穿用此鞋以利動作，故名。其形制：軟皮底，淺臉，有繫帶，鞋頭内加襯尖頂鋼套，用以扶助立趾。多爲白色。

【足尖鞋】

即芭蕾舞鞋。此稱見於現代。見該文。

解放鞋

一種軍用鞋。因中國人民解放軍1955年定爲軍隊制式用鞋而得名。色用草綠，帆布幫，橡膠平底，底面有凸紋，底緣及鞋頭粘膠層增加防水功能。有高幫、低幫兩種，均爲深臉對開，兩邊有穿繫鞋帶的孔眼，内襯墊舌。輕便耐磨，適用於操練、行軍、野戰穿着。自20世紀60年代始，民間亦有穿者。

健身鞋

亦稱"運動鞋"。現代流行的一種高幫、底部帶有彈性的鞋。鞋幫用猪皮絨面革或尼龍織物製作，對開臉，兩邊有穿繫鞋帶的孔眼，内襯墊舌；橡膠底，内襯泡沫塑料墊層；鞋跟或略向後包幫，穿着時可減輕後腦震動。既適用於日常行走跑跳，又適用於爬山旅游。

【運動鞋】

即健身鞋。此稱始見於現代。見該文。

釘鞋 [2]

現代專供田徑運動員作跑、跳運動時穿用的鞋。皮幫，深臉對開。兩邊有多孔眼用以繫鞋帶，下墊皮舌。皮底內夾鋼片，跑鞋前掌下有六個尖釘排作兩排，跳鞋在後跟下再增二釘。統稱釘鞋。亦稱"跑鞋""跳鞋"。

【跑鞋】

即釘鞋。田徑運動員在作長、短跑、跨欄跑運動時穿用的鞋。鞋下前掌處有六尖釘排作兩排，借以蹬實跑道，防滑增速。

【跳鞋】

即釘鞋。田徑運動員在作跳高、撑竿跳高、跳遠、三級跳遠運動時穿用的鞋。鞋下前掌處有六尖釘排作兩排，腳跟處有兩尖釘。借以在助跑和起跳時增加蹬力和彈跳力度，防滑。

旱冰鞋

在底下加輪，在混凝土、木板、瀝青等鋪砌的堅硬平地上作滑行的鞋。形制有兩種：一種是衹有兩側帶鈕孔的鋼底板，底分前掌、後跟兩部分，中間用窄鋼板嵌接，可以調整鞋形長短，下裝有軸承的四輪分前後兩組，用時將鋼底板以帶穿過鈕孔加繫於所穿的鞋下，適當用力即可滑行、轉彎。多用作在專用場地作類似溜冰的運動或游戲；亦有大型餐飲店服務員穿着滑行於飲宴廳和炊事房之間，履行供奉顧客飲食物品職責，以提高工效者。另一種是仿滑冰鞋式樣，但將冰刀換爲前後縱排或一排的三至五個周邊窄薄的輪子，衹用於在光滑平地上用溜冰方法作花樣、打冰球、速滑等滑行運動。均用此稱。近代由西方傳入。

溜冰鞋

亦稱"滑冰鞋"，省稱"冰鞋"。用於作冰上速滑、花樣滑和冰球運動的鞋。近代自西方傳入。以皮革製幫、底，勒或至踝部，前臉對開，邊緣有鞋帶孔多個，內襯皮舌，底部裝有鋼質縱嚮冰刀，據運動項目不同分爲跑刀、花樣刀和球刀。穿着時繫縛鞋帶，使鞋牢固繫在腳上。

【滑冰鞋】

即溜冰鞋。此稱始見於現代。見該文。

【冰鞋】 [2]

"溜冰鞋"之省稱。此稱始見於現代。見該文。

練功鞋

練習民間舞蹈穿用的鞋。現代定制定名。黑色布面，淺臉，前面有皮包頭，中有繫帶，軟皮底。輕便結實。

球鞋

一種適合於作球類等體育運動時穿着的鞋。最初多用於作籃球運動時穿着，故名。後因其性能優良，利於跑跳，遂被喜愛運動的青少年廣泛穿用。近代由西方傳入中國，至今流行。基本形制爲帆布面，彈性橡膠皮平底，不透水。對開鞋扇自趾跟部上達踝部，邊上有孔眼多個，鞋扇底端內襯布鞋舌。穿着時將穿在孔眼中的鞋帶勒緊，繫於腳上。專用於球類活動的還有鞋扇僅遮腳面的網球鞋和鞋底有釘頭狀的防滑抗磨凸頭的足球鞋等。豐子愷《愛護同胞》："又一位少年說：'買一雙球鞋就行。晴天雨天都可穿。'"

棒球鞋

現代球鞋中的一種。專爲棒球運動員設計

製作。鞋面用軟皮製，繫帶式，鞋底有特製的金屬防滑釘。利於運動員快速奔跑。

高爾夫球鞋

現代球鞋中的一種。專爲高爾夫球運動員製用。全鞋爲赤白色，在脚背繫帶處有一褐色或黑色的鞍形部位，故亦稱"鞍背鞋"。亦有底部裝有鞋釘，脚背繫帶，鞋面裝有防砂革的一種形制。顏色以白色爲主，或有以白色爲基調的混合色。

【鞍背鞋】

即高爾夫球鞋。此稱始見於現代。見該文。

籃球鞋

現代球鞋中的一種。專供籃球運動員訓練或比賽時穿用。號型一般較大。鞋面用帆布或軟皮革製，有帶短袎和不帶勒兩種樣式，鞋幫靠底處內側留有氣孔，以便於脚汗揮發和散熱。鞋底多用橡膠或合成樹脂模製，底面成凸坑狀，用以防滑。内有海綿等彈性材料製成的鞋墊，以緩衝震動力，減少疲勞。按穿着可分爲成人男、女、學生、童式等。

馬球鞋

現代球鞋中的一種。專爲馬球運動員穿用。一般爲革製短勒靴形制，高至脚踝，鞋面分扇加扣眼，用於穿帶繫用。

排球鞋

現代球鞋的一種。專爲排球運動員設計製作。通常爲帆布矮勒鞋面，橡膠底，底面前後模壓分布均勻的凸凹横嚮花紋，間以人字形的斜竪紋路或淺凹坑。鞋内墊有海綿或泡沫塑料，起彈跳落地時的緩衝作用。其特點是輕巧、靈便，防滑性能好。

網球鞋

現代球鞋的一種。專爲網球運動員設計製作。通常用帆布面，白色或以白色爲主，前臉用繫帶式。橡膠底，底面模塑有防滑的凸凹横紋。常與網球裝配套穿用。

足球鞋

現代球鞋中的一種。專供從事足球運動穿用。鞋幫用帆布或皮革製，前臉穿帶結繫式。硬橡膠底，底下有兩排凸頭，有利於運動中防滑、急轉、驟停。

體操鞋

現代的一種適合做體操運動時穿着的鞋。白色淺幫，鞋口中部綴一寬彈力帶，起繫絆作用，軟橡膠底。輕便結實，穿脱方便，日常生活中亦爲少年所愛穿。

潛水鞋

現代潛水作業用鞋。其基本形制有兩種：一種是通風式潛水服的單獨部件；另一種是密閉循環式潛水服與衣褲連接在一起。均用防水材料製作，鞋底加鉛板增重，以抵銷水的浮力。每雙潛水鞋約重 15~16 公斤。

近現代少數民族傳統鞋

羌鞋

土族傳統男式鞋的總稱。其基本形制有兩種。參見本卷《足服説·鞋考》"雙楞子鞋""福蓋地鞋"文。

雙楞子鞋

土族傳統男式鞋。羌鞋的一種。形制類同

雙梁鞋。鞋幫有綉飾。林新乃《中國風俗大觀·服飾篇》："羌鞋。土族舊時男式鞋的總稱。'羌鞋'以製作式樣的不同可分爲雙楞子鞋和福蓋地鞋。雙楞子鞋，在兩片鞋幫的前部縫合處又加半市寸寬夾條，形成兩溜高楞，高楞上蒙漆皮或用綫密密錯縫，所以叫雙楞子鞋……鞋幫上面料一般和藍、白、黑等彩綫相配，綉雲紋盤綫圖案或碎花朵朵。"流行於今青海互助等地。

福蓋地鞋

土族傳統男式鞋。羌鞋的一種。鞋前臉蓋綴大小相間的瑞雲朵，象徵天降吉祥，故名。林新乃《中華風俗大觀·服飾篇》："羌鞋。土族舊時男式鞋的總稱。'羌鞋'以製作式樣的不同可分爲雙楞子鞋和福蓋地鞋……福蓋地鞋，用剪貼的蘑菇雲圖案，子母相配，白綫鎖邊覆蓋整個鞋的前部，這種羌鞋就叫做福蓋地鞋。無論哪種鞋，鞋幫上面料一般和藍、白、黑等彩綫相配，綉雲紋盤綫圖案或碎花朵朵。"

姑姑鞋

一種鞋面鞋幫都有精綉花色圖案的翹頭女鞋。撒拉族婦女喜愛的一種鞋子。始於清末。姑娘出嫁時，脚穿綉花鞋或姑姑鞋。林新乃《中華風俗大觀·服飾篇》："姑姑鞋。撒拉族婦女清末民初所穿的一種綉花翹尖鞋……從語言上分析，是漢語'鈎鈎鞋'的借音，非本民族固有。""姑姑鞋的製作比綉花鞋更爲精細：鞋面鞋幫都綉有花卉圖案，鞋尖翹起，成一鈎形，並綴一絲穗，鞋底分厚薄兩種，厚的約一寸，皆用細繩密納，式樣美觀，穿起來舒適，走起路來也很輕巧，深受撒拉族婦女歡迎。"

雲雲鞋

羌族民間的一種花鞋。因鞋幫上精綉彩色雲，故名。傳說源自一則民間故事：一牧羊小伙一次釣魚，釣得的鯉魚化爲一個美麗姑娘。兩人傾心相愛，小伙采來鮮艷的羊角花贈給姑娘，姑娘撕下天上的彩雲做成鞋子贈給小伙，兩人結婚過上幸福美滿的生活。因此雲雲鞋便成爲羌族姑娘製送給心上人的定情物。林新乃《中華風俗大觀·服飾篇》："那種別有風姿的花鞋，鞋尖微翹，鞋幫上綉有彩雲圖案，像江河中的船隻形狀，稱爲'雲雲鞋'。當〔羌族〕姑娘和小伙子相愛，到傾心相許時，姑娘就會悄悄比着小伙的鞋樣尺碼，精心綉製一雙飽含情愛的'雲雲鞋'送給小伙，小伙獲得姑娘的心愛之物，就意味着他們的愛情之果已經成熟了。"流行於四川茂縣等地。

過加鞋

土族的一種傳統女鞋。布製鞋幫，前蒙一塊用彩色絲綫綉花卉圖案的面料，鞋尖飾彩色短穗，後跟綴紅布溜跟，與鞋底縫綯。上縫布鞋腰。因面料上打仄子花，故亦稱"仄子花都鞋"。或稱"其吉都鞋"。綉彩雲紋狀盤綫圖案者稱"花雲子鞋"。流行於青海互助等土族聚居地區。

【仄子花都鞋】

即過加鞋。因鞋面上打仄子花，故稱。見該文。

【其吉都鞋】

即過加鞋。見該文。

【花雲子鞋】

即過加鞋。因綉彩雲紋狀盤綫圖案，故稱。見該文。

凱鞋

西北地區少數民族穿用的一種套鞋。原爲皮製，尖頭淺幫呈船形，圓口，多爲黑色。鞋腔較寬大，用於外出時套穿在靴鞋外，入室則脫下，以保持室内地面和地毡乾净。後改用膠皮製。新疆的維吾爾、哈薩克、柯爾克孜、烏兹别克、塔塔爾等族均習用。維吾爾族稱作"托卡具"。

【托卡具】

即凱鞋。維吾爾語音譯。見該文。

綫耳鞋

布依族的一種傳統鞋式。布底，以白棉綫和麻索互爲經緯編織成幫。鞋耳用棉綫搓成索，套入鞋幫粗麻索，下端夾入鞋底。耳上用彩綫編織各式花紋圖案。鞋頭尖上扎一小蝴蝶飾物，鞋跟用純白花緞縫製。流行於貴州興義等地布依族聚居處。常被布依族青年戀人作信物互贈。

腰鞋

土族的一種傳統女鞋。布製。帶有短鞋腰，故稱。鞋幫用彩色絲綫密密錯縫成彩虹紋樣，前臉或加彩綉花卉圖案，鞋腰和鞋口之間相連處綴數條彩布夾條，綳以平底。亦稱"斯果爾瑪鞋""快都子鞋"。流行於青海互助哈拉直溝、紅崖子溝等地。

【斯果爾瑪鞋】

即腰鞋。土族有此稱。見該文。

【快子都鞋】

即腰鞋。土族有此稱。見該文。

翹尖花鞋

土族纏足婦女穿用的一種傳統花鞋。布製，按鞋底大小製成約四至五寸長的鞋幫布坯，蒙以面料，加綉各種花卉，鞋尖高翹，翹尖處綴飾彩綫短穗，鞋後跟釘綁帶，穿後繫於踝。曾流行於青海民和等地。現已不用。

竹麻草鞋

仫佬族傳統草鞋。用經過烘烤、刮皮、抽絲、捶軟後的嫩竹纖維，與麻網一起編製而成。製工簡易、耐磨抗濕，適用於攀山過嶺和在苔蘚石路上行走。流行於廣西羅城一帶。

細耳草鞋

布依族的一種傳統草鞋。有草編和麻布絲編兩種形制。草編者用糯穀草芯，適用於體力勞動和雨天時穿着；用苎麻、布絲編織者，鞋尖扎有一小泡花，耳絆穿纂細緻，婦女們或在耳絆上加縫綉花彩布爲飾。適用於晴天穿着。流行於貴州等地的布依族聚居區。

那木欣

朝鮮語音譯。意爲"木屐"。朝鮮族傳統木屐的一種。早期爲木底，用絨布製幫，稱"木鞋"，後演變爲用整塊硬木雕鑿成的木屐，流行於東北朝鮮族聚居地區。

【木鞋】

即那木欣。爲其早期形制。見該文。

阿支色諾

哈尼語音譯。意爲"木頭鞋"。哈尼族民間傳統木鞋。用材質較輕的攀枝花樹、刺通樹、紅椿樹木料製作。將材木砍削成兩隻同脚形的小凳形狀，前端正中及稍後兩側各鑽一孔眼，穿入細棕繩形成兩扣并繫牢，形如木屐。套穿於足，拇趾、二趾夾住兩扣間的棕繩，使其不致脱落。流行於雲南紅河等地。

第二節 靴 考

靴爲足服之一種。它與鞋的最顯著的不同，是鞋幫上連有長至脛的靿。源於古代游牧民族，新疆孔雀河古墓出土的皮靴實物，經測定已有三千八百餘年。以牛皮製作，毛朝內，靿長至脛，中間開一豁口，以小皮帶連繫。（見周汛、高春明《中國歷代婦女妝飾·足飾篇·履舄异彩》）古代北方游牧民族，常跋涉乘騎於草莽水澤之間，穿靴利於騎射，防護脛足。戰國時期，趙國域鄰北疆，常與毗鄰的東胡、林胡和樓煩交往、爭戰，趙武靈王認識到胡服在適應騎射方面的優越性，遂決定改革服制，實行胡服騎射。（見《戰國策·趙策二》《史記·趙世家》）靴由是從北方游牧民族地區被引進中原地區。初時，靴爲短靿及脛，皮製，黃色，沿襲胡人之戰靴形制。至漢代，因其用皮革縫製，故又有"絡鞮"之稱。魏晋南北朝時期，着靴者主要爲軍人，民間則以北方人爲多，且主要在少數民族中流行。但由於少數民族與漢民混雜居住的結果，靴的穿用也開始在漢族中普及。在形制上又有靿長至膝的長靿靴和照鮮卑族戰靴樣式製作的有六道縫綫的黑色短靿皮靴，稱"烏皮六合靴"，北齊稱之爲"吉莫靴"，可作爲朝靴謁見君王穿着。自隋代始，六合靴已作爲皇帝、貴臣的一種常服穿用。爲便於騎馬時踏鐙，又有將靴頭由方、圓形改爲尖頭的靴。

唐初沿隋制，百官常服用烏皮六合靴，靴爲高靿。後采用馬周提議，將長靿改爲短靿，可兼作百官朝服。又將靿開縫，加之以氈及縬，可裝隨身携帶之物。唐代婦女有穿靴習俗，常用彩皮或織錦製成，尖頭短靿，還常鑲嵌珠寶，有時還綴小鈴，宮廷婦女用作舞靴，配以胡服穿用。唐代還有以細絲繩編織的綫靴，亦婦女穿用。宋代，天子常服用皂文靴，百官公服用皂皮靴。（見《宋史·輿服志》三、五）婦女因纏足故，穿靴不便，改爲穿鞋。

遼、金、元三代，分別由契丹、女真、蒙古族建國立朝，靴本來就是其民族習用之足服，遂被列入衣冠之制，遼代服制雖有國服（契丹服）、漢服之分，但在着靴上則不拘於何種服制，如皇帝按國服制着祭服、朝服時穿錯絡縫烏靴，按漢服制着公服、常服時亦穿六合靴，群臣穿烏皮六合靴；金人常服烏皮靴，文武官員、儒生着皂靴，庶民私服所着之靴衹許用黃及黑油皂蠟染色者；元代服制中靴的種類很多，除百官公服着皂皮靴外，又有以紅羅製作的高靿的紅羅靴，"製以皮，幫嵌雲朵，頭作雲象，翰束於脛"的雲頭靴，其儀衛人員所着更有素、烏、黃、朱、紅、青、花、紫靴，朱、紅、黃、青、綠、白五色雲靴，綠雲花靴，五色雲頭靴等各色各式靴。（見《遼史·儀衛志》二，《金史·輿服志》中、下，《元史·輿服志》一、二、三）又有始製自東北嚴寒地區爲居民穿用的短靿皮製、内絮捶軟的烏拉草以保暖的"兀剌"靴，元代亦見。

明代，以靴爲公服。官吏雨天外出則穿油靴，靴面塗桐油，靴底施鐵釘。明初百姓亦穿靴，但因民間巧裁、精飾靴樣，遂嚴令庶人不許穿靴，祇許穿一種外纏綁腿的高筒皮履，稱"皮札鞋"。在酷寒的北方允許穿形制簡陋的牛皮直縫靴，官定服制中有樂舞生穿用的黑皮四縫靴，爲前代未見著録者。又已見用毛氈爲靿的直縫高靿靴，還有用緞、苧絲等織物製的靴。

清代廢前朝之禁，官民皆可着靴。官靴日常用尖頭，朝會用方頭。還有一種稱"牙縫靴"，初僅皇帝穿用，後軍機大臣等亦穿。另又有一種以布緞製靿、軟皮或麻納布底的短靿薄底快靴，俗稱"爬山虎"，普通武弁、侍從當差所穿。

我國許多少數民族很早就以靴爲足服，式樣亦多種。古代如漢朝時西域胡人穿一種無前壅的"鞻鞨"；回紇族以獐皮製的靴，稱之爲"紅虎皮靴"。現代如烏孜別克、俄羅斯、柯爾克孜、哈薩克、塔吉克、羌、納西、保安、門巴、裕固、達斡爾、維吾爾、蒙古、鄂倫春、藏等族皆穿靴。少數民族的靴一般爲皮製，亦有用氈或布製者。如蒙古族穿皮靴，亦穿氈靴、布靴；達斡爾族冬季穿狍皮靴，夏季穿布靴或布靿皮底靴。此外，通常爲高靿，注重裝飾，男女皆穿。如門巴族男女穿一種用紅、黑兩色氆氇鑲配縫製的軟底高靿靴；塔吉克族男子穿牦牛皮長靿登山靴，女子則穿紅色皮靴；哈薩克族男子穿高跟皮靴；納西族女子穿方頭長靴等。

歷代各式靴

靴

連靿達於踝上的鞋。本作"鞾"。用皮革或布帛等材料製成。靿呈筒形，又有長靿、短靿之分，用以護踝和小腿。長靿者或開有裂口用帶縮繫。春秋時期由當時稱爲東胡、林胡、樓煩等"三胡"的北方少數民族地區引入中土。史載，趙武靈王十九年（前307）爲利於山野騎射作戰，變革服制，以胡服騎射教民。履爲之外興靴始於此時。參閱《史記·趙世家》。《釋名·釋衣服》："古有舄履而無靴，靴字不見於經。"靴的最初形制爲短靿，黃皮，日常生活中穿着。五代馬縞《中華古今注·靴笏》："靴者，蓋古西胡也。昔趙武靈王好胡服，常服之。其制，短靿，黃皮，閑居之服。"兩晋南北朝已常見，并已見有長靿靴。《晉書·儒林傳·劉兆》："嘗有人著鞾騎驢至兆門外。"《南史·陳暄傳》："〔暄〕袍拂踝，靴至膝。"隋代列入軍戎之服。《隋書·禮儀志七》："唯褶服以靴。靴，胡履也，取便於事，施於戎服。"靴并被列作朝服穿用。《舊唐書·輿服志》："〔宴服〕今亦謂之常服……北朝則雜以戎夷之制，爰至北齊，有長帽短靴，合袴襖子，朱紫玄黃，各任所好，雖謁見君上，出入省寺，若非元正大會，一切通用。""隋代帝王貴臣多服黃文綾袍，烏紗帽，九環帶，烏皮六合靴……天子朝服亦如之，唯帶加十三環以爲差異。"《朱子語録》稱：隋煬帝出幸，令百官以戎服從，後世循襲爲朝服。元代規定，庶民穿着的靴不得裁製花樣。明代則詔令限制庶民穿靴。《明史·輿服志三》："〔洪武二十五年〕詔禮部嚴禁庶人不許穿鞾。"清代解禁。靴的種類和式樣很多，如質料有皮、錦、緞、綾、布、氈等；顏色有黃、黑、青、紅、紫、綠、素、花、粉等；靴頭有方、圓、尖、平、鵝頂、鵠嘴、雲頭等；縫工有直縫、絡縫、牙縫、雙梁、單梁、四縫、六縫等；底有厚、薄、平、翹；靿有長、短、開口或筒形。現今流行的靴式樣和質料更多，除日常穿着外，還有特殊用途的靴，如膠皮靴等。

【鞾】

同"靴"。《釋名·釋衣服》："鞾，跨也。兩足各以一跨騎也。本胡服，趙武靈王服之。"《說文新附·革部》："鞾，鞮屬。從革，華聲。"《玉篇·革部》："鞾，同靴。"漢曹操《與太尉楊彪書》："並遺足下貴室錯綵羅縠裘一領，織成鞾一量。"後代多用"靴"字，但亦用"鞾"。《南齊書·豫章文獻王傳》："不樂聞人過失，左右有投書相告，置鞾中，竟不視，取火焚之。"《宋史·輿服志三》："繫履，則曰履袍；服鞾，則曰鞾袍。履、鞾皆用黑革。"《明史·輿服志三》："先是百官入朝，遇雨皆躡釘鞾。"

短靿靴

靿長衹達踝上的靴。原爲古代稱爲東、西胡的北方少數民族的戰靴，春秋時趙武靈王變革服制時引進中土。後因又有將靿加長至膝的靴，爲示

短靿靴

區別，遂有"短靿""長靿"之稱。《釋名·釋衣服》："趙武靈王好著短靿靴，後世乃作長靿靴。"亦省稱"短靴"。《舊唐書·輿服志》："爰至北齊，有長帽短靴，合袴襖子，朱紫玄黃，各任所好。"現今流行的靴式多爲短靿。

【短靴】

即短靿靴。此稱始見於南北朝時期。見該文。

鞨韃

古代西域少數民族所穿用的靴。胡族音譯。始見稱於漢代。其特點是靿以下較順直，易於穿脫。《釋名·釋衣服》："鞨韃，鞾之缺前雍者，胡中所名也。鞨韃猶速獨，足直前之言也。"王先謙疏證補："《周書·太子晉》篇云：'師曠束蹈其足，踏也。'此速獨當即束蹈。足踏向前，故云'足直前'之言。"《廣雅》《廣韻》皆作"履"解。《新唐書·西域傳·東女》："〔王〕足曳鞨韃。鞨韃，履也。"前雍，當指靴尖而言。

絡鞮

皮靴之古稱。本爲北方少數民族足服，春

秋時趙武靈王變革服制時引入中土。此稱見於漢，隋唐之間改稱“皮靴”。《説文·革部》：“鞮，革履也。胡人履連脛，謂之絡鞮。”段玉裁注：“‘胡人履連脛，謂之絡鞮’，各本無此九字，《韻會》引有，釋名曰鞾。本胡服，趙武靈王所服也。”亦稱“吉莫靴”，《北齊書·恩倖傳·韓寶業》：“臣向見郭林宗從冢出，着大帽，吉莫靴，插馬鞭。”《集韻》作“鞊鞻”。

【吉莫靴】

即絡鞮。此稱始見於南北朝時期。見該文。

【鞊鞻】

同“吉莫”。即絡鞮。此體始見於宋代。見“絡鞮”文。

長勒靴

勒長至膝部的靴。最早由北方少數民族地區傳入中土的靴。勒長祇達於踝上，稱“短勒靴”。後世又有勒長至膝的靴制，稱“長勒靴”。漢代已見。《釋名·釋衣服》：“趙武靈王好著短勒靴，後世乃作長勒靴。”靴用長勒利於在草地騎馳，防止小腿被鉤挂或受傷。漢以後歷代沿用。宋沈括《夢溪筆談·故事》：“中國衣冠，自北齊以來乃全用胡服，窄袖緋綠短衣，長勒靴，有蹀躞帶，皆胡服也。窄袖利於馳射，短衣長勒皆便於涉草。”《隋書·禮儀志七》：“其乘輿黑介幘之服，紫羅褶，南布袴，玉梁帶，紫絲鞋，長勒靴。”至今靴仍有長勒形制。

朝靴

古代官定服制文武百官朝參天子時所穿的靴的概稱。上朝穿靴，始自北齊。《舊唐書·輿服志》：“爰至北齊，有長帽短靴，合袴襖子，朱紫玄黃，各任所好，雖謁見君上，出入省寺，若非元正大會，一切通用。”并謂隋代皇帝朝服着烏皮六合靴，帶上加十三環。自唐至明，規定用黑色皮靴，形制或爲六合靴，或加彩飾。五代馬縞《中華古今注·靴笏》：“〔靴〕至馬周改制，長勒以殺之，加之以氈及條，得著入殿省敷奏，取便乘騎。文武百僚咸服之。”明董斯張《廣博物志·服飾》引《續事始》：“故事，胡虜之服不許著入殿省，至馬周加飾，始許也。”《宋史·輿服志五》：“鞾，宋初沿舊制，朝履用鞾。政和更定禮制，改鞾用履……乾道七年，復改用鞾，以黑革爲之，大抵參用履制，惟加勒焉。其飾亦有絇、繶、純、綦，大夫以上具四飾，朝請、武功郎以下去繶，從義、宣教郎以下至將校、伎術官並去純。底用麻再重，革一重。裏用素衲氈，高八寸。”周汛、高春明《中國歷代服飾·清》：“靴子的材料多用黑緞，式樣初尚方頭，後又變成尖頭，朝服仍用方頭靴。”清代朝靴有實物傳世，其形制爲厚平底，靴臉黑色，有白色單梁上貫至勒，勒長及膝，下黃上黑，正上方有提繯，勒上口緣及底緣周遭綴細珠，并飾金銀色絲紋，做工備極精緻。現故宮博物院收藏。平時穿用形制相仿者，亦或用“朝靴”稱。《紅樓夢》第二回：“〔賈寶玉〕登着青緞粉底小朝靴。”

六合靴

用七塊染爲黑色的皮革縫製成的短勒靴。做工精細，因共有六道接縫，故美其名爲“六合”，取“六合一統”之義。原爲古鮮卑等北方民族的戰靴，傳入中土後，北朝時定此稱。自隋代始，作爲皇帝、貴臣的一種常服穿用，唐代沿其制。周錫保《中國古代服飾史》第七章《隋唐服飾》：“常服古稱宴服。唐初因襲隋制，天子用黃袍及衫。初，隋文帝聽朝用赭黃紋綾袍，烏紗帽，折上巾，六合靴，與貴臣同服，唯天子帶有十三環爲別。"《舊唐書·輿服志》："其常服赤黃袍衫，折上頭巾，九環帶，六合靴，皆起於魏周，便於戎事。"宋、遼亦沿襲之。亦作"六合鞾"。《宋史·輿服志三》："唐因隋制，天子常服赤黃、淺黃袍衫，折上巾，九環帶，六合鞾。宋因之……皂文鞾，大宴則服之。"《遼史·儀衛志二》："皇帝柘黃袍衫，折上頭巾，九環帶，六合鞾，起自宇文氏。唐太宗貞觀已後，非元日、冬至受朝及大祭祀，皆常服而已。"亦稱"六縫靴"。清汪汲《事物原會·皮靴》："唐裴叔通以羊皮爲靴……烏皮六縫靴也，唐有此名。故曰高力士終以脫烏皮六縫爲深恥。《隋書》：'帝王貴臣多服烏皮六合靴。'"

【六合鞾】

同"六合靴"。此體始見於宋代。見該文。

【六縫靴】

即六合靴。此稱始見於唐代。見該文。

虎皮靴

用虎皮或經熟製過的獐皮作靿面的靴。虎皮製靴見於南朝梁代蕭琛故事。《南史·蕭琛傳》："王儉當朝，琛年少未爲儉所識，負其才氣，候儉宴於樂游苑，乃著虎皮靴，策桃枝杖，直造儉坐。"古回紇族稱獐皮爲"紅虎皮"，加工後亦用以製靴。周錫保《中國古代服飾史》第十章《遼代服飾》："其中以紅虎皮作靴者爲最貴。"注："紅虎皮者，回紇獐皮也。揉以磠（同砂），砂其軟熟，製以爲靴，越水不透。"

尖頭靴

頭部尖出的靴。古代鞋履頭部多方形，後又有圓頭履。自引進靴制後，也多參用履形加靿。製成尖頭，爲便於騎馬時踏鐙。隋唐時期已有，見之於這時期的出土陶俑及彩塑，爲長靿、翹底，尖頭，有紋飾。金代亦見。亦稱"不到頭"。宋郭彖《睽車志》卷四："逆〔完顏〕亮末年，自製尖靴，極長銳。云便於取鐙，而足趾所不及，謂之不到頭。"清汪汲《事物原會·尖頭靴》："金俗無貴賤皆著尖頭靴。"清代先用方頭，後亦用尖頭。周汛、高春明《中國歷代服飾·清》："靴子的材料多用黑緞，式樣初尚方頭，後又變成尖頭。"

【不到頭】

即尖頭靴。此稱始見於宋代。見該文。

綾靴

用綾織工藝織成靿面幫的靴。爲初唐婦女時尚足服。至中唐時期則換穿更爲輕便的"綾鞋"。從現出土實物觀察，是以絲質的細綾繩織成面料。《舊唐書·輿服志》："武德來，婦人著履，規制亦重，又有綾靴。開元來，婦人例著綾鞋。取輕妙便於事。"靴或用五色絲綾織作彩色，專供權貴人家婦女穿用。周汛、高春明《中國歷代服飾·附錄八》："貞觀朝令……庶人妻女不得服綾、羅、縠及五色綾靴、履。"

皮靴

用皮革製成的靴。有長靿、短靿之分，靿呈筒形，長達膝或短遮踝。本爲北方少數民族足服。唐代始有此稱。《舊唐書·音樂志二》："景雲樂舞八人，花錦袍，五色綾袴，雲冠，烏皮靴。"天子用以配弁服，在朔日受朝，視朝聽訟、拜陵時穿着。宋、金、元歷代沿用。亦作"皮鞾"。《宋史·輿服志五》："〔公服〕其制，曲領大袖……烏皮鞾。自王公至一命之士，通服之。"《金史·輿服志下》："金人之常服，四帶巾，盤領衣，烏皮靴。"《元史·輿服志一》："百官公服……韈以皂皮爲之。"現今流行的皮靴有許多改進，改手工縫製爲機製，考究靴型，或勒上加拉鏈，底部加膠層等，價高於皮鞋。

【皮韈】

同"皮靴"。此體始見於宋代。見該文。

錦勒靴

用彩色織錦作面料的薄底靴。輕快纖麗，爲青年婦女所愛穿。舞女并以其作舞鞋。盛行於唐代。唐代宗時令身邊侍奉的宮人皆着紅錦勒靴。五代馬縞《中華古今注·靴笏》："至大曆二年，宮人錦勒靴侍於左右。"唐盧肇《柘枝舞》形容舞女穿錦勒靴："靴瑞錦以雲匝。"亦稱"錦靴"。唐李白《對酒》詩："吳姬十五細馬馱，青黛畫眉紅錦靴。"亦稱"蠻靴"。唐舒元輿《贈李翺》詩："湘江舞罷忽成悲，便脱蠻靴出絳帷。"現今戲曲服飾中仍存此制。

【錦靴】

即錦勒靴。此稱始見於唐代。見該文。

【蠻靴】

即錦勒靴。此稱始見於唐代。見該文。

【錦韈】

同"錦靴"。清末民初胡樸安《中華全國風俗志下篇·西藏》："達賴及班禪……足穿錦韈或皮履。"詳見本卷《足服説·靴考》"錦勒靴"文。

皂靴

用黑色皮革或布帛等製成短勒、長勒靴的泛稱。"靴"亦作"韈"。加紋飾的亦稱"皂文韈"。見於宋至清諸代的官定服制。《宋史·輿服志三》："有赭黄、淡黄袍衫，玉裝紅束帶，皂文韈，大宴則服之。"《金史·輿服志下》："明昌六年制，文武官六貫石以上承應人並及廕者，許用牙領，紫圓板皂條羅帶，皂靴，上得兼下。"《元史·禮樂志》："樂正副四人，舒脚幞頭，紫羅公服，烏角帶，木笏，皂靴。"明代洪武年間定，侍儀舍人、校尉冠服穿皂文靴，武舞舞士着"綠雲頭皂韈"。參閲《明史·輿服志三》。清代官吏穿着的皂靴爲長勒，單縫，圓頭，厚粉底，因是用青黑色緞製成，故又稱"青緞靴"。《清史稿·樂志八》："回部樂，司樂器八人，均……青緞韈，綠綢胳膊。"

皂靴(校尉·皂靴)
(明王圻等《三才圖會》)

【皂文韈】

即皂靴。加綴彩紋圖案的皂靴。此稱始見於宋代。見該文。

【青緞靴】

即皂靴。此稱始見於清代。見該文。

絡縫靴

用生絲綫縫製，其縫綫縱橫相接的長勒靴。爲古代契丹族穿着物。遼國建立後，定爲該國服制的一種。元代以後見之中原。《遼史·儀衛志一》："定衣冠之制，北班國制，南班漢制，各從其便焉……小祀，皇帝硬帽，紅克絲龜文袍，皇后戴紅帕，服絡縫紅袍，懸玉珮，雙同心帕，絡縫烏韈。"現存的遼寧昭烏達地區遼墓壁畫、内蒙古赤峰元寶山元墓壁畫中，均有着絡縫靴的人物繪圖。勒用前後兩片皮縫合，後片直達靴底，與靴臉皮片縱連，前片則下至脚背處與靴臉皮片橫連。

雲靴

古代的一種靿、幫加雲紋爲飾的皮靴。見於元代。靴靿分有綠、紫、朱紅、五色、黄、青、白諸底色，各由不同的鹵簿、儀衛人等穿着。如纛稍隊中，次弩着綠雲靴，次稍着朱雲靴，次纛着紫雲靴；十二旗隊中的左右攝提旗着紅雲靴；風、雨、雷、電旗執者着青雲靴，龍墀旗隊中皇帝萬歲旗執者着黄雲靴；檢校官頓遞隊中，大黄龍負圖旗執者着五色雲靴；左右青龍白虎旗隊中，白虎旗執者及從者着白雲靴，等等。參閱《元史·輿服志二》。

雲頭靴

靿與頭嵌以雲朵的皮靴。元代作儀衛人員等服制之一。《元史·輿服志一》："儀衛服色……雲頭靴，製以皮，幫嵌雲朵，頭作雲象，翰束於脛。"其殿下旗仗人等，分着雲頭靴及花靴。參閱《元史·輿服志三》。

紅羅靴

以紅色絲羅製成高靿的靴。元代服制爲天子穿用。《元史·輿服志一》："〔天子〕紅羅靴，制以紅羅爲之，高靿。"

兀剌

一種内絮乾草穿用保暖的短靿皮靴。因内絮東北特産兀剌草（今稱"烏拉草"）得名。這種草莖細如綫，捶製後絲軟如綿，嚮來被稱作東北"三寶"之一。東北地區冬季酷寒，居民用皮縫成靴，内絮加工過的烏拉草，用其較强的保暖性能，防止凍足。古代即用"兀剌"爲稱。因係由滿語音譯，故又有"護臘""靰鞡""烏拉"等諸音稱謂，皆指同物。元代已見。元高安道《哨遍·皮匠説謊》套曲："新靴子投至能够完備，舊兀剌先磨了半截底。"《格致鏡原》卷一八引《事物原始》："今遼東軍人著靴，名曰護臘。"後北方冬寒地區亦仿效其制製作，唯用其他乾軟之草代作絮物，價廉實用，一度流傳。山曼等《山東民俗·服飾民俗》："靰鞡。由東北傳來山東，從前冬季田野作業的人，往往有這種鞋子。底與幫皆猪皮縫就，有腰，穿時鞋内裝塞乾軟之草，有帶繫腿上。隔年乾硬，再用時須用水泡軟。"

【護臘】

同"兀剌"。此譯稱始見於清代。見該文。

【靰鞡】

同"兀剌"。此譯稱始見於現代。見該文。

【烏拉】

同"兀剌"。此譯稱始見於現代。見該文。

釘靴

古代的一種雨靴。按唐代有釘靴，在鞋底上前後加釘圓頭釘若干，在雨雪天穿用，用以隔潮防滑。釘靴當同此制，但加靿成靴形。此稱見於明代。百官入朝，遇雨用之。《明史·輿服志三》："〔洪武六年〕先是，百官入朝，遇雨皆躡釘靴，聲徹殿陛。侍儀司請禁之。太祖曰：'古者入朝有履，自唐始用靴。其令朝官爲軟底皮靴，冒於鞾外，出朝則釋之。'"《明實録·洪武皇帝實録》亦有此記載。

四縫靴

有四道接縫的皮靴。此稱見於明代，定爲樂、舞生等人服制。《明史·輿服志三》："洪武五年定齋郎，樂生，文、武舞生冠服。齋郎，黑介幘，漆布爲之，無花樣，服紅絹窄袖衫，紅生絹爲裏；皂皮四縫靴，黑角帶。文舞生及樂生……皂皮四縫靴，黑角帶。"〔武舞生〕服飾、靴、帶，並同文舞生。""永樂間，定殿内侑食樂……奏《車書會同之舞》，舞人皆皂羅頭巾，青、緑、玉色皂沿邊襦，茶褐綾條皂皮四縫靴。"

直縫靴

從勒到面衹有一道縫綫的靴。古時常以靴縫的多少和縫法來區分靴式與品級。如四縫靴、六縫靴、絡縫靴等，直縫靴的縫工最簡易，品級也最低，爲北方平民禦寒穿用。此稱見於明代。《明史·輿服志三》："〔洪武〕二十五年，以民間違禁，靴巧裁花樣，嵌以金綫藍條，詔禮部嚴禁庶人不許穿靴，止許穿皮札鞼，惟北地苦寒，許用牛皮直縫靴。"

高筒氈靴 [1]

用毛氈製的長勒靴。見於明代。江蘇揚州西郊明墓出土的生員火金葬服中有此實物。白底黑氈直縫。

牙縫靴

清代皇帝、貴臣所穿着的一種靴式。長勒，從勒上正前方至靴頭有縫，縫間嵌以牙綫。皇帝朝靴用此靴式。後軍機大臣亦着牙縫靴。周錫保《中國古代服飾史》第十四章《清代服飾》："自嘉慶始，凡軍機大臣皆着緑牙縫靴。"從現存世的清代朝靴和官吏照片中可見其形制。

内城京靴

清代皇都北京内城區域裏的店鋪製售的靴。清代北京城區的劃分：宣武門、正陽門（前門）、崇文門以南的城區稱外城區，以北的城區稱内城區。皇帝居住的紫禁城在内城區正中。内城區爲當時最繁華地區，商品多是供權貴家族購用的上等貨色。内城出售的靴是當時的上品，面料較好，做工精細，樣式考究，又是京城的産品，故名。《二十年目睹之怪現狀》第

四回："後頭送出來的主人……頭上戴着京式大帽，紅頂子花翎，脚下穿的是一雙最新式的内城京靴。"第六二回："當頭一個身穿一件蜜色寧綢單缺襟袍……脚穿的是一雙粉底内城式京靴，頭上却是光光的没有戴帽。"

抓地虎快靴

一種薄底、短勒的靴。一般用青布、緞爲勒面料，軟皮或麻納布底。蹬地易於着力，步履輕快，故名。舊時多爲差役人等穿用。此稱見於清代。《二十年目睹之怪現狀》第九一回："忽見前面一排兵勇，在那裏站隊。有一個穿了灰布缺襟袍……脚穿抓地虎快靴的，手裏捧着手版。"張友鶴注："抓地虎快靴——一種薄底短筒，便於行走的靴子。"亦稱"薄底快靴"。上書第六一回："走過護勇棚時，只見一個人……脚上穿了薄底快靴，腰上佩了一把三尺多長的腰刀。"亦省稱"抓地虎"。《官場現形記》第三回："兩個營務處的差官……穿着抓地虎，替他把轎扛。"

【薄底快靴】

即抓地虎快靴。此稱始見於清代。見該文。

【抓地虎】

"抓地虎快靴"之省稱。此稱始見於清代。見該文。

犴皮靴

用犴皮縫製的靴。見之於東北大、小興安嶺地區。犴，學名駝鹿，俗稱"堪達罕"，用其皮鞣製後縫靴，薄軟而保暖性强。靴勒長者可達股下。酷寒季節男女穿用，防寒性能强似其他材質製靴。

氈疙瘩

一種氈製的冬用靴鞋。高勒。用牛、羊毛

氈編織縫製，以皮或厚氈作底，手工製成。暖、軟、防潮、防滑。爲舊時北方地區農家冬季穿用物。特別適用於在嚴冬風雪季節在外行走時穿着。流行於北方地區。

雨靴

現今日常生活中用的防水靴。因多在雨雪天中穿着，故名。用機器模壓橡膠皮工藝製成。

靴底壓出凸凹紋以增加耐滑力，勒與幫、底間均無縫接，渾然一體，防水性能好。又分短勒、長勒，短勒的至於踝上，或在靴勒上裝拉鏈以便於穿脫。有黑、紅、乳白、綠、藍等色，長勒的達於膝下，一般爲黑色；亦用於在泥水地勞作時穿用。近代始由西方傳入。

專用靴

安全靴

一種用作勞動保護的工作靴。見於現代。主要爲搬運工等重體力勞動者設計製作。用碳鋼材製鞋面，能承受 100 公斤重壓和 20 多公斤衝擊壓而不破裂，塌陷度不致傷腳。靴底用合成板膠模製，具有耐熱、耐磨、耐浸泡、耐腐蝕及不導電、不怕釘扎等多種性能。

戰靴

泛指軍隊騎戰用的靴。今人記述中常用此稱。春秋時趙武靈王提倡"胡服騎射"，開始在騎兵部隊穿用。皮製、短勒。北朝時期又有長勒戰靴。宋沈括《夢溪筆談・故事一》："中國衣冠，自北齊以來乃全用胡服，窄袖緋綠短衣，長勒靴，有鞢韄帶，皆胡服也。窄袖利於馳射，短衣長勒皆便於涉草。"現存上海博物館的唐代

彩色武士俑及從唐朝懿德太子墓出土的貼金鎧甲男騎俑均着長勒戰靴。周汛、高春明《中國歷代服飾》"將官冑甲穿戴展示圖"所繪戰靴爲長勒及膝，勒上下兩端有獸頭飾相嚮，靴色赭黃，雜以赤、黑紋飾，靴底青色。又該書《宋代》部分據出土的宋代木俑、陶俑及傳世宋畫復原繪製的戰靴長勒及膝，有花紋圖案，薄底前翹。近代自西方引進，現仍穿用的馬靴，亦屬戰靴之類。

馬靴

騎馬時穿用的一種長勒硬皮靴。多爲現代騎兵部隊官兵騎乘時穿用。勒長及膝下，圓平頭，靴跟後裝有U形鋼卡，頂端帶尖齒輪狀馬刺，用於騎手踢馬促其加速。近代始由西方傳入中國。又，哈薩克族男子習穿馬靴。

近現代少數民族傳統靴

巧考依

柯爾克孜語音譯，意爲"皮窩子"。柯爾克孜族民間傳統皮靴。以牛皮製成，高勒，下呈船形。多爲貧苦人家與放牧者穿用。流行於新

疆克孜勒蘇地區。

丘洛克

塔吉克語音譯。爲塔吉克族傳統皮靴。長勒、尖頭、軟底。用公野山羊皮製勒，牛皮、

牦牛皮或駱駝皮製底。一般染爲紅色。輕便耐用，防寒防水。流行於新疆塔什庫爾干地區。

奇卡米

達斡爾語音譯。達斡爾族的一種男式皮靴。用狍腿皮縫合成靿，狍頸皮或其他獸皮做底。係冬用靴。流行於内蒙古莫力達瓦地區。

高筒氈靴 2

毛氈製的長筒靴。俄羅斯族不分男女皆着之，或在外套穿膠鞋。

奥路奇

鄂倫春語音譯。兀剌的一種。鄂倫春族的一種傳統冬用足服。布製鞋幫，犴皮或野猪皮製底。流行於黑龍江、烏蘇里江、松花江流域和大、小興安嶺地區。參見本卷《足服説·靴考》“兀剌”文。

温塔

赫哲語音譯。兀剌的一種。赫哲族的一種傳統足服。用鹿、野猪、熊等獸皮或以哲羅、鮭、狗、鰉魚皮製作，底、幫相連爲一體。獸皮製者結實抗磨，魚皮製者抗潮防滑，利於在冰雪上行走。四季均穿用。冬季内套狍皮襪子或充填兀剌草保暖。男女外出勞動時均穿用。流行於黑龍江、烏蘇里江、松花江流域和大、小興安嶺地區。

蒙古靴

蒙古族的傳統靴。蒙古族人習尚穿靴，形制不一。據《蒙古秘史》載，成吉思汗時期即有“鹿蹄皮靴”。又有“馬海靴”“不里阿耳靴”和“固都遜”等形制。統稱蒙古靴。其共同特點是長靿，靴體寬大，以便内套裹腿氈和棉襪、氈襪、包腳布等。靴頭尖而上翹，便於騎乘時勾踏馬鐙。靴面不同部位用刺繡、貼花、縫綴等工藝裝飾各種花紋圖案。穿着舒適保暖，騎乘涉草護脛，步行踏沙踐雪，并有防潮防蟲等功效。流行於今内蒙古等地。

馬海靴

蒙古族傳統靴式之一。一般用深藍或黑色布料縫製。男女皆穿用。特點是靴上縫綉圖案。男靴爲白色絲綉具民族特色的花紋，女靴綉各種花卉圖案，美觀耐用，柔和舒適。流行於内蒙古等地。

不里阿耳靴

蒙古族傳統靴式之一。傳説始製於元代。用不里阿耳人鞣製的皮革縫製，因名。皮革主要用馬皮，間有用狼皮、魚皮者。靴面縫綴盤腸式等具民族特色的花紋圖案。利於涉草。流行於内蒙古等地。

固都遜

蒙古族傳統靴式之一。用牛皮製成。普通民衆用黑、黄色，禁用紅；宰桑用紅香牛皮；台吉用紅香牛皮，中嵌鹿皮，飾紋綉，以示身份不同。流行於内蒙古、青海等地區。

唐吐馬

蒙古語音譯。蒙古族穿用的一種靴。皮製，立靿長至小腿，短於長靿靴。其靴形似船，靴頭呈月牙狀的又稱“額格騰古圖勒”。騎馬時利於用鐙，步行時撥草性强，阻力小，立靿可禦風寒，護小腿。

【額格騰·古圖勒】

即唐吐馬。蒙古靴的一種。靴形似船，靴頭呈月牙狀。見該文。

斡洛奇

達斡爾語音譯。達斡爾族的一種男式布靴。布靿，厚布底或皮底。春、夏、秋季穿用。流行於內蒙古莫力達瓦地區。

藏靴

藏族人民日常穿用的靴之統稱。自古以來，藏民爲適應高原游牧生活需要，常穿着耐磨、抗寒濕、行走省力的皮靴或布靴。清末民初胡樸安《中華全國風俗志下篇·西藏》："西藏衣冠之制，各因人民等級而異。達賴及班禪……足穿錦韡或皮履，腰部以帛結束，冬季常露半臂。其餘喇嘛之服裝皆相似，惟有精粗之別。""藏民女子之服裝……家居，戴紅綠尖頂之小帽，脚着布靴，或皮靴。"藏靴爲不分左右脚的直楦靴，穿脱方便；按尺碼大小分爲五個型號，男女均穿用。以牛皮數層叠納爲底，包縫於靴勒上，穿破後可以拆換。靴勒或單或棉，有長有短，長勒者藏語稱作"杭果"。根據製作材質不同分爲全牛皮藏靴、條絨勒藏靴和毛棉花氆氌（氈狀絨毛織物）箕巴藏靴三類。拉薩、日喀則地區產鑲襯彩色毛布橫條的黑氆氌長勒靴，川西、昌都和拉薩市區產黑革面或絨面、厚皮底的帶臉皮靴，藏北和東部，則多用白氆氌勒、單層牛皮底的較簡樸的靴。流行於西藏、四川、青海、甘肅等牧區。

杭果

藏語音譯。長勒藏靴的一種。參見本卷《足服説·靴考》"藏靴"文。

全牛皮藏靴

藏靴的一種形制。全用牛皮製作，故名。靴底厚 2~3 厘米，用數層牛皮叠納而成。靴頭部夾以三道綠色驢臀皮夾縫，取其抗磨、美觀。靴頭、勒内襯一層羊毛毡或氆氌後即爲棉靴。

牧民穿着此靴，每當食葷後便將油手在靴上揩抹，使皮面光滑柔軟，保持防水、牢固性能。參見本卷《足服説·靴考》"藏靴"文。

條絨勒藏靴

藏靴的一種形制。靴勒用條絨縫製，内襯帆布、白布各一層，邊鑲大紅色布。靴頭、靴底均用牛皮製作。參見本卷《足服説·靴考》"藏靴"文。

箕巴藏靴

藏靴的一種形制。藏人稱之爲"箕巴"。勒長及膝，其上部用紅黑色牛皮，下部或用皮，或用毛花、棉紗氆氌縫製。靴頭用黑牛皮，靴尖部鼓出 1.5~2 厘米高的角。靴底用壓成船殼狀的厚牛皮，四周包縫在靴頭外層約 1 厘米；磨穿後可另換新底。參見"藏靴"文。

獸腿皮靴

鄂倫春、鄂溫克、赫哲等居住北方地區的少數民族的一種傳統冬用靴。以狍、鹿、犴等野獸腿部之皮爲主要製靴材料拼製而成，故稱。鄂倫春語稱"其哈密"，鄂溫克語稱"奧老西"，獵人外出狩獵時穿用，赫哲語稱"温腿"。勒、幫相連，靴底用狍頸之皮製作。美觀結實，保暖防潮。流行於黑龍江、松花江、烏蘇里江流域和大、小興安嶺地區。

【其哈密】

即獸腿皮靴。鄂倫春語音譯。見該文。

【奧老西】

即獸腿皮靴。鄂溫克語音譯。見該文。

【温腿】

即獸腿皮靴。赫哲語音譯。見該文。

第三節　襪　考

襪爲足服之一種。遠古時代，人們在采集和狩獵時，爲保護脛、足，常將獸皮裹於其上，此時無鞋襪之分。相傳至黃帝時代，其臣於則"作履製襪"（《世本·作篇》），遂將有底、無勒之足服稱"扉"或"屨"，即鞋，將有勒、下覆至跗而無底之足服稱"襪"。夏、商、周三代之襪，以柔皮縫製，用帶繫勒於踝，稱"角襪"。因早期之襪以皮製，故字亦從"革"、從"韋"，今西北地區仍有皮襪。隨着布帛的廣泛應用，至漢代已出現用絲、麻織物所製之襪，字遂又從"絲"作"絑"，或從"衣"作"襪"。在形制上，同時存在有襪底、有底無後跟和勒長至膝下、無底等，後者稱"綺絑"。羅、絹、織錦等皆可製襪。東漢的錦勒襪上繡出花紋和字樣爲飾，均見於出土文物。如湖南長沙馬王堆漢墓出土的女襪爲素絹夾襪，又如新疆民豐東漢墓出土的女襪則以彩色絲綫織成菱紋，同地漢墓出土的男襪還以彩色絲綫織出"延年益壽大宜子孫"的文字。

先秦禮制，臣子見君王時必須脱襪，否則爲大不敬，凡宴會場所，亦須脱履去襪。後世又有臣子上殿面君必須着襪的禮節規定。漢代百官執事者參與祭祀時需穿絳袴襪，五郊衣幘綺襪各如其色。魏晋從漢制，更定皇帝郊祀天地明堂宗廟，元會臨軒，服通天冠，平冕，用絳袴襪，赤舄。釋奠先聖需着絳袴襪、黑舄。南北朝時期無大更改。隋代規定，皇帝祀圜丘、封禪、五郊、明堂等服大裘冕，着絳韎；宗廟、社稷、朝日、夕月、遣將授律，以至納后、正冬受朝、臨軒拜爵，服袞冕，着朱襪。皇太子戴遠游三梁冠、文官戴進賢冠，俱用白襪。皇后褘衣，着青襪。（見《後漢書·輿服志下》,《晋書·輿服志》,《隋書·禮儀志》六、七）唐代規定，皇帝大裘冕服朱襪；皇太子、一品官服袞冕，用朱襪；皇后褘衣，着青韎。宋代規定，皇帝袞冕服着紅韎，通天冠服着白襪；后妃褘衣、命婦翟衣着青襪；親王、中書門下奉祀時服九旒冕，着緋羅襪；百官朝服着白綾襪。（見《舊唐書·輿服志》,《新唐書·車服志》,《宋史·輿服志》三、四）遼代，帝王百官朝服公服、常服也有着襪的規定，如皇太子戴進德冠，穿白襪。金代，皇帝袞服，襪用緋羅加錦；皇后穿褘衣，襪用青羅表裏，綴繫帶；皇太子袞冕服，白襪，朱舄，戴遠游冠，穿白襪黑舄；大臣朝服，用白綾襪。元代，天子袞冕服，用紅綾襪；皇太子袞冕服，朱襪；三獻官及司徒、大禮使祭服，白綾襪，助奠以下諸執事官同。（見《遼史·儀衛志二》《金史·輿服志中》《元史·輿服志一》）明代，皇帝袞冕服，先定着黃襪，後改用朱襪；通天冠服，用白襪，皮弁服同；常服，用白襪。皇后禮服，用青襪舄，飾以描金雲龍；常服亦青襪舄。皇妃、嬪、命婦同。皇太子袞冕，先用白襪，後改用赤襪；親王同。文武百官朝服，白襪黑履。（見《明史·輿服志》二、三）

士庶男女之襪，自漢代出現絲製品之後，至隋唐時期，主要爲綾羅所製襪，又有紗、棉布、毡絨等製品。在新疆吐魯番阿斯塔那唐墓曾出土錦襪實物。爲便於穿屐，唐代已有將拇趾與其他四趾分開縫製的"鴉頭襪"，俗稱作"丫頭襪"；還有將十數層布縫納一起的"千重襪"。宋代，雖有錦襪，但多用帛製襪，秋冬還用夾襪、綿襪。并始製專由纏足婦女穿用的"尖頭襪"；這種襪在福建福州南宋墓曾有出土。宋代還有纏足婦女用的"半襪"，這種襪子無底，衹包裹在膝下小腿上，遮覆脚背，亦稱"膝襪"。明清時期，女襪大抵同宋元時期。在冬季，於裹脚布外又罩上有底的襪套，俗稱"套襪"。明清男子，春秋季穿白色"净襪"，冬季則穿毡襪、綫襪，亦有穿皮襪者，夏季多穿棉麻織物製的暑襪；明清小説中多有描繪。

近代以來，西方針織工藝傳入中國，針織襪逐漸代替了手工製襪，襪的形制和製造材料發生了根本的變化。流行襪式有高筒、長筒、短筒、直筒到底，無筒襪套、連褲襪等，常用的質料有棉綫、棉紗、真絲、尼龍、錦綸、毛絨綫以及棉紗和錦綸混紡襪等，或織綴各種花紋圖案及網眼爲飾。

古代各種襪

襪

足服的一種。《釋名·釋衣服》："襪，末也，在脚末也。"最初爲皮製，故"襪"字亦從"革""韋"。《韓非子·外儲説左下》："文王伐崇，襪繫解，因自結。"《左傳·哀公二十五年》："〔衛侯〕與諸大夫飲酒焉，褚師聲子襪而登席，公怒。"杜預注："古者見君解襪。"漢代始，逐漸改用布帛、絲紗、絨綫等材料製作，亦作"袜"。《後漢書·禮儀志上》："執事者冠長冠，衣皂單衣，絳領袖緣中衣，絳袴袜，以行禮，如故事。"歷代服用。《晋書·輿服志》："天子郊祀天地明堂宗廟……絳袴襪黑舄。"《隋書·禮儀志六》："〔天監〕十一年，尚書參議：'按《禮》，跣襪，事由燕坐，履不宜陳尊者之側。今則極敬之所，莫不皆跣。清廟崇嚴，既絶恒禮，凡有履行者，應皆跣襪。'詔'可'。"宋周密《月邊嬌》詞："十里寶光花影，塵凝步襪。"清龔自珍《暮雨謡三叠》："雨氣侵羅襪，泥痕顆畫裳。"亦稱"韈"。《南齊書·徐孝嗣傳》："孝嗣登殿乃不著韈，爲治書御史蔡準所奏，罰金二兩。"又或稱"遍枲"。《孟子·滕文公上》："許子衣褐。"趙岐注："或曰：褐，枲衣也。"宋孫奭疏："案《説文》云：遍㒼，襪也。"襪之用，始見於上古。原始社會采集、狩獵爲生時代，縫皮革繫穿於脛、足，鞋、襪未分。黄帝時垂衣裳而治，二者始加區分。明董斯張《廣博物志・服飾》："軒轅臣於則作履制襪。"襪之始製，皮勒自脛下至踝連襪面，勒上開縫釘帶，穿時將襪勒包脛，用帶紮繫。唐以後漸改爲勒成筒形，不再結帶紮繫。《淵鑒類函》卷三七五引唐陸龜蒙《雜記》："《傳》曰武王罷朝而繫帶絶，顧左右無可使結者。衛褚師呼聲子結襪而登席。漢廷尉爲王生結襪。襪之有帶，其來尚也，今獨亡之。嗚呼！古之制亡者十八九，奚襪帶之足云。"早期的襪無底，或稱"褲襪"或"袴襪"，至元代演化成爲膝褲，自開始以布帛織物製襪以後，遂有軟底之襪。清趙翼《陔餘叢考・韤膝褲》："古時襪之制，正與今膝褲同。豈古之所謂襪，本如今膝褲之制，後人改爲有底，遂分其名，而一則稱襪，一則稱膝褲耶？"襪除爲日常穿用外，在歷代官定服制和禮俗中又有諸多穿用的規定，直至廢除帝制。自有襪以來至清末，均爲手工縫製品。現尚能見到的實物，有底的以布襪爲多，直縫長筒或短筒，無繫帶，綫納布底；無底的有在江蘇常州金壇宋代周瑀墓出土的紬褲襪，長勒敞縫，上端有繫帶。自近代針織襪傳入中國後，手工縫製的襪漸被廢弃不用。現流行的針織襪多爲棉紗、絲綫和化纖絲織，有高筒、長筒、短筒、直筒、無筒襪及連褲襪等基本形制，花色繁多，廣爲流行。并根據需用選着，如棉綫、棉紗製的襪厚實吸汗，毛絨綫織的襪保暖性能好，各種絲襪輕薄柔軟，人造纖維製的襪和混紡襪耐磨經用，各具特色。

【韤】
同"襪"。此體始見於先秦時期。見該文。

【韈】
同"襪"。此體始見於先秦時期。見該文。

【絑】
同"襪"。此體始見於漢代。見該文。

【靺】
即襪。此稱始見於南北朝時期。見該文。

【遍㒼】
即襪。此稱始見於宋代。見該文。

角襪

古代的一種皮製足服。其制，左右各一，有筒勒而無底，下僅遮脚面。穿着時用帶縛繫於腿脚。夏、商、周三代見之。明董斯張《廣博物志・服飾》："黄帝臣於則作履製襪。"《實録》曰：自三代以來有之，謂之角襪，前後兩隻相承，中心繫帶。魏文帝吳妃始裁縫，以綾羅紬絹爲之。"後世演變爲袴襪膝褲。清趙翼《陔餘叢考・韤膝褲》："按《炙轂子》曰：'三代謂之角襪，前後兩隻相承，中心繫帶。'則古時襪之制，正與今膝褲同。豈古之所謂襪，本如今膝褲之制，後人改爲有底，遂分其名，而一則稱襪，一則稱膝褲耶？"參見本卷《身服説（下）・禪、褲考》"膝褲"文。

羅襪

用輕羅縫製的襪。質薄軟而輕。多爲婦女所穿着。始見於漢代。漢張衡《南都賦》："修袖繚繞而滿庭，羅襪躡蹀而容與。"三國魏曾在樣式上加以改進。五代馬縞《中華古今注・襪》："三代及周著角韤，以帶繫於踝，至魏文帝吳妃，乃改樣，以羅爲之，後加以綵綉畫，至今不易。"後代沿用。唐李白《玉階怨》詩：

"玉階生白露，夜久侵羅襪。"宋秦觀《河傳》詞："常記那回、小曲闌干西畔，鬢雲鬆，羅襪剗。"清龔自珍《暮雨謠三疊》："雨氣侵羅襪，泥痕豌畫裳。"至近代爲針織襪所代替。

【凌波襪】

即羅襪。此稱源自三國魏曹植《洛神賦》"凌波微步，羅襪生塵"句，後人遂以此稱羅襪。多用於詩詞。宋史達祖《西江月》詞："凌波襪冷一樽同，莫負彩舟凉夢。"金李獻能《春草碧》詞："千里浣凝塵，凌波襪。"

錦襪

用織錦縫製的襪。色彩斑斕，或加繡飾，爲富貴人家婦女所穿。漢代已見。1959年新疆民豐大沙漠一號墓出土東漢錦襪兩雙，長筒形，足趾部收口成圓形，錦紋有絳、白、寶藍等多種色彩，其中一雙爲絳色底。各織有銘文。製工精細複雜。五代馬縞《中華古今注・襪》："隋煬帝宮人織成五色立鳳朱錦襪勒。"金董解元《西廂記諸宮調》卷七："錦襪兒……一針針刺了羨覷，恐慮破後，有誰重補！"

【錦勒襪】

即錦襪。此稱始見於唐。《淵鑒類函》卷三七五引《太真外傳》："妃子死之日，馬嵬村嫗得錦祆襪一隻，每過客求一玩得百錢，前後獲無數。"省稱"錦勒"。唐李肇《唐國史補》上："元宗幸蜀，至馬嵬驛，令高力士縊楊貴妃於佛堂前梨樹下，馬嵬店嫗，收得錦勒一隻。"

【錦勒】

"錦勒襪"之省稱。此稱始見於唐代。見該文。

綾襪

用綾縫製的襪。綾爲經緯綾交織有彩紋的輕薄絲織物，用以製襪，屬質量上乘者。自三國魏見製。明董斯張《廣博物志・服飾》："《實錄》曰：〔襪〕魏文帝吳妃始裁縫，以綾羅紬絹爲之。"一般供貴人穿用，有的朝代并將其列入朝服服制，如宋、金二代。《宋史・輿服志四》："宋初之制，進賢五梁冠……玉劍、佩、銀革、帶、暈錦綬、二玉環，白綾襪，皂皮履。"《金史・輿服志中》："正一品……玉珠佩二，金塗銀革帶，烏皮履，白綾襪。"

絹襪

用熟絹製成的襪，質地輕柔。始見製於三國魏。明董斯張《廣博物志・服飾》引《實錄》："〔襪〕魏文帝吳妃始裁縫，以綾羅紬絹爲之。"後代亦作爲朝服，如明代《明史・輿服志二》："郡王長子朝服……玉珮，象笏，白絹襪，皂皮雲頭履韈。"《水滸傳》第六一回："青白行纏抓住襪口，軟絹襪襯多耳麻鞋。"

繡襪

用綾羅等縫製，上刺繡有花紋圖案的襪。爲富貴人家婦女穿着。傳說始自三國魏以後。五代馬縞《中華古今注・襪》："三代及周青角襪，以帶繫之，至魏文帝吳妃，乃改樣，以羅爲之，後加以彩繡畫，至今不易。"宋王觀《慶清朝》詞："不道吳綾繡襪，香泥斜沁幾行斑。"參見本卷《足服說・襪考》"羅襪""綾襪"文。

鴉頭襪

歧頭襪。多用布縫製，將拇趾與其餘四趾之間縫成歧頭兩分，襪形如"丫"狀，故名。俗作"丫頭襪"。便於穿屐時着用。流行於唐代，并傳至日本。當時屐制中有將繫帶兩端釘於屐板外緣，中間釘在屐板前部，穿屐時，拇趾與另四趾分套入兩側，用趾縫夾持住繫帶中間釘脚部，以便屐更加附脚，故製穿此種襪。唐李白《越女詞》之一："屐上足如霜，不著鴉頭襪。"亦省稱"鴉頭"。金元好問《續小娘歌》之五："風沙昨日又今朝，踏碎鴉頭路更遥。"

【丫頭襪】

同"鴉頭襪"。此體始見於唐代。見該文。

【鴉頭】

"鴉頭襪"之省稱。此體始見於金代。見該文。

千重襪

一種多層的冬襪。以織錦爲面裏，中襯十多層絲羅，加以縫納製成。相傳爲唐代供奉帝王之物。宋陶穀《清異録·衣服》："唐制，立冬日進千重襪，其法用羅帛十餘層，錦夾絡之。"

袴襪

一種介於褲和襪之間的足服。由古"角襪"演化而來。皮製或布帛製。其形制爲長靿似筒，左右各一，互不相連，上口至膝，綴繫帶，下口縫連無底之襪，衹遮脚背面。唐代始見此稱。《致虚閣雜俎》："太真著鴛鴦並頭蓮錦袴襪，上戲曰：'貴妃袴襪上乃真鴛鴦蓮花也……不然其間安得有此白藕爾？'"或稱"膝褲"。清趙翼《陔餘叢考·韈膝褲》："吕藍衍（種玉）《言鯖》謂襪即膝褲。然今俗襪有底，而膝褲無底，形制各别。按《炙轂子》曰：'三代謂之角襪，前後兩隻相承，中心繫帶。'則古時襪之制，正與今膝褲同。豈古之所謂襪，本如今膝褲之制，後人改爲有底，遂分其名，而一則稱襪，一則稱膝褲耶？"周錫保《中國古代服飾史》第九章《宋代服飾》："今江蘇金壇南宋周瑀墓出土有襪子，其襪子爲無底的一種，大抵因其鞋子用厚底做的，所以不再用有底之襪。"亦作"褲襪"。始見於元伊世珍《瑯嬛記》引《致虚閣雜俎》楊貴妃故事。

【膝褲】[2]

即袴襪。此稱始見於清代。見該文。

【褲襪】

同"袴襪"。此體始見於元代。見該文。

【藕覆】

即袴襪。此稱相傳始於唐代楊貴妃故事。元伊世珍《瑯嬛記》上引《致虚閣雜俎》："太真著鴛鴦並頭蓮錦袴襪，上戲曰：'貴妃袴襪上乃真鴛鴦蓮花也……不然其間安得有此白藕爾？'貴妃由是名褲襪爲藕覆。"

尖頭襪

古代纏足婦女穿的一種襪。始於宋代。婦女纏足陋習自宋代始，南宋已盛行成風。爲使襪貼合脚型，遂縫製出尖頭襪。其形制爲短靿遮踝，足尖處縫成尖頭并上翹凸起。福州南宋黄昇墓出土有尖翹頭絹襪。亦有尖頭不上翹之一式。山東鄒城元代李裕庵墓葬中有此種尖頭羅襪，靿端有繫帶。元無名氏詞亦有此描述："桃臉艷，柳腰纖，窄弓半彎羅襪尖。"

布襪

用棉布縫製的襪。綫納布軟底，上加直縫襪筒，有單層和夾層之分，單層的又稱爲"暑襪"。夾層的稱爲"夾襪"，爲禦寒穿用。唐代以前棉布僅見於外國或古稱爲西域的少數民族地區。《南史·夷貊傳下·西域諸國》："〔高昌國〕有草實如繭，繭中絲如細纑，名曰'白叠子'。國人取織以爲布，布甚軟白。"公元7世紀棉花種植術方由印度傳入中國，自此之後方有棉布，以之製衣物，遂有布襪。元明之際已甚普及。因值較賤，多爲士庶僧道穿用。《西游記》第九回："小姐徑進寺門，參了菩薩，大設齋襯，喚丫鬟將僧鞋暑襪，托於盤內。"《明史·輿服志三》："教坊司冠服。洪武三年定。〔歌工〕皂皮琴鞵，白棉布夾襪。樂工服色，與歌工同。"《金瓶梅詞話》第二回："脚下細結底陳橋鞋兒，清水布襪兒。"梁實秋《關於老舍》："胡絜青說：'〔老舍的父親〕祇把一雙因脚腫而脫下的布襪子交給了二哥。'"現已被淘汰。

暑襪

用單層細布縫製的襪。舊時男子用於夏季穿着。明代已見稱。《西游記》第九回："〔小姐〕喚丫鬟將僧鞋暑襪，托於盤內。"

夾襪

布製雙層襪。我國以棉布製衣物在宋代以後，元明之際已普及，故布製夾襪亦當在此前後。明代始見稱。《明史·輿服志三》："教坊司冠服。洪武三年定。〔歌工〕皂皮琴鞵，白棉布夾襪。"夾襪亦在民間流行，直至20世紀50年代，在北方農村仍可見到。一般以白棉布製成，圓頭，矮勒，多層布衲底，秋冬季穿用。

净襪

用素白布縫製的襪。舊時男子用於春秋季穿着。明代已見稱。《金瓶梅詞話》第三四回："〔書僮〕身上穿着蘇州絹直綴，玉色紗祹兒，凉鞋净襪。"

綿襪

在綾羅之中加納絲綿的襪。現在能見到的爲明代實物。江蘇泰州明徐蕃妻張氏墓出土。

絨襪

以羊毛絨製成的襪。明代始見。明宋應星《天工開物·褐氈》："南方唯湖郡飼畜綿羊，一歲三剪毛，每羊一隻，歲得絨襪料三雙。"明朝嘉靖以後，民間廣泛流行。明范濂《雲間據目鈔·記風俗》："嘉靖時，民間皆用鎮江氈襪。近年皆用絨襪，襪皆尚白，而貧不能辦者，則用旱羊絨襪，價甚省，且與絨襪亂真。"明以後沿用，直至現代。

氈襪

以羊毛氈製成的襪。明代始見。明范濂《雲間據目鈔·記風俗》："嘉靖時，民間皆用鎮江氈襪。"明以後沿用至今。現代，在東北、西北等冬季寒冷地區，這種氈襪仍有使用。其形制似布襪，圓頭，勒高至踝，一般爲白色，冬季穿入皮靴之內，保暖性能好。哈薩克族男子氈襪，外套馬靴穿用，襪筒高出靴勒，并在襪口鑲黑邊，繡以花飾。

套襪

纏足婦女穿用的一種襪。纏足之後，在裹脚布外套穿一布製短襪，以防纏式走形。明清時期流行。現亦將短筒襪稱爲套襪。

彈墨襪

用彈墨工藝印染的素絹製成的襪。彈墨爲中國傳統印染工藝之一：將帶有鏤空花鳥圖案的剪紙蓋於素帛上，以毛刷蘸色撥彈或用吹管噴色染製出彩色面料。用以製襪，或加錦邊。見於清代。《紅樓夢》第三回："下面半露松花綾褲腿，錦邊彈墨襪，厚底大紅鞋。"

半襪

古代的一種脛、足服式。長勒至脛，下有襪面遮足而無底。此稱始見於清代。《事物異名錄·服飾部·膝袴》："唐世婦人皆著襪，今婦人纏足，其上亦有半襪罩之，謂之膝袴。"按：古代之膝褲，有下僅至踝和下遮足背的兩種形制，半襪當指後一種。徐珂《清稗類鈔·服飾》："膝褲，古時男子所用……後則婦女用之，在脛足之間，覆於鞋面。"周汛、高春明《中國歷代婦女妝飾·服飾篇》："膝褲的穿法，一般都束在膝蓋以下部位，其形制與後世長筒襪相似，但襪子有底，膝褲則無底，下長僅至踝部。因為在外觀上與襪子相像，也稱半襪，或稱襪頭袴，亦有稱袴襪及藕覆的。"同書《足飾篇》："古代

襪子的形制，也有不少特色……第六，無底。衹有襪靿，不用襪底。這類襪子多用於纏足婦女。因足部本身已有纏裹，無需襪底，著時罩在脛部，上不過膝，下達於踝，俗稱半襪。"江蘇金壇宋代周瑀墓出土之襪，為紬製，或稱"紬褲襪"，其靿下連縫整個足形的襪罩而無底，可資半襪形制之參考。參見本卷《足服說·襪考》"袴襪""藕覆"文。

現代各種襪

綫襪

用棉綫針織製成的襪。是針織襪傳入我國最早的品種。較布襪柔軟貼體，針織渾成，無縫，花色多，有長筒、短筒之分。因其經濟實用，在 20 世紀 20 年代至 50 年代為國民普遍穿用。隨着人造纖維的開發利用，相比之下，綫襪質粗易破，不再風行。但由於其又有吸汗性能好，不燒腳，自身無异味等優點，至今仍占有一定市場，作球類、田徑運動，仍多穿經過改進、抗拉强度較好的綫襪。

毛綫襪

用羊毛綫針織成的襪。始見於近代，至今仍作為冬季禦寒穿用。襪筒一般長至踝上。機織生產，亦有用手工編織者。現代的品種有純羊毛綫、混紡毛綫、腈綸綫和加絨毛綫等織物，柔軟貼體，保暖性能好。

絲襪

用真絲或化纖絲針織成的襪。質薄而柔滑。其中，用單股絲織的稱單絲襪，極其纖薄，穿着後不掩膚色，最為時裝考究的青年女性所愛穿。又分長筒與短筒，筒最長的可至胯下。近

代始有，至今流行。

尼龍襪

絲襪的一種。用尼龍絲織成，質薄而耐磨性强。唯最忌火與高溫。另一種尼龍製品帶彈性，即彈力襪，或稱"彈力尼龍襪"。參見本卷《足服說·襪考》"彈力襪"文。

彈力襪

有伸縮功能的彈性襪。用具有彈性的尼龍絲機織而成。故名。襪體短小，穿着時纖維受力伸張，緊貼附於腿、腳，可同時適用於幾種尺碼接近的腳型。

彈力錦綸絲襪

一種用化纖原料錦綸絲製成的襪。具有彈性好、柔軟、美觀等特點。其製法是：將錦綸絲經加熱器、假捻器，使其在高溫 170℃~190℃下强捻、退捻，初成彈力絲，然後合二股，加捻而成。20 世紀 60 年代後曾在我國流行。

錦綸短纖維襪

一種用化學纖維製成的襪。將錦綸長絲切成一定長度的短纖維，多紡成三十二支合股紗

織成。紗支一般比彈力錦綸絲粗百分之五十，比原絲粗三倍，故結實耐磨。一般染成深色，春、秋、冬季穿用。

錦綸絲襪

俗稱"玻璃絲襪"。分爲單絲襪、低孔絲襪和複絲襪。單絲襪多采用二十至三十旦單根細絲織成，輕薄、光滑、透明、透氣，多爲女青年穿用；低孔絲襪，多用六十旦錦綸絲織成，光潔、彈性好，有透明和半透明感，較耐磨；複絲襪，多爲四十五至一百旦纖，每根複絲由幾十根纖細錦絲組成，較厚實，呈半透明狀，耐磨。

【玻璃絲襪】

"錦綸絲襪"之俗稱。此稱始見於現代。見該文。

錦棉混紡襪

一種混紡襪。多用三十二支合股紗綫織成。或以錦綸絲加底，外觀如棉綫襪。素色，或花色。有一定吸汗能力，結實耐磨。

短筒襪

筒長在踝上膝下之間的襪。現代見用。用棉紗綫或絲質綫織成，有羅口、鬆緊口或彈力襪等基本形制。亦稱"短襪"。又有用織、染、綉、綴工藝在襪上顯有橫豎條、網眼、方格等多種圖案及花色加以裝飾的，稱"花套襪"。

【短襪】

即短筒襪。此稱始見於現代。見該文。

花套襪

有花紋、綉飾的短筒襪。此稱見於現代。參見本卷《足服説‧襪考》"短筒襪"文。

長筒襪

筒長過膝的襪。相對"短筒襪"而言。多用紗或絲織成。亦稱"超膝短襪"。現代流行。夏季穿裙的婦女多用之。

【超膝短襪】

即長筒襪。此稱始見於現代。見該文。

高筒襪

一種襪筒超長的女襪。20 世紀 40 年代自國外傳入中國。以細絲、麻紗、尼龍等針織而成。質地極薄，多爲肉紅色。筒長至股，適用於同短裙、旗袍配穿。

襪套

一種袋狀的無筒襪。可單獨使用，穿套於脚，亦可套穿於長筒襪之外，起保護長筒襪的作用。現代流行，多爲婦女及少年兒童穿用。亦稱"襪頭"。

【襪頭】

即襪套。此稱始見於現代。見該文。

連褲襪

一種上連內褲，褲襪一體的女長筒足服。用略帶彈性的尼龍絲織成，貼下體穿用或套於貼身褲衩之外，不必另繫帶，自然匝裹於腰腿。穿脱較方便。爲現今時尚的青年女性所穿用。因其主要具襪的功能，故名。

近現代少數民族傳統襪

巴依特

塔吉克語音譯。爲該族傳統氈襪。亦音譯爲"脚繞普""審吐巴"。用白氈製襪，長筒。襪口綉黑、紅、藍、黃、綠等色圖形、菱形花紋，穿着靴後花紋露在靴外，以爲裝飾。流行於新疆塔什庫爾干等地。

【脚繞普】

即巴依特。塔吉克語音譯。見該文。

【審吐巴】

即巴依特。塔吉克語音譯。見該文。

皮襪子

我國西北地區穆斯林老人在冬天穿用的一種皮質襪子。阿拉伯語音譯爲"麥斯海"。多用染成黑色的薄柔牛皮縫製，潔净光亮。深受穆斯林老人喜愛。

【麥斯海】

即皮襪子。阿拉伯語音譯。見該文。

波沈

朝鮮語音譯。朝鮮族一種傳統脚護套。類似襪子。有夾有棉，外形似膠鞋。自穿襪以來逐漸消失。流行於東北朝鮮族聚居地區。

狍皮襪子

東北地區部分少數民族禦寒用襪。用半張狍皮縫製。鄂倫春語稱"道布吐恩"，鄂温克語稱"道克頓"，赫哲語稱"都庫吞"。均在冬日穿於獸皮靴或靰鞡内。流行於黑龍江、松花江、烏蘇里江流域及大、小興安嶺地區。

【道布吐恩】

即狍皮襪子。鄂倫春語音譯。見該文。

【道克頓】

即狍皮襪子。鄂温克語音譯。見該文。

【都庫吞】

即狍皮襪子。赫哲語音譯。見該文。

蠻亞

水族語音譯。水族傳統布襪。用棉綫納布袼褙爲底，以雙層的青布或白布爲勒筒，高至半腿。是水族曾盛行的禦寒襪。

包脚布

裹脚布

舊時小脚婦女用以纏脚的布帶。五代時期及宋始興婦女纏足陋習，女孩從小便用布帶緊緊纏裹雙脚，使趾骨變形，拇趾以外的四趾蜷伏於脚底，并限制脚的正常發育；成人後仍須日日以布帶裹纏住雙脚，使其不致鬆趾生長，兼起墊襯作用。裹脚布兩條爲一副，用素色布，每條長約四尺，寬約二寸，不縫邊。每日一換，用過的洗滌晾曬乾净，捲起以備再換用。辛亥革命後禁止婦女纏足，不再使用。《二十年目睹之怪現狀》第五五回："那太太……洗了裹脚布，又晾到客座椅靠背上。"

包脚布

男子用來包脚的布。男子包脚，一是爲使脚型齊整，將脚趾束攏；另外是由於針織襪在中國出現之前，多用布襪，質地較粗硬且不貼脚，爲減少脚與布襪間空隙，避免摩擦傷脚，在穿布襪前先用布將脚包緊，以作防護，且有保暖作用。每塊包脚布約一尺見方，用時踩於脚下，左右前後摺叠將脚包起。也有用長條布裹脚的。也有爲節省、方便，用以代替穿襪的。傳説唐代即已有人包脚。魯迅《由中國女人的脚，推定中國人之非中庸，又由此推定孔夫子有胃病（"學匪"派考古學之一）》："聽人說，北京女人看男人是否漂亮（自按：蓋即今之所謂‘摩登’也）的時候，是從腳起，上看到頭的。所以男人的鞋襪，也得留心，腳樣更不消說，當然要弄得齊齊整整，這就是天下之所以有‘包腳布’的原因……至少是‘古已有之’，唐朝張鷟作的《朝野僉載》罷，他說武后朝有一位某男士，將腳裹得窄窄的，人們見了都發笑。可見盛唐之世，就已有了這一種玩意兒。”“由宋至清，綿綿不絕。”現今已被廢弃。

第六章　帶、佩、飾説

第一節　腰帶考

　　腰帶，是古代人們穿衣時在腰部繫的一根大帶。中國古代早期的服裝不用紐扣（紐扣的使用在明朝中期以後），僅在衣襟處綴幾根小帶以聯結，被稱爲"衿"。爲使衣服不致散開，故加腰帶。從這一意義上來看，它與我們今天用以繫束褲或裙的腰帶不同。

　　先秦時期，腰帶有兩類：一類以皮革爲之，稱"鞶革"或"鞶帶"；一類以絲帛爲之，稱"大帶"。前一類主要用於男子，後一類主要用於女子。《説文·革部》："男子鞶帶，婦人帶絲。"説的正是這種情況。然非盡然，男子亦用絲帶。《詩·曹風·鳲鳩》："淑人君子，其帶伊絲。"鄭玄箋："其帶伊絲，謂大帶也。大帶用素絲，有雜色飾焉。"周代的冕服，上用革帶、大帶。革帶，寬二寸，用以繫韍，後面繫綬。大帶，用以束腰，其顏色、裝飾，天子、諸侯、大夫所用不同。天子素帶，朱裏，終辟；諸侯素帶，終辟，不用朱裏；大夫素帶，辟垂。大夫以上，帶皆廣四寸。帶子繫結後末端下垂部分稱"紳"。紳之長短，亦有規定，如士三尺，有司二尺五寸。（見《禮記·玉藻》）東漢以後至明代，歷代沿用冕服之制，對冕服之革帶、大帶皆有規定。如唐代規定，革帶，玉鈎䚢；大帶，素帶朱裏，紺其外，上以朱，下以綠，紐用組。（見《舊唐書·輿服志》）宋代因唐之制。明代，洪武十六年（1383），定袞冕之制。其中，白羅大帶，紅裏。玉革帶，玉佩。二十六年更定，革帶佩玉，長三尺三寸；大帶素表朱裏，兩邊用緣，上以朱錦，下以綠錦。（見《明史·輿服志二》）

女用絲帶以染色絲織者，又稱"緄帶"。東漢服制，封君以上繫用。女子腰帶繫結以後，其垂者稱"襳褵"，結曰"綢繆"。所結之結有可解和不可解兩種，可解者稱"紐"，不可解者稱"締"。腰帶所束部位也有規定。《禮記·深衣》云："帶，下毋厭髀，上毋厭脅，當無骨者。"服裝形制不同，帶的部位亦有異。從發現的戰國到西漢的陶俑看，凡穿繞襟深衣的婦女，腰帶多繫在繞襟的尖端。

革帶與絲帶不同，其頂端的交接之處有一固定裝置，用時不必繫結，祇需相搭即可。綴在帶首的固定裝置，有兩種：一爲鉤狀，稱"鉤"，亦稱"帶鉤"；另一種爲環狀，稱"鐍"，或稱"帶鐍"。早在春秋時期，就出現了帶鉤。齊國管仲曾射中小白（後來的齊桓公）帶鉤。（見《史記·齊太公世家》）帶鉤的製作材料，有金、銀、銅、鐵，也有玉、石、骨、木。造型多種多樣，有棒形、獸形、人形、龍形、琴形、匙形、琵琶形等，在考古中多有實物發現。帶鐍，是一種環形帶扣，或圓或方，附有扣針，用時將皮帶伸入扣內，然後插入扣針即可。其出現時間晚於帶鉤。帶鐍亦用於絲帶。《後漢書·輿服志下》："自公主封君以上皆帶綬，以采組爲緄帶，各如其綬色。黃金辟邪，首爲帶鐍，飾以白珠。"

帶鐍最早使用於北方少數民族的鉤絡帶，亦稱"郭洛帶"。秦漢以後傳入中原，漢族人使用漸多。有多種名稱，如鉤䚢、師比、胥紕、犀毗、鮮卑等。《史記·匈奴列傳》："黃金飾具帶一、黃金胥紕一。"司馬貞索隱："張晏云：'鮮卑郭洛帶，瑞獸名也，東胡好服之。'按《戰國策》云'趙武靈王賜周紹具帶、黃金師比'。延篤云'胡革帶鉤也'……'胥''犀'與'師'並相近，而說各異耳。"帶鐍這種實物，在北方少數民族地區的古墓中多有出土。有的鉤絡帶上，還綴有牌飾，以金屬爲之，上鑄鏤空紋樣，紋樣或作動物形，或作幾何形。這種革帶，在魏晉南北朝時期稱"金縷帶"，男女皆用。

此後，又出現了躞蹀帶，亦作"鞢䩞帶""鉆䩞帶"。這種革帶上亦有牌飾，這種牌飾兼有實用價值。其下端連一鉸鏈，上接一金屬鑄成的小環，可以繫挂刀子、磨刀石等物。這種腰帶在兩晉南北朝時期傳入中原，亦爲漢族人民所用，尤爲武士喜用。至唐代，文武官員皆用，并有制度規定，所帶什物多達七種，稱"鞢䩞七事"。這七種物品是：佩刀、

刀子、磨石、契苾真、噦厥、針筒、火石袋。（見《舊唐書·輿服志》）遼代官吏亦用。（見
《遼史·儀衛志二》）唐代宮廷婦女一度盛行胡服，亦喜佩蹀躞帶。陝西西安韋頊墓出土石
椁綫畫，繪有束這種腰帶的婦女形象，唐永泰公主墓出土女俑亦爲此種裝束。隋代帝王貴
臣之常服，多用九環帶，天子朝服，惟帶加十三環以爲差異。唐初因隋舊制，以黄袍及衫
爲常服，其帶，一品、二品銙以金，六品以上以犀，九品以上以銀，庶人以鐵。後又定親
王及三品、二王後飾用玉，五品以上飾用金，六品、七品飾銀，八品、九品鍮石，流外及
庶人飾用銅鐵。其後又定，三品金玉帶銙十三，四品金帶銙十一，五品金帶銙十，六品、七
品銀帶銙九，八品、九品鍮石帶銙八，流外官、庶人銅鐵帶銙七。唐肅宗上元元年（760）
又制：文武三品以上金玉帶，四品、五品金帶，六品、七品銀帶，八品、九品鍮石帶，庶
人并銅鐵帶。（見《新唐書·車服志》）所謂“玉帶”“金帶”“銀帶”等，是指以不同材料
做成牌飾的革帶。牌飾用玉，則稱“玉帶”；牌飾以金，則稱“金帶”；牌飾以銀，則稱
“銀帶”。宋代還有犀帶、角帶等。

　　這種腰帶，通常由帶鞓、帶頭、帶尾及帶銙等組成。帶鞓即革帶本身，從唐代開始，
歷代多以彩帛包裹，故有黑鞓、黄鞓、紅鞓等。唐代喜用黑鞓，唐末及五代時期多用紅
鞓，宋代庶官常服之帶多用黑鞓，四品以上則用紅鞓。明代品官用紅鞓，進士用青鞓。清
代帝王着黄色朝服，其帶多用黄鞓。帶鞓一般爲兩節，前後各一。前面一節的一端裝帶
尾，帶身鑽若干小孔。後面一節飾有帶銙，兩端各裝一帶頭，用時在兩側扣合。帶頭以
金屬做成，或爲扣式，上綴扣針，或爲卡式。帶尾，是保護革帶的一種裝置，亦稱“鉈
尾”。唐初規定，鉈尾必須朝下，以示順服朝廷。《新唐書·車服志》：“至唐高祖，以赭黄
袍、巾帶爲常服。腰帶者，搢垂頭於下，名曰鉈尾，取順下之意。”此制歷代沿襲，直至
明代。帶銙是帶上的一種裝飾，由蹀躞帶上的牌飾演變而來。從唐代開始，即以帶銙的
質料、形狀、數量、紋飾等辨别等級。或以金，或以銀；或用十三枚，或用十一枚等。前
已述及。宋代，帶銙形制異常繁縟，所用材料有玉、金、銀、犀、銅、鐵、角、石、墨
玉等；帶銙的紋樣有金毬路、荔枝、師蠻、海捷、寶藏、金塗天王、八仙、犀牛、寶瓶
等二十餘種，各以等級使用。（見《宋史·輿服志五》）元代，亦以帶銙的質料、紋飾區
别，但其制較簡。《元史·輿服志一》：“偏帶，正從一品以玉，或花或素。二品以花犀。三
品、四品以黄金爲荔支。五品以下以烏犀。并八銙，鞓用朱革。”明代，帶銙的形制稍有
變化。《明史·輿服志三》：“文武官常服。洪武三年定……其帶，一品玉，二品花犀，三品

金釦花，四品素金，五品銀釦花，六品、七品素銀，八品、九品烏角……至二十四年，又定公、侯、伯、駙馬束帶與一品同，雜職官與八品、九品同。"

　　清代，腰帶有朝帶、吉服帶、常服帶、行帶。朝帶在版飾上及版形的方圓有定制，其餘三種隨所宜而定。皇帝腰帶，皆明黃色。朝帶有二制：其一，用龍紋金圓版四，飾紅藍寶石或綠松石，每具銜東珠五，圍珍珠二十；其二，用龍紋金方版四，其飾祀天用青金石，祀地用黃玉，朝日用珊瑚，夕月用白玉，每具銜東珠五。吉服帶，鏤金版四，方圓惟便，銜珠玉雜寶各從其宜。常服帶同。行帶，左右佩繫以紅香牛皮爲之，飾金花鍍銀花各三。皇子、親王、郡王、貝勒、貝子、鎮國公、輔國公等所用腰帶皆有定制。文武品官腰帶，一品朝帶，鏤金銜玉方版四，每具飾紅寶石一。二品，朝帶鏤金圓版四，每具飾紅寶石一。三品鏤花金圓版。四品銀銜鏤花金圓版四。五品銀銜素金圓版四。六品銀銜玳瑁圓版四。七品素圓版四。八品銀銜明羊角圓版四。九品，銀銜烏角圓版四。又定，親王以下、宗室以上，皆束金黃帶，覺羅紅帶。其金黃帶、紅帶，非上賜者，不得給予异姓。（見《清史稿·輿服志二》）

　　廣大勞動人民的服裝式樣主要是上衣下褲，以便勞作。其所繫褲之帶即現代意義上的腰帶，俗稱"扎腰帶"。從所製材料來看，基本亦是兩種：一種爲布製腰帶，也有麻製、絲製者。這種腰帶，僅是一長布條，用時從後嚮前，在腰前繫結，一般流行於廣大農村地區。一種是皮革製腰帶，俗稱"皮帶"。其制，一頭有帶環，上有插針，帶身有眼。用時，將另一頭穿入帶環，再將插針插入帶身合適的孔內。亦有帶環接觸帶身部分呈鋸齒形者，束緊後可以咬住帶身。這種腰帶，亦有用帆布、塑料、人造革製者。使用這種腰帶的較多，現已基本普及。

　　少數民族的腰帶多以布製，式樣很多，具有民族風格。窄而細者，如傣族的銀腰帶；寬而粗者，如雲南寧蒗納西族摩梭人和普米族女子腰帶；寬而長者，如蒙古族的腰帶，蒙古語稱"不薛"，布製或綢製，帶上可懸挂蒙古刀、裝小餐具等日常用品的小袋及烟袋（或荷包）。少數民族腰帶多以彩綫織成多種花紋，非常美麗。如藏族、羌族的彩花腰帶，有織花、綉花和十字挑花，織成的花紋爲白底紅花或白底黑花，六尺長的腰帶有近六十種不同花紋。少數民族腰帶多注重裝飾。如珞巴族有一種婦女腰帶，珞巴語稱"布怒"。在皮底上綴以直徑3~4厘米的圓形銅扣二十多枚，上佩六至七根小鐵鏈和小銅鈴、紅色小串珠及勺狀飾物。腰帶結法各有講究，帶頭或垂於前，或垂於後，或垂於兩側。如白族婦女的腰帶稱飄帶，腰後搭口，摺叠出一對三角形飄帶頭垂於後，上綉花紋，非常漂亮。

歷代各種腰帶

帶

古代束腰所用之物。長條狀，絲製或革製。絲製者稱"大帶"，革製者稱"革帶"。始見於先秦時期。時王公貴族束腰多用大帶。《詩·衛風·有狐》："心之憂矣，之子無帶。"毛傳："帶，所以申束衣。"《説文·巾部》："帶，紳也。男子鞶帶，婦人帶絲。"段玉裁注："《内則》曰：'男鞶革，女鞶絲。'《革部》'鞶'下云：'大帶也。男子帶鞶，婦人帶絲。'按古有大帶，有革帶。革帶以繫佩韍，而後加之大帶，則革帶統於大帶，故許於紳、於鞶皆曰大帶，實則《内則》之鞶專謂革帶，此偶《内則》者，謂鞶統於紳、佩繫於鞶也。"戰國時期，趙武靈王實行胡服騎射。胡服之革帶上附加若干小環，以懸挂隨帶物品。此外，有黄金師比，即銅飾帶鈎。《戰國策·趙策二》："〔趙武靈王〕遂賜周紹胡服衣冠，具帶黄金師比，以傅王子也。"秦二世時始有腰帶之名。《事物異名録·服飾部·帶》："鞶帶，《身章撮要》：'腰帶，革爲之，古鞶帶也，又謂之鞶革。秦二世時始名腰帶。'"漢代，絲帶、革帶并行。兩晉南北朝時期，始以金、銀、銅、犀等裝飾革帶。北方少數民族之鞢韄帶逐漸傳入中原。宋沈括《夢溪筆談·故事一》："中國衣冠，自北齊以來，乃全用胡服。窄袖緋緑短衣，長靿靴，有鞢韄帶，皆胡服也。"唐代，始定文武百官及庶人服帶之制。《舊唐書·輿服志》："上元元年八月又制：'一品已下帶手巾、算袋，仍佩刀子、礪石，武官欲帶者聽之。文武三品已上服紫，金玉帶。四品服深緋，五品服淺緋，並金帶。六品服深緑，七品服淺緑，並銀帶。八品服深青，九品服淺青，並鍮石帶。庶人並銅鐵帶。'"宋代，規定尤詳，名目繁多。《宋史·輿服志五》："帶。古惟用革，自曹魏而下，始有金、銀、銅之飾。宋制尤詳，有玉、有金、有銀、有犀，其下銅、鐵、角、石、墨玉之類，各有等差。玉帶不許施於公服。犀非品官、通犀非特旨皆禁。銅、鐵、角、石、墨玉之類，民庶及郡縣吏、伎術等人，皆得服之。"明代，服帶亦有定制。如皇帝冕服，大帶素表朱裹，上緣以朱，下以緑。革帶前用玉，其後無玉，以佩綬繫而掩之。皮弁服，白玉佩革帶，玉鈎䚢緋白大帶。文武官朝服，一、二品革帶用玉，三、四品革帶金，五、六、七品革帶銀，八、九品革帶烏角。參閲《明史·輿服志》。清代，皇帝所用朝帶、吉服帶、行帶皆有定制，色用明黄，其玳飾甚繁。對皇子、親王、郡王、貝勒、貝子之朝帶皆有規定。參閲《清史稿·輿服志二》。現代束腰之帶統稱腰帶，已不再單稱帶。

革帶

皮製腰帶。先秦始見。周代禮服，以革帶繫韍，後面繫綬。博二寸。《禮記·玉藻》："肩革帶，博二寸。"鄭玄注："凡佩繫於革帶。"孔穎達疏："云凡佩繫於革帶者，以韠繫於革帶，恐佩繫於大帶，故云然。以大帶用紐約，其物細小，不堪繫韠佩故也。"兩漢以後，加金、銀、銅等飾物。《後漢書·楊震傳》："詔賜御府衣一襲，自所服冠幘綏，玉壺革帶，金錯鈎佩。"《晋書·輿服志》："革帶，古之鞶帶也，謂之鞶革。文武衆官，牧守丞令，下及騶寺皆服之。"《隋書·禮儀志七》："革帶，案《禮》'博二寸'。《禮圖》曰：'璲綴於革帶。'阮諶以爲有章印則於革帶佩之。《東觀記》：'楊賜拜太常，詔賜自所著革帶。'故知形制尊卑不別。今博三寸半，加金縷䚢，螳螂鈎，以相拘帶。自大裘至於小朝服，皆用之。"唐代始以革帶之色和銙片之質標示官品等級。始將鉈尾向下斜插，帶鞓多用黑鞓。天子大裘冕，革帶，玉鈎䚢，以白皮爲之，以屬佩綬、印章，博三寸半。參閱《舊唐書·輿服志》《新唐書·車服志》。宋代，革帶亦爲標示官職高下的衣服附屬物，其材料和裝飾皆甚考究。帶鞓自唐末五代以來用紅鞓，宋代僅以金、玉、犀的帶用紅鞓，一般則用黑鞓。附以帶銙，其製作、質料及雕刻、排列，皆有制度。如玉帶銙祇能施於朝服，犀帶銙須有官品者可用，通犀帶須得有特旨纔可用。革帶的鉈尾，初則較短，後來加長。革帶名稱甚多，有金毬路、荔支、師蠻、海捷、寶藏，金塗天王、八仙、犀牛、寶瓶、雙鹿、行虎、窪面等。參閱《宋史·輿服志五》。明代的革帶，外面裹以紅或青綾，其上綴以犀、玉、金、銀、角等，前面合口處叫"三台"，二旁有小輔二條，左右各排三圓桃，嚮後有插尾，後面綴七枚，合十三枚，即十三銙之意。凡內

革帶(東宮妃冠服·玉革帶)
(《明宮冠服儀仗圖》)

閣大臣未晋升至公孤者，不敢用玉帶，故玉帶極尊貴。明代一品玉帶，二品花犀，三品金鈒花帶，四品素金帶，五品銀鈒花帶，六品、七品素銀帶，八品、九品烏角帶，俱用紅鞓，如進士則用青鞓。其後帶飾頗多別立花色。至萬曆間始定一般官員祇用金銀、花素二色。參閱《明會要》。清代，對皇帝、王公、百官所用朝帶皆有規定。參見本卷《帶、佩、飾説·腰帶考》"朝帶"文。

【鞶】

即革帶。《周禮·春官·巾車》"樊纓"孫詒讓正義："蓋人服有二帶，大帶謂之紳，革帶謂之鞶。"

【鞶帶】

即革帶。革製腰帶。《周易·訟》："或錫之鞶帶，終朝三褫之。"漢代仍見此稱。漢班固《白虎通·衣服》："男人所以有鞶帶者，示有金革之事也。"漢以後多改稱"革帶"，亦稱"鞶革"。《晋書·輿服志》："革帶，古之鞶帶也，謂之鞶革。"

【鞶革】

即鞶帶。此稱始見於晋代。見該文。

鞶鑑

以鏡爲飾之鞶帶。鏡，以銅爲之。先秦始見。《左傳·莊公二十一年》："鄭伯之享王也，王以后之鞶鑑予之。"杜預注："鞶帶而以鑑爲飾也，今西方羌胡亦然，古之遺服。"

帶鈎

古代革帶上的鈎。其制，一端曲首，背有圓鈕。小有尺許，大有尺餘。常見有圓形、棒形、竹節形、琴面形和動物形。製作材料有青銅、銀、鐵、玉、骨、象牙等。工藝有鑲玉、

鎏金、嵌緑松石或加金銀錯。最早爲我國北方
游牧民族使用，春秋時傳入中原，先用於甲服，
後用於王公貴族袍服。《史記·齊太公世家》："魯
閔無知死，亦發兵送公子糾，而使管仲别將兵
遮莒道，射中小白帶鈎。"戰國、秦、漢盛行。
考古多有實物發現。如河南輝縣固圍曾出土戰
國銀鍍金、鑲玉塊、嵌彩琉璃、玉龍頭帶鈎，
侯馬戰國墓曾出土錯金、銀、銅帶鈎和鐵帶鈎，
湖南常德曾出土西漢瑪瑙帶鈎，吉林榆樹曾出
土東漢錯金、銀"丙午神鈎"銅帶鈎。東漢以
後，逐漸爲帶鐍所取代，後代仍可見到實物。
清桂馥《札樸·覽古》："余見古銅帶鈎數十枚，
皆作螳螂形。"

師比

　　古代胡語音譯。胡服上的帶鈎。本爲北方
少數民族所用。戰國時，趙武靈王實行胡服騎
射，遂傳入中原。《戰國策·趙策二》："遂賜周
紹胡服衣冠，具帶黄金師比，以傅王子也。"亦
作"鮮卑"。《楚辭·大招》："小腰秀頸，若鮮
卑只。"王逸注："鮮卑，袞帶頭也。"亦作"胥
紕"。《史記·匈奴列傳》："黄金飾具帶一，黄
金胥紕一。"亦作"犀毗"。《漢書·匈奴傳》：
"黄金犀毗一。"顔師古注："犀毗，胡帶之鈎
也。亦曰鮮卑，亦謂師比，總一物也，語有輕
重耳。"漢代極爲盛行，并發展成爲一種高級工
藝品，轉贈給匈奴君主。沈從文《中國古代服
飾研究·戰國佩玉彩琉璃珠和帶鈎》："帶鈎的應
用，相傳爲趙武靈王仿自西北部游牧民族。或
指當胸革帶使用的青銅帶鈎而言，初期祇限於
甲服上，加以發展，纔代替了絲縧的地位，轉
用到一般貴族王公袍服上。漢代人稱爲'師比'
或'犀毗'，社會流行一時。以至於俗語有'賓

客滿堂，視鈎各異'的記載。因此成爲社會上
層具時髦工藝品另一重點，用不同材料作成成
千百種不同式樣，小的不過寸許，大的長幾及
一市尺，實約一市寸。除青銅、銀、鐵外，玉、
骨、象牙製作都有發現。據《史記》《漢書》記
載，常有賜匈奴族君長以'黄金師比'事，近
年純金和包金實物也陸續有出土物。可知帶鈎
雖來自游牧民族，在發展中，却逐漸成爲中原
一種特别高級工藝品，作爲特别禮物轉贈匈奴
君長。"東漢以後，改用九環帶，然這種帶鈎的
使用，直至清代前期仍未絶迹。

【鮮卑】

　　同"師比"。胡語音譯之别。此譯稱始見於
先秦時期。見該文。

【胥紕】

　　同"師比"。胡語音譯之别。此譯稱始見於
漢代。見該文。

【犀毗】

　　同"師比"。胡語音譯之别。此譯稱始見於
漢代。見該文。

帶鐍

　　古代革帶上的環形帶扣。附有扣針。猶今
皮帶上之套環。帶伸入扣内收緊後，插入扣針
而固束之。其出現晚於帶鈎。目前所見出土實
物，爲戰國之後的物品。漢代，既用於革帶，
亦用於絲帶。《後漢書·輿服志下》："自公主封
君以上皆帶綬，以采組爲縌帶，各如其綬色。
黄金辟邪，首爲帶鐍，飾以白珠。"東漢以後，
鈎落帶自西域傳入中原，這種帶即用帶鐍。遼
寧北票北燕墓有實物出土。

大帶

　　古代禮服所用腰帶。以絲布做成，加於革

帶之上，繫於腰間，其博四寸。下垂部分曰紳。天子、諸侯大帶四邊都加以緣辟。天子素帶朱裏，諸侯不用朱裏。先秦始見用。《詩・曹風・鳲鳩》："淑人君子，其帶伊絲。"鄭玄箋："其帶伊絲，謂大帶也。大帶用素絲，有雜色飾焉。"孔穎達疏："《玉藻》說大帶之制云：'天子素帶，朱裏，終辟；諸侯素帶，終辟；大夫素帶，辟垂；士練帶，率下辟。'是大夫以上大帶用素，故知其帶伊絲謂大帶，用素絲，故言絲也。"《禮記・玉藻》："大夫大帶，四寸。"鄭玄注："大夫以上以素，皆廣四寸，士以練，廣二寸。"漢以後，歷代冕服皆用大帶。唐代，質用素，朱裏，緣邊博四寸。宋代，用緋白羅合而紩之，以朱綠飾其側，上朱下綠，其束處以組爲紐約，下垂三尺。明代，素表朱裏，兩邊用緣，上以朱錦下以綠錦緣之。參見本卷《帶、佩、飾說・腰帶考》"帶"文。

【紳】

即大帶。古代束在腰間的絲帶，下垂部分稱紳，後遂以紳代指大帶。《說文・糸部》："紳，大帶也。"《周禮・春官・巾車》"樊纓"孫詒讓正義："蓋人服有二帶，大帶謂之紳，革帶謂之鞶。"

中帶

古代婦女的內衣帶。先秦已見。《儀禮・既夕禮》："設明衣，婦人則設中帶。"鄭玄注："中帶，若今之褌襂。"清俞樾《群經平議・儀禮

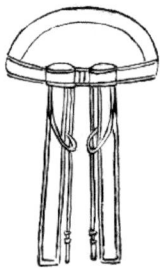

大　帶
（明李東陽等《大明會典》）

二》："中帶猶言內帶也。蓋男子惟外有緇帶而內無帶，婦人則親身之明衣亦有帶也。以其在內，故謂之中帶。"漢以後亦見。《文選・古詩十九首・東城高且長》："馳情整中帶，沈吟聊躑躅。"李善注："中帶，中衣帶。整帶將欲從之。"

淺帶

古代儒者束衣之帶。因帶博而束淺，故名。先秦始見。《荀子・儒效篇》："逢衣淺帶。"楊倞注："淺帶，博帶也。"

腰帶

束腰之帶。河南南陽侯家莊出土商代貴族白石雕像已見束腰帶。山西侯馬牛村出土的周代人形陶範腰間束絲縧，結蝴蝶結，這是絲帶。先秦時期，有革製鞶帶，至秦始稱腰帶。《事物異名錄・服飾部・帶》："鞶帶，《身章撮要》：'腰帶，革爲之，古鞶帶也，又謂之鞶革。秦二世時始名腰帶。'"秦漢時革帶、絲帶并存。兩晉南北朝時期，北方少數民族的蹀躞帶傳入中原，統稱腰帶。《晉書・輿服志》："古者貴賤皆執笏，其有事則搢之於腰帶。"南朝宋劉義慶《世說新語・容止》："庾子嵩長不滿七尺，腰帶十圍，頹然自放。"唐肅宗上元元年（760），始定文武百官及庶民服帶之制。參閱《舊唐書・輿服志》。宋代規定尤細，名目繁多，京師有專賣腰帶的商店。宋孟元老《東京夢華錄・寺東門街巷》："寺東門大街，皆是幞頭、腰帶、書籍、冠朵鋪席。"明代腰帶，多束而不着腰，在圓領的兩脅下各有細紐貫垂於腰帶上以垂之。清代，除官定腰帶外，一般在腰間束以湖色、白色或淺色的束帶，其長結束後下垂與袍齊，考究的亦有繡花者。滿族官員尤喜於腰間懸挂零星佩飾。

女子束腰帶，多束於上衣内。始時還比較窄，用絲編辮而下垂流蘇；至同治間用闊而長的綢帶；到光緒中因下身不束裙子，所以腰帶垂於衣下而露出在褲外，遂成爲飾物。顏色以淺而鮮艷者爲多，多垂於左邊，下有流蘇，綉花或鑲滾。當今腰帶的製作材料，以皮革爲主，另有帆布、塑料、人造革等，在農村仍有用布製者。亦作"要帶"。《後漢書・東平憲王蒼傳》："爲人美鬚髯，要帶八圍。"亦稱"裹腰"。清孫鼎臣《君不見》詩："船中健兒好身手，白布裹腰紅帓首。"

【要帶】

同"腰帶"。此體始見於漢代。見該文。

【裹腰】

即腰帶。此稱始見於清代。見該文。

韋帶

古代一種以韋皮製成的腰帶。無裝飾，爲平民所常服。漢代始見。《漢書・賈山傳》："夫布衣韋帶之士，修身於内，成名於外，而使後世不絶息。"《後漢書・周磐傳》："居貧養母，儉薄不充。嘗誦《詩》至《汝墳》之卒章，慨然而嘆，乃解韋帶，就孝廉之舉。"李賢注："以韋皮爲帶，未仕之服也。求仕則服革帶，故解之。"

緄帶

色絲織的腰帶。帶首或加帶鐍。漢代始見。《後漢書・輿服志下》："自公主封君以上皆帶綬，以綵組爲緄帶，各如其綬色。黄金辟邪，首爲帶鐍，飾以白珠。"後世亦見。《宋書・武三王義恭傳》："諸妃主不得著緄帶。"

襻帶

古代繫衣裙的帶子。南朝始見。南朝梁王筠《行路難》詩："襻帶雖安不忍縫，開孔裁穿猶未達。"唐代亦見。亦稱"腰襻"。唐韓愈《崔十六少府攝伊陽以詩及書見投因酬三十韻》詩："男寒澀詩書，妻瘦剩腰襻。"

【腰襻】

即襻帶。此稱始見於唐代。見該文。

鈎絡帶

古代一種束腰之帶。本爲北方少數民族所用腰帶，戰國時傳入中原，魏晉南北朝時盛行。其制，帶上附有金屬飾片。亦稱"鈎落"。《三國志・吳書・諸葛恪傳》："童謡曰：'諸葛恪，蘆葦單衣篾鈎落，於何相求成子閣。'……鈎落者，校飾革帶，世謂之鈎絡帶。"亦稱"郭洛帶"。《史記・匈奴列傳》"黄金胥紕一"司馬貞索隱引三國魏張晏曰："鮮卑郭洛帶，瑞獸名也，東胡好服之。"亦稱"絡帶"。《晉書・輿服志》："袴褶之制……腰有絡帶以代鞶。"今故宫博物院藏戰國銀首銅身填漆俑燈，腰間束以鈎絡帶。

【鈎落】

即鈎絡帶。此稱始見於三國時期。見該文。

【郭洛帶】

即鈎絡帶。此稱始見於三國時期。見該文。

【絡帶】

即鈎絡帶。此稱始見於晉代。見該文。

蹀躞帶

古代北方少數民族所繫的一種腰帶。由帶鈎、帶身、蹀躞組成。帶鈎，金屬製，一端曲首，以固定并調節腰帶的鬆緊，還有圓鈕，以固定帶鈎。帶身，皮革製，以束腰。蹀躞，下端有環的小帶，垂挂在腰帶上，以佩帶物品。以此帶束腰，動作利索，便於騎射，又可佩帶各種日常生活小物品，故始在北方游牧民族地區流行，南北朝時期逐漸傳入中原。隋唐承北朝之風，蹀躞帶甚爲流行。宋沈括《夢溪筆談·故事一》："中國衣冠，自北齊以來，乃全用胡服。窄袖緋緑短衣，長靿靴，有蹀躞帶，皆胡服也。"隋代貴臣服的九環帶、天子服的十三環金帶即蹀躞帶。《舊唐書·輿服志》："隋代帝王貴臣，多服黃文綾袍，烏紗帽，九環帶，烏皮六合靴……天子朝服亦如之，惟帶加十三環以爲差異，蓋取於便事。"唐代官員束蹀躞帶，并對佩帶物品有規定。由於胡服盛行，連婦女亦束蹀躞帶。陝西乾縣唐永泰公主墓出土的石刻綫畫中，有穿圓領小袖袍、佩蹀躞帶的侍女形象。西安唐韋頊墓出土的石刻綫畫中，亦有着胡服、束蹀躞帶的侍女形象。唐代以後，蹀躞帶仍在北方少數民族中流行，如遼代契丹族即繫此帶。内蒙古奈曼遼代陳國公主耶律氏與駙馬蕭紹矩合葬墓中出土有實物。

蹀躞

蹀躞帶上用以懸挂物品的小帶。帶下有環，上可垂挂刀子、打火石、皮囊等物。本爲北方少數民族所用，南北朝時期逐漸傳入中原。宋沈括《夢溪筆談·故事一》："中國衣冠，自北齊以來，乃全用胡服……帶衣所垂蹀躞，蓋欲佩帶弓劍、帉帨、算囊、刀礪之類。自後雖去蹀躞，而猶存其環。環所以銜蹀躞，如馬之鞦根，即今之帶銙也。"隋唐時尤爲盛行，亦作"鞢"。《舊唐書·輿服志》："武官五品已上佩鞢七事，七事謂佩刀、刀子、礪石、契苾真、噦厥、針筒、火石袋也。"敦煌石窟中有佩鞢七事西夏進香貴族形象。唐代以後，仍在北方少數民族中流行，而漢族則去蹀躞而存其環。亦作"鞢"。參閱《遼史·國語解》。

【鞢】

同"蹀躞"。此體始見於唐代。見該文。

【鞢】

同"蹀躞"。此體始見於遼代。見該文。

十三環金帶

一種有鈎、銙的皮製腰帶。銙爲腰帶扣版，有七方六橢圓，分別附有帶環，共十三個，以金固之，故名。原爲胡服，南北朝時爲北方各族所通用，爲多飾革帶中至爲名貴者。《周書·李賢傳》："降璽書勞賢，賜衣一襲及被褥，並御所服十三環金帶一要，中厩馬一匹。"後世沿用。亦作"十三鐶金帶"。《資治通鑑·陳宣帝太建十二年》："〔李穆〕又以十三鐶金帶遺堅。十三鐶金帶者，天子之服也。"胡三省注："今博三寸半，加金鏤䚢、螳螂鈎以相鈎帶，自大裘至小朝服皆用之。天子以十三鐶金帶爲異，後周制也。"

【十三鐶金帶】

同"十三環金帶"。此體始見於南北朝時期。見該文。

九環帶

古代帝王貴臣服用的飾有九金環的腰帶。源於南北朝時期由北方少數民族地區傳入中原的蹀躞帶。隋代，帝王貴臣多服之。《舊唐書·輿服志》："隋代帝王貴臣，多服黃文綾袍，烏紗帽，九環帶，烏皮六合靴……天子朝服亦如之，惟帶加十三環以爲差異，蓋取於便事。"唐代，天子及百官士庶皆服之。五代馬縞《中華古今注·九環帶》："唐革隋政，天子用九環帶，百官士庶皆同。"唐以後亦用。宋歐陽修《謝致仕表》："頭垂兩鬢之霜毛，腰束九環之金帶。"

玉帶

以玉作牌飾的腰帶。南北朝時期始見，爲貴官所服。南朝梁江淹《扇上綵畫賦》："命幸得爲綵扇兮，出入玉帶與綺紳。"唐制，文武官三品以上服金玉帶。《新唐書·車服志》："〔唐高祖時〕親王及三品、二王後，服大科綾羅，色紫，飾以玉…… 其後以紫爲三品之服，金玉帶銙十三。"唐韓愈《示兒》詩："不知官高卑，玉帶懸金魚。"宋沿唐制，三品以上服玉帶。參閱《宋史·輿服志五》。明制，文武一、二品革帶飾玉。參閱《明史·輿服志三》。

玉帶（東宮妃冠服·玉帶）
（《明宮冠服儀仗圖》）

玉梁帶

一種玉飾腰帶。見於南北朝時期。《周書·侯莫陳順傳》："魏文帝還，親執順手曰：'渭橋之戰，卿有殊力！'便解所服金鏤玉梁帶賜之。"

玉抱肚

一種玉帶。見於宋代。宋陸游《老學庵筆記》卷七："王荊公所賜玉帶，闊十四稻，號玉抱肚，眞廟朝趙德明所貢。"

金帶

以金作牌飾的腰帶。相傳起於周代。宋高承《事物紀原·衣裘帶服》："金帶。《穆天子傳》曰：天子北征，舍於珠澤，珠澤之人獻白玉石，天子賜黄金之鐶三五，朱帶。此即金帶之起也。"至南北朝時期，金帶多見，且裝飾講究。《北齊書·孝昭六王傳·樂陵王百年》："掘得一小屍，緋袍金帶一，髻一解一，一足有靴。"《周書·韓果傳》："太祖依其規畫，軍以勝返，賞眞珠金帶一腰，帛二百匹。"唐代定爲品服，四品、五品服之。《新唐書·車服志》："緋爲四品之服，金帶銙十一；淺緋爲五品之服，金帶銙十。"宋代，四品官服金帶。參閱《宋史·輿服志五》。明代，文武官三品、四品服金帶。參閱《明史·輿服志三》。四川平武曾出土明朝金帶，用銙二十枚，精雕細刻，通長 1.35 米，寬 0.06 米。

銀帶

以銀作牌飾的腰帶。南北朝時期已見。唐代始定爲品服，六品、七品服之。《新唐書·車服志》："深綠爲六品之服，淺綠爲七品之服，皆銀帶銙九。"宋制，五品以下服之。《宋史·輿服志五》："〔五品〕以下升朝官、雖未升朝已賜紫緋、内職諸軍將校，並服紅鞓金塗銀排方。雖升朝着綠者，公服上不得繫銀帶。"明代，爲文武品五、六、七品常服用之。《明史·輿服志三》："〔文武官常服〕其帶……五品銀鈒花，六品、七品素銀。"

鍮石帶

以鍮石爲牌飾的革帶。鍮石，即黄銅。以銅飾帶，南北朝時期已見。至唐代，始定爲品官之服，爲八品、九品常服所用。《新唐書·車服志》："深青爲八品之服，淺青爲九品之服，皆鍮石帶銙八。"宋代亦用銅飾帶，民庶及郡縣吏、伎術等人皆得服之。參閱《宋史·輿服志五》。明代，舞者服銅帶。參閱《明史·輿服志三》。

鈿帶

鑲金爲飾的衣帶。見於唐代。唐白居易

《對酒飲》詩："金銜嘶五馬，鈿帶舞雙珠。"唐朝開元初，大食王曾遣使獻馬、鈿帶。參閱《新唐書·大食傳》。

犀帶

以犀角版爲牌飾的腰帶。唐代始見，爲貴臣所服。《新唐書·馬植傳》："左軍中尉馬元贄最爲帝寵信，賜通天犀帶。"宋代，犀帶服用有定制。《宋史·輿服志五》："犀非品官、通犀非特旨皆禁。"又："〔中興後〕中書舍人，左右諫議大夫，龍圖、天章、寶文、顯謨、徽猷、敷文、煥章、華文閣待制，權侍郎，服紅鞓排方黑犀帶，仍佩魚。"明代，文武二品官用犀帶。《明史·輿服志三》："〔文武官公服〕腰帶：一品玉，或花或素；二品犀。"又："〔文武官常服〕其帶，一品玉，二品花犀。"

銅鐵帶

以銅鐵作牌飾的腰帶。唐代庶人服之。《舊唐書·輿服志》："庶人並銅鐵帶。"《新唐書·車服志》："流外官、庶人、部曲、奴婢，則服紬絹絁布，色用黃白，飾以鐵、銅。"宋代亦用，不受制度限制。《宋史·輿服志五》："〔帶〕銅、鐵、角、石、墨玉之類，民庶及郡縣吏、伎術等人皆得服之。"

佉苴

古代南方少數民族繫於外衣上的皮製腰帶。兵士多用之，軍官則以黃金爲飾。唐代始見。《新唐書·南蠻傳》："王親兵曰朱弩佉苴。佉苴，韋帶也。"亦作"呿嗟"。唐白居易《蠻子朝》詩："清平官持赤藤杖，大將軍繫金呿嗟。"

【呿嗟】

同"佉苴"。此體始見於唐代。見該文。

角帶

以獸角版爲牌飾的腰帶。宋代始見，但在服用上不加限制。《宋史·輿服志五》："〔帶〕銅、鐵、角、石、墨玉之類，民庶及郡縣吏、伎術等人皆得服之。"明代，文武官公服，五品以下用烏角帶；文武官常服，八品、九品亦服之。參閱《明史·輿服志三》。《金瓶梅詞話》第九八回："陳經濟換了衣巾，就穿大紅圓領，頭戴冠帽，脚穿皂靴，束著角帶，和新婦葛氏兩口兒拜見。"

鞓

革帶。亦作"靪"。南北朝時期始見其稱。《玉篇·革部》："靪，皮帶；鞓，同上。"唐李賀《酬答》詩："金魚公子夾衫長，密裝腰鞓割玉方。"唐代以後，多以絲綢包裹，并以色彩與所飾銙片標示官位高低，故有紅鞓、黑鞓、黃鞓等。參見本卷《帶、佩、飾說·腰帶考》"紅鞓"文。亦稱"鞓帶"。《醒世姻緣傳》第一回："定製了一根金黃絨辮鞓帶……選了一匹青色騸馬，使人預先調習。"

【靪】

同"鞓"。此體始見於南北朝時期。見該文。

【鞓帶】

即鞓。此稱始見於清代。見該文。

紅鞓

外裹紅色綾絹的革帶。唐末和五代時期帝王始用。周錫保《中國古代服飾史》第七章《隋唐服飾》："革帶……唐代的帶鞓，大多用黑鞓。至唐末五代始有用紅鞓者。"宋代，有明確的制度。《宋史·輿服志五》："大觀二年，詔中書舍人、諫議大夫、待制、殿中少監許繫紅鞓犀帶，不佩魚。"又："〔中興〕中書舍人，左右諫議大夫，龍圖、天章、寶文、顯謨、徽猷、敷文、煥章、華文閣待制，權侍郎，服紅鞓排方黑犀帶，仍佩魚。"金代，品官服用亦有規定。《金史·輿服志中》："五品，服紫者紅鞓烏犀帶，佩金魚；服緋者紅鞓烏犀帶，佩銀魚……〔武官〕五品、六品、七品紅鞓烏犀帶，皆不佩魚。"明代品官亦用紅鞓。周錫保《中國古代服飾史》第十三章《明代服飾》："明代的革帶，外面裹以紅或青綾，其上綴以犀玉金銀角等……按《明會要》載：一品玉帶，二品花犀，三品金鈒花帶，四品素金帶，五品銀鈒花帶，六品、七品素銀帶，八品、九品烏角帶，俱用紅鞓。"

皂鞓

外裹黑色綾絹的革帶。金代見之。《金史·輿服志中》："〔五品〕服綠者並皂鞓烏犀帶……〔武官〕八品以下並皂鞓烏犀帶。"

鉈尾

革帶下插的垂頭。視官階高下，分別以金、玉、犀、銀、銅、鐵爲飾。唐代始見。《新唐書·車服志》："腰帶者，搢垂頭於下，名曰鉈尾，取順下之意。一品、二品銙以金，六品以上以犀，九品以上以銀，庶人以鐵。"亦作"鉈尾"。亦稱"魚尾"。《事物異名錄·服飾部·帶》："唐舊史高祖詔：腰帶令向下插，垂頭名曰鉈尾。《宋志》：鉈尾，即今之魚尾。"亦稱"撻尾"。宋王得臣《麈史·禮儀》："古以韋爲帶，反插垂頭，至秦乃命腰帶。唐高祖令下插垂頭，今謂之撻尾是也。"

【鉈尾】

同"鉈尾"。此體始見於唐代。見該文。

【魚尾】

即鉈尾。此稱始見於宋代。見該文。

【撻尾】

即鉈尾。此稱始見於宋代。見該文。

帶銙

腰帶扣版。有方或橢圓等形。唐代始見。源於南北朝時期傳入中原的鏤空金屬製腰帶飾版，初保留圓環，後除之，僅存飾牌。關於其形制，宋沈括《夢溪筆談·故事一》："帶衣所垂蹀躞，蓋欲佩帶弓劍、帉帨、算囊、刀礪之類。自後雖去蹀躞，而猶存其環，環所以銜蹀躞，如馬之鞦根，即今之帶銙也。"唐代，以銙之質料及數量區別等級。《新唐書·車服志》："一品、二品銙以金，六品以上以犀，九品以上以銀，庶人以鐵。"又："其後以紫爲三品之服，金玉帶銙十三；緋爲四品之服，金帶銙十一；淺緋爲五品之服，金帶銙十；深綠爲六品之服，淺綠爲七品之服，皆銀帶銙九；深青爲八品之服，淺青爲九品之服，皆鍮石帶銙八；黃爲流外官及庶人之服，銅鐵帶銙七。"

毬路帶

有毬形花紋的腰帶。繫於大臣袍服之外。宋代始用。亦稱"笏頭帶"。宋宋敏求《春明退朝錄》卷下："太宗命創方圓毬路帶，亦名笏頭帶，以賜二府文臣。"省稱"毬帶"。宋沈括《夢溪筆談·故事一》："太宗命創方圓毬帶，賜二府文臣。"

【笏頭帶】

即毬路帶。此稱始見於宋代。見該文。

【毬帶】

"毬路帶"之省稱。此稱始見於宋代。見該文。

遇仙帶

宋代侍從之臣所服的一種腰帶。亦稱"橫金"。宋徐度《却掃編》上："舊制，執政以上，始服毬文帶，佩魚；侍從之臣，止服遇仙帶，世謂之'橫金'。元豐官制，始詔六曹尚書、翰林學士，並服遇仙帶，佩魚。"宋洪邁《容齋隨筆·仕宦捷疾》："權尚書，御史中丞，資政端明殿學士、直學士，正侍郎、給事中，金御仙花帶，不佩魚，謂之橫金。"

【橫金】

即遇仙帶。此稱始見於宋代。見該文。

延壽帶

用金絲羅繒製成并綴飾珠玉的腰帶。宋真宗時，爲先天節、降聖節君臣相贈之物。《宋史·禮志十五》："中書、親王、節度、樞密、三司以下至駙馬都尉，詣長春殿進金縷延壽帶、金絲續命縷，上保生壽酒。"

勒帛

一種絲織腰帶。宋代盛行。宋彭乘《墨客揮犀》卷八："主人著頭巾，繫勒帛，不具衣冠。"其顏色有紫、黃等。宋陸游《老學庵筆記》卷二："背子率以紫勒帛繫之，散腰則謂之不敬。"《宋史·禮志一》："旁頭一十人，素帽、紫紬衫、黃勒帛，執銅仗子。"

裹肚 [1]

以彩色綾製成的寬腰帶。繫於長衣之外，包裹腰肚，故稱。宋代始見。亦稱"變綾"。宋陳長方《步里客談》下："承平時茶酒班殿侍，繫四五重顏色裹肚。先是京師以竹盛五色綾，拽之爲戲，謂之變綾。又以殿侍所繫裹肚似之，故亦謂之變綾。今不復繫如許裹肚，但有義帶數條耳。"元、明時亦見。元張昱《輦下曲》：

"只孫官樣青紅錦，裹肚圓文寶相珠。"《金瓶梅詞話》第九〇回："身穿紫窄衫，銷金裹肚，腳上鞽蹋腿絣，乾黃翰靴。"

【變綾】

即裹肚。此稱始見於宋代。見該文。

搭膊

綢、布所製的可裹裝錢物的腰帶。初行搭於膊上，故稱。宋代始見。宋佚名《京本通俗小說·錯斬崔寧》："背上馱了一個搭膊，裏面却是銅錢。"亦繫在腰上。《水滸傳》第三五回："腰繫一條白搭膊，下面腿絣護膝，八搭麻鞋。"宋以後亦見。明佚名《黃花峪》第二折："看你那茜紅巾、紅納襖、千紅搭膊。"亦作"褡膊"。元康進之《李逵負荆》第一折："你還不知道？纔此這杯酒是肯酒，這褡膊是紅定。"亦作"褡褲"。《明史·輿服志三》："引舞、樂工，皆青羅包巾，青、紅、綠、玉色羅銷金胸背襖子，渾金銅帶，紅羅褡褲，雲頭皂靴，青綠羅銷金包臀。"現代亦見。魏巍《東方》第一部第二章："他咕碌坐起來，揉揉眼睛，纔看見是一個挑水的，穿着破棉襖，腰裏束著褡褲，高高的個兒，滿臉鬍子。"亦稱"搭包"。《紅樓夢》第二四回："〔倪二〕一頭說，一頭從搭包內掏出一包銀子來。"亦作"褡包"。《兒女英雄傳》第四回："上頭罩著件藍布琵琶襟的單緊身兒，緊身兒外面繫著條河南褡包。"亦稱"褡連"。《金瓶梅詞話》第二五回："又舀些水與他洗臉攤塵，收進褡連去。"亦作"褡褳"。老舍《蛤藻集·斷魂槍》："沙子龍從桌子上拿起緞子褡褳，一頭裝着鼻烟壺，一頭裝着點錢，挂在腰帶上。"亦稱"褡子"。《中國民間故事選·夜鬧山城鎮》："老張將字條塞進褡子裏。"

【褡膊】

　　同“搭膊”。此體始見於元代。見該文。

【褡褲】

　　同“搭膊”。此體始見於明代。見該文。

【搭包】

　　即搭膊。此稱始見於清代。見該文。

【褡包】

　　同“搭包”。即搭膊。此體始見於清代。見“搭膊”文。

【褡連】

　　即搭膊。此稱始見於明代。見該文。

【褡褳】

　　同“褡連”。即搭膊。此體始見於現代。見“搭膊”文。

【褡子】

　　即搭膊。此稱始見於現代。見該文。

【壓腰】

　　即搭膊。《水滸傳》第六〇回：“繫一條蜘蛛斑紅綫壓腰。”

【纏袋】

　　即搭膊。《水滸傳》第八一回：“燕青把水火棍挑着籠子，拽扎起皂衫，腰繫著纏袋。”

兔鶻

　　遼、金時期契丹、女真人所束的一種腰帶。以金、玉或犀象骨角等爲飾，左邊挂牌，右邊挂刀。帝王貴族用之。宋洪皓《松漠紀聞·補遺》：“契丹重骨咄犀……天祚以此作兔鶻。”亦作“吐鶻”。《金史·輿服志下》：“〔金人〕其束帶曰吐鶻……吐鶻，玉爲上，金次之，犀象骨角又次之。”

【吐鶻】

　　同“兔鶻”。此體始見於金代。見該文。

玉吐鶻

　　一種玉飾的腰帶。遼代始見。爲貴族所服。《遼史·蕭樂音奴傳》：“監障海東青鶻，獲白花者十三，賜榾柮犀並玉吐鶻。”金代亦作爲貴重的腰帶。《金史·輿服志下》：“〔金人〕其束帶曰吐鶻……吐鶻，玉爲上，金次之，犀象骨角又次之。”元代亦見用。亦作“玉兔鶻”。元李直夫《虎頭牌》第二折：“我繫的那一條玉兔鶻是金廂面。”

【玉兔鶻】

　　同“玉吐鶻”。此體始見於元代。見該文。

金繫腰

　　一種金飾的腰帶。見於元代。《元史·答失八都魯傳》：“十二月，趨攻峽州，破僞將趙明遠木驢寨。陞四川行省右丞，賜金繫腰。”

鬧裝帶

　　鑲綴金、玉、寶石等飾物的腰帶。明代始見。明胡應麟《少室山房筆叢·藝林學山三·鬧裝》：“鬧裝帶，余游燕日，嘗見於東市中。合衆寶雜綴而成，故曰鬧裝。”亦稱“鬧妝”。《金瓶梅詞話》第四八回：“西門慶這裏是金鑲玉寶石鬧妝一條，三百兩銀子。”

【鬧妝】

　　即鬧裝帶。此稱始見於明代。見該文。

汗巾

　　一種繫腰長巾。可用來抹淚擦汗，故稱。明代始見。《金瓶梅詞話》第一六回：“李瓶兒眼淚紛紛的落將下來，西門慶慌忙把汗巾兒替她抹拭。”清代亦流行。《紅樓夢》第九一回：“開了門看時，却是寶蟾，攏著頭髮，掩著懷，穿了件金邊琵琶襟小緊身，上面繫一條松花綠半新的汗巾。”

朝帶

清代官服用的腰帶。是一種以四塊金屬版爲裝飾，銜接絲帶的腰帶。上配荷包、珮飾之類。其顏色與金屬版的鏤花鑲嵌，有嚴格的等級差別，且有圓版、方版之分。皇帝朝帶分兩種。《清史稿·輿服志二》："朝帶之制二，皆明黃色：一，用龍文金圓版四，飾紅、藍寶石或綠松石，每具銜東珠五，圍珍珠二十。左右佩帉，淺藍及白各一，下廣而銳。中約鏤金圓結，飾寶如版，圍珠各三十。佩囊文綉、燧觿、刀削、結佩惟宜，縧皆明黃色，大典禮御之。一，用龍文金方版四，其飾祀天用青金石，祀地用黃玉，朝日用珊瑚，夕月用白玉，每具銜東珠五。佩帉及縧，惟祀天用純青，餘如圓版朝帶之制。中約圓結如版飾，銜東珠四。佩囊純石青，左觿、右削，並從版色。"皇子、親王、郡王、貝子、民公、文武品官朝帶皆有定制。如文、武一品朝帶鏤金銜玉方版四，每具飾一紅寶石；文、武二品朝帶鏤金圓版四，每具飾一紅寶石等。參閱《清史稿·輿服志二》。

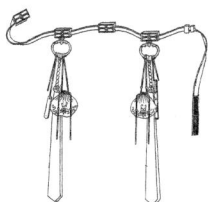

朝帶(貝子朝帶圖)
(清伊桑阿《欽定大清會典》)

吉服帶

清代皇帝、王公貴族穿吉服時所繫的腰帶。其版飾及版形的方圓，沒有朝帶要求嚴格，可隨所宜而定。皇帝，用明黃色、鏤金版四，方圓惟便，銜珠玉雜寶各從其宜。皇子用金黃，版飾惟宜。親王、郡王、貝勒、貝子、鎮國公、輔國公等與皇子同。參閱《清史稿·輿服志二》。

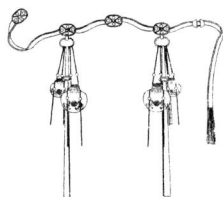

吉服帶(皇子吉服帶圖)
(清伊桑阿《欽定大清會典》)

常服帶

清代皇帝穿常服時所服的腰帶。其制同吉服帶。詳見本卷《帶、佩、飾說·腰帶考》"吉服帶"文。參閱《清史稿·輿服志二》。

行帶

清代皇帝出行時所服的腰帶。《清史稿·輿服志二》："行帶，色用明黃，左右佩繫以紅香牛皮爲之，飾金花文鍍銀環各三。佩帉以高麗布，視常服帶帉微闊而短，中約以香牛皮束，綴銀花文佩囊。明黃圓縧，飾珊瑚。結、削、燧、雜佩各惟其宜。"

行帶(皇帝行帶圖)
(清伊桑阿《欽定大清會典》)

近現代少數民族傳統腰帶

不薛

蒙古語音譯。意爲"蒙古腰帶"。蒙古族傳統腰帶。亦稱"蒙古繫帶"。布製或綢製，古代大汗或大領主亦有金製者。除金製帶外，長約丈餘，繫於袍服上，既可防寒，又便騎射。男子帶上挂蒙古刀一把，刀鞘上挂一小袋，內裝小餐具，左側挂一小鎖鏈，上裝打火石。腰間還別有烟袋或荷包。腰帶上襟內裝有貴重常用物。腰帶是權威的象徵，平時不去掉，如因犯罪或直系尊親死亡纔去掉。女子亦繫腰帶，但婚後不再繫，表示服從丈夫的權威。流行於內蒙古、青海等地。

【蒙古繫帶】

即不薛。蒙古腰帶意譯。見該文。

布怒

珞巴語音譯。珞巴族婦女腰帶。在皮底上綴以直徑 3~4 厘米的圓形銅扣二十多枚，兩端綴一行大的，中間綴兩行小的，上佩六至七根小鐵鏈和小銅鈴、紅色小串珠及勺狀飾物。流行於西藏珞隅馬尼崗、梅楚卡地區。

托勒亥得木拉迭普斯

土族語音譯。意爲"飾有綉花接頭的褲帶"。漢語稱"花頭褲帶"。土族男子腰帶。折幅寬三寸、長六尺的白布筒，兩端接上以黑或藍布爲底，上綉花卉圖案。平時將褲帶的花接頭垂吊於膝蓋上部。流行於青海互助土族自治縣等地。

【花頭褲帶】

即托勒亥得木拉迭普斯。爲漢語稱呼。見該文。

披甲

哈尼族女子腰帶。長約 1 尺，以數十股藍色細布製成。女孩到十歲左右，腰間繫有兩頭綉着五彩花紋的箭頭形藍布褲帶。到十七八歲時，在褲帶頭上再加披甲，以示成人。此物繫於身後，遮住臀部，走路時左右搖動，十分美觀。流行於雲南紅河地區。

彩花腰帶

藏族、羌族服飾所用腰帶。有織花、綉花和十字挑花，以踞織機（即腰機）織花爲主。用數組白色和其他色彩的經緯排列成彩條，花紋爲白底紅花或白底黑花，邊緣用紅、黃、藍、白、黑相間組成。圖案有雙喜、卍字、回紋、變形菊花、八寶等。有的隨意變化，六尺長的腰帶有近六十個不同花紋，有的則是八個圖案循環織作。質地有羊毛、絲和絲綿交織數種。盛產於四川藏族聚居的馬爾康、理縣、黑水、大金及羌族聚居的汶川、茂汶等縣。

腰箍

德昂族婦女腰纏。式樣很多，或用細草藤編扎，或用細竹削成細篾和竹片，或用藤篾削成片，或一半竹片一半以白錫包之，或漆成紅色、黑色，或鏤刻精美的花草圖案。相傳古代德昂族婦女會飛，男子遂以腰箍套之，遂相沿成習。流行於雲南潞西、瑞麗、梁河、鎮康、耿馬、潞江壩等地。

箍肚

舊時高山族平埔人、鄒人、排灣人、阿美人少年男子用以圍腹的編織物。亦稱"束腰"。用竹篾或藤皮編織而成。鄒人的束腹帶用厚竹片削製而成，中寬而兩端窄，兩端各鑽兩孔以繫麻繩。自後腰嚮前腹圍束，以麻繩扣結，晝夜不解。流行於臺灣阿里山、南郭、西海岸中部和東海岸地區。參閱清修《諸羅縣志·番俗考》。

【束腰】

即箍肚。見該文。

普塔

維吾爾語音譯。意爲"腰帶"。維吾爾族男子一種彩色腰帶。寬約 7 厘米，用絲綢或布製成，或用花綫織成，繫於袷袢外，常於外側斜佩小刀。流行於新疆地區。

普斯

土族語音譯。意謂"腰帶"。土族民間傳統腰帶。有男、女式之分。男式用十二尺窄幅藍布或黑布，在兩端縫上五寸長繡有花卉盤綫圖案的接頭，謂之花頭腰帶。女式有一種稱"達包·普斯"的大型繡花腰帶，由八塊寬一尺、長五寸，面繡各種花卉或盤綫圖案的條幅縫製。在草綠色布帶兩頭各接四塊，一頭吊於臀部，一頭纏於腰間。此外，還有大型繡花帶、褐帶、綢帶、布帶等。流行於青海互助、大通等地。

韃子花褲帶

東鄉族青年男子用的一種繡花褲帶。兩邊窄細，中間寬大有囊，可裝錢物。流行於今甘肅東鄉、廣河以及和政等地。

第二節　腰佩考

腰佩，即腰帶上懸挂的佩件。一類是有裝飾作用的佩件，稱"德佩"，亦稱"玉珮"，如玉璧、玉環、玉璜、玉珩等；一類是有實用價值的佩件，稱"事佩"，如印章、巾帨、囊袋、玉觿等。

德佩僅用於裝飾，多以玉加工而成。早在新石器時代，我們的祖先就掌握了雕琢玉器的工藝，并用作挂佩飾物，其實物在新石器時代的文化遺址中多有發現。商代玉器在考古中亦有大量發現，加工技藝很高，用作佩飾的玉器大多加工成鳥獸蟲魚狀，如鳳、鶴、鷹、雁、鸚鵡、虎、象、熊、鹿、蟬、鼉、鱉、蛙等，也有人形的。周代，玉器被賦予神秘的道德色彩，認爲玉有五德，以配君子：其質地温潤而澤，似君子之仁；縝密堅剛，似君子之智；有棱而不傷人，似君子之義；紋理自内顯露，似君子之信；瑕瑜不相掩飾，似君子之忠。故佩玉有修行樹德的寓意，佩玉遂成爲一種風尚，還以玉的色彩分別人物的身份和等級。《禮記·玉藻》云："古之君子必佩玉……君子無故，玉不去身。君子於玉比德焉。天子佩白玉而玄組綬，公侯佩山玄玉而朱組綬，大夫佩水蒼玉而純組綬，世子佩瑜玉而綦組綬，士佩瓀玟而縕組綬。"周代以來，玉佩形制甚多，僅圓形一類，就有環、玦、瑗、璧等不同名目。不同玉佩，佩在身邊的寓意亦不同。《荀子·大略》云："聘人以珪，問人以璧，召人以瑗，絕人以玦，反絕以環。"其中，玉璧使用最廣。

玉佩除單獨使用外，還可將幾種不同形狀的玉佩，用彩綫穿組爲一串繫挂腰間，稱"組佩"。組佩之中，有一種最爲貴重的稱"大佩"，亦稱"雜佩"。這種佩飾，以玉珩、玉璜、玉琚、玉瑀及衝牙等玉器組合而成。珩，亦作"衡"，呈拱形，在大佩上部，有一孔，下綴蠙珠、琚、瑀等物。蠙珠即蚌生之珍珠，琚、瑀爲白玉圓珠。其作用是串連珩、璜和衝牙。璜爲半個玉璧，在大佩下部，與衝牙并列；衝牙爲牙狀玉珮。在行走時，衝牙撞擊玉璜，發出悦耳的鳴聲。湖北江陵雨臺山、河南信陽楚墓出土的彩繪木俑，皆挂這種玉佩。周代大佩的組合形式，至漢代失傳。東漢明帝時，曾據古文獻進行考訂，頒式於天下，但漢末再度失傳。後代不少學者對大佩制度進行過考訂，如宋初聶崇義作《三禮圖》，此後陳祥道又作《禮書》，他們在考訂古代禮制時，也有關於玉佩的考訂内容，對當時和後世禮服制度的制定有很大作用。元明時期的大佩，就是在宋人研究的基礎上形成的。通常由菱形、璜形、長方形及橢圓形等玉片組成，以玉珠聯綴，上有金屬挂鈎。其實物，在江蘇蘇州元墓和北京定陵、安徽蚌埠、江西南城等明墓皆有出土。大佩至清代廢止。

　　古代德佩中，還有佩弦、佩猨、佩蘭的習俗，各表示不同的寓意。如性情遲緩者佩弦，意在警誡自己。

　　事佩是指佩挂於腰間的實用佩件。又可分爲兩類：一類是古代官吏腰間的佩件，一類是民間男女腰間的佩飾。前者用以顯示官階身份，後者用於日常生活，也反映了時代習俗。

　　漢代，每個官吏腰間都佩印綬，印綬是權力的一種象徵。印，即官印，視官階高低，印的質料有玉、金、銀、銅之别；綬，即綬帶，是由先秦時期繫挂玉佩的絲縧演變成的織有丙丁紋的帶子，其長短、色彩、疏密亦因官階高低而有等差。一印隨一綬，皆由朝廷統一發放。通常的做法，是將印章置入鞶囊，繫佩於腰間。放官印時，將綬帶露於囊外，朝下垂搭。人們根據印綬的形制，可知道佩者的身份。山東嘉祥武氏祠漢代石刻和沂南漢墓出土的畫像石皆有佩挂綬囊的人物形象。漢代這種佩綬制度，歷魏、晋、南北朝，一直沿用到隋唐時期，衹是在具體的形制上有所變化。如隋唐時，采用雙綬，左右各一；北朝官品從第二以上，小綬之間得施玉環相連等。（見《後漢書·輿服志下》，《隋書·禮儀志》六、七）

　　唐代，官吏還有佩魚制度。魚，即魚袋，是盛放魚符的器物。一般以木料製成一個硬匣，外裹以皮革，并以魚形爲裝飾。魚符是一種魚形憑證，長約三寸，以金、銀、銅等材料製成，上刻文字，分爲兩片，朝廷和地方官吏各存一片，遇升遷等事，以合符爲證。亦爲官吏出入殿門、城門的門證。實爲古代虎符的變形。唐制，凡五品以上官員，皆給魚袋，以盛魚符，以便繫佩於腰間。武則天時，還曾改佩魚爲佩龜，唐中宗罷之。（見《舊唐書·輿服志》《新唐書·車服志》）宋代不用魚符，但仍佩魚袋。凡有資格穿紫、緋色公服的官員，皆可佩挂以金或銀裝飾的魚袋。如官職低而有特殊情況需佩魚袋，則先借紫、緋之服，稱“借紫”“借緋”。（見《宋史・輿服志五》）明代，在京職官出入宮廷，需隨身佩牙牌。牙牌上刻有官號，如公、侯、伯則爲勛字號，駙馬則爲親字號，文臣則文字號，武臣則武字號，等等。實爲唐宋佩魚遺制。牙牌有實物傳世。

　　民間男女的腰間佩飾，可謂豐富多彩。常見者有香囊、香球、觿、刀、荷包、巾等。

　　香囊，亦稱“香袋”，一種布製小囊，内貯香料，故稱。先秦已有佩香囊的習俗，稱“容臭”。《禮記・内則》：“衿纓，皆佩容臭。”漢魏時始稱“香囊”，其實物在湖南長沙馬王堆一號漢墓曾有出土。唐代有佩挂香囊的風俗，楊貴妃臨死時，身上還佩有香囊。（見《楊太真外傳》）

　　香毬，是一種焚香用的球形小熏爐，金屬製，中間可開合，内裝香料，可燃香熏衣。唐代婦女始佩挂身邊以爲飾物。陝西西安等地唐墓有實物出土。宋代婦女亦佩香毬，有時也持於手中，或置於袖内。（見宋陸游《老學庵筆記》卷一）

　　觿爲一種錐形飾物，以象牙、玉石等製，形如牛角。古人佩挂於身，用以解結，後亦爲飾物。成人男女皆佩之。最早的實物，在河南殷墟曾有發現，説明至遲在商代已見佩觿。西周、春秋、戰國時期，佩觿的風習很盛。《詩・衛風・芄蘭》中有“芄蘭之支，童子佩觿”的詩句，春秋、戰國墓地也多有實物出土。佩容刀的風俗出現於先秦，男女皆佩挂。小刀多以獸骨、獸角或玉石製成，亦有金屬製者，但有刀形而無刃，僅備作儀容，故亦稱“容刀”。《詩・大雅・公劉》：“維玉及瑶，鞞琫容刀。”正反映了這種佩飾。秦漢時期，仍有這一習俗。其人物形象，從四川成都天回山漢墓出土女俑可見到，湖南長沙馬王堆漢墓還有實物出土。

　　秦漢時期，朝廷官員還有佩刀。刀有鞘，根據刀鞘的不同裝飾，可區別官吏的身份。連皇帝也佩刀。（見《後漢書・輿服志下》）這種佩刀，後世稱“腰刀”，隨時佩挂，作爲防身武器，直至近代。佩劍，始見於先秦。《左傳・哀公十七年》記良夫“不釋劍而食”，《戰國策・齊策》記馮諼“倚柱彈其劍”，《史記・荆軻列傳》記秦王在殿上拔劍還擊荆軻，皆佩劍之證。漢代，自天子至庶人皆佩劍，漢高祖賜蕭何“帶劍履上殿”，事載《史記・蕭相國世家》。至晋代，改佩木劍。（見《晋書・輿服志》）南北朝時期，或用象劍，或用真劍。唐代及後世，除朝廷官員按禮制佩劍外，民間庶人佩劍，如同佩刀一樣，爲防身之器。

　　荷包之稱，見於宋代以後。在此之前稱“荷囊”，是一種盛零星細物的小型佩囊。元雜劇中常見有關荷包的描寫，足見當時佩此物者之多。明、清兩代，佩帶荷包極爲盛行，且製作精巧，造型各異。如有鷄心荷包、香草荷包、腰圓荷包、褡褳荷包、抱肚荷包等。對於這些荷包，明清小説中有大量描寫，荷包亦有實物傳世。

佩巾，先秦已見，稱"帨"。女子出嫁，母親爲之結帨，并告誡之。（見《儀禮·士昏禮》）結帨，亦稱"結縭"。《詩·豳風·東山》："親結其縭，九十其儀。"毛傳："縭，婦人之褘也，母戒女施衿結帨。"男子亦有佩巾，主要是用來擦手的，故後亦稱"手巾"。漢魏晉南北朝皆見。《樂府詩集·雜曲·焦仲卿妻》："阿女默無聲，手巾掩口啼。"湖南長沙左家塘楚墓曾出土一件戰國中期佩巾遺物，紗製，略呈方形，長 28 厘米，寬 24 厘米；新疆民豐漢墓亦出土一件東漢時期遺物。兩件遺物皆於一角縛有一結，并續有布帶，顯然是可繫於腰間的佩巾。宋、明兩代的手巾則比較寬大，除拭手外，甚至可作腰帶。宋孟元老《東京夢華録·飲食果子》："更有街坊婦人，腰繫青花布手巾，綰危髻，爲酒客換湯斟酒。"在江蘇泰州市郊一座墓葬中曾出土明代手巾實物，花綾爲之，長 92 厘米，寬 49 厘米，兩端有流蘇。清代婦女家居亦喜佩挂手巾，除佩於腰間外，亦有佩於衣襟者。命婦穿禮服，則佩彩帨，視身份不同而有別，如太皇太后、皇太后、皇后、皇貴妃用綠色，綉"五穀豐登"；妃嬪則綉雲芝仙草；皇子福晉等，則用月白色，不綉花文。彩帨爲一長帶，上窄下寬，佩挂於腰，既能昭明身份，亦起裝飾作用。

現代，腰佩除因職業需要（如電工佩挂電工工具、公安人員佩帶槍械等）外，一般罕見，男青年有佩鑰匙串者，女青年偶有佩香囊者，老年人偶有佩藥囊者。但在少數民族中，腰佩仍十分流行。其中，有反映民俗的腰飾，如彝族婦女的"括臁"，珞巴族女子的腰飾"埃札"等；還有具有實用價值的腰佩，如藏族的腰刀、奶鈎，土族女子腰飾羅藏等。

玉佩、德佩等腰佩

玉佩

古代玉製佩飾物。通常繫於衣帶之上。相傳起於夏后氏之世，今可見到商代玉佩實物。河南安陽小屯村和侯家莊都出土有高冠人形玉佩。宋高承《事物紀原·衣裘帶服》："珮。董巴《輿服志》曰：古者君臣皆佩玉，三代同之。蓋起於夏后氏，至周始制其等。《禮·玉藻》所記'天子佩白玉，公侯山玄，大夫水蒼，世子瑜玉，士瓀玟'是也。"先秦典籍已見其稱。《詩·秦風·渭陽》："我送舅氏，悠悠我思。何以贈之？瓊瑰玉佩。"漢代亦以爲禮。《漢書·張敞傳》："禮：君母出門則乘輜軿，下堂則從傅母，進退則鳴玉佩，內飾則結綢繆。"《後漢書·明帝紀》:"〔永平〕二年春正月辛未，宗祀光武皇帝於明堂，帝及公卿列侯，始服冠冕、衣裳、玉佩、絇履以行事。"後世亦見。唐宋之問《太平公主山池賦》:"鳴玉佩兮登降，列金觴兮獻酬。"宋梅堯臣《天上》詩:"紫微垣裏月光飛，玉佩腰間正陸離。"亦作"玉珮"。唐蕭德言《咏舞》詩:"低身鏘玉珮，舉袖拂羅衣。"亦省稱"佩"。《禮記·曲禮下》:"立則磬折垂佩。"孔穎達疏:"立，倚也。佩，謂玉佩也。"亦稱"德佩"。《禮記·玉藻》:"君在不佩玉。"漢鄭玄注:"謂世子也。出所處而君在焉，則去德佩而設事佩，辟德而示即事也。"

玉珮(東宮妃冠服·玉珮)
(《明宮冠服儀仗圖》)

【玉珮】

同"玉佩"。此體始見於唐代。見該文。

【佩】

"玉佩"之省稱。此稱始見於先秦時期。見該文。

【德佩】

即玉佩。此稱始見於漢代。見該文。

璧

玉佩的一種。古代稱平圓形、中心有孔的玉器爲璧。《爾雅·釋器》:"肉倍好謂之璧。"即邊大於孔者爲璧。璧分大璧、穀璧、蒲璧。大璧爲天子禮天之器，諸侯享天子者亦用之；穀璧，飾穀紋，子所執；蒲璧，飾爲蒲(席)形，男所執。三者皆須兩手拱執，統稱"拱璧"。佩於紳帶上之玉璧，爲璧中之較小者，亦稱"繫

璧"。佩帶玉璧始於先秦時期。不同造型的玉，佩於身上表示不同的寓意，問士則佩璧。《荀子·大略》:"聘人以珪，問士以璧，召人以瑗，絕人以玦，反絕以環。"漢代多見。河北邯鄲、四川成都、山東烟臺、河北滿城等地春秋、戰國及秦、漢墓中，有大量實物出土。漢以後不多見。

瑗

古代玉佩的一種。孔大於邊的平圓形玉器。《爾雅·釋器》:"好倍肉謂之瑗。"河南安陽商代婦好墓曾有實物出土。戰國中山王墓出土有墨書文字定名之瑗。先秦時期，佩不同造型的玉，表示不同的寓意，召人則佩瑗。《荀子·大略》:"問士以璧，召人以瑗，絕人以玦，反絕以環。"

環

古代玉佩的一種。邊孔相等的圓形玉器。《爾雅·釋器》:"肉倍好謂之璧，好倍肉謂之瑗，肉好若一謂之環。"先秦始見。《左傳·昭公十六年》:"宣子有環，其一在鄭商。"佩不同造型的玉，表示不同的寓意，佩環表示反絕。《荀子·大略》:"絕人以玦，反絕以環。"楊倞注:"古者，臣有罪，待放於境，三年不敢去，與之環則還，與之玦則絕。"後歷代皆見。三國魏阮嗣宗《咏懷》詩之二:"交甫懷環珮，婉孌有芬芳。"唐杜甫《咏懷古迹》之三:"畫圖省識春風面，環佩空歸月夜魂。"

玦

古代玉佩的一種。形如環而有缺口的玉器。先秦始見，佩之表示決斷，亦表示決絕。《左傳·閔公二年》"公與石祁子玦"杜預注:"玦，玉玦……玦，示以當決斷。"《荀子·大略》:"絕人以玦，反絕以環。"秦漢沿用。《史記·項羽

本紀》："范增數目項王，舉所佩玉玦以示之者三。"歷代皆見。唐段成式《酉陽雜俎·忠志》："九曰玉玦，形如玉環，四分缺一。"清蒲松齡《聊齋志異·小翠》："展巾，則結玉玦一枚，心知其不返，遂携婢俱歸。"

璜

古代佩玉的一種。弧形玉器。《説文·玉部》："半璧曰璜。"殷代玉璜，一般是玉璧的三分之一，祇有少數接近二分之一。璜穿孔爲佩飾物。新石器時代已見，一般兩端各有一小孔，繋以佩戴。《山海經·海外西經》："左手操翳，右手操環，佩玉璜。"商代的玉璜，多由璧環類改製而成。商代婦好墓中發現的玉璜，有的可用兩件、三件拼成一隻玉璧，有的爲玉璧的四分之一。佩璜成型後，一般都進行再次雕琢，形成龍形、魚形；有的又在表面再雕刻鱗紋和三角形紋等。漢代仍見。《後漢書·張衡傳》："昭綵藻與雕琢兮，璜聲遠而彌長。"漢以後罕見。

玖

古代珮玉的一種。淺黑色美石。先秦始佩用。《詩·王風·丘中有麻》："彼留之子，遺我佩玖。"毛傳："玖，石次玉者。"孔穎達疏："玖是佩玉之名。"

璲

古代玉佩的一種。瑞玉。先秦已見用。《詩·大雅·大東》："鞙鞙佩璲，不以其長。"毛傳："璲，瑞也。"鄭玄箋："佩璲者，以瑞玉爲佩，佩之鞙鞙然。"

珠佩

珠玉製成的佩飾。南北朝時期始見。南朝梁沈約《脚下履》詩："逆轉珠佩響，先表繡裌香。"後歷代皆見。唐李白《宮中行樂詞》："素女鳴珠佩，天人弄綵球。"宋徐鉉《雜歌辭》之五："拂匣收珠佩，回燈拭薄妝。"明楊慎《玉臺體》詩之四："珠佩雙皋冷，羅裙十里香。"

雜佩

用各種美玉組成的佩飾。先秦始見用。《詩·鄭風·女曰雞鳴》："知子之來之，雜佩以贈之。"毛傳："雜佩者，珩、璜、琚、瑀、衝牙之類。"孔穎達疏："《説文》云：珩，佩上玉也。璜，圭璧也。琚，佩玉名也。瑀，玖石，次玉也。《玉藻》云：佩玉有衝牙。注云：居中央以前後觸也。則衝牙亦玉爲之，其狀如牙以衝突前後也。"朱熹集傳："雜佩者，左右佩玉也。上橫曰珩，下繋三組，貫以蠙珠。中組之半，貫一大珠曰瑀。末懸一玉，兩端皆鋭曰衝牙。兩旁組半各懸一玉，長博而方曰琚。其末各懸一玉，如半璧而内向曰璜。又以兩組貫珠，上繋珩兩端，下交貫於瑀，而下繋於兩璜，行則衝牙觸璜而有聲也。"先秦之制於漢初失傳，至東漢明帝時經考訂後重又頒行天下。《後漢書·輿服志下》："古者君臣佩玉，尊卑有度；上有韨，貴賤有殊。佩，所以章德，服之衷也。韨，所以執事，禮之共也。故禮有其度，威儀之制，三代同之。五霸迭興，戰兵不息，佩非戰器，韨非兵旗，於是解去韨佩，留其繋璲，以爲章表。故《詩》曰'鞙鞙佩璲'，此之謂也。韨佩既廢，秦乃以采組連結於璲，光明章

雜佩
（明王圻等《三才圖會》）

表，轉相結受，故謂之綬。漢承秦制，用而弗改，故加之以雙印佩刀之飾。至孝明皇帝，乃爲大佩，衝牙雙瑀璜，皆以白玉。乘輿落以白珠，公卿諸侯以采絲，其〔玉〕視冕旒，爲祭服云。”後世流行者爲東漢新法，已非古制。宋代重又考訂，清以後廢止。湖北江陵雨臺山、河南信陽楚墓出土彩繪木俑皆挂雜佩，形制略異。近代趙汝珍《古玩指南》第八章：“雜佩者，左右佩玉也。每一佩玉七塊，上横者曰珩玉，其形如角菱，其首一眼用以繫帶，其兩角各一眼，中間一眼，共三眼。繫三組貫以蠙珠，中組之半貫，琚瑀玉。其形圓，上下俱三眼，共六眼，聯絡上下之組。末懸衝牙，形如半璧。圓處中有一眼爲組所聯，平處向下，兩頭尖處向兩邊，兩旁組半各懸琚，琚形方，上下各一眼，上眼聯上半組，下眼聯下半組，組末繫璜，璜形如半璧，兩璜相向如全璧焉。又兩旁組之內，間又有兩組上半交貫於瑀上，而中組兩旁之眼，瑀下面中組兩旁之眼，各一組分繫於璜，行則衝牙擊璜而有聲，俗稱珩瑀佩環者，皆佩玉之名也。”

佩弦

古代德佩的一種。身上佩挂弓弦。弓弦常緊繃，性情遲緩者身上佩之，以警誡自己。先秦始見用。《韓非子·觀行》：“董安于之心緩，故佩弦以自急。”

佩韋

古代德佩的一種。身上佩帶皮繩。皮繩性柔韌，性情急躁者身上佩之，以警戒自己。先秦始見用。《韓非子·觀行》：“西門豹之性急，故佩韋以緩己。”漢代亦見。東漢范冉性急，常佩韋以自警。《後漢書·獨行列傳·范冉》：“後辟太尉府，以狷急不能從俗，常佩韋於朝。”

佩豭

古代德佩的一種。佩帶公豬狀的飾物，以示勇敢。豭，即公豬，凶猛。春秋時，子路曾佩之。《史記·仲尼弟子列傳》：“子路性鄙，好勇力，志伉直，冠雄鷄，佩豭豚。”

佩蘭

古代德佩的一種。佩帶香草爲飾物，表示立身高潔。先秦始見用。《楚辭·離騷》：“扈江離與辟芷兮，紉秋蘭以爲佩。”

綬、袋、符、囊、刀、劍等腰佩

綬

古代繫佩玉或印環的絲帶。周代，冕服有綬，以佩玉。《禮記·玉藻》：“天子佩白玉而玄組綬，公侯佩山玄玉而朱組綬，大夫佩水蒼玉而純組綬，世子佩瑜玉而綦組綬，士佩瓀玟而縕組綬。”鄭玄注：“綬者，所以貫佩玉相承受者也。”秦漢時，綬有代替韍佩的作用，并以綬之不同顏色，表示官吏身份和等級。《後漢書·輿服志下》：“韨佩既廢，秦乃以采組連結於璲，光明章表，轉相結受，故謂之綬。漢承秦制，用而弗改，遂加之以雙印佩刀之飾。”秦代丞相、太尉佩紫綬，御史大夫佩青綬。漢代改丞相紫綬爲綠綬，改御史大夫青綬爲紫綬，太傅、太師、太保、前後左右將軍皆紫綬，凡吏秩比二千石以上皆青綬，秩比六百石以上皆黑綬，比二百石以上皆黄綬。參閱《漢書·百官公卿表上》。後代因其制。隋制，天子以雙綬，六彩，玄黃赤白縹綠，純玄質；皇太子，朱雙綬，四彩，赤白縹紺，純朱質；三公，綠縢綬，四彩，赤白縹紺，純朱質；公，玄朱綬，四彩，赤縹玄紺，純朱質；等等。參閱《隋書·禮儀志七》。唐制，親王纁朱綬，一品綠縢綬，二、三品紫綬，四品青綬，五品黑綬。參閱《舊唐書·輿服志》。宋、明二代，各有損益。參見本書《朝制卷·璽印組綬說·組綬考》"綬"文。

【綟】

即綬。秦漢的綬，有代替先秦韍佩的作用。其後，即以古之所繫的韍佩改爲綟。因戰國時解去韍佩，留其繫綟，秦乃以采組連結於綟。漢制，自青綬以上，綟皆長三尺二寸；自墨綬以下，綬皆長三尺。《後漢書·輿服志下》："綟者，古佩璲也。佩綬相迎受，故曰綟。紫綬以上，綟綬之間得施玉環鐍云。"後世之大綬、小綬，由此演變而來。參見本書《朝制卷·璽印組綬說·組綬考》"綟"文。

組綬

古代繫玉的絲帶。先秦已見用。周代禮制，天子用玄組綬，公侯用朱組綬，大夫佩純組綬，世子用綦組綬，士用縕組綬。參閱《禮記·玉藻》。漢代，以其不同顏色和緒頭多少分別等級。沈從文《中國古代服飾研究·漢石刻垂綬佩劍武士》："漢代是封建社會成熟期，官階等級，除衣服冠巾有嚴格區別外，腰間垂綬，更區別顯明。組、綬同屬絲織帶子類織物，組多用來繫腰，是一條較窄狹具實用意義的絲縧，綬則約三指寬織有丙丁紋的絲縧，用不同顏色和緒頭多少分別等級，和官印一同由朝廷頒發，通稱'印綬'（或稱'璽綬'）……關於組綬制

度，《漢官儀》、《後漢書·輿服志》、《漢百官志》、董巴《輿服志》均有記載。由於時間有先後，前後情形不盡相同。以《漢官儀》記載比較詳盡具體。因記載長短寬窄不一律，帝王有長過二丈的，短的也到一丈七八尺。"後代冕服中的組綬大體沿用東漢之制。參見本書《朝制卷·璽印組綬說·組綬考》"組綬"文。

佩雙印

古代官吏腰上佩挂的印。漢代始見。漢代，官皆有印，一印隨一綬，由朝廷統一發放，佩挂於腰上。印之質料和綬之長短、色彩、疏密皆視官階高低而定。《後漢書·輿服志下》："佩雙印，長寸二分，方六分。乘輿、諸侯王、公、列侯以白玉，中二千石以下至四百石皆以黑犀，二百石以至私學弟子皆以象牙。上合絲，乘輿以縢貫白珠，赤罽蕤，諸侯王以下以綵赤絲蕤，縢縓各如其印質。"漢以後沿用，直至隋唐時期。參閱《晉書·輿服志》、《隋書·禮儀志》（六、七）及《舊唐書·輿服志》。

鞶囊

古代挂於腰際的皮製小袋。先秦始見用。男子用皮製，女子用繒製，用以盛帨巾。《儀禮·士昏禮》："夙夜無愆，視諸衿鞶。"鄭玄注："鞶囊也。男鞶革，女鞶絲，所以盛帨巾之屬。"《禮記·內則》："男鞶革，女鞶絲。"鄭玄注："鞶，小囊，盛帨巾者。男用韋，女用繒。"在新疆鄯善蘇巴什古墓曾出土一件春秋戰國時期的羊皮製鞶囊，長6~7厘米，寬3~7厘米。漢代以後，歷代沿用。山東沂南漢墓曾出土佩虎頭鞶囊的石刻武士形象。《北堂書鈔》卷一三六引《曹瞞傳》："操性佻易，自佩小鞶囊，以盛毛巾細物。"《晉書·良吏傳·鄧攸》："爲淮

南太守，夢行水邊，見一女子，猛獸自後斷其鞶囊。”南北朝時期，正式確立鞶囊制度。亦稱“傍囊”“綬囊”。《宋書·禮志五》:“鞶，古制也。漢代著鞶囊者，側在腰間。或謂之傍囊，或謂之綬囊，然則以此囊盛綬也。”製作材料不限皮革，亦用絲織品。《隋書·禮儀志七》:“鞶囊……今采梁、陳、東齊制，品極尊者，以金織成，二品以上服之。次以銀織成，三品以上服之。下以綖織成，五品以上服之。分爲三等。”唐代婦女尤喜佩帶，一般爲圓形，上綉圖紋。從出土壁畫、石刻、陶俑中可看到穿胡服、束革帶、佩鞶囊的唐代婦女形象。參見本書《朝制卷·璽印組綬説·組綬考》“鞶囊”文。

【傍囊】

即鞶囊。此稱始見於漢代。見該文。

【綬囊】

即鞶囊。此稱始見於漢代。見該文。

紫袷囊

古代高官朝服肩部縫綴的紫色口袋。其作用是盛笏板奏章。相傳源於先秦之橐囊，漢、晋承其遺制，用爲八座尚書服飾。《晋書·輿服志》:“八坐尚書荷紫，以生紫爲袷囊，綴之服外，加於左肩。昔周公負成王，制此服衣，至今以爲朝服。或云漢世用盛奏事，負之以行，未詳也。”南朝沿襲其制，亦稱“紫荷”“契囊”。《南齊書·輿服志》:“〔尚書〕其肩上紫袷囊名曰契囊，世呼爲紫荷。”《宋書·禮志五》:“手板，則古笏矣。尚書令、僕射、尚書手板頭復有白筆，此紫皮裹之，名笏。朝服肩上有紫生袷囊，綴之朝服外，俗呼曰紫荷。”亦作“挈囊”。《梁書·文學傳·劉杳》:“周捨又問杳:‘尚書官著紫荷囊，相傳云挈囊，竟何所出？’”後世荷包承其遺制。《通俗編·服飾》:“今名小袷囊曰荷包，亦得綴袍外以見尊上，或者即因於紫荷耶？”

【紫荷】

即紫袷囊。此稱始見於南北朝時期。見該文。

【契囊】

即紫袷囊。此稱始見於南北朝時期。見該文。

【挈囊】

同“契囊”。即紫袷囊。此體始見於南北朝時期。見“紫袷囊”文。

香囊

古代身上佩帶的裝有香料的小囊。先秦始見，稱“幃”。漢代亦稱“縢”。《楚辭·離騷》:“蘇糞壤以充幃兮，謂申椒其不芳。”漢王逸注:“幃謂之縢。縢，香囊也。”漢以後多稱“香囊”。三國魏繁欽《定情》詩:“何以致叩叩，香囊繫肘後？”《晋書·謝安傳》:“〔謝〕玄少好佩紫羅香囊，安患之，而不欲傷其意，因戲賭取，即焚之，於此遂止。”古代有端午節佩香囊的習俗，宋代宫廷還以之爲賞賜之物。宋周密《武林舊事·端午》:“分賜后妃諸閣大璫近侍翠葉、五色葵榴……香囊。”元代亦見。元鄭光祖《㑳梅香》第三折:“出香囊科，帶云:‘打睃，這是誰與他的紫香囊？’”清代，蘇州、杭州地區端午節佩綉囊，内裝雄黄，認爲可避邪穢。佩裝有藥物的香囊，一直沿襲至現代。當代已罕見。

【幃】

即香囊。此稱始見於先秦時期。見該文。

【縢】

即香囊。此稱始見於漢代。見該文。

【容臭】

即香囊。先秦已見此稱。《禮記·内則》:“男女未冠笄者，鷄初鳴，咸盥漱……總角、衿纓，皆佩容臭。”鄭玄注：“容臭，香物也。”孔穎達疏：“臭謂芬芳。臭物謂之容者，庾氏云：以臭物可以修飾形容，故謂之容臭。”後世亦見用。明宋濂《送東陽馬生序》：“左佩刀，右備容臭，燁然若神人。”

【香袋】

即香囊。南北朝時期始見此稱。北魏楊衒之《洛陽伽藍記·聞義里》：“惠生初發京師之日，皇太后敕付五色百尺幡千口，錦香袋五百枚。”宋、元時亦見此稱。《資治通鑑·齊和帝中興元年》：“寅遣人殺山沙於路，吏於麝臍中得其事。”胡三省注：“囊可帶者曰滕，山沙以盛麝香，故曰麝滕，猶今之香袋。”清代亦用。《紅樓夢》第一七回：“〔黛玉〕説畢，生氣回房，將前日寶玉囑咐他没做完的香袋兒，拿起剪子來就鉸。”

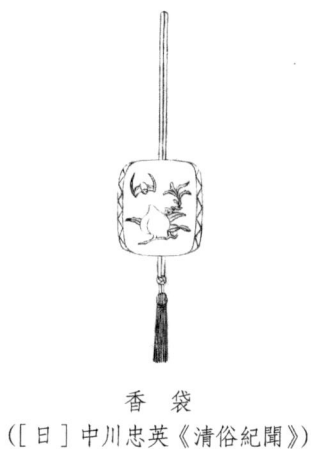

香　袋
（〔日〕中川忠英《清俗紀聞》）

茱萸囊

裝有茱萸的佩囊。茱萸，植物名，其味香烈。古代風俗，重陽節取茱萸縫袋盛之，佩繫身上，謂能避邪去灾。南朝梁吳均《續齊諧記》：“〔費〕長房謂〔桓景〕曰：‘九月九日，汝家中當有灾，宜急去，令家人各作絳囊，盛茱萸以繫臂，登高飲菊花酒，此禍可除。’……今世人九日登高飲酒，婦人帶茱萸囊，蓋始於此。”後代沿襲此俗。唐郭元振《子夜四時歌·秋歌二》：“辟惡茱萸囊，延年菊花酒。”亦省稱“茱囊”。明郝明龍《九日》詩：“寂寞園林天寶後，道傍誰復問茱囊。”

【茱囊】

“茱萸囊”之省稱。此稱始見於明代。見該文。

魚袋

古代朝服上所佩盛魚符的囊袋。唐朝始見用。唐制，五品以上官員，給隨身魚符，皆盛以袋。三品以上飾金，五品以上飾銀。《新唐書·車服志》：“隨身魚符者，以明貴賤，應召命……皆盛以魚袋，三品以上飾以金，五品以上飾以銀……高宗給五品以上隨身魚銀袋，以防召命之詐，出内必合之。三品以上金飾袋。”宋代因其制，然袋中已無魚符，僅以金銀飾爲魚形，公服則繫於帶而垂於後。《宋史·輿服志五》：“魚袋，其制自唐始，蓋以爲符契也……宋因之，其制以金銀飾爲魚形，公服則繫於帶而垂於後，以明貴賤，非復如唐之符契也。太宗雍熙元年，南郊後，内出以賜近臣，由是内外升朝文武官皆佩魚。凡服紫者，飾以金；服緋者，飾以銀。庭賜紫，則給金塗銀者；賜緋，亦有特給者。京官、幕職州縣官賜緋紫者，亦佩。親王武官、内職將校皆不佩。”金代沿用宋制。《金史·輿服志中》：“帶制，皇太子玉帶，佩玉雙魚袋。親王玉帶，佩玉魚。一品玉帶，佩金魚。二品笏頭毬文金帶，佩金魚。三品、四品荔枝或御仙花金帶，並佩金魚。五品，服紫者紅鞓烏犀帶，佩金魚，服緋者紅鞓烏犀帶，佩銀魚。”亦單稱“魚”。《新唐書·車服志》：“景龍中，令特進佩魚，散官佩魚自此始也。”

【魚】

"魚袋"之單稱。此稱始見於唐代。見該文。

金魚袋

金飾的魚袋。以裝金魚符。唐代始見。唐高宗時，三品及以上官員佩金魚袋。中宗初，郡王、嗣王亦佩金魚袋。景雲中，詔衣紫者魚袋以金飾之。參閱《新唐書·車服志》。宋代無魚符，但沿用魚袋。凡服紫者，佩金魚袋。參閱《宋史·輿服志五》。金代沿宋制，一品、二品、三品、四品和五品服紫者皆佩之。參閱《金史·輿服志中》。

銀魚袋

銀飾的魚袋。以盛銀魚符。唐代始見。唐高宗時，四品、五品官員佩銀魚袋。景雲中，詔衣緋者魚袋以銀飾之。參閱《新唐書·車服志》。宋代無魚符，但沿用魚袋。凡服緋者，佩銀魚袋。參閱《宋史·輿服志五》。金因宋制，五品服緋者佩之。參見本卷《帶、佩、飾說·腰帶考》"魚袋"文。參閱《金史·輿服志中》。

金魚符

金質的魚符。唐代始見用。唐制，親王佩之。參見本書《朝制卷·瑞信符契説·符契考》"金魚符"文。

銀魚符

銀質的魚符。唐代始見用。唐制，五品及以上官員佩之，以表示品級身份。亦爲符信。《新唐書·車服志》："隨身魚符者，以明貴賤，應召命，左二右一，左者進內，右者隨身……官有貳者加左右，皆盛以魚袋，三品以上飾以金，五品以上飾以銀。"亦省稱"銀魚"。唐劉禹錫《酬嚴給事賀加五品并簡同制水部李郎中》："初佩銀魚隨仗入，宜乘白馬退朝歸。"

【銀魚】

"銀魚符"之省稱。此稱始見於唐代。見該文。

銅魚符

銅製魚形符信。古代官員用以證明身份和徵調兵將的憑證。隋代始見用。唐代沿用。亦省稱"銅符""銅魚"。至後周顯德六年（959）廢除。

【銅符】

"銅魚符"之省稱。此省稱始見於唐代。見該文。

【銅魚】

"銅魚符"之省稱。此省稱始見於唐代。見該文。

龜袋

佩帶裝龜之袋。唐初，五品及以上官員佩魚袋。武后時，改內外官佩魚爲佩龜，佩魚袋爲佩龜袋。《舊唐書·輿服志》："天授元年九月，改內外所佩魚並作龜。久視元年十月，職事三品已上龜袋，宜用金飾，四品用銀飾，五品用銅飾，上守下行，皆從官給。"唐中宗即位後，罷龜袋。

招文袋

挂於腰間盛放文件什物的袋。見於宋代。《水滸傳》第二〇回："宋江把那封書——就取了一條金子和這書包了，插在招文袋內。"又二一回："腰裏解下鸞帶，上有一把壓衣刀和招文袋，却挂在牀邊欄杆子上。"

書袋

金代官吏懸於束帶上的區別於士民的標志。用作稽查廉政手段。其質料、顏色，因品級高下而有所不同。此制於金世宗大定十六年

（1176）制定。《金史·輿服志下》："書袋之制。大定十六年，世宗以吏員與士民之服無別，潛入民間受賕鬻獄，有司不能檢察，遂定懸書袋之制。省、樞密院令、譯史用紫紵絲爲之，臺、六部、宗正、統軍司、檢察司以黑斜皮爲之，寺、監、隨朝諸局並州縣，並黃皮爲之，各長七寸、闊二寸、厚半寸，並於束帶上懸帶，公退則懸於便服，違者所司糾之。"

佩袋

套在佩玉上的紅紗袋。明代見用。明沈德符《野獲編·禮部一·笏囊佩袋》："古今制度，有一時創獲，其後循用不可變者，如前代之笏囊與本朝之佩袋是也。"又："敏行惶怖伏罪，上特宥之。命自今普用佩袋，以紅紗囊之。"

牙牌

古代隨身佩挂的出入宮門、關防證明身份的物品。象牙製成之牌，故稱。宋代已見用。明制，朝參官皆佩牙牌，無牌者不得入。牙牌上刻官位職稱。分爲五等：一等的公、侯、伯牌上刻"勳"字，駙馬都尉刻"親"字，文官刻"文"字，武官刻"武"字，宮廷官刻"宮"字。得官時由高寶司頒發，離任升遷或出京即須交還。禁止轉借。宮内低等役使人員用烏木牌。參閱《明實録·洪武實録》。

腰牌

古代繫挂腰間以證明身份的牌子。出入備查，有通證的作用。明代始見。明沈榜《宛署雜記·鄉試》："鄉場雜辦錢糧，除大興縣分辦數外，本縣該辦：……腰牌七百五十面。"清代沿用。

香球

一種焚香用的球形小薰爐。其形制，外爲金屬鏤空圓罩，内有三層關捩，中置半球碗以熱火，雖轉動而不覆滅。唐元稹《香球》詩："順俗唯團轉，居中莫動摇。愛君心不惻，猶訝火長燒。"既可置被中取暖，亦可佩於腰間以爲佩飾和薰衣之用。作爲被中香爐，漢代已見。參閲《西京雜記》卷一。作爲佩飾，見於唐代。唐白居易《醉後贈人》詩："香球趁拍回環匝，花琖抛巡取次飛。"陝西西安唐墓還有實物出土。宋代婦女亦佩帶香球，有時亦持手中，或置袖内。宋陸游《老學庵筆記》卷一："京師承平時，宗室戚里歲時入禁中，婦女上犢車，皆用二小鬟持香毬在旁，而袖中又自持兩小香球，車馳過，香烟如雲，數里不絶，塵土皆香。"

觿

古代佩挂於身上的角錐。可用以解結，亦爲飾物。《説文·角部》："觿，佩角，鋭耑可以解結。"先秦始見用。《詩·衛風·芄蘭》："芄蘭之支，童子佩觿。"毛傳："觿所以解結，成人之佩也。"漢代沿用。《禮記·内則》："左佩紛帨、刀礪、小觿、金燧。"鄭玄注："小觿，解小結也。觿，貌如錐，以象骨爲之。"漢劉向《説苑·修文》："能治煩決亂者佩觿，能射御者佩鞢。"後代亦見。唐元稹《王悦昭武校尉行左千牛備身》："佩觿有趨蹌之美，釋褐參侍從之榮。"

剛卯

古代一種四方體腰佩。長三寸，寬一寸，四方，垂直有孔，可穿繩佩於革帶。製作材料，按人等級不同，有玉、金、犀牛角、桃木。四面皆刻文字，内容爲避逐疫鬼之辭，首句常作"正月剛卯既央"，故稱。漢代始見行用。《漢書·王莽傳中》："正月剛卯，金刀之利，皆不得行。"顏師古注引服虔曰："剛卯，以正月卯日作佩之，長三尺〔寸〕，廣一寸，四方，或用五〔玉〕，或用金，或用桃，著革帶佩之。今有玉在者，銘其一面曰'正月剛卯'。金刀，莽所鑄之錢也。"又引晋灼曰："剛卯長一寸，廣五分，四方。當中央從穿作孔，以采絲茸〔茸〕其底，如冠纓頭蕤。刻其上面，作兩行書，文曰：'正月剛卯既央，靈殳四方，赤青白黃，四色是當。帝令祝融，以教夔、龍，庶疫剛癉，莫我敢當。'其一銘曰：'疾日嚴卯，帝令夔化，順爾固伏，化兹靈殳。既正既直，既觚既方，庶疫剛癉，莫我敢當。'"顏師古注又曰："今往往有土中得玉剛卯者，案大小及文，服説是也。"魏晋廢除，故唐代偶爾有從土中發現者。

佩刀

　　古代佩挂於腰間的刀形飾物。有刀形而無刃，僅備作儀容，故亦稱"容刀"。《釋名・釋兵器》："佩刀，在佩旁之刀也，或曰容刀。有刀形而無刃，備儀容而已。"先秦始見。男女皆佩。早期多以獸骨、獸角或玉石製成，上飾圓形環首，以便佩挂，後亦有用金屬製者。《詩・大雅・公劉》："維玉及瑶，鞞琫容刀。"秦漢沿襲此俗。其人物形象，從考古發現的文物可見。如四川成都天回山漢墓出土的女俑，腰帶上佩挂一環形小刀。其實物亦有出土，如湖南長沙馬王堆漢墓曾出土三件，皆以獸角爲之，上有環首，可挂佩。漢代，帝王、百官公卿有佩刀之制，并以刀鞘之飾區別人物身份。《後漢書・輿服志下》："佩刀，乘輿黃金通身貂錯，半鮫魚鱗，金漆錯，雌黃室，五色罽隱室華。諸侯王黃金錯，環挾半鮫，黑室。公卿百官皆純黑，不半鮫。小黃門雌黃室，中黃門朱室，童

子皆虎爪文，虎賁黃室虎文，其將白虎文，皆以白珠鮫爲鏢口之飾。"魏晋南北朝時期，多用佩劍，亦有用佩刀者。《隋書・禮儀志七》："周武帝時，百官燕會，並帶刀升座。"民間男子亦佩刀。《晋書・王祥傳》："吕虔有佩刀，工相之，以爲必登三公，可服此刀。"此風俗沿襲至清代。清沈初《西清筆記・紀文獻》："公子中惡，引佩刀自剚其腹，幾殆。"

【容刀】

　　即佩刀。此稱始見於先秦時期。見該文。

腰刀

　　古代武士佩於腰間的刀。多用作防身武器，軍隊亦用於作戰。其形略彎而柄短，使刀背可合於藤牌之面，便於執持。南北朝時期始見。《魏書・傅竪眼傳》："〔蕭〕斌遣乾愛誘呼之，以腰刀爲信，密令壯健者隨之。"後代亦見。《水滸傳》第三二回："宋江提了朴刀，懸口腰刀，帶上氊笠子，辭別了孔太公。"

帶劍

　　佩帶於腰間的劍。古人身上帶劍，先秦始見。《左傳・哀公十七年》："〔良夫〕至，袒裘，不釋劍而食。"《史記・秦本紀》："簡公六年，令吏初帶劍。"漢代沿襲，天子、百官、庶人皆帶劍。《史記・蕭相國世家》："於是乃令蕭何〔第一〕，賜帶劍履上殿，入朝不趨。"《後漢書・輿服志下》"佩刀"劉昭注："自天子至於庶人，咸皆帶劍。劍之與刀，形制不同，名稱各異，故蕭何劍履上殿，不稱爲刀，而此志言不及劍，如爲未備。"晋代，改佩木劍，僅備儀容，遂成爲裝飾。亦稱"佩劍"。《晋書・輿服志》："漢制，自天子至於百官，無不佩劍，其後惟朝帶劍。晋世始代之以木，貴者猶用玉首，賤者亦

用蜼、金銀、玳瑁爲雕飾。"南北朝時期沿用其制，或用象劍，或用真劍。《隋書·禮儀志七》："劍，案漢自天子至於百官，無不佩刀。蔡謨議云：'大臣優禮，皆劍履上殿。非侍臣，解之。'蓋防刃也。近代以木，未詳所起。東齊著令，謂爲象劍，言象於劍。周武帝時，百官燕會，並帶刀升座。至開皇初，因襲舊式，朝服登殿，亦不解焉。十二年，因蔡徵上事，始制凡朝會應登殿坐者，劍履俱脱。其不坐者，敕召奏事及須升殿，亦就席解劍，乃登。納言、黃門、內史令、侍郎、舍人，既夾侍之官，則不脱。其劍皆真刃，非假。既合舊典，弘制依定。又準晋咸康元年定令故事，自天子已下，皆衣冠帶劍。今天子則玉具火珠鏢首，餘皆玉鏢首。唯侍臣帶劍上殿，自王公已下，非殊禮引升殿，皆就席解而後升。六品以下，無佩綬者，皆不帶。"唐代以後，除按禮制佩劍外，民間多佩劍用作防身武器。唐杜甫《人日》詩之二："佩劍衝星聊暫拔，匣琴流水自須彈。"元楊載《次韻袁伯長》："佩劍黃金環，咀丹白玉盤。"

【佩劍】

即帶劍。此稱始見於晋代。見該文。

削

古代文吏腰間佩帶的曲刀。古代書寫用竹簡木札，有所修改，用削刮除，後成爲佩飾物。漢稱"書刀"。《周禮·考工記·築氏》："築氏爲削，長尺，博寸，合六而成規。"漢鄭玄注："今之書刀。"《釋名·釋兵》："書刀，給書簡札有所刊削之刀也。"漢《國三老袁良碑》："今特賜錢十萬，雜繒卅匹，玉具劍佩、書刀、綉文印衣、無極手巾各一。"四川成都東鄉青杠坡漢墓出土畫像磚，上有講學圖，一經師講授，六

儒生恭聽。其中一人背面腰間懸一小環刀，即此物。三國時仍見。沈從文《中國古代服飾研究·漢講學圖畫像磚》："〔削〕是古代用竹簡作書，刮削簡牘錯字的專用工具。近年河南信陽楚墓出土銅削，和其他鋸、刮、小鏟、治簡工具成一份，且和一批竹簡毛筆同放一竹編長方小筐中，可知古代文房工具的種種情形。磚刻提供了一種平時懸掛佩帶方法。西漢以來通名'書刀'，陸機文中説，曾看過曹操生前用的書刀。講究的還錯金作出種種花紋，有的又在刀柄環上纏裹金箔，西漢即已流行，常有實物出土，可證制度。"

【書刀】

即削。此稱始見於漢代。見該文。

荷包

隨身佩帶或繫於衣袍之外的盛物小囊。由南北朝時期的鞶囊演變而來。元代始見此稱。元闕名《摩利支飛刀對箭》："兩個不曾交過馬，把我左臂厢砍了一大片，著我慌忙下的馬，荷包裏取出針和綫，我使雙綫縫個住，上的馬去又征戰。"清汪汲《事物原會·荷包》："《晋·輿服志》：文武皆有囊綴綬，八座尚書則荷紫，乃負荷之荷，非荷渠也。今謂囊曰荷包本此。"清代盛行佩帶荷包。通常以絲織物做成，上施彩綉，製作精巧，造型各異。或呈圓形，上小下大，中有收腰，形似葫蘆，稱"葫蘆荷包"。或爲鷄心形，上大下小，俗稱"鷄心荷包"。此外，還有香草荷包、腰圓荷包、褡褳荷包、抱肚荷包等。清李静山《增補都門雜咏·葫蘆荷包》："爲盛烟葉淡巴菰，做得荷包各式殊。未識何人傳妙制，家家依樣畫葫蘆。"《紅樓夢》第四二回："這是兩個荷包，帶着玩罷。"荷包，

有傳世實物。

【茄袋】

即荷包。《爾雅·釋草》："荷，芙渠，其莖茄。"佩於身，可放零錢及什物。金代始見。《宋史·輿服志六》："載所獲亡金國寶，內有絲袍、玉帶、銷金玉事、皮茄袋等法物。"明代亦見。《金瓶梅詞話》第二三回："西門慶道：'我茄袋內還有一二兩，你拿去。'"

錦囊

一種用錦製的袋子。一般爲長方形，上繡各種圖案，佩於腰間，文人墨客可放詩稿，亦可放機密文件。唐代始見。唐李商隱《李賀小傳》："恒從小奚奴，騎駏驉，背一古破錦囊，遇有所得，即書投囊中。"

佩巾

古代女子出嫁時繫在身左的拭巾。先秦始見，稱"帨"。女子出嫁時，母親爲之結帨，以示告誡。《詩·召南·野有死麕》："無感我帨兮，無使尨也吠。"毛傳："帨，佩巾也。"《儀禮·士昏禮》："母施衿結帨。曰：'勉之敬之，夙夜無違宮事。'"鄭玄注："帨，佩巾。"後代亦見。宋朱熹《客來》詩之二："論詩劇飲無他意，未管殘紅落佩巾。"佩巾用於擦手，故亦稱"手巾"。《樂府詩集·雜曲·焦仲卿妻》："阿女默無聲，手巾掩口啼。"

【帨】

即佩巾。此稱始見於先秦時期。見該文。

【手巾】

即佩巾。此稱始見於南北朝時期。見該文。

縭

古代女子結婚時身上所繫的佩巾。先秦始見。《詩·豳風·東山》："親結其縭，九十其儀。"毛傳："縭，婦人之禕也，母戒女施衿結帨。"漢代亦見。字亦作"褵"。《後漢書·馬援傳》："施衿結褵，申父母之戒。"亦稱"褘"。晋代稱"香纓"，以五彩絲爲之，女子出嫁見舅姑時持之以拜。《爾雅·釋器》："婦人之褘，謂之縭。縭，緌也。"晋郭璞注："即今之香纓也。褘邪交落，帶繫於體，固名爲褘。"隋大業五年（609），牛弘請改以拜帛代香纓。

【褵】

同"縭"。此體始見於漢代。見該文。

【褘】[1]

即縭。此稱始見於漢代。見該文。

【香纓】

即縭。此稱始見於晋代。見該文。

采帨

清代后妃的佩巾。皇后之采帨，用綠色，繡文爲"五穀豐登"。佩箴管、縏帙之屬。縧皆明黃色。太皇太后、皇太后、皇貴妃、貴妃與皇后同。妃之采帨，繡文爲"雲芝瑞草"。嬪與妃同。皇子福晋之采帨，用月白色，不繡花紋，結佩惟宜。縧皆金黃色。親王福晋以下與皇子福晋同。

近現代少數民族傳統腰佩

格則

藏語音譯，意謂"腰刀"。漢稱"藏腰刀"。

藏族男子傳統腰佩。在吐蕃部落時期已見。分長、短兩種：長者二至三尺，可作武器和砍伐工具；短者不過一尺，可切割肉食或削刮物品。刀柄、刀鞘常鑲銀、銅并刻細膩花紋，有的還鑲嵌松耳石、珊瑚和黃金等。流行於西藏、青海、四川等地區。

【藏腰刀】

即格則。見該文。

辟卡克

維吾爾語音譯，意爲"腰刀"。維吾爾、哈薩克、烏孜別克、柯爾克孜族青年男子傳統腰佩，亦是生活用具和自衛武器。一般長約六寸，刀尖嚮上彎翹，刀鞘以革製成并染色。新疆英吉莎維吾爾族工匠生產的腰刀最爲著名。

奶鈎

藏族婦女繫於腰帶上的金屬鈎。爲一塊長30多厘米、寬5~8厘米、厚約2厘米的金屬片，銅製或鋁製，下端左右各有一嚮上彎曲的鈎，上端有孔。繫於腰帶左側，擠牛奶時可挂奶桶，平時作爲腰飾。有的上面還嵌有珊瑚、綠松石等。流行於西藏牧區。

錢褡褳

土族民間男女腰帶上裝銅幣的小褡褳。爲長一尺五寸、寬四寸的小袋，兩端鑲長五寸、寬四寸的綉花或盤綫圖案飾物。女式的由三塊白底綉花條塊縫製，下端連三絡彩綫穗。青年男女皆夾於腰帶，既作錢袋，又作裝飾，現主要爲婦女裝飾品。流行於青海互助等地。

羅藏

土族語音譯。土族婦女繫於腰帶上的腰佩。以銅、銀薄片製成，有獸頭形、圓形、桃形等式。上有孔，以便繫花頭手巾、小鈴鐺、針孔、荷包等物。垂吊於腰帶左側。流行於青海地區。

批甲

哈尼語音譯。哈尼族未婚姑娘腰佩。用數十股藍色布條縫製，約長一尺，繫於腰間以遮蓋臀部。一般到十七八歲時，在帽檐邊留有兩撮疏散的流蘇，腰間繫上批甲，以示姑娘已經成人，可以婚配。流行於雲南紅河地區。

括臘

彝語音譯，意爲"腰環"。彝族婦女佩於腰上的環形腰佩。以榆樹皮製成，寬三至四寸。成年婦女除夜間睡覺外，佩於腰間不離身，因相傳此環可護身。未滿十八歲和超過六十歲者，所佩環稍窄。流行於廣西那坡、雲南富寧等地。

哈布特格 [1]

蒙古語音譯。蒙古族婦女傳統腰佩。用兩塊漿過的硬布，墊上棉花，裹上綢緞，縫成一個口袋形夾子，寬約二寸，長約三寸，有月牙、金魚、花瓶、樹葉、石榴等多種形狀，外綉圖案。另有一舌狀的布板，別放針綫，可通過上端的挂帶和下端的穗帶拉動出入。還可放香料等物。流行於內蒙古等地。

埃札

珞巴語音譯。珞巴族民間女子腰佩。由十一塊5~12厘米的圓銅片組成，中間一片最大，其餘按大小依次排列，用皮繩連接。女子結婚懷孕前圍在腰部爲飾。流行於西藏珞隅阿朗地區。

黑普克卡哈

泰雅語音譯。高山族泰雅人傳統腰佩。男女盛裝舞蹈時繫於衣外腰部。其制，在長約73厘米、寬約14厘米的竹篾編帶上，綴以珠串，縱排二百四十串，其中有白色貝珠摻入黑、青、綠、紅四色玻璃珠的雜色珠串。帶之上下緣各鑲横列珠串，呈流蘇狀。每串長約 8 厘米，下繫一顆人面浮紋銅鈴。帶之兩端有繩帶，以便繫結於腰。流行於臺灣北部地區。

勞松

藏語音譯。藏族民間男女腰佩。以銀或銅製，圓形或桃形，10 厘米見方，上雕花紋。佩於腰間，垂於胯部，男女皆帶。流行於西藏、甘肅、青海牧區。

箍藤圈

德昂族婦女腰上箍的藤圈。上繞銀絲，雕花草。有的套三至六箍螺旋形的銀絲，有的套三十多圈寬、窄兩種腰箍，後半圈多半用銀絲繞起來，行走時，腰箍隨雙脚的移動而伸縮彈動。腰箍的另半圈由竹片和藤篾削製而成。

第三節　飾　考

飾，即服飾，此指冠服的裝飾。可分為首服飾、身服飾。關於婦女的首飾，見本書《香奩卷》。

首服飾，包括冕飾、弁飾、冠飾以及帽飾、巾飾等。它們是隨着古代禮制的製定而出現的。周代，禮制已較完備，男子二十歲行冠禮，女子十五歲行笄禮。大夫以上的禮冠有冕，士以上有弁。於是，藻、旒、充耳、紘、瑱、導、纓、綏便出現了。它們既是冕、弁、冠上的構件，也是裝飾。隨着時代的發展，飾物也有變化。以冠飾為例，漢代有貂、蟬、珥、璫、簪筆，唐宋則有簪花、冠梳，清代特有花翎、頂子。某一種冠飾在一個朝代出現，往往與禮制有關，如簪花在宋代則是一種禮制，戴花翎在清代也是一種禮制。有的冠飾各代均見，變化不大，如冕飾自周至明變化很小。有的冠飾則有明顯的發展變化，如簪花始見於南北朝時期，唐代已盛，宋代則極盛，且在鮮花之外又出現假花，一直流行到近現代。這種情況，除受禮制制約外，也與社會風俗變化有關。冠、巾之飾比較少些，但幞頭的脚變化最多。脚，亦作“角”。在幞頭演變的過程中，始稱“折上巾”，有四帶，稱“四脚”。腦後所垂二帶演變為幞頭的二脚。唐代，幞頭二脚有軟有硬，唯人主得服硬脚。唐末方鎮始僭用硬脚。宋代幞頭兩脚花樣翻新。宋沈括《夢溪筆談・故事一》云：“本朝幞頭有直脚、局脚、交脚、朝天、順風凡五等，唯直脚貴賤通服之。”此外，據周錫保《中國古代服飾史》一書中提到的，還有捲脚幞頭、嚮後曲折幞頭、銷金花樣幞頭、一脚指天一脚圈曲幞頭、宮花幞頭、兩脚屈曲嚮後花裝幞頭、牛耳幞頭、玉梅雪柳鬧鵝幞頭、銀葉弓脚幞頭、高脚幞頭等，皆依幞頭兩脚的變化命名。

身服飾，主要有衣服各構件式樣的變化、衣服上的繪飾、綉飾、緣飾以及披戴於身上的飾物。衣服構件式樣的變化，主要表現在領、襟、袖以及衣袋、紐扣等部分。領，是上部圍束頸項部分，它對衣服式樣起決定作用。相傳原始服飾綣領，三代多交領，漢代又有直領、方領等，到北朝時期又流行夾領。唐代，朝服用方心曲領，常服用圓領，亦稱"團領"。宋代，公服用曲領，常服用直領。明代，公服用曲領，常服爲團領。清代，朝服上加披領，禮服無領，另於袍上加硬領。現代，常用的有立領、翻領、翻駁領等。

襟，字本作"裣"，亦作"衿"。本指衣之交領，後指衣之前幅。先秦、兩漢時期，中原地區衣襟向右掩，稱"右衽"；而北方少數民族地區則向左掩，稱"左衽"。明清時期，改行對襟，還有一字襟、琵琶襟等，特别是清朝的對襟馬褂，影響深遠，直至現代。

袖，古字作"褎"，即衣袖，爲上衣穿在臂上的部分。先秦時，天子、諸侯皆用全裘而不加袖飾，而卿、大夫則以豹皮飾作袖端。《禮記·玉藻》："君衣狐白裘，錦衣以裼之……君子狐青裘豹褎，玄綃衣以裼之；麑裘青犴褎，絞衣以裼之。"《詩·唐風·羔裘》："羔裘豹褎，自我人究究。"後世在袖口的裝飾上比較講究，除緣飾外，還有刺綉。從袖的形制來看，先秦時期，中原地區穿長袍大袖。戰國時，趙武靈王實行胡服騎射，始有窄袖。漢代，仍流行長袖。魏晉南北朝時期，受北方少數民族服飾的影響，南方在流行長袖的同時，亦漸行窄袖，一直延續到隋唐時期。宋、明則仍行長袖，遼、金、元大抵用窄袖。清代的馬蹄袖，袖端呈馬蹄形，最有特色。近代以來，抑或寬或窄，隨所用，惟其宜。袖還有長短之别。短袖衣，相傳始於秦代。漢代婦女穿的綉䙰，即短袖衣。魏晉時期始稱"半袖"，隋代始有"半臂"之稱，唐代極爲盛行。宋代又稱"背子"，後世發展爲背心。

衣袋，即衣服上的口袋。宋代以前，是將口袋佩挂於腰，或綴於肩部。宋代，在佩挂荷包的同時，出現了衣服内層的口袋，稱"夾袋"。近代以來，受西服的影響，服裝形制不斷更新，特别是時裝，口袋漸多。除實用外，亦有很好的裝飾效果。現代，常見的口袋，有貼袋、挖袋、插袋、挖貼袋等。

紐扣，是用來連接衣服兩片前襟的器物。先秦用絲紐，後世沿用很久，但在造型上有不少變化。現代意義上的紐扣，出現於明代。其實物發現於四川劍閣明朝兵部尚書趙炳然夫婦合葬墓，時代相當於明萬曆年間，證實紐扣此時已被使用。清代多使用銅扣，貴族則用金扣、銀扣，更貴重的還有用白玉、珍珠、翡翠、瑪瑙、珊瑚、琥珀等珍貴材料製的紐扣。同時，布製球形紐仍然流行。現代，隨着化學工業的發展，製作材料不斷更新，多用塑料、有機玻璃等製造；造型有圓形、方形、菱形、圓柱形等；顏色亦多種多樣，五光十色。使用不同的紐扣，對衣服有不同的裝飾效果。

衣服上的繪飾和綉飾，主要反映在禮服上。古代主要作爲祭服的冕服，上面即繪或綉十二章紋，即日、月、星辰、山、龍、華蟲、宗彝、藻、火、粉米、黼、黻。相傳周代以前已行用，周代，因日、月、星已畫於旌旗上，故僅用九章。從山、龍至宗彝畫於衣，藻、火以下綉於裳。東漢明帝又恢復冕服十二章之制。不同的冕服所用章數不同，天子、諸侯、卿、大夫所用冕服章數亦異，大抵與冕之旒數一致。歷代衣與裳所施章數亦不同。如唐代袞冕服十二章，八章在衣，四章在裳；宋初冕服十二章，七章在衣，五章在裳；明初袞冕服十二章，六章在衣，六章在裳。周代王后之六服中，褘衣、揄狄、闕翟爲祭服。這三種衣着，都刻繒爲翟形而彩畫之，綴於衣上以爲紋飾。褘衣玄質，畫五色的翬形；揄翟青質，畫五色的翟形；闕翟青質，衹刻翟形而不加畫色。後代沿用，直至明代。唐代，常服爲袍制。品官所服袍衫，除以顏色分別等差外，服之所飾不同。規定：親王等及三品以上服大科綾羅紫色袍衫，五品以上服朱色小科綾羅袍。（見《舊唐書·輿服志》）金代，公服用之。規定：三師、三公、親王、宰相一品官服大獨科花羅，徑不過五寸；執政官服小獨科花羅，徑不過三寸；二品、三品官服散搭花羅，徑不過半寸。元代沿用。規定：一品，服紫，大獨科花，徑五寸；二品，小獨科花，徑三寸；三品，散搭花，徑二寸。明代與元代同。（見《金史·輿服志中》《元史·輿服志一》《明史·輿服志三》）在官服上綉以禽或獸等圖案以分別職官品級，行於明清時代。這種服飾唐代已見。武則天延載元年（694）賜文武三品以上、左右監門衛將軍等袍衫飾以對獅，左右衛飾以麒麟，左右武威衛飾以對虎，左右豹韜衛飾以豹，左右鷹揚衛飾以鷹，左右玉鈐衛飾以對鶻，左右金吾衛飾以對豸，諸王飾以盤龍及鹿，宰相飾以鳳池，尚書飾以對雁。至唐玄宗開元十一年（723），給予袍者，千牛衛爲瑞牛，左右衛爲瑞馬，驍衛以虎，武衛以鷹，威衛以豹，領軍衛以白澤，金吾衛以辟邪，監門衛以獅子。（見《舊唐書·輿服志》）明代，洪武二十四年（1391）定常服用補子分別等級。文官一至九品分別爲仙鶴、錦雞、孔雀、雲雁、白鷳、鷺鷥、鸂鶒、黃鸝、鵪鶉；武官一至九品分別爲獅子、虎豹、熊羆、彪、犀牛、海馬。後又有改易。清代沿用，所綉禽、獸略异。（見《明史·輿服志三》《清史稿·輿服志二》）

緣飾，即衣服鑲邊爲飾。先秦始見。緣飾亦與禮制有關，可標示身份等級，其色質皆有規定。周代禮制，如深衣邊緣飾廣寸半。漢代祭宗廟，服衲玄，絳緣領袖爲中衣。如衣無緣飾則表示地位的低下或生活的簡樸。兩晋南北朝時期，祭服所用中衣皆絳緣其領袖，朝服則皂緣中衣。唐、宋、明各代對祭服、朝服之緣飾皆有規定。清代，衣服鑲邊爲飾成爲一大特色，特別是女服變化更爲明顯。清初女服，衣領袖口鑲邊較狹。至清末，衣緣越來越寬，花邊越滾越多，以致發展到“十八鑲滾”。周汛、高春明《中國歷代服飾·清》引《訓俗條約》云：“至於婦女衣裙，則有琵琶、對襟、大襟、百褶、滿花、洋印花、一塊玉等式樣。而鑲滾之費更甚，有所謂白旗邊、金白鬼子欄杆、牡丹帶、盤金間綉等名色。一衫一裙，本身紬價有定，鑲滾之外，不啻加倍。且衣身居十之六，鑲條居十之四，一衣僅有六分綾綢。新時固覺新奇，雙色則難拆改。又有將青骨種羊作襖反穿，皮上亦加鑲滾。更有排鬚雲肩，冬夏各衣，均可加上。翻新鬥麗，無所底止。”現代，衣服鑲邊作爲裝飾仍然流行，但已不像清代那樣普遍。

　　披戴於身上的飾物，主要有披肩和披巾。披肩，本名裙。《說文·巾部》：“裙，繞領也。”着披肩的人物形象，從山東沂南東漢墓出土的畫像石中的齊桓公形象可以看到，可見至遲在漢代已有披肩。隋唐時期的婦女着披肩，主要見於當時的舞姬。五代時期亦如此，亦稱“訶梨子”。宋代婦女披帛制同唐代。遼代有一種貂製披領，亦爲肩上飾物。金代，將披肩做成如意雲式，稱“雲肩”。元代，雲肩制如四垂雲，青緣，黃羅五色，嵌金爲之。還有一種比肩，亦爲肩上飾物。（見《元史·輿服志》）明清時期婦女也以雲肩爲飾，其造型更加別致，裝飾更加精美，清宮所藏《百美圖》《燕寢怡情圖》等皆有描繪，亦有實物傳世。披巾，始稱“帔”，亦稱“帔子”。古人以爲披巾始於秦，帔子始於晋。（見宋高承《事物紀原·衣裘帶服》）從文獻和圖像資料來看，帔始見於南北朝時期。南朝梁簡文帝《倡婦怨情詩》有“散誕披紅帔，生情新約黃”之句，敦煌莫高窟二百八十八窟北魏壁畫，繪有着帔婦女形象。隋代，帔的使用更加廣泛，婦女家居、出行均喜戴之。唐代婦女所披帛巾，稱“披帛”。五代馬縞《中華古今注·女人披帛》以爲始於唐開元年間。從形象資料來看，唐代婦女披帛，或幅寬而長度較短，如陝西乾縣永泰公主墓壁畫上的婦女形象；或幅較窄而長度加長，并纏繞於臂，從唐周昉《簪花仕女圖》可見此形象。五代時期婦女沿用窄而長的式樣，直至北宋仍然如此，從江西景德鎮舒家莊北宋墓出土的瓷俑可見其形象。與披帛類似的服飾是霞帔。唐代曾因披巾艷麗，猶如霓虹彩霞，故稱之爲“霞帔”。宋代，霞帔則是另一種形制：狹長形，上綉紋樣，懸於項上，再繞至胸前，下端綴有帔墜，可使帔身固定。這種霞帔，祇有具備一定身份纔可佩戴。如宋乾道七年（1171）定后妃常服，爲大袖，生色領；長裙，霞帔，玉墜子。（見《宋史·輿服志三》）普通婦女不得佩戴霞帔，便用另一種類似霞帔的服飾，稱“直帔”。（見宋高承《事物紀原·衣裘帶服》）明代，霞帔亦爲后妃、命婦常服。（見《明史·輿服志》二、三）清代，命婦亦着霞帔，但形制又有新的變化：一是帔身放寬，兩邊合併，加後片及衣領；二是胸背之處綴補子；三是下端不用帔墜，改用流蘇。明清時期，普通婦女在出嫁或入殮時，可以借用霞帔。根據清代禮制，官員在着朝服和吉服時，要在頸項間佩戴一種珠串，垂於胸前，稱“朝珠”。朝珠共由一百〇八顆圓珠串成。從皇帝、親王，下至文官五品、武官四品等皆得服之。

　　現代服裝的繫戴飾物，仍主要表現在頸部和胸部。如穿西服繫領帶，領帶的品種愈來愈多，爲男子增色不少。穿其他服裝，秋冬季節常佩戴圍巾。圍巾有長條狀者，有方形者，或以化纖所織，或以毛綫所結，顏色隨所宜。穿高領服裝者，還常在領上圍以領套，既可防污，亦起裝飾作用。還有的在頸前繫一領結，增加裝飾效果。20世紀80年代以來，紗巾、絲巾頗爲流行，甚受婦女青睞，花色甚多，佩於頸部，於頸下胸前打結。

　　民間有些服裝的胸飾，反映一種風俗，且多見於童裝。如舊時河北等地端午節兒童胸前佩挂五香布袋，即是一種。流行於貴州安順地區的四方穿肩亦具有較強的地方色彩。少數民族很重視胸飾，如彝族婦女的“吳朵”、傈僳族婦女的“拉伯里底”、土族婦女的“登洛”等；也重視腹飾，如土族的花圍肚、撒拉族的綉花圍肚等；袖飾也很多，如東鄉族婦女的假袖，苗族的銀泡、銀鈴等。此外，亦有披肩類的飾物，如高山族的外披、納西族婦女的“永襖芭繆”等。

冕、弁飾

藻

　　古代冕上飾物。冕板上懸垂的貫穿珠玉的五彩絲繩。先秦已見。《禮記·禮器》：“天子之冕，朱綠藻，十有二旒。”亦作“繅”。《周禮·夏官·弁師》：“五采繅，十有二就。”鄭玄注：“繅，雜文之名也，合五采絲爲之繩。”又

作“璪”。《禮記·郊特性》：“祭之日，王被衮以象天，戴冕，璪十有二旒。”《說文·玉部》：“璪，玉飾，如水藻之文。”段玉裁注：“古文多用繅字，今文多用璪、藻字，其實三字皆假借。”藻以貫於玉，以玉飾之，故亦稱“玉藻”。《禮記·玉藻》：“天子玉藻，十有二旒，前後

邃延。"鄭玄注："雜采曰藻，天子以五采藻爲旒。"孔穎達疏："藻謂雜采之絲繩，以貫於玉，以玉飾藻，故云玉藻也。"漢明帝時，采《周禮》《禮記》等書之説，定冕服之制。歷代因之，雖有損益，但藻爲五綵，基本不變，唯貫穿玉珠顔色有別，直至明代。

【繰】

同"藻"。此體始見於先秦時期。見該文。

【璪】

同"藻"。此體始見於漢代。見該文。

【玉藻】

即藻。此稱始見於先秦時期。見該文。

旒

古代冕上飾物。冕板前後懸垂的玉珠串。先秦始見。周代，已形成較完備的冕服制度。天子、諸侯、卿、大夫戴冕時，以旒爲飾，并以旒的多少及每旒串玉多少區分身份及場合。如周天子享先王則袞冕，用十二旒；享先公饗射則鷩冕，用九旒；祀四望山川則毳冕，用七旒；祭社稷五祀則希冕，用五旒；祭群小則玄冕，用三旒。天子之外，公可與天子同服袞冕，冕旒雖同有九旒，但天子用十二玉，公則用九玉。以下侯、伯鷩冕七旒，旒用七玉；子、男毳冕五旒，旒用五玉；卿、大夫玄冕，則有六、四、三、二旒之別。參閲《周禮·春官·司服》。又《禮記·明堂位》："天子之冕，朱緑藻，十有二旒。"《禮記·禮器》："天子之冕，朱緑藻，十有二旒，諸侯九，上大夫七，下大夫五，士三，此以文爲貴也。"漢制，天子之冕繫白玉珠十二旒；三公、諸侯七旒，青玉珠；卿、大夫五旒，赤玉珠。參閲《後漢書·輿服志下》。又《後漢書·蔡茂傳》："賜以三公之服，黼黻冕旒。"李

賢注："旒謂冕前後所垂玉也，天子十二旒，上公九旒。"漢代以後，對冕之旒皆有制度，大抵依據漢制稍有損益，直至明代。如魏明帝改以珊瑚珠，晋初因之不改，後改用白璇珠。亦作"斿"。《周禮·夏官·弁師》："諸侯之繅斿九就。"又作"瑬"。《説文·玉部》："瑬，垂玉也，冕飾。"段玉裁注："《弁師》作斿，《玉藻》從俗字作旒，皆瑬之假借字。"

【斿】

同"旒"。此體始見於先秦時期。見該文。

【瑬】

同"旒"。此體始見於漢代。見該文。

充耳

古代冕之兩旁懸垂至耳的飾物。先秦始見。《詩·邶風·旄丘》："叔兮伯兮，褎如充耳。"鄭玄箋："充耳，塞耳。"其制，以一絲繩横於冕上，兩頭下垂，繫黄綿，下懸玉以塞耳。亦稱"瑱"。《左傳·昭公二十六年》："以幣錦二兩，縛一如瑱。"孔穎達疏："禮，以一條五采横冕上，兩頭下垂，繫黄綿，綿下又懸玉爲瑱，以塞耳。"塞耳所用之物，先秦時期，天子以玉，諸侯以石。《詩·衛風·淇奥》："有匪君子，充耳琇瑩。"毛傳："充耳謂之瑱。琇瑩，美石也。天子玉瑱，諸侯以石。"漢代以黈纊充耳。《後漢書·輿服志下》："冕冠，垂旒，前後邃延，玉藻……旁垂黈纊。"劉昭注引吕忱曰："黈，黄色也。黄綿爲之。"歷代因之，至明代乃改以黄玉。參閲《明史·輿服志二》。

【瑱】

即充耳。此稱先秦已行用。見該文。

紘

固定冕、弁於髮髻上的絲帶，亦爲飾物。

其制，將絲帶着於頷下，兩端上結於笄，垂其餘以爲飾。與纓上連於冠下結於頸不同。《左傳·桓公二年》："衡、紞、紘、綖，昭其度也。"杜預注："紘，纓從下上者。"孔穎達疏："紘、纓，皆以組爲之，所以結冠於人首也。纓用兩組屬之於兩旁，結之於頷下，垂其餘也。紘用一組從下屈而上，屬之於兩旁，結之於頷下，垂其餘也。"《周禮·夏官·弁師》："玉笄朱紘。"鄭玄注："紘一條屬兩端於武。"賈公彥疏："謂以一條繩先屬一頭於左旁笄上，以一頭繞於頤下，至句上於右相笄上繞之。"漢明帝時恢復冕服之制，歷代因之不變，至宋代作青碧錦織成的天河帶，長一丈二尺，廣二寸。金元兩代作天河帶，元代且左右至地，較前加長。明代又恢復古制。清代廢止。

紘
（宋聶崇義《三禮圖集注》）

天河帶

古代皇帝冕上飾物。宋代始見。從紘發展而來。青碧錦織物，挂於冕板正中，順雙肩下垂至蔽膝前，形成一狹長大環。《宋史·輿服志三》："政和議禮局更上皇帝冕服之制……青碧錦織成天河帶，長一丈二尺，廣二寸。"金代沿用。《金史·輿服志中》："冕制……青碧綾織天河帶一，長一丈二尺，闊二寸，兩頭各有真珠金碧旒三節，玉滴子節花。"元代天河帶延長，左右至地。參閱《元史·輿服志一》。

綖

古代覆於冕板上作裝飾的布。先秦始見。《左傳·桓公二年》："衡、紞、紘、綖，昭其度也。"杜預注："綖，冠上覆。"孔穎達疏："冕以木爲幹，以玄布衣其上，謂之綖。"又："此四物者，皆冠之飾也。"亦作"延"。《後漢書·輿服志下》："冕冠垂旒，前後邃延玉藻。"漢明帝恢復冕服之制，冕之延朱綠裏，玄上。歷代沿用，布之顏色略有不同。隋大裘冕青表朱裏，唐則黑表纁裏。宋代裝飾增多。《宋史·輿服志三》："衮冕之制……冕板以龍鱗錦表，上綴玉爲七星，旁施琥珀瓶、犀瓶各二十四，周綴金絲網，鈿以真珠、雜寶玉，加紫雲白鶴錦裏。"金代，青羅爲表，紅羅爲裏。參閱《金史·輿服志中》。元代亦青表朱裏。明代恢復古制，玄表纁裏。參閱《明史·輿服志二》。

【延】

同"綖"。此體始見於漢代。見該文。

璂

古代結於皮弁上縫際之玉飾。先秦始見。周代有冕服之制，又有弁服之制。弁有爵弁、皮弁。皮弁用上尖下廣的鹿皮片縫合而成，縫中稱"會"，以玉飾縫中謂之璂。王之皮弁以五彩玉十二爲飾，諸侯以下各按其命數以玉飾之，如侯、伯飾七璂，子、男飾五璂，皆用三彩玉；孤則飾四璂，卿三，大夫二，皆二彩玉；士則無飾。亦作"綦"。《周禮·夏官·弁師》："王之皮弁會五采玉璂，象邸玉笄。"鄭玄注："璂讀如薄借綦之綦。綦，結也。皮弁之縫中，每貫結五采玉十二以爲飾，謂之綦。"亦作"璃"。《晉書·輿服志》："皮弁……《禮》'王皮弁，會五采玉璃，象邸玉笄'……其縫中名曰會，以采玉朱爲璃。璃，結也。天子五采，諸侯三采。天子則縫有十二，公九，侯、伯七，子、男五，孤四，卿、大夫三。”皮弁縫中飾璂，歷代沿用。至隋代，皮弁改用烏紗爲之，其飾如故。《隋書·禮儀志七》：“弁之制……《魏臺訪議》曰：‘天子以五采玉珠十二飾之。’今參準此，通用烏漆紗而爲之。天子十二璂，皇太子及一品九璂，二品八璂，三品七璂，四品六璂，五品五璂，六品以下無璂。”唐代沿用隋制。參閲《新唐書·車服志》。明代，仍用古皮弁制，縫中飾璂。《明史·輿服志二》：“〔皇帝皮弁服〕其制自洪武二十六年定。皮弁用烏紗冒之，前後各十二縫，每縫綴五采玉十二以爲飾。”

【綦】

　　同“璂”。此體始見於漢代。見該文。

【璂】

　　同“璂”。此體始見於晉代。見該文。

髮髻飾、冠飾

笄

　　先秦時期對簪之稱。用來插定髮髻或固定冕、弁的用具，亦爲飾物。《釋名·釋首飾》：“笄，係也，所以繫冠使不墜也。”形似長針，一頭尖鋭，一頭禿鈍，上可雕飾花紋珠寶。插定髮髻者，較短小，男女皆用，稱“髮笄”；固定冕、弁者，較長，以之橫穿過冠圈和髮髻，將冕、弁别在髻上，爲男子專用，稱爲“橫笄”，亦稱“衡”。《儀禮·士昏禮》：“女子許嫁，笄而醴之，稱字。”此指固定髮髻之笄。《儀禮·士冠禮》：“皮弁笄，爵弁笄。”鄭玄注：“笄，今之簪。”此指固定冕、弁之笄。據《三禮圖》，士用骨笄，大夫用象牙笄。根據考古發掘出的實物，笄最早出現於新石器時代，如1978年在山西襄汾新石器時代的墓葬中，發現一女性骨架的頭頂插有一根骨笄。在此之前，在江蘇常州圩墩新石器時代遺址的古墓中，出土骨笄五件，也都插在女性頭部。

笄（宋聶崇義《三禮圖集注》）

可見，早期的笄，主要爲固定髮髻之具。新石器時代，笄多爲圓錐形，比較粗糙。到殷商時期，骨笄普遍使用，已比較精緻，并且在笄頭上還鏤刻着精美的鳥首形和饕餮等裝飾紋樣，有的長達20厘米左右。這種長笄，除貫髮髻外，還作貫冠之具。周代，男子二十歲行冠禮，女子十五歲行笄禮。女子挽髻插笄，表示已許嫁他人；雖未許嫁，年二十也要梳髻插笄。《禮記·内則》：“〔女子〕十有五年而笄。”《禮記·雜記下》：“女雖未許嫁，年二十而笄。”後世這種風俗流行於全國各地。在河南光山寶相寺的春秋古墓中，曾發掘出插有雙木笄的髮髻實物。笄的質料，有骨、石、木、陶、蚌、荆、竹、玉、象牙、玟瑠等。漢代，俗將笄稱簪。此後，簪名行而笄名廢。

衡

　　古代固定冠、冕於髮髻上的橫笄。先秦有此稱。《左傳·桓公二年》：“衮冕黻珽，帶裳幅舄，衡紞紘綖，昭其度也。”杜預注：“衡，維持冠者。”楊伯峻注：“衡即橫笄。笄音鷄，簪也。笄有二，有安髮之笄，有固冠之笄。衡笄，固冠者也。固冠之笄，長一尺二寸，天子以玉，諸侯以似玉之石。”

簪

古人用來插定髮髻或連冠於髻的一種長針形用具，亦有裝飾作用。《釋名·釋首飾》："簪，建也，所以建冠於髮。又枝也，因形名之也。"後專指婦女插髻的首飾。簪與笄實爲一物。《文選·左太冲〈招隱詩二首〉》李善注引《倉頡篇》曰："簪，笄也，所以持冠也。"先秦稱笄，漢代稱"簪"，後世簪名行。簪出現於新石器時代。桓寬《鹽鐵論》有"禹治水墮簪不顧"之説，也足見簪出現之早。宋高承《事物紀原·簪》云："桓寬《鹽鐵論》曰，禹治水墮簪，不顧。簪始見此。《古今注》曰，女娲爲簪以貫髮，亦簪之始矣。"按這一説法，簪的出現更早。初期的簪較粗糙，後漸趨精緻。商代的簪，頭部已有雕刻；周代、漢代，簪頭上已有鑲嵌，如有的鑲嵌綠松石。早期的製作材料，主要是骨、竹、銅等，亦有用玉者。《韓非子·内儲説上》："周主亡玉簪，令吏求之，三日不能得也。"中古以後，多用金、銀、玉等貴重材料，還飾以翡翠、玳瑁、琥珀、珠寶等。南朝宋鮑照《擬行路難》詩："還君金釵玳瑁簪，不忍見之益愁思。"唐宋時期，製作工藝更加精細，除鏨花、鏤花外，還有用細金絲進行盤花的。元代，或在簪頭上雕刻成梅花、菊花等花卉狀，或雕刻成鳥、獸、龍等動物頭形。明清時期，更以細巧爲其特色，并鑲有各色珍貴寶石。古代，無論男女皆戴簪。男子用簪，主要爲固冠，使之不墜；女子用簪，則爲固髮，使之不散。《史記·滑稽列傳》："前有墮珥，後有遺簪。"唐杜甫《春望》詩："白頭掻更短，渾欲不勝簪。"明沈德符《野獲編·髮冢》："其棺内外，寶貨不可勝計，沈得其冠簪一枝，長數寸，而古作紺碧色，出以示余。"除漢族之外，戴簪在少數民族中亦頗爲流行。如布依族姑娘將頭髮綰成拱橋髻，披嚮腦後，再在髻上由前往後插一支長一尺五寸的粗骨簪爲飾；又如赫哲族婦女結婚後，在腦後挽成髮髻，插上獸骨或銅、銀簪爲飾。

導

古代引髮入冠、幘之具。其作用如固冕於髻上之衡。漢以後始見其稱。貴者以玉爲之。《晉書·桓玄傳》："益州督護馮遷抽刀而前，玄拔頭上玉導與之。"唐代亦見用。《新唐書·車服志》："天子未加元服，以空頂黑介幘，雙童髻，雙玉導，加寶飾。三品以上亦加寶飾，五品以上雙玉導，金飾，六品以下無飾。"亦稱"介導"。《南齊書·高帝紀下》："敕中書舍人桓景真曰：'主衣中似有玉介導，此制始自大明末，後泰始尤增其麗。'"

【介導】

即導。此稱始見於南北朝時期。見該文。

簪導

古代固定冕、弁、冠於髻上之具，以簪爲之，貫穿髮髻，故稱。隋代始見其稱。《隋書·禮儀志七》："自王公以下服章，皆綉爲之。祭服冕，皆簪導，青纊充耳。"又："簪導，案《釋名》云：'簪，建也，所以建冠於髮也。一曰笄。笄，係也，所以拘冠使不墜也。導，所以導櫟鬢髮，使入巾幘之裏也。'"隋唐之制，天子戴通天冠，以玉、犀簪導；弁服，玉簪導；平巾幘，金飾玉簪導。皇太子戴遠游冠，服衮冕，服弁服，戴平巾幘，皆有犀簪導。群臣使用簪導亦有規定。參閲《隋書·禮儀志七》《舊唐書·輿服志》。宋代，天子服袞冕，金飾玉簪導；戴通天冠，玉犀簪導。皇太子服袞冕，戴遠游冠，皆用犀簪導。群臣服袞冕，犀、玳瑁簪導；服進賢冠，亦有犀、玳瑁簪導。參閲《宋史·輿服志》三、四。明代，皇帝服袞冕，戴通天冠、皮弁等，皆用玉簪導；皇太子服袞冕，金簪導。參閲《明史·輿服志二》。

簪筆

古代官員冠上的筆形飾物。始見於漢代。初，官員插毛筆於冠上，朝見時以備記事，遂相沿成習，後祇用毛裝簪頭，插於冠前以備禮，成爲冠上飾物。《史記·西門豹傳》褚少孫補："西門豹簪筆磬折，嚮河立待良久。"張守節正義："簪筆，謂以毛裝簪頭，長五寸，插在冠前，謂之爲筆，言插筆備禮也。"《漢書·趙充國傳》："〔張安世〕本持橐簪筆事孝武帝數十年，見謂忠謹，宜全度之。"顏師古注引張晏曰："近臣負橐簪筆，從備顧問，或有所紀也。"此筆因不蘸墨汁，故亦稱"白筆"。出土的秦漢壁畫上能見到簪白筆的官吏形象。魏晉以後，官吏上朝以手板代笏，笏頭置白筆。《晉書·輿服志》："笏者，有事則書之，故常簪筆。今之白筆，是其遺象。"唐制，七品以上官員用白筆以代簪。唐李賀《仁和里雜叙皇甫湜》詩："還家白筆未上頭。"宋代，群臣朝服在冠上簪白筆，又稱"立筆"。《宋史·輿服志四》："〔朝服〕宋初之制，進賢五梁冠：塗金銀花額，犀、玳瑁簪導，立筆……政和議禮局更上群臣朝服之制：七梁冠，金塗銀稜，貂蟬籠巾，犀簪導，銀立筆……立筆，古人臣簪筆之遺象。其制削竹爲幹，裹以緋羅，以黃絲爲毫，拓以銀鏤葉，插

於冠後。舊令，文官七品以上服朝服者，簪白筆，武官則否，今文武皆簪焉。"明代，文武官朝服亦用。公冠八梁，加籠巾貂蟬，立筆五折；侯七梁，龍巾貂蟬，立筆四折；伯七梁，籠巾貂蟬，立筆二折。參閲《明史·輿服志三》。

【白筆】

即簪筆。此稱始見於晋代。見該文。

【立筆】

即簪筆。此稱始見於宋代。見該文。

簪花

在髮髻上、頭上、冠帽上插花以爲飾。古代，遇典禮、宴會、佳節，男女皆戴花，成爲一種禮俗。南北朝時期始見，唐宋時代盛行。南朝宋臧質《石城樂》詩："陽春百花生，摘插環髻前。"南朝梁張隱《素馨》詩："細花穿弱縷，盤向綠雲鬟。"唐代婦女喜將牡丹花整朵簪插在髮髻上爲飾，亦有戴茉莉花者。唐周昉《簪花仕女圖》繪有頭頂花髻的人物形象。唐杜牧《爲人題詩》之二："有恨簪花懶，無寥鬥草稀。"宋代，簪花成爲一種禮制，稱"簪戴"。凡各種祭祀、壽誕、聖節等典儀，臣僚及扈從皆於幞頭簪花，新進士聞喜宴亦如之。花的質料和顏色隨品級大小不同。羅花較高級，絹花次之；顏色以紅、黃、銀紅爲多；花的種類繁多，有牡丹、芍藥、薔薇等。宋司馬光《和吳省副梅花半開招憑由張司封飲》詩："從車貯酒傳呼出，側弁簪花倒載回。"《宋史·輿服志五》："幞頭簪花，謂之簪戴。中興，郊祀、明堂禮畢回鑾，臣僚及扈從並簪花，恭謝日亦如之……太上兩宮上壽畢，及聖節、及賜宴、及賜新進士聞喜宴，並如之。"此外，宋代婦女還有戴花冠的習俗，或冠上簪以鮮花，或插以假花，或

插戴單枝獨朵，或將四季雜花混插於一頂，謂之"一年景"。宋陸游《老學庵筆記》卷二："靖康初，京師織帛及婦人首飾衣服，皆備四時。如節物則春旛、燈球、競渡、艾虎、雲月之類；花則桃、杏、荷花、菊花、梅花，皆併爲一景，謂之'一年景'。"金、元、明、清各代皆有簪花之例。清趙翼《陔餘叢考》："金趙秉文有《戴花》詩云：'人老易悲花易落，東風休近鬢邊吹。'又元遺山詩云：'鬢毛不屬秋風管，更揀繁枝插帽檐。'元人貢師泰詩云：'忽見草間長十八，衆人分插帽檐前。'又黃庚詩：'插花歸去蜂隨帽。'《漱石閑談》記，明成祖時迎春，監生當代爲簪花，衆皆畏縮。有邵玘者直前取花，爲成祖簪之。傅維麟《明書》：武宗南巡回，至淮安，戎服簪花，鼓吹前導。則金、元以來亦尚有簪花之例矣。今制，殿試傳臚日，一甲三人出東長安門游街，順天府丞例設宴於東長安門外，簪以金花，蓋猶沿古制也。"清代，新進士亦行簪花禮。清陳康祺《郎潛紀聞》卷三："新進士釋褐於國子監，祭酒、司業皆坐彝倫堂，行拜謁簪花禮。"婦女喜在髻上插花，無論京都、鄉村，還是南方、北方，盡皆如此，成爲風俗。時北京豐臺多種鮮花，以供京都婦女插戴。都市有栽植鮮花的專業和專場，以戴茉莉、素馨、蕙蘭者最多，其次爲夜來香、野薔薇、山躑躅等花，亦有以無葉牡丹編以銅絲雜綴他花供插戴的。江南一帶的鮮花，多來自蘇州、常州地區。亦有用通草或絨絹製成象生花供戴用的。

【簪戴】

即簪花。在幞頭上簪花，爲宋代一種禮制。此稱始見於宋代。見該文。

一年景

宋代婦女頭上花飾。所插之花，皆備四時，故稱。參見本卷《帶、佩、飾説·飾考》"簪花"文。

冠梳

古代婦女在冠上插梳爲飾。唐代，婦女已在髮髻上插小梳爲飾。唐元稹《恨妝成》詩："滿頭行小梳，當面施圓靨。"至宋代，裝飾的梳子數量減少而規格加大，并用漆紗、金銀、珠玉等做成兩鬢垂肩的高冠，在冠上插以成對白角長梳。周汛、高春明《中國歷代服飾·宋》："宋代婦女髮髻上的裝飾，也有許多特色。通常以金銀珠翠製成各種花鳥鳳蝶形狀的簪釵梳篦，插於髮髻之上。其制繁簡不一，視各人條件而定……其中最主要的是冠梳。這是北宋年間婦女髮髻上最有特點的裝飾。始於宋初，先在宮中流傳，後普及於民間。所謂'冠梳'，就是用漆紗、金銀、珠玉等做成兩鬢垂肩的高冠，並在冠上插以白角長梳。由於梳子本身較長，左右兩側插得又多，所以在上轎進門時，祇能'側首而入'。皇祐元年，宋仁宗下令改制，'詔婦人冠高毋得逾四寸，廣毋得逾尺，梳長毋得逾四寸，仍禁以角爲之'。遂被禁止。這種冠梳的樣式，在敦煌壁畫中反映得比較具體。通常在冠的兩側，垂有舌狀的飾物，以掩住雙耳及鬢髮，長度大多至頸，也有下垂至肩的。冠的頂部，多飾有金色朱雀，四周插的簪釵。又在額髮部位，安插白角梳子，梳齒上下相合，其數四六不等。與文獻記載基本相符。"

纓

繫冠之帶，亦爲冠飾。古代男子戴冠，兩旁有帶繫於頷下，以固定冠於頭頂，此帶謂之纓。《説文·系部》:"纓,冠系也。"段玉裁注:"冠系,可以系冠者也。系者,係也。以二組系於冠卷結頤下是謂纓,與紘之自下而上系於笄者不同。冠用纓,冕、弁用紘。纓以固武,即以固冠,故曰冠系。"《釋名·釋首飾》:"纓,頸也。自上而下繫於頸也。"先秦始見。《左傳·哀公十五年》:"以戈擊之,斷纓。"《孟子·離婁上》:"清斯濯纓,濁斯濯足矣。"春秋、戰國時期,以長纓、粗纓爲好尚。《韓非子·外儲説左上》:"鄒君好服長纓,左右皆服,長纓甚貴,鄒君患之。"後遂以爲典故。《莊子·説劍》:"吾王所見劍士,皆蓬頭、突鬢、垂冠,曼胡之纓,短後之衣,瞋目而語難,王乃説之。"郭慶藩集釋:"司馬云:曼胡之纓,謂粗纓無文理也。"楚王子圍以冠纓絞王而殺之,自立爲王,亦可見冠纓之長與粗。事見《韓非子·姦劫弑臣》。漢代,天子、三公、諸侯、卿、大夫之冕,皆以其綬彩色爲組纓。其餘諸冠皆有纓蕤,執事及武吏皆縮纓,垂五寸。參閲《後漢書·輿服志下》。漢代,還有以鳥羽作纓者。《漢書·江充傳》:"充衣紗縠禪衣,曲裾後垂交輸,冠禪纚步摇冠,飛翮之纓。"顏師古引服虔曰:"冠禪纚,故行步則摇,以鳥羽作纓也。"漢以後,歷代沿用,稍有沿革,冠纓的質料、顏色、裝飾或有異。如晋代,天子服通天冠,以朱組爲纓;王、公、卿助祭於郊廟服平冕,以組爲纓,色如其綬。又如南朝齊,太子用朱纓,諸王用玄纓。到了宋代,皇太子戴遠游冠,以紅絲組爲纓;大臣戴進賢冠時,用羅爲冠纓。參閲《晋書·輿服志》,《南齊書·輿服志》,《宋史·輿服志》二、三。先秦有以玉飾纓者,如楚國子玉爲瓊弁、玉纓。參閲《左傳·僖公二十八年》。

漢以後,歷代皆有以珠飾之冠纓。晋石崇《王明君辭》:"哀鬱傷五内,泣淚霑珠纓。"唐白居易《驃國樂》詩:"珠纓炫轉星宿摇,花鬘斗藪龍蛇動。"宋陸游《瀑布》詩:"遠望紛珠纓,近觀轉雷霆。"

緌

冠纓於頷下繫結後之下垂部分。冠纓是繫冠之帶,以二組繫於冠卷,結於頷下,其下垂部分可以爲飾。明王圻、王思義《三才圖會·冠緌》:"緌以紘繫笄順頤而下結之。垂其飾於前曰緌。"先秦已見。《詩·齊風·南山》:"葛屨五兩,冠緌雙止。"《禮記·内則》:"冠緌纓。"孔穎達疏:"結纓頷下以固冠,結之餘者,散而下垂,謂之緌。"歷代沿用。晋制,天子戴平冕,加通天冠上,以朱組爲纓,無緌。太子戴遠游冠,則以翠羽爲緌,綴以白珠。帝之兄弟之子封郡王者服遠游冠,則青絲爲緌。參閲《晋書·輿服志》。南朝宋、齊、梁、陳及北齊、隋沿用。唐代,通天冠改以翠緌。宋沿唐制,遼、金亦如之,元代不置。明亦同宋制。參閲《通志·器服一》《續通志·器服二》。亦作"蕤"。《禮記·雜記上》:"大白冠、緇布之冠皆不蕤,委武玄縞而後蕤。"孔穎達疏:"以緇布爲冠,不加緌。"《後漢書·輿服志下》:"諸冠皆有纓蕤,執事及武吏皆縮纓,垂五寸。"

【蕤】

同"緌"。此體始見於先秦時期。見該文。

貂

冠上所飾之貂尾。相傳始於戰國時趙武靈王。胡人本以貂皮暖額,趙武靈王效胡服,金璫飾首,插以貂尾。秦滅趙,以其冠賜近臣。漢代爲武冠之飾,侍中、中常侍服之。貂尾用赤黑色，王莽時改用黃色。漢應劭《漢官儀》卷上：“侍中，左蟬右貂。”又：“中常侍，秦官也。漢興，或用士人，銀璫左貂。光武以後，專任宦者，右貂金璫。”《後漢書·輿服志下》：“武冠，一曰武弁大冠，諸武官冠之。侍中、中常侍加黃金璫，附蟬爲文，貂尾爲飾，謂之‘趙惠文冠’。胡廣説曰：‘趙武靈王效胡服，以金璫飾首，前插貂尾，爲貴職。秦滅趙，以其君冠賜近臣。’”魏、晉、南北朝因漢制，侍中、常侍服武冠，以貂爲飾，侍中插左，常侍插右。參閲《晉書·輿服志》《隋書·禮儀志六》。隋唐時期，其制稍變。《隋書·禮儀志七》：“貂蟬，案《漢官》：‘侍内金蟬左貂，金取剛固，蟬取高潔也。’董巴志曰：‘内常侍，右貂金璫，銀附蟬，内書令亦同此。’今宦者去貂，内史令金蟬右貂，納言金蟬左貂。”《新唐書·百官志二》：“左散騎與侍中爲左貂，右散騎與中書令爲右貂，謂之八貂。”宋代，群臣朝服有貂蟬籠巾，上飾貂尾。《宋史·輿服志四》：“〔進賢冠〕以梁數爲差，凡七等，以羅爲纓結之：第一等七梁，加貂蟬籠巾、貂鼠尾、立筆……貂蟬冠一名籠巾，織藤漆之，形正方，如平巾幘。飾以銀，前有銀花，上綴玳瑁蟬，左右爲三小蟬，銜玉鼻，左插貂尾。三公、親王侍祠大朝會，則加於進賢冠而服之。”金同宋制，正一品，貂蟬籠巾，七梁額花冠，貂鼠立筆。參閲《金史·輿服志中》。明代，公冠八梁，加籠巾貂蟬；侯七梁，籠巾貂蟬；伯七梁，籠巾貂蟬。俱插雉尾。參閲《明史·輿服志三》。

左貂

飾於冠左的貂尾。漢初，侍中、中常侍或用士人，銀鐺左貂。魏晉南北朝時期，侍中左貂。隋代，納言左貂。唐代，左散騎常侍、侍中左貂。參見本卷《帶、佩、飾説·飾考》“貂”文。

右貂

飾於冠右的貂尾。東漢，侍中、中常侍專用宦者，金璫右貂。魏晉南北朝時期，常侍右貂。隋代，内史令金蟬右貂。唐代，右散騎常侍、中書令右貂。參見本卷《帶、佩、飾説·飾考》“貂”文。

蟬

古代冠上的金製蟬形飾物。漢代始見。與貂尾同爲侍中、中常侍之冠飾，意寓清高超拔。《後漢書·輿服志下》：“武冠，一曰武弁大冠，諸武官冠之。侍中、中常侍加黃金璫，附蟬爲文，貂尾爲飾，謂之‘趙惠文冠’。”劉昭注引應劭《漢官》曰：“説者以金取堅剛，百鍊不耗。蟬居高飲潔，口在掖下。”魏、晉、南北朝沿用，侍中、常侍於武冠上加金璫附蟬，上插貂尾。隋代，内史令金蟬右貂，納言金蟬左貂。唐代，天子加金附蟬。參閲《通志·器服一》。宋制，天子通天冠（改承天冠）加金博山，附蟬十二，遼、金同；皇太子遠游冠，加金博山，附蟬，遼、金同。元不置，明代沿用。參閲《續通志·器服略二》。

珥

古代冠兩旁懸垂至耳的珠飾。與冕之懸瑱類似。《説文·玉部》：“珥，瑱也。”先秦始見。《戰國策·齊策》：“薛公欲知王所欲立，乃獻七珥。”漢代，太皇太后、皇太后、皇后着祭服，皆簪珥，即有衡垂於副之兩旁當耳，其下以紞懸瑱。貴人助蠶服，長公主、公主及公、卿、列侯、中二千石、二千石夫人皆簪珥。參閲

《後漢書·輿服志下》。後世穿耳懸璫，爲耳飾，與祭服中的懸瑱不同。晉制，皇后謁廟，其首飾則假髻，步摇，簪珥；貴人、夫人、貴嬪助蠶服，則太平髻，七鑷，蔽髻，黑玳瑁，又加簪珥；其餘自皇太子妃、諸王太妃、妃至中二千石、二千石夫人皆簪珥。參閱《晉書·輿服志》。南朝沿其制。《隋書·禮儀志六》：“〔陳〕皇后謁廟，服褘襦大衣……首飾則假髻、步摇，俗謂之珠松是也。簪珥步摇，以黄金爲山題，貫白珠，爲桂枝相繆。”北朝時期皇后、命婦冠飾則以鑷數花釵多少爲品秩，隋唐及後代大體沿用。又，唐代，侍中、中書令服武弁，則加貂蟬，侍左者左珥，侍右者右珥。參閱《舊唐書·輿服志》。

璫

古代冠飾。飾於冠前，附以蟬文，以金、銀製，寓堅剛不耗之意。相傳戰國時趙武靈王效胡服，以金璫飾首。漢代，本武官冠飾，光武帝以後，爲宦官專用。《後漢書·輿服志下》：“武冠，一曰武弁大冠，諸武官冠之。侍中、中常侍加黄金璫，附蟬爲文，貂尾爲飾，謂之‘趙惠文冠’。胡廣説曰：‘趙武靈王效胡服，以金璫飾首，前插貂尾，爲貴職。秦滅趙，以其君冠賜近臣。’”劉昭注引應劭曰：“説者以金取堅剛，百鍊不耗。”《後漢書·朱穆傳》：“案漢故事，中常侍參選士人，建武以後，乃悉用宦者。自延平以來，浸益貴盛，假貂璫之飾，處常伯之任，天朝政事，一更其手，權傾海内，寵貴無極。”李賢注：“璫，以金爲之，當冠前，附以金蟬也。《漢官儀》曰：‘中常侍，秦官也。漢興，或用士人，銀璫左貂。光武已後，專任宦者，右貂金璫。’”晉代沿用，侍中、常侍服武冠，則加金璫附蟬，插以貂尾。參閱《晉書·輿服志》。南朝各代、隋朝皆沿其制。參閱《隋書·禮儀志》六、七。1982年重慶曾出土金璫兩個，皆作月牙棱花形。花紋特徵係金箔印花紋飾，極精緻。

挑牌

明代命婦常服冠上之飾物。《明史·輿服志三》：“〔命婦冠服〕五品……常服冠上小珠翠鴛鴦三，鍍金銀鴛鴦二，挑珠牌……〔六品〕常服冠上鍍金銀練鵲三，又鍍金銀練鵲二，挑小珠牌。”《金瓶梅詞話》第六三回：“衆人觀看，但見頭戴金翠圍冠，雙鳳珠子挑牌，大紅妝花袍兒，白馥馥臉兒，儼然如生時一般。”

鶡尾

以鶡尾製成的冠上飾物。相傳春秋時期楚人鶡冠子隱居深山，以鶡羽飾冠。鶡，雉鳥，性勇，故戰國時趙武靈王以表武士，秦沿用。漢以雙鶡尾插於武冠之上，稱“鶡冠”，武將服之。《後漢書·輿服志下》：“武冠……加雙鶡尾，竪左右，爲鶡冠云。五官、左右虎賁、羽林、五中郎將、羽林左右監皆冠鶡冠……鶡者，勇雉也，其鬥對一死乃止，故趙武靈王以表武士，秦施之焉。”晉代沿用。《晉書·輿服志》：“鶡冠，加雙鶡尾，竪插兩邊。”南北朝時期沿用，武官及武騎虎賁等服之。隋代，武職及侍臣通服之。參閱《隋書·禮儀志》六、七。唐代，諸武官府衛領軍九品以上服之。此後，幞頭大興，冠飾變化較大，不再以鶡尾飾冠。後世戲劇舞臺上武將冠上飾雙雉尾，爲其遺制。

鶡蘇

以鶡尾製成的飾冠流蘇。漢代始見。《史記·司馬相如列傳》：“蒙鶡蘇，絝白虎。”司馬貞索隱引孟康曰："鶡，鶡尾也。蘇，析羽也。"

小樣雲

古代一種銀製冠飾。流行於五代時期後唐愍帝清泰年間。宋陶穀《清異録・衣服》："小樣雲，士人暑天不欲露髻，則頂矮冠。清泰間，都下星貨鋪賣一冠子，銀爲之五朵平雲，作三層安置，計止是梁朝物，匠者遂依效造小樣求售。"

花翎

清代官員禮冠上向後下垂拖着的一根孔雀尾羽。此飾物源於明代的冠飾靛青天鵝翎。清陸心源《翎頂考》："靛青天鵝翎即今之翎頂，此乃翎制之肇端也。"靛青天鵝翎始爲明朝都督江彬所戴。清福格《聽雨叢談》卷一："〔明〕都督江彬等承日紅笠之上，綴以靛染天鵝翎，以爲貴飾。貴者飄三英，次者二英，兵部尚書王瓊得賜一英⋯⋯似與今之三眼、雙眼、單眼花翎之制相同。惟雉尾鵝翎不及本朝的孔翠壯觀多矣。"清代，花翎是一種辨等威、昭品秩的標志，非一般官員所能戴用。孔雀翎的尾端有眼狀的極鮮明的圓花紋，即所謂"眼"。一個圈即謂一眼，有單眼、雙眼、三眼之别。翎眼之多少，反映官職等級的差異。翎羽插於用玉、珐琅或花瓷做的翎管内。亦稱"孔雀翎"。《清史稿・輿服志二》："凡孔雀翎，翎端三眼者，貝子戴之。二眼者，鎮國公、輔國公、和碩額駙戴之。一眼者，内大臣、一、二、三、四等侍衛，前鋒、護軍各統領、參領，前鋒侍衛，諸王府長史，散騎郎，二等護軍，均得戴之。"各省駐防之將軍，副都統并督撫、提鎮蒙賜者，可戴一眼花翎。清王士禛《分甘餘話》卷二："本朝侍衛皆於冠上帶孔雀翎，以目暈之多寡

爲品之等級。武臣提督及總兵官亦有賜者，後文臣督撫亦或蒙賜，得之者爲榮。"初期，花翎極其貴重，爲官員所嚮往，皇帝亦不輕易賞賜，故漢人和外任文臣等極少有賞戴者。康熙時，福建提督施琅以平定臺灣，功居第一，懇請賞戴花翎，特旨賜戴之。此後，皇帝爲收人心，也賞賜給對王朝有特别貢獻者花翎。漢族官員亦有賞戴花翎者，如李鴻章曾被賞戴三眼花翎，曾國藩、曾國荃、左宗棠等皆賞戴雙眼花翎。清末，賞賜範圍漸廣，一些下級官員因工作成績卓著，亦有賞戴花翎者，甚至可以錢捐翎。清曾國藩《湖北按察使趙君神道碑銘》："優詔褒勉，賞戴花翎。"官吏犯罪，則拔去花翎。《清會典事例・兵部・軍器》："玉德著拔去花翎，傳旨嚴行申飭。"

【孔雀翎】

即花翎。因用孔雀尾的翎羽製成，故稱。此稱始見於清代。見該文。

空花翎

清代皇室子弟年十二時賜戴的花翎。周錫保《中國古代服飾史》第十四章《清代服飾》："〔花翎〕凡皇室子弟年十二時，能賜射箭者，也給花翎，但無冠頂，因名曰'空花翎'。"

藍翎

清代官員禮冠上以鶡羽製成的飾物。制似花翎，但無眼，其色藍，故稱。插於冠後，下垂。初用以賞賜六品以下在皇宫、王府之侍衛官員，以及官職較低而立有功勞者，後漸失其制，亦可捐得或購

藍翎（藍翎侍衛夏吉服冠圖）

（清伊桑阿《欽定大清會典》）

得。清昭槤《嘯亭續録·花翎藍翎定制》："凡領侍衛府官、護軍營、前鋒營、火器營、鑾儀衛滿員，五品以上者皆冠孔雀花翎，六品以下者冠戴鵰羽藍翎。"還有染藍翎，貝勒府司儀長等戴之。《清史稿·輿服志二》："貝勒府司儀長，親王以下二、三等護衛及前鋒、親軍、護軍校，均戴染藍翎。"

頂子

清代官員冠頂飾物。以顏色或飾物質地區別品級。飾物有紅珊瑚、藍寶石、青金石、水晶、硨磲、金之別。分朝冠用和吉服冠用兩種。朝冠頂子三層，上為尖形寶石，中為球形寶珠，下為金屬底座。吉服冠頂子祇有球形寶珠和金屬底座。在底座、帽子及頂珠的中心，都鑽有一個5毫米直徑的圓孔，從冠之底部伸出一根銅管，然後將紅纓、翎管及頂珠串上，再用螺紋小帽旋緊。頂珠的顏色及材料有多種，反映不同官員的品級。按照規定，朝冠

頂子
（[日]中川忠英《清俗紀聞》）

頂子：一品，紅寶石；二品，珊瑚；三品，紋珊瑚，武藍寶石；四品，青金石；五品，水晶；六品，硨磲；七品，素金；八品，陰紋鏤花金頂；九品，陽紋鏤花金頂。吉服冠頂子：一品，珊瑚；二品，鏤花珊瑚；三品，藍寶石；四品，青金石；五品，水晶；六品，硨磲；七品，素金；八品、九品與朝冠同。無頂珠者，即無品級，所謂"未入流"者便是。始定於天命八年（1623）。此後，順治、康熙、乾隆等朝曾重定，但大體在原定基礎上改動。參閱《清會典事例·禮部》《清史稿·輿服志二》。冠頂按品級戴用，不得僭越。所謂幾品頂戴，即看冠上的頂子。官員犯法被革職，就革掉或摘去其原有頂戴。

雀頂

清代士子禮冠頂子上的雀形飾物。有金雀、銀雀之別。《清會典事例·禮部·冠服》："順治二年定，舉人、官生、貢生、監生，冠用金雀頂，帶用銀鑲明羊角。"《清史稿·輿服志二》："舉人公服冠，頂鏤花銀座，上銜金雀……生員冠，頂鏤花銀座，上銜銀雀。"

巾飾、帽飾

二聖還

南宋初以雙勝交環做成的帽飾，寓二聖（指宋徽宗、宋欽宗）還歸之意。可佩於帽上，挂於腦後。亦作"二勝環"。宋高宗紹興初，太尉楊存中以美玉琢成。宋張端義《貴耳集》下："紹興初，楊存中在建康，諸軍之旗中有雙勝交環，謂之'二聖環'，取兩宮（指宋徽宗、宋欽

宗）北還之意。因得美玉琢成帽環進高廟，曰尚御裹。偶有一伶者在旁，高宗指環示之：'此環楊太尉進來，名二勝環。'伶人接奏云：'可惜二聖環且放在腦後！'"

【二勝環】

同"二聖還"。此體始見於宋代。見該文。

玉逍遥

金代老年婦女巾上飾物。《金史・輿服志下》："〔婦人〕年老者，以皂巾籠髻如巾狀，散綴玉鈿於上，謂之'玉逍遥'。"

頂珠

裝於巾、帽頂上的珠形飾物。金代，金頂飾以大珠。《金史・輿服志下》："巾之制，以皂羅若紗爲之，上結方頂，折垂於後……貴顯者於方頂循十字縫飾以珠，其中必貫以大者，謂之頂珠。"明代亦用，稱"帽珠"。《明史・輿服志三》："庶人帽，不得用頂，帽珠止許水晶、香木。"清代演變爲冠帽頂上飾物，多用寶石，是區別官職的重要標志。參見本卷《帶、佩、飾説・飾考》"頂子"文。

【帽珠】

即頂珠。此稱始見於明代。見該文。

絨球

用絨（毛）綫經纏繞、剪製而成的球狀飾物。可用於帽飾，亦可用於衣飾。現代多見。其製法：用一塊硬紙板，大小依絨球大小而定，把絨綫纏繞於上，約纏三十圈，然後在中間扎牢，再將兩端剪開，搓成圓球狀。

近現代少數民族傳統帽飾

祈安牌

回族民間傳統帽飾。鑲嵌在帽上的一種金屬牌。以黃金或白銀製成，鑲於童帽前，形如八卦，意爲祈求庇佑，驅邪除惡，逢凶化吉，確保安康。

銀角

舊時苗族婦女帽飾。銀質，重達二市斤。其外形似雙角，中空，外刻製有雙龍搶寶圖案。通常裝戴在帽子上，并與其他銀綫、銀牌配用。流行於貴州臺江地區。

衣領飾

領

衣上部圍束頸項部分。它對衣服的式樣起決定作用，不同領式有不同的裝飾效果。《釋名・釋衣服》："領，頸也，以壅頸也，亦言總領衣體爲端首也。"相傳原始服飾爲緣領，《淮南子・氾論訓》有此説。夏、商、周三代多爲交領，從出土的商、周時期人像可以得知。先秦時的深衣領式，是先交而方折嚮下，即於頸下別施一衿而成方折。河南平津金村出土戰國青銅人像即此領式。漢代衣服領式，有直領、方領、交領諸式。晋、南朝沿用，北朝則流行夾領。唐代，朝服用曲心方領，常服用圓領，亦稱團領。此外，還有翻領式，是在吸收了西域少數民族服飾的領樣後產生的。宋代，公服用曲領，袍服爲團領，常服亦有直領。遼代用團領，婦女則用直領。金代，百官常服用盤領，婦女用直領。元代皮襖爲方領，公服爲盤領。明代，皇帝常服爲盤領，大臣公服用曲領，常服用團領，婦女用團領者多見。清代，於朝服上加披領，有冬、夏二種。婦女亦如此。禮服無領，另於袍上加硬領。以上參閱漢至清朝歷代正史《輿服志》《禮儀志》。近代以來，各種領式皆具，花樣翻新。其常見式樣，如將衣領豎立領圈上的立領；衣領由領腳撐起，領面嚮外翻攤的翻領；衣領和衣身上端駁角連在一起，穿着時駁角翻攤在胸前兩側的翻駁領等。亦稱"襟"。即衣領。《説文·衣部》："襟，衣領也。"此稱始見於先秦。《詩·魏風·葛屨》："要之襟之，好人服之。"毛傳："要，褾也；襟，領也。"

【襟】

即領。此稱始見於先秦時期。見該文。

綣領

捲曲反翻的衣服領式。相傳原始服飾領作此式。《淮南子·氾論訓》："古者有鍪而綣領，以王天下者矣。"高誘注："綣領，皮衣屈而紩之，如今胡家韋襲反褶以爲領也。"河南安陽四盤磨出土商代石造像，上衣作直領又像是反折於後的領，或即《淮南子》中所提到的綣領。亦作"卷領"。晋左思《魏都賦》："追亘卷領與結繩，眇留重華而比踪。"

【卷領】

同"綣領"。此體始見於晋代。見該文。

方領

方直的衣服領式。先秦已見。《禮記·深衣》："袂圜以應規，曲袷如矩以應方。"漢鄭玄注："古者方領，如今小兒衣領。"河南金村出土戰國時青銅人像，着方領，或許如鄭氏所説，但此衣領是交而方折嚮下之式。漢代，爲儒生之服領式。《漢書·韓延壽傳》："延壽衣黄紈方領。"顏師古注："以黄色素作直領也。"東漢修太學，根據古儀，儒生之服皆方領。《後漢書·儒林傳·序》："建武五年乃修起太學，稽式古典；籩豆干戚之容，備之於列；服方領習矩步者，委它乎其中。"歷代皆見，直至現代。

交領

下連衣襟的衣領樣式。兩襟相交，形成領式。《爾雅·釋器》："衣眥謂之襟。"郭璞注："襟，交領。"郝懿行義疏："蓋削殺衣領以爲斜形，下屬於襟，若目眥然也。"商代已見。河南安陽殷墓出土玉人立像（今藏於美國），衣作交領；又侯家莊西北岡商墓出土跪坐人像，上衣作交領式。《晋書·五行志上》："至元康末，婦人出兩襠，加乎交領之上。"歷代皆見，直至現代。

直領

對襟式衣領。漢代始見。漢桓寬《鹽鐵論·散不足》："古有庶人耋老而後衣綵，其餘則麻枲而已……及其後，則絲裏枲表，直領無褘，袍合不緣。"晋代沿用，爲婦女常用之領式。《漢書·景十三王傳·廣川惠王越》："時愛爲去刺方領綉，去取燒之。"顏師古引晋灼曰："今之婦人直領也。綉爲方領，上刺作黼黻文。"歷代皆見，直至現代。

夾領

開在頸旁的衣領式樣。南北朝時期流行。《魏書·獻文六王傳·咸陽王禧》："〔高祖〕曰：'昨望見婦女之服仍爲夾領小袖。我徂東山，雖不三年，既離寒暑，卿等何爲而違前詔？'"

曲領

圓領。古代官服領式。《急就篇》卷二："袍襦表裏曲領裙。"顏師古注："著曲領者，所以禁中衣之領，恐其上擁頸也。其狀闊大而曲，因以名云。"漢至隋代爲內衣胸前項下所襯的半圓硬領，帝王及七品以上有內單者用之。《隋書·禮儀志七》：
"曲領，案《釋名》
在單衣内襟領上，
橫以雍頸。七品已
上有内單者則服
之，從省服及八品
已下皆無。"唐宋
時期，群臣朝服皆
方心曲領，公服則
曲領大袖。參閱

曲領(皇太子服·方心曲領)
（明王圻等《三才圖會》）

《新唐書·車服志》，《宋史·輿服志》四、五。
隋代《列帝圖》、敦煌北朝壁畫和鞏義唐代石刻
《七賢圖》皆可見其形制。

立領

現代服裝衣領式樣。亦稱"竪領""高領"。
是將領面和領裏竪立在領圈上的一種衣領。如
旗袍、學生裝的衣領即屬於立領。

【竪領】

即立領。此稱始見於現代。見該文。

【高領】

即立領。此稱始見於現代。見該文。

駁領

現代服裝衣領式樣。亦稱"翻駁領"。即衣
領下面没有紐扣和紐眼，而是有一段駁頭（亦
稱駁角）翻出，成翻駁領式。凡胸前敞開、衣
領翻攤在胸前兩側的，均屬駁領。式樣不同，
名稱亦異，有平駁領、連駁領、搶駁領等。平
駁領，是小方形的平角衣領和平形的駁頭相配
合在一起，傳統的男式西服爲此領式；連駁領，
是領面和駁頭的面料相連，由獨片衣片組成，
中間没有衣縫；搶駁領，是小方形的平角衣領，
下面駁頭的駁角長而帶尖，并嚮上斜升，男式

大衣、風衣爲此領式。

【翻駁領】

即駁領。此稱始見於現代。見該文。

翻領

現代服裝衣領式樣。是一種衣領由領脚撑
起，領面嚮外翻攤的衣領式樣。有的雖無領脚，
但衣領縫在領圈上後，領面嚮外翻攤，亦屬翻
領。其式樣變化主要在於領角，常見者有方角、
圓角、尖角等，還有大翻領、小翻領之别。

襮

綉有黼形花紋的衣領。《爾雅·釋器》："黼
領謂之襮。"先秦始見。《詩·唐風·揚之水》：
"素衣朱襮，從子于沃。"毛傳："襮，領也。諸
侯綉黼，丹朱中衣。"鄭玄箋："綉當爲綃。綃
黼丹朱中衣，中衣以綃黼爲領，丹朱爲純也。"
孔穎達疏："綃是繒綺别名，於此綃上刺爲綉
文，故謂之綃黼也。綃上刺黼以爲衣領，然後
名之爲襮，故《爾雅》云黼領謂之襮。"

承雲

綉邊之衣領。元代見之。元龍輔《女紅餘
志》卷上："承雲，衣領也。昔姚夢蘭贈東陽以
領邊綉，脚下履。領邊綉即承雲也。"

風領

圍領。圍於頸項間，以防風、防寒。明代
始見。多以絨製。明劉若愚《酌中志·内臣佩
服紀略》："凡二十四衙門内官内使人等，則止
許戴絨紵圍脖，似風領而緊小焉。"清代亦見。
貴族之家亦有用獸皮製者。《紅樓夢》第四九回：
"〔湘雲〕頭上帶着一頂挖雲鵝黄片金裏子大紅
猩猩氈昭君套，又圍着大貂鼠風領。"

領衣

清代袍服的襯領。領子多爲元寶式，左右

有肩，中間開衩，繫以鈕扣。其狀如牛舌，故亦稱"牛舌頭"。周汛、高春明《中國歷代服飾·清》："清代禮服一般都無領子，穿時需在袍上另加一硬領。春秋之季，用淺湖色緞，冬季用絨或皮。這種領子，又叫'領衣'，俗稱'牛舌頭'。下結以布或綢緞，中開衩，用鈕扣繫之，束在腰間。《點石齋畫報》中有其樣式，實物也有傳世。"

【牛舌頭】

"領衣"之俗稱。此稱始見於清代。見該文。

衣襟飾

襟

衣之前幅。字本作"裣"，亦作"衿"，後通作"襟"。《說文·衣部》："裣，交衽也。"段玉裁："按 裣 之字，一變爲衿，再變爲襟，字一耳。"《戰國策·齊策三》："臣輒以頸血湔足下衿。"本指衣之交領。《爾雅·釋器》："衣眦謂之襟。"晋郭璞注："交領。"北齊顔之推《顔氏家訓·書證》："按：古者，斜領下連於衿，故謂領爲衿。"後指衣之前幅。《莊子·應帝王》："列子入，泣涕沾襟以告壺子。"漢王粲《七哀詩》："迅風拂裳袂，白露霑衣襟。"先秦、兩漢時期，中原地區衣襟嚮右掩，而北方少數民族地區則嚮左掩。明清時期，漸行對襟，特別是清朝的馬褂是如此，一直影響至近現代。對襟即指衣服前胸分爲相對兩片的式樣；大襟即指前身衣片分一大一小兩部分，大片蓋住小片，并在腋下繫扣的式樣。

【裣】

同"襟"。此體始見於漢代。見該文。

【衿】

同"襟"。此體始見於先秦時期。見該文。

衽

衣之兩旁掩裳際處。《儀禮·喪服》："衽二尺有五寸。"鄭玄注："衽，所以掩裳際也。"《戰國策·齊策一》："臨淄之途……連衽成帷，舉袂成幕，揮汗成雨。"亦指衣胸前交領部分。《論語·憲問》："微管仲，吾其被髮左衽矣。"邢昺疏："衽謂衣衿，衣衿向左，謂之左衽。"古代，中原地區的漢族衣衿嚮右，謂之右衽，是與少數民族左衽式樣的主要區別。

右衽

前襟嚮右的一種衣式。爲我國古代中原地區流行的衣服式樣。其衣領直連左右襟，前襟從左面嚮右掩，在胸前相交，左襟壓右襟，在右腋下挽結。先秦始見。《楚辭·哀時命》："右衽拂于不周兮，六合不足以肆行。"《論語·憲問》"披髮左衽"劉寶楠正義："中夏禮服皆右衽。"歷代皆以之作爲與少數民族衣式的主要區別。唐劉景復《夢爲吳泰伯作勝兒歌》："麻衣右衽皆漢民，不省胡塵暫蓬勃。"

左衽

前襟嚮左的一種衣式。我國古代北方少數民族衣襟嚮左，其衣襟從右面掩嚮左面，壓住左襟，在左腋下挽結。這種衣式，與中原地區的人民衣襟嚮右不同。先秦已見。《書·畢命》："四夷左衽，罔不咸賴。"古代視左衽爲夷狄之服，故指受外族統治爲"左衽"。《論語·憲問》："微管仲，吾其被髮左衽矣。"邢昺疏："衽謂衣衿，衣衿向左，謂之左衽。”遼金時代，服裝多左衽，如金代婦女團衫爲左衽。《金史·輿服志下》：“〔女真婦人〕上衣謂之團衫，用黑紫或皁及紺，直領，左衽，掖縫，兩旁復爲雙襉積，前拂地，後曳地尺餘。”亦作“左袵”。《三國志·蜀書·廖立傳》：“聞諸葛亮卒，垂泣嘆曰：‘吾終爲左袵矣！’”

【左袵】

同“左衽”。此體始見於三國時期。見該文。

鈎邊

先秦深衣襟式。本指接長之右襟的銳角形狀，且服時繞至背後鈎而往前，然後以帶繫紮，故名。《禮記·深衣》：“古者，深衣蓋有制度，以應規矩繩權衡，短毋見膚，長毋被土，續衽鈎邊，要縫半下。”鄭玄注：“鈎邊，若今曲裾也。”清江永《深衣考誤》：“鈎邊，謂裳之右旁別用一幅布斜裁之，綴於右後衽之上，使鈎而前。漢時謂之曲裾。蓋裳後爲裾，綴於裾曲而前，故名曲裾也。”

曲裾

漢代深衣襟裾樣式。裾，衣服後襟。《爾雅·釋器》：“衱謂之裾。”郭璞注：“衣後襟也。”深衣之制，將右襟接長斜裁之，綴於裾曲而前，漢代謂之曲裾。參見本卷《帶、佩、飾説·飾考》“鈎邊”文。

交輸

漢代曲裾的一種樣式。形如燕尾。亦稱“衣圭”。《漢書·江充傳》：“充衣紗縠襌衣，曲裾，後垂交輸。”顏師古注引三國魏如淳曰：“交輸，割正幅使一頭狹若燕尾，垂之兩旁，見

於後，是《禮·深衣》‘續衽鈎邊’，賈逵謂之‘衣圭’。”又引蘇林曰：“交輸，如今新婦袍上挂全幅繒角割，名曰交輸裁也。”

【衣圭】

即交輸。此稱始見於三國時期。見該文。

對襟

衣襟式樣的一種。兩襟對開，紐扣在胸前正中。始爲明代騎馬之服襟式。清顧炎武《日知録·雜事》：“《太祖實録》：‘洪武二十六年三月，禁官民步卒人等服對襟衣，惟騎馬許服，以便於乘馬故也。其不應服而服者罪之。’今之罩甲即對襟衣也。”清代多見。馬褂主要爲對襟式。《紅樓夢》第四九回：“獨李紈穿一件哆囉呢對襟褂子。”《官場現形記》第七回：“〔陶子堯〕便起身換了一件單袍子，一件二尺七寸天青對面襟大袖方馬褂。”近現代以來，中式服裝上衣仍以對襟爲主要式樣。

一字襟

形如“一”字的衣襟式樣。衣襟多位於胸前，橫行一排紐扣。始見於清代。馬褂、馬甲皆有一字襟式樣。便於穿脱，男女皆可穿用。

琵琶襟

狀如琵琶的衣襟式樣。其制，右襟短缺，不至腋下，與缺襟相類，自二紐處嚮下呈琵琶形。始見於清代。多用於馬甲，亦爲女服主要襟式。《紅樓夢》第九一回：“〔寶蟾〕穿了一件片金邊琵琶襟小緊身，上面繫一條松花緑半新的汗巾。”《兒女英雄傳》第四回：“身上穿着件月白棉綢小裌襖兒，上頭罩著件藍布琵琶襟的單緊身兒，外面繫著條河南褡包。”

袖　飾

袖

上衣穿在臂上的部分。《釋名·釋衣服》："袖，由也，手所由出入也。亦言受也，以受手也。"字本作"褎"，"袖"原爲俗字。《説文·衣部》："褎，袂也，从衣，采聲。俗褎从由。"先秦時，二字皆見。《詩·唐風·羔裘》："羔裘豹褎，自我人究究。"《韓非子·五蠹》："鄙諺曰：長袖善舞，多錢善賈。"漢代多用"袖"字，此後遂取代"褎"字。《史記·刺客列傳》："〔荆軻〕左手把秦王之袖，而右手持匕首揕之。未至身，秦王驚，自引而起，袖絶。"《後漢書·馬廖傳》："城中好大袖，四方全匹帛。"三國魏曹植《洛神賦》："揚輕袿之綺靡，翳修袖以延佇。"漢班固喜用古字，故《漢書》仍用"褎"字。《漢書·淮南厲王長傳》："辟陽侯出見之，即自褎金椎椎之。"顏師古注："褎，古袖字也。"袖之形制歷代多有變化。先秦時期，中原地區流行寬袍大袖，故趙武靈王爲了强兵而改用胡服，胡服爲窄袖。漢代，仍以長袖爲美。魏晋南北朝時期，北方少數民族服飾對中原地區影響很大，漸行窄袖，一直延續到隋唐時期，然唐宋時代的貴人仍行長袖。宋以後，遼、金、元大抵爲窄袖，明代仍行長袖，而清代則流行馬蹄袖。辛亥革命以後，服飾古制廢止。近代以來，或寬或窄，或長或短，除流行時尚之外，以便於活動爲原則。現代有襯衫袖、斜肩袖、泡泡袖等。

【褎】

同"袖"。此體始見於先秦時期。見該文。

袂

衣袖。《説文·衣部》："袂，袖也。"先秦始見。《儀禮·有司徹》："以右袂推拂几三。"鄭玄注："衣袖謂之袂。"《楚辭·九歌·湘夫人》："捐余袂兮江中，遺余褋兮澧浦。"王逸注："袂，衣袖也。"漢魏以後，口語中以"袖"代之。

袪

袖口。可與袂同用，但其義有别。上古衣袖寬大，到手腕處收縮，收縮處即袪。《説文·衣部》："袪，衣袂也。"段玉裁注："蓋袂上下徑二尺二寸，至袪則上下徑尺二寸，其義當分别也。"古人常在袪的部位加裹一道錦邊，并繡各種圖案。《詩·唐風·羔裘》："羔裘豹袪，自我人居居。"毛傳："袪，袂也。"孔穎達疏："此以袪、袂爲一者，袂是袖之大名，袪是袖頭之小稱，其通皆爲袂。"亦指衣袖。《國語·晋語四》："爾射予於屛内，困予於蒲城，斬予衣袪。"

箭袖

箭衣之袖。衣袖之端上長下短，僅能覆手，以便射箭，故稱。明代始見。明葉紹袁《啓禎記聞録》卷七："撫按有司申飭，衣帽有不能備營帽箭衣者，許令黑帽綴以紅纓，常服改爲箭袖。"清代，皇帝、皇后龍袍，親王、貝勒、文武官員的蟒袍，袖口也都有這種箭袖，直至清朝滅亡。因袖口狹窄，上長下短，蓋手背處稍長，對着手心處稍短，成斜綫，形似馬蹄，故俗稱"馬蹄袖"。《二十年目睹之怪現狀》第四回："再看那主人時，却放下了馬蹄袖，拱起雙手，一直拱到眉毛上面。"帶馬蹄袖的袍、褂爲禮服，平時將袖馪上翻起，行禮時放下，先放左手，後放右手。便服如權作禮服用，則於衣袖的夾縫中用鈕扣將另製的馬蹄袖扣之，俗稱"龍吞口"。周錫保《中國古代服飾史》第十四章《清代服飾》："馬蹄袖。凡禮服的袖端，都做成馬蹄形，因其形似馬蹄而名之。男子及八旗婦人皆有。其通常的便服像不開衩的袍子，有時權作禮服之用，則於衣袖的夾縫中用鈕扣將另製的馬蹄袖扣之，俗稱'龍吞口'，禮畢解下則仍作爲常便服使用。"

【馬蹄袖】

即箭袖。此稱始見於清代。見該文。

【龍吞口】

即箭袖。此稱始見於清代。見該文。

包肩袖

現代一種袖子樣式。以包肩爲特點，故稱。

其做法是把前後袖子中央拼合，做成一片袖，肩山要當作攝褶而縫，可形成多種款式。現代服裝的上衣、連衣裙、外套多用。

泡泡袖

亦稱"燈籠袖"。現代一種在袖山袖口打碎褶而使其適合於臂圍和袖口的袖子。多用於童裝或女上衣、連衣裙等服裝。

【燈籠袖】

即泡泡袖。此稱始見於現代。見該文。

斜肩袖

現代一種袖子式樣。即自領孔到袖下有斜度剪接綫的袖子。因隨手臂運動裁製，故便於運動，穿脱方便。

襯衫袖

現代一種適合於内衣、貼身衣的袖子。其特點是放低袖山的高度，便於手臂運動。

近現代少數民族傳統袖飾

假袖

東鄉族婦女袖飾。婦女上衣從肘至袖口間，用紅、綠、藍各色布縫成數段，并在各段上繡有花邊，以示美觀，又似穿數件衣服。流行於甘肅東鄉及廣河、和政等地，20世紀初盛行。

筒索爾

土族語音譯，意爲"筒袖"。土族婦女套在手腕至前臂的一節套袖。長約七寸，裏面兩層，前半部分繡有花卉或盤綫圖案，戴時露袖口一至二寸。既可禦寒，又爲裝飾。

銀泡

苗族民間銀質袖飾。圓形，中空，有一小柄，柄有一小孔，釘於衣服兩袖外側，或左右背脊連接的圖案中，與銀鈴配合裝飾。流行於貴州臺江、三都、榕江、丹寨、雷山等地。

銀鈴

苗族民間銀質袖飾。形如馬吊鈴，約重5克。裝在兩袖外側及左右背脊連接的圖案中，以示美觀。流行於貴州雷山、臺江、榕江、丹寨、凱里、三都等地。

衣袋類

衣袋

衣服上的口袋。用衣料裁製成一端開口，内可盛放小件物品的袋，亦有裝飾作用。先秦時期，始見在腰間挂鞶囊，以盛毛巾等物。漢代始，官吏於朝服肩部綴囊，以盛奏事之物。同時，胡服傳入中原，亦用蹀躞垂挂物品。至宋代，鞶囊演變爲荷包，亦佩於身上。此時又出現夾袋，即衣服内層的口袋。近代以來，隨着西服的傳入、傳統服裝不斷變化，衣服上口袋漸多，出現不同品種、不同式樣的衣袋。常見的有貼袋、挖袋、插袋、挖貼袋等。

夾袋

衣服内層的口袋。宋代始見。《宋史·施師點傳》："師點惓惓搜訪人才，手書置夾袋中。"明代亦見。明張居正《答總憲張崛峽言用人書》："別楮所薦諸賢，皆一時之俊，處吾夾袋中，寧止朝夕。"

貼袋

現代衣袋的一種。將袋布貼縫在衣片上的衣袋。其做法，是將一幅貼袋的衣料，沿邊折轉，貼縫在衣片的口袋部位。貼袋亦有多種：貼縫在衣片正面者，稱明貼袋；貼縫在衣片反面者，稱暗貼袋；在貼袋衣料中間折褶，褶底嚮上者，稱胖褶貼袋；褶底嚮下者，稱暗褶貼袋；在貼袋三邊連有貼邊折轉者，稱胖體貼袋。如男式中山裝下端的兩隻大貼袋即胖體貼袋。

挖袋

現代衣袋的一種。亦稱"開袋"。是將衣料剪開，内襯袋布做成的衣袋。其形式亦多樣：有單嵌綫式挖袋，即衹在挖袋開口的下口沿邊縫上一段嵌綫，上口沿邊縫上袋蓋；有變嵌綫式挖袋，即開口部位上下都縫嵌綫；有一字形挖袋，即没有袋蓋的挖袋。還有直形、斜形、弧形等挖袋。

【開袋】

即挖袋。此稱始見於現代。見該文。

插袋

現代衣袋的一種。亦稱"插手袋"。即在衣、褲、裙前後片的縫合處做的口袋。亦有將衣料剪開，内襯袋布做成的。插袋與挖袋不同，它没有袋蓋，衹在開口部位縫上一片袋片，或在開口的兩邊縫上兩道嵌綫。

【插手袋】

即插袋。此稱始見於現代。見該文。

錶袋

現代衣袋的一種。放置手錶或懷錶的口袋。在上衣上的稱上衣錶袋，在褲上的稱褲錶袋。近代，多用懷錶，故衣、褲上有此錶袋。中式上衣胸前月亮形的挖袋，即放懷錶的袋。男式正規西裝背心胸袋，過去也是專門放置懷錶的。現代，錶袋縫在褲右前片的褲腰下方，是夾層式暗袋。

手巾袋

現代衣袋的一種。男式西服胸前的小袋。其用途是放置手巾作禮儀裝飾之用。

開貼袋

現代衣袋的一種。即在一般平貼袋的袋布中再縫一隻開袋，一袋兩用，故名。多用於男女大衣或春秋衫。形式新穎，當代較流行。

貼花袋

利用做衣服的邊角餘料裁製的服裝貼袋。主要用於童裝。或爲各種可愛的小動物造型，如小貓、小狗、小白兔、小熊等；或爲一些花卉、瓜果的形狀，如嚮日葵、蘋果、香蕉等；或爲各種幾何圖形，如三角形、梯形、圓形等。貼縫在服裝上，既可做口袋，亦有裝飾效果。

後槍袋

現代褲袋的一種。亦稱"後插袋"。是縫在西式男褲的後褲片上的口袋。起初是專門爲放置手槍設計的，故名。現已有名無實，但仍沿襲習慣稱呼。如果祇做單隻後槍袋，則做在右邊的後褲片上。

【後插袋】

即後槍袋。此稱始見於現代。見該文。

紐扣類

紐

衣服上聯接衣襟的帶結。先秦始見，以絲紐爲之。《禮記・玉藻》："居士錦帶，弟子縞帶，並紐約用組。"孔穎達疏："紐謂帶之交結之處，以屬其紐。約者，謂以物穿紐，約結其帶。"歷代沿用，如魏晉南北朝時期扣合袴褶的結帶。明代出現紐扣，但此後普通百姓仍用布條盤結成實心小球爲紐，又用布條做成紐袢，將紐扣入，連結衣襟。現代中式服裝上的一字紐、盤花紐即古代紐之遺制。亦作"鈕"。《水滸傳》第二七回："敞開胸脯，露出桃紅紗主腰，上面一色金鈕。"亦稱"扣"。元王實甫《西廂記》第五本第一折："紐結丁香，掩過芙蓉扣。"亦稱"扭扣"。元白樸《東墻記》第三折："衫兒扭扣鬆，裙兒摟帶解。"

【鈕】

同"紐"。此體始見於宋代。見該文。

【扣】

即紐。此稱始見於元代。見該文。

【扭扣】

即紐。此稱始見於元代。見該文。

紐扣

衣服上聯接衣襟的物品。明代始見。四川劍閣城郊明兵部尚書趙炳然夫婦合葬墓曾出土帶紐、球形小扣五顆，證實紐扣的使用始於此時，即當明萬曆年間。清代，多使用銅製小圓扣，宮廷中或貴族則多用大顆銅扣或銅鎏金扣、金扣、銀扣。除單排紐外，還有雙排紐和三排紐。乾隆以後，品種漸多。貴重的，如白玉佛手扣、包金珍珠扣、三鑲翡翠扣、嵌金瑪瑙扣以及珊瑚扣、蜜蠟扣、琥珀扣等；一般的，也有鍍金扣、鍍銀扣、螺鈿扣、燒藍扣、料扣等。紋飾和顏色也很多。參閱王雲英《清代滿族服飾》第二章。當代，紐扣更是五光十色。製作材料多爲塑料、有機玻璃等，形狀有圓形、方形、菱形、圓柱形等，顏色亦多種多樣。

領扣

衣服高領上綴的紐扣。一般爲兩粒。始見於明朝萬曆年間，考古有實物發現，金、銀製，到清代康熙、雍正時仍流行。沈從文《中國古代服飾研究・清初婦女裝束》："〔明清之際〕衣服特徵爲領子高約寸許，有一二領扣。這種領扣的應用，較早見於明萬曆時官服婦女寫影上。近年於北京西郊青龍橋附近發掘萬曆七妃子墓中，及定陵萬曆皇后衣領間，均有實物發現，是用金銀作成。《天水冰山録》中提到'金銀扣'，指的也就是這種東西。可知這種金銀撳扣，早可到明萬曆間，晚到清代康熙、雍正時尚流行。形狀如一蝶，應用似後來按扣，清初尚沿用，較後纔改用綢子編成短鈕扣。"

核桃紐

傳統紐扣的一種。紐頭上的紐結似一小核桃，故稱。如紐脚是直形的，則稱直脚紐或一字紐。多用於中式的普通便服，如罩衫、短襖、短褂等。

盤花紐

傳統紐扣的一種。以色彩鮮艷的綢料編縫成紐袢條，然後任意盤曲成各種花卉、鳥蝶圖案，還可盤曲成鑲色或實心、空心的，即用綢料包裹棉花後嵌填在空格中，甚至還可嵌上寶石。造型靈巧、美觀，用於高貴中式女服。

包紐

現代紐扣的一種。利用衣服裁剩下來的邊角餘料包裹襯墊物後製成的紐扣。以圓形爲主，亦有方形、菱形、三角形、橄欖形和棒形者。造型別致，有很好的裝飾效果。長毛絨、裘皮和人造毛皮、皮革所製成的服裝，使用包紐，效果更佳。

膠木紐扣

用酚醛塑料有機玻璃製成的一類紐扣。花色品種甚多。有黑、灰、綠、棕、米黃等色，有平面、凹面、寬面、魚眼、扇、棒等形狀。有不變形、不生蛀、耐摩擦等多種優點。既用於西式服裝，亦用於中式服裝，現代流行。

禮服、官服繪飾、綉飾

章 [2]

古代禮服上綉飾的赤色與白色相間的花紋。《周禮·考工記·畫繢》："青與赤謂之文，赤與白謂之章，白與黑謂之黼，黑與青謂之黻，五采備謂之綉。"古代冕服上繪綉的圖案稱章，天子用十二章，公用九章，侯、伯用七章、五章，以下遞減。不同的冕服，章亦有別。如唐代，天子之袞冕十二章，鷩冕七章，毳冕五章，綉冕三章。參閱《舊唐書·輿服志》。

十二章

古代天子冕服上繪綉的十二種圖案。其次序是：日、月、星辰、山、龍、華蟲、宗彝、藻、火、粉米、黼、黻。《周禮·春官·司服》："王之吉服，祀昊天上帝，則服大裘而冕。"鄭玄注：《書》曰：'予欲觀古人之象：日、月、星辰、山、龍、華蟲，作繢；宗彝、藻、火、粉米、黼、黻，希繡。'此古天子冕服十二章。"華蟲以上，施於衣，稱上六章；宗彝以下，施於裳，稱下六章。相傳黃帝時始用，歷虞、夏、商，至周代，禮制完備。清惲敬《十二章圖說·序》："古者十二章之制，始於軒轅，著於有虞，垂於夏、殷，詳於有周，蓋二千有餘年。"十二章均有取義：日、月、星辰，取其照臨；山，取其穩重；龍，取其應變；華蟲，取其文

十二章(十二章服圖·日)
(宋楊甲《六經圖》)

十二章(十二章服圖·月)
(宋楊甲《六經圖》)

十二章(十二章服圖·星辰)
(宋楊甲《六經圖》)

十二章(十二章服圖·山)
(宋楊甲《六經圖》)

十二章(十二章服圖·龍)
(宋楊甲《六經圖》)

十二章(十二章服圖·華蟲)
(宋楊甲《六經圖》)

十二章(十二章服圖·宗彝)
(宋楊甲《六經圖》)

十二章(十二章服圖·藻)
(宋楊甲《六經圖》)

十二章(十二章服圖·火)
(宋楊甲《六經圖》)

十二章(十二章服圖·粉米)
(宋楊甲《六經圖》)

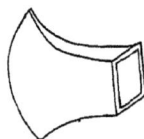

十二章(十二章服圖·黼)
(宋楊甲《六經圖》)

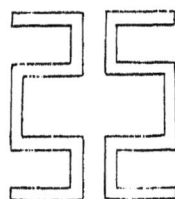

十二章(十二章服圖·黻)
(宋楊甲《六經圖》)

麗;宗彝,取其忠孝;藻,取其潔净;火,取其光明;粉米,取其滋養;黼,取其決斷;黻,取其明辨。十二章的色彩,有青、黄、黑、白、赤等。《尚書大傳》曰:"山、龍純青,華蟲純黄,作會宗彝純黑,藻純白,火純赤。"又曰:"山、龍青也,華蟲黄也,作繢黑也,宗彝白也,藻、火赤也。"天子在最隆重的場合,穿十二章禮服;其次,視禮節輕重而遞減,大抵與冕旒相稱。如冕用九旒,衣裳用七章;冕用七旒,衣裳用五章。依次類推。此外,公之冕服用九章,侯、伯用七章、五章,以下遞減。後漢明帝時,定冕服之制,天子冕服十二章。《後漢書·輿服志下》:"乘輿備文,日月星辰十二章。"漢以後,歷代沿用。或衣八章、裳四章,如唐代、宋代;或衣六章、裳六章,如明代。清代亦有衮服,朝服前後列十二章紋樣。參閱《舊唐書·輿服志》《宋史·輿服志三》《明史·輿服志二》。

九章

古代天子、王、公衮冕服上繪綉的九種圖

案。周以前，天子用十二章，周代用九章。《周禮·春官·司服》"享先王則袞冕"漢鄭玄注："古天子冕服十二章……相變至周而以日、月、星辰畫於旌旗……而冕服九章。"又："初一曰龍，次二曰山，次三曰華蟲，次四曰火，次五曰宗彝，皆畫以爲繢；次六曰藻，次七曰粉米，次八曰黼，次九曰黻，皆絺以爲綉，則袞之衣五章，裳四章，凡九也。"後漢明帝定冕服之制，三公、諸侯用山、龍九章。參閲《後漢書·輿服志下》。漢以後歷代沿用其制。如唐代，皇太子袞冕服九章，一品袞冕服亦九章，皆五章在衣，四章在裳。參閲《舊唐書·輿服志》。明代仍用其制，皇太子、親王袞服九章，衣五章，裳四章。參閲《明史·輿服志二》。

七章

古代侯、九卿以下袞服上繪綉的七種彩色圖案。周代禮制，天子服鷩冕時，衣裳用七章。《周禮·春官·司服》："掌王之吉凶衣服……享先公、饗射則鷩冕。"鄭玄注："鷩畫以雉，謂華蟲也，其衣三章，裳四章，凡七也。"侯、伯亦服鷩冕。後漢明帝時定冕服之制，九卿以下用華蟲七章。參閲《後漢書·輿服志下》。漢以後，歷代沿用其制。如隋代，鷩冕服七章，侯、伯服之；唐代，鷩冕服七章，爲二品之服。參閲《隋書·禮儀志七》《舊唐書·輿服志》。明代，親王世子袞冕服七章，衣三章，裳四章。參閲《明史·輿服志二》。

大科

古代錦袍上綉的大朵團花。唐初，曾規定三品以上常服用之。《舊唐書·輿服志》："〔武德〕四年八月敕：三品以上，大科紬綾及羅，其色紫，飾用玉；五品以上，小科紬綾及羅，其色朱，飾用金。"

小科

古代錦袍上綉的小朵團花。唐初，曾規定四品、五品常服用之。參見本卷《帶、佩、飾説·飾考》"大科"文。參閲《舊唐書·輿服志》。

窠

衣服上綉的團花。唐代始見。唐李賀《梁公子》詩："御箋銀沫冷，長簟鳳窠斜。"王琦注："所謂窠者，即團花也。鳳窠，織作團花爲鳳凰形者耳。"後代亦見。五代韋莊《清平樂》詞："空把金針獨坐，鴛鴦愁綉雙窠。"

獨科花

古代公服上作爲官職高下標志的不同形狀和色彩的花卉綉飾。金代始見用。《金史·輿服志中》："公服。大定官制：文資五品以上官服紫。三師、三公、親王、宰相一品官服大獨科花羅，徑不過五寸；執政官服小獨科花羅，徑不過三寸。"元代沿用。《元史·輿服志一》："公服，制以羅，大袖，盤領，俱右衽。一品紫，大獨科花，徑五寸；二品，小獨科花，徑三寸。"明代亦行之。《明史·輿服志三》："公服花樣：一品，大獨科花，徑五寸；二品，小獨科花，徑三寸。"

散搭花

古代公服上作爲官職高下標志的花卉綉飾。金代始見，爲二品、三品官之服所用。《金史·輿服志中》："公服。大定官制……二品、三品服散搭花羅，謂無枝葉者，徑不過半寸。"元代沿用，三品官公服用之。亦作"散答花"。《元史·輿服志一》："公服，制以羅，大袖，盤領，俱右衽……三品，散答花，徑二寸，無枝葉。"

明代亦行之。《明史·輿服志三》："公服花樣……三品，散答花，無枝葉，徑二寸。"

【散答花】

同"散搭花"。此體始見於元代。見該文。

補子

古代綉於官服胸、背的作爲區分品級標志的圖案。文臣綉禽，武臣綉獸，以金絲彩綫綉之。明代始見用。《明史·輿服志三》："〔洪武〕二十四年定，公、侯、駙馬、伯服綉麒麟、白澤。文官一品仙鶴，二品錦鷄，三品孔雀，四品雲雁，五品白鷳，六品鷺鷥，七品鸂鶒，八品黄鸝，九品鵪鶉；雜職練鵲；鳳憲官獬廌。武官一品、二品獅子，三品、四品虎豹，五品熊羆，六品、七品彪，八品犀牛，九品海馬。"至明中、後期，除文官尚能遵行外，武官初尚虎豹補子，後補子概用獅子。清制，官服中的補服，前後各綴一塊正方形補子，紋飾如下：文官一品鶴（唯都御史綉獬豸），二品錦鷄，三品孔雀（唯副都御史、按察使綉獬豸），四品雁（唯道綉獬豸），五品白鷳（惟御史、給事中綉獬豸），六品鷺鷥，七品鸂鶒，八品鵪鶉，九品練雀；武官一品麒麟，二品獅，三品豹，四品虎，五品熊，六品彪，七品犀牛，八品犀牛，九品海馬。參閱《清史稿·輿服志二》。亦稱"胸背"。《明史·輿服志三》："儀賓朝服、公服、常服，俱視品級，與文武官同……郡主儀賓鈒花金帶，胸背獅子；縣主儀賓鈒花金帶、郡君儀賓光素金帶，胸背俱虎豹；縣君儀賓鈒花銀帶、鄉君儀賓光素銀帶，胸背俱彪。"亦稱"背胸"。清劉廷璣《在園雜志》卷一："背胸，或即補子也。"

【胸背】

即補子。此稱始見於明代。見該文。

【背胸】

即補子。此稱始見於清代。見該文。

民間兒童胸飾

五香布袋

端午節幼兒佩挂於胸前的一種飾物。亦稱"香料布袋"。用布縫一小口袋，内裝花椒、八角、桂皮、丁香花蕾、茴香子等五種香料，有驅五毒（蝎、蛇、蜈蚣、壁虎、蟾蜍）之功效。舊時流行於河北等地。

【香料布袋】

即五香布袋。此稱始見近現代。見該文。

四方穿肩

民間兒童佩戴的一種胸飾。其胸上部開領口，兩邊有褡肩到背後，以布扣子扣住。胸前用彩色布四方形縫製，上綉花草，兩邊用彩布盤鑲雲勾，直達褡肩。舊時流行於貴州安順地區。

近現代少數民族傳統胸飾

孔明印

基諾族人的衣服綉飾。在衣服邊、胸圍、帽尾、綁腿等上面刺綉各種裝飾花紋，在筒帕上綉各種幾何圖案，在男子穿的無對襟黑白花格小褂背部，綉成形如日、月、獸形彩色花紋，皆被稱爲"孔明印"。基諾族人認爲，孔明是其祖先，其族源、族稱及生活中許多東西皆與孔明相關，衣服綉飾爲其中之一。

吳朵

彝語音譯，意爲"胸圍"。亦稱"胸裙""胸兜"。彝族婦女胸飾。以粉紅、素白二色棉綫交織的花格布製成，正面呈等腰梯形。下端縫貼一長條布兜，以裝物；上端釘貼一塊四方形的、有龍鳳圖紋的薄銀片；四邊飾以梅、桃等形小錫片；頂端兩角各連一根錦條翻過雙肩，相扣於頸後，錦條平腰處飾以幾串透明翠珠。翠珠以上至頸椎後飾以小銀冠，翠珠以下飾以紅鬚穗。

【胸裙】

即吳朵。漢語有此稱。見該文。

【胸兜】

即吳朵。漢語有此稱。見該文。

拉伯里底

傈僳語音譯。傈僳族婦女胸飾。將瑪瑙、海貝或銀幣連綴成串，在海貝上鏤刻橫竪條紋，或鑽小圓孔。婦女在穿右衽上衣、麻布長裙時佩帶於胸前。流行於雲南怒江傈僳族地區。

哈布特格[2]

蒙古語音譯。蒙古族婦女在袍子的右襟紐扣上佩挂的一種囊形小飾物。一般長約三寸，

寬約兩寸。形狀有三角形、正方形、長方形、圓形、橢圓形等幾何圖形，亦有蝴蝶、金魚、石榴、葫蘆、桃子、花瓶、花朵、葉片等動植物花卉形。其製作，用過漿硬布，中間墊以棉花，外面裹以綢緞，縫成空小夾，再以金銀絲綫刺綉圖案。上邊開口，裏邊裝一活動舌頭，舌頭頂端配有供佩挂的絲帶，下端綴以穗帶。絲帶上下抽動，舌頭可自由出入袋口。舌頭上可別插針綫，舌頭裏邊可裝香料和藥物、鼻烟壺等，具有實用價值。哈布特格又是一種象徵友誼和愛情的信物，如果小伙子得到姑娘的愛情，就會得到一個精美的哈布特格。

庫木西托普楚

柯爾克孜語音譯，意爲"圓形片胸飾"。柯爾克孜族婦女胸飾。用白銀製成，圓形，大如桂圓。女孩自三至四歲始戴，胸前竪三排，每排兩個；每增一歲增一個，直至十五六歲。已婚婦女數目不限。流行於新疆克孜勒蘇地區。

格烏

藏語音譯。亦稱"護身佛盒"。藏族傳統胸飾。一種内裝小佛像或護身佛咒的金屬小盒。白鐵製，亦有金、銀質的，上鐫吉祥圖案，或鑲嵌寶石。有方、圓、壺等形，兩端有鈎，用帶繫於頸部，垂於胸前，也可斜挂身旁或裝入衣内，僧俗男女皆可佩帶。

【護身佛盒】

即格烏。漢語有此稱。見該文。

登洛

土族語音譯。土族民間婦女傳統胸飾。以錫箔紙爲坯，粗細長短如食指，外纏金絲彩綫，

用細繩串連，六隻爲一組，若干組爲一副，下端飾紅、黃、綠彩穗，共兩副，垂吊於左右胸前，齊至脚面，與達胡配套穿戴，爲貴婦所用。流行於青海互助、民和、大通等地。

蔽胸

高山族胸飾。一塊遮掩胸部的飾物。男女皆用。以彩色麻布或棉布製作，亦可用藤皮和椰樹皮代替。近似正方形，戴時將一角的繩環套於頸部，相對的另一角亦有一小環，可穿腰帶，以固定蔽胸的位置。流行於臺灣北部地區。

衣服緣飾

緣

衣裳之邊飾。《爾雅·釋器》："緣謂之純。"郭璞注："衣緣飾也。"先秦已見。《禮記·玉藻》："緣廣寸半。"鄭玄注："飾邊也。"孔穎達疏："緣廣寸半者，謂深衣邊以緣飾之，廣寸半也。"衣加緣，標示身份等級，其色質皆有定規。漢初，祀宗廟諸祀冠長冠，服袀玄，絳緣領袖爲中衣。太皇太后、皇太后入廟服，皇后謁廟服，皆深衣制，隱領袖緣以絛。參閱《後漢書·輿服志下》。無緣之衣多表示地位的低下或生活的簡樸。《後漢書·皇后紀·明德馬皇后》："常衣大練，裙不加緣。"湖南長沙、湖北江陵等地出土的戰國、西漢服飾，大多綴有花緣邊飾。晋代，天子郊祀天地明堂宗廟，元會臨軒，加中衣以絳緣其領袖。釋奠先聖，則皂紗袍，絳緣中衣。朝服，絳紗袍，皂緣中衣。皇后謁廟，深衣制，同漢代。參閱《晋書·輿服志》。南北朝時期沿其制。唐代，天子大裘冕服，繒表，黑羔表爲緣。皇后褘衣，素紗中單，黼領，朱羅穀褾、襈，蔽膝隨裳色，以緅領爲緣。參閱《新唐書·車服志》。宋代，大裘以黑羔皮爲表，黑繒爲領袖及裏、緣，袂廣可運肘，長可蔽膝。參閱《宋史·輿服志三》。明代，袞冕服，白羅中單，黼領，青緣襈。文武官朝服，赤羅衣，白紗中單，青飾領緣，赤羅裳，青緣。祭服，一品至九品，青羅衣，白紗中單，俱皂領緣。赤羅裳，皂緣。參閱《明史·輿服志》二、三。清代，衣服加緣飾極爲普遍，尤以女服爲甚。周汛、高春明《中國歷代服飾·清》："婦女服飾，到了道光、同治以後，變化日甚一日，裝飾也更加精巧。最爲明顯的要算衣邊。清初女服，衣領袖口鑲邊較狹，顏色較素……及至清末，衣飾越來越闊，花邊也越滾越多，從三鑲三滾、五鑲五滾發展到'十八鑲滾'。"在服裝的領邊、袖口邊、門襟邊及裙襴等處鑲花邊，是現代服裝的主要裝飾。花邊有白色和單色的尼龍花邊，有彩色提花編織的絲質花邊。童裝鑲上花邊，有錦上添花的效果。嵌鑲花邊的方法有夾嵌法、蓋嵌法、壓嵌法、拼嵌法等。用於女裝和童裝的領圈、衣襟、袖邊和下襴的有月牙邊，用於領邊、袋口邊等部位的有鷄心邊（亦稱"餃子邊""小元寶邊"）。鑲嵌在領邊或袋口邊緣的還有三角邊（亦稱"齒形三角邊"）。

花緣

用來鑲滾衣服邊緣的條狀飾物。先秦時期已見使用。湖南長沙、湖北江陵等地出土衣物，多綴花繚。其最初用途，爲了增加衣服牢固，今主要爲裝飾。清代甚盛，今仍用。

十八鑲滾

晚清婦女服裝的鑲滾形式。清代婦女的服裝喜加緣飾，嘉慶年間鑲滾增多，至咸豐、同治年間發展爲多重鑲滾，以"十八鑲滾"形容其多。鑲滾面積可占服裝本身的十分之四。有"白旗邊""金白鬼子欄杆""牡丹帶"、"盤金間繡"等不同變化。參閲周汛、高春明《中國歷代服飾·清》。

掐牙

掐入衣服滾邊内的細牙條。清代見之。《紅樓夢》第三回："只見一個穿紅綾襖青綢掐牙背心的一個丫鬟走來笑道：'太太説，請林姑娘到那邊坐罷。'"

肩　飾

披肩

古代繞領披於肩上的飾物。始稱"裙"。《説文·巾部》："裙，繞領也。"段玉裁注："《方言》：繞衿謂之裙。《廣雅》本之，曰：繞領，帔、裙也。衿、領，今古字。領者，劉熙云總領衣體爲端首也。然則繞領者，圍遶於領，今男子、婦人披肩其遺意。"從出土文物看，至遲漢代已見。如山東沂南東漢墓出土畫像石。歷代沿用。隋、唐、五代時期，披肩主要爲舞女、樂妓所用，并演變爲雲肩。明代有一種内臣服的披肩，貂鼠所製，挂於官帽上。參閲明劉若愚《酌中志·内臣佩服紀略》。清代，披肩造型、裝飾極爲精美。文武品官用者，有冬夏兩種：冬用紫貂或用石青色而加以海龍緣鑲；夏用石青加片金鑲邊。八旗命婦亦用。清末徐珂《清稗類鈔·服飾·披肩》："披肩爲文武大小品官衣大禮服時所用，加於項，覆於肩，形如菱，上繡蟒。八旗命婦亦有之。"漢族婦女在行禮或新婚時較多穿着，但不常用。

【裙】

即披肩。此稱始見於漢代。見該文。

帔

古代婦女披於肩背上的飾物。《釋名·釋衣服》："帔，披也；披之肩背，不及下也。"後代亦見。晋簡文帝《娼婦怨》詩："散誕披紅帔，生情新約黄。"《南史·任昉傳》："西華冬月著葛帔練裙。"西安草場坡曾出土北魏着花帔子婦女綵繪俑。唐宋時期大盛。亦稱"帔子"。宋高承《事物紀原·衣裘帶服》："帔。又《實録》曰：三代無帔説；秦有披帛，以縑帛爲之，漢即以羅；晋永嘉中，制絳暈帔子；開元中，令王妃以下通服之。是披帛始於秦，帔始於晋矣。今代帔有二等，霞帔非恩賜不得服，爲婦人之命服；而直帔通用於民間也。唐制，士庶女子在室搭披帛，出適披帔子，以别出處之義，今仕族亦有循用者。"

【帔子】

即帔。此稱始見於晋代。見該文。

披帛

古代一種披於肩部繞搭於兩臂的絲織長帶。通常以輕薄紗羅爲之，長2米以上。秦代始見，漢、晋沿用。宋陳元靚《事林廣記·服用原始·霞帔》："三代無帔，秦時有披帛，以縑帛爲之，漢即以羅，晋制絳暈帔子，霞帔名始於晋矣。"或言始於唐朝開元年間，限於宮中女官及嬪妃服用。亦稱"奉聖巾""續聖巾"。五代時期沿用。五代馬縞《中華古今注·女人披帛》："古無其制。開元中，詔令二十七世婦及寶林、御女、良人等尋常宴參侍，令披畫披帛，至今然矣。至端午日，宮人相傳謂之奉聖巾，亦曰續壽巾、續聖巾，蓋非參從見之服。"唐代婦女披帛，從唐人畫塑可見其形制，或幅寬而短，祇披肩上，或幅寬而長，可繞於雙臂。參閱周昉《簪花仕女圖》《執紈扇仕女圖》及張萱《搗練圖》。

【奉聖巾】

即披帛。此稱始見於五代時期。見該文。

【續壽巾】

即披帛。此稱始見於五代時期。見該文。

【續聖巾】

即披帛。此稱始見於五代時期。見該文。

雲肩

加於項、覆於肩的飾物。作成如意雲式，故稱。源於古代北方少數民族的一種肩飾。隋唐時期，在上層婦女中流行，從敦煌壁畫可見到形象資料。五代時期稱"訶梨子"。五代和凝《采桑子》詞："蜻蜓領上訶梨子，綉帶雙垂。"清袁枚《隨園詩話》卷一三："和凝詩：'蜻蜓領上訶梨子。'人多不解。朱竹垞曰：'訶梨，婦女之雲肩也。'"金代，貴族婦女披雲肩。參閱《金史·輿服志中》。元代，爲儀衛及舞女服飾，披於肩上。《元史·輿服志一》："〔儀衛服色〕雲肩，制如四垂雲，青緣，黃羅五色，嵌金爲之。"明代，一般婦女作爲禮服裝飾。明賈仲名

《金安壽》第四折："佩雲肩玉項牌，鳳頭鞋，羞花閉月天然態。"清朝光緒末年，有以絨綫編織的雲肩，時蘇、滬婦女以髮髻垂肩，用之可防油膩。清尤侗《咏雲肩》詩："宮妝新剪彩雲鮮，裹娜春風別樣妍；衣綉蝶兒幫綽綽，髱拖燕子尾涎涎。"清李漁《閑情偶寄·聲容·治服》："雲肩以護衣領，不使沾油。"

【訶梨子】

即雲肩。此稱始見於五代時期。見該文。

賈哈

圍於肩背上的飾物。遼代始見。以錦貂爲之，可以保暖。《續編珠》："遼俗有一製，圍於肩背，名曰賈哈。銳其兩隅，其式如箕，垂於兩肩，以錦貂爲之。"元代沿襲其制。周錫保《中國古代服飾史》第十二章《元代服飾》圖八説明："惟於肩背間加披領式者，腰束縧環革帶。披領的式樣，恐乃襲遼時的形制，名曰'賈哈'者。《夷俗考》也載説：別有一制，圍於肩背，名曰'賈哈'，銳其兩隅，其式樣象箕，左右垂於兩肩，必以錦貂爲之，此式遼時已有。"

比肩

披在肩上的一種飾物。元代始見，以銀鼠爲之，可以保暖。俗稱"襻子答忽"。《元史·輿服志一》："服銀鼠，則冠銀鼠暖帽，其上並加銀鼠比肩。"注："俗稱曰襻子答忽。"

【襻子答忽】

"比肩"之俗稱。此稱始見於元代。見該文。

披領

清代朝服中加在項間而披於肩上之飾，兩隅略呈尖銳狀，形如菱。有冬、夏二種。其顏色、緣飾依身份而定。如皇帝朝服，色用明黃，

披領及袖皆石青，緣有片金，冬加海龍緣，上繡行龍二。皇后同，惟冬加貂緣，肩上下襲朝褂處亦加緣。皇子朝服披領有二種：一種表以紫貂；一種石青，片金緣，冬加海龍緣，繡行龍二。百官穿朝服時用，命婦亦用。參閱《清史稿·輿服志二》《清稗類鈔·服飾類》。

近現代少數民族傳統肩飾

外披

高山族泰雅人、卑南人的披肩。紅絨綫夾織黑色條紋與菱形浮紋，做成長約 78 厘米，寬約 66 厘米的長方形，上端兩角縫有紅、黃、淺黃、黑四色交織的花紋彩帶，下緣有八顆白瓷鈕，每顆鈕周圍綴以八至九粒淺綠色玻璃珠。男女皆用。男子正披於背後，飾紋呈平橫狀，兩角繫於胸前；女子斜披，飾紋呈傾斜狀，一角披肩上，一角在同側腋下繫結。防寒時披於胸前，手插其內。流行於臺灣北部、東部等地區。

永襖葩繆

納西語音譯，意爲"彩色的羊皮披肩"。又譯成"披星戴月"或"七星披肩"。納西族婦女傳統服飾。以上等羊皮縫製成短褂，上部呈方形，襯以黑絨料或氆氌，下部呈半圓形。兩側結兩條白色長帶，帶端呈菱角形，繡以藍色或黑色植物圖案。左肩繡飾太陽圖案，右肩繡飾月亮圖案，直徑約 10 厘米。背部并列橫飾七星圖案，直徑 7 厘米，各綴一條約長 50 厘米的羊皮飄帶，象徵披星戴月，勤勞智慧。又據研究，這種圖案代表蛙眼，源於納西族的圖騰崇拜。流行於雲南麗江地區。

【披星戴月】

即永襖葩繆。漢語意譯。見該文。

【七星披肩】

即永襖葩繆。漢語意譯。見該文。

領飾、臂飾

領約

清代后妃繫於項間的飾物。質地、裝飾有定制。《清史稿·輿服志二》："〔皇后〕領約，鏤金爲之，飾東珠十一，間以珊瑚。兩端垂明黃縧二，中貫珊瑚，末綴綠松石各二。"又："〔皇妃〕領約，鏤

領約（皇貴妃領約圖）
（清伊桑阿《欽定大清會典》）

金爲之，飾東珠七，間以珊瑚。兩端垂明黃縧二，中貫珊瑚，末綴珊瑚各二。"

披紅

絳紅色披帛。清代，於婚嫁或慶功時服用。清虞兆湰《天香樓偶得·披帛》："按世俗婚娶，不論男女，皆披絳帛。"《紅樓夢》第九七回："儐相請了新人出轎，寶玉見喜娘披着紅，扶着新人，幪着蓋頭。"抗日戰爭和解放戰爭時期，老百姓送青年參軍時，多爲之自肩斜下至脅十字披紅，胸前戴大紅花，以示榮光。

領巾

古代婦女圍領之巾。漢代始見，稱"帔襪""被巾"，至晋代始稱"領巾"。《方言》第四："帔襪謂之被巾。"晋郭璞注："婦人領巾也。"南北朝時期亦見。北周庚信《春賦》詩："鏤薄窄衫袖，穿珠帖領巾。"後代亦見。清潘永因《宋稗類鈔·異數》："王岐公在翰林時……夜漏三鼓，上悦甚，令左右宮嬪各取領巾、裙帶，或團扇、手帕，求詩。"

【帔襪】

即領巾。此稱始見於漢代。見該文。

【被巾】

即領巾。此稱始見於漢代。見該文。

領抹

古代婦女領巾。宋代始見其稱。宋孟元老《東京夢華録·諸色雜賣》："博賣冠梳、領抹、頭面、衣著。"亦作"領襪"。宋孟元老《東京夢華録·東角樓街巷》："向晚賣河婁、頭面、冠梳、領襪、珍玩、動使之類。"元明時期亦見。亦稱"領係"。元關漢卿《救風塵》第一折："替你妹子提領係，整釵環。"亦作"領戲"。明佚名《黄花峪》第二折："我若還撞着你，揪住頭梢，揹住領戲。"

【領襪】

同"領抹"。此體始見於宋代。見該文。

【領係】

即領抹。此稱始見於元代。見該文。

【領戲】

同"領係"。即領抹。此體始見於明代。見"領抹"文。

霞帔²

古代婦女披於肩背胸前的寬帶狀飾物。晋代有絳暈帔子，霞帔之稱始見。宋陳元靚《事林廣記·服用原始·霞帔》："三代無帔，秦時有披帛，以縑帛爲之，漢即以羅，晋制絳暈帔子，霞帔名始於晋矣。"至唐代，其上綉有霞紋，更加精美，艷麗如彩霞。服同身長，中間分開，用時繞過肩背，挂於前胸，下垂金玉墜子。唐白居易《霓裳羽衣歌和微之》詩："案前舞者顔如玉，不著人家俗衣服。虹裳霞帔步摇冠，鈿瓔纍纍珮珊珊。"唐代以後，爲后妃之禮服，隨品級高低而有規定。《宋史·輿服志三》："〔后妃之服〕其常服，后妃大袖，生色領，長裙，霞帔，玉墜子。"宋陳元靚《事林廣記·服用原始·霞帔》："開元中令王妃以下通服之，今代霞帔非恩賜不得服。"金代沿用。《金史·輿服志中》："又五品以上官母、妻，許披霞帔。"明代，用作命婦綉服，其顔色和紋樣隨品級的高低而异。《明史·輿服志三》："〔洪武四年定命婦冠服〕一品，衣金綉文霞帔，金珠翠妝飾，玉墜。二品，衣金綉雲肩大雜花霞帔，金珠翠妝飾，金墜子。三品，衣金綉大雜花霞帔，珠翠妝飾，金墜子。四品，衣綉小雜花霞帔，翠妝飾，金墜子。五品，衣銷金大雜花霞帔，生色畫絹起花妝飾，金墜子。六品、七品，衣銷金小雜花霞帔，生色畫絹起花妝飾，鍍金銀墜子。八品、九品，衣大紅素羅霞帔，生色畫絹妝飾，銀墜子。"後又曾重定。清代，亦爲命婦衣飾。其形制較明代闊，中間綴以補子，下施彩色流蘇，與鳳冠配套使用。《格致鏡原·冠服類·帔》："今命婦衣外以織文一幅，前後如其衣長，中分而前兩開之，在肩背之間，謂之霞帔。"周汛、高春明《中國歷代服飾·清》："凡后妃命婦，都有鳳冠、霞帔，清代霞帔與明代略有不同。明代霞帔狹如巾帶，而清代霞帔則闊如背心，中間綴以補子，下施彩色流蘇。這是誥命夫人的專用服飾。"清代霞帔有傳世實物。

直帔

古代一種類似霞帔的項上飾物。宋代始見。為普通婦女所用。宋高承《事物紀原·衣裘帶服》："帔……今代帔有二等，霞帔非恩賜不得服，為婦人之命服；而直帔通用於民間也。"其具體形制，史無明文。或以為福建福州南宋黃昇墓出土的一種素羅繡花珮飾，即直帔。周汛、高春明《中國歷代婦女妝飾·服飾篇》："有關直帔的具體形制，史籍中沒有詳細記載。今觀福州南宋黃昇墓出土的實物，有一種素羅繡花珮飾，形如飄帶，全長213厘米，寬6.2厘米，一端相連，呈'V'字型。出土時共有兩件，一件放在棺內包袱裏，另一件則佩在死者的胸前。它們的形制與霞帔相似，惟較霞帔為窄，通體垂直。原發掘報告將這種飾物稱之為'佩綏'，但參閱宋代的文獻，可知這種飾物就是直帔，並非佩綏。值得注意的是在這種飾物的下端，還繫着一個'扁圓形浮雕雙鳳金飾'，其作用和霞帔下端的帔墜相似，顯然是同一類東西。"

領帶

現代男式西裝配套主要飾品。繫於衣領下而垂於胸前，在前領下打結，帶狀，箭頭形。近代隨西服從西方傳入中國。多用綢料裁製，亦有用毛料或麻織品製者。一般用斜綫，傳統為素色，或有條紋。20世紀80年代以後，隨着西服的廣泛流行，花色品種漸多，有繡花領帶、手繪領帶等。

領帶夾

現代男式西服配套飾物。一種將領帶和襯衫的衣襟夾在一起的夾子，其作用可不使領帶飄動。亦稱"領帶別針"。以金屬製作，名貴的領帶夾亦有用合金、銀或金製者，表面飾有精細的圖案或鑲有玉石、寶石、鑽石等，造型別致。有的還和襯衫上的袖口對扣配套使用。近代傳入中國，20世紀80年代以後，隨西服一起在我國廣為流行。

【領帶別針】

即領帶夾。此稱見於現代。見該文。

圍巾

現代圍於頸項的飾物。有長條形、方形和等腰三角形等多種式樣。或用毛綫編織，或用腈綸等化纖編織，亦有真絲織品。或手工編織，或機製。現代流行，秋冬季戴之，有保暖作用，亦有裝飾效果，深受中青年婦女喜愛。

領套

現代一種用絨毛綫編織的條帶狀領上飾物。亦稱"領圈"。寬約7厘米，長可圍頸脖一周，用撳扣扣合，或環形借彈力，自頭部套至頸。能代替圍巾起保暖作用，顯得乾淨利索。適於套在各類中式服裝的高領之外，亦有裝飾作用。20世紀七八十年代較流行。

【領圈】

即領套。此稱見於現代。見該文。

領結

現代繫於衣領前方的飾物。形似蝴蝶，故亦稱"蝴蝶結"。以綢料製作，有黑色、紫紅色者，亦有用格布製者。兩邊對稱，造型靈巧。男女皆用。可繫於禮服衣領之前，女子亦可日常為飾。

【蝴蝶結】

即領結。此稱見於現代。見該文。

臂紗

纏於臂上的紗巾。宋代始見。宋賀鑄《鷓鴣天·千葉蓮》詞："永無清囀欺頭管，賴有濃香著臂紗。"後代亦見用。清孔尚任《桃花扇·拜壇》："自古道，君王愛館娃，繫臂紗，先須采選來家，替椒房作伐。"

清代官服飾

朝珠

清代官員官服上佩戴的一種珠串。挂於頸項并垂於胸前。由一〇八顆圓珠串成，有後引垂於背後。其中有四顆大珠，前三後一。上附三串小珠，其中二小串是男左女右，一小串是女左男右。背後大珠下垂一組玉飾。貫穿的條綫，皇帝用明黃綫，其下則用金黃綫及石青綫。圓珠的質料，有珊瑚、瑪瑙、水晶、翡翠、琥珀、蜜蠟、綠松石、奇楠香、沉香等。《清史稿·輿服志二》："〔皇帝〕朝珠，用東珠一百有八，佛頭、記念、背雲、大小墜雜飾，各惟其宜，大典禮御之。惟祀天以青金石爲飾，祀地珠用蜜珀，朝日用珊瑚，夕月用綠松石，雜飾惟宜。綫皆明黃色。"又："〔皇子〕朝珠不得用東珠，餘隨所用，綫皆金黃色。"又："〔民公〕朝珠，珊瑚、青金、綠松、蜜珀隨所用，雜飾惟宜。綫用石青色。"又："凡朝珠，王公以下，

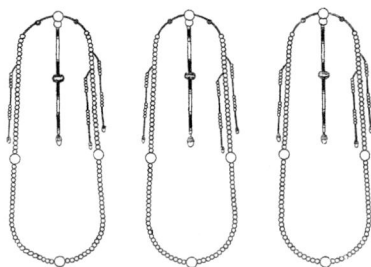

朝珠（皇太后·皇后朝珠圖）
（清伊桑阿《欽定大清會典》）

文職五品、武職四品以上及翰詹、科道、侍衛，公主、福晋以下，五品官命婦以上均得用。以雜寶及諸香爲之。禮部主事，太常寺博士、典簿、讀祝官、贊禮郎，鴻臚寺鳴贊，光禄寺署正、署丞、典簿，國子監監丞、博士、助教、學正、學録，除在壇廟執事及殿廷侍儀準用，其平時燕處及在公署，仍不得用。"

蔽膝類

市

古代天子、諸侯着冕服時縫於裳前的蔽膝。位置在腹下膝上。在原始社會裏，人們漁獵而食，未有衣裳，僅以草木之葉、野獸之皮遮護下體。衣裳產生之後，仍把掩蓋前面的一片加於裳前，以示不忘本源。商代祭服飾市的形象，見河南安陽侯家莊西北崗墓出土的跪坐人物像，殷墟出土的玉人、石人也有這種形象。周代定冕服之制，天子、諸侯着冕服時，市爲裳前飾物，以韋爲之，繫於革帶上而垂於膝前，其制上窄下寬，有多種紋樣，其色朱。《詩·小雅·采菽》："赤市在股，邪幅在下。"鄭玄箋：

"芾，太古蔽膝之象也。冕服謂之芾，其他服謂之韠，以韋爲之。其制，上廣一尺，下廣二尺，長三尺，其頸五寸，肩革帶博二寸。"又《斯干》："朱芾斯皇，室家君王。"鄭玄箋："芾者，天子純朱，諸侯黄朱。"天子、諸侯之芾，其繪飾不同。周錫保《中國古代服飾史》第二章《冕服》："芾的形制，天子用直，色朱，繪龍、火、山三章；公侯前後方（殺其四角使其方，變於天子之直，即去上下各五寸），用黄朱，繪火、山二章；卿、大夫繪山一章。芾是繫於革帶上而垂之於膝前。"亦作"巿"。周《頌敦銘》："易（錫）女（汝）玄衣黹屯，赤巿朱黄。"亦作"绋"。漢班固《白虎通·绋冕》："绋者，蔽也，行以蔽前，绋蔽者小，有事因以别尊卑、彰有德也。天子朱绋，諸侯赤绋。《詩》云：'朱绋斯皇，室家君王。'又：'赤绋金舄，會同有繹。'又云：'赤绋在股。'皆謂諸侯也。"按：所引《詩》文見《詩·小雅·采芑》《車攻》及《采菽》，然今本《詩》"绋"皆作"芾"。亦作"韍"。漢王融《三月三日曲水詩序》："莫不如珪如璋，令聞令望，朱韍斯皇，室家君王者也。"

【巿】

同"芾"。此體始見於先秦時期。見該文。

【绋】

同"芾"。此體始見於漢代。見該文。

【韍】

同"芾"。此體始見於南北朝時期。見該文。

朱芾

紅色蔽膝。周代始見。天子、諸侯祭服用紅色蔽膝，但其深淺有異。《詩·小雅·斯干》："朱芾斯皇。"鄭玄箋："芾者，天子純朱，諸侯黄朱。"孔穎達疏："芾從裳色，祭時服纁裳，故芾用朱赤，但芾所以明尊卑，雖同色而有差降……朱赤深淺有異，散之則皆謂之朱。故天子純朱，明其深也，諸侯黄朱，明其淺也。舉其大色，皆得爲朱芾也。"亦作"朱绋"。漢班固《白虎通·绋冕》："天子朱绋，諸侯赤绋。"亦作"朱韍"。《文選·王融〈三月三日曲水詩序〉》："朱韍斯皇。"李周翰注："朱韍，官之服飾也。"

【朱绋】

同"朱芾"。此體始見於漢代。見該文。

【朱韍】

同"朱芾"。此體始見於南北朝時期。見該文。

赤芾

黄朱色蔽膝。周代始見。諸侯祭服用以别於天子所用之純朱色。《詩·小雅·采菽》："赤芾在股，邪幅在下。"鄭玄箋："芾，太古蔽膝之象也。冕服謂之芾，其他服謂之韠，以韋爲之。"孔穎達疏："以赤芾對朱爲異，故云諸侯赤芾也。"亦作"赤巿"。周《頌敦銘》："赤巿朱黄。"

【赤巿】

同"赤芾"。此體始見於先秦時期。見該文。

韍

古代天子、諸侯祭服之蔽膝。相傳舜時已見，至夏、商、周三代增以畫紋。宋高承《事物紀原·衣裘帶服》："韍。《五經要義》曰：韍，舜所製。《禮·明堂位》曰：有虞氏服韍，夏后山，商火，周龍章。鄭康成注曰：韍，舜所作之，以尊祭服，三代增以畫文，蓋冕服之韠也。周諸臣所服，又有緼赤之别。《蘇氏演義》曰：昔先王食鳥獸之肉，衣其羽皮，韍字遂從韋。韋，皮也。"周代，命官祭服之韍有緼赤之异。《禮記·玉藻》："一命緼韍幽衡，再命赤韍幽衡，三命赤韍蔥衡。"孔穎達疏："他服稱韠，祭服稱韍，是异其名，韍、韠皆言爲蔽，取蔽障之義也。"東漢明帝定冕服之制，魏晋沿用，天子之韍皆赤皮爲之。《晋書·輿服志》："及中興後，明帝乃始采《周官》《禮記》《尚書》及諸儒記説，還備袞冕之服……魏明帝以公卿袞衣黼黻之飾，疑於至尊，多所减損，始制天子服刺綉文，公卿服織成文。及晋受命，遵而無改……赤皮爲韍，絳袴襪，赤舄。"南朝宋、齊、梁、陳各代，天子之韍皆以赤皮爲之，陳代皇太子之韠用繒，絳色。隋朝，韍同裳色。參閲《宋書·禮志五》《隋書·禮儀志》六、七。亦作"韍"。《左傳·桓公二年》："袞、冕、黻、珽。"杜預注："黻，韋韠，以蔽膝也。"楊伯峻注："黻字亦作韍或芾。以韋（熟治之皮革）爲之，用以遮蔽腹膝之間。古田獵時代，食獸肉，衣獸皮，先知蔽前，後知蔽後。後代易之以布帛，而獨存其蔽前。"唐代沿用，冕服稱"韍"，以繒爲之，隨裳色。《新唐書·車服志》："〔大裘冕〕韍以繒爲之，隨裳色，上廣一尺，以象天數，下廣二尺，以象地數，長三尺，朱質，畫龍、火、山三章，以象三才，其頸五寸，兩角有肩，廣二寸，以屬革帶。朝服謂之韠，冕服謂之韍。"亦作"紱"。《周易·困》："朱紱方來。"孔穎達疏："紱，祭服也。"後代亦用"紱"字，如北齊。《隋書·禮儀志六》："河清中，改易舊

物，著令定制云……〔天子袞服〕朱紱，佩白玉，帶鹿盧劍，絳袴襪，赤舄。"

【韍】

同"韍"。此體始見於先秦時期。見該文。

【紱】

同"韍"。此體始見於先秦時期。見該文。

韠

古代官服上繫於裳前的飾物。猶韍。皮製。用於冕服曰芾，用於祭服曰韍，用於戎服曰韐，用於其他曰韠。《説文·韋部》："韠，韍也。"朱駿聲通訓："按，朝服曰韠，祭服曰韍，戎服曰韐。"《釋名·釋衣服》："韠，蔽膝也，所以蔽膝前也。"周代禮制，天子、諸侯、大夫所用之韠，其式不同，顔色有别。如天子所用呈長梯形，下緣平，諸侯所用下緣爲斜角形，大夫所用下緣爲弧形；天子用紅色，大夫用素色。《禮記·玉藻》："韠，君朱，大夫素，士爵韋。圜、殺、直。天子直，公侯前後方，大夫前方，後挫角，士前後正。韠，下廣二尺，上廣一尺，長三尺，其頸五寸，肩革帶，博二寸。"南朝梁稱冕服之韍爲韠。《隋書·禮儀志六》："〔梁制〕赤皮爲韠，蓋古之韍也。"陳代沿用，皇太子所用之韠，以繒爲之，絳色。又："〔陳制，皇太子〕其侍祀則平冕九旒，袞衣九章，白紗絳緣中單，絳繒韠，赤舄，絳韈。"亦作"畢"。《荀子·正論》："治古無肉刑，而有象刑。墨黥，慅嬰，共，艾畢。"楊倞注："畢，與韠同，紱也。"亦作"韡""韠"。《切韻·質韻》："韠，胡服蔽膝。"按：《廣韻·質韻》作"韠"。《新唐書·車服志》："朝服謂之韠，冕服謂之韍。"

【畢】

同"韠"。此體始見於先秦時期。見該文。

韍

（宋聶崇義《三禮圖集注》）

【鞸】

同"韠"。此體始見於隋代。見該文。

【韠】

同"韠"。此體始見於唐代。見該文。

韎韐

古代士所穿祭服上繫於裳前的赤黄色飾物。始見於周代。其形制同韠，以茜草（即蒨草）染成赤黄色的皮製成，故名。士用之。《儀禮·士喪禮》："皮弁服，襐衣，緇帶，韎韐。"賈公彦疏："韎者，據色而言。以韎草染之，取其赤；韐者，合韋而爲之，故名韎韐也。"《詩·小雅·瞻彼洛矣》："韎韐有奭，以作六師。"鄭玄箋："韎韐者，茅蒐染也；茅蒐，韎韐聲也。韎韐，祭服之韠，合韋爲之。"孔穎達疏："韎韐者，衣服之名……大夫以上祭服謂之韍，士無韍名，謂之韎韐……齊魯之間言韎韐，聲如茅蒐。"

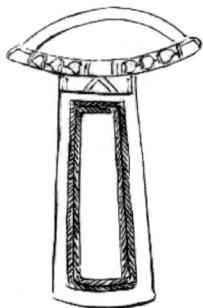

韎　韐
（明李東陽等《大明會典》）

緼韍

古代祭服上繫於裳前的飾物。形制同韎韐，皮製，赤黄色，無繪飾。始見於周代。周制，下體服飾按照尊卑區分，而有韍、韍、韠、韎韐、緼韍等名目。凡公、侯、伯爵家臣中的士及子、男爵家臣中的大夫所用者稱"緼韍"。《禮記·玉藻》："一命緼韍幽衡，再命赤韍幽衡，三命赤韍葱衡。"鄭玄注："緼，赤黄之間色，所謂韎也……《周禮》：公侯伯之卿三命，其大夫再命，其士一命；子男之卿再命，其大夫一命，

其士不命。"孔穎達疏："若子男大夫但名緼韍，不得爲韎韐也，以其非士故耳。"

蔽膝

古代祭服上遮蔽下體前身的飾物。遠古時代，没有衣裳，人們將獸皮遮蔽下體前身；衣裳産生之後，仍於裳前保留一飾物，示不忘本。相傳虞舜製韍，至周代定其形制，又有"韍""韠"等稱，皆爲蔽膝。《詩·小雅·采菽》："赤韍在股，邪幅在下。"鄭玄箋："韍，太古蔽膝之象也。冕服謂之韍，其他服謂之韠，以韋爲之。其制，上廣一尺，下廣二尺，長三尺，其頸五寸，肩革帶博二寸。"孔穎達疏："太古蔽膝，伏犧時也。後王爲韍，象太古之蔽膝。"自東漢明帝定冕服之制，魏、晉、南北朝沿用，皆以赤皮爲之。晉代始有"蔽膝"之稱。《後漢書·輿服志下》："古者君臣佩玉，尊卑有度；上有韍，貴賤有殊。"劉昭注引晉徐廣曰："韍如今蔽膝。"南朝宋沿稱"蔽膝"。《宋書·禮志五》："〔冕服〕赤皮蔽膝。蔽膝，古之韍也。"南北朝時期，蔽膝除皮製之外，亦以繒爲之。參閲《隋書·禮儀志六》。唐代，天子大裘冕之蔽膝隨裳色，用朱；皇后褘衣、鞠衣之蔽膝皆隨裳色；皇太子服遠游冠，用絳紗蔽膝；皇太

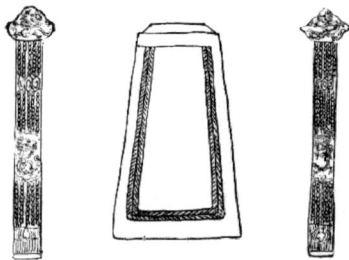

蔽膝（蔽膝玉佩圖）
（明李東陽等《大明會典》）

子妃服褕翟，蔽膝隨裳色，服鞠衣則隨衣色。參閱《新唐書·車服志》。宋代沿用，天子冕服蔽膝以紅羅爲之，綉升龍二；皇太子紅羅蔽膝，綉山、火二章；后妃着鞠衣，蔽膝隨衣色，着褕翟則隨裳色。參閱《宋史·輿服志三》。金代，天子袞冕服，用蔽膝一，紅羅夾製，綉升龍二；皇后着褘衣，用蔽膝，深青羅織成翟文三等；皇太子袞衣，蔽膝隨裳色，爲火、山二章，戴遠游冠則服絳紗蔽膝。參閱《金史·輿服志中》。元代，天子冕服，蔽膝製以緋羅，有褾，緋絹爲裏，其形如襜，袍上着之，綉複身龍；皇太子袞衣，蔽膝隨裳色，爲火、山二章；三獻官及司徒、大禮使祭服，用紅羅蔽膝。參閱《元史·輿服志一》。明代，皇帝袞冕服，洪武十六年（1383）定，玄衣黃裳，蔽膝隨裳色，綉龍、火、山紋。二十六年更定，玄衣纁裳，紅羅蔽膝，上廣一尺，下廣兩尺，長三尺，織火、龍、山三章。永樂三年（1405）定，玄衣纁裳，蔽膝隨裳色，四章，織藻、粉米、黼、黻各二。皇帝通天冠服、皮弁服，用絳紗蔽膝。皇后着褘衣、翟衣，蔽膝隨衣色。皇妃翟衣，蔽膝隨裳色。皇太子袞冕，玄衣纁裳，蔽膝隨裳色，織火、山二章，後改爲織藻、粉米、黼、黻四章；皮弁服，絳紗袍，紅裳，蔽膝隨裳色。皇太子妃翟衣，蔽膝隨衣色。文武官朝服，用赤羅蔽膝，祭服同。參閱《明史·輿服志》二、三。自漢代始，蔽膝除官定服制外，日常生活中亦廣泛應用，圍於腰前可護裳，亦可在跪拜時墊膝，形制亦不盡遵古，亦用布帛製。《漢書·王莽傳上》："母病，公卿列侯遣夫人問疾，莽妻迎之，衣不曳地，布蔽膝。見之者以爲僮使，問知其夫人，皆驚。"後世蔽膝多以

羅爲之。明王圻、王思義《三才圖會·衣服》："蔽膝，以羅爲表，絹爲裏，其色纁，上下有純，去上五寸所繪各有差。"亦作"韍膝"。《漢書·東方朔傳》："後數日，上臨山林，主自執宰韍膝，道入登階就坐。"方言有"襌""袚""大巾""裧"等稱。亦作"蔽䣛"。《方言》第四："蔽䣛，江淮之間謂之襌，或謂之袚，魏宋南楚之間謂之大巾，自關東西謂之蔽䣛，齊魯之郊謂之裧。"

【韍膝】

同"蔽膝"。此體始見於漢代。見該文。

【襌】[2]

即蔽膝。江淮方言。此稱始見於漢代。見該文。

【袚】

即蔽膝。江淮方言。此稱始見於漢代。見該文。

【大巾】

即蔽膝。魏、宋、南楚間方言。此稱始見於漢代。見該文。

【裧】

即蔽膝。齊魯間方言。此稱始見於漢代。見該文。《禮記·雜記上》："繭衣裳與稅衣、纁裧爲一。"陸德明釋文："〔裧〕王肅云，婦人蔽膝也。"

【蔽䣛】

同"蔽膝"。此體始見於漢代。見該文。

【襜】

即蔽膝。《爾雅·釋器》："衣蔽前謂之襜。"郭璞注："今蔽膝也。"先秦始見。《詩·小雅·采綠》："終朝采藍，不盈一襜。"毛傳："衣蔽前謂之襜。"孔穎達疏引李巡曰："衣蔽前，衣蔽膝

也。"後世演化爲襜裙。

【跪襜】

即蔽膝。《釋名·釋衣服》:"〔蔽膝〕又曰跪襜,跪時襜襜然張也。"

遮羞布

古代穿開襠褲的男子裹於股間前後的一塊窄布。形象資料見於五代末、宋初的《盤車圖》。畫中男子穿開襠褲,内未着短褲,祇以一布條兜裹陰部,即俗稱之"遮羞布"。長可自臍經胯下繞至後腰,以帶繫於腰際,有遮蔽、保護陰部的作用。亦稱"人種袋"。《西游記》第六六回:"佛祖道:……那〔白布〕搭包是我的後天袋子,俗名叫做'人種袋'。"

【人種袋】

即遮羞布。此稱始見於明代。見該文。

圍 裙

圍裙

圍於腰部保護衣服的裙,亦爲飾物。形象資料見於元代。山西平定東四村元墓壁畫中有兩厨師均衣染纈圍裙,作撮暈格子花樣。沿用至現代。形制甚多,或爲長方形,或爲方形,或上方而下襬成弧形。長者可達於脛踝,短者僅能遮腹。多以布製,亦有油布、皮革製者。或純用白色、藍色、灰色、黑色等,或加紋飾。一般上兩角有帶,結於腰後。亦有沿前上身加布至肩,上綴帶套挂於脖頸者,這種圍裙還可保護胸前衣服。由古代蔽膝演變而來,先秦的"襜"爲早期形制。歷代沿襲。如南宋周瑀墓出土實物中,即有蔽膝、圍裳。現代,民間在采撷、紡績、厨炊、飼養、屠宰、製鞋等勞動中均穿用。冰心《分》:"他外面穿着大厚藍布棉襖,袖子很大很大,上面還有拆改補綴的綫迹;底下也是洗得褪色的藍布的圍裙。"少數民族亦多見。林新乃《中華風俗大觀·服飾篇》:"畲族姑娘出嫁時都要穿着'鳳凰裝'……腹部束一塊綉有花邊的一尺多長的方形圍裙。"

飯單

一種圍裙。上繫於頸,從胸前垂下,以帶結於腰上。清代始見。周錫保《中國古代服飾史》第十四章《清代服飾》:"飯單。繫於頸間而垂於胸前,腰間用二帶結於後,在上部往往鑲作如意頭式。"

近現代少數民族傳統圍腰

圍腰

一種圍於腰間的飾物。制如圍裙,勞作時可保護衣服,亦有裝飾效果。流行於全國許多地區,漢族之外,蒙古、藏、白、哈尼、傣、納西、基諾、布依等族皆用。在漢族地區,原爲婦女作家務勞動時穿用的一種圍身衫布,後演變爲一種服飾,從胸部蒙到腰部,上面還綉有圖案。中甸藏族婦女上衣外套領挂,下穿長褲,繫白圍腰,束花腰帶。德宏婦女則穿長裙,外繫色彩鮮艷的花圍腰。蒙古族男子穿長袍和圍腰，婦女都有圍腰，邊綉圖案。哈尼族少女婚前繫白色或粉紅色圍腰，婚後繫藍圍腰，上綉精美圖案。布依族婦女喜在胸前繫圍腰，以青布作底，邊鑲花欄杆，圍腰口綉圖案。

百褶圍裙

舊時納西族婦女用的圍裙。元代始見，元朝李京《雲南志略》中曾有記載。分內、外兩層，以淺藍色布料爲外層，以白布爲裏襯；亦有白布作外層者。因裙圍由腰始呈竪條叠層，故名，長至膝下。流行於雲南麗江、寧蒗、中甸等地區。

邦墊

藏語音譯。亦譯作"邦典""邦單""班代"。意爲"圍裙"。藏族婦女繫於腰部的圍裙狀毛織物。山南地區貢嘎縣杰德秀區，爲邦墊之鄉，生產邦墊有五六百年歷史。將牛毛綫織成的圖案瑰麗的小塊縫合成長方形，加裏，上方兩端配帶。各地區所用質料、拼縫塊形狀、顏色、裝飾有所不同。如藏北牧區多用黑色牦牛絨或羊毛織成，垂以繸穗。流行於西藏、青海、甘肅、四川及雲南等藏族地區。

【邦典】

同"邦墊"。藏語音譯。見該文。

【邦單】

同"邦墊"。藏語音譯。見該文。

【班代】

同"邦墊"。藏語音譯。見該文。

幸州契瑪

朝鮮族婦女用的一種圍裙。"契瑪"，朝鮮語音譯，意爲"裙子"。厨房勞動時穿用。半橢圓形，比裙子短小，白色。下襬呈弧形，連許多皺褶的帶子爲裝飾，上部用一條帶子從腰後繫扣。流行於黑龍江、吉林、遼寧等地。

塔拉吉

泰雅語音譯，意爲"腰裙"。舊時高山族泰雅人的一種傳統圍腰。長方形，用紅絨綫和黃棉綫交織而成，上挑綉黑色花紋，下襬繫綴一排近百顆黃銅小鈴，圍繫於腰。曾流行於臺灣北部地區泰雅人聚居區，在該族獵頭惡俗被革除前，爲慶賀獵頭者凱旋跳舞時穿的盛服。

給馬

門巴語音譯，意爲"圍裙"。爲門巴族婦女身前圍物。由羊毛紡織的白色粗氆氌呢作面料，長方形，上方無褶，右左角各縫一條彩色圍帶，繫於腰間，垂於膝下，以保護衣服。流行於西藏門隅地區。

裙襬

瑤族婦女裙前飾物。爲繫於裙前的一幅印白花青布。清末民初胡樸安《中華全國風俗志》卷六："〔瑤族〕女裙前用青布一幅，印白色，名曰裙襬。"

約花

哈尼族姑娘綉於自己所戴圍腰右下方的一朵小花。有山茶、牡丹、杜鵑、臘梅等圖案。先將小花綉成，再釘於圍腰上，以便於取下爲宜。在社交場合，姑娘戴上這種圍腰，尋機走近自己中意的小伙子，小伙子如鍾情於她，便敏捷地取下此花，二人便開始愛情生活。流行於雲南紅河地區。

銀泡圍腰

彝族支系臘魯人婦女用的一種裝飾銀泡的圍腰。先用幾種色彩鮮艷的布拼成圍腰底子，上用銀泡排釘成六路，鑲成六邊形，中間鑲成兩個大小不等的四邊形。銀泡周圍用花邊相配。

每塊圍腰上少則鑲二百顆，多則鑲六百八十四顆。圍腰下部鑲以花邊花綫，再配上銀挂鏈八股，從脖子上挂到胸前。銀鏈中間用白布帶綴上銀鈕扣四十顆，分兩排挂於胸前。銀泡、銀鈕必須用雙數，以示吉祥。女子從七八歲開始即繫圍腰，節日跳舞、賽歌更不可少。

近現代少數民族傳統腹飾

花圍肚

土族民間傳統腹飾。男子所用稱"纏腰子"，在對襟坎肩的左襟腋下合縫處，接一塊長一尺五寸、寬六寸的綉花肚兜。女子所用稱"朵朵兒"，直徑爲六寸的半圓形綉花肚兜，縫在一塊橢圓形底布上，兩側有繫帶，遮住胸腹部，綉花肚兜吊於下部。流行於青海互助等地。

綉花圍肚

撒拉族傳統腹飾。亦稱"綉花肚兜"。用紅、藍、綠等色緞子縫製，半圓形或矩形，上綉各式花卉圖案，中間縫有口袋，兩邊綴綉帶，束於腹部。流行於甘肅等地。

【綉花肚兜】

即綉花圍肚。漢語有此稱。見該文。

近現代各民族傳統臀飾

巴勒達木齊

塔吉克語音譯。塔吉克族民間婦女繫在後腰的綉花圍裙。長約 60 厘米，寬 35 厘米，恰遮住臀部。既可護衣，亦有裝飾作用。流行於新疆塔什庫爾干地區。

屁簾兒

舊時漢族兒童繫在開襠褲屁股後的一塊方布。有夾、棉之別。冬季穿棉褲時則用棉布爲面，内加棉絮縫製而成，二尺見方。春、秋穿夾褲則僅以棉布表裏縫製。簾白色，或用花布，亦有綉有吉祥圖案者。以帶圍腰繫之。既可擋風，又可墊坐。流行於北方地區。今已少見。

達能個另

珞巴語音譯。"達能"爲阿帕塔尼部落的自稱，"個"意謂"屁股"，"另"意爲"紅顏色"。珞巴族男子繫於臀部的藤織物。以紅、黄、黑三色的藤篾編織成圍裙狀，上面兩角各有一繩，挂於腰間，下部中間有一根尺餘長的紅色尾巴狀飾物，走路時此物不停地擺動。勞動時着之，休息時可作坐墊。流行於西藏珞隅地區。

近現代少數民族傳統脛飾

色蘭其

泰雅語音譯，意爲"裹腿"。高山族婦女脛飾。兩條爲一副。長約 31 厘米，寬約 38 厘米。以紅絨綫與黑棉綫織成方格形方紋和黑條紋。

上端的一角附一條長約 65 厘米、寬約 3 厘米的織帶，以繫於脛上。下端用黑布繩邊。多在赴宴時穿用。流行於臺灣北部和東部。

更那牙卡哈

泰雅語音譯。高山族泰雅人男子脛飾。男子獵頭舞蹈服飾。一副兩件，每件爲長約 15 厘米，寬約 25 厘米的竹篾編帶，上綴白色貝珠與黑色玻璃珠，朝外一面有長約 11 厘米的珠串。上端中間夾綴黑珠，下端各繫黃銅小鈴一顆。兩旁以麻繩縛結。流行於臺灣北部地區。

帖彎

土族語音譯。土族婦女接於褲筒膝下的套筒。寬一尺。中年婦女或用黑色，或用藍色（要與褲料的顏色區別開），與褲相接處置白色

布夾條，下緣則黑、藍搭配。少女用紅色。流行於青海互助地區。亦流行於同仁地區，但婦幼皆用紅色，老年婦女用咖啡色；在重大吉慶節日，青年女子則上黑下灰，以示莊重。

花綁腿

舊時侗族婦女腿飾。用家織青布，長約一尺，寬約一尺五寸，做成雙層，兩頭有彩色欄杆或繡各種圖案。扎於膝蓋下方和踝骨上方。因婦女穿的百褶裙祇及膝蓋，故花綁腿可護膝，又很美觀。流行於貴州、廣西、湖南毗鄰地區。

寬寬兩庫

東鄉語音譯，意爲"繡花綁帶"。舊時東鄉族婦女腿飾。中青年婦女用來束住褲管，有裝飾作用。流行於甘肅東鄉、廣河、和政等地。

鞋　飾

絇

古代鞋頭上的裝飾，猶今之鞋梁有孔，可穿結鞋帶。《玉篇·糸部》："絇，履頭飾也。"周代始見。《儀禮·士冠禮》："屨，夏用葛，玄端黑屨，青絇繶純。"鄭玄注："絇之言拘也，以爲行戒。狀如刀衣鼻，在屨頭。"又《士喪禮》："乃屨綦結於跗，連絇。"鄭玄注："絇，履飾，如刀衣鼻，在屨頭上，以餘組連之，止足坼也。"至東漢明帝恢復古制，服冕服用赤舃絇履。《後漢書·輿服志下》："顯宗遂就大業，初服旒冕，衣裳文章，赤舃絇履，以祠天地。"南朝陳見用。《隋書·禮儀志六》："〔陳制〕凡公及位從公、五等諸侯，助祭郊廟，皆平冕九旒……大佩，赤舃，絇履。"至宋代，亦爲履

之飾。《宋史·輿服志五》："宋初沿舊制，朝履用靴。政和更定禮制，改靴用履。中興仍之。乾道七年，復改用靴……其飾亦有絇、繶、純、綦，大夫以上具四飾。"明代，天子袞冕服舃亦用絇。《明史·輿服志二》："〔天子冕服〕永樂三年定……韈舃皆赤色，舃用黑絇純，以黃飾舃首。"皇太子袞服亦用，舃用黑絇純，但黑飾舃首。

繶

古代飾鞋的圓絲帶，飾於鞋幫與鞋底之間。《廣雅·釋器》："繶，條也。"《廣韻·職韻》："繶，條繩。"周代始見。《儀禮·士冠禮》："玄端黑屨，青絇繶純，純博寸。"鄭玄注："繶，縫中紃也。"賈公彥疏："繶，縫中紃也者，謂

牙底相接之縫中有條紃也。”又：“素積白屨，
以魁柎之，緇絇繶純，純博寸。爵弁纁屨，黑
絇繶純，純博寸。”賈公彥疏：“鄭注《屨人》
云：複下曰舄，禪下曰屨。又注云：凡舄之飾
如繢之次，凡屨之飾如繡之次也者，即上黑屨
以青爲絇繶純，白屨以黑爲絇繶純，則白與黑、
黑與青爲繡次之事也。”宋代亦見以爲舄、韡
之飾。《宋史·輿服志三》：“中興仍舊制……舄

有絇，有純，有繶，有綦，以緋羅爲之，首加
金飾。”又《輿服志五》：“宋初沿舊制，朝履用
韡。政和更定禮制，改韡用履。中興仍之。乾
道七年，復改用韡，以黑革爲之，大抵參用履
制，惟加勒焉。其飾亦有絇、繶、純、綦，大
夫以上具四飾，朝請、武功郎以下去繶，從義、
宣教郎以下至將校、伎術官並去純。”

附表一

唐、宋、元、明、清品官章服簡表

唐　代

官品	服色	帶	冠	魚袋	笏	附　注
一品	紫	十三銙金玉帶	進賢冠三梁	金飾魚袋	象　笏	
二品	同一品	同一品	同一品	同一品	同一品	
三品	同一品	同一品	同一品	同一品	同一品	三品以上服紫
四品	深緋	十一銙金帶	兩　梁	銀飾魚袋	同一品	
五品	淺緋	十銙金帶	同四品	同四品	同一品	四、五品服緋
六品	深綠	九銙銀帶	一梁		竹木笏	
七品	淺綠	同六品	同六品		同六品	六、七品服綠
八品	深青	九銙鍮石帶	同六品		同六品	
九品	淺青	同八品	同六品		同六品	八、九品服青
庶人	白	七銙銅鐵帶				服白衣

宋　代

品級	服色	冠	帶	魚袋	笏
一品	紫	七梁冠	玉帶	金魚袋	象笏
二品	同一品	六梁冠	同一品	同一品	同一品
三品	同一品	五梁冠	同一品	同一品	同一品
四品	同一品	同三品	金帶	同一品	同一品
五品	緋	同三品	金塗銀帶	銀魚袋	同一品
六品	同五品	四梁冠	同五品	同五品	同一品
七品	綠	三梁冠	黑銀及犀角帶	無	木笏
八品	同七品	同七品	同七品	無	同七品
九品	同七品	二梁冠	同七品	無	同七品
庶人	皂、白	帽	鐵角帶	無	無

元　代

品級	服色	冠	帶	綉　花
一品	紫	展脚幞頭	玉，或花或素	大獨科花，徑五寸
二品	同一品	以下同	花犀	小獨科花，徑三寸
三品	同一品		以黃金爲荔枝	散答花，徑二寸，無枝葉
四品	同一品		同三品	小雜花，徑一寸五分
五品	同一品		烏犀，下同	同四品
六品	緋			小雜花，徑一寸
七品	同六品			同六品
八品	綠			無文
九品	同八品			無文

明　代

品級	冠	帶	綬	笏	服色	紋　節	
						文官	武官
一品	七梁	玉	雲鳳四色	象牙	緋	仙鶴	獅子
二品	六梁	犀	同一品			錦鷄	獅子
三品	五梁	金花	雲鶴四色			孔雀	虎豹
四品	四梁	素金	同三品		四品以上同一品	雲雁	虎豹
五品	三梁	銀鈒花	盤鵰四色	五品以上同一品	青	白鷴	熊
六品	二梁	素銀	練鵲三色	槐木		鷺鷥	彪
七品	同六品	同六品	同六品		七品以上同五品	鸂鶒	彪
八品	一梁	烏角	鸂鶒二色		綠	黃鸝	犀牛
九品	同八品	同八品	同八品	九品以上同六品	同八品	鵪鶉	海馬
未入流					同八品	練鵲	

清　代

品級	帽頂飾	帶飾	補服綉飾	
			文官	武官
一品	紅寶石	鏤金銜玉方版四紅寶石一	仙鶴	麒麟
二品	珊瑚	鏤金圓版四紅寶石一	錦鷄	獅子
三品	藍寶石	鏤花金圓版	孔雀	豹

（續表）

品級	帽頂飾	帶飾	補服綉飾	
			文官	武官
四品	青金石	銀銜鏤花金圓版四	雁	虎
五品	水晶	銀銜銀素金圓版四	白鷳	熊
六品	硨磲	銀銜玟瑙圓版四	鷺鷥	彪
七品	素金	素圓版四	鸂鶒	犀牛
八品	金陰紋鏤花	銀銜明羊角圓版四	鵪鶉	同七品
正九品	金陽紋鏤花	銀銜烏角圓版四	練雀	海馬
從九品及未入流	同正九品	同正九品	同正九品	

説明:

一、據《舊唐書·輿服志》《新唐書·車服志》《唐會要》《宋史·輿服志》《元史·輿服志》《明史·輿服志》《明會要》《清史稿·輿服志》《清會典》。

二、唐代，服色以本人所得散官之品級爲準，不以現任之職事官爲據。武則天延載元年（694）規定，文武三品以上服綉袍，綉飾；諸王，盤龍、鹿；宰相，鳳池；尚書，對雁；各衛將軍，有麒麟、虎、鷹、牛、鶻、獅子、豸等。天授二年（691）還曾改佩魚爲佩龜，中宗初罷之。

三、宋代，表中所列爲神宗元豐年間定制，南宋沿用。《宋史·輿服志》所載品官服制，以官不以品，表中所列爲大致比擬者。宋制，外官有"借緋""借紫"之例。御史大夫等執法官戴獬豸冠，服青荷蓮綬。

四、清代，王公百官之補服均石青色，朝服、蟒袍爲石青色或藍色。監察執法官補服綉獬豸。

附表二

《大清會典圖》中冠、服簡表

冠服 級別	冬朝冠 （頂）	夏朝冠 （頂）	吉服冠 （頂）	行冠 常服冠	補服 （補子）	蟒袍	附注
皇帝	頂三層，貫東珠各一，上銜大珍珠	同冬	頂滿花金座，上銜大珍珠（夏如冬）	紅絨結頂，夏黃色			
皇子	頂二層，東珠十，上銜紅寶石	同冬	紅絨結頂（夏如冬）	如吉服冠	（龍褂）石青，五爪正面金龍四團	金黃色，九蟒	
親王	同皇子	同皇子	頂紅寶石（夏同）	如吉服冠	五爪金龍四團，前後正龍，兩肩行龍，石青，凡補服色皆如之	藍，石青色，九蟒	
親王世子							
郡王	東珠八，餘如皇子	如冬	同親王（夏同）	郡王以下文武品官冬行冠	五爪龍四團	藍，石青色，九蟒	
貝勒	東珠七，餘如皇子	如冬	同親王（夏同）		四爪正蟒二團	藍，石青色，九蟒四爪	
貝子	東珠六，餘如皇子	如冬	紅寶石（夏同）		五爪行蟒二團	同貝勒	戴三眼孔雀翎
鎮國公	東珠五，餘如皇子	如冬	紅寶石入八分公同（夏同）		四爪正蟒二方		未入八分公珊瑚戴雙眼孔雀翎

續表

冠服 級別	冬朝冠 （頂）	夏朝冠 （頂）	吉服冠 （頂）	行冠 常服冠	補服 （補子）	蟒袍	附注
輔國公	東珠四，餘 如皇子	如冬	同鎮國公（夏 同）	各如其吉服冠，頂翎各如其所得，郡王以下文武品官夏行冠制同，頂翎各從其所得用	同鎮國公		同鎮國 公，戴雙 眼孔雀翎
鎮國將軍	同文一品	同冬	頂珊瑚（夏同）		同武一品		
輔國將軍	同文二品	如冬	同文二品（夏 同）		同武二品		
奉國將軍	同武三品	如冬	藍寶石（夏 同）		同武三品		
奉恩將軍	上銜青金石	如冬	青寶石（夏 同）		同武四品	同文四品	
固倫額駙	同貝子	同貝子	珊瑚（夏同）		同貝子	同貝勒	餘同貝子
和碩額駙	同鎮國公	同鎮國 公	同未入八分公 （夏同）		同鎮國公		同鎮國公
郡主額駙	同文一品	同冬	頂珊瑚（夏 同）		同武一品		
縣主額駙	同文二品	如冬	同文二品（夏 同）		同武二品		
郡君額駙	同武三品	如冬	藍寶石（夏 同）		同武三品	同貝勒	
縣君額駙	上銜青金石	如冬	青金石（夏 同）		同武四品	同文四品	
鄉君額駙	上銜水晶	如冬	水晶（夏同）		同武五品		
民公	鏤花金座， 飾東珠四， 上銜紅寶石	如冬	頂珊瑚（夏 同）		同鎮國公		
侯	東珠三，餘 如民公	如冬	頂珊瑚（夏 同）		同鎮國公		
伯	東珠二，餘 如民公	如冬	頂珊瑚（夏 同）		同鎮國公		
子	同文一品	如冬	頂珊瑚（夏 同）		同武一品		
男	同文二品	如冬	同文二品（夏 同）		同武二品		

續表

冠服 级别	冬朝冠 （頂）	夏朝冠 （頂）	吉服冠 （頂）	行冠 常服冠	補服 （補子）	蟒袍	附注
文一品	頂飾東珠一，餘如民公	如冬	頂珊瑚（夏同）		鶴	同貝勒	都御史等監察官解豸
武一品	同文一品	如冬	頂珊瑚（夏同）		麒麟	同貝勒	
文二品	飾小紅寶石一，上銜珊瑚	如冬	鏤花珊瑚		錦雞	同貝勒	
武二品	同文二品	如冬	同文二品		獅子	同貝勒	
文三品	同文二品	如冬	藍寶石（夏同）		孔雀	同貝勒	
武三品	飾小紅寶石一，上銜藍寶石	如冬	藍寶石（夏同）		豹	同貝勒	
文四品	上銜青金石	如冬	青金石（夏同）		雁	藍、石青色、八蟒	
武四品	上銜青金石	如冬	青金石（夏同）		虎	四爪同文四品	
文五品	上銜水晶	如冬	水晶（夏同）		白鷳	同文四品	
武五品	上銜水晶	如冬	水晶（夏同）		熊	同文四品	
文六品	飾小藍寶石一，上銜硨磲	如冬	硨磲（夏同）		鷺鷥	同文四品	
武六品	飾同文六品	如冬	硨磲（夏同）		彪	同文四品	
文七品	飾小水晶，上銜素金	如冬	素金（夏同）		鸂鶒	藍青色，五蟒四爪	
武七品	同文七品	如冬	素金（夏同）		犀	同文七品	
文八品	上銜陰文鏤花金頂	如冬	陰文鏤花金（夏同）		鵪鶉	同文七品	
武八品	同文八品	如冬	同文八品		犀	同文七品	
文九品	上銜陽文鏤花金頂	如冬		陽文鏤花金（夏同）	練雀	同文七品	
武九品	同文九品	如冬	同文九品（夏同）		海馬	同文七品	
未入流	同文九品	如冬	同文九品（夏同）		同文九品	同文七品	

冠服 級別	冬朝冠 （頂）	夏朝冠 （頂）	吉服冠 （頂）	行冠 常服冠	補服 （補子）	蟒袍	附注
進士	頂鏤花金座，上銜金三枝九葉	如冬	素金（夏同）				
舉人	鏤花銀座，上銜金雀	如冬	銀座，上銜素金（夏同）				
會試中式貢士							
貢生	同舉人	如冬	如文八品（夏同）				
監生	同舉人	如冬	素銀（夏同）				
生員	上銜銀雀	如冬	素銀（夏同）				
外郎耆老		如冬	錫（夏同）				
從耕農官	同八品				彩雲捧日		
一等侍衛	如文三品，戴孔雀翎	如冬	如文三品（夏同）		同武三品	同貝勒	不用貂尾，戴孔雀翎
二等侍衛	如文四品，戴孔雀翎	如冬	如文四品（夏同）		同武四品	同文四品	戴孔雀翎
三等侍衛	如文五品，戴孔雀翎	如冬	如文五品（夏同）		同武五品	同文四品	戴孔雀翎
藍翎侍衛	如文六品，戴藍翎	如冬	如文六品（夏同）		同武六品	同文四品	戴藍翎

索 引

索引凡例

一、本索引爲詞條索引，凡正文詞條欄目出現的主詞條均用"＊"標示，副詞條則無特殊標識。

二、本索引諸詞條收録順序以漢語拼音音序爲基礎，兼顧古音、方言等差异，然爲方便檢索，又與音序排列法則有异，原則如下：

首先，以詞條首字所對應的拼音字母爲序排列，詞條首字相同（讀音亦同）者爲同一單元；詞條首字不同但讀音相同的各個單元，一般按照各單元詞條首字的筆畫，由簡至繁依次排列。例如以 huáng 爲首字的詞條，則按首字筆畫依次分作"皇""黄"等不同單元；又如以 diāo 爲首字的詞條，則按首字筆畫依次分作"虭""蛁""貂"等不同單元。此外，爲方便查閲和比較，在對幾個同音且各衹有一個詞條的單元排序時，一般將兩個或幾個含義相同或相近的單元鄰近排列。如"埋頭蛇""狸蟲""薶頭蛇"都屬於 mái 爲首字的單元，且"埋頭蛇"與"薶頭蛇"含義相同，因此這三個單元的排列順序是"狸蟲""埋頭蛇""薶頭蛇"。

其次，同一單元内按各詞條第二字讀音之音序排列，第二字讀音相同者則按第三字讀音之音序排列，以此類推。例如以"皇"爲首字的單元各詞條的排列依次爲"皇宬、皇帝鹵簿金節……皇貴妃儀仗金節……皇史宬……皇太后儀駕卧瓜……皇庭"。

三、本索引中詞條右側的數字爲該詞條在正文位置的起始頁碼。

四、本索引所收詞條僅限於正文、附録中明確按主、副詞條格式撰寫的詞條，而在其他行文中涉及的詞條不收録。

五、多音字、古音字或方言字詞條按其讀音分屬相應的序列或單元，如"大常"古音爲 tàicháng，因此歸入音序 T 序列；又如"葛上亭長"，"葛"是多音字，此處讀 gé，因此歸入音序 G 序列之 ge 的二聲單元；互爲通假的詞條，字雖异然而讀音同者，如"解食""解倉"皆爲芍藥别稱，因"食"與"倉"通，故"解食"讀音與"解倉"同；等等。

六、某些詞條多次出現，在正文中以詞條右上標記數字爲標志，如"朝[1]""朝[2]""百足[1]""百足[2]"等，索引中亦按照其右上標記數字的順序排列。詞條相同但讀音不同的則按照其讀音分屬相應的音序序列和單元。如"蠓[1]"（měng）、"蠓[2]"（mǎng），"蠓[1]"歸入音序 M 序列之 meng 的三聲單元，"蠓[2]"則歸入音序 M 序列之 mang 的三聲單元。

七、某些特殊詞條，如數字詞條、外文字母詞條等，則收入《索引附録》。

A

B

E

F

G

H

J

M

N

O

P

Q

R

T

W

X